高等学校城市轨道交通系列教材
城市轨道交通卓越工程师
教育培养计划系列教材

# 城市轨道交通概论

主　编　谭复兴
副主编　邱薇华　方　宇

中国铁道出版社有限公司

2021 年·北 京

**图书在版编目(CIP)数据**

城市轨道交通概论/谭复兴主编．—北京：中国铁道出版社，2013.2（2021.1重印）
高等学校城市轨道交通系列教材
ISBN 978-7-113-16009-8

Ⅰ.①城…　Ⅱ.①谭…　Ⅲ.①城市铁路-高等学校-教材　Ⅳ.①U239.5

中国版本图书馆 CIP 数据核字(2013)第 016694 号

**书　　名**：高等学校城市轨道交通系列教材
**城市轨道交通概论**
**作　　者**：谭复兴　邱薇华　方　宇

**策划编辑**：殷小燕
**责任编辑**：殷小燕　　**电话**：(010)51873147
**封面设计**：陈东山　崔丽芳
**责任校对**：张玉华
**责任印制**：高春晓

**出版发行**：中国铁道出版社有限公司（100054，北京市西城区右安门西街 8 号）
**网　　址**：http://www.tdpress.com
**印　　刷**：三河市兴博印务有限公司
**版　　次**：2013 年 2 月第 1 版　2021 年 1 月第 6 次印刷
**开　　本**：787 mm×960 mm　1/16　**印张**：32.25　**字数**：601 千
**书　　号**：ISBN 978-7-113-16009-8
**定　　价**：68.00 元

# 序

轨道交通是人类第一次交通革命的产物，从斯蒂文森拉响第一列火车汽笛开始已经过去200余年，交通工具发生了翻天覆地的变化，人类的足迹已经登上月球。在汽车、飞机的倾轧下的轨道交通并没有停止前进的步伐，特别是高铁缩短了大城市间的距离，快速、大运量的城市地铁、轻轨在城市交通中发挥越来越重要的作用。

我国轨道交通起步较晚，从1969年北京修建第一条地铁开始，但在40多年的时间里，我国城市轨道交通取得长足发展。北京、上海、天津、广州、深圳、重庆、武汉、南京、大连和长春等15座城市，迄今为止，已陆续修建了线路总长度超过1 315 km的城市轨道交通，上海市城市轨道交通起步虽晚但发展迅猛。

当前，为贯彻国家的“公交优先”战略方针，我国的城市轨道交通还将继续稳步发展，为支撑城市轨道交通事业的现代化创新格局，需要不断具有我国独立知识产权的高新技术。为此，我国城市轨道交通行业，迫切需要培养大批具有专业理论与技能的人才，以应对城市轨道交通的建设发展、运营管理和不断技术创新的需要。

因此，在高等院校中，设立城市轨道交通学科，开设城市轨道交通相关课程，迫在眉睫，也是为该行业产、学、研相结合奠定基础的战略任务。

上海工程技术大学组织编写的《城市轨道交通概论》一书，较为系统和重点地介绍了城市轨道交通发展的沿革、各相关学科的基础知识和基本理论。这对于攻读轨道交通专业的学生是非常必要的，同时对从事轨道交通事业的工程技术人员和生产厂商，也是很有参考价值的。

我国的城市轨道交通正在循序渐进地向前发展，城市轨道交通的科学技术还将不断进步，需要更多的人去学习、去掌握。编好教材只是培养人才的第一步，城市轨道交通事业还有广阔的空间需要我们去开拓、去发展。

期待着这本书能够给城市轨道交通行业培育人才，做出有益的贡献。

何宗华

2012年12月于北京

# 作者的话

城市轨道交通是一个集土建工程、轨道工程、车辆工程、通信信号工程、系统控制工程、供配电工程、运输工程、运营管理等于一体的、复杂而又高度集约的综合性系统工程。忽略任何一个系统，都不能称其为“城市轨道交通系统”。

当代的城市轨道交通系统，更是在大运量、高密度、安全和环保方面大做文章，引进了许多高新技术，与当年粗放型的地铁已不可同日而语。为了使学习城市轨道交通基础理论和专业知识的学生以及从事相关工作的人士对城市轨道交通有一个比较全面和深入的了解，上海工程技术大学城市轨道交通学院从“全面涵盖、一定深度”的角度出发，组织编写了《城市轨道交通概论》一书。

本书雏形是谭复兴教授在同济大学轨道交通授课的讲义，2004 年上海工程技术大学城市轨道交通学院创办没有教科书依然使用修订过的讲义，2007 年在学院教师和上海地铁等单位有关专家的参与下，编撰出版了概论的第一版，使用了 5 年，学院培养了 6 届学生。

短短 8 年时间，城市轨道交通飞速、稳步发展，交流传动取代直流传动，全面综合监控系统已在马德里和新加坡地铁使用，我国 15 个城市拥有了自己的地铁、轻轨，上海轨道交通线网已开通运营 13 条线、291 座车站，运营里程达 464.5 km。第一版中的材料已不能反映轨道交通行业的最新成就和进步，我们的教科书相对落后了。本书是建院以来出版的第一本书，学校教务处长鲁嘉华教授、学院院长柴晓冬教授等领导相当重视，多次指示跟上发展步伐，尽快修订出版新书。

全书依然以专业学科为基础分为：绪论、土建、车辆、通号、管理和环保等 6 篇，涵盖了城市轨道交通行业的各个部门。

为了更全面介绍城市轨道交通，增加了轨道交通施工一章，完善了如何在城市中规划、设计、建设和运营轨道交通的全过程。

自动售检票系统（AFC）和综合监控系统在我国轨道交通中的使用尚处于初级阶段，这次改版增加了两章，分别对这两个系统做了概括性的介绍，学院编撰的城市轨道交通车站设备等书对这两个系统又做了进一步的叙述。

轨道交通车辆在线路上日以继夜地不间断运营，系统必然会疲劳、损伤，如何保证系统在最佳状态下运营？如何延长系统寿命？这些问题在轨道交通线路投入运营那天开始就存在和应该引起重视，本书增加了线路维修一章。这次增加的章节仅限于轨道线路维修，有关整个轨道交通系统的安全、寿命问题，笔者也在收集资料和研究之中。

绪论篇中，轨道交通的世纪回眸和轨道交通的类型与形式两章，综述了轨道交通的发展历史以及在世界各城市中使用的各种轨道交通类型，由谭复兴编撰。

土建篇中城市轨道交通线网规划，介绍作为城市公共交通网络中一员的轨道交通如何考虑在整体交通中的作用？如何考虑其布局及和其他公共交通的接驳、换乘，由胡华编撰；由汪磊编撰的城市轨道交通施工一章是新增章节，介绍地铁车站和区间线路的施工建设；城市轨道交通线路工程由石嵘编撰；城市轨道交通的轨道结构由何越磊编撰；城市轨道交通车站建筑由谭晓春编撰；新增城市轨道交通轨道维护一章介绍如何检测线路的平顺以及出现病害后的整治措施及手段由吴强编撰。

车辆篇中的城市轨道交通车辆工程一章，原书基本以上海地铁 1 号线车辆为基础，做了较大增删，由方宇编撰；城市轨道交通电力牵引系统由师蔚编撰；城市轨道交通供电系统由杨卓编撰。

通号篇中的轨道交通通信系统摒弃了旧稿中模拟电路的内容，增加了 IT 在轨道交通中的应用，由吴娟编撰；城市轨道交通信号系统由冲蕾编撰；新增城市轨道交通综合监控一章，对综合监控做了概括性介绍以及与 ATS 等信号系统的关系，由汪侃编撰。

管理篇中的城市轨道交通运营管理由黄远春编撰；新增城市轨道交通自动售检票系统，概括性地介绍 AFC，并介绍如何从一张小小的票据中取信息，由邱薇华编撰；城市轨道交通安全一章对原章节做了全面修改，由刘志钢撰撰；城市轨道交通系统经济分析由朱海燕撰撰。

环保篇城市轨道交通振动与噪声由谭复兴编撰。

全书由谭复兴规划、定稿，邱薇华合稿，中国铁道出版社殷小燕编辑为本书的出版提供了细致的指导。本书由教育部卓越工程师计划项目资助，在此表示感谢。

谭复兴

2012 年 11 月

# 目　　录

## 第6篇 环 保

# 第1篇　绪　　论

## 第1章　轨道交通的世纪回眸

东汉刘熙《释名》中说："道者，蹈也；路者，露也。"，译成白话文："道路是经过人们踩踏而成的"，这种小路就是原始的交通，即交通之始。英文单词交通 transport 来源于古拉丁文：Trans(英文 across)和 portare(英文 to carry)的组合，意即携带人、物和信息从一地到另一地。

交通运输是社会发展的基础，常被比喻为一个城市、一个国家的血液循环系统，是社会生产、流通、分配、消费以及社会人们工作、交往、旅游等的先决条件。交通运输文明发展历史与人类社会的发展历史相依相随，而交通运输的发展水平又与社会的科学技术发展程度息息相关，与人类活动范围的大小正相关(或成正比)。

近代以前，人类科学和技术水平比较低下，科学不直接影响生产，技术来源于工匠积累的经验和手艺。近代以后，科学和技术才开始结合起来，对于工、农、交通等行业的进步发展起了不可估量的影响。

### 1.1　早期的轨道交通

世界人类古代文明发展较快的区域都和河流有关，两河流域文明、恒河流域文明，黄河流域文明等等，其中的一个重要原因是和史前人类无法解决在地面上克服摩擦力来运输重物有关，只能借助于水的浮力。公元前1万年，世界各地的人们就开始进行水上交通运输。他们把几根木头并在一起做成木筏，或是挖空树干做成独木舟；公元前3000年，埃及出现了世界上最早的帆船，用于尼罗河上的交通运输。公元前2000年，南亚的人们建造了带帆的木船，横渡太平洋，并在波利尼西亚群岛上建立了当地最早的社会群体。由于水路运载量大，人们宁可开挖运河而不去修路。水路运输在人类社会经济发展历程中发挥过重大的作用。

和陆上交通有关的轮子则出现在公元前3500年，装有轮子的车辆出现变滑动摩擦为滚动摩擦，改进了人类路上交通的工具，图1.1是存于纽约大都会博物馆内，美索不达米亚两轴车的壁画，这是人类有关车轮记载最早的档案资料。直到19世纪，道路是没有路面铺装，木制的车轮也没有装置充气轮胎，更没有出现驱动车轮的动力机械，轮子出现后的漫漫数千年，人类的路上交通没有发生根本性的改变。

路上运输重物往往借助于“轨道”，人们在不平整的地面上铺设了由原木或打磨光滑的石灰石轨道，借助人力或畜力推拉安放在轨道上的物件。人类使用轨道的最早记载是公元前6世纪，在希腊有一条长6 km长的Diolkos轨道(见图1.2)，用来运输船只，横跨Corinth，载运船只的架子由奴隶拉着在石灰石刻成的轨道上，从地中海搬运到Diolkos海湾。Diolkos轨道使用了1300多年，直到公元后900年。马拉轨道车辆出现在希腊、马耳他和罗马帝国，至少2000年之前，使用加工过的石材作为轨道，轨道有凹槽或挡肩，限制车轮只能在轨道上行走。这种交通形式再次出现在欧洲是1550年。工业革命初期通常使用数英寸宽的木材作轨道，木材首尾相接固定，并且固定在间隔为2、3英尺的横向枕木上，以保持固定的轨距。为了延长木制轨道的使用寿命，在轨道面上包了一层铁皮。

图1.1 美索不达米亚两轴车

图1.2 公元前6世纪希腊Diolkos

18世纪中叶，开始出现铁质车轮，这大大加剧了轨道的损坏，因此发明了铁制的轨道，3英尺长，2英寸宽，内侧有挡边，称为平板钢轨轨道。由于平板轨道强度不够，容易变形，18世纪末叶，又出现了类似现代钢轨的轨道形式，铁制车轮内侧高出轮踏面形成轮缘，卡在铁轨之间以提供车辆的导向力(图1.3)，保证车辆行驶在轨道上。这两种轨道形式并存于英国铁路上，直到19世纪中叶，此时蒸汽牵引已占据了统治地位，平板轨道才逐渐退出历史舞台。就这样，木轨一步步过渡到铁轨，“木路”变成了“铁路”。

有别于其他陆上的交通工具，载人、载物的轨道运输车辆行驶在特定的轨道上，轨道起了支承、传递车辆荷载的作用，为了使车辆只在轨道上行驶，轨道还提供了导向作用。这种运输形式就成为轨道交通。

使用轨道运输的原因是明显的：把较少的材料做成轨道而无需加工整个车辆通过的路面，轨道面提供了一个较为平整的、硬度较高的车轮滚动面，并且可以把运输重物的质量通过轨道分散地分布在地面上(见图1.4)。1804年的英国煤矿使用过这种运输形式，当时尚没有牵引车辆的动力机械，轨道被铺设在坡道上，靠重力将满载煤炭的车辆从矿井滑行到运河边的码头，同时把轻车拉上坡顶，一次运煤量可达到 10～13 t。采伐木材的林区也有人使用这样的装置。

这种轨道形式也使用在西方的城市内，市内公共交通客流有一定的路线，在客流集中的路线上开通轨道交通无疑是十分有利的，这就是为什么 1829 年的伦敦，1831 年的纽约街上出现了公共马拉或驴拉轨道车辆的原因，1860 年前后公共马拉或驴拉轨道车辆更风靡北美各大城市(图 1.5)。

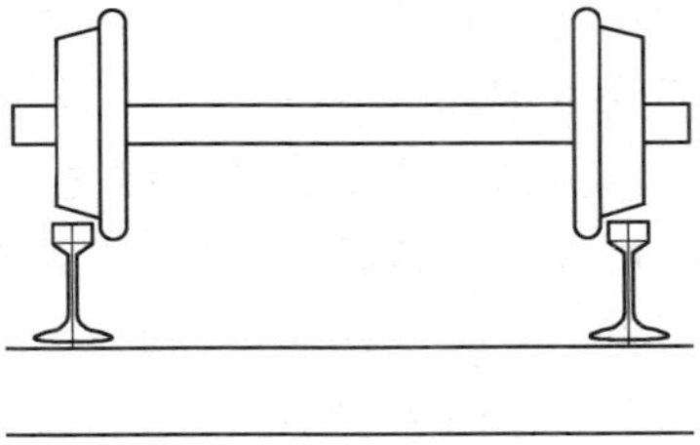

图 1.3　钢轮钢轨的导向作用

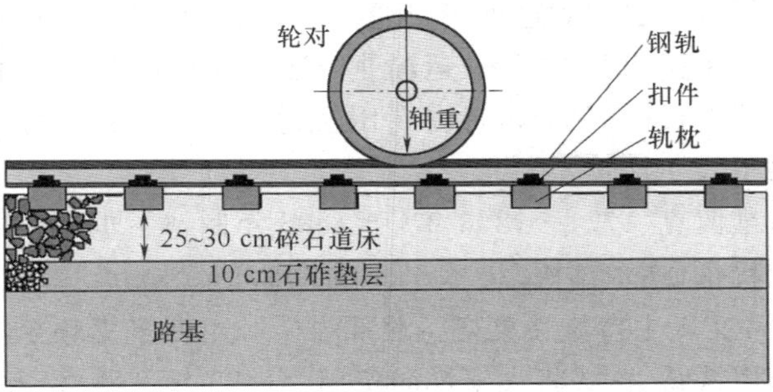


图 1.4　合理的受力

图 1.5　北美的马拉轨道车

## 1.2　人类历史上第一次交通革命

发生于 15、16 世纪的欧洲文艺复兴摧毁了长期禁锢人们思想的枷锁，带来了科学研究、技术革命和新发明的热潮，源自古罗马法制体系的欧洲法律保护私有财产、保护知识产权又促进了新生事物的发展。

18 世纪的英国工业革命是技术发展史上的一次飞跃，它开创了以机器代替手工工具的新时代。产业革命从工作机开始，以动力母机为标志，运输机具为其主要应用之一。蒸汽机火车、内燃机汽车的出现和发展是现代交通运输发展的两个重要的里程碑。

英国工业革命的功绩之一，是以煤作为能源的蒸汽机不仅被广泛用作带动纺织机等工作机械，也被引进到交通运输中牵引行驶在路上的车辆，从而引发了人类历史上第一次交通革命。

蒸汽机问世后，自然有人想到将它用于驱动车辆运动。1769 年，法国工程师居纽造出了第一辆用蒸汽机驱动的三轮汽车。1787 年，瓦特的合作者之一、英国工程师默多克(1754－1839 年)发明了一辆用蒸汽机驱动的无轨火车，1801 年首辆蒸汽汽车在英国问世。出于对这种新交通工具运载能力的“惧怕”，也考虑蒸汽机牵引的重型车辆对道路高要求，伦敦运输业向法院提起诉讼，英国法律裁决这种庞然大物不能在公路上行驶，只能运行在专用轨道上。在这种形势下铁路的发展几乎是顺理成章的了。

英国人特里维西克(1771－1833 年)于 1803 年制造了世界上第一台可以真正使用的铁路蒸汽机车，铁木结构，长 4.5 m，最高时速 5 km。

1823 年，斯蒂文森主持修建英格兰北部煤矿城市斯多克顿至河边城市克林顿之间的第一条商用铁路，正式将火车推向实用。1825 年 9 月 27 日，斯蒂文森亲自驾驶他自己设计制造的“旅行号”机车(图 1.6)，在新铺设的铁路上试车。为了可靠起见，他还同时采用了马作为备用动力，这次隆重的试车取得了空前的成功。

旅行号机车牵引 6 节煤车，20 节挤满乘客的客车厢，载重 90 t，时速达 15 km。这是一次盛况空前的试车典礼。铁路两旁人山人海，有人骑马跟着火车奔跑，欢呼这一奇迹的出现。1830 年，斯蒂文森修建的第二条铁路即利物浦至曼彻斯特铁路贯通。这一次，他驾驶的“火箭号”完全使用的是蒸汽动力，平均时速达到了 29 km，列车运行全程没出任何故障。

图 1.6　斯蒂文森的蒸汽机车

英国人用蒸汽机大大推进了陆上运输。斯蒂文森火车的鸣叫，召唤了一个“铁路时代”的到来。正是他，使世界真正认识到铁路运输的巨大优越性。从此巨龙奔驰在地球各地，极大地促进了世界经济的发展。正是“火车一响，黄金万两”。

自 1825 年英国开通第一条铁路，立刻获得了世界各列强国家的青睐，竞相修建。从 1840 年到 1913 年是世界铁路发展的“黄金时代”，由于铁路机车制造日趋完善，轨道结构也不断改进定型，各国修建铁路的热情日益高涨，铁路发展速度明显加快。1840 年世界铁路营业里程为 8 000 km,到 1913 年已达 110 万 km。

在这一修路的高潮中,西方资本主义国家几乎全体总动员,大部分的资金投入修铁路,大部分的钢材用来轧钢轨。其中又以美国为最甚:从 1881 年到 1890 年是十年间,平均每年修建 1 万 km 铁路,每年钢产量的 70%用于轧制钢轨。德国 1866 年到 1870 年 5 年间,投资的 70%用于修铁路。俄国 1861 年到 1873 年也把投资的 63%用于修铁路。

交通大动脉铁路的大量修建和超前发展,奠定了这些国家工业化的坚实基础。对这些国家的持续发展和强大起了不可低估的作用。时隔一个世纪,美国人在总结当年修路高潮的历史经验时认为,尽管当时美国很穷,但仍不惜筹借外债来修铁路。可以说若没有 20 个世纪的修路高潮,便没有今天美国的现代化和空间计划,更不会率先登上月球。从某种意义上说,没有横贯东西海岸的美国大铁路(最多时曾有 8 条平行东西干线铁路,见图 1.7),也就没有今天的美国版图。

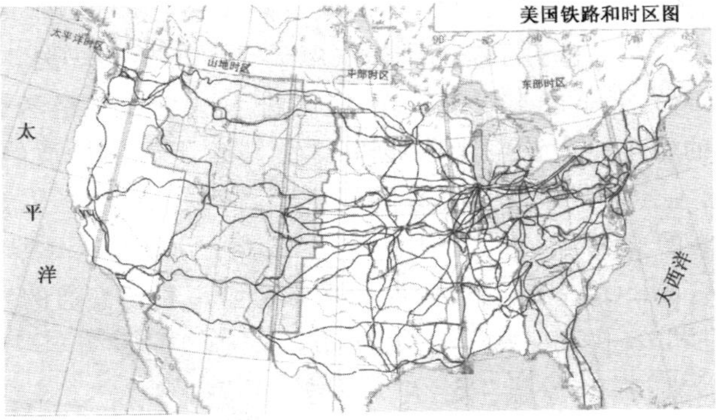


图 1.7 今日美国的铁路网

到 1913 年世界铁路的营业里程已达 110 万 km,并垄断了陆上交通运输。在美国,98%的城市间旅客周转量由铁路承担,在其他资本主义国家,运输量的 80%以上也由铁路承担。铁路霸主的地位一直延续到 1940 年,达到了铁路发展的鼎盛时期,此时的营业里程高达 135.6 万 km。

## 1.3 火车进入城市交通

表征社会文明程度的一个标志是城市化程度。欧洲的城市化开始于工业革命,大量失地的农民涌进了城市寻找工作,栖息求生。城市的膨胀,交通的拥堵,各种设施跟不上发展的需要,城市已不堪重负,必须用新的思维来解决问题。城市规模的大小依赖于城市交通的发展,仅有畜力拖动车辆的交通是无法支撑城市的交通体系，5 km 定律说的是只靠步行人的日常活动局限在 5 km 的范围内，当时欧洲城市的规模也就在这个比率间。而当时唯一可以依托的机械动力交通手段就是火车，火车登上历史舞台后主要用于工业原材料产地和工业城市之间、城市间的交通，以及大城市和周边小城镇之间的联系，火车站都建于当时城市的边缘，如巴黎的北站、东站、里昂站的 7 个火车站大致勾画了巴黎的城市轮廓，市内交通则还是空白，把火车引进城市交通以解决日益困难的城市交通几成定局。

首先实现火车进入市区的城市是伦敦。一个半世纪前的 1863 年 1 月 10 日开通了世界第一条城市铁路，由英国律师皮尔逊(Charles Pearson) 鼓动并投资。这条地下铁道从帕丁顿(Paddington)到弗灵顿(Farringdon)，总长 6 km。动力是向英国铁路公司租借的蒸汽机车，照搬铁路的设备、技术。皮尔逊因此被誉为“地铁之父”。由于线路建于地下，英国人称其为地下铁路(underground railway)。火车进入伦敦市区成功地解决了路面交通的拥堵，立刻得到了其他大城市的竞相效仿。纽约曼哈顿岛引进了城市铁路，有别于地面或高架路，纽约人称其为地下路(subway)，芝加哥 1782 年建起了环绕的市中心摩天大厦高架火车路，芝加哥人称其为环路(loop)。巴黎的火车进入城市较晚，此时进入城市的铁路牵引动力已经改为电力，首先通车的巴黎城市铁路 6 号线和 13 号线建于巴黎街道的下面，但是在当时世界博览会的主会场艾菲尔铁塔附近则建于高架之上，法国人把这种既建于地下又建于高架上的交通形式称之为大都市铁路(metroprolitain railway)，简称 Metro(见图 1.8)，Metro 一词已被世界后来修建城市轨道交通的城市认同、应用。

图 1.8　巴黎 Metro 出入口

蒸汽机装在机车上牵引火车进入城市，蒸汽机的空气污染、振动及噪声让人无法忍受，能否把蒸汽机安装在地面上，带动列车运行？在蒸汽机还占有统治地位的年代，北美大陆出现了一种城市钢缆车(cable car)，在市区内建设蒸汽机动力站驱动钢缆运动，钢缆沿钢缆车线路铺设在街道下(见图 1.9)，钢缆车上由控制手柄控制棘轮，棘轮卡在钢缆上车辆就前进，放松车辆就停止(见图 1.10)。在没有电车的年代，美国有许多城市修建了这种类型的轨道交通系统。这种系统虽然效率很低、机构复杂，但是没有污染，又解决了交通问题，特别在有坡道的道路上行驶自如，颇受公众欢迎，在有轨电车加入到城市交通队伍来之前存在了许多年。后来逐渐被淘汰，时至今日在旧金山渔人码头一带尚存一段 10 余 km 的旅游线路。钢缆车外形酷似有轨电车，也是行驶在街道上，在美国也被称为 tram。

图1.9　钢缆(CableCar)车

图1.10　带动钢缆运动的蒸汽机动力站

# 1.4　科技进步让交通面貌日新月异

## 1.4.1　有轨电车进入城市交通

当铁路网络遍布大地，火车满载原材料、工业产品和旅客穿山越岭，当上下班、购物的人乘坐在地铁列车上而无需步行的时候，追求创新的人类并没有满足已经取得的成果而停滞不前，人们对自然的认识，对科学的孜求从来没有放松。

19世纪之前，人们对电的认识极为有限。1820年丹麦物理学家奥斯特和法国物理学家安培发现电流的磁效应。十多年后，法拉第等人又发现了电磁感应现象，电磁学理论得到了巨大的发展。与此相呼应，工程技术专家敏锐地意识到电力技术对人类生活的意义，纷纷投身于电力开发、传输和利用方面的研究，推出了一个前人从未想过的电气时代。

电是人类面临的一种前所未用的新型的能量。所谓电力革命指的是，新兴的电能开始作为一种主要的能量形式支配着社会经济生活。电能的突出优点在于，它是一种易于传输的工业动力，同时，它又是极为有效可靠的信息载体。

电力革命主要体现在动力传输与信息传输两方面。与动力传输系统相关联，出现了大型发电机、高压输电网、各种各样的电动机和照明电灯。与信息传输相关联，出现了电报、电话和无线电通信。这些伟大的发明使人类的生活进入了一个更光明、更美好的电气时代。

从逻辑上讲，先得有发电机而后才有电动机，但从历史上看，因为伏特电池已经提供了电能来源，最先出现的倒是电动机。不过，大型的、实用的电动机与发电机，是在你追我赶、相互激励中不断研制和持续改进的。

电进入城市交通在19世纪末叶。1881年德国柏林工业博览会期间，展示了西门子(Werner von Siemens)发明的一列3辆编组的有轨电车(tram)，只能乘坐 6 人，在 400 m 跑道上演示。这种有轨电车使用两根钢轨作为输电电极，很不安全，没有使用价值。世界上第一个投入商业运行的有轨电车系统是 1888 年美国弗吉尼亚州的里士满市，此时的有轨电车采用了架空电缆和受电弓供电(见图 1.11)。

有轨电车是一种行驶在道路路面上的有轨交通工具，投资省、见效快、乘坐方便，又可以观赏街景，有轨电车迅速在欧美各城市中蔓延。在汽车尚未统治路面交通的时候，有轨电车有它的发展空间，20 世纪 20 年代，美国曾经在 370 个城市中建有 25 000 km 有轨电车线路，成为当时城市公共交通的骨干，风光一时。有轨电车又称为街车(Street Car)，一般是两节编组，载客量不大，很多线路与其他车辆共有路权，又受路口红绿灯的控制，运行速度很慢，正点率低，噪声大，加减速性能差。随着汽车工业的迅速发展，私人小汽车数量急骤增长，20 世纪 50 年代开始，世界各国大城市都纷纷拆除有轨电车线路。

值得一提的是虽然地铁发明 100 多年后中国北京才有了第一条地铁，但在有轨电车诞生 20 年后的 1908 年，第一条有轨电车就在上海建成通车，1909 年大连市也建成了有轨电车，随后香港、北京、天津、沈阳、哈尔滨、长春等城市相继修建了有轨电车线路，上海的有轨电车线路 1950 年曾达到历史最高的 75 km，在当时的城市公共交通中发挥了骨干作用。到 20 世纪 50 年代末，拆除有轨电车的风也波及到中国，我国各大城市也把有轨电车线基本拆完，仅剩下大连、长春、香港(见图 1.12)等个别城市保留了部分线路，继续承担着正常的公共客运任务。

图 1.11 西门子有轨电车

图 1.12 运营至今的香港双层有轨电车

电也进入了地铁，1890 年 12 月 18 日世界上第一条真正的电气化地铁线路诞生，此后建设的地铁都不再使用蒸汽机而采用电力牵引。

### 1.1.2 现代交通史上的第二次革命

传统的蒸汽机通过外燃的方式将热量转化为机械能，热效率非常之低；当蒸汽机起动之前还需要一段时间的预热，使用起来很不方便；而且以煤作燃料的蒸汽机污染严重。外燃是提高动力机械热效率的固有障碍，很早就有人提出过内燃机的设想，理论上也作了很多探讨。但是内燃机的原理是气化燃料在气缸内燃烧、爆炸产生压力推动活塞运动，这需要解决制造高压容器的汽缸材料的耐压、耐高温；需要解决加工精密的活塞在气缸内运动自如；特别是要找到合适的燃料。这些难题在蒸汽机出现的年代是很难解决的。

1860 年，法国发明家雷诺造出了第一台实用、以煤气作燃料、用电火花作点火装置的内燃机。1862 年，法国工程师德罗夏总结卡诺的热机理论，提出了内燃机的四冲程循环理论，德国工程师奥托 1876 年年底，造出了第一台以四冲程理论为依据的煤气内燃机

与此同时，19 世纪中叶以来，燃料工业发生了一次巨大的变革。1854 年，美国工程师西里曼成功地发明了石油的分馏方法，汽油、煤油、柴油等优质燃油投入应用。

1883 年，德国发明家戴姆勒研制成功了以汽油为燃料的内燃机；1892 年另一位德国工程师狄塞尔造出了用柴油作燃料的高压缩型内燃机。从此，内燃机这种马力大、体积小、质量轻、效率高的新式动力机逐渐取代了蒸汽机，成为工业上的主要动力机。

1886 年，戴姆勒将一辆四轮马车改装成真正的汽车。这是世界上第一辆现代意义上的汽车，它在平坦的公路上时速可达 20 km。1888 年，英国发明家邓洛普发明了充气轮胎，解决了汽车的颠簸问题。此后，奔茨又于 1890 年制成了四轮汽油内燃机汽车（见图 1.13）。1892 年，美国人福特也研制了美国第一部汽车。以后奔茨与福特均成立了自己的汽车公司，成批量生产，形成了一门新的工业部门：汽车工业。

图 1.13　1890 年奔茨的四轮汽车

福特发明了“流水线作业制”。汽车在流水线上被装配出来。流水线作业制大大减少了装配时间，而且对工人的技能没有更高的要求，因而大大降低了生产成本。自 1913 年采用流水线以来，福特汽车的产量与日俱增，到 1915 年，福特汽车公司已经生产了 100 万辆汽车。福特的功绩使美国最早进入汽车时代。内燃机的问世带动了陆路运输的另一场革命。

正如蒸汽机的发明及其实用化构成了第一次技术革命的主要内容一样，内燃机作为一种新的动力机械与电动机一起掀起第二次技术革命的高潮。

20 世纪为了服务于汽车和飞机的需要，内燃机一直在持续地改进和发展。随着内燃机质量马力比的下降，人类飞上蓝天的千年美梦开始成真。1903 年，美国

工程师莱特兄弟以一台 8 马力的汽油内燃机为引擎制造了一架飞机(图 1.14),并成功的在天上停留了 59 s,飞行37 m。飞机把人类带入了航空运输时代。

大功率内燃机在轨道交通的应用主要在大铁路的牵引机车上,地铁、有轨电车以及后来出现的轻轨等城市轨道交通的牵引一直采用电力。

图 1.14 1903 年莱特兄弟的飞机

## 1.5 轨道交通的螺旋式发展

轨道交通占据世界陆上交通一个多世纪,却没有及时将新科技、新手段运用于轨道交通领域,铁路运输业每况愈下,日薄西山,陷入了“夕阳产业”的窘境。

现代汽车制造业飞速发展和高速公路网的形成激发了“自主交通”的热忱,夺取了路上短途运输的份额。

现代航空工业的发展。夺走了本来属于铁路的中远距离运输市场。美国充当了拆铁路的急先锋,美国当时有人提出,因铁路亏损需要拆除 11.7 万 km 铁路,英国交通部门也曾提出一份“英伦三岛铁路改造计划”,其中心内容就是要拆除全部铁路,改建为高速公路。

当然当人们在享受科学技术的发展所带来的新消费、新生活的同时,也在思索由此产生的一系列问题:

1. 燃油在汽缸内直接快速燃烧,生成大量有毒物质,如氧化硫、氧化氮、苯丙烷、一氧化碳及其他碳氢化合物。为了提高汽油机的热效率,曾经一度在汽油中用四乙基铅做添加剂,废气中的毒性更强。人们不得不考虑汽车、飞机带来的严重负面后果。

2. 20 世纪中东战争带来的能源危机让各国政府重新审视国家的发展道路和能源政策。和汽车、飞机相比,轨道交通不一定采用石油制品作能源,可采用煤、核能、水电产生的二次能源—电。每单位运输量的能源消费量,轨道交通仅为公共汽车的 3/5,私人汽车的 1/6。

3. 土地资源的短缺也提到议事日程上来。私人小汽车的发展使土地的侵占加剧,每个小轿车乘客的占地面积是公共汽车乘客的 12 倍,铁路乘客的 20 倍。在美国,道路和停车场约占城市面积的四分之一。按照日本的资料测算,完成同样的交通量,轨道交通占地仅为公路占地的 1/8;这就是说,一条复线铁路等于一条 16 车道的公路。

铁路和地铁的诞生和发展已有 100 多年历史。但重视和大规模修建城市轨道交通系统则是在二次世界大战结束以后。20世纪下半叶以来，伴随着世界范围内的城市化进程，城市区域逐渐扩大，城市经济日益发展，人口逐渐上升，城市交通量呈急骤增长的态势，城市道路的相对有限性带来了交通阻塞、车速下降、事故频繁等一系列问题。行车难、乘车难，不仅成为市民工作和生活的一个突出问题，而且制约着城市经济的发展。在这样的背景下，世界各国纷纷开始采用立体化的快速轨道交通来解决日益恶化的城市交通问题。大城市逐步形成了目前以地铁为主体，多种轨道交通类型并存的现代城市轨道交通新格局。

据有关资料统计，从1863年到1899年有7个城市修建了地铁，从1900年到1949年，世界上又有13个城市修建了地铁。二次世界大战后，地铁建设随着全世界经济起飞而启动、加快。20世纪70年代和80年代是各国地铁建设的高峰。发达国家的主要大城市如纽约、华盛顿、芝加哥、伦敦、巴黎、柏林、东京、莫斯科等已基本完成了地铁网络的建设。但后起的中等发达国家和地区，特别是发展中国家地铁建设却方兴未艾。梱日本地下铁道协会统计，到1999年全世界已有115个城市建成了地铁，线路总长度超过了7 000 km。其中英、美、法、德、日、西班牙以及俄罗斯等发达国家所属20个城市在二次大战前就开始了地铁建设，到1999年末，总里程达2 840 km左右，其中一半以上为战后建设的。世界其余95个城市的地铁均为战后所建，总里程约为4 200 km。这就是说全世界近7 000 km地铁约有5 600 km是战后建成的，占80%。

以往的火车速度无法和飞机相比，但1964年日本东海道新干线的出现，改变了人们的看法，东海道新干线联系了东京和大阪，全长515.4 km，光号高速列车运营的最高速度210 km/h，平均速度也达160 km/h，运营时间由刚开始的3 h 10 min缩短为2.5 h。由于新干线的开通，维系两地的民航被迫关闭。法国TGV于1989年12月创造了515.3 km/h的行车速度记录，2007年更创造了547.8 km/h的世界记录，究竟飞机快还是火车快的问题又提了出来。效仿日本、德国、法国高速铁路，意大利、韩国、中国等都建设了自己的高速铁路网。

高速铁路、城市地铁、轻轨、有轨电车及自动导轨系统等在交通领域的成就和作用，轨道交通重新又引起了人们的关注。

回顾20世纪城市交通的发展历程，不难看出一个螺旋式的上升的发展；有轨电车从大发展到大拆除；汽车登上历史舞台，逐渐成了城市交通的主角；到20世纪末，以地铁和轻轨为代表的城市轨道交通又逐渐开始恢复了它的主导地位。

# 1.6　中国的轨道交通

## 1.6.1 旧中国的轨道交通

以造纸、火药、指南针和活字排版四大发明为代表的中国古代文明曾傲首屹立在世界先进之颠，却没能跟上近代文明的脚步，置身于欣欣向荣的世界科学技术发展之外。有关铁路信息和知识开始传入中国，大约是在 1840 年鸦片战争前后。当时中国的爱国有识之士如林则徐、魏源、徐继畬等人先后著书立说，介绍铁路知识。满朝高级官员中仅有左宗棠、李鸿章等个别人主动提出修路。沉湎于“泱泱中央帝国”的满清皇帝接受来自西方世界使臣的膜拜，却拒不接受外部世界的新思维、新事物，闭关自守的清政府视铁路如“洪水猛兽”。

中国首条铁路——吴淞铁路。英商怡和洋行在上海瞒着上海道台以修建“寻常马路”为名，擅自了修建吴淞铁路。吴淞路全长 14.5 km，单线，轨距 0.762 m，钢轨每 m 重 13 kg，机车自重 15 t，牵引小型客货车，时速为 24～32 km。迫于来自保守派和民间的压力，清政府出银 28.5 万两，买下吴淞铁路并拆除后运往台湾高雄。

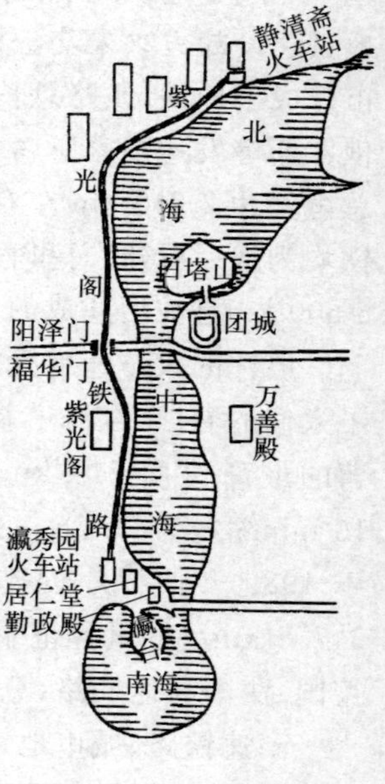

图 1.15　西苑铁路

中国自建并保存下来的第一条铁路—唐胥铁路。1881 年 6 月，开始铺轨，年末峻工。1882 年初，唐胥铁路启用时，用骡马牵引车辆，时人戏称为“马车铁道”。唐胥铁路长 9.2 km，钢轨每 m 重 15 kg。线路虽短，却是中国自建并保存下来的第一条铁路。

中国的第一条宫廷客运铁路—西苑铁路（见图 1.15）是李鸿章为了说服慈禧同意开禁建造铁路而专门为她修建的，从德国进口机车和豪华客车（现存于徐家汇车站饭店庭院内）。1888 年开始兴建，第二年竣工，从紫光阁的车库出发，一路北进，穿过福华门，离开中南海进入阳泽门后，沿北海西岸向北，到达极乐世界后转向东，到镜清斋前的码头而到达终点。包括岔道在内全长约 2 330 m。

谈到中国的轨道交通就不能不提中国铁路技术专家詹天佑。詹天佑 12 岁离开中国来到美国东部康涅狄格州的纽哈文城留学，17 岁进入耶鲁大学雪菲尔科学学院专攻铁路。回国后 1904 年詹天佑被指派负责京张铁路的建造工程。辛亥革命期间，孙中山邀约詹天佑协助他制订大铁路的规划。詹天佑为官一生，不仅在工程技术上创造出辉煌业绩，而且在道德上，也以忠贞爱国，刚正不阿为后世垂范。詹天佑逝世后，交通部在京绥铁路八达岭附近为詹天佑建立铜像、颁布碑文，“贞石磨崖，刊垂不朽，以案往哲，而励将来”(见图 1.16)。

1909 年 9 月 24 日连接北京和张家口的京张铁路通车，京张铁路穿越燕山山脉，沿途地势陡峭，地形险要，施工艰难。这是中国第一条不借助外国，完全由中国工程人员自建的铁路。

从 1876 年至 1912 年的清末 36 年间，中国共修筑铁路 9 968.5 km。此时中国的铁路技术落后，采用的制式混杂，仅铁路轨距就有五种之多，有 1.435 m 的标准距、1.524 m 的宽轨，窄轨有三种：0.762 m、1 m 和 1.067 m

孙中山辞去临时大总统职后，表示要“舍政事，专心致志于铁路之建设”，他认为：“凡立国铁路愈多，其国必强而富。”。1918 年孙中山提出大铁路计划，其总体目标是使中国成为具有 16 万 km 铁路的现代强国。孙中山大铁路计划的问世表明中国人对铁路的认识发生了巨大的变化(见图 1.17)。他的《实业计划》是中国铁路建筑史上一个划时代的标志。

图 1.16　詹天佑铜像

图 1.17　孙中山题

中华人民共和国成立前夕，旧中国铁路总里程为 21 949 km。

解放前各大城市都没有建设地铁。而城市有轨电车几乎和世界同步发展，上海、香港、北京、天津、沈阳、大连、哈尔滨等城市都建有有轨电车线路。

### 1.6.2　1949 年后的中国轨道交通

中华人民共和国成立后的 50 余年中国的铁路建设得到了发展，到 2006 年铁路线路已经达到 7 万 km，在东北、华北、西北、华东及华南的铁路网形成后，火车开进了世界屋脊西藏。牵引动力由蒸汽机到内燃机，正迈向电力牵引。铁路设备逐渐国产化，并向国外输出技术和设备。

1997 年、1998 年、2000 年、2001 年、2004 年和 2007 年中国铁路进行了 6 次大提速，几乎涉及所有的铁路干线，提速包括客车和货车。提速网络总里程达到 16 500 km，其中时速 160 km 及以上提速线路 7 700 km。

国家制定了《中长期铁路网规划》，到 2020 年，全国铁路营业里程达到 10 万 km，主要繁忙干线实现客货分线，建成 1.2 万 km 四纵四横的快速客运专线网（见图 1.18），复线率和电化率均达到 50%，运输能力满足国民经济和社会发展需要，主要技术装备达到或接近国际先进水平。

图 1.18　中国高速铁路网

我国城市轨道交通的发展一波三折，由于各种原因，1949 年后的许多年，中国实际上还是处于闭关的状态，对世界城市的发展、城市交通的发展不了解，规划设计的观念陈旧，城市轨道交通发展一直停滞不前。

改革开放后的中国城市开始醒悟到轨道交通系统作用后，39 个城市向国务院提出了建设地铁的要求。我国已开通城市轨道交通运营的城市有北京、天津、上海、广州、深圳、重庆、武汉及大连城市。特别是北京、上海、广州和深圳，分别籍举办奥运会、世博会、亚运会和大运会的契机，初步建设了各自的轨道交通网络，将城市交通的水平提高到发达国家城市的高度，为城市持续发展提供坚实的基础设施保证。

北京市是中国大陆第一座拥有地铁线路的城市，于 1969 年 1 月 15 日开通了由公主坟到北京火车站的第一条线路。目前北京地铁拥有 16 条线路，265 座车站，线路总长 442 km，日平均客流量 510 万人次，排名国内第二，世界第五繁忙的地铁系统。根据《北京市城市轨道交通建设规划方案(2011年—2020年)》,至2020年北京轨道交通将包括30条线路,总长1 050 km,车站近450个。

1980年代,天津地铁1号线部分区段(7 km)利用人防设施,借鉴北京地铁模式建成通车,是我国第2个拥有地铁的城市。2001年该线停止运营进行改造并延伸线路。截至2012年7月,天津地铁已经开通1、2号线及9号线(部分)三条线路。

上海轨道交通,又称上海地铁,第1条线路于1995年4月10日正式运营,是继北京地铁、天津地铁建成通车后中国内地投入运营的第三个城市轨道交通系统,也是目前中国线路最长的城市轨道交通系统。截止2012年01月01日,上海轨道交通全路网已开通运营11条线、287座车站,运营里程达420 km(不含磁浮示范线),近期及远期规划则达到510 km和970 km。

广州地铁由广州市地下铁道总公司负责营运管理,现有1号线、2号线、3号线、4号线、5号线、8号线、广佛线及APM线,总营业里程236 km(包括广佛线广州段),日均客流约为480万人次,并在亚运免费期以784.4万人次的峰值打破全国记录。远期规划长度是600 km。1号线于1999年建成通车,全长18.5 km;2号线于2003年开通。深圳地铁始建于1999年,于2004年12月28日正式通车。随着深圳地铁的开通,深圳已成为大中华地区继北京、香港、天津、上海、广州及台北后第七个拥有地铁系统的城市。截止到2011年6月,深圳地铁2期工程全线开通,5条线路,全长共计178 km。

截至2012年5月24日,我国大陆已开通轨道交通(包括轻轨和地铁)运营的城市有15个(图1.19),即将拥有轨道交通的城市有哈尔滨、青岛、合肥、南昌、郑州、无锡、宁波、长沙、太原、南宁、澳门、常州、马鞍山等。

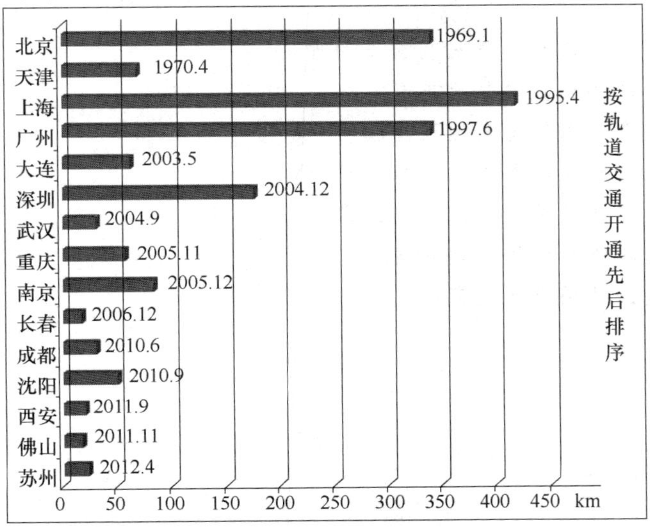


图1.19 我国已运营轨道交通城市的通车里程和通车时间

## 1.7 轨道交通的再认识

人类现代交通的革命起始于轨道交通。100 多年过去了，人类的追求一刻没有放松，人类前进的脚步从来没有停滞。人类的交通起了翻天覆地的变化，上天入地，时行千里已不是凡尔纳小说中的童话。从这个意义来说轨道交通不是新生事物、也不是城市现代化的体现。

正因为轨道交通车辆必须在轨道运行，无法满足人类发展“从门到门”自主交通的需要，当新的交通手段出现以后，轨道交通一度被冷落、被遗弃，特别在经济发达、人口密度较小的国家如美国。轨道交通再也没有可能回到“主宰”陆上交通的历史辉煌。

当然，毋庸置疑，轨道交通绝不是人类交通发展历史进程中的“过客”，轨道交通的构想是科学的，由于它自身的特点—特别是轨道交通车辆必须在轨道运行而独享路权，它尽可在这上面大做文章，发展重载、发展大运量、发展高速，轨道交通至今依然在运输业中占有重要的一席之地。

交通毕竟只是人与物流动的手段。选择什么交通手段和形式，归根结底取决于交通工具的进化和社会实际的需要。而且，最终还要根据城市自身的经济条件来选择。

## 思考题

1. 举例说明交通对人类文明前进的作用。
2. 为什么船的出现要早于车？
3. 为什么要采用轨道来运送重物？
4. 第一次人类交通革命的内容是什么？
5. 第二人类交通革命的内容是什么？
6. 什么是轨道交通的螺旋式发展？
7. 简述我国的城市轨道交通发展现状。

# 第2章 轨道交通的类型与形式

轨道交通经过一个多世纪的发展，经历了从畜力、蒸汽机车、内燃机车牵引发展到电力机车，由单一的钢轮钢轨发展到胶轮、独轨多种形式，从轮轨接触走行到开始有了非接触磁浮高速走行的替代，轨道交通的车辆和轮轨形式因大跨度的技术进步而出现了多种类型和丰富的形式。

我们是城市建设的后来者，可以借鉴、学习、引进的东西很多，但应当看到：一种轨道交通系统的产生、发展都有其特定的需求，都有其适用的范围。若非特殊需要(譬如城市高差相差很大)，一个城市的轨道交通系统不宜采用多种形式。

## 2.1 市郊铁路和通勤铁路

在火车出现的初期，铁路线除了用作连系原料产地和加工企业运输手段还连接各城镇，给人们的出行提供了前所未有的便利。美国、法国、英国、日本等交通发达国家在没有其他陆上交通手段的情况下，倾注所有的国力用来发展铁路，铁路网络发育完善，特别在城市周围地区。工业革命的结果之一，大量失地的农民涌进城市，开始了人类城市化进程的脚步。大城市发展、繁荣带来了拥挤住房、狭隘的空间、交通堵塞、生存环境恶化以及高昂生活指数等等诸多问题，人们开始又开始了向城市周边地区迁移。铁路大发展时期建设的网络被人们重新拾起，开通短途的、往返卫星城镇与中心城区铁路运输服务，这就是市郊铁路，主要服务学生与上班族。在全球大部分的城市群，每天都有大量的乘客使用这种交通手段满足出行需要：上下班或上下学。

大部分的市郊铁路使用既有铁路线路，建造成本得以大为降低。和城市轻铁或地铁相比，市郊铁路主要区别在于(见表2.1)：

**表2.1 市郊铁路、城市轨道交通系统和铁路干线的技术特征比较表**

| 线路种类 | 线路性质 | 服务范围 | 列车编组 | 站间距(km) | 平均时速(km) | 发车间隔 | 供电电压(V) | 供电方式 | 信号 |
|---|---|---|---|---|---|---|---|---|---|
| 城市轨道交通地铁/轻轨 | 客运专线 | 城市区域内 | 4或6 | 0.6～1.0 | 30～45 | 短 | 750、1 500等 | 第3轨、受电弓 | ATC |
| 市郊铁路 | 客运专线 | 中、短途市域范围 | 6或8 | 2.2～3.9 | 45～80 | 高峰时短 | 15 000等 | 受电弓 | 自动闭塞 |

续上表

| 线路种类 | | 线路性质 | 服务范围 | 列车编组 | 站间距(km) | 平均时速(km) | 发车间隔 | 供电电压(V) | 供电方式 | 信号 |
|---|---|---|---|---|---|---|---|---|---|---|
| 干线铁路 | 传统铁路 | 客货共线 | 全国范围 | 客运：14～20 | 8～20 | 客运：120～160 | 长 | 15 000 等 | 受电弓 | 自动闭塞 |
| | 高速铁路 | 客运专线 | 中、长、超长途 | 10 | 25～50 | 200～320 | 长 | 15 000 等 | 受电弓 | ATC |
| | 城际铁路 | 客运专线 | 中、长途大、中城市 | 8～14 | 8～20 | 160～200 | 长 | 15 000 等 | 受电弓 | 自动闭塞 |

1．使用的车辆和铁路车辆相近，因为乘车距离较长，乘客以坐为主，乘客上下客不频繁，车辆也不像城市轨道交通那样设有多扇乘客上下的车门；

2．大多数班次较稀疏，特别是用作通勤列车的铁路线，往往只在上下班时段才有车辆运营，譬如加拿大温哥华的通勤列车仅在早晚才运营，节假日停运；

3．有特定的到、发时间表(列车在指定的时刻开车，而不是每隔一段时间开出)；

4．服务地区的人口密度一般较低，通常是由市郊到市中心火车站；

5．市郊列车往往和大铁路列车共线运营，这就有一个管辖权问题，一般而言市郊列车归铁路部门运营、管理，而非纳入城市公共交通系统之内。

根据客流量增加，市郊铁路也开始“准地铁服务”，和一般城市轨道交通系统(或地铁)之间界限变得模糊。例如法国巴黎的 RER A 线和 B 线、澳大利亚悉尼及墨尔本的近郊铁路、纽约长岛铁路；香港的港铁东铁线提供的服务班次及密度接近一般城市轨道交通系统，而车辆亦以乘客多站立来设置；东京的日本铁路山手线列车运行于环状的独立线路，营运路线站距与列车班距同样接近于城市轨道交通系统，并且具有和其他长途铁路线及城市轨道交通线路相互接驳、换乘的功能。中国北京的地铁十三号线是由郊区中一些较少使用的铁路线路改装而成，但营运模式跟城市轨道交通系统差不多。

欧洲不少国家不大，城市间的距离短，城际列车服务及市郊铁路的分界变得模糊。例如荷兰及比利时的城际列车运载有很多通勤上班人士，使用的车辆、站间距及运营班次亦接近其他国家的市郊铁路。在北美洲，市郊铁路通常是由政府或半政府机构营运。

我国的城市化进程还处于以集聚为主的发展阶段，城市建设大都把注意力关注在缓解中心城区交通繁忙的事务中。近几年来，城市经济的快速发展，已经导致中心城区人满为患，交通拥堵难以排解。上海市政协 2005 年提交的《上海重大建设对人口布局的影响及其对策研究调研报告》指出，上海内环线以内的常住人口密度为 3.39 万人/$km^2$，外环线以外仅为 0.14 万人/$km^2$，两者差距高达 24 倍(相关统计资料显示，纽约的中心区人口密度仅为外围的 2.4 倍，巴黎为 2 倍，东京为

0.5倍)。上海的这种人口分布格局，给中心城区的基础设施、各种资源供应和防灾减灾带来了巨大压力，也加大了城市安全的风险。上海市政府为了逐渐解决城市人口分布失衡的问题，采取了"推进中心城区人口向外疏解；通过郊区城镇建设、园区建设，吸纳中心城区居民在中心城区以外地区就业、定居；通过轨道交通、快速通道加强郊区与中心城区的连接"的措施。2000～2005年，上海市内环线以内的核心区常住人口数量减少17.21万人，增长率为－14.2%；近郊区常住人口增长82.06万人，增长率为26.17%。把大批城市中心区人口迁移到城郊甚至远郊乡镇，加速了郊区农村的城市化进程。而这数万甚至数十万城郊居民中的在职人员，其工作岗位却仍然在中心城区。还有少数人为避开中心城区的嘈杂喧闹，在城郊购房。这样，就出现了居住区与工作区远距离分开的状况。北京、广州等特大城市以及重庆、天津、武汉、南京等省会城市都逐渐形成了居住区与商业经济区远距离分离的状态。成千上万的上班族在相对固定的时间段内集中上下班。这种每日固定时间、固定方向上的人流日益增多并过于集中时，就会形成通勤高峰。给交通带来巨大的压力，仅仅依靠私家汽车和区间巴士专线，已经不能解决问题。轨道交通系统具有运量大、占地少、不受其他道路交通干扰，因而快速准时的优势。这样，规划并建设市郊轨道交通系统就成了这些城市必然的选择。

但是，由于我国铁路建设比较落后，各大城市干线铁路直接进城的格局及其近乎饱和的运量，使得市郊铁路面临举步维艰的窘境。最实际的做法是将城市轨道交通中的干线，向客流明显增大的郊区延伸，再在适当的近郊部位设置环行城市轨道交通换乘点，总体形成"纵横贯通、环行联络、四通八达"的城市轨道交通格局。例如北京、上海等特大城市，都采用了这样的建设思路。用这样的方法来弥补市郊铁路的空缺，是目前行之有效而又节省投资的良策。

当然，地铁、轻轨和市郊铁路在信号制式、供电方式、供电电压等方面还是有一定差异，在把中心城区的线路延伸到远郊，或者利用地铁把城镇连接在一起是需要做一定的调整。

注：表中市郊铁路的技术参数取自法国巴黎市郊铁路。

## 2.2　城市轨道交通形式

### 2.2.1　城市轨道交通的一般类型

**1. 地铁和轻轨**

轨道交通进入城市源于19世纪中期。工业革命后。城市规模膨胀、扩大，亟待解决公共交通问题。在当时的社会历史背景下，蒸汽机车进入市区几乎是先进公共交通的标志而受到广大市民的认可和欢迎。特别是在工业革命发源地的英国，1863年，伦敦出现了第一条蒸汽机车牵引的地铁线路(图2.1)，英国人称之为"Underground Railway"(地下铁道)。尽管空气污染严重，乘坐并不舒服，但世界各主要工业化国家的大城市都竞相效仿，掀起了修建地铁的高潮。美国称之为"Subway"，法国人称之为"Metro"。

这些城市内的铁路采用了"Underground Railway"、"Subway"的城市火车形式，线路网大都在100年前规划、设计、建造，都有独立的路权；都是建于客流集中的客运走廊；这构成了城市轨道交通的基本格局。在100多年的时间里，随着一次又一次的工业技术革命，城市轨道交通从轨道技术到车辆技术、从通信信号技术到运行调度技术，都发生了重大的历史性变革。地铁的快速、便捷、大运量、现代化的特性已经成为现代化城市的重要标志之一。现代地铁作为城市轨道交通系统的骨干线路，是客运量最大的轨道交通形式，其客流量达到3万～8万人次/h。

图2.1　伦敦最早的地下铁道与机车

地铁最初由于伦敦的地面路权问题，只能在地下修建和运行。后来，由于地面以下修建铁道线路与地下建筑，费用非常昂贵。于是考虑修建在地面用地不太紧张而又可以封闭的路段；在地面道路共用的路段又不能在地面封闭的路段，则采用高架的形式。但不管何种形式，线路始终与其他交通工具分隔；其行驶过程只接受轨道交通运营管理系统的指挥与管理，不受其他交通形式的干扰和影响。这样，地铁作为大运量轨道交通系统，不仅在地下修建和运行，也可以在地面或高架工程上运行。其称谓并不因为走行在高架或地面而有所改变。从世界各城市地铁的走行模式看，始终采用传统的钢轮双轨系统。

所谓"轻轨"，最初是指"轻型轨道交通系统"，轻轨线路大多具有独立路权，和其他交通工具分路而行，有的城市为了节省投资，在车辆进入城市中心后行驶在地面街道上，与其他车辆混行。很多城市把城市有轨电车也称为轻轨。其实，"地铁"、"轻轨"与有轨电车的区别还是很大的。我国"轻型轨道交通系统"的道床、轨道结构、运行车辆和运行管理系统来看，与地铁基本相同。而且设有独立的路权。与"地铁"不同之处，无非就是因为客运量比"地铁"小，因而车辆多采用B型车或C型车，列车编组比地铁小(相应站台长度短)、运营线路比地铁短、站间距小、行驶速度比地铁慢、行车间隔略长、运行管理模式有所不同而已。在我国"地铁"与"轻轨"的主要差别就是运量不同。在我国的规范中，每小时客运量3万～8万人次的轨道交通系统，称为

“地铁”；每小时客运量 1 万～3 万人次的轨道交通系统，称为“轻轨”。

如果把地铁看着城市公共交通的主动脉，则可以把轻轨看成动脉，巴黎轻轨起了连接两个交通枢纽的作用；新加坡 MRT 捷运系统是城市交通的主干线，连接捷运系统车站与各居民区的交通则采用了多个轻轨系统。

如果中小城市修建城市轨道交通系统，客流量不大的情况下，可以考虑采用轻轨作为主干道，配合其他交通手段，譬如有轨电车、公共汽车，构建城市公共交通网络。

**2. 有轨电车**

城市“有轨电车”，与地铁、轻轨的差别就比较大。最主要的差别在于有轨电车没有独立路权，与地面其他车辆共同使用城市道路，与横向道路是平面交叉，其运营受道路交通信号灯控制。因此，除了在轨道上行驶这一特点外，有轨电车更雷同于一般的公共交通车辆。

有轨电车是城市轨道交通工具中有着悠久历史的轨道交通形式。世界上第一辆有轨电车于 1881 年诞生在柏林。这辆原始的有轨电车只能载 24 名乘客，车厢是敞开的，它在设于道路的轨道上行驶，轨顶面和路面相平，没有独立的路权，速度不到 19 km/h，电动机的功率仅 4.5 马力（约 3.3 kW），电流是通过轨道输送到电动机的，两条钢轨形成电流的回路。到 1883 年，开始采用架空线来输送电流，再通过轨道形成电力回路，车辆也作了许多改进。有轨电车作为公共交通工具，逐渐为大众所接受，并很快得到广泛使用，在 20 世纪初期已经成为城市公共交通的主要方式。以美国为例，1912 年美国拥有 2.5 万人口以上的 376 个城市中，有 370 个城市采用有轨电车作为城市公共交通工具，有轨电车的数量最多时达到 8 万多辆，线路总长度达到 25 000 km。

有轨电车诞生不久，很快便传到中国。1895 年，在上海的英国人开始筹划在英租界建造有轨电车线路。1908 年 3 月 5 日，上海第一条有轨电车路线正式通车营业，线路长 6 km。此后不断扩展，到 1959 年，上海的有轨电车多达 360 辆，线路总长度为 72.4 km（图 2.2）。我国一些重要的沿海城市也相继建造了有轨电车。到了 20 世纪 50 年代，随着汽车工业的蓬勃发展，城市公共交通开始向汽车转化。一方面愈来愈多的人拥有私人汽车，使私人交通的比重不断增加，公共交通的比重相应下

图 2.2　上海南京路上的有轨电车

降。另一方面,有轨电车的噪声太大,舒适性差,技术落后。许多城市的有轨电车遭到废弃。伦敦、纽约等大城市先后在50年代和60年代完全取消了有轨电车。

然而,有轨电车在另一些国家仍受到重视。欧洲国家城市的有轨电车客运比例虽有所下降,但绝对数量仍有所增加。西欧的有些国家如德国、瑞士等,有轨电车在城市公共交通中仍保持了一定的地位。我国一些城市的有轨电车大多来自国外,这些电车跟不上形势的要求,受国外潮流的影响,也随之而萎缩。1975年,上海拆除了最后一条有轨电车路线。不过,我国东北几个城市仍保留着有轨电车,但在城市公共交通中所占的比重则已降到了最低的水平。

有轨电车在街道上消失以后不久,人们便发现,这些腾出来的道路空间很快被汽车挤满。私人汽车的迅猛发展,造成城市道路交通日趋阻塞,城市的空气污染日益严重,对城市的生活质量和经济发展带来了极其严重的后果,促使人们不得不重新研究城市的交通政策。人们重新认识到:轨道交通的运能大而占用道路面积小,是解决交通拥堵问题的有效交通手段,由于采用电力驱动而不排放有害气体,有利于改善城市的大气环境。那些保留有轨电车的城市,积极采用先进技术来改造老式的有轨电车,以适应现代城市的要求。上海张江引进的现代有轨电车就是这样的设想,见图2.3。

图2.3 上海张江现代有轨电车

欧洲国家城市规模普遍不大,市中心区域尤小,古迹遍布,游客很多;虽然私家车比例很高,但一般不容许进入市中心,很多城市,譬如赫尔辛基、奥斯陆等把有轨电车作为城市交通主动脉,市政当局还鼓励市民和游客骑自行车,以解决城市交通问题。

**3. 钢缆绳车**

(1)钢缆绳轨道车(Funicular Cable Car)

使用钢缆绳牵引交通工具行驶的构想最早出现在美国的运河上,依靠水力驱动涡轮旋转,带动钢缆绳前行来牵引船舶逆流而上。在蒸汽机出现以后,把蒸汽机装置在地面上驱动滑轮组旋转,带动钢缆绳前行而牵引放置在钢轨上的车辆前进,这就出现了钢缆绳铁路,这种铁路用作攀登较为陡峭的山坡,可以称为缆车或“登山铁路”。钢缆绳铁路通常都会有两辆车,分别装置在缆索的两端。其中一辆车上山时,另一辆则同时下山,以节省能源。轨道一般为单线,在正中位置设置交会的双线区段,供两辆车错车之用。缆车可攀爬的坡度可达122%,超过齿轨铁路等登山铁路技术。

1888 年英国人在香港建成的山顶缆车，是香港最古老的机动交通工具。缆车总站原址为花园道 33 号。后于 20 世纪 80 年代初拆除，迁往现址圣约翰大厦。缆车轨道全长超过 5 000 英尺，高达海拔 1 300 英尺，平均斜度为 45°，最陡峭的坡道倾斜达 80°。缆车最初以蒸汽推动，至 1926 年改用电动引擎，以一条长 5 000 英尺的电缆同时拉动 2 辆缆车，分别上下山顶。1989 年，缆车系统更趋电脑化，载客量由 32 人增至 120 人，车程约需 15 min(图 2.4)。重庆是我国著名的“山城”。城市建在山坡上。朝天门码头坡高且长。从码头到坡顶，要登数百级台阶。为方便行人、游客，重庆市政府于 1984 年修建了客运缆车，成为客运码头重要的高效公共交通工具。智利、美国、日本和欧洲许多城市都建有这种钢缆绳轨道铁路。

钢缆绳轨道车辆运用于城市轨道交通中是在在蒸汽机动力出现以后，蒸汽机被安装在车间内，驱动钢缆绳运动，行驶在轨道上的车辆钳住缆绳车辆前进，松开则停止。美国旧金山率先使用这种交通系统，建设了蒸汽机车间，在城市道路地面下铺设钢缆绳和滑轮，组成了钢缆绳轨道车网络。包括西雅图在内的多个城市纷纷效仿，当电动机出现以后，蒸汽机车间又改造成电动机车间，但和电车相比较，这种交通形式复杂、难以维修，很快各城市引进有轨电车、拆除钢缆绳轨道车，可以说这种交通形式在城市轨道交通发展历史上是昙花一现，目前世界上这种交通形式仅仅保留在美国旧金山的大街上。

图 2.4　香港的山顶轨道缆车

(2)悬挂式缆车

悬挂式缆车(又称索道)作为城市快速载客工具，起源与矿井运输和采石场运料车。钢索悬挂式缆车的功能主要是方便旅客上下山坡，减轻旅客的体力消耗和避免陡坡攀登的危险。由于地势起伏大，局部山坡陡峭，不宜铺设轨道，于是就采用悬挂式缆车(例如瑞士的滑雪场)。用坚固的支架把钢索悬挂在空中避开陡峻的局部地形，缆车以特制的挂钩将车厢悬挂在钢索上，牵引钢缆把车厢牵引到各个站台。我国已经有专业的“索道公司”，专门生产山地用的索道缆车。

图 2.5　曼哈顿—罗斯福岛的缆车

在城市内，第一条载客悬挂式缆车于 1976 年启用。往返于纽约的曼哈顿至罗斯福岛之间(图 2.5)。全长 1.2 km,单程运量 1 500 人/h。

### 2.2.2　城市独轨交通系统(Monorail)

独轨交通系统仍属于"轮轨"运行模式。但与传统的钢轮钢轨双轨线路有很大的区别,独轨交通系统的车辆不仅可以在轨道上面行走,也可以采取悬挂的形式,在轨道下面行走。这就为在道路局促地段、建筑密集地段、地物复杂而难以修建传统轨道交通地段,提供了又一种轨道交通形式。

**1. 独轨交通系统的发展历史**

就技术上的定义而言,独轨(Monorail)系统是指以单一轨道来支承或悬挂车厢并提供导向作用而运行的轨道交通系统。根据现有的纪录,英国人 Henry Palmer 在 1821 年即开始研究发展独轨系统,并取得英国第 461 号的发明专利。1824 年 Palmer 在伦敦码头区布设独轨系统轨道用以运载货物,号称世界上第一个独轨系统。当时的轨道梁是以木料制成,将车厢跨坐在木轨上并以马匹拉动。

1893 年德国人 Eugen Langen 开始研究发展悬挂式的独轨系统,并于 1901 年 3 月在乌伯塔市沿贯穿市区的河谷,搭建钢架悬吊车厢,完成 13.3 km 长的独轨城市公共交通系统,称为 Langen 式或乌伯塔式独轨系统。该系统运营至今无任何伤亡记录,被列为世界高效率运输系统之一(图 2.6)。

图 2.6　德国乌伯塔独轨交通

1952 年瑞典人 Axel Leonart Wenner Gren 以 1∶2.5 的比例在德国科隆市附近的 Fuhligen 作模型试验,独轨车辆在 1.9 km 长的钢筋混凝土试验轨道上走行,运行速度可达到 130 km/h。1957 年 Gren 又在原地建造了一条 1.8 km 长的实体轨道,测试的结果与模型试验相近。这种形式的独轨系统就以 Gren 的全名缩写字母定为"ALWEG"型独轨系统。ALWEG 型独轨系统很快地成为世界独轨的风尚,美国洛杉矶"迪斯尼乐园"(Disney Land)于 1959 年首先建造了 2.3 km 的游客输送系统。1961 年意大利的都灵完成了 1.16 km 的客运路线。1962 年美国西雅图市配合世界博览会的游客运输,建造了 1.5 km从市中心区到博览会场大门的独轨系统,1971 年美国东岸奥兰多的"迪斯尼世界"(Disney World)完成了 4.4 km 的系统。ALWEG 型独轨交通系统在发展成型后至 1970 年代的十余年间,虽然进展较快,但似乎仅止于游乐园或展览会场区内的游客运输,并没有进入作为城市交通系统的领域。

在法国“Societe Anonyme Francaise d'Etudes de Gestion et d'Entreprisese”所属的十家厂商与法国国铁及巴黎快速运输局(RATP)共同开发，1960 年 2 月底在巴黎南方奥尔良市附近的 Chateauneut 完成了 1.4 km 长的一种新式悬挂型独轨系统的试验，以参与厂商所属的集团名称缩写字母定名为“SAFEGE”型独轨系统。日本是世界上第一个应用“SAFEGE”型独轨系统的国家，1964 年在名古屋的东山动物园建造了 470 m 长的游园线路。

ALWEG 型及 SAFEGE 型逐渐成为现代独轨系统的两大技术主流。

为迎接 1964 年东京奥运会，名古屋铁道及日立制作所出资成立铁路公司，建设从羽田机场到东京的独轨铁路，9 月 17 日正式通车运营，全长 17.8 km。2000 年又开通运营了东京多摩独轨系统，全长 16 km。

图 2.7　重庆的跨座式独轨车辆

重庆市山城选择了 ALWEG 跨座式单轨交通系统，2000 年动工修建，2004 年 11 月竣工投入运营。东起重庆市区商业中心校场口，西至大渡口区钢铁基地新山村，全线长 17.54 km，设 17 座车站，高架轨道梁桥贯穿全线，占总长的 83.2%，具有高峰小时运送 3 万人次的客运能力(图 2.7)。

**2. 独轨交通系统的综合特点**

独轨系统列车可由 4 辆或 6 辆车组成，列车最大运输能力分别为 1 070 人和 1 626人，每小时的客运量为 5 000～30 000 人；其运量接近轻轨交通系统，有以下一些特点：

(1)占用土地少

独轨交通均为高架线路，轨道结构的限界尺寸比轻轨还要小，土木工程建筑体量也小；

(2)适应复杂地形要求

独轨交通的车辆使用橡胶轮胎，在大坡道和小半径曲线的区段都能发挥正常性能，理论上可以通过 100‰的坡道和 30 m 的小半径曲线(实际应用中采用 60‰纵坡，100 m 最小曲线半径)；

(3)独轨交通轨道结构简单，标准轨道梁可在工厂预制，现场拼装，工期较短。造价低于地铁。

(4)没有脱轨的危险，安全性好、事故率相对来说较低。但是也应该看到无论跨坐式还是悬挂式车辆一旦离开车站，车辆离开地面，乘客只能借助地面起重设备逃生，日本就此专门制定救生的应急预案；

(5)噪声低、无废气污染等公害。

独轨交通采用橡胶轮胎，与钢轮钢轨系统相比，运行时噪声较低，据日本小仓线独轨列车运行时的实测结果，当行车速度为 60 km/h，距轨道中心线 10 m，离地面高 1.2 m 处，测得噪声值为 74 dB(分贝)，比一般地铁或轻轨低约 10～15 dB(分贝)。当然，由于橡胶轮胎与走行面之间的摩擦所产生的橡胶粉尘污染也不容忽视，而且不可回收的废弃橡胶轮胎污染也需要考虑；

(6)乘坐舒适

由于采用橡胶车轮和空气弹簧转向架，列车运行平稳，旅客乘坐环境舒适，视野广阔，眺望条件好，在城市中运行可兼有游览观光的作用。

**3. 独轨交通系统应用**

从乌伯塔悬挂式独轨系统问世以来，独轨系统并没有像钢轮钢轨系统那样在各个城市广泛应用，如本节前面介绍，绝大部分独轨系统规模都不大，采用小车型，使用于游乐场所。修建在大街上的西雅图独轨系统仅 1.6 km 长，单向客运量仅 5000 人次，作为旅游项目或节假日父母携带孩童的一个去处，不能算作公共交通工具，当时修建的目的是为了西雅图世博会向世人展示美国的国力，50 年后的今天西雅图修建轻轨系统依然采用了常规的钢轮钢轨系统。同样向世人展示日本高科技的东京～羽田机场的跨坐式独轨系统开通于东京奥运会揭幕之前，满挂 6 节编组，运量可以达到轻轨水平，但随着国际航班迁往成田机场以及沿线工、企业不景气，该线长期处于不饱和状态，特别由于独轨车辆只能在其独轨轨道梁上行驶，不可能与普通地铁轻轨互换运营，维修基地也只能各归各。东京附近的湘南线采用了悬挂式独轨系统，由于采用 2～4 节编组的 C 型车，钢支柱及轨道梁体态均很大，不过由于车辆荷载由立柱和轨道梁承担，车站的设计很简单，而且车辆悬挂在空中，可以节省道路空间。

德国城市杜塞尔多夫和多特蒙德 20 世纪 80 年代修建了单轨系统解决市中心和大学校区之间的交通联系，号称“空中客车”，客运量仅相当于公共汽车，载客少、车辆荷载小，整个结构形态也小，实际上相当于把公共汽车“空中化”。该系统的开通运营没有引起连锁反应，没有跟进建设的城市。

### 2.2.3 橡胶轮系统

橡胶轮系统是轨道交通的一种形式，它采用了道路交通的轮胎技术。即，列车的车轮不再是传统的钢轮，取而代之的是橡胶车轮，其行走的轨道亦有别于传统的钢轨轨道。与钢轮路轨系统相比，胶轮路轨系统的普及率并不高，这很大程度上是因为胶轮路轨系统并不适合应用于高客运量的重型铁路系统所致。

与钢轮路轨系统相比，胶轮路轨系统的优点有：

1. 低行驶噪声；

2. 更大的加速及减速度；

3. 因为轮胎与地面的摩擦力大，线路纵坡可达 13‰；

4. 可行驶于小半径曲线地段，譬如巴黎地铁某些曲线半径仅 75 m，就采用该系统。

橡胶轮系统亦有着一些非常明显的缺点：

1. 因为轮胎的摩擦度问题，有很大部分能量被消耗于行驶时产生的热量；

2. 轮胎使用寿命短、更换次数多、保养费用较昂贵；

3. 胶轮在严冬的气候会丧失高牵引力的优势；

4. 橡胶轮系统没有国际标准，不同厂商都有互不兼容的专利规格，导致了顾客在决定变更橡胶轮系统的供应厂商时等同要完全重置整个系统的设备。

第二次世界大战后，巴黎百废待兴，地铁也需维修改造，橡胶轮系统最早由法国轮胎生产商米其林及车辆制造商雷诺于 1951 年合作共同开发，完成巴黎地铁 11 号线车辆的钢轮系统上加装橡胶轮系统工作（见图 2.8），成为全球首个胶轮轨道交通线路。后来又将 1、4 及 6 号线改造成橡胶轮系统。不过在已存的钢轮系统上加装橡胶轮系统投资极大，1998 年新落成的全自动驾驶 14 号线一开始就被建成橡胶轮路轨系统。

图 2.8　普通转向架改造、加装橡胶轮转向架

法国马赛、里昂、雷恩、图卢兹、瑞士洛桑、意大利都灵、美国迈阿密、加拿大蒙特利尔、墨西哥墨西哥城、智利圣地亚哥等城市地铁采用了橡胶轮系统的轨道交通。

## 2.3　磁浮交通系统

钢轮钢轨系统之所以能够工作在于轮轨间的粘着力（磨擦力），图 2.9 是钢轮钢轨相互作用的轮轨关系图。钢轮受到车辆轴箱传递的车辆质量（轴重）$P$，以及基础反力 $P'$，$P=P'$；$m$ 牵引电机产生的动力扭矩（方向为图中所示方向）；$f'$ 是钢轮对钢轨的作用力，$f$ 则是钢轨对钢轮的反作用力，根据牛顿定律，$f$ 和 $f'$ 是一对大小相等、方向相反、作用在两个不同物体上的作用和反作用力，；$F'$ 则是列车前进时的阻力。

当列车停止在轨道上，牵引电机不工作，$m=0$，轮轨间没有相互运动或运动趋势，$f$ 和 $f'$ 均为 0，仅传递竖向作用力 $P$，前进阻力 $F'$ 也是零。

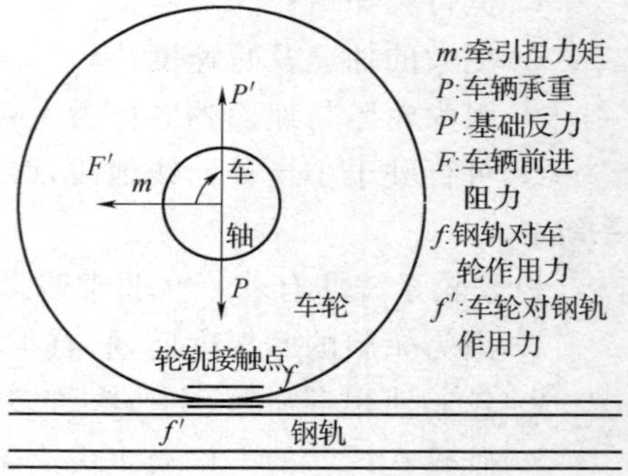


图 2.9　轮轨相互作用图

列车启动，牵引电机输出牵引扭矩 $m$，轮轨接触点处轮周有向后运动的趋势，钢轨马上产生力阻止车轮的运动趋势，这个力就是牵引力 $f$，$f$ 的方向是列车前进的方向。$f$ 等于前进阻力 $F'$ 列车匀速前进，$f$ 大于 $F'$ 列车加速前进。如果钢轨面上涂了油脂，磨擦力减小，轮轨间打滑，列车就不可能启动。

当列车速度大到一定程度，轮轨之间的相互作用就发生了变化，即使牵引力矩再增加，牵引力 f 也不可能再增加，铁路工程界考虑各种因素认为传统的钢轮钢轨列车的极限时速很难超过 375 km。(实际上这个临界速度已经被法国高速铁路试验所打破。2007 年 4 月 10 日法国阿尔斯通公司研制的 V150 超高速列车以 547.8 km/h的速度打破了 1990 年 5 月 18 日创造的 515.3 km/h 的世界记录)。因此认为要使列车速度再提高，不外乎减少列车前进的阻力，或不采用轮轨接触方式驱动列车前进，亦即列车不与轨道接触而放弃使用车轮。

磁浮的理论(Magnetic Levitation，简称 Maglev)由德国人赫尔曼·肯佩尔(Hermann Kemper)提出，1934 年申请的专利，专利号为 644316，名称为无轮磁浮列车。肯佩尔提出的磁浮列车，当时就象科学幻想一般，直到 1969 年德国才开始研究试制，成功制造了小型磁浮列车模型，不久又在 Emsland 成立了磁浮列车试验场，建造了 31.5 km 长的试验轨道。有人说："磁浮列车是自大约 200 年前斯蒂芬森的"火箭"号蒸汽机车问世以来铁路技术最根本的突破。"这是一点都不为过的。应该说磁浮列车不仅仅是铁路技术的根本突破，更是现代交通工具的典范。

磁浮列车的基本原理系应用磁铁同性相斥、异性相吸的特性发展而成，列车悬浮的方式又分为排斥力悬浮及吸引力悬浮两种(图 2.10)。德国的磁浮系统采用吸引型悬浮，轨道梁支撑结构呈"T"字型，车体和轨道梁相应位置分别安装极性相反的电磁铁，通电、电磁铁工作后产生吸引力，车体悬浮，并保持车体在轨道梁上的位置(导向)；列车运动则依靠直线(线性)电机：将三相定子线圈全线铺设在轨道梁上(称为长定子式)，车体底部安装感应的转子装置，上海浦东机场磁浮试验线就采用这种牵引方案。

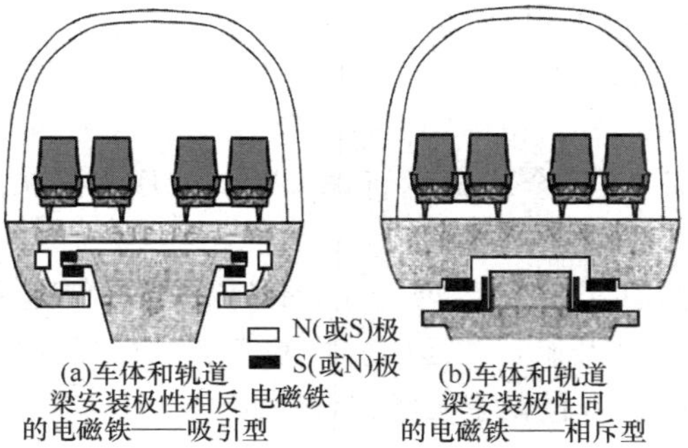


图 2.10　吸引型和相斥型磁浮原理图

德国的 TRANSRAPID 磁浮系统意指高速列车，目前的试验车厢 TR07Europa 系以时速 500 km 设计。在 1989 年 12 月于 Emasland 作试验运转时，曾达到 435 km/h 的速度；1991 年通过鉴定，认为磁浮列车在技术上已经成熟。1994 年 3 月，德国议会批准了柏林至汉堡间 283 km 的磁浮列车行驶线，两地间行驶时间为 1 h，发车间隔为 10 min，该工程应于 2004 年完工。由于磁浮列车技术上尚不够完善，造价又高，批准的计划并没有投入实施。

日本发展的 Maglev 磁浮系统采排斥型悬浮的方式，由日本铁路(简称称 JR)在九州宫崎县建造 7 km 的实验路线进行排斥力悬浮式磁浮铁道的研究。从 1977 年开始，以 ML-500 的试验车厢在倒 T 型的轨道梁上试验，1979 年 12 月创下 517 km/h的纪录。1980 年以后，轨道改成 U 型，凹陷的底槽上方和两侧各有线圈，同时使用编号 MLU-001 的试验车厢，其底部和两侧设置超导体磁铁，电流通过线圈时产生磁场，操控磁场的互斥磁性，车厢便悬浮在轨道梁上，而利用排斥力与吸引力的交互变换拉推，使列车悬浮前进。经过多次的一车及两车成组试验后，于 1982 年 9 月 2 日，由编号 MLU001-1 及 MLU001-3 组成的磁浮列车在首次搭载三人的试验运行中达到 262 km/h 的速度。当年 11 月即组成由 MLU00l-l/MLU001-2/MLU001-3 连结的三车列车，进行进一步的列车运转试验。日本 Maglev 磁浮系统的试验工作目前已进化至 MLU002 型试验车的阶段，日本政府已决定建造 40 km 长的双股轨道梁以试验下一代车种 MLU00X1，同时预定进入商业运转阶段。

世界上曾实际营运过的“Maglev”系统是英国伯明翰低速磁浮列车(已经拆除)。英国伯明翰 Maglev 系统是建于英国国铁伯明翰国际站与伯明瀚国际机场航站大厦之间，全长 620 m。轨道系采用预制混凝土结构，距地面约 5 m 高，柱距 5 m。轨道梁断面采用 T 字形式。线路中有两个曲线地段，曲线半径约 50 m，线路纵坡度约 15‰。Maglev 的两股轨道间配置有安全走道(Emergency Walkway),供紧急状况疏散乘客用,见图 2.11。

上海磁浮列车专线西起上海轨道交通 2 号线的龙阳路站,东至上海浦东国际机场,专线全长 29.863 km。由中德两国合作开发于 2001 年 3 月 1 日在浦东挖下第一铲,2002 年 12 月 31 日全线试运行,2003 年 1 月 4 日正式商业运营,全程需 8 min,见图 2.12。

2005 年日本爱知县承办世界博览会,专门建设了低速磁浮列车线路(东武 Linimo 線),2005 年 3 月开始正式运营。行驶于藤之丘与万博八草车站之间,全长 8.9 km,运行 17 min,设有世博主会场纪念公园站。

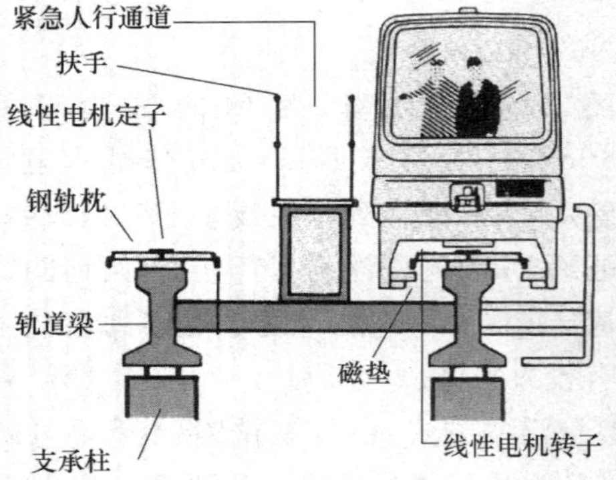


图 2.11 英国曾经使用过的 Maglev 构造示意

图 2.12 在上海运行的高速磁浮

## 2.4 自动导向交通系统

自动导向交通系统(Automated Guide way Transit)简称 AGT,一般泛指以无人驾驶的车厢在专用路权轨道上、自动化控制条件下运行的交通系统。纵观世界上已经运营的 AGT 系统,大多采用橡胶走行轮和导向轮。

这种系统在美国地区早期称为“水平电梯”(Horizontal Elevators),“空中巴士”(Sky Bus)或“快速交通通道”(Transit Expressway),近年来则统称为“运人系统”(People Mover System),主要应用于机场航站楼之间的旅客输送。法国与日本将 AGT 技术进一步发展并应用于城市地区的中、小运量的交通工具,在法国里尔地区称为 Vehicule Automatique Leger,简称 VAL;日本则以“新交通系统”统称 AGT 技术类型的中、小运量快速交通系统。我国则将其归并为智能交通范畴,上海外滩的人行过江隧道从定义来看也是属于 AGT 范畴。

### 2.4.1　AGT 系统概述

AGT 系统一般分成下列三种：

**1. 穿梭 / 环路式快速交通（Shuttle / Loop Transit，简称 SLT）系统**

这是 AGT 系统中最简单的一种，分穿梭与环路两种。穿梭式 AGT 车辆沿着固定路线行驶，作两点间往返行驶，中途亦可设站；环路式 AGT 车辆沿着闭环周而复始运营。

**2. 群体快速交通（Group Rapid Transit，简称 GRT）系统**

这种系统可视为一种自动行驶的公共汽车（Automated Bus）。与前者不同处在于可设置分岔路线，以便选择性地走行于主线、支线。新加坡在住宅区集中的武吉班让、森康、榜鹅等地新建了“轻轨”系统，就采用了 GRT 系统，接驳地铁，完成最后 1 km 输送乘客的任务。

**3. 个人快速交通（Personal Rapid Transit，简称 PRT）**

从技术层次及载运型态而言，这种系统才是真正的运“人”快速交通系统（True Personal Rapid Transit）。车辆在电脑自动化系统控制下，运行于复杂的路网中。

### 2.4.2　美国的自动导向系统 AGT

美国自动导向系统 AGT 多应用于机场航站楼至登机区域。1963 年，西屋电气公司在匹兹堡附近的南区公园（South Park）展示了号称世界第一个自动导向运输系统的“Sky Bus”，从而奠定其在美国运人系统的开发领先地位。到目前为止已有 7 个国际机场采用该公司的系统。

西屋公司出产的标准型车厢容量一般为 100 人，车厢内部多为站位，只有部分座位，车厢地板的高度与车站站台高度同高，便利旅客进出。车厢底下具有四对导轮（Guide wheels）以扣住安装在混凝土轨道上的钢制导梁（Guide beam），防止脱轨并导引车厢前进。车辆使用橡胶轮胎以电力驱动运行。一般而言，每个系统均设有一个控制中心，集中控制所有系统运作，如起动、停止、车门启闭等。信号系统的设备分装在控制中心、车站、轨道沿线以及车内，分由列车防护（Train Protection）、列车运行（Train operation）、在线监督（Line Supervision）执行各项控制功能。

世界上已有 32 个大机场设置了 AGT 自动载人轨道系统，美国占了其中 16 个机场（见图 2.13）。2003 年，纽约的肯尼迪机场又将这种交通方式应用于航站楼与轨道交通车站之间的交通联系，称之为空港列车（ Air train），全线总长 13 km。

《城市轨道交通研究》杂志 2006 年 11 月刊介绍了迈阿密 Metro-mover 自动导

向系统，该系统开通于1986年4月，是一条全高架、全自动的轨道交通环线，采用橡胶轮胎，用以解决地铁站与中央商务区各办公大楼的交通联系，车站就建在办公大楼内；1994年5月又新增了2条支线，北面的奥姆尼支线(2.2 km)及南面的布里克尔支线(1.8 km)。2008年3月刊介绍了密西根的底特律，佛罗里达的杰克森维尔、迈阿密，西弗基尼亚的摩根城以及德克萨斯的欧文等5座城市，采用AGT系统改善市中心区域的交通环境或者建立大学城与市中心联系。

图 2.13　底特律机场 AGT 系统

## 2.4.3　日本新交通系统

自动导向交通系统在日本被称为“新交通系统”(新交通システム)，主要取意于这种系统是近10余年间才发展而成，并讲求高度自动化的高新技术，以区别传统的运输技术。

1960年代后期，当美国极力发展AGT技术时，日本也开始注意这种新技术的研究。1968年首先由东京大学着手进行一个类似美国PRT(Personal Rapid Transit)式的“CVS(Computer Controlled-Vehicle System)计划”。在这同时，这种新型交通工具的开发，引起民间的钢铁、汽车制造、通信机电等各企业广泛的兴趣，纷纷独立或联合美国公司合作试验，积极开发。

**表 2.2　日本新交通系统**

| 系统名称 | 大阪南港线 NewTram | 神户港岛线 Portliner | 千叶县尤加利丘线 | 琦玉县伊奈线 | 爱知县桃花台线 | 横滨金泽海线 |
|---|---|---|---|---|---|---|
| 系统种类 | NTS | KVC | VONA | NTS | VONA | NTS |
| 开发厂商 | 住友商事/新谢铁工 | 川崎重工/神户制铁 | 日本车辆/三井物产 | 新泻铁工/川崎重工 | 日本车辆/三菱重工 | 三菱重工 |
| 线路长度(km) | 6.9 | 6.4 | 4.2 | 11.6 | 7.4 | 10.9 |
| 车站数 | 8 | 9 | 6 | 13 | 7 | 14 |
| 线路形式 | 全线高架 | 全线高架 | 高架/地面 | 全线高架 | 全线高架 | 全线高架 |
| 最高速度(km/h) | 60 | 60 | 50 | 60 | 55 | 60 |
| 最小半径(m) | 70 | 30 | 40 | 25 | 100/15 | 30 |
| 最大坡度(‰) | 25 | 50 | 45 | 30 | 30 | 90 |

续上表

| 系统名称 | 大阪南港线 NewTram | 神户港岛线 Portliner | 千叶县尤加利丘线 | 琦玉县伊奈线 | 爱知县桃花台线 | 横滨金泽海线 |
|---|---|---|---|---|---|---|
| 导向方式 | 两侧 | 两侧 | 中央 | 两侧 | 中央 | 两侧 |
| 转辙方式 | 水平移动 | 垂直沉浮 | 水平回转 | 水平移动 | 水平回转 | 水平移动 |
| 车辆长宽高尺寸(m) | 7.6×2.3×3.2 | 8×2.4×3.2 | 8.9×2.5×3.3 | 7.6×2.4×3.2 | 7.6×2.5×3.3 | 8.5×2.9×3.3 |
| 车辆重(t) | 10.5 | 10.5 | 10 | 10.5 | 10.6 | 10.5 |
| 乘客数(人) | 75 | 75 | 75 | 64 | 70 | 75 |
| 每小时运量(人次) | 12 600 | 10 800 | 2 600 | 5 000 | 6 000 | 7 500 |
| 开工/通车(年) | 1978/1981 | 1978/1981 | 1979/1982 | 1980/1983 | 1981/1988 | 1984/1988 |
| 服务类型 | 地铁车站与社区联络线 | 铁路与社区联络线 | 铁路与社区联络线 | 铁路与社区联络线 | 铁路与购物中心联络线 | 城市新开发区运输系统 |

### 2.4.4　法国里尔的 VAL 系统

协和飞机(Concorde)和高速列车(TGV)分别代表了目前世界上最快的飞机和火车；而 1983 年 5 月 16 日，巴黎北方里尔(Lille)的城市中运量轨道交通系统“VAL”的正式通车(图 2.14)，更使法国成为世界第一个拥有全自动化城市轨道交通系统的国家。

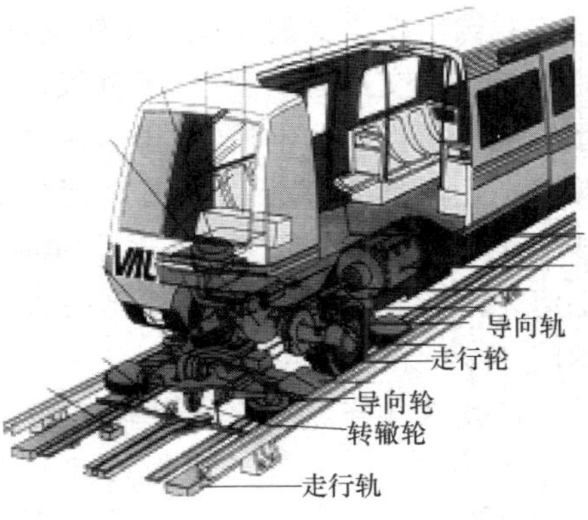

图 2.14　VAL 系统车辆

法国在城市轨道交通系统的发展，具有相当高水平的技术水准与营运经验，例如巴黎地铁系统“RATP”，与地区快线 RER、郊区铁路、高速铁路 TGV 及国家铁路 SNCF 换乘连接至近郊与边远城市，是一个庞大而成功的城市轨道交通系统。这种传统地铁技术为人口密集、高度发达的大型城市，提供了高效可靠的大运量交通服务，但是从投资经济、营运成本、运营需求等观点考虑，中型城市若不具备发展成为大城市的条件，其所建设的地铁系统技术与大型城市必然有所不同；亦即中运量需求地区应使用对应的中运量交通技术，以适应整体效益。在这种理念下，法国政府与巴黎城市运输局多年来朝着寻求适当的中运量城市轨道交通技术的目标进行革新性的研究。1969 年，由 Lille、Roubaix、Tourcoing 三个中型城市为主组成的“里尔城市联会”(Communaute Urbaine de Lille，简称 CUDL)决定把这种研究付诸实践。

在经济、有效及适应最高每小时单方向 20,000 人交通需求的条件下，要求密集班次、无人驾驶的小型车厢，以使车辆等投资成本、营运及保养费用在营运后能尽早收回。在设计车辆时，为达到“高运行速度”，则需使用多车门以减少停靠站时间，摒弃钢轮钢轨而采用橡胶轮胎以易于加速。

经过将近 13 年的努力，里尔中运量轨道交通系统的 1 号线于 1983 年 5 月 16 日正式开放营运，成为里尔公共交通系统中重要的主动脉，这是世界第一个全自动城市公共交通系统。全线共设 18 个车站，3 个为高架车站，15 个为地下车站，站台长 27 m 系配合两节车编组长度设计，但预留将来四节车编组列车的停靠空间，采用屏蔽门设计。每个车站配备有电扶梯、楼梯以及无障碍设施。各个车站均设有电视摄像探头，直接由系统控制中心控制。

VAL 系统的各项运作控制与通信联络均由电脑控制中心集中控制。在控制中心里装设了各种不同的监视与显示仪器，值班人员能够迅速地了解系统中的各种情况。VAL 系统除在控制中心配置人员负责集中监控作业外，另在沿线配置专人(简称 AOL)机动巡查沿线列车与车站，担任稽查票证、协助旅客等业务；当系统设备有严重故障，无法在控制中心遥控处理时，可通过无线电联络 AOL 人员，迅速以人工方式操作，使列车继续行进。

## 2.4.5 我国的自动导向运输系统

我国的轨道交通系统起步较晚，国际上轨道交通系统的现代化进程相当迅速，特别是轨道交通建设理念、硬件设施以及控制系统的更新换代非常快，我国自主研发的进度难以在短时间里跟上。目前采用最简单的办法就是引进，先用起来，再逐步实现国产化。上海外滩的越江观光隧道就是引进西班牙技术的 AGT 系统。

广州珠江新城旅客自动输送系统(APM)于 2010 年 11 月 8 日开通投入试运营。APM 解决珠江新城核心区的交通疏导，它将是珠江新城中央商务区和天河商贸区内部的公交骨干线，满足其内部、珠江新城与天河商贸区、观光塔之间客流的交通需求，以及旅游观光购物的出行需要。APM 与轨道交通线路形成快捷方便的连接，线路总长约 3.94 km，全部采用地下线路，共设 9 座车站，平均站间距473.4 m，线路走向与 3 号线平行，见图 2.15。

图 2.15 广州珠江新城 APM 系统

# 2.5　城际高速轨道交通

在运输的领域里，每一种运输方式（Mode）均有其各自的技术特色，以及最适用的范围。这个范围的界定，与运输工具本身的特点及运输距离有关。例如飞机的时速大约在 500～800 km 之间，它在“长距离”的城际、洲际运输中，具有无可替代的优势地位。而“长距离”之外所留下的“交通间隙”（一般称为“Transportation Gap”），则让地面交通系统得以继续存在，城际高速交通系统因而得以不断改进与发展。

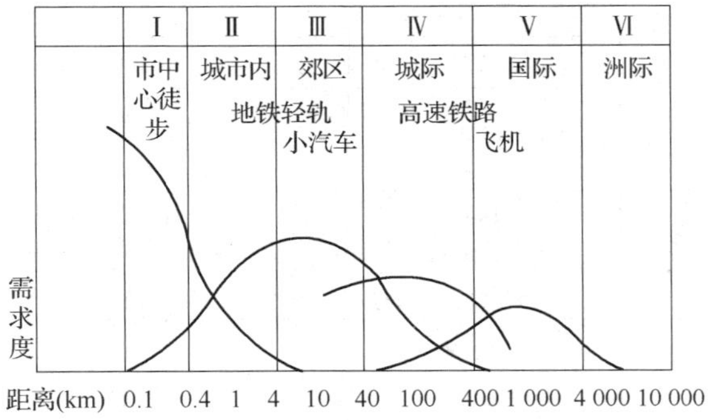


图 2.16　各交通运输系统距离和需求度关系

图 2.16 很清楚地说明了上述交通市场与空间的理论，在运输距离与需求度的相对比较条件下，就城际运输而言，高速铁路与航空飞机的竞争分界点约在 1 000 km，在此距离以上的城际旅客运输（含城际及国际间）以航空飞机最为适用，而在此距离以下，则高速铁路具有很大的发展空间，尤其在 600 km 以下的城际运输距离，多为高速铁路的优势适用范围。

城际地面交通，传统上以钢轮行驶在钢轨上的铁路运输系统为主，城际高速运输系统的发展是从列车高速化开始的。经过多年的研究与发展，以法国、日本与德国最具成效，分别发展了 TGV、新干线及 ICE 等高速铁路系统。日本与德国更进而发展磁浮交通系统，使城际高速交通系统技术的发展呈现了相当可观的前景。目前三国高速铁路运营的情况见表 2.3。

**表 2.3　日、法、德高速铁路系统特性之比较**

| 比较项目 | 日本新干线 | 法国 TGV | 德国 ICE |
|---|---|---|---|
| 轨距（mm） | 1 435 | 1 435 | 1 435 |
| 设计速度（km/h） | 240 | 300 | 280 |

续上表

| 比较项目 | 日本新干线 | 法国 TGV | 德国 ICE |
|---|---|---|---|
| 最高纪录(km/h) | 319 | 515 | 406 |
| 开始运营(年) | 1 964 | 1 981 | 1 991 |
| 曲线半径(m) | 4 500 | 4 500 | 5 100 |
| 最大坡度 | 2‰ | 3.5‰ | 4‰ |
| 电力系统(kV/Hz) | 25/60 | 25/50 | 15/152/3 |
| 信号系统 | CTC | CTC | CTC |
| 车辆长度(mm) | 26 050 | 21 830 | 24 000 |
| 车辆宽度(mm) | 3 383 | 2 814 | 2 930 |
| 车辆高度(mm) | 4 340 | 3 420 | 3 650 |
| 车辆轮径(mm) | 1 000 | 1 000 | 920～950 |
| 车辆轴距(mm) | 2 500 | 3 000 | 2 800 |
| 车轴配置 | BO-BO | BO-BO | BO-BO |
| 牵引电机 | 230 kW,DC×4 ×1 211 010 kW | 同步,1 100 kW ×88 800 kW | 1 050 kW,AC ×88 400 kW |
| 牵引动力(kNs) | 9 700 | 4 900 | 7 800 |
| 牵引方式 | 动力分散 | 动力集中 | 动力集中 |
| 列车编组(节) | 10 | 10 | 14～16 |
| 列车长度(m) | 400 | 238 | 400 |
| 列车座席(人) | 1300 | 513 | 800 |
| 使用钢轨(kg/m) | 60 焊接 | 60 焊接 | 60 焊接 |
| 轨道结构 | 混凝土板式轨道 | 碎石道砟道床 | 碎石道砟道床 |
| 运输模式 | 客运专线 | 客运专线 | 客货混运 |

### 2.5.1 法国 TGV(高速列车)

TGV(法文 Train a Grande Vitesse,意为“高速列车”)的发展,代表了法国列车高速化及高速铁路演化的整个过程。

法国国铁(SNCF)自 1950 年代即开始进行提高列车运行速度的研究工作。1955 年的一次机车的试验,创造了当时世界最高纪录的 331 km/h,奠定了法国进一步发展高速运输系统技术的基础。

法国自 1967 年开始时速 200 km 的高速列车营运(日本已先行于 1964 年开通时速 210 km 的东海道新干线),正式进入高速铁路时代。1972 年 ALSTHOM 完成编号 TGV001 的原型车组作更进一步的超高速行驶测试,其间曾达到318 km/h

的纪录。1981 年 2 月 26 日，一列由 7 车组成的 TGV 列车在 100 多位媒体记者的见证下，创造了 380 km/h 的世界新纪录（当时的世界纪录为 1979 年日本新干线 961 型列车试验的 319km/h）。1990 年 5 月 18 日，一列由两辆动力车及三辆无动力车组成的第二代 TGV 试验列车，搭载着法国交通部长及 SNCF 的各部门工程人员，于法国高速铁路 TGV 大西洋线南段 166 km 里程点附近，在众多记者见证下，再度以 515.3 km/h 的超高速刷新世界列车行车纪录，使传统的钢轨钢轮铁路系统技术推向超高速化的新境界。

法国巴黎时间 2007 年 4 月 3 日 13 点 13 分，在东部欧洲 LGV 高速铁路线的 191 km 处位置，法国阿尔斯通 V150 列车创下了 547.8 km/h 的最新高速列车记录。V150 列车组由 2 节 TGV POS 动车，3 节 TGV 双层结构车厢组成，并带有 2 个阿尔斯通最新一代超高速列车 AGV 动力转向架。该列车的输出功率达到 19.6 兆瓦（25 000 马力）（图 2.17）。

图 2.17　1989 年法国 V150 创最新世界时速

TGV 系统一方面充分运用气体动力学原理，使列车外型更具流线型，同时采用更轻质材料，减少运行时空气的阻力。为了适应车轮与钢轨间的粘着力随着高速而衰减，将列车动力来源分别安排在列车的最前和最后（动力机车），中间为轻质的无动力载客车厢，由于牵引动力的来源集中在头尾动力机车的轮轴，前后轴的荷重将增大，车轮与钢轨间的摩擦力也加大，降低了动力车轮空转的概率，行车速度也因而得以提升。

TGV 高铁系统不仅仅是高速铁路列车，还包含完善的轨道设施，先进的监控系统，以及训练有素的管理、经营和维修人员。TGV 这三个字母已成为法文的一部分，TGV 已经成为很多法国人日常生活中不可或缺的要件。

自 1981 年 9 月巴黎/里昂间的第一条 TGV 高速铁路正式营运迄今，已载运约二亿余人次，但由于它便捷地与法铁其他路网结合。很容易令人忽略它是世界上最快速的铁路列车。漆着橘黄色彩的流线型车厢以 260 km/h 的速度在巴黎与里昂间的城镇外缘地区新建的专用铁路运行，而趋进中心城市时却又能运用现有铁路设施与一般铁路列车共轨到达市区，巴黎里昂站、北站、蒙巴纳斯站等高铁站同时又是巴黎公共交通的枢纽站，给使用高铁出行的人们提供了极大方便。

### 2.5.2 德国 ICE

相对于法国和日本，德国高速铁路 ICE 发展得较晚，1985 年至 1990 年的实验期间，ICE 是“Inter City Experimental”的缩称，1990 年以后进入营运阶段，则代表了“Inter City Express”。ICE 列车由分别位在列车首尾的两部高性能机车及十四节中间车厢组成，共提供约 800 个座位。

德国高速铁路 ICE 具有抗风压的特性，可减小列车在隧道中交会时，因高速行驶而产生的气压冲击。列车的编组采用机动式，随着旅客数量而加、减挂车厢，车辆挂接时电源及传输信息的光纤电缆自动接上，以飞机的设计理念来制造整列车，故有“在地上跑的飞机”之称。

ICE 的路线最小曲线半径一般定为 7 000 m，在特殊情况下可降低为 5 100 m，线路采取客货共线的运营方式，兼顾货运列车行驶，故最大设计坡度为 2.5‰。另外，ICE 列车可行驶于新线，亦可在既有线路上行驶，电流均使用 15 kV，162/3 Hz。由于 2.5‰ 的线路纵坡限制，ICE 通过山区地带时，隧道与高架桥较多。

### 2.5.3 日本新干线

世界高速铁路起源于日本。1959 年 4 月日本国铁开始兴建东京至大阪间的高速铁路，于 1964 年 10 月 1 日开通，全长 515 km，采用板式轨道，运营时速 210 km，称为东海道新干线。

日本营运中的四条新干线概要如表 2.4 所示。

**表 2.4 日本新干线简表**

| 线路名称 | 东海道 | 山阳 | | 东北 | 上越 |
|---|---|---|---|---|---|
| 起终城市 | 东京～大阪 | 大阪～冈山 | 冈山～博多 | 东京～盛冈 | 大宫～新潟 |
| 线路长度(km) | 515 | 161 | 393 | 496 | 270 |
| 隧道(km) | 69 | 58 | 223 | 115 | 106 |
| 桥梁(km) | 57 | 20 | 31 | 78 | 30 |
| 最高速度(km/h) | 210 | 210 | 210 | 210 | 210 |
| 最小曲线半径(m) | 2 500 | 4 000 | 4 000 | 4 000 | 4 000 |
| 最大坡度(‰) | 20 | 15 | 15 | 15 | 15 |
| 轨距(mm) | 1 435 | 1 435 | 1 435 | 1 435 | 1 435 |
| 开工时间 | 1959 年 4 | 1969 年 4 | 1969 年 12 | 1971 年 11 | 1971 年 11 |
| 完工时间 | 1964 年 10 | 1972 年 3 | 1775 年 3 | 1982 年 3 | 1982 年 11 |

毫无疑问，高速铁路轨道交通将成为 21 世纪城际运输的重要运输方式。尤其在 600 km 的距离范围内，将成为高速铁路的优势应用范围。因为高速铁路能快速地连接各中心城市，取代短程空中航运；而且运输容量大，就旅行时间的比较而言，它更省去了到、离机场以及办理登机手续的时间。在铁路通信信号系统大踏步微电子化的基础上，高速列车高密度追踪运行已成为可能。发车间隔缩短，城际高速轨道交通公交化已指日可待。

### 2.5.4　我国的高速铁路

我国的幅员广大，但铁路密度不大。自建有铁路以来，长久以来一直沿用了客货共线的运输模式，在兼顾重载和提高客运周转的矛盾中，客车速度一直无法提高。和世界轨道交通运输追求高速的潮流越拉越远。文革以后开始考虑建设高铁，但迟迟没有见诸实践；以后又陷入采用传统高铁还是磁浮技术的论战，在论战的 20 世纪 90 年代，中国开始了铁路高速化的艰难历程。1994 年 12 月 22 日，在深圳火车站举行了中国第一条准高速线路的开通仪式，在通车于 1911 年的广九铁路中的广深段（广州至深圳罗湖桥）开始运营速度 160 km/h 的客运列车、70 km/h 的货运列车。从 1997 年 4 月 1 日开始，中国在既有铁路线路进行了 6 次高速化改造和提速。京哈、京沪、京广、京九、陇海、浙赣、兰新、广深、胶济等干线铁路时速 120 km 及以上线路延展里程达到 2.2 万 km（图 2.18）。经过 10 多年的高速铁路建设和对既有铁路的高速化改造，中国目前已经拥有全世界最大规模以及最高运营速度的高速铁路网。截至 2011 年 12 月底，中国国内时速 200 km 以上的高速铁路里程已经接近 1 万 km，其中包括既有线提速近 3 000 km。连接秦皇岛及沈阳的秦沈客运专线是中国第一条高速铁路，设计时速 250 km，为中国高速铁路的前期实验路段。

另外，中国在建和即将兴建的高速铁路客运专线和城际铁路里程已达1.7 万 km。根据中国中长期铁路网规划方案，至 2012 年年底，中国将建成 42 条高速铁路客运专线，基本建成以“四纵四横”为骨架的全国快速客运网，总里程 1.3 万 km；到 2020 年中国时速在 200 km 以上的高速铁路里程将会达到 5 万 km。

图 2.18　和谐号高速列车

2011 年 1 月 9 日 CRH380BL“和谐号”电力动车组在京沪客运专线创造了时

速 487.3 km 的中国铁路记录。

按中长期铁路规划,中国大陆的高速铁路网至少包括了 5 种类型的线路:“四纵四横”客运专线、城际客运系统、经提速改造后的既有线、完善路网布局和西部开发性新线,以及海峡西岸铁路。

“四纵四横”客运专线:“四纵四横”客运专线是指连接直辖市、省会城市及大中城市间的四条纵贯南北和四条横贯东西的长途高速铁路,除青太客运专线以外线路的长度均在 1 000 km 以上,有些线路的长度甚至超过 2 000 km。中国中长期铁路规划中,到 2020 年中国的四纵四横客运专线网络全长将达到 12 000 km。仅行驶旅客列车的客运专线时速可以达到 300 km 以上,而旅客列车和货物列车混行的客运专线的时速则为 200～250 km。

城际客运系统(城际铁路):城际客运系统是指建设于各都市圈内部,尤其是人口稠密地区(如环渤海、珠江三角洲、长江三角洲等地区)的短途高速铁路,线路长度一般在 500 km 以下。一部分线路的时速可以达到 200～250 km,例如成灌城际铁路,另外一部分线路的时速可以达到 300 km 以上,例如京津城际铁路。

经提速改造后的既有线:经提速改造后的既有线是指通过加强技术改造和铁路枢纽建设,对现有铁路干线进行复线化、电气化以及其他一系列改造后的高速铁路,如京沪线、京广线等。截至 2007 年,已有超过 6 000 km 的既有线经提速改造后成为时速超过 200 km 的高速铁路,时速超过 250 km 的既有线总长 846 km,此类铁路均为客货混行铁路。

完善路网布局和西部开发性新线:完善路网布局和西部开发性新线是以扩大中国西部铁路网为主,以适应西部地区的经济发展,规划建设的约 41 000 km 的铁路,主要规划在四川、重庆、广西、甘肃、陕西、新疆等西部省市。

海峡西岸铁路:海峡西岸铁路是指位于台湾海峡西岸的福建省的高速铁路。

## 思　考　题

1. 地铁、轻轨和有轨电车最主要的区别是什么?
2. 独轨交通系统有哪些特点?
3. 为什么有的轨道交通线路要采用橡胶轮系统?
4. 自动导向系统主要应用在哪些地方?在我国已建成的 AGT 系统有哪些?
5. 磁浮列车为什么能悬浮?
6. 简述我国高铁的现状?

# 第2篇 土 建

## 第3章 城市轨道交通线网规划

轨道交通项目是一个城市百年大计的公益性基础设施，它投资巨大，涉及面广，综合性强，一旦建成就难以改建，轨道交通建设对城市土地利用、交通结构、经济发展以及城市环境都有巨大的影响，这些因素决定了轨道交通前期规划的极端重要性。轨道交通线网规划是轨道交通前期规划的一项重要内容，是保证轨道交通建设科学性、合理性、经济性以及操作性的关键环节。

城市轨道交通线网规划（以下简称“线网规划”）是一项涉及城市规划、交通工程、建筑工程、社会经济、人类心理等多种学科理论的系统工程，涉及专业面广、综合性强、技术含量高。世界城市轨道交通的发展已有一百多年的历史，但资料表明，过去国外一些城市对线网规划的研究不太系统，曾经走过一些弯路。例如欧美国家的一些城市可以看到一条街道下敷设5、6条线路的不合理现象，虽然这些城市目前已经普遍意识到没有科学的长远规划所带来的“遗害”，但限于线网已经形成规模，这种规划完善往往是“补丁”式的。我国对轨道交通线网的规划研究相对开展较早，从20世纪50年代开始就比较注重线网规划工作。但真正意义上的线网规划开始于1997年由北京城建设计研究院主编的《广州市城市轨道交通线网规划》。在随后的近十年内，我国城市轨道交通线网规划迅速发展起来。图3.1是广州市城市轨道交通网络规划图。

### 3.1 概 述

城市轨道交通系统是一个庞大而复杂的系统，具有非可逆性。线网的布局及规模合理与否，将直接影响城市的综合交通结构、城市轨道交通系统的经济效益及社会效益。此外，用地控制、规划导向均与线网直接相关。因此，作为前期基础研究之一的线网规划具有十分重要的作用和意义。

#### 3.1.1 轨道交通线网在城市公共交通线网中的功能定位

城市公共交通系统由多种交通方式组成。由于城市客运需求的多样性和分布范围的广泛性，客观上要求城市公共交通系统提供多元化的服务，而不同的交

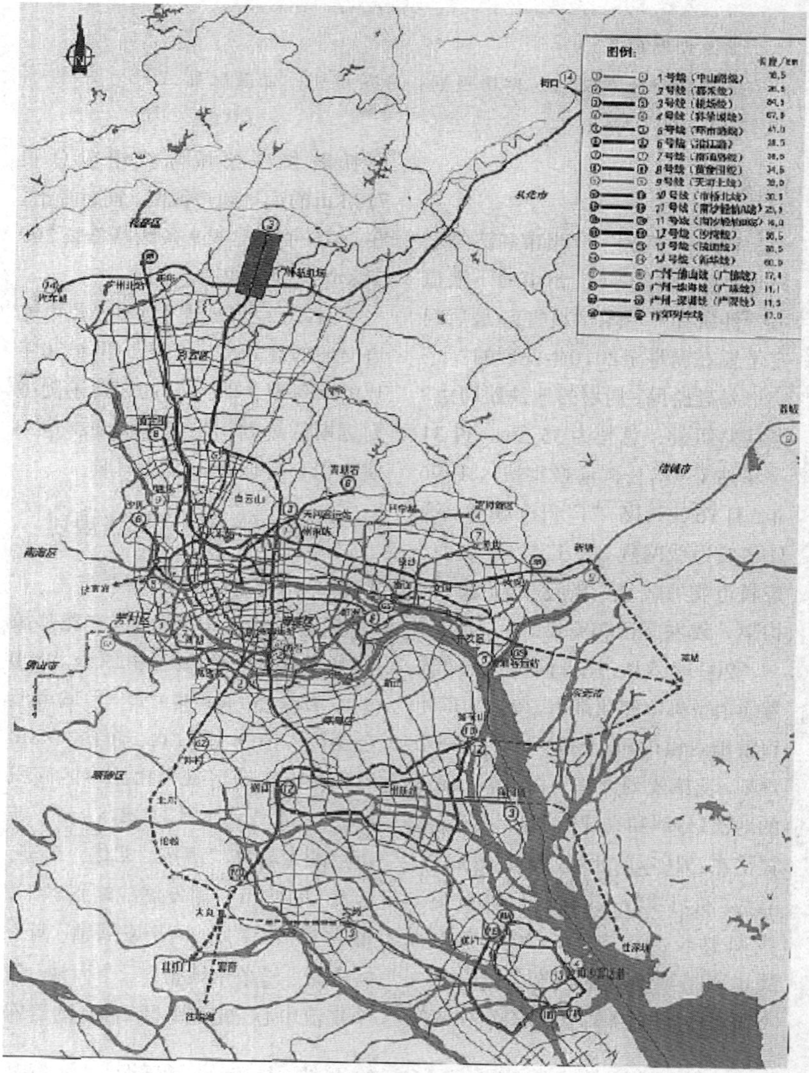


图 3.1 广州市城市轨道交通网络规划图

通方式因特定的技术、经济、运营特性，只能适应特定的需求，图 3.2 显示了客流密度和出行距离变化过程中，不同交通方式的适宜范围。城市公共交通系统既要发挥各种公共交通方式的优势、特点，又要使其相互补充、分工协作，才能发挥系统的整体功能。随着社会经济的发展，一体化是城市公共交通系统的发展趋势。

为实现城市公共交通一体化，轨道交通和常规公交的线网规划协调是核心内

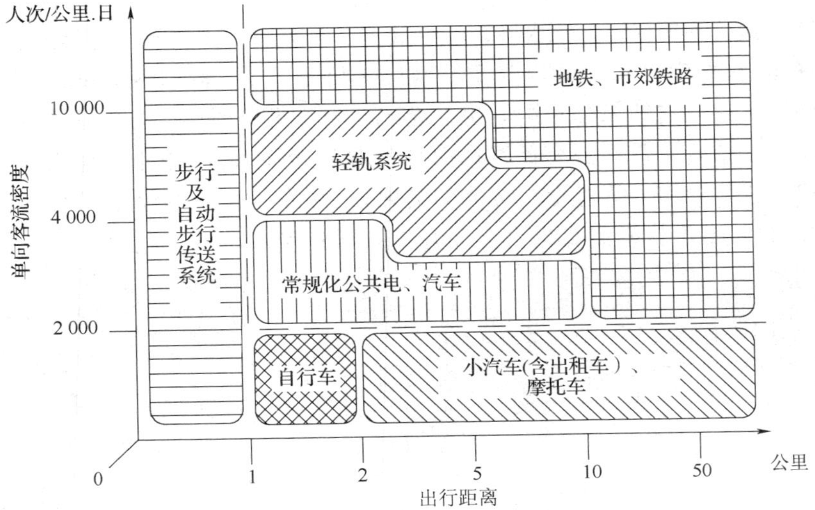


图3.2　出行距离—客流密度条件下推荐的交通方式结构

容之一。轨道交通线网具有运力强大，密度较低，覆盖主要交通集散区和交通走廊的特征；常规公交线网具有运量较低，线网布设灵活、密度大，能够覆盖城市每一个交通服务区的特征。因此，只有通过两者的分工与协作，利用轨道交通承担大运量、直达客运，以常规公交补充轨道交通的不足，并接驳轨道交通为其集散客流量，才能更好的满足城市客运需求。

日本京都大学工学部交通土木工学教授天野光三曾撰文以人体的“血液循环”比拟都市中的“人车流动”现象：晨间，通勤的人们从各自家门步行到附近的公共汽车站，经由公共汽车系统输送到通勤铁路的车站，会合其他乘客搭上开向都市中心地区的市郊列车，列车沿途靠站载客，越靠近都市中心，乘客量越大。道路系统也呈现相同的情形。车流拥挤程度，自巷道至主要干道逐级增加。这种现象实际上与人体的血液循环相似。观察人体血液循环系统的组成，由“微血管”汇集接“小血管”，依次汇接“中血管”、“大血管”到达心脏，越靠近心脏，血管越大，血流量也越多，与都市运输体系几乎是一样的。天野教授认为人体要保持健康，就要使体内无数血管网群的流动维持一种平衡状态，同样的，都市交通也必须在均衡运行的状态下才能畅通。

实践亦证明，拥有地铁并不等于就拥有了高效的交通服务，要想把地铁的效用真正发挥出来，需要整个城市的交通网连成体系，相互衔接。新加坡在发展地铁时，就提出建设“一站式”或“户到户”的交通枢纽网络，争取做到乘客不出站就能中转到新加坡的各个角落。这样复杂的交通系统无疑需要非常周密的规划设计。在这个交通网络中，地铁是主要运载工具，轻轨是地铁干线的延伸支线，见图 3.3。新加坡地铁目前有 79 个车站，129.7 km 的标准轨距线路。地铁由陆路交通管理局负责建造，并为盈利公司 SMRT(新加坡地下铁公司)和 SBS Transit(新捷运)提供特许经营权。这两家公司同时也经营巴士和出租车业务，以保证各种公共交通服务的有效结合。常规公交负责将乘客疏散到四面八方，作用同样不可或缺。此外，还有校车、专用车等供专门群体的需要；出租车则保证特别的需要。政府实行公共交通优先，严格限制私人汽车保有量的倾斜政策。

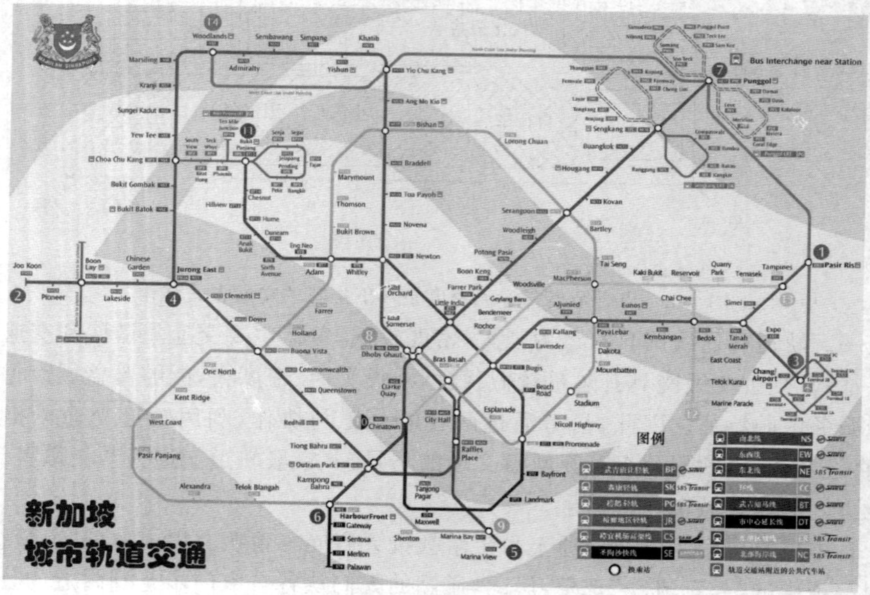


图 3.3 新加坡城市轨道交通线网

## 3.1.2 线网规划的意义和作用

城市轨道交通线网规划是城市综合交通规划中的一项专项规划，是指在城市的总体规划和城市综合交通规划的基础上，来确定城市轨道交通系统的整体合理性和科学性的系统体系。其意义和作用主要体现在如下几个方面：

**1. 引导城市可持续发展**

城市总体规划中的一项主要内容就是城市结构形态和土地发展规划。而城市轨道交通线网规划作为城市总体规划中的一项专项规划，必须支持城市总体规划的实施和发展。城市轨道交通项目的建设，必将影响城市空间结构的发展，对城市土地的发展具有强大的刺激作用。以台湾的轨道交通线路为例，在线路两端的吸引范围内，高楼耸立。见图 3.4。

图 3.4　轨道交通建设对城市土地的刺激作用示意图

**2. 提供轨道交通工程立项依据**

城市轨道交通系统的建设大体可分为立项、可行性研究、初步设计、施工图设计、工程项目建设、运营接管、正式验收这几个阶段。在第一阶段——立项报告中，应当阐明立项的目的和依据，其中线网规划就是最重要的立项依据。一个合理的线网规划，可以为政府部门提供可靠的决策依据。

**3. 线网规划为轨道交通设计和建设提供基本依据**

线网规划是确定线网结构、换乘车站和换乘形式的基本依据；线网规划是确定轨道交通建设规模、修建顺序以及编制轨道交通近期建设规划的依据；线网规划是轨道交通工程建设用地规划控制的重要依据，有利于控制和降低工程造价。

### 3.1.3　线网规划的主要原则

迅速有效地运送客流是轨道交通建设最直接的目的。作为城市公共交通骨干地位的轨道交通系统，要最大限度地满足居民的出行需求，改善城市交通拥堵的现状，提高轨道交通的分担率。因此，线网的规划要遵循一定的原则：

**1. 线网布设要与城市主客流方向相一致**

城市轨道交通首先要满足的是居民现在和未来的交通需求，解决城市交通拥挤、居民乘车难和出行时间长等问题。因此，线网规划应研究城市现状和未来土地发展方向、城市结构形态、人口分布特点，就业岗位分布特征、道路交通情况等，目的是了解和预测城市现状和未来居民出行的主客流方向,使轨道交通能最大限度地承担交通需求大通道上的客流,真正实现轨道交通的骨干作用,提高轨道交通的经济效益和社会效益。

**2. 规划线路要尽量沿道路主干道布设**

城市道路主干道空间开阔,也是客流汇集的地方。轨道交通线路沿着道路主干道布设,不仅可以方便施工,工程量和拆迁量大大减少,对居民生活的干扰也相对较小,而且轨道交通车站分布也往往在主干道附近,有利于地面公交和轨道交通之间的换乘,方便居民出行。例如,上海轨道交通 2 号线的建设就是沿着天山西路、南京西路、南京东路、世纪大道等道路主干道布设的。

**3. 规划线路要尽量经过或靠近大型客流集散点**

大型客流集散点主要有对外交通枢纽站(如火车站、飞机场、码头和长途汽车站等)、文化娱乐中心(如足球场、大剧院等)、商业中心、大型生活居住小区、大学城、大型生产厂区等等,轨道交通线路要尽量经过或靠近这些客流集散点,一来可以增加轨道交通客流,二来方便居民直达目的地,减少换乘,提高可达性。

**4. 线网规划要考虑资源共享**

一个城市规划的轨道交通线路往往长达几百公里,规划的轨道交通线路也有数十条或十几条之多,考虑到城市用地的局限,往往会考虑轨道交通各资源的共享,即两条或多条轨道交通线路合用同一资源,如车辆段和牵引变电站等。下面以车辆段为例,来说明资源共享问题。车辆段(场)是轨道交通车辆停放和检修的场所,占地面积大。在轨道交通建设初期,一条轨道交通线路通常配一个车辆段,但随着轨道交通建设线路条数的增加,受城市用地的限制,每新建一条轨道交通线路就增加一个车辆段就较难实现。这就要求在线网规划阶段,统筹考虑车辆段在整个轨道交通线网中的位置和规模,以及车辆段与各条正线之间的联络线。

## 3.2 线网规划的主要内容与技术路线

### 3.2.1 线网规划的主要内容

线网规划涉及的专业面广,综合性强,技术含量高。从实践操作来看,线网规划的主要内容可以分为三部分:背景资料的调查;线网构架的研究;线网实施规划的研究。在规划理念上突出宏观性和专业性的有机结合,在规划工作安排上是研究过程和研究结果并重。

**1. 背景资料的调查**

主要是对城市的人文背景和自然背景进行研究,从中总结指导城市轨道交通线网规划的技术政策和规划原则。主要研究依据是城市总体规划和综合交通规划等。具体的研究内容包括城市现状与发展规划、城市交通现状和规划、城市工程地质分析、既有铁路利用分析和建设必要性论证等。

**2. 线网构架的研究**

线网构架研究是线网规划的核心内容。这部分研究主要以理性分析为主，主要内容包括：线网合理规模的研究、线网方案的构思、线网方案的客流分析以及线网方案的综合评价。通过匡算线网的合理规模，分析线网的形态结构，测试线网的客流情况，确定初步的线网方案。对确定的线网方案再进行反复评价和优化，最终确定较优的规划方案。

**3. 实施规划的研究**

规划方案不是一蹴而就，而是逐步实施的。分阶段实施规划是城市轨道交通规划可操作性的关键，集中体现了城市轨道交通的专业性。分阶段实施规划的主要研究内容包括建设顺序，工程条件和附属设施的规划。具体内容包括各条轨道交通线路的建设先后顺序，线路的敷设方式，主要换乘节点的方案研究，附属设施（如车辆段）规模大小和具体选址研究，城市轨道交通线网的运营管理规划，联络线分布研究，城市轨道交通与其他交通方式之间的衔接和换乘等等。由于规划可实施性研究是保证线网可行性的重要因素，因此这部分研究与之前的方案构架研究是一个循环过程。

### 3.2.2 线网规划的范围和年限

线网规划的研究范围一般需要根据规划目的来确定，一般的远景规划应涵盖整个城市地区，线网建设规划则侧重城市建成区。在研究范围内，还应进一步明确重点研究范围，即城市轨道交通线路最为集中、规划难点也最为集中的区域，一般指城市中心区域。

从规划年限来看，线网规划一般可以分为近期规划和远期规划。近期规划主要研究线网重点部分的修建顺序以及对城市发展的影响，其年限应与城市总体规划的规划年限一致。远期规划是指城市理想状态（或者饱和状态）下轨道交通系统的最终规划，可以没有具体年限。一般，可以按城市总体远景发展规划和城区用地控制范围及其推算的人口规模和就业分布为基础，作为线网远景规模的控制条件。

线网规划考虑的年限越长，研究涉及的范围越广，得到的结果也更为宏观，因而应遵循“近期宜细，远期可粗”的规划原则。

### 3.2.3 线网规划的技术路线

线网规划涉及的影响因素众多，而各因素之间又相互影响，单单靠专家经验和少数几次定性定量分析是难以获得满意的线网方案，必须在“方案设计——分析评价——比较筛选”的循环过程中有效地将定性分析和定量分析有机结合起来，不断提高规划者自身的认识，最终得出更有价值的线网方案。技术路线是开展规划编制工作的基本程序和各阶段的主要技术关键。它体现了线网规划各阶段工作的逻辑，反映不同层次工作之间的时序、研究内容、技术手段及其成果。规划的全过程大致可分为3部分，即背景资料调查（基础研究）、线网构架研究和实施规划研究。线网规划工作的一般技术路线见图3.5。

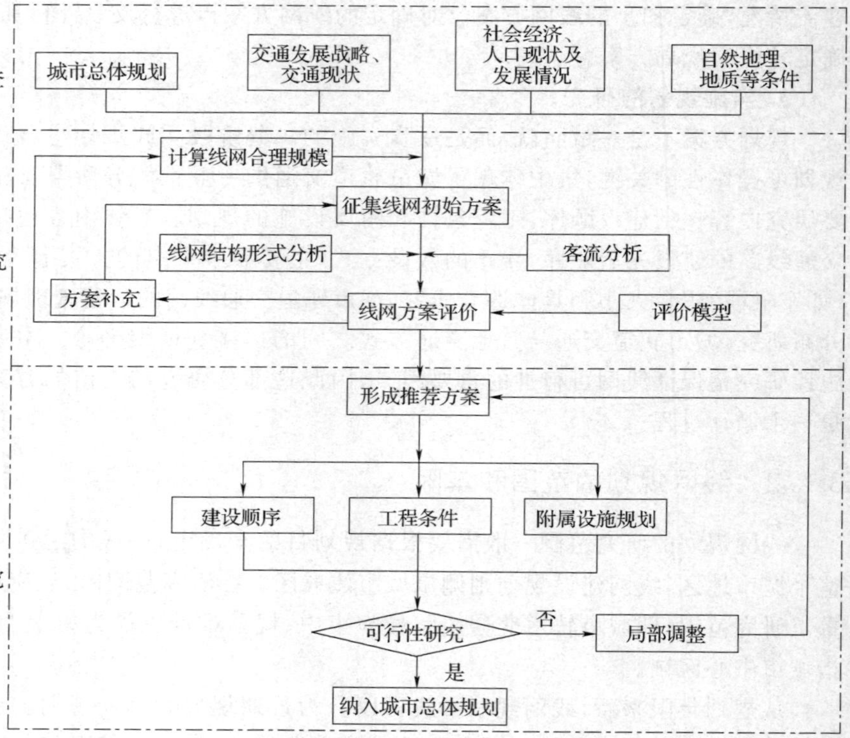


图3.5 线网规划的技术路线

## 3.3 城市轨道交通客流预测

### 3.3.1 城市轨道交通客流形成机理分析

城市客流主要取决于城市土地利用空间布局和交通组织，在供应满足的条件下，在城市的土地利用布局规划确定后，城市客流的产生和分布就客观存在了。一般而言，城市轨道交通客流包括三部分：

1. 趋势客流量。随着社会化程度和居民生活水平的提高，人们的社会活动也逐步增加。趋势客流就是指随着社会的发展，轨道交通车站及沿线正常增长的客流量。

2. 转移客流量。转移客流量是指由于城市轨道交通所具有快速、准时、安全、方便等优点，而从其他交通方式转移过来的客流。转移客流量最大的可能来源于部分本来选择常规公交以及自行车出行的出行者。而且，相对于小汽车的出行，轨道交通的出行成本较低，因此，还有部分客流量会从小汽车出行方式（主要以出租车为主）转移过来。

3. 诱增客流量。诱增客流量是指由于轨道交通线路的建设促进了沿线土地的开发、人口的集聚，使区域之间的可达性提高，服务水平提高，居民的出行强度增加而诱增的客流量。最直接的体现是居民可能会选择"住在郊区、工作娱乐在市中心"的生活方式。

### 3.3.2　客流预测的意义和目的

目前通过数学手段预测得到的未来设计年度的客流量，称为预测客流量，它具有阶段性、近似性和增长性等特点。城市轨道交通预测客流量是城市轨道交通投资决策的基础，决定一个城市是否有必要建设轨道交通，及其建设规模和建设时期等问题的前提是客流需求的发展趋势，只有具备足够大的客流需求量建设轨道交通才是合理的。具体来说，城市轨道交通客流需求预测结果将为以下几个方面的决策提供重要依据：

1. 轨道交通建设的必要性和迫切性；
2. 轨道交通制式和车辆选型；
3. 轨道交通系统设计能力、列车编组、行车密度和行车交路的确定；
4. 车站基本规模、站台长度和宽度、车站楼梯和出入口宽度的确定；
5. 机电设备系统的选定及其容量和用电负荷的确定；
6. 售检票系统制式和规模的选定，拟定票价政策；
7. 票价政策；
8. 运营成本核算和经济效益评价。

轨道交通客流预测的目标是系统建成通车后可能吸引的客流规模和时空分布，具体指标包括轨道交通客运总量、客运周转量、各站上下车人数、各线路之间换乘人数、区间上下行客流量、高峰小时运量等。这些指标是轨道交通设备配备和车站设计的基本依据，也是评价轨道交通线网规划优劣的重要依据。

### 3.3.3　客流预测的程序

根据城市轨道交通规划与设计的不同阶段，需要开展三次需求分析与预测工作，各阶段的重点有所不同：

1. 城市轨道交通网络规划阶段。主要进行全网客流估算，重点分析线网总规模和各线路的需求规模量级。

2. 线路建设项目可行性研究阶段。根据线路的具体情况，研究提出线路各运营期限的客流预测结果，重点确定与相关工程建设规模有关的预测结果。

3. 线路建设项目总体设计阶段。研究各站点客流详细规划，重点分析车站内部功能布局和整体规模，包括客流组织规划。

### 3.3.4 轨道交通客流预测模式和方法简介

自20世纪70年代以来交通规划技术传入我国，运用定量的方法进行科学的预测已成为规划的主要手段。城市轨道交通客流预测发展至今，主要经历了4种模式阶段："虚拟现状轨道"模式、"远期轨道交通推算"模式、"四阶段预测"模式和非集聚模式。下面简单介绍各预测模式：

**1. 模式A："虚拟现状轨道"模式**

"虚拟现状轨道"模式的主要思路是将相关的公交线路的现状客流和自行车流量，向城市轨道交通线路转移，得到虚拟的现状轨道交通客流。然后按照相关公交线路的历史资料和增长规律，确定轨道交通客流的增长率，推算远期轨道交通需求客流量；或者由公交预测资料，直接转换为远期城市轨道交通客流量。

这一模式属于早期的预测模式，受其原理的限制，以现状公交为预测基础，对现状交通特征的反映较为片面，无法考虑城市规模、交通设施、出行结构等因素的变化，特别是我们大城市正处于交通快速发展期，未来的交通状况很可能与现状相比有较大的变化，因此精度较低。但由于操作简单，所以常用于其他模式预测后的比较验证，或定性分析的辅助手段。

**2. 模式B："远期轨道交通推算"模式**

"远期轨道交通推算"模式是基于现状客流分布（OD分布）的预测模式，它的主要思路是通过居民出行调查，掌握现状全方式的出行分布，虚拟出"现状"轨道交通客流，"远期"轨道交通需求推算方法与模式A相同。

"远期轨道交通推算"模式的预测基础为城市客流分布资料，对客流出行现状特征的反映比较全面，因此预测精度有所提高，使用于城市布局结构变化不大，客运交通发展相对稳定的城市。

**3. 模式C："四阶段预测"模式**

"四阶段预测"模式也是基于现状客流分布（OD分布）的预测模式，它的主要思路是通过居民出行调查，掌握现状全方式的出行分布，在此基础上，预测未来年的全方式出行分布，然后通过交通方式划分、交通分配，得到远期轨道交通客流量。

此预测模式遵循交通需求预测的“四阶段”，即出行产生、出行分布、方式划分和交通分配，故称为“四阶段”模式。该模式结合土地利用规划分析城市轨道交通客流，能较好的反映城市远期客流的分布，且精度相对较高。但对数据要求高、操作复杂。近年来我国城市的轨道交通客流预测一般都属于这一模式，并成为该领域的发展方向。

**4. 模式 D：非集聚模式**

非集聚模式又称交通特征模式，它以实际产生交通活动的个人为单位，对个人是否进行出行、去何处、利用何种交通工具以及选择哪条路线等活动分别进行预测，并按出行分布、交通方式和交通线路分别进行统计，得到交通需求总量的一类预测模式。

这一模式在理论上利用了现代心理学的成果，引入了随机效用的概念，其核心是效用最大化理论。它着眼于研究出行者个体的出行行为。非集聚模式相比传统模式的优势是有明确的行为假说、模式的一致性好、模式标定所需调查样本少、模式有较好的时间和地区可转移性等特点。但该预测模式在实际运用上还不够成熟。

## 3.4　线网规模的研究

在进行城市轨道交通线网规划中，一个十分重要的问题就是如何根据城市的现状及其发展规划、城市的交通需求、城市经济的发展水平等，从宏观上合理地规划城市轨道交通线网的规模。所谓合理规模，实际上就是城市轨道交通方式合理的供给水平。由于交通需求和交通供给是动态的平衡过程，因此合理规模也是相对的。

城市轨道交通线网规模的合理确定，是城市规划部门、政府部门及轨道交通运营公司共同关心的问题。它为后续确定线路布局、网络结构及优化、估算总投资量、总输送能力、总经营成本、总体效益等工作的开展奠定基础。因此，合理的轨道交通规模不仅是线网规划的宏观控制量，而且是一项至关重要的投资依据，向决策者提供决策的辅助依据。城市轨道交通线网规模主要以其线路数量和线路总长度等规模指标来反映的。

### 3.4.1　线网规模指标

**1. 城市轨道交通线网总长度 *L***

$$L=\sum_{i=1}^{n}l_i \qquad \text{式(3.1)}$$

式中 $l_i$——城市轨道交通第 $i$ 条线路的长度，km。

$L$ 反映了网络的规模，由此可以估算总投资量、总输送能力、总设备需求量、总经营成本、总体效益等，并据此决定管理体制与运作机制。

2. 城市轨道交通线网密度 $\sigma$

城市轨道交通线网密度是指单位人口拥有的线路规模或单位面积上分布的线路规模，它是衡量城市轨道交通服务水平的一个主要因素。线网密度增加考虑了城市规模（城市面积、城市人口数）的因素，因此更能准确的反映某个城市轨道交通系统的发展水平和规模。

$$\sigma = L/S \qquad \text{式(3.2)}$$

$$\sigma = L/Q$$

式中 $S$——城市轨道交通线网规划区面积，$km^2$；

$Q$——城市轨道交通线网规划区的总人口，万人；

$\sigma$——城市轨道交通线网覆盖率，$km/km^2$ 或 km/万人。

由于城市不同区域的开发强度不同，交通需求强度也不均等。一般来说，从市中心向外围区呈现需求强度的逐步递减，因此线网密度也应相应递减。城市 i 轨道交通的合理密度应按照不同区域（城市中心区、城市边缘区、城市郊区）分别计算和取值。

### 3.4.2 线网规模的影响因素

城市轨道交通网络与其外部环境发生着物质、能量、信息的交换，同时受各种复杂的外界环境因素制约，这决定了城市轨道交通线网规模影响因素的多元化。因此，为了对城市轨道交通线网规模作出合理预测，就应当对其影响因素进行综合分析，分清主次关系和各因素的连接关系等，为预测方法分析奠定基础，同时也使决策者对影响线网发展的各种因素有一个清晰的认识。

线网规模受城市形态及布局、城市人口、城市面积、城市交通需求、城市国民生产总值、城市基础设施投资比例等的直接影响；另一方面，这些影响因素也相互制约，如城市人口、城市面积、城市形态及布局对城市交通需求又造成影响；国家交通政策、城市交通发展战略及政策、城市国民生产总值又对城市基础设施投资比例造成影响；城市交通发展战略及政策又受国家交通政策大环境的影响。这种相互影响和关联的复杂关系构成了一个大系统，见图 3.6 所示。

线网规模的影响因素众多，但每个因素对其影响作用却不同。有资料表明，城市交通需求和城市基础设施投资比例是城市轨道交通线网规模最直接的影响因素，城市形态及布局、城市人口、城市面积通过城市交通需求对线网规模产生间接的控制作用，城市国民生产总值和城市交通发展战略及政策则决定了城市基础设

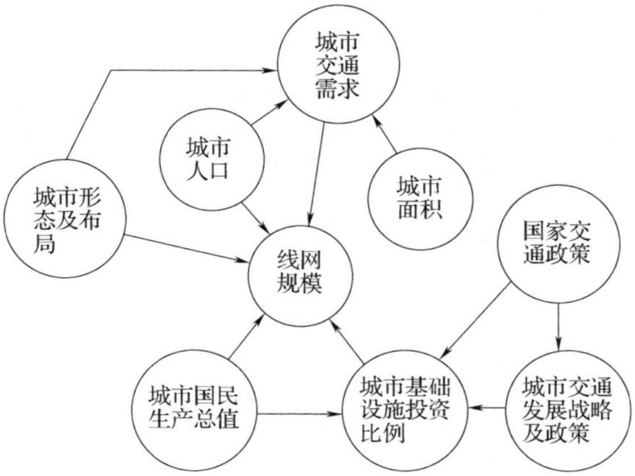


图 3.6　线网规模与其影响因素之间的相互关系

施投资比例，体现了城市经济实力对线网规模的影响。其中城市交通发展战略及政策又受国家交通政策整体环境的影响。各个因素对其影响作用见图 3.7 所示。

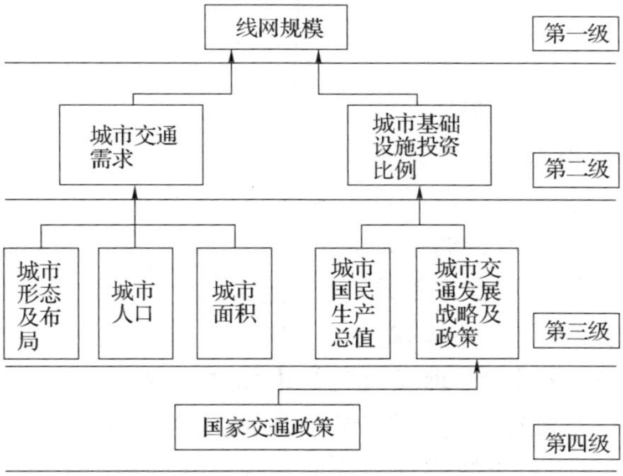


图 3.7　线网规模影响因素的层次结构模式

## 3.4.3　线网规模的确定方法

线网合理规模主要从“需求”与“可能”两大方面分析。“需求”是从城市总体规划、人口分布、出行强度和出行总量分析为基础，根据城市交通方式构成及其比例，分析城市轨道交通规划需求的规模；同时以城市结构形态为基础，分析线网合理密度和服务水平需求的规模。“可能”是从城市国民经济总产值中提取一定比例建立专项建设资金，分析城市财政经济的承受能力和工程的正常实施进度。

本文仅介绍确定线网长度或线网密度规模指标的 2 种常见方法。

**1. 服务水平法**

该法先将规划区划分为几大类，例如分为中心区、中心边缘区及外围区，然后或类比其他城市轨道交通系统发展比较成熟的城市的线网密度，或通过线网形状、吸引范围和线路间距确定线网密度，来确定城市的线网规模，其技术路线见图 3.8。

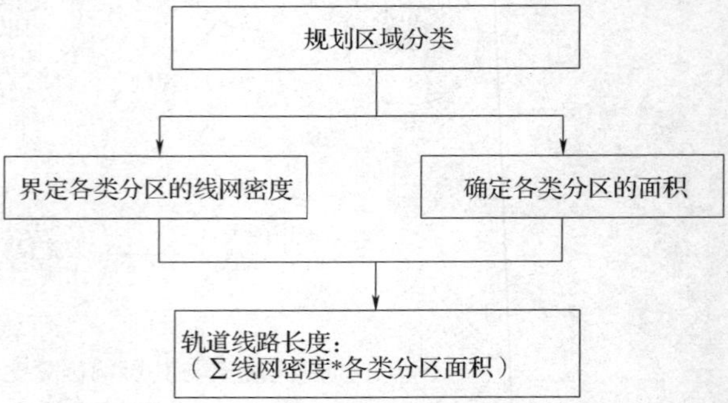


图 3.8　服务水平法技术路线

2. 交通需求分析法

规模体现为显示的交通供给。从供给满足需求的角度自然产生了出行需求法。因此，客流需求预测成为确定轨道交通发展规模的重要依据。以城市公共交通客流总量来计算轨道交通线网线路总长度 $L$ 的公式如下：

$$L=\frac{Q\alpha\beta k}{q}(\text{km}) \qquad \text{式(3.3)}$$

式中　$L$——线网中规划线路总长度(km)；

$Q$——远期城市出行预测总客流量(万人次)；

$\alpha$——远期公共交通在出行总客流量中分担客流的比重；

$\beta$——远期城市轨道交通在公共交通客流量中分担客流的比重；

$k$——城市轨道交通换乘系数；

$q$——线路负荷强度〔万人次/km/日〕。

如某市轨道交通线网的合理规模就是根据城市结构特点、市民出行特征与市区人口交通需求，以及城市总体规划和其远景控制规模为基础，结合上述基本方法确定的。表 3.1 列出了某市轨道交通线网合理规模的研究结果。

**表 3.1　某市轨道交通线网合理规模的研究结果**

| 指标 \ 规划年度 | 2010 年 | 2020 年 | 远景年 |
|---|---|---|---|
| 总客流量(万人次/日) | 712 | 1 035 | 1 500～1 750 |
| 公交出行比例(%) | 25 | 30 | 70 |
| 公交出行量(万人次/日) | 177 | 310 | 1 050～1 225 |

续上表

| 指　标 \ 规划年度 | 2010 年 | 2020 年 | 远景年 |
|---|---|---|---|
| 换乘系数 | 1.3 | 1.32 | 1.40 |
| 公交客运量(万人次/日) | 231 | 410 | 1 470～1 715 |
| 轨道交通占公交比例(%) | 20 | 40 | 55 |
| 轨道交通客运量(万人次/日) | 46 | 164 | 809～943 |
| 轨道交通负荷强度(万人次/km・日) | 3 | 3.5 | 4 |
| 轨道交通线网长度(km) | 15 | 47 | 202～236 |

从表 3.1 可见,该城市远景规划的线网规模应控制在 202～236 km,2020 年规划线网规模应为 47 km 为宜,2010 年规划线网规模应为 15 km 为宜,形成了三种阶段层次的线网规划。

## 3.5　线网架构类型及方案研究

自从 1863 年世界上第一条地铁问世以来,世界上已有 100 多个城市拥有城市轨道交通。由于不同的城市地理状况和社会经济条件,以及建设城市轨道交通年代的不同,各城市轨道交通线网的形式也各不相同,各具特色。从直观上看,各城市的轨道交通线网形态千姿百态,曲直无序,几乎找不到两个一样的线网形态。然而,在形态各异的线网形态中,又总有一些近似或类似的结构形态。

### 3.5.1　线网的几何单元

通过分析、比较世界上各城市的轨道交通线网,参考城市道路网络的结构形态,运用几何学、图论和数学形态学的基础知识,从中可以归纳出一些组成线网的基本几何单元,而这些几何单元都是由轨道交通线路组成的。

**1. 放射单元**

放射单元是所有轨道线路经过城市中心区域或 CBD(Central Business District)区域,或由从这些区域放射出的一组轨道交通线路组成。根据轨道交通线路相交情况不同,可以细分为中心放射型、一点集中放射型、中心地区放射型三种,见图 3.9 所示。根据轨道交通线路放射均匀程度不同,又可细分为均匀放射型、扇形放射型、两侧放射型和多侧放射型,见图 3.10 所示。

放射单元是城市外围地区与城市中心区域或 CBD 区域之间联系最快捷的轨道交通线路形式,大大缩短外围地区到市中心或 CBD 区域的时间,提高了市中心

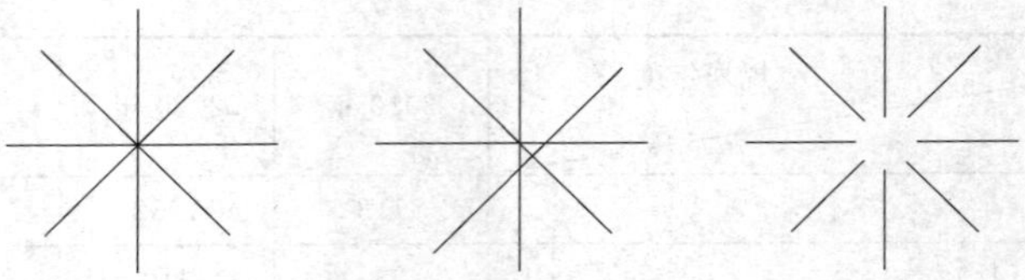

（a）一点集中放射　（b）中心地区放射域　（c）中心放射

图 3.9　轨道交通线路放射单元形式之一

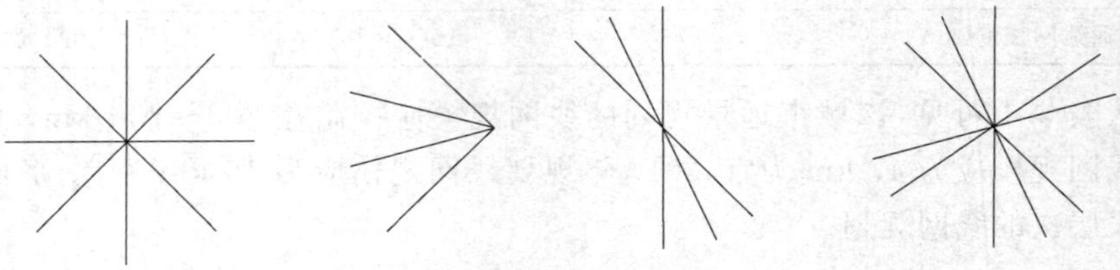

（a）均匀放射　（b）扇形放射成　（c）两侧放射面　（d）多侧放射

图 3.10　轨道交通线路放射单元形式之二

和 CBD 区域的可达性，对于保持中心城区的繁荣和建设发展卫星城起到一定作用。但这类线网需要注意避免市中心区的线路过多，否则不仅会造成工程处理困难，且易产生换乘客流过于集中的现象。此外，由于放射单元的轨道交通线路集中于城市中心区，使得中心区域承担的交通压力较大，同时缺乏城市外围地区之间直接的线路联系。

**2. 网格单元**

网格单元是由两组平行的轨道交通线路相互正交或接近正交形成的方格网状，见图 3.11 所示。这种线网单元线路布设均匀，平行线路多，线路顺直，线路交叉点多，适用于发展均匀、街道为棋盘式布局的城市。但网格单元布局的线网形态，平行线间的连通性较差，需要两次换乘才能实现，且整体的运输效率较低。据前苏联有关研究，棋盘式线网的运输效率较放射形加环线线网低 18%。

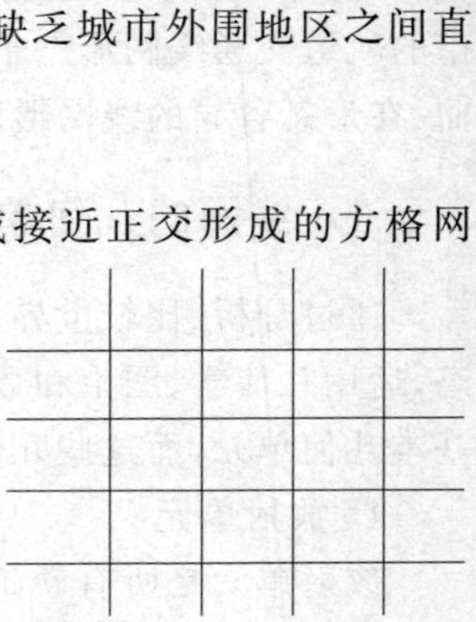

图 3.11　网格单元形式

**3. 环线单元**

环线单元是由一条、两条或多条线路共同组成的闭合线路，其形态可以为环状，也可以为方形等。一般情况下，环线单元是轨道交通线网高级发展的产物，主要设置在城市内外围地区交界处，其作用主要有两个：一是可加强中心区边缘各客流集散点的联系；二是通过换乘分流外围区之间的客流，减轻这些客流进入中心区所带来的压力。一般来说，环线客流取决于两个主要方面：一是沿线人口和就业数量，也就是环线自身串联的客流集散点的规模；二是环线的分流功能，即出行者对换乘不便与避免拥挤之间的选择与平衡。

### 3.5.2　线网架构的基本类型

运用上述三种线路几何单元，或对其进行组合，就能得到城市中最常见的、最基本的轨道交通线网结构类型。

**1. 无环放射结构形态**

放射结构形态的轨道交通线网是由城市某一区域（如市中心或CBD区域）为核心，在全方位或一个或多个扇形区域，对称或不对称的放射发展，所有轨道交通线路交汇于一点或中心的结构，其交汇点往往为大型换乘中心。采用该结构形式的城市，郊区乘客可直达市中心，而且由一条线到其他任意一条线，只要一次换乘即可到达目的地，换乘次数最少，乘客非常方便。但由于没有轨道交通环线，使得郊区之间的联系不便。

该结构形式是由轨道交通线路从城市中心向外放射而成，如果轨道交通线路都集中经过城市同一地点，容易造成该地点客流组织混乱，并增加施工难度和工程造价。因此在实际轨道交通线网规则中，一般将多线线路的一点集中交汇改为在一定区域范围内的多点交汇，形成若干的"X"形、三角形线路关系，华盛顿就采用了这个结构形式，在市中心区域形成两两相交的形式，见图3.12所示。有时为了方便乘客在多个车站之间的换乘，会在这特定区域范围内增设一条半径很小的环线，如芝加哥就是采用了这个结构形式，见图3.13所示。而这条小半径环线在性质上有别于上述提到的环线单元，其作用是方便小范围区域内乘客的换乘。

采用无环放射结构形态的城市较多，比较有代表性的城市有波士顿，它以市政府和CBD为核心，轨道交通线路在南——北、西北——东南和西南——东北方向对称放射布设。但在实际中，有些城市由于自然、地理条件的限制，如天然的湖泊、山脉的存在，阻断了城市向四周均匀发展，故轨道交通线路也不能均匀布设，即线路放射程度不均匀，有扇形放射的，如芝加哥，由于密支根湖的存在，轨道交通线网采用扇形放射，见图3.13所示；也有向两侧放射布设轨道交通线路的，如斯德哥尔摩，由于水域的分割，城市分为南北两部分，因此轨道交通网络也就采用以水为界向南北两侧放射的结构形式，见图3.14所示。

**2. 网格结构形态**

网格结构形态有时也称为"棋盘式"结构形态。这种形式的线网线路分布比较均匀，客流吸引范围比例较高；线路按纵横两个走向，多为相互平行或垂直的线路，乘客容易辨识方向；换乘站较多，纵横线路间的换乘方便，线网连通性好。但这种

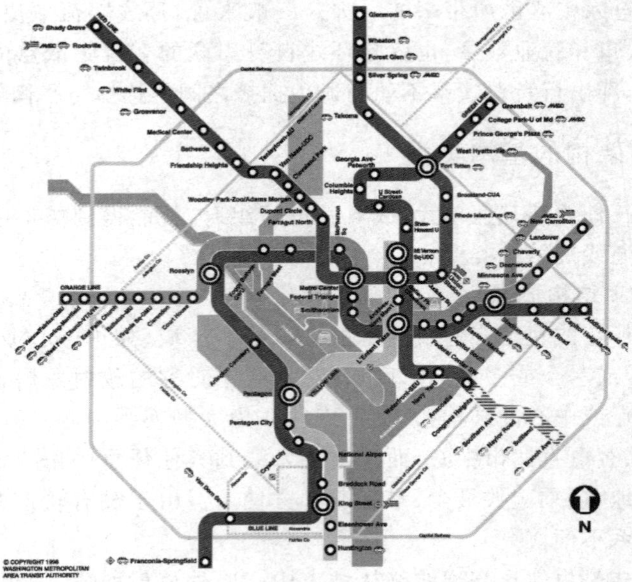

图 3.12 华盛顿轨道交通线网形式

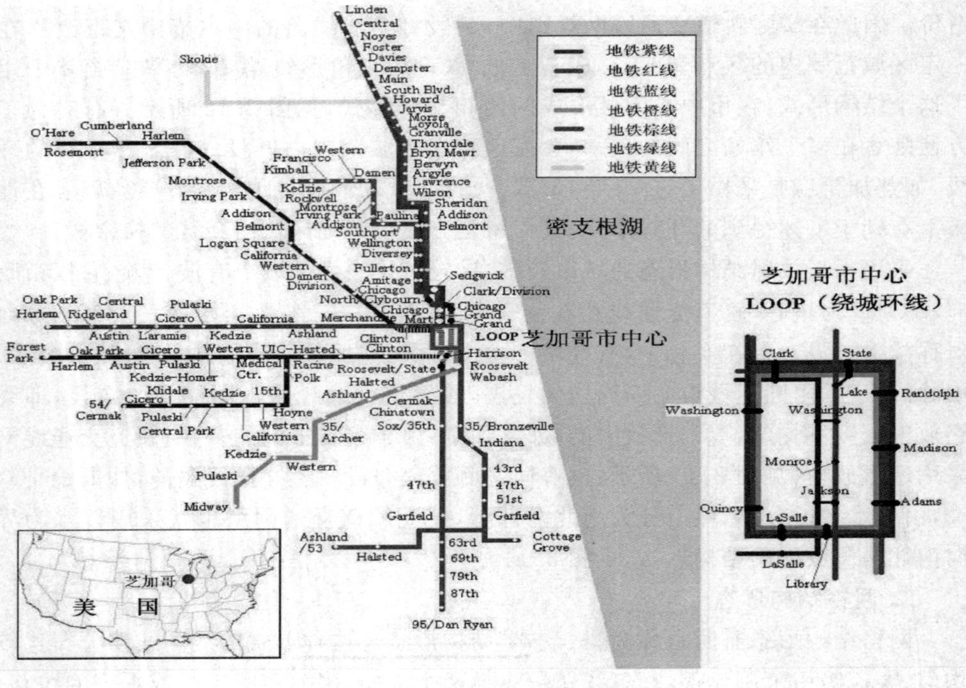


图 3.13 芝加哥轨道交通线网形式

图 3.14　斯德哥尔摩轨道交通线网

线网形态最大的缺点是没有通达市中心的径向放射线，郊区到市中心的出行常需换乘，且平行线路之间换乘比较麻烦，一般需要换乘两次或两次以上。在相同的线网规模下，网格式线网的吸引范围要比放射式线网的低。

这种线网形态适合于人口分布比较均匀，市区呈片状发展、而街道呈棋盘式布局的城市。目前，世界上已建有轨道交通线路的城市中，采用这种线网结构的并不多见，如赫尔辛基、墨西哥等。墨西哥城市的轨道交通线网有 4 条南北向线路、4 条东西向线路和 1 条斜向线路组成，其间有两条线路为了增加与平行线路之间的交叉机会而呈“L”形，见图 3.15 所示。

**3. 有环放射结构形态**

有环放射结构是在无环放射结构的基础上增加环行线而成的，其环行线一般与所有放射线路交叉。有环放射结构是对无环放射结构的改进，因而该线网结构既具有无环放射式线网的优点，又克服了其周边方向交通联系不便的缺点，方便了环行线上的直达乘客和相邻区域间需要换乘的乘客，并且环行线能截流郊区之间的客流，疏解市中心区的交通压力。

这种形式的线网对城市居民的使用最为便利。当城市因其郊区发展成市区后，这种形式的线网也便于有效地扩展。世界上许多城市的轨道交通线网都采用了有环放射结构，如莫斯科、伦敦。莫斯科轨道交通线网是由一圆形环行线和若干

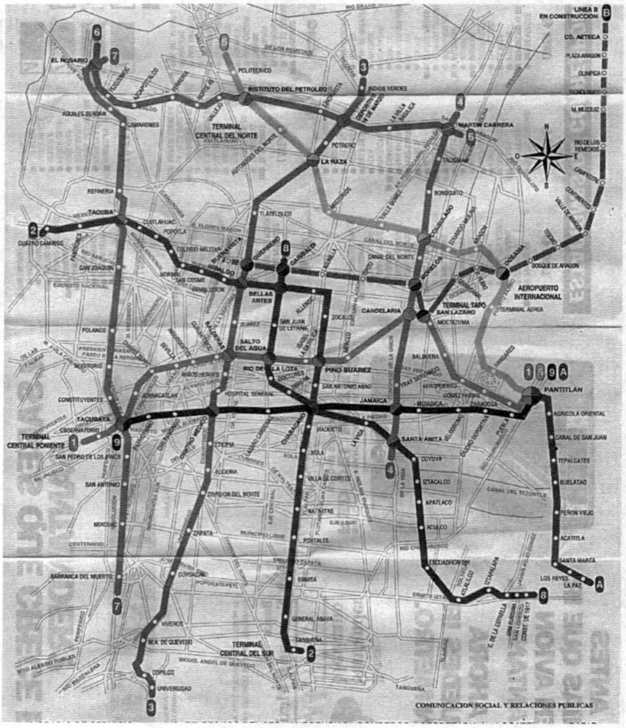


图 3.15　墨西哥轨道交通线网形式

放射线组成的，8 条放射线由 4 条直径线和 4 条半径线组成，向 12 个方向辐射，伸入到城市各端的居民区和工业区，各线路在城市中心区交叉形成三角形，交叉点都为换乘中心，见图 3.16 所示。该线网缓解了莫斯科市中心区交通拥挤的居民，轨道交通部门也取得了良好的运营效率。伦敦也采用相似的线网形式，不同点在于其环行线是方形的，见图 3.17 所示。

值得一提的是，城市轨道交通环行线截流城市外围之间客流的作用往往受换乘条件的限制，其作用不如道路交通网络中环行线的那么明显。城市轨道交通环线的客流很大程度上取决于环行线自身串联的客流集散点的规模。比如日本东京著名的山手环行线，全线串联了二十多座城市轨道交通和铁路车站，所以它始终具备较高的客流，见图 3.18 所示。而广州市在规划城市轨道交通线网时，曾经根据城市特点，提出过几个在不同位置设置不同规模的环行线的比较方案，但这些环行线方案在进行模式测试后，普遍存在客流不高、平均乘距明显低于其他线路的特点，环行线最终被否定。因此，城市轨道交通线网规则中设置环行线必须进行充分研究，不能为了具备环行线而去专门设置。

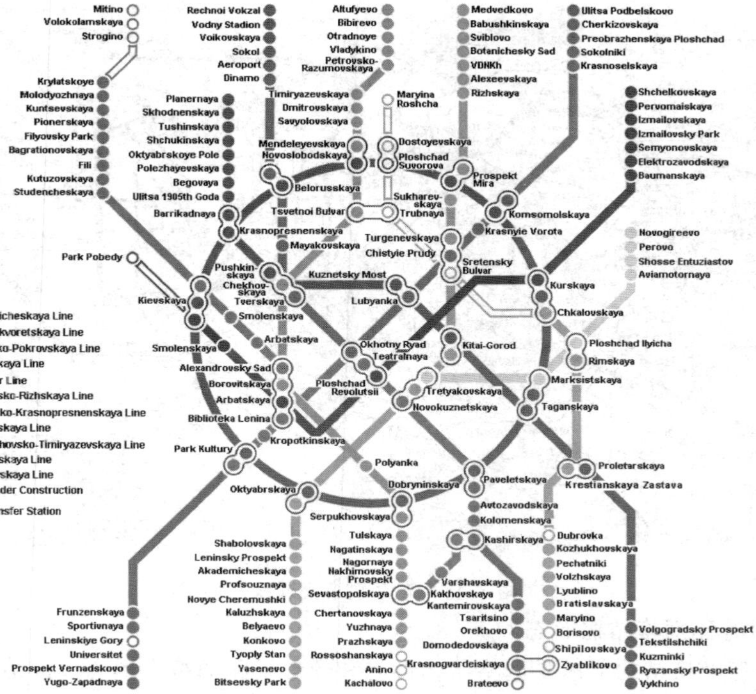


图 3.16　莫斯科轨道交通线网形式

图 3.17　伦敦轨道交通线网形式

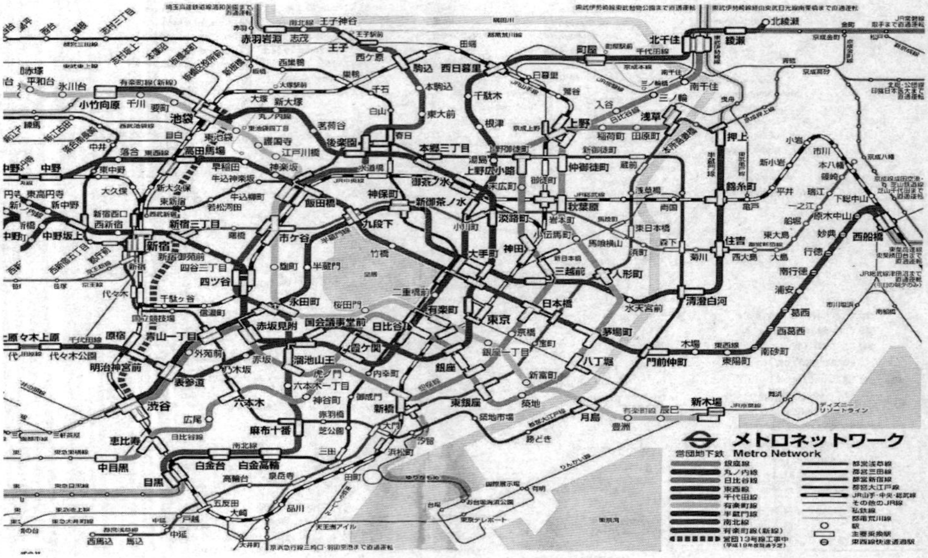

图 3.18　东京轨道交通线网形式

**4. 有环网格结构形态**

有环网格结构形态是网格结构形态和环形线路的组合形态。该结构形态的最大特点是减少了环线客流的换乘次数，提高了客流的直达性；环外平行线路客流可通过环线换乘从而减少了换乘次数，缩短了出行时间；通过环线换乘减轻了中心区的客流负荷，起到疏散客流的作用。采用该线网结构形态的城市并不多，北京是比较有代表性的城市之一。

北京地铁始建于 20 世纪 50 年代，自 20 世纪 60 年代起，做过多次轨道交通线网规划的方案调整。但北京其特有的棋盘式道路格局决定了其市中心区域轨道交通线网为“三纵三横加上 1 条环线”结构形态，为了加强城市东部发展中心与边缘集团、重要卫星城和机场的联系，在城市外围又规划有两条快速半环线，支持城市“分散集团”式布局、发展卫星城镇战略，在环外增加了周边线路和支线。将市域和市区线网叠加，形成整个轨道交通线网的构架。见图 3.19 所示。

**5. 组合结构形态**

以上列出的是具有较明显特征的少数城市轨道交通线网结构形态。实际上，大多城市的轨道交通线网因时就势，形态往往比较复杂，而不是简单地呈现单一的特征结构。它们往往是由多种单一线网结构有机结合而成一个完整的线网形式。具有组合线网结构形态的城市较多，我们以马德里为例来说明。从图 3.20 可以看出，马德里的轨道交通 1、2、4、7、9、10 等线路在市中心区构成明显的网状结构；6 号线路为环行线；1 和 9 号沿东南向；10 号沿西南向；8 号沿东北向均呈放射状形

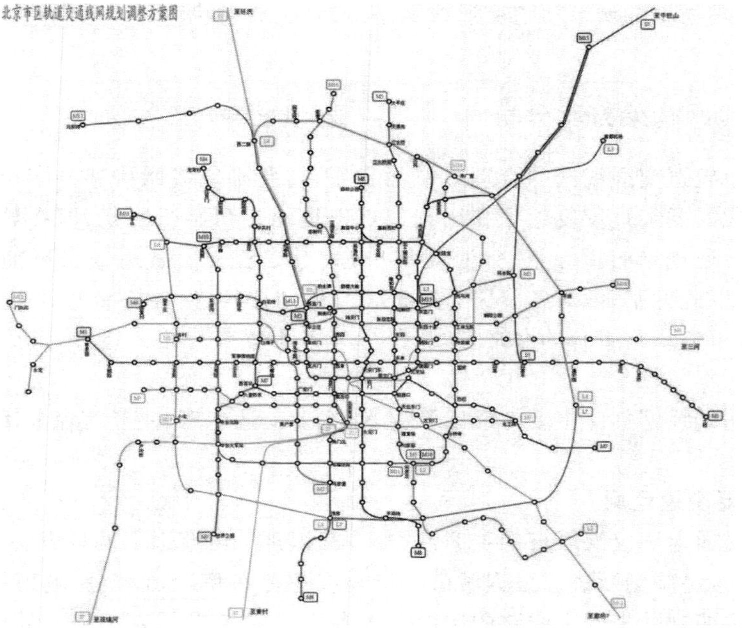


图 3.19　北京轨道交通线网形式

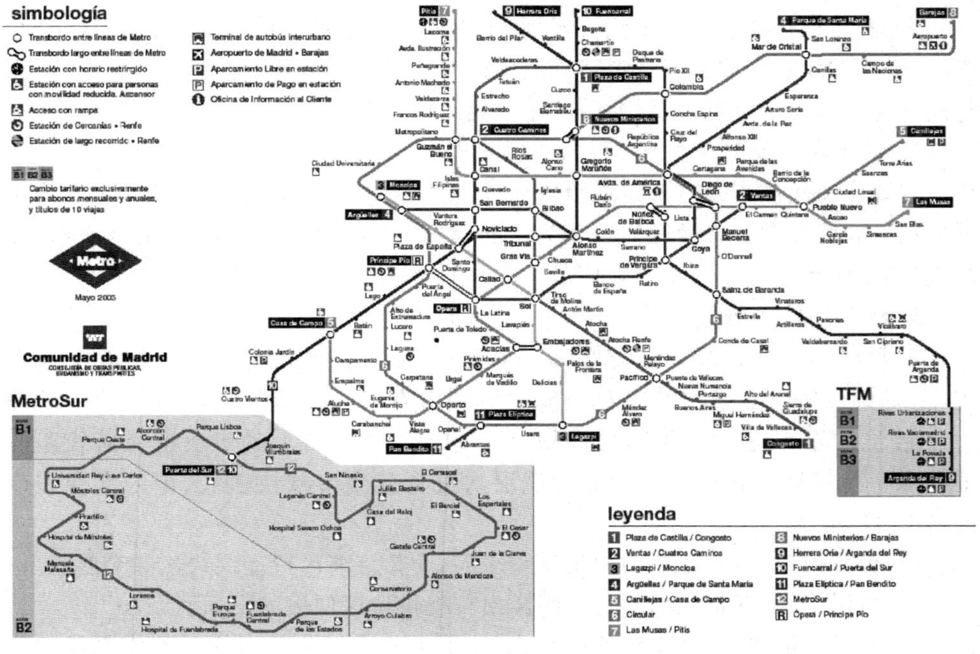


图 3.20　马德里轨道交通线网形式

态。因此,马德里的城市轨道交通线网是由网状、放射状和环线共同组合而成的结构形态。

### 3.5.3 线网构架方案分析

在城市轨道交通线网的合理规模确定后,需要确定线网构架方案。线网构架方案的形成需要经过反复论证和比选。首先是确定初始线网集,即在城市总体规划和综合交通规划的指导下,针对规划目标,考虑若干因素后提出可能的线路方案。其次,以此为基础,对各线路方案进行分析和评价,论证线路的具体走向方案。最后,分析由各线路组合的网络方案,分析其客流效果与相关指标,最后得到推荐方案。

产生初始线网集应主要考虑以下要素:主要交通走廊、主要客流集散点和线网功能等级。

**1. 主要交通走廊**

主要交通走廊反映城市的主客流方向,其识别一般有以下两种方法:

方法一:经验判断法。根据城市人口与岗位分布情况,设定影响范围,通过对线网覆盖率的判断来确定线路的走向。这种方法仅考虑了人口密度的分布情况,忽视了人员出行行为的差异,因此在线网布设时可能与实际客流方法不完全吻合。

方法二:出行期望经路图法。规划年出行预测得到远期全人口、全方式 OD 矩阵;将远期 OD 矩阵按距离最短路分配到远期道路网上得到出行期望经路图;按出行期望经路图上的交通流量选线,产生初始线网。

**2. 主要客流集散点**

主要客流集散点是在确定城市轨道交通线路骨架后,确定线路具体走向的主要依据。客流集散点按照性质可分为交通枢纽、商业服务行政中心、文教设施、体育设施、旅游景点和中小型工业区等。

**3. 线网功能等级**

不同运量等级的客运走廊需要确定中运量或是大运量的城市轨道交通系统,而且城市轨道交通在城市不同地区对城市发展与支持社会经济活动中发挥的功能也不同,轨道交通网络层次划分正是根据这一特点确定轨道交通线路的服务水平与等级。轨道交通线路功能层次可划分为市域快速线、市区干线和市区辅助线。

(1)市域快速线:在市区与卫星城镇之间,为长距离出行提供快速的交通联系;

(2)市区干线:在市区内部为中距离出行提供快速便捷的交通联系;

(3)市区辅助线:市区干线的补充线,以保证整个城市轨道交通网络系统整体功能的发挥。

如上海轨道交通线网由市域级快速线（R 线）、市区级地铁线（M 线）和市区级轻轨线（L 线）三个层次组成。R 线的行车线路大都由郊区穿越市中心，再到达郊区，设计时速在市中心约为 60～80 km，在郊区可达到 120 km/h。M 线是指市区地铁骨干线，并和 R 线融为一体，其设计时速大约在 60～80 km。L 线则主要活跃于城市内人口密集度较低的地区，作为 M 线网的补充。

## 3.6　线网方案评价

城市轨道交通系统是一个综合、复杂、开放和动态的系统，如何评价该系统的运营状况、存在的问题及可能发挥的潜力？如何评价城市轨道交通规划方案对今后城市发展的适应性？如何检验城市轨道交通系统今后实施的效果？诸如此类问题的解答都需要一套科学的评价体系和方法。

城市轨道交通线网评价是城市轨道交通线网规划的重要环节。在线网方案构架研究中，线网评价要确定每一个备选方案价值并进行优劣排序。在最终的评优决策中，评价则对备选方案进行全面而系统的定性定量分析，从而选择出技术上先进、经济上合理、实施上可行的最优或满意的方案。就线网评价本身而言，其主要任务包括：

1. 明确评价对象；
2. 确定评价目的及准则；
3. 建立评价指标或指标体系；
4. 各评价指标的分析与计算；
5. 选择合适的评价方法，综合各评价指标的分析及计算结果，对备选方案进行比较和选择；
6. 最终确定最优或满意方案。

### 3.6.1　评价过程及评价指标

轨道交通线网方案的评价是优化选择方案的一个环节之一，但不能把优化方案的选取寄托在一次性的方案比选上。优选方案应通过下面三个过程来得到：

首先，在轨道交通的以上层次的规划，即城市规划或城市综合交通规划中应确定一些宏观的、战略性的问题或指标，如公交出行比例，这些是在规划方案时必须要达到的目标；反之，不符合这些目标的方案必须淘汰。

其次，通过方案设计的过程进行方案初步筛选。规划者应明确轨道交通线网规划的设计准则或原则，通过这些定性的准则或原则淘汰一些方案。一些定性的指标，如近期线网实施性、线网发展适应性、线网结构的合理性等，就是在方案设计过程中通过设计者个人或集体的广泛经验及综合判断能力进行筛选，保留下来的方案应是总体比较优秀、各有优缺点且难分高下的备选方案。

第三，通过一些定量评价指标体系对上述备选方案进行定量分析和比较。定量评价指标体系应反映线网对城市发展、运营效果、经济性三方面的影响，尽量采用相互独立的、比较客观性的定量指标。

## 3.6.2 评价指标体系的结构

城市轨道交通系统的各项影响因素较多，一般采用塔式结构的层次指标体系。过于复杂和多变的结构关系不利于决策分析，故树状的关系结构是目前比较普遍采用的评价指标体系结构，见图 3.21 所示。

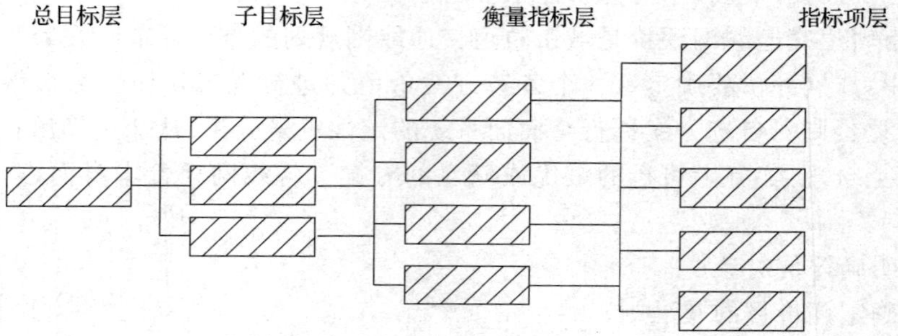


图 3.21 塔式结构的评价体系

目前我国上海、广州、南京等城市在进行城市轨道交通线网规划的工作中，根据城市自身的特点，进行了相应的研究，积累了一定的经验。一般情况下，城市轨道交通线网规划方案评价的总目标又可进一步细分为技术评价、经济评价和社会环境影响评价三个子目标。建立合理的衡量指标层有助于指标项层的明确分类。例如，对技术评价子目标进行分析，同时与线网方案构架过程的主导因素相对应，确立的衡量指标层可分为 3 个要素：

B1 对居民出行条件的改善作用——体现不同方案对居民出行条件的改善程度；

B2 运营效果——体现线网运营特征；

B3 建设实施性——从工程施工角度考察规划方案实施的难易程度，并对方案分期建设的合理性进行考察。

对衡量指标层又可进一步细分来确定各具体的指标项层。图 3.22 给出了一个经过调整优化的城市轨道交通线网综合评价指标体系。

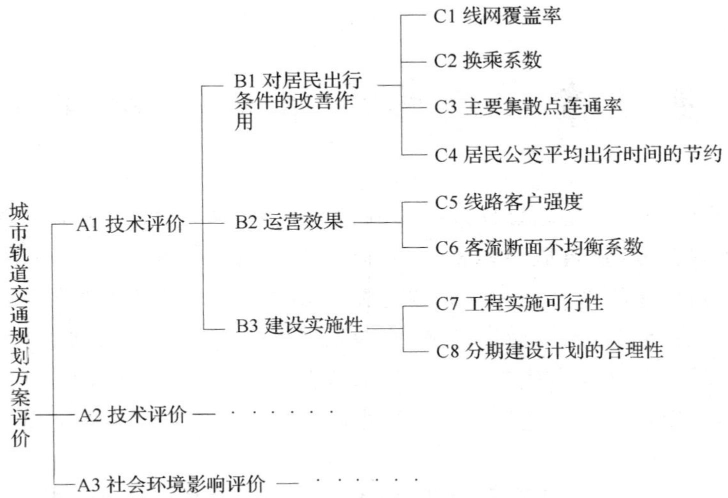


图 3.22　城市轨道交通线网综合评价指标体系

## 思　考　题

1. 城市轨道交通线网在城市公共交通线网中的功能定位是什么？城市轨道交通线网与城市常规公交线网之间如何进行协调与配合？

2. 线网规划的主要原则有什么？

3. 线网规划的主要内容有哪些？

4. 城市轨道交通客流主要包括哪几个部分？常用的客流预测方法有哪几种？

5. 组成城市轨道线网的基本几何单元有哪些？每种几何单元有什么优缺点？

6. 简单分析轨道交通线网结构特征对城市发展的相互影响？

7. 城市轨道交通线网规模的影响因素有哪些？

8. 线网规模用什么指标来定量表示？这些指标的具体表现形式是什么？

9. 简述城市轨道交通线网综合评价的过程。

10. 城市轨道交通线网综合评价的结构体系是什么？

# 第4章　城市轨道交通施工

城市轨道交通建设是综合性系统工程，其涉及领域众多，主要包括路网规划、线路设计、土建工程、建筑造型和装修、机电运营设备等。对于一条轨道交通线路的最终成功运营，基本的车站和区间隧道施工就起到一个至关重要的作用，如果所选择的施工方法得当且施工质量优良，则对后期的其他工作的开展能起来一个积极的作用；如果不当往往会成为运营质量的一个制约因素。因此，对于城市轨道交通从业者而言，车站及区间隧道施工方法和施工技术的掌握就显得非常重要。

## 4.1　城市轨道交通施工方法概述

我国从20世纪60年代开始建造第一条轨道交通线路，到目前国内已经有近20座城市相继有城市轨道交通线路开通，通过这50多年几代人的努力，我国在城市轨道交通车站和区间隧道施工方法方面已经积累了不少宝贵的经验。

### 4.1.1　城市轨道交通施工特征

城市轨道交通的建设是随着城市化的发展而发展的，因此集中在城市中的轨道交通施工主要有如下特征：

**1. 线间距小是城市隧道的显著特点**

由于城市隧道受地形、城市规划用地及既有建筑设施的限制，其空间位置、平面布置和双洞线间距等技术指标都很难满足现行铁路和公路隧道设计规范的要求，特别是其线间净距一般在10～25 m之间，甚至采用连拱结构。

**2. 浅埋**

受城市总体规划和既有建筑设施限制较大，城市地铁隧道，特别在轨道交通与公路、铁路交叉地段往往为浅埋，同时为保证既有道路的畅通和其他既有建筑设施的正常使用，隧道无法采用明挖法施工。在浅埋段隧道施工期间的地表沉降控制和掌子面稳定控制是设计和施工方案的重点和难点。

**3. 防水要求高**

由于城市隧道所处的特殊地理环境和使用功能要求，需配置给排水管及通风、照明、交通监控、有线广播和无线通信系统的各种电缆、电线和设备、仪器、仪表，因此，洞内保持干燥，确保各种设备、仪器、仪表正常使用，这是城市隧道防水标准高于公路、铁路隧道的防水标准的关键因素。

**4. 运营管理设施复杂**

为适应城市隧道的使用功能，其运营管理设施除满足一般隧道所要求的通风、照明、供电等管理设施外，还有中央监控系统、火灾报警系统、一氧化碳检测及射流风机控制系统、紧急电话系统、闭路电视系统、有线广播和无线通信系统等配套设施。整个控制系统完全由计算机控制。根据其功能不同可将整个管理系统分为强电系统、给排水及其他市政管网设施系统和控制系统三大部分。

**5. 施工干扰大**

施工干扰大是城市隧道所处的特殊地理位置的必然结果，施工干扰主要表现在：洞口及接线工程周围既有建筑设施多，其施工的安全防护措施极其严格；施工车辆必须在指定时间和路线范围内行驶；爆破作业时间每天只有1～2次，施工安排受到影响。

**6. 外观要求高**

城市隧道是城市建筑的一个组成部分，不仅要求其具有良好的使用功能，而且要与周边环境相协调，通过隧道的修建为城市增加一个新的风景点。洞口工程是隧道的"脸面"，如何将这个"脸面"装扮得多姿多彩，以及如何与其配套开发成一个敞式公园，这值得城市建设者们多加思考。另外，当车辆进入隧道时，驾驶员总有一种紧张感、压抑感，这就要求对隧道适当装修而提高其舒适感。城市隧道不仅是一个交通工程，更应为一个交通艺术品，应最大限度地为人民群众的居住环境改善服务。

## 4.1.2　城市轨道交通施工方法选择

选择城市轨道交通施工方法时要考虑如下因素：

1. 工程地质条件；
2. 水文条件；
3. 地形地貌；
4. 沿线环境要求；
5. 施工单位技术水平(包括施工设备条件)；
6. 施工进度要求；
7. 经济条件等因素。

对于区间隧道施工方法目前常用的是：明挖法(交通条件允许时)、矿山法(新奥法，在围岩条件良好时采用)、盾构法(土质隧道最常用)。软土暗挖法在埋深较浅、对土体进行了冻结、或注浆、或进行了深层搅拌桩加固、或采用管棚法加固后也有采用，其他方法较少采用。具体各种施工方法比较见表4.1区间隧道施工方法一览表。

地铁车站的常用施工方法是：明挖法(最常见)、矿山法(新奥法，围岩条件特别好)、盖挖法及逆作法(半逆作法)(交通繁忙地段常用)，其他方法较少采用。具体各种施工方法比较见表4.2地铁车站施工方法一览表。

表 4.1 区间隧道施工方法一览表

| 序号 | 施工方法 | 环境场地要求 | 应用举例 | 优点 | 缺点 | 发展方向(关键技术) |
|---|---|---|---|---|---|---|
| 1 | 明挖法 | 城市郊区场地开阔区域；软岩和土体 | 北京、天津地铁 | 进度快、工作面大、便于机械和大量劳动力投入 | 破坏环境生态，影响交通，产生尘土和噪声污染 | 1. 有效井点降水系统；2. 可靠的支撑系统；3. 大型土方机械、混凝土搅拌及运输机械 |
| 2 | 新奥法 | 岩石或坚硬土体 | 青岛、重庆地铁 | 地面干扰小，造价低。 | 进度慢、劳动强度高，风险大 | 1. 多臂钻孔台车；2. 自动装药引爆装置；3. 光面爆破、喷锚支护，监控量测数据反馈指导设计和施工 |
| 3 | 浅埋暗挖法 | 埋深较浅对土体进行冻结、注浆、深层搅拌桩加固地基、管棚法加固，浅埋车站 | 北京、哈尔滨地铁 | 地面干扰小，造价低，便于土法上马 | 机械化程度低，劳动强度高，环境恶劣、风险大 | 1. 发展可靠的深层地基处理技术；2. 小型灵活的地下开挖机械；3. 可靠的临时支护措施和机具 |
| 4 | 盾构法 | 软弱地层、深埋隧道 | 北京、上海和广州 | 地面影响小、机械化程度高、安全、劳动强度低、进度快 | 机械设备复杂、价格昂贵、工艺烦琐、需要专业施工队伍 | 1. 开发适用不同地质条件、自动更换刀盘的气压、土压泥水平盾构和顶管；2. 超迁探测排障技术；3. 钢纤维挤压混凝土衬砌；4. 三维仿真计算机管理系统，管理信息化、自动化；5. 自动导向、中途对接异型盾构 |
| 5 | 沉管法 | 跨越江河湖海、软地基 | 上海、广州、宁波过江隧道 | 造价低、速度快、隧道断面大 | 封锁江河水面，需要专门的驳运、下沉、对接设备；属于水下作业，风险大 | 1. 大型涵管制作及驳运技术；2. 地下定位对接、防水技术 |
| 6 | TBM 法 | 坚硬岩石地质 | 广州 | 速度快、机械化程度高、安全、无地面干扰 | 造价高、使用技术复杂，刀具易磨损 | 1. 开发国产高性能凿岩机；2. 改进高强合金刀具；3. 完善后配套系统；4. 超前不良地质探测系统 |

**表 4.2　地铁车站施工方法一览表**

| 序号 | 施工方法 | 环境场地要求 | 应用举例 | 优点 | 缺点 | 发展方向 |
|---|---|---|---|---|---|---|
| 1 | 明挖法 | 浅埋车站，有宽阔的施工区域 | 北京、天津、上海、广州地铁 | 进度快、工作面大、便于机械和大量劳动力投入 | 破坏环境，影响交通，产生尘土和噪声污染 | 1. 有效井点降水系统；2. 开发大型导板式开凿机；3. 深层地下连续墙、桩排墙施工技术；4. 预应力钢支撑技术；5. SMW工法土丁墙支护 |
| 2 | 矿山法（新奥法） | 坚硬岩石、地下水位低 | 青岛、重庆地铁 | 地面干扰小，造价低。 | 进度慢、劳动强度高，风险大 | 1. 多臂钻孔台车；2. 自动装药引爆装置；3. 光面爆破、喷锚支护，监控量测数据反馈指导设计和施工；4. 分部开挖技术；5. 大型土方机械 |
| 3 | 浅埋暗挖法 | 埋深较浅，对土体进行冻结、注浆、深层搅拌桩加固地基、管棚法加固 | 北京地铁 | 地面干扰小，造价低，便于土法上马 | 劳动强度高，环境恶劣、风险大 | 1. 发展可靠的深层地基处理技术；2. 小型灵活的地下开挖机械；3. 可靠的临时支护措施和机具 |
| 4 | 盖挖法 | 市区浅埋地铁车站 | 北京、上海 | 占用场地时间短、对地面干扰小，安全 | 施工工序复杂烦琐、交叉作业，施工条件差 | 1. 建立合理的施工网络，交叉施工、流水作业；2. 地下小型施工机具；3. 作为永久衬砌支护的地下连续墙，钻孔桩柱施工质量控制和托换技术 |
| 5 | 逆作法（半逆作法） | 车站上面有高层建筑，埋深较深 | 上海 | 占用场地时间短、对地面干扰小，安全 | 施工工序复杂烦琐、交叉作业，施工条件差 | 1. 建立合理的施工网络，交叉施工、流水作业；2. 地下小型施工机具；3. 作为永久衬砌支护的地下连续墙，钻孔桩柱施工质量控制和托换技术 |
| 6 | 异型盾构（或凿岩机法） | 市区深埋车站，线路交汇换乘下层车站 | 广州 | 机械化程度高、安全、无地面干扰 | 机械复杂造价高、使用技术复杂；安装难度大 | 1. 开发研制国产大型三心圆、割圆异型盾构；2. 开发新型衬砌支护材料和施工技术 |
| 7 | 沉井法 | 软弱地层或水域、地域空旷、深埋、浅埋小型车站 | 上海早期 | 分节制作下沉、速度快、机械化高，安全 | 对环境影响大、泥浆污染、地面下沉，纠偏困难 | 1. 大型沉井制作下沉施工技术；2. 相配套的小型挖土机；3. 坑内外降水技术；4. 大型沉井纠偏、防止突沉、超沉、管涌流沙技术 |

# 4.2 城市轨道交通车站施工

## 4.2.1 地铁车站特征、结构类型和施工方法

地铁车站是建在城市地下的车站，它具有以下地下建筑的特征：

1. 为了使结构安全、施工方便并节约投资、它的形体必须简单、完整；

2. 没有自然光线，必须全部靠人工采光；

3. 为保证地下空间环境的安全和舒适，设有庞大的空间、通风设施；

4. 为保证客流安全、顺畅、快捷集散、设有众多鲜明的指示标牌和消防设施；

5. 地面出入口通过地下通道与地下车站连接，出入口地下部分要采取人防措施，在地面上设有风亭建筑。

地铁车站设计从结构的类型，可分为矩形箱式地下建筑和圆形或拱形的隧道式建筑。矩形箱式车站基本上都是采用连续墙后大开挖的现浇钢筋混凝土结构，施工时对周边的环境影响较大，土方量也大，对地面交通影响也大。而圆形或拱形的隧道或暗挖车站建筑，基本可采用暗挖、盾构等掘进的方式，土方量减少，同时对周边环境的影响也大大减少，但带来的技术要求则较高且需要大的盾构掘进等机械和设备。

地铁车站一般宜设在线路直线段上，车站的形式选择应根据线路条件和所处环境特点，因地制宜地进行比选确定，结合建筑造型、结构类型和施工方法，合理地利用城市建筑空间，做到的周围建筑结合好、拆迁少，对地面交通干扰少，对地下管线影响小、改移方便。

地铁车站是地铁中的一个很重要的部分，其施工方法目前有明挖法、盖挖法（盖挖顺作法、盖挖逆作法、盖挖半逆作法）、明暗挖混合法、浅埋暗挖法等，在目前已经完成的地铁车站施工方法由于区间隧道主要采用盾构法，所以在车站部分主要采用明挖法和盖挖法进行施工，早期的地铁车站施工和区间隧道一致主要采用浅理暗挖法施工。

## 4.2.2 明挖法施工

### 4.2.2.1 明挖法

明挖法指的是先地面的岩土体全部挖除，形成基坑，然后在基坑中修筑车站主体结构的施工方法。明挖法是各国地下铁道施工的首选方法，在地面交通和环境允许的地方通常采用明挖法施工。浅埋地铁车站和区间隧道经常采用明挖法，明

挖法施工属于深基坑工程技术。由于地铁工程一般位于建筑物密集的城区，因此深基坑工程的主要技术难点在于对基坑周围原状土保护，防止地表沉降，减少对既有建筑物的影响。其具有以下特点：

1. 优点

(1)施工方法简单、技术成熟；

(2)工程造价较低；

(3)施工进度低，根据需要可以分段平行流水作业；

(4)安全风险容易控制。

2. 缺点

(1)外界气象条件对施工影响较大；

(2)施工对城市地面交通和居民的正常生活有较大影响，且易造成噪声、粉尘及废弃泥浆等污染；

(3)需要拆除工程影响范围内的建筑物和地下管线。

明挖法施工分为敞口明挖和有围护结构的明挖两类。敞口明挖也称为无支护结构基坑明挖，适用于地面开阔，周围建筑物稀少，地质条件好，土质稳定且在基坑周围无较大荷载，对基坑周围的位移和沉降无严格要求的情况。而具有围护结构的明挖适用于施工现场狭窄，土质自稳性较差，地层松软，地下水丰富，建筑物密集的地区，采用该方法施工时可以较好地控制基坑周围的变形和位移，同时可以满足基坑开挖深度大的要求。特别是基坑很深、地质条件差、地下水位高，又处于繁华市区无足够空地满足施工需要，应采用有围护结构的基坑。

明挖顺作法施工步骤见图 4.1 所示

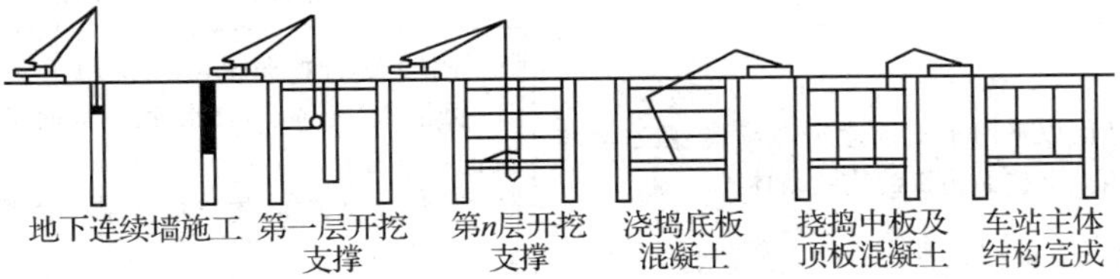


图 4.1 明挖法施工步骤示意

#### 4.2.2.2 基坑围护结构施工

目前，地铁车站施工中所采用的围护结构种类很多，其施工方法、工艺和所用的施工机械也各不相同。因此，应根据基坑深度、工程地质和水文地质条件、地面环境等，特别要考虑到城市施工这一特点，综合比较后确定，围护结构的类型及特点如表 4.3。

**表 4.3 围护结构的特点**

| 类型 | 定义 | 特点 |
| --- | --- | --- |
| 桩板式墙 | 由桩及桩间的挡土板两部分组成，利用桩深埋部分的锚固作用和被动抗力维护围护结构的稳定 | A H钢间距在1.2～1.5 m；<br>B 造价低，施工简单，有障碍时可改变间距；<br>C 止水性差，地下水位高及坑壁不稳的地方不适用；<br>D 开挖深度上海达到6 m左右，无支撑；而且本用于开挖深度10 m以内的基坑（有支撑） |
| 钢板桩墙 | 板桩墙是用于抵抗侧向土压力的直立板条状构件形成的挡土结构物 | A 成品制作，可反复使用；<br>B 施工简便，但施工有噪声；<br>C 刚度小，变形大，与多道支撑结合，在软弱土层中也可采用；<br>D 止水性尚好，如有漏水现象，需增加防水措施 |
| 钢管桩 | 钢管桩，由钢管、企口榫槽、企口榫销构成，钢管直径的左端管壁上竖向连接企口槽，企口槽的横断面为一边开口的方框形，在企口槽的侧面设有加强筋，钢管直径的右端管壁上且偏半径位置竖向连接有企口销，企口销的槽断面为工字形 | A 截面刚度大于钢板桩，在软弱土层中开挖深度可增大，在日本开挖深度达30 m；<br>B 需有防水措施 |
| 预制混凝土板桩 | 是在工厂或施工现场制成的混凝土板桩，用沉桩设备将桩打入，压入或振入土中 | A 施工简便，但施工有噪声；<br>B 需辅以止水措施；<br>C 自重大，受起吊设备限制，不适合大深度基坑。国内用10 m以内的基坑，法国用到15 m深基坑 |
| 灌注桩 | 直接在所设计的桩位上开孔，其截面为圆形，成后在孔内加放钢筋笼，灌注混凝土而成 | A 刚度大，可用在深大基坑；<br>B 施工对周围地层、环境影响小；<br>C 需和止水措施配合使用，如搅拌桩、旋喷桩等 |
| 地下连续墙 | 在地面以下用于支承建筑物荷载、截水防渣或挡土支护而构筑的连续墙体 | A 刚度大，开挖深度大，可适用于所有地层；<br>B 强度大，变位小，隔水性好，同时可兼作主体结构的一部分；<br>C 可临近建筑物、构筑物使用，环境影响小；<br>D 造价高 |
| SMW工法 | SMW工法亦称劲性水泥土搅拌桩法，即在水泥土桩内插入H型钢等（多数为H型钢，亦有插入拉森式钢板桩、钢管的等），将承受荷载与防渗挡水结合起来，使之成为同时具有受力与抗渗两种功能的支护结构的围护墙 | A 强度大，止水性好；<br>B 内插的型钢可拔出反复使用，经济性好；<br>C 上海地区用得不多。“上海环球世界”使用时，开挖深度8.65 m。具有较好发展前景 |
| 水泥搅拌桩挡墙 | 利用水泥作为固化剂的主剂，是软基处理的一种有效形式，利用搅拌桩机将水泥喷入土体并充分搅拌，使水泥与土发生一系列物理化学反应，使软土硬结而提高基础强度 | A 无支撑，墙体止水性好，造价低；<br>B 墙体变位大 |

#### 4.2.2.3　地下连续墙施工

地下连续墙可以定义为利用各种挖槽机械，借助于泥浆的护壁作用，在地下挖出窄而深的沟槽，并在其内浇注适当的材料而形成一道具有防渗（水）、挡土和承重功能的连续地下墙体。具体为在挖基槽前先作保护基槽上口的导墙，用泥浆护壁，按设计的墙宽与深分段挖槽，放置钢筋骨架，用导管灌注混凝土置换出护壁泥浆，形成一段钢筋混凝土墙。逐段连续施工成为连续墙。

主要施工工艺为导墙、泥浆护壁、成槽施工、水下灌注混凝土、墙段接头处理等。

**1. 导墙**

导墙通常为就地灌注的钢筋混凝土结构，见图4.2所示。主要作用是：保证地下连续墙设计的几何尺寸和形状；容蓄部分泥浆，保证成槽施工时液面稳定；承受挖槽机械的荷载，保护槽口土壁不破坏，并作为安装钢筋骨架的基准。导墙深度一般为1.2～1.5米。墙顶高出地面10～15厘米，以防地表水流入而影响泥浆质量。导墙底不能设在松散的土层或地下水位波动的部位。

图4.2　导墙施工

**2. 泥浆护壁**

通过泥浆对槽壁施加压力以保护挖成的深槽形状不变，灌注混凝土把泥浆置换出来。泥浆材料通常由膨润土、水、化学处理剂和一些惰性物质组成。泥浆的作用是在槽壁上形成不透水的泥皮，从而使泥浆的静水压力有效地作用在槽壁上，防止地下水的渗水和槽壁的剥落，保持壁面的稳定，同时泥浆还有悬浮土渣和将土渣携带出地面的功能。

在砂砾层中成槽必要时可采用木屑、蛭石等挤塞剂防止漏浆。泥浆使用方法分静止式和循环式两种。泥浆在循环式使用时，应用振动筛、旋流器等净化装置。在指标恶化后要考虑采用化学方法处理或废弃旧浆，换用新浆。

**3. 成槽施工**

我国使用成槽的专用机械有:旋转切削多头钻、导板抓斗、冲击钻等。施工时应视地质条件和筑墙深度选用。一般土质较软,深度在 15 m 时,可选用普通导板抓斗,见图 4.3 所示;对密实的砂层或含砾土层可选用多头钻或加重型液压导板抓斗;在含有大颗粒卵砾石或岩基中成槽,以选用冲击钻为宜。槽段的单元长度一般为 6~8 米,通常结合土质情况、钢筋骨架质量及结构尺寸、划分段落等决定。成槽后需静置 4 小时,并使槽内泥浆比重小于 1.3。

图 4.3 成槽施工

**4. 水下灌注混凝土**

采用导管法按水下混凝土灌注法进行,但在用导管开始灌注混凝土前为防止泥浆混入混凝土,可在导管内吊放一管塞,依靠灌入的混凝土压力将管内泥浆挤出。混凝土要连续灌注并测量混凝土灌注量及上升高度。所溢出的泥浆送回泥浆沉淀池。

**5. 墙段接头处理**

地下连续墙是由许多墙段拼组而成,为保持墙段之间连续施工,接头采用锁口管工艺,即在灌注槽段混凝土前,在槽段的端部预插一根直径和槽宽相等的钢管,即锁口管,待混凝土初凝后将钢管徐徐拔出,使端部形成半凹榫状接状。也有根据墙体结构受力需要而设置刚性接头的,以使先后两个墙段联成整体。

#### 4.2.2.4 基护开挖与支护结构施工

**1. 基坑开挖**

基坑开挖一般采用人工或挖掘机、推土机、铲运机等机械进行开挖。对于土质基坑应分层开挖，每层开挖深度一般不超过3 m，如果采用有围护结构的基坑，土方开挖尚需与围护结构的施工相配合，为防止基底挠动和超挖，当机械挖至设计高程以上10～20 cm时，应采用人工清底。

基坑开挖原则是：

(1)采用分段、分块、分层、对称开挖，均匀开挖且不得超挖。

(2)尽量缩短基坑开挖卸载后无支撑暴露时间。

(3)每步开挖所暴露的部分地下墙体宽度宜控制在3～6 m，每层开挖深度不大于3 m，严禁在一个工况条件下，一次开挖到底。

基坑开挖时应注意以下几点：

(1)纵向放坡开挖时，在坡顶外设置截水沟，防止地表水冲刷坡面和基坑外排水再回流渗入坑内。

(2)基坑开挖到坑底高程后，总体基坑纵向坡度控制为1∶3，并在坡底设置300 mm×300 mm的排水沟，防止坑底积水。

(3)机械挖土至基坑垫层300 m时，进行基坑验收，并采用人工挖剩余土方，挖至设计高程后应及时平整基坑，疏干坑内积水，施作泄水盲管及接地网，防止坑底土扰动，并及时施作垫层。

(4)采用人工开挖时，两人操作间距应大于3.0 m，不得对头挖土；挖土面积较大时，每人工作面应不小于6 $m^2$。

(5)每开挖至支撑位置时，先按要求设置支撑，待支撑全部加固完毕后，再向下开挖，以确保基坑稳定。

(6)经常对平面控制桩、水准点、高程、基坑平面尺寸等进行复测。及时安装基坑支护结构的横撑，防止基坑变形。

(7)基坑两侧20 m范围内不得存土。

(8)冬季施工应及时用保温材料覆盖，基底不得受冻；基底超挖、扰动、受冻、水浸或发现异物、杂土、淤泥、土质松软及软硬不匀等现象时，应做好记录，并会同有关单位研究处理。

**2. 基坑支护结构**

基坑围护体系由两部分组成，即围护结构和内支撑系统。内支撑直接用于平衡两端围护结构上所受的侧压力，构造简单，受力明确。

目前内支撑系统主要包括围檩、支撑、立柱及其他附属构件，支撑可以分为钢管支撑、型钢支撑、钢筋混凝土支撑和组合支撑，见图4.4、图4.5、图4.6、图4.7所示；支撑布置的基本形式有水平支撑、水平斜支撑(见图4.8所示)和竖向支撑。

图 4.4 钢管支撑

图 4.5 型钢支撑

图 4.6 钢筋混凝土支撑

图 4.7　组合支撑

图 4.8　水平斜支撑

## 4.3　盖挖法施工

盖挖法是由地面向下开挖至一定深度后，将顶部封闭，其余的下部工程在封闭的顶盖下进行施工，见图 4.9。主体结构可以顺作，也可以逆作。

在城市繁忙地带修建地铁车站时，往往占用道路，影响交通。当地铁车站设在主干道上，而交通不能中断，且需要确保一定交通流量要求时，可选用盖挖法。根据工程实际情况具体又可分为以下几种方法：

4.3.1 盖挖顺作法

盖挖顺作法是在地表作业完成挡土结构后，以定型的预制标准覆盖结构(包括

图 4.9 盖挖法施工

纵、横梁和路面板)置于挡土结构上维持交通,往下反复进行开挖和加设横撑,直至设计标高。依序由下而上,施工主体结构和防水措施,回填土并恢复管线路或埋设新的管线路。最后,视需要拆除挡上结构外露部分并恢复道路。

在道路交通不能长期中断的情况下修建车站主体时,可考虑采用盖挖顺作法,施工步骤见图 4.10 所示。

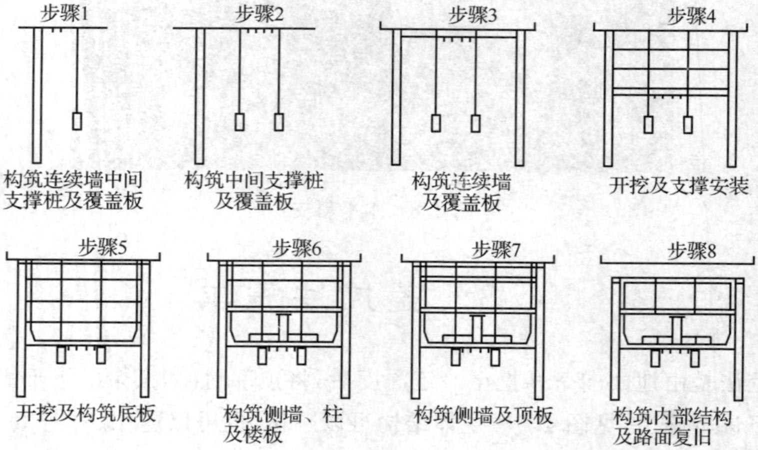


图 4.10 盖挖顺作法施工步骤示意

工程实例:深圳地铁一期工程华强路站位于深圳市最繁华的深南中路与华强路交叉口西侧,深南中路行车道下。该地区市政道路密集,车流量大,最高车流量达 3 865 辆/h。车站主体为单柱双层双跨结构,车站全长 224.3 m,标准断面宽

18.9 m，基坑深约 18.9 m，西端盾构并处宽 22.5 m，基坑深约 18.7 m。南侧绿地内东西端各布置一个风道。主体结构施工工期为 2 年，其中围护结构及临时路面施工期为 7 个月。为保证深南中路在地铁站施工期间的正常行车，该路段主体结构施工采用盖挖顺作法施工方案。

### 4.3.2　盖挖逆作法

盖挖逆作法是先在地表面向下做基坑的维护结构和中间桩柱，和盖挖顺作法一样，基坑维护结构多采用地下连续墙或帷幕桩，中间支撑多利用主体结构本身的中间立柱以降低工程造价。随后即可开挖表层土体至主体结构顶板地面标高，利用未开挖的土体作为土模浇筑顶板。顶板可以作为一道强有力的横撑，以防止维护结构向基坑内变形，待回填土后将道路复原，恢复交通。以后的工作都是在顶板覆盖下进行，即自上而下逐层开挖并建造主体结构直至底板。如果开挖面积较大、覆土较浅、周围沿线建筑物过于靠近，为尽量防止因开挖基坑而引起临近建筑物的沉陷，或需及早恢复路面交通，但又缺乏定型覆盖结构，常采用盖挖逆作法施工，施工步骤见图 4.11 所示。

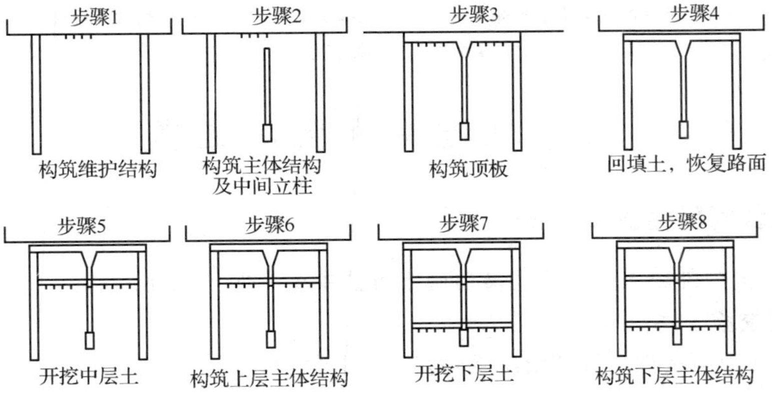


图 4.11　盖挖逆作法施工步骤示意

工程实例：南京地铁南北线一期工程的区间隧道在地质条件和周围环境允许的情况下，以造价、工期、安全为目标，经过分析、比较，选择了全线区间施工方法。其中，三山街站，位于秦淮河古河道部位，位于粉土、粉细砂、淤泥质粘土土层中。因为是第 1 个车站，又位于十字路口，因此采用地下连续墙作围护结构。除入口结构采用顺作法外，其余均为盖挖逆作法。

### 4.3.3　盖挖半逆作法

盖挖半逆作法与逆作法的区别仅在于顶板完成及恢复路面后，向下挖土至设计标高后先浇筑底板，再依次向上逐层浇筑侧墙、楼板。在半逆作法施工中，一般都必须设置横撑并施加预应力，施工步骤见图 4.12 所示。

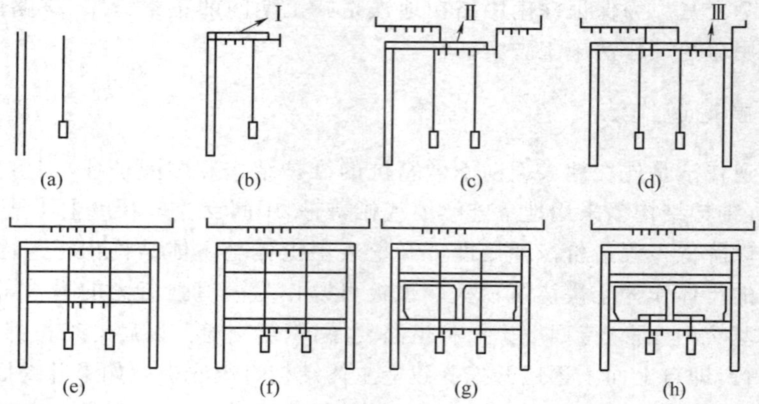


图 4.12　盖挖半逆作法施工示意

图注：(a)构筑连续墙、中间支撑桩及临时性挡土设备；(b)构筑顶板(Ⅰ)；(c)打设中间桩、临时性挡土设备及构筑顶板(Ⅱ)；(d)构筑连续墙及顶板(Ⅲ)；(e)依序向下开挖及逐层安装水平支撑；(f)向下开挖、构筑底板；(g)构筑侧墙、柱及楼板；(h)构筑侧墙及内部之其余结构物

## 4.4　城市轨道交通区间隧道施工

### 4.4.1　区间隧道施工方法

目前，国内外轨道交通区间隧道施工方法主要有如下几种：

**1. 明挖施工法**

通常在地面条件允许的情况下，地铁区间隧道宜采用明挖法，但对社会环境影响很大，仅适合在无人、无交通、管线较少之地应用，该方法现较少采用。明挖法是指挖开地面，由上向下开挖土石方至设计标高后，自基底由下向上顺作施工，完成隧道主体结构，最后回填基坑或恢复地面的施工方法。

明挖法是各国地下铁道施工的首选方法，在地面交通和环境允许的地方通常采用明挖法施工。浅埋地铁车站和区间隧道经常采用明挖法，明挖法施工属于深基坑工程技术。由于地铁工程一般位于建筑物密集的城区，因此深基坑工程的主要技术难点在于对基坑周围原状土的保护，防止地表沉降，减少对既有建筑物的影响。明挖法的优点是施工技术简单、快速、经济，常被用为首选方案。但其缺点也是明显的，如阻断交通时间较长，噪声与震动等对环境的影响。

**2. 盖挖施工法**

埋深较浅、场地狭窄及地面交通不允许长期占道施工情况下采用盖挖法施工。依据主体结构施工顺序分为盖挖顺作法、盖挖逆作法、盖挖半逆作法。该法是在既有道路上先完成周边围护挡土结构及设置在挡土结构上代替原地表路面的纵横梁和路面板，在此遮盖下由上而下分层开挖基坑至设计标高，再依序由下而上施工结构物，最后覆土恢复为盖挖顺作法；反之先行构筑顶板并恢复交通、再由上而下施工结构物为盖挖逆作法。

**3. 暗挖施工法**

暗挖法是在特定条件下，不挖开地面，全部在地下进行开挖和修筑衬砌结构的隧道施工办法。暗挖法主要包括：钻爆法、盾构法、掘进机法、浅埋暗挖法、顶管法、新奥法等。其中尤以浅埋暗挖法和盾构法应用较为广泛，目前北京地区的隧道施工当中亦以该两种方法居多。

(1)钻爆法

钻爆法施工的全过程可以概括为：钻爆、装运出砟、喷锚支护、灌注衬砌，再辅以通风、排水、供电等措施。在通过不良地质地段时，常采用注浆、钢架、管棚等一系列初期支护手段。根据隧道工程地质水文条件和断面尺寸，钻爆法隧道开挖可采用各种不同的开挖方法，例如：上导坑先拱后墙法、下导坑先墙后拱法、正台阶法、反台阶法、全断面开挖法、半断面开挖法、侧壁导坑法、CD法、CRD法等。对于爆破，有光面爆破、预裂爆破等技术。对于隧道初期支护，有锚杆、喷混凝土、挂网、钢拱架、管棚等支护方法。及时的测量和信息反馈常用来监测施工安全并验证岩石支护措施是否合理。防水基本采用截、堵、排等几种方法，其中在喷射混凝土内表面张挂聚乙烯或聚氯乙烯板，然后再灌注二次混凝土衬砌被认为是一种效果良好的防渗漏措施。

(2)盾构法

盾构法施工是以盾构这种施工机械在地面以下暗挖隧道的一种施工方法。盾构(shield)是一个既可以支承地层压力又可以在地层中推进的活动钢筒结构。钢筒的前端设置有支撑和开挖土体的装置，钢筒的中段安装有顶进所需的千斤顶；钢筒的尾部可以拼装预制或现浇隧道衬砌环。盾构每推进一环距离，就在盾尾支护下拼装(或现浇)一环衬砌，并向衬砌环外围的空隙中压注水泥砂浆，以防止隧道及地面下沉。盾构推进的反力由衬砌环承担。盾构施工前应先修建一竖井，在竖井内安装盾构，盾构开挖出的土体由竖井通道送出地面。

(3)掘进机法

在埋深较浅、但场地狭窄和地面交通环境不允许爆破震动扰动，又不适合盾构法的松软破碎岩层情况下采用。该法主要采用臂式掘进机开挖，受地质条件影响大。

(4)浅埋暗挖法

顾名思义,浅埋暗挖法是一项边开挖边浇注的施工技术。其原理是:利用土层在开挖过程中短时间的自稳能力,采取适当的支护措施,使围岩或土层表面形成密贴型薄壁支护结构的不开槽施工方法,主要适用于粘性土层、砂层、砂卵层等地质。由于浅埋暗挖法省去了许多报批、拆迁、掘路等程序,现被施工单位普遍采纳。

浅埋暗挖法的核心技术被概括为18字方针:管超前、严注浆、短开挖、强支护、快封闭、勤量测。其主要的技术特点为:动态设计、动态施工的信息化施工方法,建立了一整套变位、应力监测系统;强调小导管超前支护在稳定工作面中的作用;研究、创新了劈裂注浆方法加固地层;发展了复合式衬砌技术,并开创性地设计应用了钢筋网构拱架支护。

(5)顶管法

顶管法是直接在松软土层或富水松软地层中敷设中小型管道的一种施工方法。适用于富水松软地层等特殊地层和地表环境中中小型管道工程的施工。主要由顶进设备、工具管、中继环、工程管、吸泥设备等组成。

(6)新奥法

新奥法是充分利用围岩的自承能力和开挖面的空间约束作用,采用锚杆和喷射混凝土为主要支护手段,对围岩进行加固,约束围岩的松弛和变形,并通过对围岩和支护的量测、监控,指导地下工程的设计施工。

(7)沉管法

沉管法是将隧道管段分段预制,分段两端设临时止水头部,然后浮运至隧道轴线处,沉放在预先挖好的地槽内,完成管段间的水下连接,移去临时止水头部,回填基槽保护沉管,铺设隧道内部设施,从而形成一个完整的水下通道。

沉管隧道对地基要求较低,特别适用于软土地基、河床或海岸较浅,易于水上疏浚设施进行基槽开外的工程特点。由于其埋深小,包括连接段在内的隧道线路总长较采用暗挖法和盾构法修建的隧道明显缩短。沉管断面形状可圆可方,选择灵活。基槽开挖、管段预制、浮运沉放和内部铺装等各工序可平行作业,彼此干扰相对较少,并且管段预制质量容易控制。基于上述的优点,在大江、大河等宽阔水域下构筑隧道,沉管法称为最经济的水下穿越方案。

沉管隧道施工主要工序:管节预制→基槽开挖→管段浮运和沉放→对接作业→内部装饰。

**4. 混合法**

可以根据地铁隧道的实际情况,在地铁隧道的施工过程中采用以上2种或2种以上的方法同时使用,称其为混合法。

目前，国内的轨道交通区间隧道施工主要采用盾构法施工，主要是原因是现在城市地下空间建筑集中程度越来越高，所以地铁施工时对环境的要求越来越高，而且盾构法具有施工机械化程度高、施工速度快的优点，所以在国内的轨道交通施工中得到大力的推广。

## 4.4.2　盾构法施工

盾构施工是以盾构机作为施工机械在地下暗挖隧道的一种施工方法。盾构机是一个既可以支承地层压力又可以在地层中推进的活动钢筒结构。按盾构机横断面形状不同可将其分为圆形、拱形、矩形、马蹄形四种。其中圆形因其抵抗地层中的土压力和水压力较好、衬砌拼装简便以及可采用通用构件易于更换，因而广泛应用于地下、水下隧道施工中。

盾构施工法是“使用盾构机在地下掘进，边防止开挖面土砂坍塌，边在机内安全的进行开挖作业和衬砌作业，从而构筑成隧道的施工方法”。按照这个定义，盾构施工法是由稳定开挖面、盾构机挖掘和衬砌三大部分组成。

### 4.4.2.1　盾构机类型

**1. 盾构机的种类**

盾构机是盾构法施工的主要施工机械，按开挖面与作业室之间的隔墙构造可分为全开敞式、半开敞式及密封式三种。盾构机的分类如图 4.13 所示。

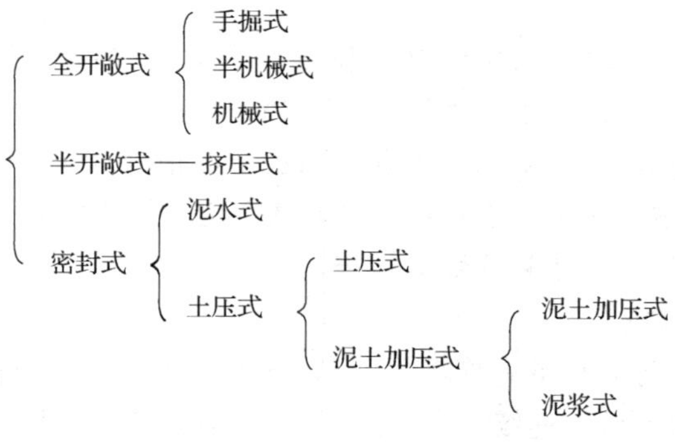


图 4.13　盾构机的分类

(1)全开敞式

全开敞式盾构机是指没有隔墙和大部分开挖面敞露状态的盾构机。根据开挖方式的不同，又分为手掘式、半机械化式及机械式三种。这种盾构机适用于开挖面自稳性好的围岩。在遇到开挖面不能自稳的地层时，需要结合使用压气施工方法等辅助施工方法，以防止开挖面坍塌。

(2)半开敞式

半开敞式是指挤压式盾构机,这种盾构机的特点是在隔墙的某处设置可以调节开口面积的排土口。

(3)密封式

密封式是指在机械开挖式盾构机内设置隔墙,将开挖土砂送入开挖面和隔墙间舶刀盘腔内,由泥水压力和土压提供足以使开挖面保持稳定的压力。密封式盾构机又分成泥水式盾构机和土压式盾构机。

其中全开敞式盾构又可分为

① 手掘式盾构机

手掘式盾构机的正面是开敞的,通常设置防止开挖顶面塌陷的活动前檐及上承千斤顶、工作面千斤顶及防止开挖面塌陷的挡土千斤顶。开挖采用铁锹、镐、碎石机等开挖工具,人工进行。

这种盾构机适应的土质是自稳性强的洪积层压实的砂、砂砾、固结粉砂和粘土。对于开挖面不能自稳的冲积压软弱砂层、粉砂和粘土,施工时必须采用稳定开挖面的辅助施工法,如气压施工法、改良地基、降低地下水位等措施。目前手掘式盾构机一般用于开挖断面有障碍物、巨砾石等特殊场合,而且应用逐年减少。

② 半机械式盾构机

半机械式盾构机进行开挖及装运石砟都采用专用机械,配备液压铲土机、臂式刀盘等挖掘机械和皮带运输机等出砟机械,或配备具有开挖与出砟双重功能的机械,以图省力。

为防止开挖面顶面塌陷,盾构机内装备了活动前檐和半月形千斤顶。由于安装了挖掘机,再设置工作面千斤顶等支挡设备是较困难的。

与手掘式盾构机一样,采用确保开挖面稳定的措施。适应土质以洪积层的砂、砂砾、固结粉砂和粘土为主。也可用于软弱冲积层,但须同时采用压气施工法,或采取降低地下水位、改良地基等辅助措施。

③ 机械式盾构机

机械式盾构机前面装备有旋转式刀盘,增大了盾构机的挖掘能力,开挖的土砂通过旋转铲斗和排土可以连续进行,缩短了工期,减少了作业人员。

在开挖自稳性好的围岩时,机械式盾构机适应的土质与手掘式盾构机、半机械式盾构机一样,须采用辅助施工方法。

④ 密封式机械盾构机

密封式机械盾构机的构成有刀盘、刀盘支承和切削刀头。

⑤ 挤压式盾构机

挤压式盾构机是在开挖面的稍后方设置隔墙,在隔墙上设有孔口面积可调的排土口。盾构机正面贯入围岩向前推进,使贯入部位土砂流动,由孔口部位绞出,进行排土。

开挖面的稳定是靠调节孔口大小和排土阻力，使千斤顶推力和开挖面土压达到平衡来实现的。

这种盾构机适用于自稳性很差、流动性很大的软粘土和粉砂质围岩；而不适用于含砂率高的围岩和硬质地层，若液性指数过高，则流动性过大，也不能获得稳定的开挖面。由于适用地质范围较窄，目前采用这种盾构机的工程较少。

⑥ 泥水式盾构机

泥水式盾构机是在机械式盾构机的前部设置隔墙，装备刀盘面板、输送泥浆的送排泥管和推进盾构机的盾构千斤顶，在地面上还配有分离排出泥浆的泥浆处理设备，见图4.14所示。

图4.14　泥水式盾构机

开挖面的稳定是将泥浆送入泥水室内，在开挖面上用泥浆形成不透水的泥膜，通过该泥膜保持水压力；以对抗作用于开挖面的土压力和水压力。

开挖的土砂泥浆形式输送到地面，通过处理设备离析为土粒和泥水，分离后的泥水进行质量调整，再输送到开挖面。由于不能用目视直接检查开挖面围岩状态，所以采用一系列掘进管理系统进行集中管理。

一般泥浆处理设备设在地面，比其他施工方法需要更大的用地面积，这是这种盾构机在城市区应用的不利因素。

泥水式盾构机适用的地质范围很大，从软弱砂质土层到砂砾层都可以使用。直到数年前，采用泥水式盾构机的工程比用土压式盾构机的多。但由于难以确保竖井用地，近年来选用逐渐减少。

⑦ 土压式盾构机

土压式盾构机。是在机械式盾构机的前部设置隔墙，使土室内和排土用的螺旋输送机内充满开挖砟，依靠盾构机千斤顶的推力给土室内的开挖土砂加压，使土压作用于开挖面以使其稳定。

图 4.15　土压式盾构机

螺旋输送机分为有轴螺纹式、无轴带式和有轴螺纹与无轴带式组合式 3 种，可根据地质条件选用。一般选用有轴螺纹式。无轴带式用于砾石层开挖，由于中心无轴，所以对挖除大砾石非常有利。有轴螺纹式保持压力的效果较好，而无轴带式因其中心开口较大，保持压力效果不佳，故常在排土口设置滑动闸门等止水装置。

这类土压式盾构机又分为土压式盾构机和泥土加压式盾构机。

a)土压式盾构机

土压式盾构机是将刀盘开挖的土砂充满土室，由盾构千斤顶的推进力加压，使土压作用于整个开挖面，以稳定开挖面，同时由螺旋输送机进行排土。

这种盾构机是在挤压式盾构机上安装刀盘进行开挖，同时使开挖的土砂流动，以便排土。适用于仅仅可用切削刀开挖且含砂量小的塑性流动性软粘土。

b)泥土加压式盾构机

泥土加压式盾构机装备有注入添加材料，促使开挖土砂塑性流动的机构和强力搅拌添加材料及开挖土砂的搅拌机构，通过盾构千斤顶的推进力对土室内搅拌后的土砂(泥土)加压，并使该泥土压力作用于整个开挖面，使开挖面获得稳定，同时用螺旋输送机排土。

添加材料有膨润土、CMC、粘土、高吸水树脂、发泡剂等，可根据土质选用。

这种盾构机适用范围较广，可用于冲积粘土、洪积粘土、砂质土、砂、沙砾、卵石等土层，以及这些土层的互层。

由于泥土加压式盾构机适用的土质范围广，竖井用地比较少，所以近年来得到广泛的应用。

这种盾构机又分成搅拌全部开挖土的泥土加压式盾构机和搅拌部分开挖土的泥浆加压盾构机。

a)泥土加压式盾构机

在泥土加压式盾构机刀盘后部设置了强制搅拌整个土室的搅拌翼；在开挖土砂中添加膨润土、CMC，粘土或起泡材料等，将开挖土砂变成塑性流动性和防渗性的泥土，这种泥土充满土室和螺旋输送机内，通过盾构千斤顶的推力使泥土受压，使与开挖面土压和水压平衡，稳定开挖面。

这种盾构机的刀盘形状多为轮辐形的，设有面板，故开挖面是开敞的，容易进行土压管理，适用于大范围的土质。

b)泥浆盾构机

泥浆盾构机是在刀盘开挖的土砂内注入膨润土，CMC、粘土或起泡剂等泥浆材料，在土室内搅拌，使开挖土变成泥浆。将成为浆状的泥土充填到无轴带式螺旋机内并对其加压，在其压力与地下水压力和围岩土压力达到平衡的状态下进行排土。

这种盾构机主要适用于巨砾层。由于土室内的搅拌效果仅限于无轴带式螺旋机的前部，对整个土室不起作用，且保持压力的效果和止水性均不太好，故在开挖面塌陷机率大的情况，使用这种盾构机值得研究。

**2. 盾构机机型的选择**

盾构机机型是工程成功与否的重要因素，选择盾构机应综合考虑，以获得经济、安全、可靠的施工方法，一般考虑如下几点：

(1)适用于本工程围岩的机型；

(2)可以合理使用的辅助施工方法；

(3)满足本工程施工长度的线形要求；

(4)后续设备、始发地等施工满足盾构机的开挖能力配套；

(5)工作环境。

对于地质条件变化很大的地区，即施工沿线地质变化较大，一般选择适合于施工区大多数围岩条件的机型。机型取决于围岩条件。

为了减少辅助施工法并保证施工安全可靠，选择能保持开挖面稳定和适应围岩条件的盾构机型非常重要。

**3. 盾构隧道衬砌的基本类型**

(1)衬砌的组成

盾构隧道的衬砌，通常分为一次衬砌和二次衬砌。在一般情况下，一次衬砌是由管片组装成的环形结构。二次衬砌是在一次衬砌内侧灌注的混凝土结构。由于在开挖后要立即进行衬砌，故将数个钢筋混凝土或钢等制造的块体构件组装成圆形等衬砌。称此块体构件为管片。

由于在盾尾内拼成圆环的衬砌，在盾构向前推进时，要承受千斤顶推进的反力，同时由于盾构的前进而使部分衬砌暴露在盾尾外，承受了地层给与的压力。故一次衬砌应能立即承受施工荷载和永久荷载，并且有足够的刚度和强度；不透水、耐腐蚀，具有足够的耐久性能；装配安全、简便、构件能互换。

装配成环衬砌一般由数块标准块 A、两块邻接块 B 和一块封顶块 K 组成。彼此之间用螺栓连接而成。环与环之间一般是错缝拼装。K 型管片的就位方式有两种，过去常采用径向插入，只能靠螺栓承受剪力，有诸多缺点。故目前常采用沿隧道纵向插入，靠与 B 型块的接触面承受荷载，提高了整环的承载力。此法需要使千斤顶的行程加长，故盾构的盾尾也由此增长。

单块管片的尺寸有环宽(一环管片的纵向长度)和管片的长度及厚度。对于直径为 3.5～10.0 m 的隧道，常用的环宽为 750～1 000 mm。管片的长度由一环的分块数决定。由管片的制造、运输、安装等方面的实践经验确定，并满足结构的受力性能要求。在饱和含水的软弱地层中应尽量减少接头数量，一般 10 m 直径的隧道可分成 8～10 块。对于土质较好约束衬砌变形的情况下，同样的直径要分成 27 块，从而可使管片的厚度大为减小。封顶块的尺寸一般用小封顶块，近来也有向大封顶块发展的趋势。管片的厚度应根据隧道直径、埋深承受荷载的情况、衬砌结构构造、材质、衬砌所承受的施工荷载以及接头的刚度等因素确定。适当增加分块数量和减弱接头刚度时，有使衬砌减薄的效果。目前常用的衬砌厚度与直径的比值为 4%～6%。

(2)管片的类型

管片的材料通常有混凝土、钢筋混凝土(见图 4.16)、铸铁、钢、钢壳与钢筋混凝土复合而成的几种。一般选用钢筋混凝土，近年来采用钢纤维混凝土的情况也在逐渐增加。

管片断面的形式，在盾构法发展的初期，一般都与盾构的形状一致，即多采用圆形，近年来由于矩形，半圆形、椭圆形、多圆形等盾构的出现，衬砌断面形式也多样化起来。

管片通常分为工厂预制的装配式管片衬砌和在盾尾灌注并挤压成型的整体式衬砌。近年来，采用混凝土、钢筋混凝土或钢纤维混凝土灌注的挤压式衬砌，获得了越来越广泛的应用。

装配式管片按其形状和连接方式分为：

① 箱形管片：此类衬砌由钢、铸铁和钢筋混凝土的不同材质制作的管片构成。

② 平板形管片：平板形管片衬砌常用钢筋混凝土构成。

③ 砌块形：砌块形衬砌常用钢筋混凝土制成，与其他 2 种的主要区别是无连接螺栓，这种砌块适用于能提供弹性抗力的地层。

图 4.16　管片

(3)管片的连接构造：

管片间的连接有沿隧道纵轴的纵向连接和与纵轴垂直的环向连接。通过长期的试验、实践和研究，管片的连接方式经历了从刚性到柔性方式的过渡。

管片的连接方式有；

① 螺栓连接：连接螺栓有直螺栓和弯螺栓 2 种。弯螺栓主要用于平板形管片，以减少螺栓孔对截面的削弱。近年来出现的贯穿类的连接方式也逐步得到推广使用。

② 无螺栓连接：无螺栓连接用于砌块的接头连接，常依靠本身接头面形状的变化而无需其他附加机构连接的方式。

③ 销钉连接：销钉连接方式有沿环向设置的和沿径向插入的，也有沿纵向套合的。由于它的作用是防止接头面错动，有时被称为抗剪销。同螺栓连接相比，销钉连接时衬砌内壁光滑，连接省时省力，可以用较少的材料，简单的工序达到较好的效果。

**4.4.2.2　盾构法施工**

盾构法施工的内容包括盾构的始发和到达、盾构的掘进、衬砌、压浆和防水等，分别介绍如下：

**1. 盾构的始发和到达**

(1)竖井

① 概述

盾构法施工的隧道，在始发和到达时，需要有拼装和拆卸盾构用的竖井，当盾构需要调转方向或线路在急曲线的部位，需要设置中间竖井和方向变换竖井。施工过程中，这些竖井是人、材料和石砟的运输通道。在隧道竣工后，这些竖井多被用于车站、人孔、通风口、出入口等永久建筑。一般而言，盾构竖井分为始发竖井、到达竖井和中间竖井三种。

② 封门

在竖井的端墙上应预留出盾构通过的开口，又称为封门。这些封门最初起挡土和防止渗漏的作用，一旦盾构安装调试结束，盾构刀盘抵住端墙，要求封门能够尽快拆除或打开。根据拼装(拆卸)竖井周围的地质条件，可采用不同的封门制作方案：

a)现浇钢筋混凝土封门。一般按照盾构外径尺寸在井壁或连续墙的钢筋笼上预埋环形钢板，板厚 8 mm～10 mm，宽度同井壁厚。环向钢板切断了连续墙或竖井壁的竖向受力钢筋，故封门的周边要求作构造处理。环向钢板内的井壁可按周边弹性固定的钢筋混凝土圆板进行内力分析或截面配筋设计。这种封门制作和施工简单，结构安全。但是拆除时要用大量的人力铲凿，费工费时。如条件允许将静态爆破技术引入封门拆除作业，将加快施工速度，降低劳动强度。

b)钢板桩封门。这种封门结构较适宜用于沉井法修建的盾构工作竖井。在沉井制作时，按设计要求在井壁上预留圆形孔洞，沉井下沉之前，在井壁外侧密排钢板桩，封闭预留的孔洞，以挡住侧向水土压力。沉井较深时，钢板桩可接长。盾构刀盘切入洞口靠近钢板桩时，用起重机将其逐根拔起。用过的钢板桩经过修理后可重复使用。钢板桩通常按简支梁计算。钢板桩封门受埋深、地层特性、环境要求等影响较大。

c)预埋 H 型钢封门。将位于预留孔洞范围内的连续墙或沉井壁的竖向钢筋用塑料管套住，以免其与混凝土粘结，同时，在连续墙或沉井壁的外侧预埋 H 型钢，抵抗侧向水土压力。盾构刀盘抵住墙壁时，凿除混凝土，切断钢筋，逐根拔起 H 型钢。

③ 始发竖井

始发竖井的任务是为盾构机出发提供场所，用于盾构机的固定、组装及设置附属设备，如反力座、引入线等；与此同时，也作为盾构机掘进中出砟、掘进物资器材供应的基地。因此，始发竖井的周围是盾构施工基地，必须要有搁置出砟设备、起重设备、管片储存、输变电设备、回填注浆设施和物资器材的场地。

在没有限制占地的情况下，始发竖井的功能越多越好，但功能越多费用就越高，因此一般都采用满足基本功能所必需的最小净空。但是要注意的是，这并不是功能上或计算上留有裕度的尺寸，而必须是考虑到有关作业者能宽松、安全作业的空间尺寸，一般在盾构外侧留下 0.75 m～0.80 m 的空间，容许一个拼装工人即可。盾构的覆土随始发方法而异。一般竖井的大小按以下方法决定：除盾构机外，还考虑承压墙、临时支护、始发洞口大小，另外再加上若干余量。

④ 到达竖井

两条盾构隧道的连接方式有到达竖井连接方式和盾构机与盾构机在地下对接的方式。其中，地下对接方式是在特殊情况下采用，例如连接段在海中难以建造竖井，或者没有场地不能设置竖井等。但在正常情况下，一般都与到达竖井连接。

采用盾构修建的隧道长度一般超过1 000 m，不论隧道的用途如何，这样长的距离都应考虑设置隧道的出入口，如人员通行孔、换气孔、阀室、车站等。因此，盾构的到达竖井常常既是盾构管道的连接段，又是设置这些设施的场所。因而，作为决定到达竖井尺寸的因素，与其说是由容纳盾构机的场所决定，不如说是由上述各设施所必须的尺寸决定。但是，为了容纳盾构机。到达竖井与盾构机路线轴垂直方向的宽度，应大于盾构机外径，这是必要条件。

⑤ 中间竖井

以前，在隧道沿线经常设置换向竖井，最近由于急弯段施工技术的进步，采用这种办法的实例大为减少。

设计的换向整井，即要作为到达竖井用，又要作为始发竖井用，所以，到达方向的内空长度等于盾构机长加富裕量，始发方向的内空取出发所需要的长度。大直径盾构机不能用吊车转换方向时，要在竖井内用千斤顶使盾构机转换方向，所以必须考虑足够的空间。一般，换向长等于盾构机的对角线长加上1.0 m以上的富裕量。

其他需要设置换向竖井的场合，有设施方面要求的，如在下水道的汇流处、电力线的连接处等地方，常设置中间竖井。此时，竖井的尺寸由这些设施需要的空间决定。

(2)竖井的施工

竖井的平面形状一般为矩形、圆形和其他形状，主要由竖井深度、挡土支护、建筑强度等决定。从净空使用角度而言，圆形竖井是不利的，主要是从建筑的强度考虑才采用圆形。例如，在竖井较深的情况下，优先考虑竖井整体结构的刚性，所以采用在结构上有利的圆形，如果将挡土墙做成刚性的地下连续墙，用圆形支护也是可以的，此时也容易使用内部空间。

对受用地制约或一座竖井用作几条隧道的始发和到达场所的情况，竖井的平面形状不能设计成矩形或圆形，而应根据实际需要设计成特殊的形状。

目前常用的竖井施工方法及竖井挡土墙施工方法中，沉箱系列的有压气沉箱法和开口沉箱法；基础挡土墙系列的有钢板桩法、SMW法：(注入水泥浆在原位混合，建成的薄排柱式连续墙)和地下连续墙法。

这些方法中，钢板桩法、SMW法是与横撑固壁支护结合使用的方法。而在地下连续墙为矩形形状时用横撑固壁支护，采用圆形时不设支护或用圆形支护。压气沉箱和开口沉箱不需要横撑固壁。

根据土质条件竖井施工法有所不同，但深度小于 15 m 的竖井，多采用钢板桩法和 SMW 施工法。特别是要求低噪声、低振动场合，且不需要拆除时，采用 SMW 施工法的较多。

钢板桩挡土墙虽然用得最广，在城市街区打桩常会产生噪声和振动公害，因此目前正在研究各种静压压入设桩法，但采用这种方法时，应对打入长度的限度和费用加以比较，慎重进行。

深度超过 20 m 的竖井，根据挡土墙的强度常采用地下连续墙法、开口沉箱法、压气沉箱法等施工方法。

**2. 盾构拼装**

盾构在拼装前，先在拼装室底部铺设 50 cm 厚的混凝土垫层，其表面与盾构外表面相适应，在垫层内埋设钢轨，轨顶伸出垫层约 5 cm，可作为盾构推进时的导向轨，并能防止盾构旋转。若拼装室将来要作他用，则垫层将凿除，费工费时。此时可改用由型钢拼装的盾构支撑平台，其上亦需要有导向和防止旋转的装置。

由于起重设备和运输条件的限制，通常将盾构机拆成切口环、支承环、盾尾三节运到工地，然后用起重机将其逐一放入井下的垫层或支承平台上。切口环与支承环用螺栓连接成整体，并在螺栓连接面外圈加薄层电焊，以保持其密封性。盾尾与支承环之间则采用对接焊连接，见图 4.17 所示盾构机的拼装。

图 4.17　盾构的拼装

在拼装好的盾构后面，尚需设置由型钢拼成的，刚度很大的反力支架和传力管片。根据推出盾构需要开动的千斤顶数目和总推力进行反力支架的设计和传力管片的排列。一般来说，这种传力管片都不封闭成环，故两侧都要将其支撑住。

**3. 盾构机的始发和到达**

(1)盾构机的始发

盾构机的始发是指利用临时拼装管片等承受反作用力的设备,将盾构机从始发口进入地层,沿所定的线路方向掘进的一系列施工作,见图 4.18 所示。根据临时拆除方法和防止开挖面地层坍塌方法的不同,施工方法有以下的几种。

图 4.18　盾构始发

第 1 种方法,使开挖面地层能够自稳,再将盾构机贯入自稳的开挖面。一般是通过化学注浆、高压喷射注浆、冻结施工法等来加固开挖面地层,或向始发竖井压气,平衡开挖面的地下水、土压力,使地层自稳。

第 2 种方法,利用挡土墙防止开挖面崩塌,让盾构机开始掘进。这种方法有两种,一种是将始发竖井的挡土墙做成双层,以防止内层挡土墙拆除时开挖面崩塌,盾构机向前推进,到达开挖面地层后,起吊盾构机前方的外层挡土墙,盾构机开始开挖;另一种是在始发竖井的近旁再挖一个竖井,盾构机从该竖井内向前推进,在回填后开始开挖。

另外,近年来作为特殊施工事例,有的采用水泥加固土墙等,在做成构筑物后,取出芯材(工字型钢),只将水泥加固土墙挖除,即开始让盾构机开挖。

以上始发作业的施工方法,一般多采用地基改良使开挖面自稳,再开始开挖。此外,始发作业开始可以单独采用或组合采用以上施工方法,这取决于地质、地下水、覆盖层、盾构直径、盾构机型,施工环境等因素。

始发设备一般包括始发台、反力座、临时拼装管片。始发台根据盾构机设置的位置(高度、方向)和盾构机的质量、盾构机械组装作业的施工性等来确定少用工字钢和钢轨器材材料安装而成。反力座和临时拼装管片是根据管片的运进和出砟空间等来确定形状,注意要根据主体管片开始衬砌的位置来确定临时拼装管片和反力座的位置。始发施工作业步骤包括始发准备作业、拆除临时墙和掘进。

(2)盾构机的达到

盾构机的到达是指在稳定地层的同时,将盾构机沿所定路线推进到竖井边,然后从预先准备好的大开口处将盾构机拉进竖井内,或推进到到达墙的指定位置后停下等待的一系列作业,见图4.19所示。

图4.19 盾构到达

施工方法有两种,一种是盾构机到达后拆除到达竖井的挡土墙再推进,另一种是事先拆除挡土墙,再推进到指定位置。

① 盾构机到达后拆除挡土墙再推进的方法

将盾构机推进到到达竖井的挡土墙外,通过地基改良使地层能够自稳,同时拆除挡土墙,再将盾构机推进到指定位置。拆除挡土墙时,盾构机停在敞开的围岩前面,盾构机前面与到达竖井之间间隙小,故自稳性强。由于工种少,施工性好,这是一种被广泛采用的施工法。但因盾构机再推进时围岩易发生坍塌,所以多用于地层稳定性好的中小断面盾构工程。

② 盾构机到达前拆除挡土墙再到达的方法

该法因事先要拆除挡墙,所以要进行高强度的地基改良,在构筑物内部设置易拆除的受力钢制隔墙;然后从下至上拆除挡土墙,用水泥土或贫配比砂浆顺次充填围岩改良体与隔墙间的空隙,完全换成水泥土或贫配比砂浆后,将盾构机推进到构筑物内的隔墙前,拆除隔墙,完成到达过程。

由于不让盾构机再次推进,有防止地基坍塌之效果,洞口防渗性也很强,但地基改良的规模增大,而且必须设置隔墙,故扩大了到达准备作业的规模,但确保了地层稳定。这种方法多用于大断面盾构工程中。

到达之前,要充分地进行基线测量,以确定盾构机的位置,掌握好到达口前的线形。由于必须在到达口的允许范围内贯入,所以要精密测量各个管片环,保证线形无误。

盾构机至到达口跟前时，挡土墙将发生变化，对于特别容易变形的板桩之类的挡土墙，应事先进行补强以防止盾构机推力的影响，补强方法一般采用从竖井内用工字钢支承，或用埋入构筑物内的临时梁支承。如盾构机的开挖面靠近到达竖井，则对竖井挡土墙的状况要经常进行观测，将盾构机的推进控制在与位移吻合的程度。特别是开挖面压力急剧下降时易导致围岩坍塌，故需综合考虑盾构机的位置、地基改良的范围、挡土墙的位移、地表面沉陷等因素来确定开挖面的压力。

盾构机到达时，由于刀具不能旋转或推力上升等机械操作，虽然能察觉到已到达临时墙，仍应从到达竖井的临时墙钻孔和测量来确定盾构机位置，再确定是否停止推进。为防止临时墙拆除后漏水，应仔细进行壁后注浆施工。

拆除临时墙前，在临时墙上开几个检查口，以确认围岩状况和盾构机到达位置。临时墙的拆除与始发相同。围岩的自稳性会随着时间而变化，故作业必须迅速进行，力求稳定围岩。特别是在拆去了临时墙将盾构机向竖井内推进时，应仔细监视围岩状况，谨慎施工。

**4. 盾构的掘进**

盾构掘进时必须根据围岩条件，保证工作面的稳定，适当地调整千斤顶的行程和推力，沿所定路线方向准确地进行掘进。掘进时应注意以下问题：

(1)正确地使用千斤顶所需台数和重要的位置，使之产生推力按设计的线路方向行走，并能进行必要的纠偏；

(2)不应使开挖面的稳定受到损害，一般是在开挖后立即推进，或在开挖的同时进行推进。每次推进的距离可为一环衬砌的长度，也可为一环衬砌长度的几分之一，推进速度约为 10～20 mm/min。衬砌组装完毕后，应立即进行开挖或推进，尽量缩短开挖面的暴露时间；

(3)不应使衬砌等后方结构受到损害，推进时应根据衬砌构件的强度，尽力发挥千斤顶的推力作用。为使每台千斤顶的推力不致过大，最好用全部千斤顶来产生所需推力。在曲线段、上下坡、修正蛇行等情况下，有时只能使用局部千斤顶，要尽量多增加千斤顶的使用台数。在当采用的推力可能损坏衬砌等后方结构物时，应对衬砌进行加固，或者采取一定的措施。

(4)为使盾构能在计划路线上正确推进、预防偏移、偏转及俯仰现象的发生，盾构隧道施工前，应在地表进行中线及纵断面测量，以便建立施工所必须的基准点。施工时必须精密地把中心线和高程引入竖井中，以便进行施工中的管理测量，使组装的衬砌和盾构在隧道的计划位置上。测量时应注意及早掌握盾构推进与设计位置之间的偏差，随时进行监视，毫不迟疑地修正盾构推进的方向。原则上一日二次左右。测量应考虑与其他工序的关系，力求简化和合理。管片与盾构的相对位置，可以从上下左右千斤顶活塞的差值确定出大致的情况，盾构本身的俯仰、偏移、偏转等可用装在盾构上的垂球、U型管、振子式倾斜仪和经纬仪等进行测量。

盾构掘进时，必须随时掌握盾构的位置和方向，在适当的位置施加推力，用过曲线、变坡点来修正蛇行行为，可使用部分千斤顶，为尽力使千斤顶中心线与管片表面垂直，在掘进时可采用楔形衬砌环或锲形环。

由于地层软弱或管片构造等原因，当盾构前倾，推进时可在盾构前方的底部铺筑混凝土，或用化学注浆法加固地基，或在盾构前面的底部加设翘曲板等。

在需进行超前开挖的土壤中，而且方向急聚变化时，有时是进行超前开挖后再推进。当盾构的直径与长度之比小时，盾构转向较难，故有时采用阻力板。在推进过程中土质发生急聚变化时会产生很大的蛇行，故在土质变化点必须特别注意。

在偏转的情况下，调节平衡板的角度，或在偏转方向的反侧加设压铁，或在盾构千斤顶和衬砌间插入垫块。如可以进行超前开挖时，在切口环外面加设与横向推进轴具有某一角度的支撑后再行推进，使盾构承受回转力矩，从而达到修正偏移的目的。

**5. 盾构掘进施工管理**

目前，盾构机发展方向的主流已由开挖面开敞型向泥水式和土压式的开挖面密封型。掘进时的施工管理也不得不由直接目视变为利用数据资料的方法，随着传感器和计算机的发展，在掘进管理的概念下已可将开挖、回填、线形、辅助设备的管理系统化，集中地、实时地进行综合管理。

盾构掘进通过传感器传递信息进行管理时，根据数据资料掌握围岩状态和掘进状态的技术（掘进管理系统）变得日益重要。由于盾构机掘进时洞内、竖井、地面的各类设备与开挖面作业密切相关，所以，管理系统是比较复杂的。尤其对异常情况的处理时，管理系统通常是多个系统的组合。

盾构掘进管理的目的是在保持隧道线形和开挖面稳定的同时，尽早进行尾隙处理，以防止地基变位。掘进管理可分为四大项：即开挖管理、线形管理、注浆管理、管片拼装管理。构成内容见表4.4。

表4.4 盾构掘进管理的内容

| 项目 | 内容 | |
|---|---|---|
| 开挖管理 | 开挖面稳定<br>泥水加压式<br>土压平衡式<br>切削<br>排土 | 保持开挖面泥浆压力、溢泥、泥浆性状<br>保持开挖面土压、腔体内泥浆性状<br>开挖土体、排土性状<br>总推力、推进速度、切削转矩、千斤顶推力、搅拌扭矩 |

续上表

| 项　目 | 内　　容 | |
|---|---|---|
| 线形管理 | 盾构机<br>位置、姿态 | 纵向振动、横向摆动、偏转<br>铰接的相对转角，超挖量、蛇行量 |
| 注浆管理 | 注入状况<br>注入材料 | 注入量、注浆压力<br>稠度、离析性、胶凝时间、强度、配合比 |
| 一次衬砌管理 | 拼装<br>防水<br>位置 | 正圆度、拧螺栓的扭矩<br>漏水、管片缺损、裂缝<br>蛇行量、垂直度 |

**6. 管片拼装、压浆和防水**

(1)管片拼装

在推进完成后，必须迅速地按设计要求完成管片的施工。一般是在推进完了后将几块管片组成环状，使盾构处于可随时进行下一次推进的状态。

管片拼装是依照组装管片的顺序从下部开始逐次收回千斤顶，见图4.20所示。管片的环向接头一般均错缝拼装。组装前彻底清扫，防止产生错台和存有杂物，管片间应互相密贴。注意对管片的保管、运输及在盾尾内进行的安装时，管片的临时放置问题，应防止变形及开裂的出现，防止翻转时损伤防水材料及管片端部。

图4.20　管片拼装

保持衬砌环的真圆度，对确保隧道断面尺寸，提高施工速度及防水效果，减少地表下沉等甚为重要。除了在组装时要保证真圆度外，在从离开盾尾至注浆材料凝固时止的期间内，应采用真圆度保持设备，确保衬砌环的组装精度是有效的。

紧固和再次紧固螺栓，紧固衬砌接头螺栓必须按规定执行，以不损害组装好的管片为准。由于盾构推进时的推力要传递到相当远的距离,故必须在此推力的影响消失后,进行再次紧固螺栓。

不用螺栓接头的管片有铰接接头的管片,是在环间设置榫头,管片间做成柔软的转向节结构。以错缝拼装及数环间的共同作用来保持稳定,不能用暗榫头对接结构。由于组装是从前方插入,故使推力与隧道方向平行是极为重要的。

(2)回填注浆

采用与围岩条件完全相适合的注浆材料及注浆方法,在盾构推进的同时或其后立即进行注浆,将衬砌背后的空隙全部填实,防止围岩松弛和下沉,增加结构的整体性和抗震性,是工程成败的关键因素之一。

回填注浆除可以防止围岩松弛和下沉之外,还有防止衬砌漏水、漏气,保持衬砌环早期稳定的作用,故必须尽快进行注浆,而且应将空隙全部填实。为填充衬砌背后的空隙,还有与注浆材料相类似的扩大衬砌直径、在衬砌背后安装浆袋、向浆袋中注浆的方法。

注浆材料需具有下列特点:不产生材料离析;具有流动性;压注后体积变化小;压注后的强度很快就超过围岩的强度,保证衬砌与周围地层的相互作用,减少地层移动;具有一定的动强度,以满足抗震要求;具有不透水性等。

一般常用的注浆材料有:水泥砂浆、加气砂浆、速凝砂浆、小砾石混凝土、纤维砂浆、可塑性注浆材料等,可因地制宜地选择,表 4.5 给出了几种常用浆体的配合比。

**表 4.5 同步注浆材料配比表** (单位:kg)

| 材料 | 粘土 | 粉质粘土 | 粉土 | 砂砾石层 | 砾石层 | 火山灰层 | |
|---|---|---|---|---|---|---|---|
| | | | | | | A 液 | B 液 |
| 水泥 | 200 | 163 | | 200 | 320 | | 210 |
| 砂 | 200 | 1 118 | 1 132 | 680 | 560 | | |
| 粘土 | 200 | | | | | | 25 |
| 水泥、粉煤灰 | | | 440 | | | | |
| 水 | 375 | 352 | 420 | 536 | 400 | 400 | 422 |
| 发泡剂 | 1.251 | | | | 1.51 | | |
| 缓凝剂 | | | | 1.31 | | | |
| 锯末 | | | | | 15 | | |
| 水玻璃 | | | | | — | 4 001 | |

注浆可在一边推进盾构一边进行,也可在盾构推进终了后迅速进行。一般是从通过设在管片上的注浆孔进行。作为特殊方法,也有通过在盾构上的注浆孔同

时注浆的方法。

采用同步注浆时，要求在注入口的注浆压力大于该点的静水压力和土压力之和，做到尽量充填而不是劈裂。注浆压力过大，对地层挠动大，将会造成较大的地层后期沉降和隧道本身沉降，还容易跑浆。注浆压力过小，则浆液充填速度慢。填充不充分。一般来讲，注浆压力可取 1.1～1.2 倍的静止土压力。

(3)衬砌防水

由于盾构隧道多修建在地下水位以下，故须进行衬砌接头的防水施工，以承受地下水压。隧道内的漏水，使隧道竣工后的功能及维修管理方面出现许多问题，所以必须注意。根据隧道的使用目的，选取适合于作业环境的方法进行防水施工。

衬砌防水分为密封、嵌缝、螺栓孔防水三种。根据使用目的不同，有时只采用密封，有的三种措施同时采用。

密封是在管片接头表面进行喷涂或粘贴胶条的方法。密封材料的必要特性是：应具有弹性，在盾构千斤顶推力反复作用及衬砌变形上保持防水性能，在承受紧固螺栓的状态下具有均匀性；对衬砌的组装不会产生不良影响；密封材料和衬砌之间需密贴；具有良好的化学稳定性并可适应气候的变化；易于施工等。

满足上述要求的密封材料的形状有不定形(将液体材料涂于接头表面凝固而成)和定形(将一定形状的密封条贴在管片端面上)两种。密封条多由聚硫橡胶类、环氧树脂类、尿素树脂类或合成橡胶类的氯丁橡胶、异丁橡胶类和天然橡胶类的材料制成。另外还有一种尿素烷类制品，这种胶条在地下水作用下体积膨胀，可提高止水效果。在水多或薄弱的接头处，有时采用二排密封条。

施工时，在喷涂或粘贴面上需涂底漆。对管片隅角部分必须仔细粘贴，采取在运输时不致受到破坏的措施。

螺栓孔防水是在螺栓垫圈及螺栓孔间放入环形衬垫，在紧固螺栓时，此衬垫的一部分产生变形，填满在螺栓孔壁和垫圈表面间形成的空隙中；防止从螺栓孔中漏水。衬垫的材料须具备下述特点：伸缩性良好且不透水、可承受螺栓紧固力、耐久性好等，一般使用合成树脂类的环状衬垫，也有时采用尿素烷类的具有遇水膨胀特性的衬垫。

螺栓紧固后，有时经过一段时间会产生松弛。导致产生这种现象的原因有许多，对衬垫的蠕变具有不小的影响，从防水观点出发，必须认真进行二次紧固螺栓的作业。

在螺栓杆和螺栓孔之间也置入衬垫材料。为使衬垫的防水性良好，螺栓孔的上下两端宜制成漏斗状，加大孔径。

嵌缝指预先在管片的内侧边缘留有嵌缝槽，以后用嵌缝材料填塞。嵌缝材料需具有以下特点：具有不透水性；化学稳定性及良好的适应气候变化的性能，在湿润状态下易于施工;良好的伸缩及复原性;硬结时不受水的影响;施工后尽早具有不粘着性,终凝时间短;收缩小等。

可满足上述条件的嵌缝材料有环氧树脂,聚硫酸橡胶类,以尿素树脂为主要原料的制品等。在钢管片中,有时使用铅作为嵌缝材料。

嵌缝的施工应在衬砌组装后,在没有推力的影响下进行。首先必须将嵌缝槽中的油、锈、水等清洗干净,在涂以底漆后进行嵌缝。一般多用作业台车进行嵌缝作业。

当已进行密封条、嵌缝作业后仍不能止水时,在漏水处设置注浆孔,注入尿烷类浆液进行填充,浆液与地下水反应后发泡,体积膨胀,从而提高止水效果。

## 思 考 题

1. 城市轨道交通车站主要有哪些施工方法,各有什么样的特征?
2. 城市轨道交通区间隧道有哪些施工方法,各有什么样的特征?
3. 明挖法和盖挖法的主要区别是什么?
4. 简述盾构法施工过程。

# 第5章　城市轨道交通线路工程

线路是城市轨道交通工程的重要组成部分。在第3章城市轨道交通线网规划中，关于各条线路的基本走向已经有了粗略的规划。本章着重研究某一条或某一段具体的线路、站点选择以及平面、纵(横)断面的设计等。

城市轨道交通线路设计的任务是在线网规划和预可行性研究的基础上，对拟建的城市轨道交通线路走向及其平面和纵断面位置，通过不同的设计阶段，逐步由浅入深，进行研究与设计，最终确定城市轨道交通线路在城市三维空间的准确位置。线路设计的基本要求是保证行车安全、平顺，并且使整个工程在技术上可行，经济上合理。

鉴于城市轨道交通的载质量小、车速不高、列车短、行车密度大、停站频繁等特点，其设计标准与城市间大铁路有所不同，与大铁路设计规范相比，地铁设计规范有如下特点：

1. 线路难以改建，线路设计要作长期的考虑。城市轨道交通线路一经建成运营，无论它在地下、地面还是高架线，线路位置的改变都十分困难。

2. 线路允许的设计坡度较大。线路主要用于客运，列车质量较小，不受机车牵引力的限制，因此没有限制坡度的概念。

3. 线路一般为双线，一般车站处只有2股道。城市轨道交通客运量大，必须采用分方向追踪运行；因为没有经常性的调车作业，为节省用地，一般车站不设到发线，车辆集中停放在车辆段和停车场。

4. 车站站距较短。城市客运的平均运输距离较短，且分布在整个城市区域内，为保证线路的客流吸引能力，通常要求车站站距较短，一般每隔1～2 km设置一个车站。

5. 车站长度较短。城市客流可容忍的等待时间较短，要求发车间隔时间不能太长，一般不长于15 min。由于线路各站点的吸引范围小，在这段时间里聚集的客流量有限，因而列车编组长度比城间列车短，通常为4～8节车厢。

城市轨道交通线路按其运营性质可以分为正线、辅助线和(车)场线。正线是贯穿所有车站和区间供列车日常运行的线路。正线行车速度高、密度大，且要保证行车的安全和舒适，因此线路设计标准较高。辅助线是为了保证正线运营而配置的线路，一般不行驶载客车辆，速度要求较低，故线路标准也较低。辅助线包括折返线、渡线、联络线和出入线等。车场线是场区作业的线路，行车速度低，故线路标准只要满足场区作业即可。

# 5.1 线路选线

## 5.1.1 线路走向

在城市轨道交通线网规划中,关于各条线路的走向和路由一般已经有了粗略的规划。然而在城市建设过程中会发生一些变化,例如城市用地规划的调整、线路建设顺序的变化、大的客流集散点的重新选址等。这些变化不可避免地对已经规划的线路走向产生影响。因此,在轨道交通线路建设前,仍需要对此加以研究。由于轨道交通线路一旦建成,如欲改建则十分困难,而且费用昂贵,所以线路的走向和路由选择应该慎重考虑。轨道交通线路的走向应根据城市总体规划在轨道交通线网规划的基础上进行研究,应符合城市主客流流向,串联主要客流集散点,方便与其他交通线路的换乘。具体地可遵从以下原则:

1. 线路沿现状及预测的主要客流方向布设。城市轨道交通的主要服务对象是城市居民的出行,所以沿客流方向布置是城市轨道交通选线的基本原则。

2. 线路力求通过或靠近大型客流集散点(如工业区、大型住宅区、商业文化中心、公交枢纽、火车站、码头、长途汽车站等)。如上海轨道交通规划确定包括上海南站、上海火车站站、徐家汇、静安寺、人民广场等 16 处大客流集散点作为其必经的控制点。为了最大限度地吸引客流,方便市民乘坐轨道交通,有时会放弃控制点间的最短路由方向。例如上海轨道交通 1 号线 1 期工程衡山路至人民广场长约 5lm,有复兴路、淮海中路和延安路 3 条路由可选,其中以复兴中路方案为最短,施工干扰也小,但最后选定淮海中路方案,理由是淮海中路是繁华商业街,吸引客流比复兴中路大 50%,见图 5.1 所示。

3. 线路走向要考虑城市地质条件、历史文物保护及现有建筑物。线路尽量选择在施工条件好的城市主干道路,同时进行施工方案的比选,合理选择线路基本位置、敷设方式及埋置深度,减少施工过程中对现有建筑的破坏及拆迁量,减少对城市交通的干扰。在城区内线路宜选择地下线路。在郊区及次中心区有条件地段,可以选择地面线或高架线,以节省建设投资,降低运营费用。

4. 先期建设线路要考虑与远期规划线路交叉点的衔接。虽然暂时费用支出会有所增加,但为后续线路建设提供良好的施工条件,避免地面交通的再次封堵和已建车站的正常停运。

5. 线路走向要考虑车辆段、停车场的位置及联络线。

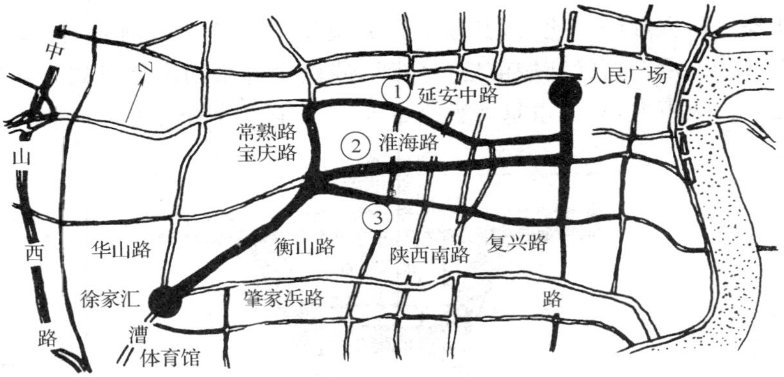


图 5.1　上海轨道交通 1 号线路由示意图(局部)

## 5.1.2　线路敷设形式

城市轨道交通的线路敷设形式主要有:地下线、地面线、高架线和敞开式线路。下面分别介绍这几种线路形式的特点和敷设情况:

**1. 地下线**

地下线是线路在交通繁忙路段和市区内繁华地段主要采用的线路敷设形式,其线路设计的一般原则是线位尽可能沿城市道路敷设,尽量不侵入两侧的规划红线,在偏离道路或穿越街坊时,主要考虑躲避沿线的构筑物桩基础和地下各种市政管线,以确保安全和减少拆迁。地下线的施工方法主要有明挖法、暗挖法等。暗挖法包括盾构法和矿山法。盾构法又分为单圆盾构、双圆(双线)盾构,其断面形式见图 5.2 所示。

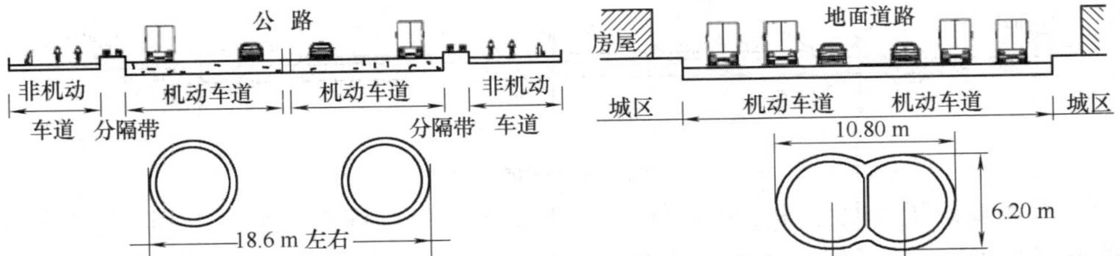


图 5.2　地下线横断面形式示意图

**2. 高架线**

高架线一般在市区外建筑稀少及空间开阔的地段采用。其线位一般沿道路的一侧或路中布置，具体设在路侧还是路中要根据规划和设站情况来决定，并结合具体情况作深入研究和经济比较，其断面形式见图 5.3 所示。例如上海轨道交通 9 号线在出市区以后至松江新城前地区空旷，线路全部采用高架形式。高架线的突出缺点是运营噪声大，对城市景观影响也较大，市区一般不采用。

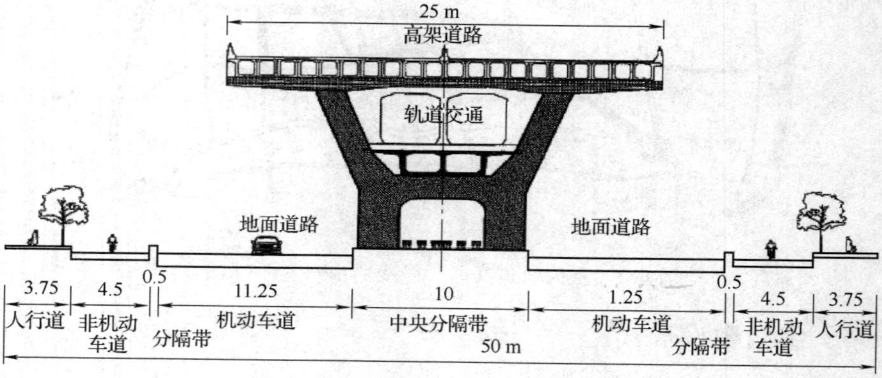


图 5.3 高架线横断面形式示意图

### 3. 地面线

地面线是指在较空旷的地带，道路和建筑稀少，采用类似普通铁路的路基作为轨道基础的线路形式，见图 5.4 所示。地面线的路基高度一般要高出通过地段的最高地下水位和当地 50 年一遇的暴雨积水水位，以免路基出现淹没、翻浆冒泥而影响运营。

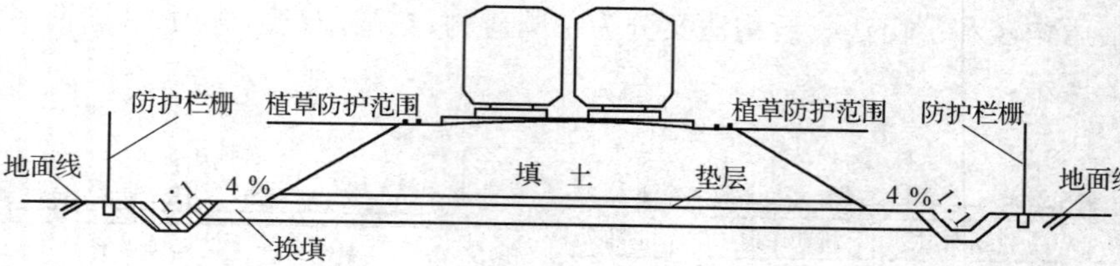


图 5.4 地面线横断面形式示意图

地面线的优点是土建工程造价最低；其缺点是隔断线路两侧的交通，使线路两侧难以沟通，不利两侧土地的商业开发利用，同时运营时噪声较大。此外，地面线的沉降变化较大，故多采用碎石道床，因此运营后养护维修工作量较大。城市轨道交通中的市域线在偏远市郊路段多采用此种形式。

### 4. 敞开式线路

敞开式线路是线位由地下线过渡为地面线或高架线时（或相反时）的一种过渡

形式，见图 5.5 所示。

当这种线路敷设距离较长时，为防止雨水的大量汇入，应在上部加蓬顶(最好为透明材质，以利于自然采光)。这种线路埋深浅、施工难度小，造价低，还可节省环控设备及照明。

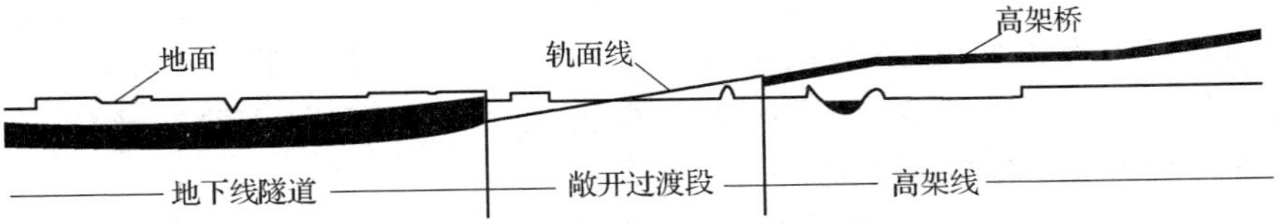


图 5.5　敞开式线路示意图

### 5.1.3　车站站距

我国轨道交通在吸收世界轨道交通建设经验的基础上，在地铁设计规范(GB 50157—2003)中规定："车站间的距离应根据现状及规划的城市道路布局和客流实际需要确定，一般在城市中心区宜为 1 km，在城市外围区应根据具体情况适当加大车站间的距离。"

对于平均站间距离，世界上有两种趋向，一种是小站间距，平均为 1 km；一种是大站间距，平均 1.6 km。香港地铁平均站间距为 1 050 m，其中港岛线仅947 m；莫斯科地铁平均站间距为 1.7 km。我国部分已建轨道交通线路平均站间距离如表 5.1 所示。

**表 5.1　我国部分已建轨道交通线路平均站间距离**

| 城市名 | 线路 | 线路运营长度(km) | 车站数(个) | 平均站间距(m) |
| --- | --- | --- | --- | --- |
| 北京市 | 1 号线西段 | 16.87 | 12 | 1 534 |
| 北京市 | 环线 | 23.01 | 18 | 1 354 |
| 天津市 | 1 期工程 | 7.4 | 8 | 1 057 |
| 上海市 | 1 号线 | 21.61 | 16 | 1 441 |
| 上海市 | 2 号线 | 19.15 | 13 | 1 596 |
| 上海市 | 3 号线 | 24.97 | 19 | 1 387 |
| 广州市 | 1 号线 | 18.48 | 16 | 1 232 |

车站分布应根据科学的综合分析，详细的方案比选后确定。尤其是轨道交通车站分布数目对建设费用、运营成本、施工等都有很大影响。但是客流吸引量及乘

客出行时间需要进行具体分析计算，在市场经济条件下，车站分布一定要进行经济效益的比较。

**1. 站间距与工程造价之间的关系**

车站是一种昂贵的建筑物，其建筑费及设备费在初始投资中占很大比重。根据上海地铁 2 号线的概算资料，一般车站长度为 284 m，其土建工程造价约为 6 000 万～7 000 万元，拆迁工程和车站设备是车站土建造价的 2.1～2.2 倍；而区间每公里土建工程造价 9 000 万～10 000 万元。单从土建工程造价比较，车站每延米的造价约是区间的 2.4 倍。

因此站间距越小，车站数量越多，轨道交通的造价就越高。站间距增大，车站数量可以减少，车站造价可以节省，但是乘客步行距离及时间加长，轨道交通在综合交通中的客流吸引能力会降低，同时单个车站的负荷有所增加，车站设计规模相应加大。

**2. 站间距与运营费用之间的关系**

根据前苏联地铁运营统计资料，地铁运营速度约与站间距离的平方根成正比。站间距离缩短会降低运营速度，进而增加线路上运营的列车对数，还会因频繁地起停车而增加电能消耗、轮轨磨耗等，从而增加运营费用。

**3. 站间距与乘客出行时间之间的关系**

就一条线路而言，车站数目的多少，将直接影响市民乘地铁的出行时间。车站多，站间距就小，市民步行到站距离短，节省步行时间，可以增加短程乘客的吸引量；反之，车站少，站间距就大，速度提高了，减少乘客在途时间，可以增加远程乘客的吸引量。图 5.6 是设计时速 80 km/h 以内系统的站间距与速度关系曲线，市民出行对交通工具的选择，快捷省时与经济性同样重要。从运营公司的角度来看，吸引更多的乘客是提高企业经济效益的根本，国外同行在工程实施前常常要进行相关课题的研究，如有资料显示，芝加哥市滨湖线对不同站间距吸引客流能力进行研究，结果表明是大站距(1.6 km)比小站距(0.8 km)多吸引 3%客流量。

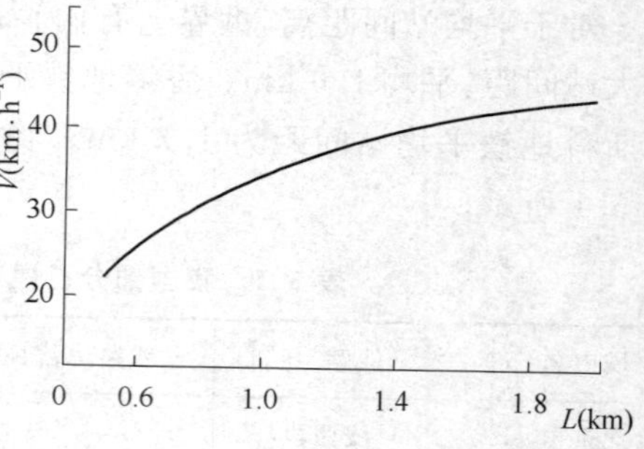


图 5.6　80 km/h 以内系统站间距与速度的关系示意图

对于时速高于 100 km/h 的系统，站间距可根据实际需要而加大，2 km 以上甚至更大的，旅行速度将大幅度提高，真正达到城市土地的延展(即：时空距离的拉近)的效果，可以根本解决城市中心区土地资源稀缺、使用成本高的问题。

综上所述，车站的间距大小会对乘客出行时间、运营费、工程费以及车站在城市中的作用等多方面产生错综复杂的影响，应综合考虑，合理确定。

### 5.1.4　辅助线的分布

辅助线路按其使用性质可以分为折返线、存车线、渡线、联络线和（车场）出入线等。辅助线是为保证正常运营，合理调度列车而设置的线路，最高运行速度限制在 35 km/h。

**1. 折返线、存车线、渡线**

折返线是列车正常运行中调头转线及夜间存车而设置的线路。它的基本要求是满足列车折返运行能力的需要。存车线是供故障列车停放及夜间存车用的。折返线和存车线布置形式一般相同，功能也可互换。地铁设计规范（GB 50157—2003）规定："线路的终点站或区段折返站应设置专用折返线或折返渡线。当两个具备临时停车条件的车站过远时，根据运营需要，宜在沿线每隔 3～5 个车站加设停车线或渡线。"折返线形式很多，常见见图 5.7 所示。

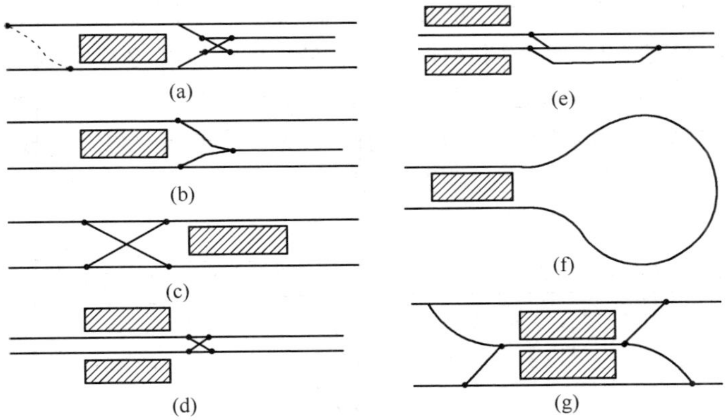


图 5.7　常见折返线形式示意图

用道岔将上行线、下行线及折返线连接起来的线路，又分为单渡线（见图 5.7(a)中虚线所示）和交叉渡线（见图 5.7(c)、(d)所示）。渡线单独设置时，用来临时折返列车，增加运营列车调度灵活性；在与其他辅助线合用时，完成并增强其他辅助线功能。

**2. 联络线**

联络线是为沟通两条单独运营线路而设置的连接线，为两线车辆过线服务。联络线因连接的轨道交通线路往往不在一个平面上，因此，有较大的坡道与较小的曲线半径，列车运行速度不可能很高。如果联络线设置为地下线路，施工难度较大，投资也较大。图 5.8 为联络线的实例，它将存车线与联络线合并布置。

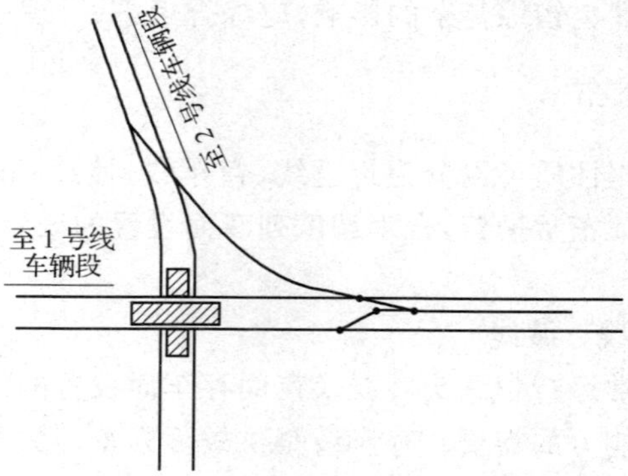


图 5.8　联络线形式示意图

**3. 出入线**

（车场）出入线是正线与车辆段间的连接线，是车辆段与正线之间的联络通道。地铁设计规范（GB 50157－2003）规定："车辆段出入线因连通上下行正线。当出入线与正线发生交叉时，宜采用立体交叉方式。车辆段和停车场设置双线或单线出入线，因根据远期线路的通过能力与运营要求计算确定。尽端式车辆段出入线宜采用双线，贯通式车辆段可在车辆段两端各设一条单线。停车场规模较小时，出入线可采用单线。"常见的出入线形式见图 5.9 所示。

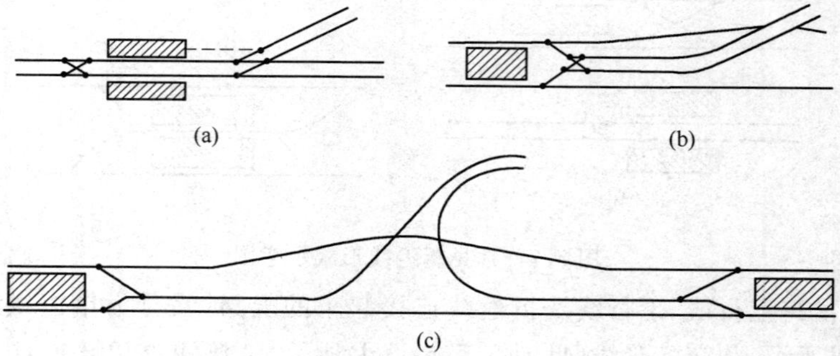


图 5.9　出入线形式示意图

# 5.2　线 路 平 面

轨道交通线路平面设计一般是在确定线路走向和路由的情况下，对线路的平面位置及各技术要素进行计算，最终确定线路的准确位置。它包括以下几方面具体内容。

### 5.2.1 线路平面位置选择

**1. 地下线平面位置选择**

轨道交通的地下线路位于城市规划道路红线范围内，是常用的线路平面位置形式。它的特点是对道路红线范围以外的城市建筑物干扰较小。图 5.10 是地下线的三种代表位置。

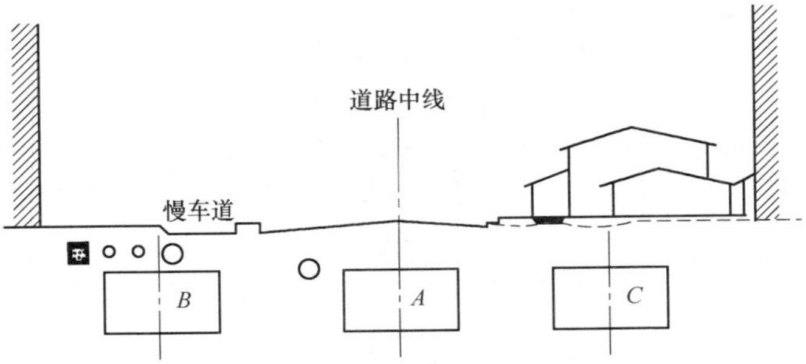


图 5.10 地下线设置位置示意图

A 位：地铁线路居城市主干道中心，对两侧建筑物影响小，地下管网拆迁较少，有利于地铁线路截弯取直，减少曲线数量，并能适应较窄的道路红线宽度。缺点是当采用明挖法施工时，破坏了现有道路路面，对城市交通干扰大。

B 位：地铁线路位于慢车道和人行道下方，能减少对城市交通的干扰和对机动车路面的破坏。

C 位：地铁线路位于待拆的已有建筑物下方，对现有道路及交通基本上无破坏和干扰，地下管网也极少。但房屋拆迁及安置量大，只有与城市道路改造同步进行，才十分有利。

在某些条件下，轨道交通地下线路置于道路范围之外，可以达到缩短线路长度、减少拆迁、降低工程造价之目的。

**2. 高架线平面位置选择**

高架线路平面位置选择，较地下线路严格，自由度更少，一般要沿着城市主干道平行设置，道路红线宽度宜大于 40 m。在道路横断面上，轨道交通高架桥墩柱位置要与主干道行车分隔带配合，一般宜将桥柱置于分隔带上，见图 5.11 所示。

**3. 地面线平面位置选择**

轨道交通地面线位于道路中心带上，带宽一般为 20 m。当城市快速路或主干道的中间有分隔带时，地面线设于该分隔带上，不阻隔两侧建筑物内的车辆按右行方向出入，不需设置辅路，有利于城市景观及减少轨道交通噪声的干扰。其不足处是乘客均需通过地道或天桥进入轨道交通站台。见图 5.12 所示。

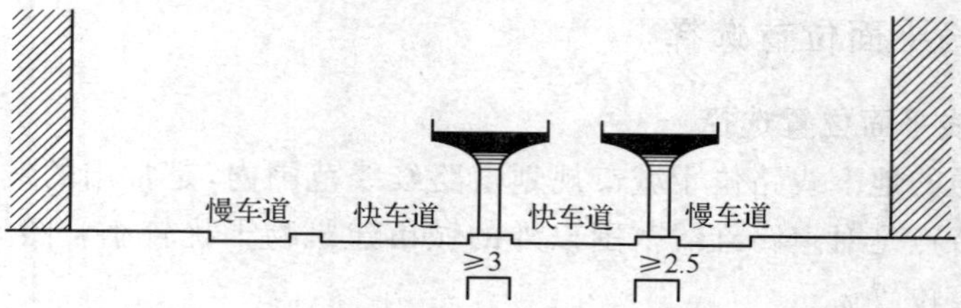


图 5.11 高架线设置位置示意图

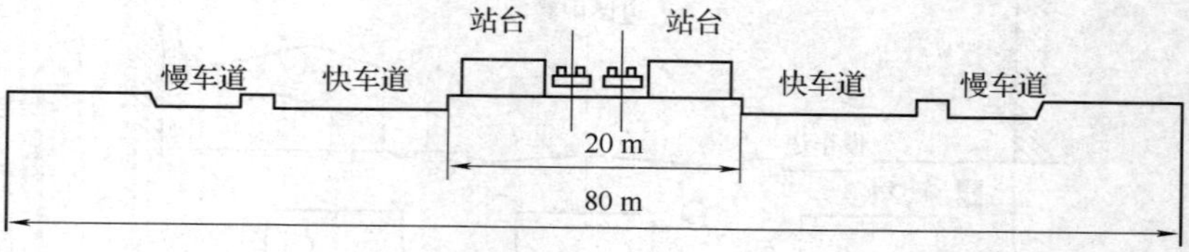


图 5.12 地面线设置位置之一

轨道交通地面线位于快车道一侧，见图 5.13 所示，带宽一般为 20 m。当城市道路无中间分隔带时，该位置可以减少道路改移量，其缺点是在快车道另一侧需要修建辅路，增加道路交通管理的复杂性。

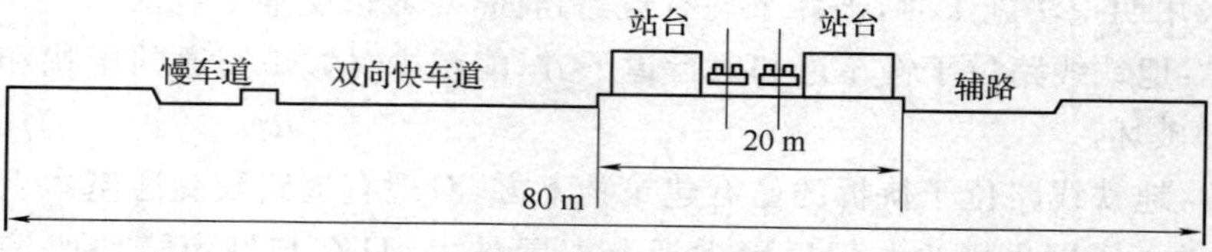


图 5.13 地面线设置位置之二

### 5.2.2 线路平面位置方案比选

线路平面位置比选主要包括直线位置的比选和曲线半径的选择，其主要比选内容为：

**1. 线路条件比较**

包括线路长度、曲线半径、转角等。在拆迁数量、拆迁难度、工程造价增加不多的情况下，宜推荐较大半径的方案，若半径大于或等于 400 m，则不宜以增加工程造价来换取大半径曲线。

**2. 房屋拆迁比较**

包括拆迁房屋数量、质量、使用性质、拆迁难易等的比较。质量差的危旧房屋可以拆。住宅房易拆迁，办公房次之，工厂厂房难拆迁；学校、医院等单位，一般要邻近安置;商贸房异地搬迁,在市场经济的条件下,拆迁难度大。

**3. 管线拆迁比较**

包括上下水管网、地下地上电力线(管)、地下地上通信电缆线(管)、煤气管、热力管等的数量、规格、费用及拆迁难度比较。大型管道改移费用高,下水管改移难度大。

**3. 改移道路及交通便道面积比较**

包括施工时改移交通的临时道路面积及便桥,恢复被施工破坏的正式路面及桥梁等。

**5. 地铁主体结构施工方法比较**

包括施工的难易度、安全度、工期、质量保证、对市民生活的影响等方面的综合分析评价。

### 5.3.3 车辆段及配线

车辆段是车辆停放、检查、整备、运用和修理的管理中心所在地。若运行线路较长(超过 20 km 时),为了有利于运营和分担车辆的检查清洗工作量,可在线路的另一端设停车场,负责部分车辆的停放、运用、检查和整备工作。当技术经济合理也可以两条或两条以上线路共设一个车辆段。

城市轨道交通除车辆保养基地外,尚有综合维修中心、材料总库和职工技术培训中心等基地,有条件时,尽量将它们与车辆段规划在一起。

**1. 车辆段的主要任务**

(1)列车在段内调车、停放、日常检查、一般故障处理和清扫洗刷;

(2)车辆的技术检查、月修、定修、架修和临修试车等作业;

(3)列车回段折返乘务司机换班;

(4)内部设备和机具的维修及调车机车的日常维修工作;

(5)紧急救援抢修队和设备。

停车场一般可装设有限的维修设备,不做月修以上的修理工作。

**2. 车辆段的选址原则**

(1)应避开居民住宅区、文化区与商业区等对环境质量要求较高的区域,要尽量选在市郊较空旷平坦地区,场地具有良好的排水条件;

(2)保证列车进出正线安全、便捷,停车线配置要尽可能使列车非营业运行最小;

(3)要尽量避开工程地质和水文地质不良地段;

(4)对电力线路和各种管道的引入以及与城市道路的连接比较方便;

(5)车辆段及配线具有远期发展余地。

**3. 站场布置形式示意**

车辆段的主要生产设施有大修与架修库、定修库、月修库、列检库、停车库、洗车库、吹扫库、不落轮旋库、内燃机车库与试车线等，并配备相应的检修设施。

线路除设有上述各种用途的库线外，还有列车出入段线、牵出线、车底（空车列）停留线、检修线及综合基地内各种作业线、材料线及地面铁路专用线等。

试车线是为检修车辆运行试验线，虽亦为场线，但一般应按正线技术标准。

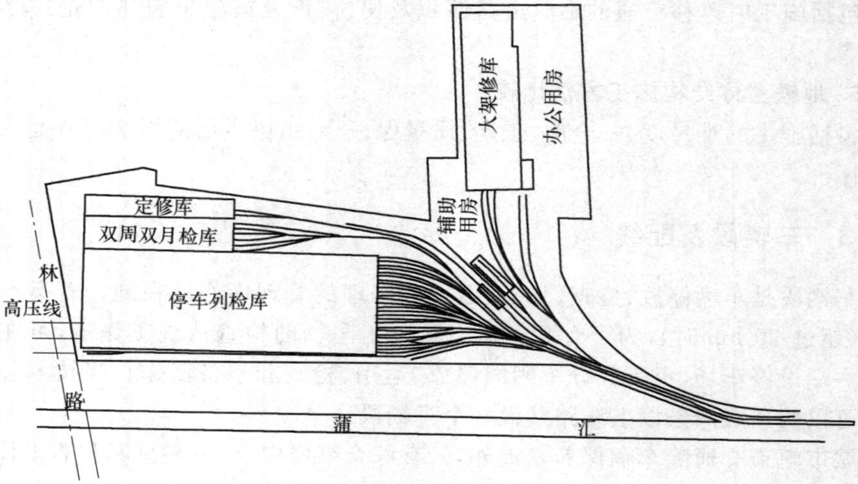


图 5.14 尽端式车辆段形式示意图

车辆联络线是指正线与车辆段和进段咽喉道岔之间的连接线路，其技术标准按正线设置。停车场检修库线、场线的技术标准按场线设置。

根据车辆段内所需要的各种线路的使用功能和有效长度，并结合地形的具体情况，站场可布置成尽端式（见图 5.14）和贯通式（见图 5.15）两种基本形式。一般

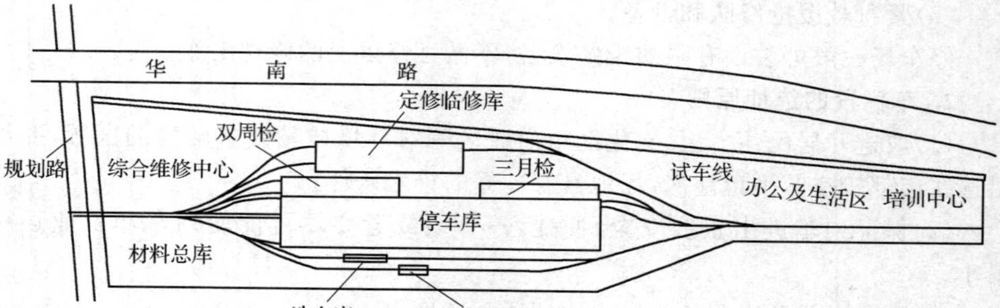


图 5.15 贯通式车辆段形式示意图

贯通式站场列车可向两个车站同时收发车，列车出入车辆段比较灵活、方便、迅速，但占有场地较大。

## 5.3.4 线路平面主要技术要素的选择

在城市中，轨道交通线路不可能都用直线连接，有时为了避让障碍物，需要曲线来连接线路。理想的城市轨道交通线路在平面上应该是有直线和很少数量的曲线组成，而且每一条曲线采用尽可能大的半径，在曲线和直线之间设置起缓和作用的过渡曲线。因此，城市轨道交通的线路平面是由直线和曲线组成的。曲线可分为圆曲线和缓和曲线两种。线路平面连接见图 5.16 所示。

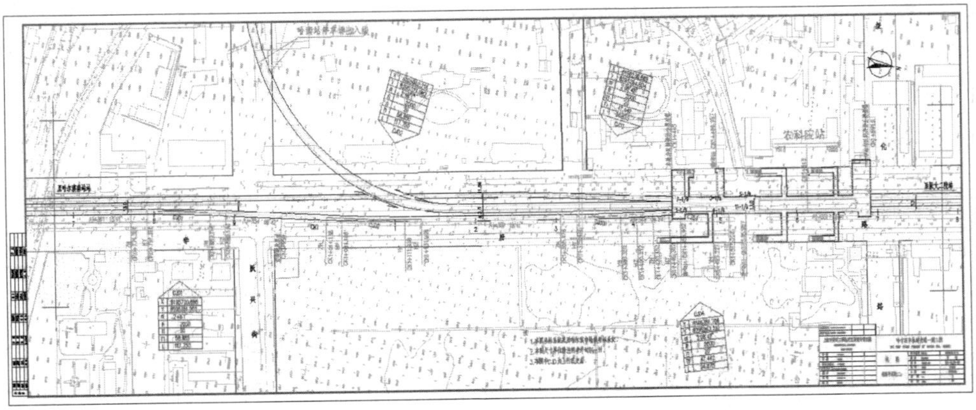

图 5.16　线路平面连接示意图

线路平面设计的主要技术要素有圆曲线半径、圆曲线长度、缓和曲线线型和长度、夹直线长度等。

**1. 圆曲线**

(1)圆曲线半径

线路最小圆曲线半径与线路性质、车辆性能、行车速度、地形地物等条件有关，是城市轨道交通的主要技术标准之一。其选定是否合理，将对城市轨道交通的工程造价、运行速度、养护维修产生很大影响。

影响最小圆曲线半径的因素有：

① 列车运行安全及乘客舒适。当列车运行在小半径曲线上时，由于视距短，瞭望条件差，对行车安全不利，同时乘客的舒适度也会相应降低。

② 钢轨磨耗。列车运行中轮轨间发生摩擦，造成钢轨磨耗。轮轨间的摩擦分为滚动摩擦和滑动摩擦。单纯的滚动摩擦对钢轨的磨耗甚微，而车辆只要有0.2%的滑动，磨耗就会显著增加。列车在曲线上运行时，半径越小，滑动摩擦造成的钢轨磨耗越大。根据文献资料得到的铁路曲线钢轨磨耗统计数据分析结果(见

图 5.17)，可以推算出 200 m 半径曲线的换轨周期大约比 400 m 半径曲线换轨周期缩短 40 %。

③ 养护维修。小半径曲线地段因钢轨磨耗较其他地段严重，因而养护维修的工作量较大。

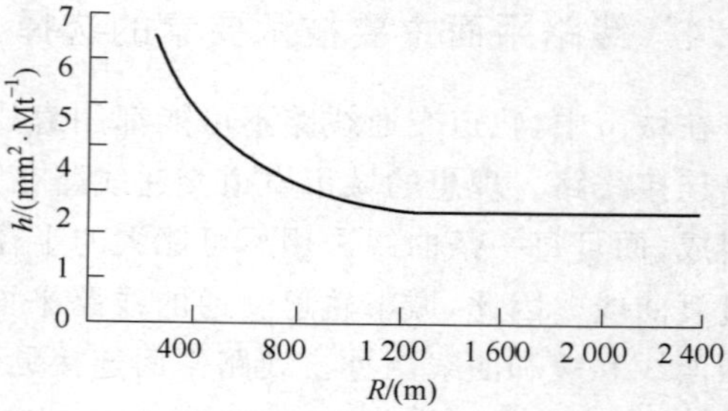

图 5.17 钢轨磨耗 $h$ 与曲线半径 $R$ 的关系曲线

根据上述分析，从运行安全、乘客舒适、钢轨磨耗等方面综合来考虑，曲线半径宜从大到小合理选用，最小圆曲线半径应尽量少用，并应有一定限制。地铁设计规范(GB 50157－2003)规定："线路平面曲线半径应根据车辆类型、列车设计运行速度和工程难易程度经比选确定，线路平面的最小曲线半径不得小于表 5.2 规定的数值。"

**表 5.2 地铁最小曲线半径**

| 线路 | | 一般情况(m) | | 困难情况(m) | |
|---|---|---|---|---|---|
| | | A 型车 | B 型车 | A 型车 | B 型车 |
| 正线 | $V \leqslant 80$ km/h | 350 | 300 | 300 | 250 |
| | 80 km/h$<V\leqslant$100 km/h | 550 | 500 | 450 | 400 |
| 联络线、出入线 | | 250 | 200 | 150 | |
| 车场线 | | 150 | 110 | 110 | |

注：除同心圆曲线外，曲线半径应以 10 m 的倍数取值。

世界各个城市地铁系统，主要线路上的曲线半径比我国的标准小得多：纽约地铁的最小曲线半径为 107 m；芝加哥和波士顿地铁的最小曲线半径为 100 m；而巴黎地铁的最小曲线半径为 75 m。日本部分城市地铁线路最小曲线半径标准可见表 5.3。

由于轻轨交通运量小，最小曲线半径可视车型情况可采用比地铁曲线半径更小一些的数值。

车站站台段线路应尽量设在直线上。因为站台上有大量旅客活动，直线站台通视条件好，有利于行车安全。当站台段线路设在曲线上时，由于曲线半径过小，列车停靠曲线站台时，车辆与站台间的间隙过大，不利于旅客上下车和乘车安全。根据上海轨道交通使用大型车的运营实践，车站站台设置半径不小于 800 m 的曲线上，能满足曲线站台边缘与车辆之间的空隙要求和安全要求。采用小型车时，由于车辆定距小，车站站台可在困难条件下设在半径不小于 600 m 的曲线上。

**表 5.3 日本部分城市地铁线路最小曲线半径标准**

| 经营主体 | 线路名称 | 车辆宽度(m) | 最小曲线半径(m) | 旅行速度(km/h) | 最高速度(km/h) |
|---|---|---|---|---|---|
| 札幌市交通局 | 南北线 | 3.470 | 200.0 | 31.7 | 70 |
| | 东西线 | 3.080 | 201.0 | 34.6 | 70 |
| 交通营团 | 银座线 | 2.580 | 90.0 | 24.9 | 55 |
| | 丸之内线 | 2.790 | 127.0 | 27.4 | 60 |
| | 日比谷线 | 2.790 | 126.0 | 28.3 | 70 |
| | 东西线 | 2.870 | 200.0 | 38.5 | 75 |
| | 千代田线 | 2.865 | 143.8 | 31.5 | 55 |
| | 有乐町线 | 2.865 | 150.0 | 30.0 | 75 |
| | 半藏门线 | 2.835 | 200.2 | 36.9 | 75 |
| 东京都交通局 | 浅草线 | 2.800 | 161.0 | 31.8 | 70 |
| | 三田线 | 2.800 | 162.0 | 31.4 | 70 |
| | 新宿线 | 2.800 | 204.0 | 31.9 | 75 |
| 大阪市交通局 | 御堂筋线 | 2.890 | 120.0 | 33.0 | 70 |
| | 谷町线 | 2.890 | 122.0 | 31.6 | 70 |
| | 四桥线 | 2.890 | 122.0 | 32.6 | 70 |
| | 中央线 | 2.890 | 160.0 | 33.5 | 70 |
| | 千日前线 | 2.890 | 122.0 | 29.9 | 70 |
| | 堺筋线 | 2.840 | 190.0 | 30.0 | 70 |

(2)圆曲线长度

线路的圆曲线长度，从改善瞭望条件、减少行车阻力和养护维修来看，短则有利。但最短不能小于车辆的全轴距，否则就会出现一节车辆同时位于三个不同线型上的情况，对行车稳定性和旅客舒适度产生不利影响。另外，在线路维修工作中，一般采用绳正法，每 10 m 可量出一个正矢，这便要求圆曲线上至少要设两个正矢。地铁设计规范(GB 50157—2003)规定："正线及辅助线的圆曲线最小长度，A 型车不宜小于 25 m，B 型车不宜小于 20 m，在困难情况下不得小于一个车辆的全轴距。"

**2. 缓和曲线**

由于直线与圆曲线间存在曲率半径的突变，圆曲线半径越大，这种突变程度就越小。当圆曲线半径超过 2000 m 时，这种突变对轨道交通行车影响很小。而当正线上曲线半径等于或小于 2000 m 时，则要在圆曲线与直线间加设缓和曲线，实现曲率半径的逐渐过渡，减少列车在突变点处的轮轨冲击。因此，地铁设计规范(GB 50157－2003)规定："线路平面圆曲线与直线之间应根据曲线半径、超高设置及设计速度等因素设置缓和曲线，其长度可按表 5.4 的规定采用。"

**表 5.4 地铁缓和曲线长度**

| R \ V (L) | 100 | 95 | 90 | 85 | 80 | 75 | 70 | 65 | 60 | 55 | 50 | 45 | 40 | 35 | 30 |
|---|---|---|---|---|---|---|---|---|---|---|---|---|---|---|---|
| 3 000 | 30 | 25 | 20 | | | | | | | | | | | | |
| 2 500 | 35 | 30 | 25 | 20 | | | | | | | | | | | |
| 2 000 | 40 | 35 | 30 | 25 | 20 | 20 | | | | | | | | | |
| 1 500 | 55 | 50 | 45 | 35 | 30 | 25 | 20 | | | | | | | | |
| 1 200 | 70 | 60 | 50 | 40 | 35 | 30 | 25 | 20 | 20 | | | | | | |
| 1 000 | 85 | 70 | 60 | 50 | 45 | 35 | 30 | 25 | 25 | | | | | | |
| 800 | 85 | 80 | 75 | 65 | 55 | 45 | 40 | 35 | 30 | 25 | 20 | | | | |
| 700 | 85 | 80 | 75 | 70 | 60 | 50 | 45 | 35 | 30 | 25 | 20 | 20 | | | |
| 650 | 85 | 80 | 75 | 70 | 60 | 55 | 45 | 40 | 35 | 30 | 25 | 20 | 20 | | |
| 600 | | 80 | 75 | 70 | 70 | 60 | 50 | 45 | 35 | 30 | 20 | 20 | 20 | | |
| 550 | | | 75 | 70 | 70 | 65 | 55 | 45 | 40 | 35 | 20 | 20 | 20 | | |
| 500 | | | | 70 | 70 | 65 | 60 | 50 | 45 | 35 | 20 | 20 | 20 | 20 | |
| 450 | | | | | 70 | 65 | 60 | 55 | 50 | 40 | 25 | 20 | 20 | 20 | |
| 400 | | | | | | 65 | 60 | 60 | 55 | 45 | 25 | 20 | 20 | 20 | |
| 350 | | | | | | | 60 | 60 | 60 | 35 | 30 | 25 | 20 | 20 | 20 |
| 300 | | | | | | | | 60 | 60 | 60 | 35 | 30 | 25 | 20 | 20 |
| 250 | | | | | | | | | 60 | 60 | 40 | 35 | 30 | 20 | 20 |
| 200 | | | | | | | | | | 60 | 40 | 40 | 35 | 25 | 20 |
| 150 | | | | | | | | | | | | 40 | 40 | 35 | 25 |

注：表中 $R$——曲率半径(m)；$V$——设计速度(km/h)；$L$——缓和曲线长度(m)。

缓和曲线线型主要有放射螺旋型和三次抛物线型，常用的是三次抛物线型。其方程式为：

$$y=\frac{x^3}{6Rl_0} \tag{5.1}$$

式中 $R$——曲线半径(m);

$l_0$——缓和曲线全长(m)。

三次抛物线型缓和曲线的优点是铺设和养护维修比较容易,缓和曲线长度比较短。但其缺点是始、终点存在折角,影响行车的平稳性。

**3. 夹直线**

夹直线是指相邻曲线(有缓和曲线时,指缓和曲线;无缓和曲线时,指圆曲线)两端点间的直线。当相邻曲线距离较近时,可能会出现夹直线过短的情况。夹直线太短时,会出现一辆车同时跨越两条曲线,引起车辆左右摇摆,影响行车平稳性;夹直线太短,也不易保持直线方向,增加养护困难。因此,地铁设计规范(GB 50157－2003)规定:"正线及辅助线上两相邻曲线间的夹直线长度(不含超高顺坡及轨距递减段的长度),A型车不宜小于25 m,B型车不宜小于20 m,在困难情况下不得小于一个车辆的全轴距;车场上的夹直线长度不得小于3 m。"

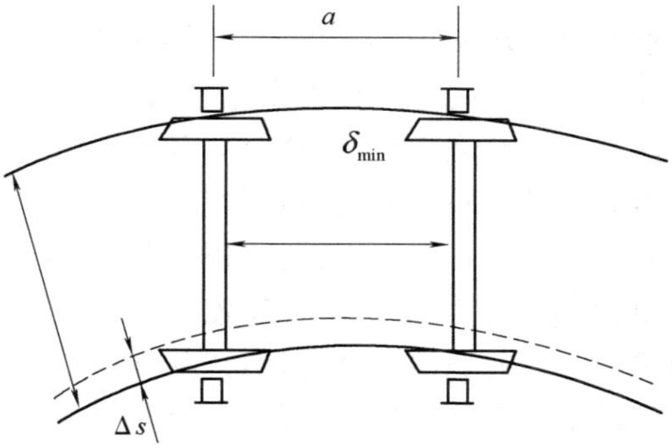

图5.18 轨距加宽示意图

**4. 曲线轨距加宽**

为使具有固定轴距的轨道交通车辆能顺利通过曲线,在半径很小的曲线上,轨距要适当的扩大,这种扩大称为轨距加宽,见图5.18所示,轨距加宽标准见表5.5所示。

加宽轨距是指将曲线轨道的内轨向曲线中心方向移动,并在缓和曲线长度范围内完成,曲线外轨位置保持不变。

**表5.5 曲线轨距加宽标准**

| 曲线半径(m) | 轨距加宽(mm) | 曲线半径(m) | 轨距加宽(mm) |
|---|---|---|---|
| $R \geq 350$ | 0 | $R<300$ | 15 |
| $350>R \geq 300$ | 5 | | |

**5. 曲线超高设计**

轨道交通车辆通过曲线部分时,由于离心力的作用,有向外侧抛出的趋势,为了防止趋势的发生,平衡这个离心力,需使外侧钢轨比内侧钢轨高,这种设置称为超高。即把曲线外轨适当抬高,借助车辆重力的水平分力以平衡离心力,见图5.19所示,从而达到内外两股钢轨受力均匀、垂直磨耗均等,使旅客不因离心加速度的存在而感到不舒适，以及提高线路横向稳定性，保证行车安全。

线路的曲线超高值的计算公式：

$$h = 1.18\frac{V_c^2}{R} \qquad 式(5.2)$$

式中 $h$——超高值(mm)；

$V_c$——列车通过速度(km/h)；

$R$——曲线半径(m)。

**6. 道岔设计及其他规定**

道岔应设在直线地段，道岔端部至曲线端部的距离不应小于 5 m，车场线可减少到 3 m。道岔宜靠近车站位置，但道岔基本轨端部至车站站台端部的距离不应小于 5 m。不同号数的道岔，其导曲线半径和长度也不同，会影响线路线间距和线路长度。正线和辅助线上为保证必要的侧向过岔速度，采用的道岔不得小于 9 号；车场线因过岔速度要求低，应采用不大于 7 号的道岔，以缩短线路长度，节省造价。

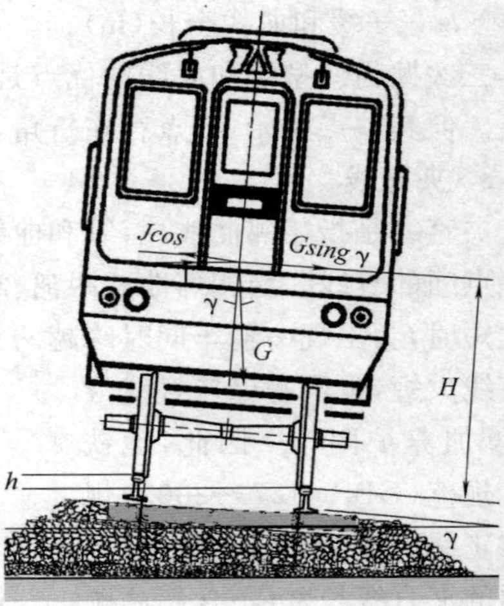


图 5.19 外轨超高示意图

图注：$G$—车辆重力(N)；

$h$—外轨超高(mm)；

$\gamma$—轨顶线与水平线夹角(°)

$S1$—钢轨中心线间距离(mm)；

$H$—车辆中心距轨顶线的高度(mm)

## 5.3.5 线路直线段的基本要求

**1. 轨距**

轨距为两股钢轨头部内侧与轨道中线相垂直的距离。因为钢轨不是水平放置的缘故，所以规定，轨距应在钢轨头部内侧面下 16 mm 处量取。

目前，世界大多数国家地铁和轻轨普遍采用 1 435 mm 轨距，称为标准轨距。我国已建的城市轨道交通线路的轨距都是采用 1 435 mm。在运量较小的轻轨和新型有轨电车线路中，也有采用 1 067 mm、1 000 mm 和 762 mm 轨距。轨距小于 1 435 mm 者称为窄轨距。

为使轨道交通车辆能顺利通过轨道，轨道的轨距必须略大于轮对宽度，有一定的游间。当轮对的一个车轮轮缘与钢轨贴紧时，另一车轮轮缘与钢轨之间的游间 $\delta$ 为(见图 5.20)：

$$\delta = S - q \qquad 式(5.3)$$

式中 $S$——轨距(mm)；

$q$——轮对宽度(mm)。

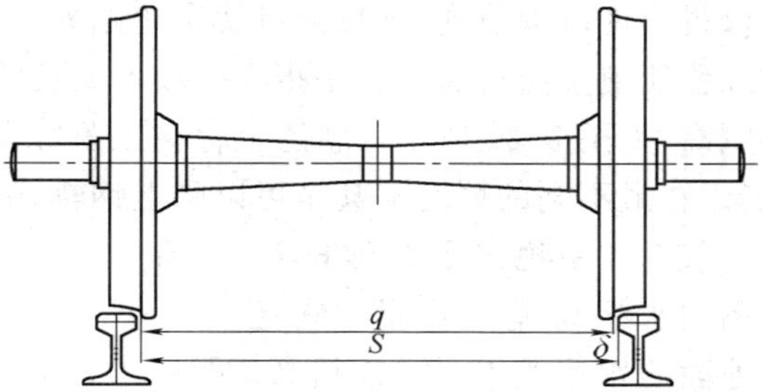

图 5.20　轮对宽度、轨距和游间

计算 δ 值时，没有把轮对宽度由于车轴挠曲而产生的变化量及轨距在列车通过时可能发生的弹性扩大(一般可取 2 mm)考虑在内。

游间不能过大，否则会使车辆行驶时的蛇行运动的幅度加大，横向加速度、轮缘对钢轨的冲角及作用于钢轨上横向力也随之而增加。行车速度愈高，这种影响愈严重。所以，为了提高行车的平稳性和减少轮轨之间的动力作用，δ 应加以限制。目前，英国已把原来的标准轨距从 1 435 mm 减小为 1 433 mm，德国减小为 1 432 mm。

**2. 水平**

水平是指两股钢轨的顶面，在直线地段应保持在同一水平面上，简单地说就是轨道上左右钢轨的水平。保持水平的目的是使两股钢轨受力均匀，并保证车辆平稳行驶。

水平也可用道尺或轨检车进行测量。其误差的规定见表 5.6。

**表 5.6 轨道几何尺寸容许误差**

| 项目 | 作业验收(mm) | | | 经常保养(mm) | | | 临时补修(mm) | | | 说明 |
|---|---|---|---|---|---|---|---|---|---|---|
| | V≥90 (km/h) | V<90 (km/h) | 其他 | V≥90 (km/h) | V<90 (km/h) | 其他 | V≥90 (km/h) | V<90 (km/h) | 其他 | |
| | 正线 | 正线及到发线 | 站线 | 正线 | 正线及到发线 | 站线 | 正线 | 正线及到发线 | 站线 | |
| 轨距 | ±4 | ±4 | ±4 | +7−4 | +7−4 | +7−4 | +10−4 | +10−4 | +10−4 | 最大轨距含误差不得大于1 460 (mm) |
| 水平 | 4 | 5 | 6 | 7 | 8 | 9 | 10 | 11 | 12 | |
| 三角坑 | 4 | 5 | 6 | 7 | 8 | 9 | 10 | 11 | 12 | |
| 轨向 | 4 | 5 | 6 | 7 | 8 | 9 | 10 | 11 | 12 | |
| 高低 | 4 | 5 | 6 | 7 | 8 | 9 | 10 | 11 | 12 | 用 10 m 弦量得的最大矢度 |

实践中，有两种性质不同的钢轨水平误差，对行车的危害程度也不一样。第一种水平误差是在一段相当长的距离内，一股钢轨的轨顶较另一股为高，只是水平误

差保持容许范围值内，这反倒可使车轮贴着一股钢轨平稳地行驶。另一种称三角坑或称轨道竖向扭曲。它是指在一段不太长的距离内，先是左股钢轨高，后是右股钢轨高，见图 5.21 所示。轨道上存在三角坑会出现车轮不能全部正常压紧钢轨的现象，在最不利的情况下甚至可以爬上钢轨，引起脱轨事故。

表 5.6 中规定了在延长 6.25 m 范围内水平误差变化量。在超高顺坡地段的水平变化率(含超高)最大不得大于 3%。

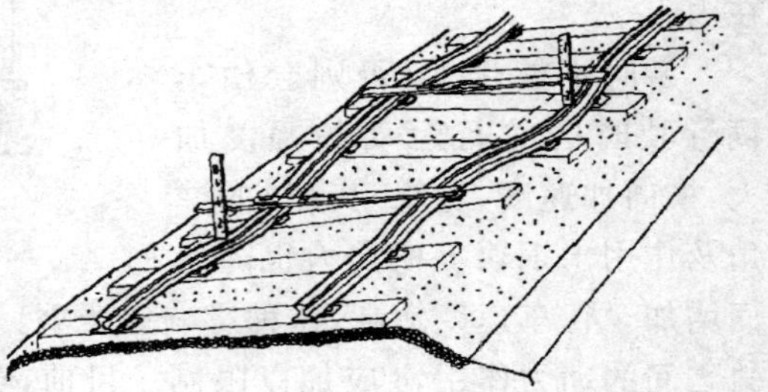

图 5.21　线路上三角坑的夸大示意图

**3. 前后高低**

轨道的纵向平顺情况称前后高低。其容许误差见表 5.6 的规定。

轨道的前后高低亦即轨面不平顺是有以下两种原因产生的。第一种是经过一段时间列车运行后，因道床的累积变形，路基不均下沉，三角坑和弹性不均匀等等原因，使轨面出现高低不平。这种不平顺的长度较长，车轮沿不平顺的全长滚动。另一种是因钢轨的波形磨耗、接头焊缝、打塌及轨面擦伤等原因形成的轨面不平顺。当车轮通过这种不平顺时，车轮不触及不平顺的底部。

控制纵向不平顺的大小，对降低轮轨间的动力作用，减小对轨道的破坏是十分重要的。

**4. 方向**

方向又称轨向，指的是轨道中线位置应与它的设计位置一致。但在轨道交通车辆运行过程中，往往可使直线轨道不直，曲线轨道不圆顺。直线轨道由长度大约在 10～20 m 的波浪形“曲线”组成。曲线轨道不圆顺则表现在缓和曲线和圆曲线上的曲率发生变化，成为有很多不同曲率半径圆弧组成的复曲线，形成严重的方向不平顺。

轨道方向不良，对行车的安全和平稳具有特别重要的意义。在无缝线路地段，若轨道方向不良，则到了高温季节，在一定条件下，还会引起胀轨跑道，严重威胁行车安全。

表 5.6 中列出轨道方向的允许误差。直线轨道上的误差是用 10 m 弦量得的偏离直线方向最大矢度；曲线轨道上的误差是用 20 m 弦量得的圆曲线或缓和曲线上的正矢与计算正矢之差。

**5. 轨底坡**

因车轮踏面的主要部分为 1∶20 的斜坡，所以在直线上，钢轨不应竖直铺设，而要适当地向内倾斜，因而我们定义轨底坡为钢轨底面对轨枕顶面的倾斜度(也叫内倾度),轨底坡的调整范围见表 5.7。

设置轨底坡的目的是为了使车轮压力集中于钢轨的中轴线上,减小荷载偏心矩,降低轨腰应力,避免轨头与轨腰连接处发生纵裂。此外,车轮踏面的 1∶20 的部分能与轨顶面的中部接触,增加了轮轨间的接触面积,减小了接触应力和由此产生的塑性变形。

**表 5.7　内股钢轨轨底坡调整范围**

| 外轨超过(mm) | 轨枕面最大斜度 | 当铁垫板或承台的倾斜度为 | | |
|---|---|---|---|---|
| | | 0 | 1/20 | 1/40 |
| 0～75 | 1∶20 | 1∶20 | 0 | 1∶40 |
| 80～125 | 1∶12 | 1∶12 | 1∶30 | 1∶17 |

在任何情况下,轨底坡不应大于 1∶12,或小于 1∶60。

# 5.3　线路纵断面

轨道交通线路按地面标高差异分为地面线、高架桥线和地下线。地面线的坡度应与城市道路相当,以减少工程量。地下线的埋深受到所处地区工程地质、水文地质条件限制,还与隧道施工方法、地面建筑物和地下构筑物的情况等因素有关。高架线应充分注意城市景观,考虑机车牵引能力,坡度尽量延长。

在轨道交通线路纵断面设计中,凡有条件的地点,线路尽量设计成符合列车运行规律的节能型坡道,即车站设在线路纵断面的高处,两端设为下坡道。列车从车站起动后,借助下坡的势能增加列车加速度,缩短列车牵引时间,从而达到节能的目的。在列车进站停车时,可以借助坡度阻力,降低列车速度,缩短制动时间,减少制动发热,节约环控能量消耗。

### 5.3.1　线路纵断面设计的主要技术要素

城市轨道交通的线路纵断面是由坡段和连接相邻坡段的竖曲线组成的。坡段的特征用坡度和坡段长度来表示。坡段长度是该坡段前后两个变坡点之间的水平距离,而坡度则为坡段两端变坡点的高程与坡段长度的比,见图 5.22 所示。

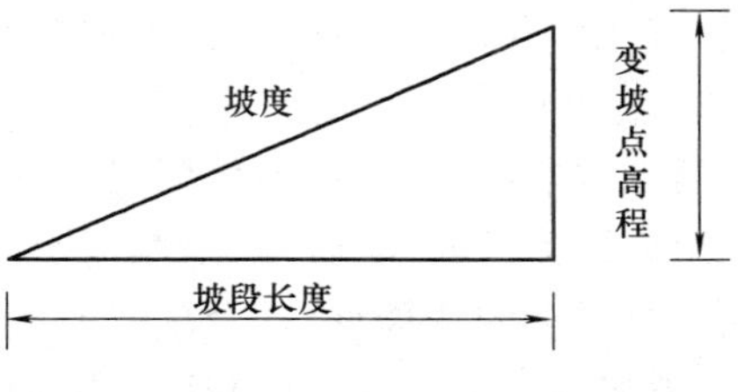

图 5.22　坡段长度与坡度示意图

轨道交通线路纵断面设计的主要技术要素有坡度、坡段长度及坡段连接。

**1. 坡度**

由于城市轨道交通坡度已不是限

制列车牵引质量的主要因素，所以把线路允许设计的最大坡度值就称之为最大坡度，而不称为限制坡度，也不存在加力坡度。

(1)最大纵坡

城市轨道交通列车为了适应小站距的频繁起动、制动，具有良好的动力性能，一般采用全动轴或 2/3 动轴列车，起动加速度要求达到 1 $m/s^2$ 及以上，这就意味着列车可以爬 100‰及以上的当量坡度。轨道交通由于高密度行车和大运量，为保证行车安全与准点，设计原则要求列车失去部分(最大可达到一半)牵引动力的条件下，仍能用另一部分牵引动力，将列车在最大坡度路段上起动，因此最大坡度阻力及各种附加阻力之和，不宜大于列车牵引动力的一半。因此，地铁设计规范(GB 50157－2003)规定："正线的最大坡度不宜大于 30 ‰，困难地段可采用 35‰，联络线、出入线的最大坡度不宜大于 40‰(均不考虑各种坡度折减值)。"

在实际设计纵断面时，线路坡度在满足标高控制要求的前提下应尽可能平缓，一般宜在 25 ‰以下。但随着各种城市轨道交通车辆的改进，允许的最大坡度值也正在增大。例如，日本东京都营地铁 12 号线路的正线设计最大坡度已经达到 50 ‰。

按我国轻轨样车的技术条件规定，轻轨正线的限制坡度为 60 ‰

(2)最小纵坡

为了满足纵向排水的需要，地下区间线路不宜设计成平坡，一般情况下，地下区间线路与排水沟取同一坡度值，取不小于 3‰的坡度。

地面和高架线正线最小坡度在采取了排水措施后不受限制。

(3)车站纵坡

地下车站站台段线路应设单一坡度，最好为平坡。考虑到纵向排水的需要，坡度值宜采用 2‰，困难时可设在不大于 3‰的坡道上。坡度太大不利于列车起停，坡度太小不利于隧道排水。

地面和高架桥上的车站站台宜设在平坡道上，在困难地段可设在不大于 3‰的坡道上。

轨道交通车站站台线路应设在一个坡道上，有条件时车站宜布置在纵断面的凸型部位上，并设置合理的进、出站坡度。

**2. 坡段长度**

两个坡段的连接点，即坡度变化点，称为变坡点。一个坡段两端变坡点之间的水平距离称为坡段长度。如果坡段长度小于列车长度，那么列车就会同时跨越 2 个或 2 个以上的变坡点，各个变坡点所产生的附加应力和局部加速度会因叠加而加剧，影响列车的平稳运行和旅客的舒适。因此，线路坡段长度不宜小于远期列车计算长度。按每节车辆 19.11 m 计算，当列车编组为 8 节车厢时，约为 150 m；当列车编组为 6 节车厢时，约为 115 m；当列车编组为 4 节车厢时，约为 75 m。

与大铁路不同，城市轨道交通线路不要求坡段长度取整为 50 m 的整倍数。

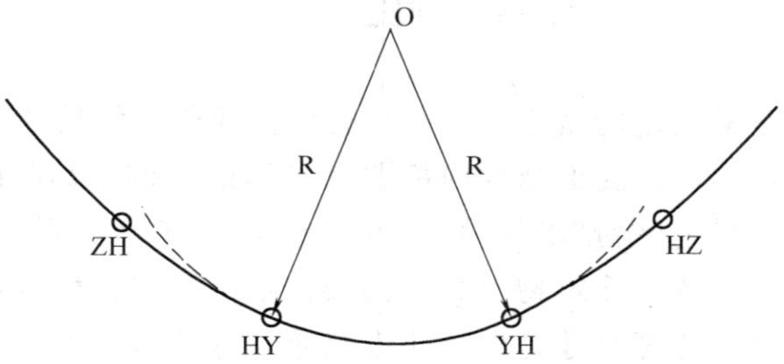


图 5.23　圆形竖曲线示意图

**3. 坡度连接**

在纵断面上，若各坡段直接相连则形成一条折线。列车运行至坡度代数差较大的变坡点处，容易造成车轮脱轨、车钩脱钩等问题。为避免出现这类情况发生，当坡度代数差等于或大于 2‰时，应在变坡点处设置竖曲线，把折线断面平顺地连接起来，以保证行车的安全和平稳。竖曲线有抛物线型和圆曲线型两种。抛物线型曲率是渐变的，更适宜于列车运行，但由于铺设和养护工作较复杂，当要求速度不高时，基本上不采用。另一方面，圆曲线型竖曲线，具有便于铺设和养护的优点，当竖曲线半径较大时，近似于抛物线型。因此，我国城市轨道交通线路采用圆形竖曲线，见图 5.23 所示。圆形竖曲线半径应符合表 5.8 所示。

**表 5.8　圆形竖曲线半径**

| 线　　别 | | 一般情况(m) | 困难情况(m) |
|---|---|---|---|
| 正线 | 区　　间 | 5 000 | 3 000 |
| | 车站端部 | 3 000 | 2 000 |
| 联络线、出入线 | | 2 000 | |
| 车场线 | | 2 000 | |

## 5.3.2　纵断面设计还要考虑的问题

地下区间线路的纵断面设计，除了满足相应的坡度、坡段长度、坡段连接要求外，还要综合考虑隧道类型、拟采用的施工方法及运营特点等因素。

对于浅埋隧道，一般采用明挖法施工，宜靠近地面，以减少土方工程量，简化施工条件。同时，又要考虑在隧道上面预留足够的空间来设置城市地下管道，有足够厚度的土层来隔热，使隧道内不受地面温度变化的影响。通常浅埋区间隧道衬砌顶部至地面距离不小于 2 m。由于车站本身要求的净空高度大于区间，因而浅埋车站一般位于凹型纵断面的底部。这种纵断面形式是进站下坡，出站上坡，导致列车进站制动和出站加速都需要耗费更多的能量，增加运营费用，影响运行条件。

## 5.4 限　界

限界是指列车沿固定的轨道安全运行时所需要的空间尺寸。城市轨道交通车辆在隧道内运行，一方面，隧道结构内部要有足够的空间，以供车辆通行和布置线路结构、通信信号、供电、给排水等设备，另一方面，为了确保列车安全运行，凡接近城市轨道交通线路的各种建筑物（如隧道衬砌、站台等）及设备，必须与线路保持一定的距离，因此，车辆轮廓尺寸是设计轨道交通限界的基础资料。

城市轨道交通工程区间隧道的断面尺寸就是根据限界来确定的。限界越大，安全度越高，但工程量和工程投资也随之增加。因此，合理限界的确定既要考虑保证列车运行的安全，又要考虑系统建设成本。轨道交通限界应根据不同车辆的轮廓尺寸和性能、线路特征、设备安装和施工方法等因素综合分析确定。

城市轨道交通限界可以分为车辆限界、设备限界和建筑限界 3 种。

**1. 车辆限界**

车辆限界是车辆在正常运行状态下形成的最大动态包络线。直线地段车辆限界分为隧道内车辆限界和高架或地面线车辆限界，高架或地面线车辆限界应在隧道内车辆限界基础上，另加当地最大风荷载引起的横向和竖向偏移量。

受电弓限界或受流器限界是车辆限界的组成部分。

**2. 设备限界**

设备限界是车辆限界外保持一定的安全量的界线，是所有设备和管线的安装，在任何情况下均不得侵入的限界。设备限界是用以限制设备安装的一条控制线。

直线地段设备限界是在直线地段车辆限界外扩大一定安全间隙后形成的。曲线地段设备限界应在直线地段设备限界基础上，按平面曲线不同半径、超高引起的横向和竖向偏移量，以及车辆、轨道参数等因素计算确定。

接触轨限界属于设备限界的辅助限界。

**3. 建筑限界**

建筑限界是指在行车隧道和高架桥等结构物的最小横断面所形成的有效内轮廓线，是在设备限界基础上，考虑了设备和管线安装尺寸后的最小有效断面，所有构筑物的任何突出部分均不得侵入。在宽度方向上，设备和管线与设备限界之间应留出 20～50 mm 安全间隙。

建筑限界不包括各种施工误差、测量误差、结构变形等因素。

根据埋设方式不同、隧道横断面形态不同，建筑限界也有所不同。部分建筑限界见图 5.24～图 5.27 所示。

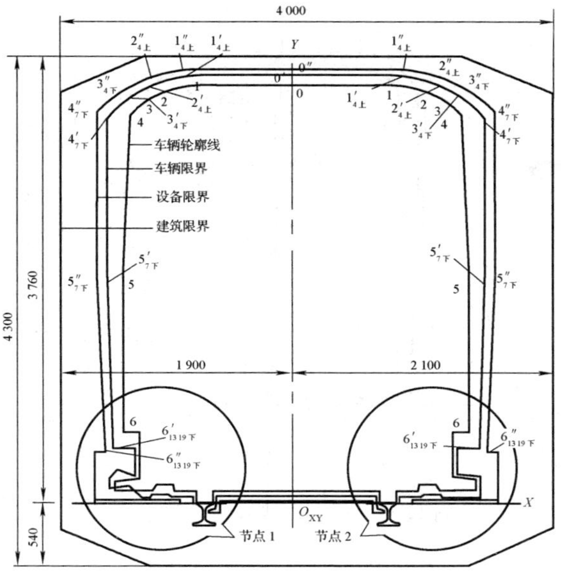


图 5.24　区间直线段矩形隧道限界(尺寸:mm)

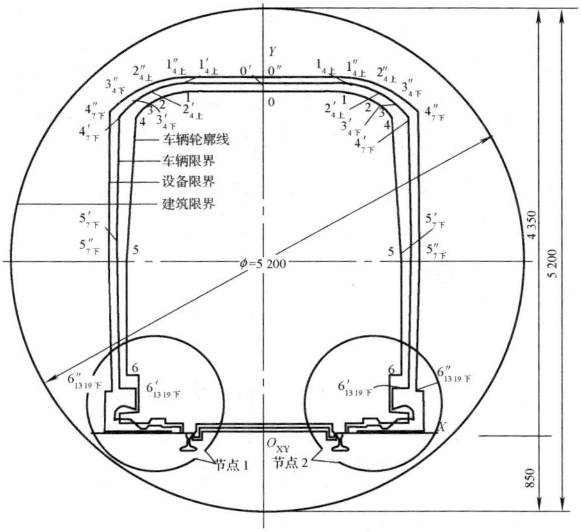


图 5.25　区间直线段圆形隧道限界(尺寸:mm)

上述限界一般是按车辆在平直线轨道上运行时制定的,对于曲线和道岔区的限界,一般应在直线地段限界的基础上根据车辆的有关尺寸以及不同的曲线半径、超高、道岔类型等,再分别考虑适当的加宽和加高量。

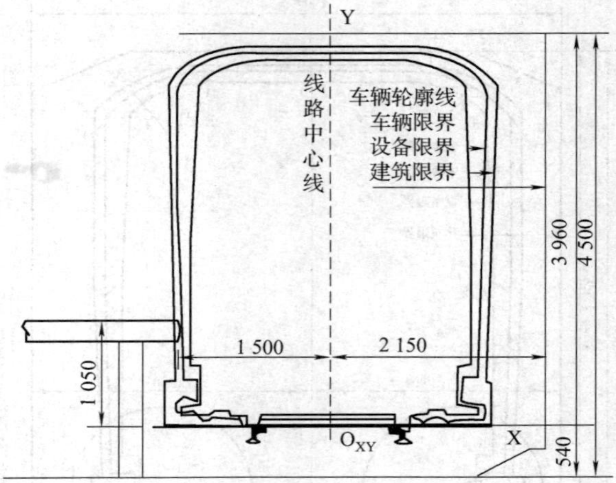


图 5.26 地下直线车站建筑限界

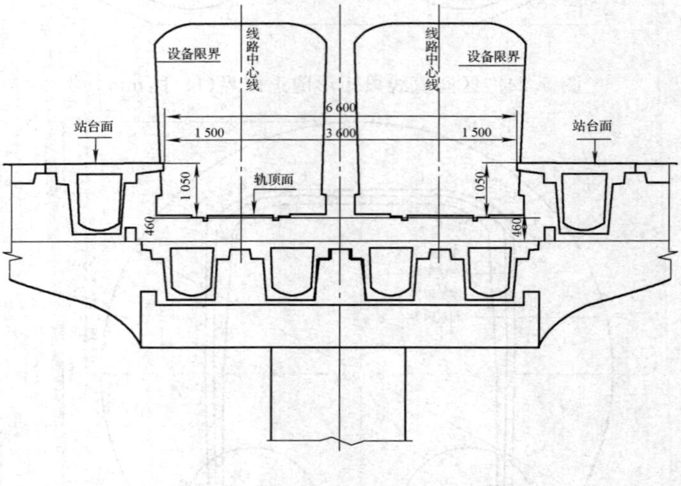


图 5.27 高架侧式车站直线建筑限界

## 思 考 题

1. 站距太长、太短各有什么缺点？
2. 车站站距应考虑哪些问题？
3. 为什么要设立轨道交通车辆段？有哪几种形式？
4. 直线段的轨道线路要考虑哪几方面的问题？

5. 什么是三角坑？
6. 为什么要设立缓和曲线？如何设立缓和曲线？
7. 小半径曲线对行车有什么不利影响？影响最小曲线半径的因素有哪些？
8. 什么是坡段长度？什么是夹直线,如何设置？
9. 什么是限界？有哪几种限界？
10. 在纵平面设计时需要考虑哪些问题？

# 第6章　城市轨道交通的轨道结构

## 6.1　概　　述

轨道结构作为主要的线路设备是城市轨道交通系统的主要组成部分。轨道结构是列车行驶的基础，列车必须沿着轨道行驶，轨道给行驶的列车提供了导向(Guidance)作用和承载(Support)作用。

目前城市轨道交通使用轨道结构有传统的有砟轨道和无砟的新型轨道。各种轨道结构在使用性能、适用环境、维修、使用周期费用以及减振降噪等方面各有不同的优势。

城市轨道交通可采取地面、地下、高架等不同的轨下基础，轨道结构将采取不同的型式与之适应。另外，还有些新型的轨道交通系统，对应采用特殊的轨道形式，如磁悬浮结构、橡胶轮轨结构和独轨结构等。

传统的轨道结构由钢轨、轨枕、连接零件、道床、道岔和防爬器、轨距拉杆及其他附属设备等组成。

不同的轨道部件，其功能和受力条件也不一样，通过科学而可靠的方式把它们组合在一起，用以驱动、导向列车的运行、承受高速行驶轨道交通车辆的荷载并把荷载传递给支撑轨道结构的基础。为保证列车运行的安全，轨道结构应具有足够的强度和稳定性、耐久性、绝缘性及适量弹性，且养护维修量小、以确保列车安全运行和乘客舒适。

由于城市轨道交通线路一般穿经城市区域(地下、地面或高架)，在设计城市轨道交通的轨道结构时比设计城市间的铁路要多考虑一些问题：

1. 轨道交通运营时不可避免产生的振动与噪声污染，必然对城市的生活产生影响，特别在居民区、医院、学校、高精技术产业等城市敏感区域，对振动和噪声控制要求更高。除了车辆结构采取减振措施，必要时修筑声屏障外，轨道结构也要采取减振措施。

2. 轨道交通行车密度大，运营时间长，留给轨道维修作业的时间很短，因而一般采用较强的轨道结构部件。新建轨道交通系统时，在浅埋隧道和高架结构中，一般采用无砟道床等少维修轨道结构。

3. 轨道交通车辆一般采用电力牵引，以走行轨作为供电回路。为减小因漏泄电流(或称迷流)而造成周围金属设施的腐蚀，要求钢轨与轨下基础有较高的绝缘性能。

4. 受城市街道和建筑物所限，城市轨道交通曲线区段占很大比重，曲线半径也比城间铁路小，应考虑采用耐磨钢轨。钢轨铺设前应进行预弯，运营时钢轨应进行涂油以减少磨耗等措施。

## 6.2　钢轨与联结零件

钢轨是轨道的主要部件，用于引导列车行驶，并将所承受的荷载传布于轨枕、道床及路基。同时，为车轮的滚动提供阻力最小的接触面。

**1. 钢轨功能**

钢轨与列车车轮直接接触，是轨道结构的主要部件，它由轨头、轨底和轨腰三部分组成。钢轨具有以下几个方面的功能：

(1)钢轨必须为车轮提供连续、平顺和阻力最小的滚动表面，以引导轨道交通车辆前进。对车辆来说，要求钢轨有一个光滑的滚动表面，以获得较小的滚动阻力，但对动车来说，则要求钢轨顶面粗糙，使车轮与钢轨之间产生足够的摩擦力来牵引列车前进。

(2)钢轨的工作条件十分复杂。它承受来自车轮的垂直、横向水平和纵向水平等力，此外还要受到温度变化及其他因素的影响，因而在钢轨中产生了拉、压、弯曲应力、接触应力和局部应力等等，并产生相应的压缩、伸长、弯曲、扭转、压溃、磨耗等的变形，为此钢轨要有足够的强度和韧性来承受弯曲和接触等应力，要有足够的刚度来抵抗弯曲和扭转等变形，要有足够的硬度来抵抗磨耗。此外，为了减轻车辆对钢轨的动力冲击作用，防止轨道交通车辆走行部分及钢轨的折损，要求钢轨具有必要的弹性。所以硬度与韧性及刚度与弹性之间是矛盾的，必须加以正确的处理。

(3)在电气化的线路上，钢轨还要兼作供电触网的回流线及信号轨道电路。

**2. 钢轨的类型、断面和性能**

钢轨的类型习惯上以每 m 大致质量数来表示。目前我国铁路的钢轨类型主要有 43 kg/m、50 kg/m、60 kg/m、75 kg/m。质量愈大，表示断面尺寸愈大，钢轨强度等性能指标愈高。在我国城市轨道交通的线路中，早期的北京地铁使用了 50 kg/m 钢轨，20 世纪 90 年代新建的上海、广州地铁都采用了较重的 60 kg/m 钢轨，以期延长维修周期。轨道交通的停车线、站场线等非运营线路则采用较轻的 50 kg/m 钢轨，以减少投资。

我国生产的的钢轨长度有 12.5 m 和 25 m 两种标准轨长。规范规定左右两股钢轨的接缝应尽量在一个断面上。为了校正曲线地带内、外轨的接头位置，在曲线轨道中，曲线内股使用一定缩短量的缩短轨。相应标准缩短量：12.5 m 标准轨的缩短量为 40 mm、80 mm、120 mm；25 m 标准轨的缩短量为 40 mm、80 mm、120 mm。

作用于直线轨道钢轨上的力主要是竖直力，其结果是使钢轨挠曲. 因为钢轨被视为弹性基础上的连续长梁，而梁抵抗挠曲的最佳断面形状为工字形。因此，钢轨采用工字形断面，由轨头、轨腰和轨底三部分组成，见图 6.1。

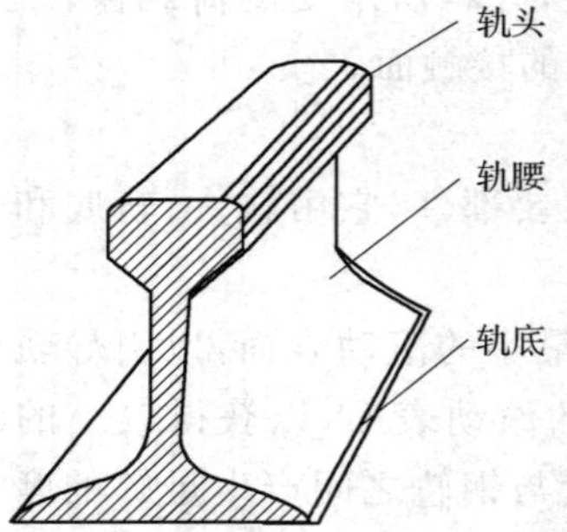


图 6.1 轨道断面

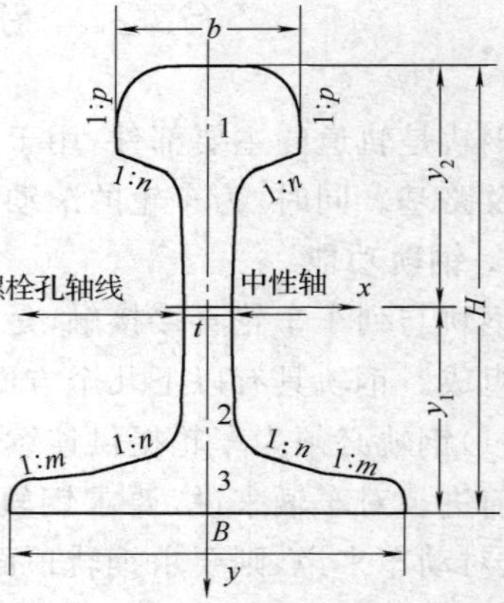


图 6.2 我国生产的钢轨断面图

我国的钢轨标准断面见图 6.2 所示，钢轨断面的形状符合钢轨受力的力学要求；轨头表面要对应车轮轮踏面形状，以改善轮轨的接触条件；还要考虑连接两根钢轨时安装接头夹板的要求；以及把轨头、轨腰、轨底三部分组成整体，应减少可能出现的局部应力集中等要求。断面图中标注的尺寸量依据不同的钢轨类型而有所不同，具体见表 6.1。

图 6.3 地面有轨电车的钢轨断面

城市地面有轨电车的钢轨轨顶面和路面相平，为减小由于车辆的蛇形运动造成轮缘对路面的破坏，特意做了一个轮缘槽。图 6.3 是香港有轨电车的钢轨断面形式。

**表 6.1 钢轨断面尺寸及特性**

| 项　目 | 类型(kg/m) | | | |
|---|---|---|---|---|
| | 75 | 60 | 50 | 43 |
| 每米质量 $m$(kg) | 74.414 | 60.64 | 51.514 | 44.653 |
| 断面面积 $F$(cm$^2$) | 95.037 | 77.45 | 65.8 | 57 |
| 重心距轨底面的距离 $y_1$(mm) | 88 | 81 | 71 | 69 |

续上表

| 项　　目 | 类型(kg/m) | | | |
|---|---|---|---|---|
| | 75 | 60 | 50 | 43 |
| 对水平轴的惯性矩 $J_x$(cm$^4$) | 4490 | 3217 | 2037 | 1489 |
| 对竖直轴的惯性矩 $J_y$(cm$^4$) | 665 | 524 | 377 | 260 |
| 底部断面系数 $W_1$(cm$^3$) | 509 | 396 | 287 | 217 |
| 头部断面系数 $W_2$(cm$^3$) | 432 | 339 | 251 | 208 |
| 轨底横向挠曲断面系数 $W_y$(cm$^3$) | 89 | 70 | 57 | 46 |
| 轨头所占面积 $A_h$(%) | 37.42 | 37.47 | 38.68 | 42.83 |
| 轨腰所占面积 $A_w$(%) | 26.54 | 25.29 | 23.77 | 21.31 |
| 轨底所占面积 $A_b$(%) | 36.54 | 37.24 | 37.55 | 35.86 |
| 钢轨高度 $H$(mm) | 192 | 176 | 152 | 140 |
| 轨轨底宽 $B$(mm) | 150 | 150 | 132 | 111 |
| 轨头高度 $h$(mm) | 55.3 | 48.5 | 42 | 42 |
| 轨头宽度 $b$(mm) | 75 | 73 | 70 | 70 |
| 轨腰厚度 $t$(mm) | 20 | 16.5 | 15.5 | 14.5 |

钢轨的材质是指钢的化学成分及其组织，是钢轨质量的第一个特征。钢轨钢中铁是主要成分，其次是碳，碳是钢轨抗拉强度和硬度主要来源，一般含量为 0.65%。锰可以提高钢的强度和韧性和抗磨性能，但焊接性能大大降低。目前我国使用的道岔，辙叉部分都是采用了锰含量较高的钢种。钢轨的各项材质指标见表 6.2。

**表 6.2　钢轨的化学成份、机械性能及使用范围**

| 序号＼钢号 | 钢号 | 化学成份(%) | | | | | | 抗拉强度 | 延伸率 | 使用范围 |
|---|---|---|---|---|---|---|---|---|---|---|
| 序号 | | C | Si | Mn | Cu | P | S | $\delta_b$(MPa) | $\delta_s$(%) | (钢轨类型) |
| 1 | U71 | 0.64～0.77 | 0.13～0.28 | 0.60～0.90 | | ≤0.04 | ≤0.05 | 785 | 10 | 50 |
| 2 | U74 | 0.67～0.80 | 0.13～0.28 | 0.70～1.00 | | ≤0.04 | ≤0.05 | 785 | 9 | 50、60、75 |
| 3 | U71Cu | 0.65～0.77 | 0.15～0.30 | 0.70～1.00 | 0.10～0.40 | ≤0.04 | ≤0.05 | 785 | 9 | 50 |
| 4 | U71Mn | 0.65～0.77 | 0.15～0.35 | 1.10～1.50 | | ≤0.04 | ≤0.04 | 883 | 8 | 50、60、75 |
| 5 | U71MnSi | 0.65～0.75 | 0.85～1.15 | 0.85～1.15 | | ≤0.04 | ≤0.04 | 883 | 8 | 小半径曲线 50 |
| 6 | U71MnSiCu | 0.65～0.77 | 0.70～1.10 | 0.80～1.20 | 0.10～0.40 | ≤0.04 | ≤0.04 | 883 | 8 | 50 |

表内钢号 U 表示钢轨的符号，71、74 表示钢轨含碳量分别为 0.71% 和 0.74%。Cu、Mn、Si 表示合金钢轨的成分。序号 1～2 为普通碳素轨，3～6 为低合金轨，U71Mn 为中锰轨，U71MnSi 为高硅钢，其耐磨性能为碳素钢的 2～4 倍。

机械性能是钢轨质量的第二特征。它包括强度极限 $\sigma_b$、屈服极限 $\sigma_s$、疲劳极限

$\sigma_r$、伸长率（或称延伸率）$\delta_s$、断面收缩率 $\psi$，冲击韧性（落锤试验）$\delta_h$ 及硬度等指标。这些指标对钢轨的承载能力、磨耗、压溃、断裂和其他伤损有很大的影响。

**3. 钢轨的联结**

在轨道上用定长的钢轨连接成连续的轨线，在两根定长的钢轨之间用夹板连接，称为钢轨接头。如以 25 m 标准轨铺设，每公里接头就有 40 个之多。

在城市轨道交通的轨道交通结构中，已大量采用无缝线路结构。将多根标准轨依次焊接在一起，钢轨接头数量大大减少，但是在无缝线路的缓冲区、轨道电路的绝缘区、有道岔的线路区段中，钢轨接头还是不能少的。

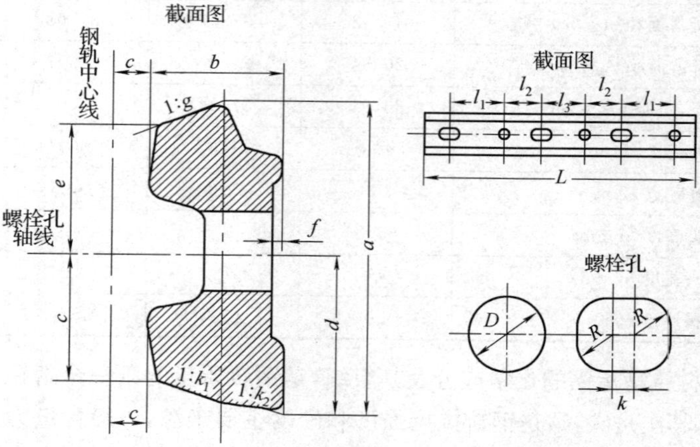


图 6.4　钢轨夹板的形状

钢轨接头的联结零件包括夹板、螺栓、螺母、弹簧垫圈等见图 6.4、图 6.5 所示。其作用是在接头处把钢轨连接起来，使钢轨接头部分具有与钢轨一样的整体性，以抵抗弯曲和位移。接头处还要满足钢轨伸缩的要求。

夹板的作用是夹紧钢轨。夹板以双头对称式（对称度在 10%以内）为最常用。目前我国标准钢轨用夹板均为斜坡支承型双头对称式夹板。夹板的上下两面均有斜坡，使能楔入轨腰空间，但不贴住轨腰。这样，当夹板稍有磨耗，以致联结松弛时，仍可重新旋紧螺栓，保持接头联结的牢固。每块夹板上有螺栓孔 6 个，圆形孔与长圆形孔相间，孔径较螺栓直径略大。

图 6.5　钢轨夹板实照

钢轨接头的分类有以下几种：

（1）按接头联结型式相对于轨枕的位置，可分为悬空式和承垫式两种。线路上采用的大部分是悬空式的接头，承垫式只是在绝缘接头处使用。

(2)按两股钢轨接头相互位置分为相对式和相错式两种，我国广泛采用对接式接头。在我国一般采用相对悬空式为标准形式，即两段钢轨接头左右对齐，同时位于两接头轨枕间，见图6.6所示。这种接头联接方式，无论在铺轨及受力方面来看，都是比较有利的。

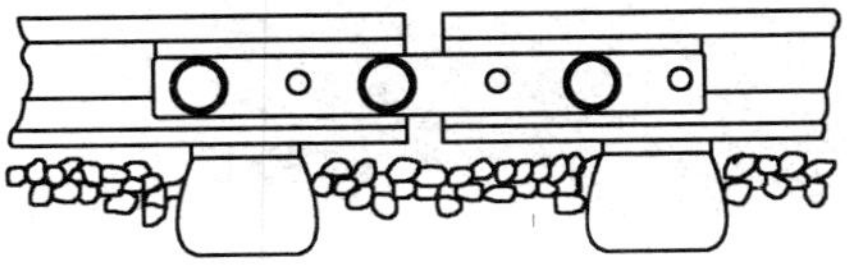

图6.6　悬空式接头

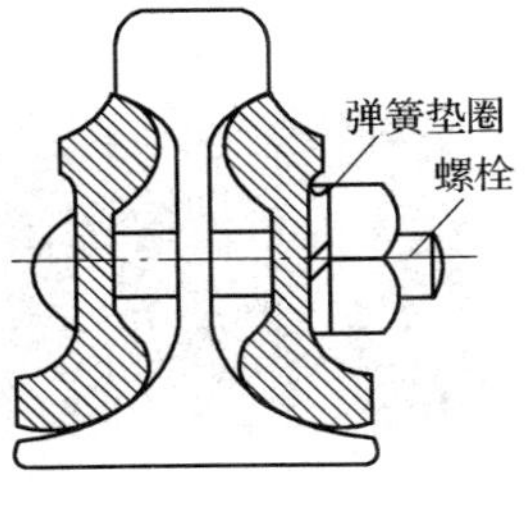


图6.7　斜坡支承型双头对称式夹板截面

(3)按接头联结的用途及工作性能来分有普通接头、异形接头、传电接头、绝缘接头、尖轨接头、冻结接头等。

普通接头用于前后同类型钢轨的正常联结，是线路上用得最多的接头，断面见图6.7。

异形接头，用于联结两种不同断面的钢轨，异形夹板的一半应与一端同型钢轨断面相吻合，另一半则与另一端钢轨断面相吻合。联结时应使两轨工作面轨距线与轨顶最高点水平线都相吻合。见图6.8所示。

图6.8　异型接头

导电接头，用于铁路自动闭塞区段及电力牵引地段，供传导轨道电流或作为牵引电流的回路之用。两根钢轨间传导联结装置用左右两根5 mm的镀锌铁丝组成。见图6.9所示。

绝缘接头，用于自动闭塞区段闭塞分区两端的钢轨接头上，以隔断电流，防止漏电。绝缘的方法是在夹板与钢轨、螺栓之间、螺孔四周及轨端之间用绝缘材料加以隔离构成。绝缘材料采用高强度尼龙绝缘层，它可承受900 N·m的螺栓拧矩，轨缝几乎没有变化。在新建的城市轨道交通中已采用无绝缘接头的轨道电路，在正线范围内已不再使用这种绝缘接头。(图6.10，图6.11是高强尼龙绝缘接头的示意图)。

图 6.9　导电接头

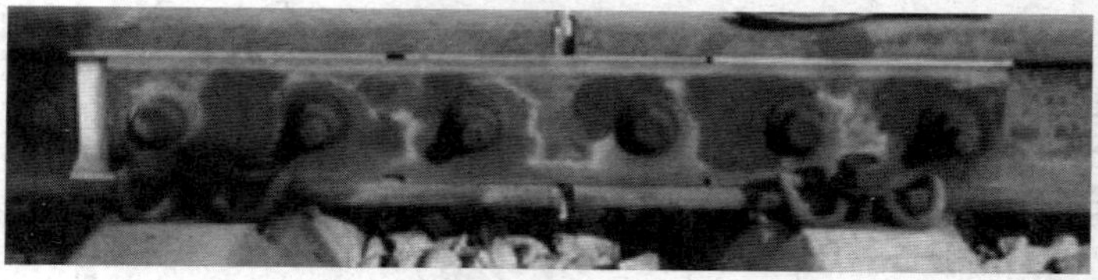

图 6.10　绝缘接头侧面

冻结接头，用高强度的胶粘剂将夹板与钢轨胶结，再用高强度螺栓拧紧，其剪切荷载可达 1 800 kN，起到了"冻结"钢轨的作用。它用于无砟桥上有温度调节器的钢梁温度跨度范围内，钢梁横梁顶上及道口处，近来也有用于道岔的接头上，见图 6.12 所示。

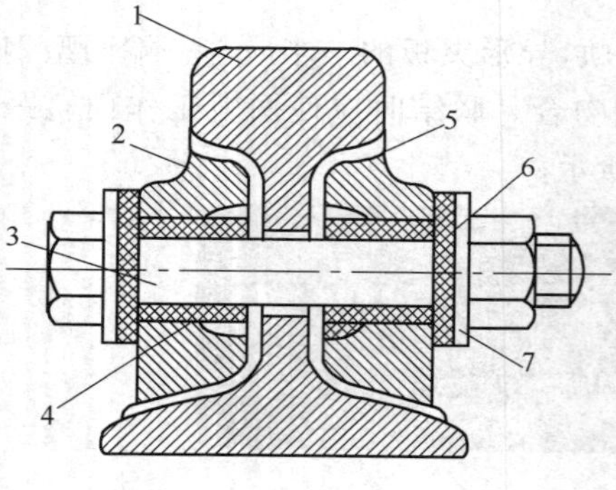


图 6.11　高强尼龙绝缘接头断面

图注：1—钢轨；2—接头夹板；3—螺栓；4—绝缘套管；5—槽型绝缘板；6—高强度绝缘垫圈；7—钢平垫

图 6.12　冻结接头

尖轨接头，又称温度调节器。用于联结轨端伸缩量相当大的普通轨道及温度跨度大于 100 m 的桥上轨道的钢轨接头。

焊接接头是指用焊接方法把钢轨连接起来，广泛用于无缝线路上。

为适应钢轨热胀冷缩的需要，在钢轨接头处要预留轨缝。预留轨缝应满足如下的条件：

(1)当轨温达到当地最高轨温时,轨缝应大于或等于零,使轨端不受挤压力,以防温度压力太大而胀轨跑道;

(2)当轨温达到当地最低轨温时,轨缝应小于或等于构造轨缝,使接头螺栓不受剪力,以防止接头螺栓拉弯或拉断。构造轨缝是指受钢轨、接头夹板及螺栓尺寸限制,在构造上能实现的轨端最大缝隙值。

钢轨接头是轨道结构的薄弱环节。接头虽能保证必要的几何形位,但却在一定程度上破坏了它的连续性。主要表现在:轨缝、台阶、折角等三个方面。见图 6.13。钢轨连续性破坏以后,接头部分受到了很大的冲击力的作用。图 6.14 为英国铁路总局(BRB)对钢轨接头受力情况实测的典型结果。

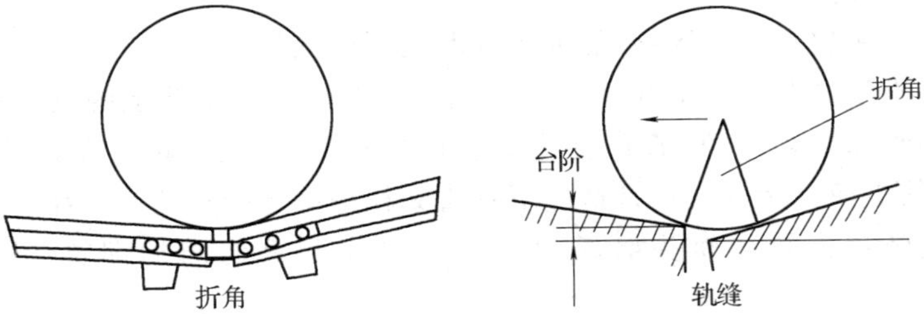


图 6.13　钢轨接头上破坏钢轨连续性的因素

图中,车辆越过接头后 1/4～1/2 ms 时间内,出现了第 1 个力的峰值。它具有瞬时冲击的特点,所以称为高频瞬时冲击力,称为 $P_1$。车轮越过接头约 7 ms 后,出现力的第二个峰值 $P_2$。这个力是低频的。在 $P_1$ 和 $P_2$ 力的作用下,接头区钢轨的破坏主要为轨头的打塌和剥离,鞍型磨耗、螺孔裂纹、夹板弯曲等等,此外由于道床的沉陷、坍塌和板结等等,不仅可引起低接头,还会因道床板结,刚性增加而加剧了轮轨间的动力作用。

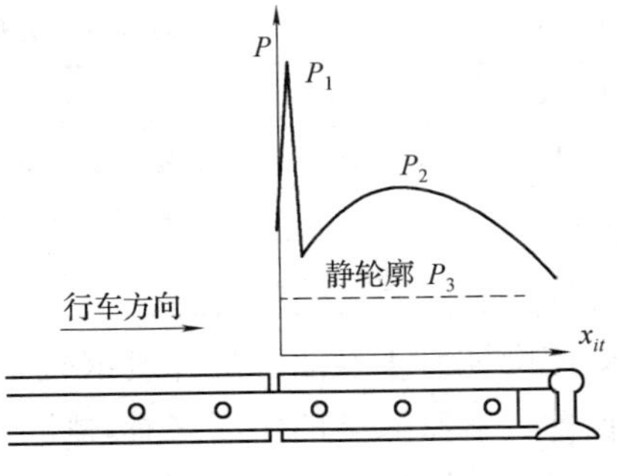


图 6.14　钢轨接头受力特点

**4. 钢轨的伤损**

钢轨在使用过程中常常因发生裂纹、折断和磨耗等伤损而不到其使用期限就需更换,因此钢轨的伤损是轨道交通线路上的一个突出问题,严重影响行车的安全。现介绍几种常见的伤损。

(1)轨腰螺栓孔裂纹

轨腰钻孔以后,其强度被削弱,螺栓孔周围发生较高的局部应力,在列车冲击荷载的作用下，螺孔裂纹开始形成和发展。

（2）轨头核伤

轨头核伤是最危险的钢轨伤损。它起源于轨头内部小的横向裂纹。在列车荷载的重复作用下，细小的横向裂纹扩展而成核伤，直至核伤的四周钢材不足以抵抗，使钢材在毫无预兆的情况下猝然折断。

（3）轨头剥离

轨头剥离常发生在轨头与轮缘的内圆角接触处的圆角上，是一种破裂掉块的缺陷。防止剥离则必须改善轮轨的接触条件，改进钢的材质，提高接触疲劳强度，并加强轨道的养护维修，提高线路质量。

（4）钢轨磨耗

钢轨磨耗主要有垂直磨耗、侧面磨耗和波形磨耗等。

不论在直线或曲线上都存在垂直磨耗。它与作用在钢轨上的垂直压力、轨轮之间的滑动和摩擦有关，它随着通过质量的增加而增大，当超过允许的垂直磨耗量，钢轨必须更换。所以在正常情况下垂直磨耗是确定钢轨使用寿命的重要依据。

我国把磨耗钢轨按轨头磨耗程度分为轻伤和重伤两类钢轨，见表 6.3 和表 6.4。

**表 6.3　重伤钢轨磨耗限度**　(mm)

| 钢轨类型(kg/m) | 垂直磨耗 | 侧面磨耗 | 钢轨类型(kg/m) | 垂直磨耗 | 侧面磨耗 |
|---|---|---|---|---|---|
| 60 及以上 | 11 | 19 | 50 | 10 | 17 |

**表 6.4　轻伤钢轨磨耗限度**　(mm)

| 钢轨类型(kg/m) | 总磨耗 | | 垂直磨耗 | | 侧面磨耗 | |
|---|---|---|---|---|---|---|
| | 正线到发线 | 其他到发线 | 正线到发线 | 其他到发线 | 正线到发线 | 其他到发线 |
| 60 及以上 | 14 | 16 | 9 | 10 | 14 | 16 |
| 50 | 12 | 14 | 8 | 9 | 12 | 14 |

侧面磨耗发生在曲线的外股钢轨上。钢轨侧磨的严重性，在钢轨伤损中已居突出位置。从摩擦学的角度来看，侧磨属于塑性变形磨损、粘着磨损和疲劳磨损的综合磨损。伴随曲线外轨侧磨的同时，在曲线内轨上出现轨头压溃、轨头压偏，宽度增加等等现象。

钢轨磨耗的原因，来自于车辆方面的有转向架的类型，轮对因受转向架的束缚不能自由地居于径向位置，通过曲线时对外股钢轨产生了较大的轮缘力（或称导向力）和冲角。来自于轨道方面的是外轨超高、轨距、曲线的圆顺度及轨底坡等轨道几何形状。

表中，除列有垂直磨耗允许限度之外，还有侧面磨耗和总磨耗的允许限度。三者作为轨头磨耗的指标。总磨耗按垂直磨耗加侧面磨耗的半数计算。

减少侧磨的措施有：

(1)采用径向转向架；

(2)采用耐磨轨(高硅轨、淬火轨等)；

(3)合理设置超高、轨距和轨底坡；加强曲线的养护维修，保持良好的圆顺度和方向；

(4)曲线润滑。在曲线外轨侧面涂以润滑剂。润滑效果的好坏取决于润滑方法和润滑剂的类型。我国目前采用的润滑方法有两种：一种是在动车上装置润滑器或在车尾装置润滑器，另一种是地面自动润滑装置。润滑剂的种类也有两种：一种是润滑油；另一种是润滑脂。

(5)钢轨波形磨耗。

钢轨波形磨耗是指钢轨顶面或侧面上呈波浪形的不均匀磨损或塑性变形。

波磨依据其波长可分为两大类：波长在 30～80 mm、波深 0.1～0.5 mm、光亮的波峰和黑暗的波谷规则地排列在轨面上的波磨称短波磨耗，又称波纹磨耗；波长 150～600 mm 及以上、波深 0.5～5 mm、波浪界线分明但不规则、不均匀、波峰和波谷有均匀的光泽的波形磨耗为长波磨耗。

车辆在有波形磨耗的钢轨上行驶，不但对轨道结构产生很大的附加动力荷载，而且会产生尖啸声，有人形象地称这种钢轨为噪声钢轨。加拿大温哥华的空中列车通车没多久就产生了这种钢轨病害，随通过列车的增加，病害愈演愈烈，在采取了很多措施后，病害才得以缓解。

波磨形成的原因十分复杂。解释它的成因的理论不下数十种。归纳起来大致可以分为两类：第一类称为非动力成因理论，主要是从钢材性能、残余应力、不均匀磨损腐蚀、不均匀塑流、接触疲劳及轮轨几何形状匹配等方面去研究成因；第二类是动力类成因理论，主要从轮轨接触共振、轮轨垂向振动、轮对横向振动、扭振及弯曲振动等理论去研究成因。从最近几年来的研究表明，轮轨系统振动理论比较能够解释波磨的发生和发展。

防止和减缓波形磨耗的措施有以下几方面：

(1)提高轨道的弹性和阻尼，减少轨道交通车辆垂向振动对轨道影响，对延缓波磨发展速率是有利的；

(2)合理设置外轨超高。实践表明设置小于计算超高的外轨超高对减缓波磨是有利的；

(3)提高钢轨材质强度及耐磨性能；

(4)钢轨打磨。国外经过 30 余年的实践，打磨已发展成为多功能的现代化养护维修的技术。钢轨打磨后的使用寿命可延长 50%至 1 倍不等。

## 6.3 轨　　枕

轨枕是轨道结构的重要部件。它的功能支承钢轨,保持轨距和方向,并将钢轨对它的各向压力传递到道床上,使用扣件把轨枕和钢轨连在一起形成“轨道框架”,增加了轨道结构的横向刚度。

轨枕依其构造及铺设方法分为横向轨枕、纵向轨枕、短枕和宽轨枕等。

横向轨枕与钢轨垂直间隔铺设,是最常用的轨枕。横向铺设所需轨枕根数如表 6.5。

**表 6.5　每千米最多铺轨根数**

| 轨枕类型 | Ⅱ型混凝土枕 | Ⅲ型混凝土枕 | 木枕 |
| --- | --- | --- | --- |
| 每千米最多铺轨根数 | 1 840 | 1 760 | 1 920 |

纵向轨枕沿钢轨方向铺设,值得注意的是纵向布置的钢轨和轨枕之间的连接还是采用定距离配置螺栓、扣件的形式,即还是“点支承”的传力形式。但纵向轨枕在我国的线路中较少使用。有一类纵向布置的浮置板和这种轨枕相类似。

短轨枕或称支承墩是在左右两股钢轨下分开铺设的轨枕,只用于混凝土整体道床上。短轨枕有使用木质材料,但在我国普遍使用钢筋混凝土材料,钢筋混凝土短轨枕采用 C30 混凝土,宜在工厂预制,以期保证质量。

宽轨枕因其底面积比横向轨枕大,减小了对道床的压力和道床的永久变形。

轨枕按其使用部位可分为用于区间线路的普通轨枕,用于道岔上的岔枕及用于无砟桥上的桥枕。

轨枕按其材料可分为木枕、混凝土轨枕及钢枕等。现钢枕不被国内采用。

木枕又称枕木,是轨道交通中最早采用而且到目前为止依然被采用的一种轨枕。主要的优点是弹性好、易加工、运输、铺设、养护维修方便,绝缘性能好。但其缺点是易于腐朽和机械磨损,使用寿命短,且木材资源缺乏,价格比较昂贵,所以木枕已逐渐被混凝土轨枕所代替。但是在道岔、停车场等站线部位由于要求不等长的轨枕,混凝土轨枕尚难取代木枕。各种木枕的截面见图 6.15 所示。

混凝土轨枕现都采用预应力式,因此简称 PC(Prestressed Concrete)轨枕,已得到各国广泛采用。按照其制造方法的不同可分先张法和后张法 PC 枕。配筋材料可以是高强度钢丝,也可以是钢筋。混凝土枕的特点是自重大、刚度大,与木枕线路相比其轨底挠度较平顺,故轨道动力坡度小。同时也存在列车通过不平顺的混凝土枕线路时,轨道附加动力增大。故对轨下部件的弹性提出了更高的要求,以提高线路减振性能。

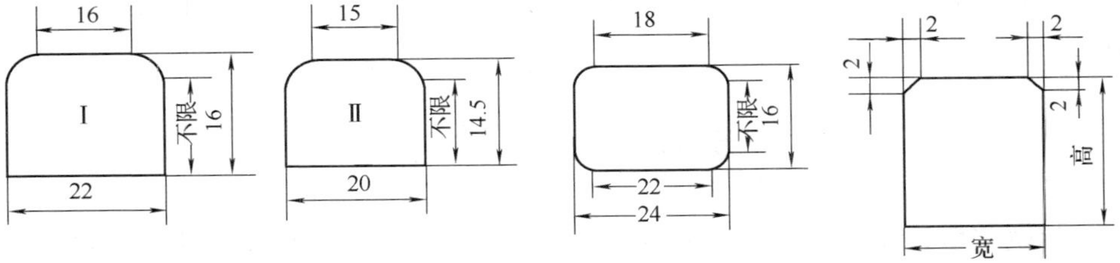


(a) 普通木枕
(尺寸单位：mm)　　(b) 岔枕　　(c) 桥枕

图 6.15　普通木枕、道岔木枕及桥梁木枕断面形状

(a) 整体式　　(b) 组合式

图 6.16　混凝土轨枕

图 6.17　新Ⅱ型轨枕

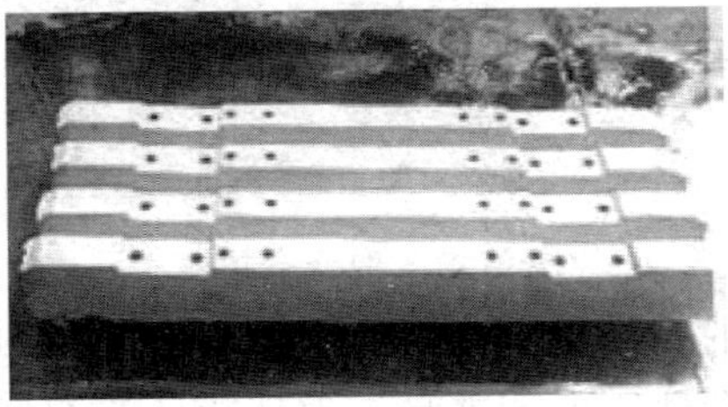

图 6.18　ⅡZQ－C 型桥枕

图 6.19　道岔地段铺设的系列岔枕

混凝土轨枕按结构型式可分为整体式、组合式和短枕式，见图 6.16 所示。整体式轨枕整体性强、稳定性好、制作简便，是目前广泛使用的一种类型。组合式轨枕由两个钢筋混凝土块使用一根钢杆连接而成。其整体性不如前者，但钢杆承受正负弯矩的能力比较强，我国没有使用这种轨枕，在欧洲使用得很广泛。我国铁路普遍采用的混凝土轨枕形式见图 6.17，图 6.18 和图 6.19。

轨枕间距也是轨道设计中的重要参数之一，其大小与每公里铺设的轨枕数量有关。

## 6.4 扣　　件

钢轨与轨枕的联结是通过中间联结零件实现的。中间联结零件也称扣件，其作用是将钢轨固定在轨枕上，即具有一定的扣压力，以保持轨距和阻止钢轨相对于轨枕的纵、横向移动。在钢筋混凝土轨枕轨道和混凝土整体道床中，弹性远小于木枕轨道，扣件还必须提供足够的弹性。为此，扣件必须具有足够的强度、耐久性和良好的弹性，有效地保持钢轨与轨枕的可靠联结；结构力求简单，便于安装及拆卸；应具有良好的绝缘性能，以减少迷流。

木枕扣件主要有分开式和混合式两种，见图 6.20 和图 6.21。混合式扣件是使用最广泛的一种方式，用道钉与将钢轨、铁垫板与木枕一起扣紧。普通道钉采用 3 号热轧方钢制成，长度为 165 mm。垫板是在钢轨与木枕间插入的钢板，它可将钢轨传来的压力传布于较大的木枕支承面上，减小对木枕的压力，同时，还可使钢轨两侧道钉共同起抵抗横向力的作用。

图 6.20　分开式扣件

图 6.21　混合式扣件

PC 轨枕和无砟轨道使用的扣件较木枕的扣件复杂。它除了具有一定的扣压力外，还应提供必需的弹性和调整轨面标高和轨距的调整量。现就扣件的类型叙述如下：

按扣件扣压钢轨方式分，可分为弹性扣件和刚性扣件。

刚性扣件本身刚度很大，扣压钢轨后，弹性很差，在地铁运营线路中很少应用。但由于其工作可靠、结构简单、价格低廉，在场线上时有使用。

扣件从其承受横向力方式分，可分为有挡肩和无挡肩两种类型。一般来说，在调高量方面，无挡肩结构形式扣件优于有挡肩结构形式扣件。所以结合工程实际情况，高架桥上应采用无挡肩结构形式扣件。

扣件从其扣压件紧固方式分，可分为有螺栓和无螺栓两种类型。从养护维修角度考虑，无螺栓扣件比有螺栓扣件零部件少，养护维修工作量小，更适合轨道交通实际情况。我国的无螺栓扣件采用 e 型弹条，类似英国的 Pandrol 扣件。无螺栓扣件优于有螺栓扣件是肯定的，但从国内既有工程使用情况来看，其弹条在材料的材质、强度和稳定性等方面还需要进一步研究。

现在，城市轨道交通工程中采用的扣件种类很多，各有特点，主要的几种扣件种类如表 6.6 所示。

**表 6.6　轨道交通常用扣件表**

| 扣件类型<br>设计参数 | DTⅢ | DTⅥ2 | 弹条Ⅱ型 | DTⅢ2 型扣件 | 轨道减振器 | Lord 扣件 | DTⅦ | Wj－2 |
|---|---|---|---|---|---|---|---|---|
| 扣压件 | ω 弹条 | e 弹条 | Ⅱ弹条 | ω 弹条 | ω 弹条 | ω 弹条 | ω 弹条 | ω 弹条 |
| 固定螺栓 | T 型螺栓 |  | T 型螺栓 | T 型螺栓 | T 型螺栓 | T 型螺栓 | T 型螺栓 | T 型螺栓 |
| 锚固螺栓 | M24 螺旋道钉 | M30 螺旋道钉 | M30 螺旋道钉 | M30 螺旋道钉 | M30 螺旋道钉 | M30 螺旋道钉 | M30 螺旋道钉 | M30 螺旋道钉 |
| 轨距调整量（mm） | ＋8，－12 | ＋8，－16 | ＋8，－12 | ＋8，－12 | ＋8，－12 | ＋8，－8 | ＋8，－12 | ±10 |
| 水平调整量（mm） | ＋10 | ＋30 | ＋30 | ＋30 | ＋30 | ＋30 | ＋30 | ＋40 |
| 抗横向力（kN） | 35 | 40 | 40 | 40 | 40 | 30 | 40 | 40 |
| 扣件绝缘电阻（Ω） | ＞$10^8$ | ＞$10^8$ | ＞$10^8$ | ＞$10^8$ | ＞$10^8$ | ＞$10^8$ | ＞$10^8$ | ＞$10^8$ |
| 垂直静刚度（kN/mm） | 21～25 | 20～40 | 35～50 | 21～25 | 10～14 | 15～20 | 21～25 | 40～60 |
| 应用情况 | 上海地铁 1、2 号线地下段、北京复八线 | 北京复八线 | 深圳、天津设计并采用 | 明珠二期工程设计并采用 | 上海地铁 1、2 号线地下段北京复八线 |  | 上海地铁 2 号线东延伸，北京城铁 | 明珠一期工程、闵行线、共和新路高架等采用 |

DTⅢ2 扣件是无挡肩弹性分开式，适用于 60 轨地铁内一般减振地段的枕式

点支撑混凝土整体道床，见图 6.22。

图 6.22　DTⅢ2 型扣件图

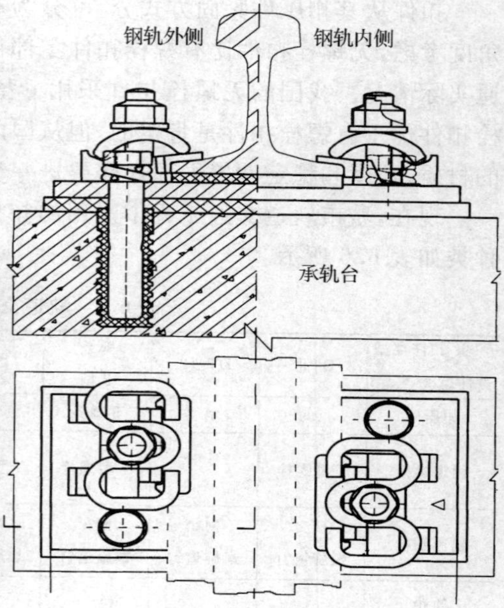


6.23　DTⅢ2 型扣件截面与平面

图 6.23 为 DTⅢ2 型扣件立截面与平面图。橡胶垫板是缓冲轮轨间的振动冲击作用和提供垂直弹性的主要零件。用于 60 kg/m 钢轨的橡胶垫板宽度、长度和高度分别为 148 mm、185 mm、10 mm，用于 50 kg/m 钢轨的橡胶垫板则为 130 mm、185 mm、10 mm。垫板的弹性靠压缩变形而获得。为了增加压缩变形量，通常在垫板的正反面开设凹槽。橡胶的材质可为丁苯、顺丁或天然橡胶。该扣件采用了轨下 10 mm 胶垫和铁垫板下 16 mm 胶垫的二阶减振，其减振效果与原 DTⅢ扣件相当，优于 WJ－2 型扣件。

它由弹条、螺纹道钉、轨距挡板、挡板座及弹性橡胶垫板等组成。

弹条是用来弹性地扣压钢轨，应具有足够的扣压力。弹条由直径为 13 mm 的 60SiMn 或 55SiMn 热轧弹簧圆钢制成。轨距挡板用来调整轨距和传递钢轨承受的横向水平力。

挡板座用来支撑轨距挡板，保持和调整轨距并传递轨距挡板的横向水平力至轨枕的挡肩上。它应具有足够的强度。此外，还应具有一定的绝缘性能，防止漏电。

将左右两股钢轨内外两侧不同编号的挡板和挡板座相互配合，可以调整一定量的轨距，对于 60 kg/m 钢轨，可调整轨距－12～＋8 mm。

螺纹道钉用硫磺水泥浆锚固在 PC 轨枕预留的孔中，这是我国独创的一种工艺流程。螺纹道钉的抗拔能力可达 588 kN 以上，耐久性也很好，但对环境有影响，在新建轨道交通中已少使用。

扣板式扣件由螺纹道钉、螺母、平垫圈、弹簧垫圈、扣板、铁座、橡胶垫板（绝缘缓冲垫板）、垫片及衬垫等零件组成，见图 6.24。

扣板式扣件与弹条Ⅰ型扣件的不同之处在于扣板是刚性的，所以又称为刚性扣件。

潘德罗（Pandrol）扣件是无螺栓、无挡肩的弹性扣件，它用预埋在 PC 轨枕中的铸铁挡肩承受横向水平力，保持轨距，用弹条作扣压件扣压钢轨，并用尼龙块作绝缘件。这种扣件是 1963 年在英国铁路上使用，效果良好，已有许多国家推广使用。北京复八线铺设的 DTVI2 扣件是我国自行研制的（见图 6.25），类似于无螺栓、无挡肩的潘德罗（Pandrol）弹性扣件。

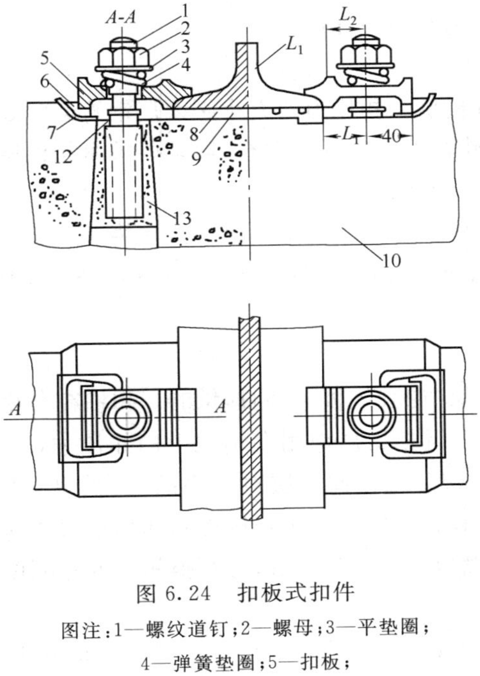


图 6.24　扣板式扣件

图注：1—螺纹道钉；2—螺母；3—平垫圈；4—弹簧垫圈；5—扣板；6—铁座；7—绝缘缓冲垫片；8—绝缘缓冲垫板；9—衬垫；10—轨枕；11—钢轨；12—绝缘防锈涂料；13—硫磺锚固剂

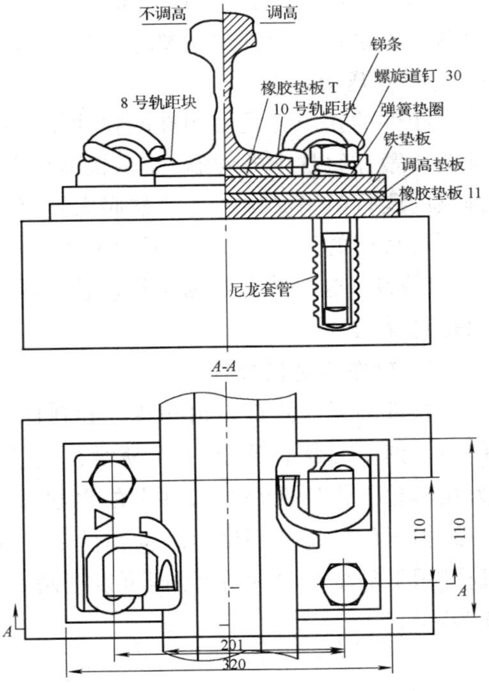


图 6.25　DTVI2 扣件

为减少轨道在列车运行过程中的振动对地面特殊建筑群的影响，在轨下安装减振器是项重要措施。轨道减振器扣件是一种高弹性扣件，其减振是通过橡胶的剪切弹性变形来实现，可减振 10dB。轨道减振器扣件扣压力大，具有较强的保持轨距的能力，绝缘性能良好，施工维修方便。实物照片见图 6.26。

图 6.26 减振器扣件

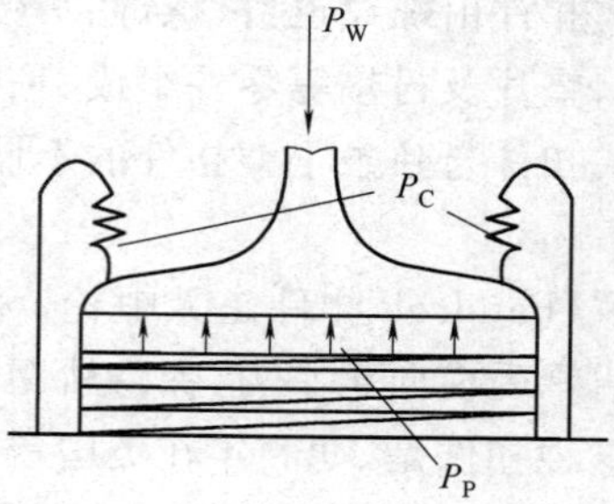


图 6.27 扣件在车轮作用下的受力状态

PC 轨枕扣件的工作特性可用扣压力、扣件的竖向弹性和横向弹性来说明，而目前我国设计的扣件中主要考虑扣件扣压力和竖向弹性。

**1. 扣压力**

扣件的扣压力是由扣件的弹性扣压件提供。扣压力的大小必须使钢轨经常处于被压紧在轨枕上的状态，使钢轨不会在轨枕上产生纵向爬行，而且要求由扣件所提供的爬行阻力必须大于轨枕底面与道床之间的道床阻力。

在目前的运营条件下，用于无缝线路的每组钢轨扣件的扣压力应为 $P_c=8.8\sim9.8$ kN。这个数值约为半根轨枕道床纵向阻力 8.7 kN/m 的 1.59～1.78 倍，因而是足够的。

**2. 扣件的竖向弹性**

扣件的竖向弹性是由扣压件和弹性垫层（橡胶垫板）共同提供的。扣件在车轮作用下的受力状态见图 6.27 所示。$P_c$ 为一组扣压件作用在钢轨上的扣压力，$P_w$ 为在车轮下作用在每组扣件上的钢轨压力，$P_p$ 为弹性垫层对轨底的反力。$P_c$ 为一组扣压件的垂直刚度，$P_w$ 为弹性垫层的垂直刚度。由于扣压件和弹性垫层在荷载作用下的变形量相等，因而可以把两者视为两个并联弹簧，由此得扣件的总刚度 K 等于：

$$K = K_c + K_p \qquad \text{式(6.1)}$$

扣件的总刚度必须满足垂直弹性的要求，除此以外，还必须考虑 $K_p$ 与 $K_c$ 的对应关系，即两者的比值。一般来说，扣压件的刚度小，弹性垫层刚度大。两者的比值应有一个合理的范围，以免出现荷载作用下钢轨、扣件与垫层不密贴的现象或扣压力变化太大，影响扣件工作可靠性，从而加速各部分的损坏。研究结果表明，$K_p/K_c$ 的比值应不小于 2 或 2.75，并应尽可能接近于 11 或 7，相应的初始扣压力的损失值 $\Delta P_c$ 为 4.9 kN 或 7.35 kN。

## 6.5　道砟道床

在轨道交通发展的初期即采用了石砟铺筑而成的道床作为轨排的基础，巴黎、纽约等城市早期修建的地铁，无论在隧道中或高架上均采用了这种道砟道床轨道。从造价、轨道弹性、阻尼、易于维修恢复轨道线形等方面有砟轨道均优于无砟轨道形式。但有砟轨道存在有自重大、不易保持轨道几何形态、维修工作量大、易脏污等缺陷，在新建的高架、地下轨道交通线路中已不采用，目前只在轨道交通的地面线、站场线中使用。

用作道床的材料，应满足质地坚韧、吸水度低、排水性能好、耐冻性强、不易风化、不易压碎、捣碎和磨碎、不易被风吹动和被水冲走的要求。

可以用作道床材料的有碎石、熔炉矿渣，筛选卵石，有 50% 以上卵石含量的天然砂卵石以及粗砂和中砂等。一般来说，应以就地取材为原则。在我国首选的道床材料是碎石道砟。我国的道床多采用双层道床，上面是面砟层，下面是底砟。道床断面见图 6.28。

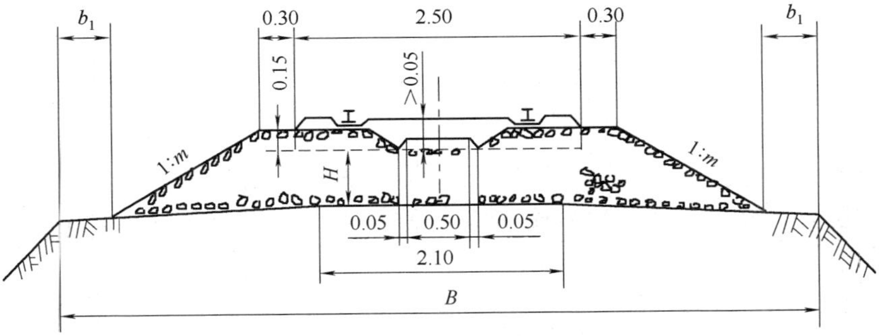


(单位：m)

图 6.28　道砟道床的断面

我国道床厚度(枕底以下算起)为 26.50 cm。此值指的是双层道床厚度。

## 6.6　无砟轨道

自从地下铁道问世一百多年以来，它的构造形式就是有砟轨道的轨道结构，如巴黎、伦敦等城市的轨道交通。但在应用中，人们逐渐发现了有砟轨道并不适合于城市轨道交通的特点与要求。一般新建轨道交通的地下及高架线路、车站部分均采用了无砟轨道结构形式。

采用最普遍的无砟轨道为整体道床。

整体道床是无砟轨道的一种结构形式。它没有传统的道砟层，是用混凝土或钢筋混凝土浇灌于坚实的基础之上形成整体的道床。日本铁路称之为“直接联结轨道”，英国铁路称为“连续灌筑钢筋混凝土轨道”。也有将无道砟的预制钢筋混凝土板式道床列为整体道床的。

**1. 整体道床的主要优缺点**

(1)轨道稳定性好，养护维修工作量极少；

(2)构造简单；

整体道床用C30混凝土或钢筋混凝土就地灌筑而成，每延米混凝土用量为1 $m^3$左右、钢筋约40 kg(单线铁路)，不需要厂制混凝土构件（支承块可在工地预制），不需要起重设备和其他大型机械，在一般线路上都可进行施工，也不需要其他特殊材料。与其他类型的轨下基础相比，结构是比较简单的，造价也相应较低廉，只比碎石道床约高30%。施工进度一般8 h可达数十米，如采用大型连续辅筑机，每小时可辅筑整体道床40～50 m。轨道的方向和水平是在道床的施工过程中调整固定下来的。根据大量的施工和运营经验，整体道床的施工精度是能够满足铺轨要求的。

(3)外表整洁美观。

(4)由于整体道床厚度比碎石道床厚度要小，因此隧道净空的高度可以相应减小。

(5)整体道床混凝土为现场灌筑，避免了厂制构件的运输。

(6)但是整体道床发生病害时，修复较为困难，因此要求设计考虑周全，施工要重视质量。

(7)施工精度要求较高。

整体道床混凝土一经灌筑结硬后，轨道几何尺寸的变动完全取决于钢轨联结扣件的调整能力，而扣件的可调量总是有限的，因此要求整体道床竣工后的轨道质量应符合有关规定，这个要求在一般的施工中是可以达到的。

(8)道床弹性较差，扣件的型式较复杂。

为了使整体道床轨道具有与碎石道床轨道相接近的轨道弹性，确保轨道各组成部件处于正常的受力状态。整体道床应采用弹性扣件，同时为了满足整体道床轨道几何尺寸和曲线轨道超高变化的调整，要求扣件还应具有一定的调高和调轨距的能力。

**2. 无砟轨道的结构形式**

无砟轨道与基床的连接型式主要有三种，见图6.29所示：

(1)整体灌筑式(或称无枕式)

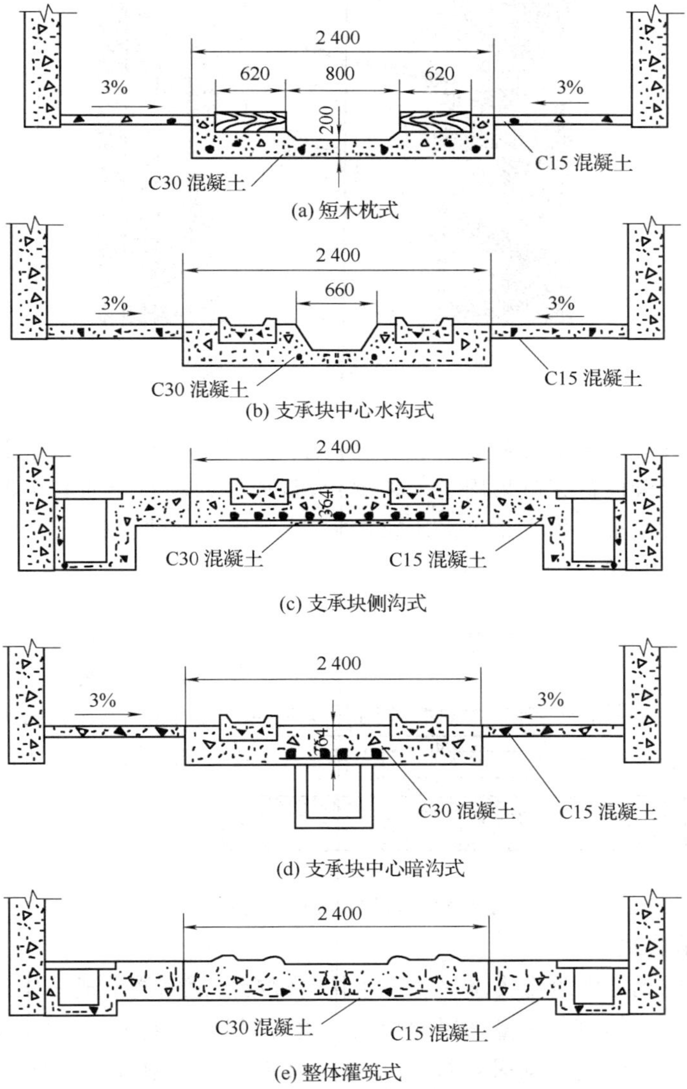


图 6.29　整体道床轨道结构的类型(mm)

采用就地连续灌筑混凝土基床或纵向承轨台。国外一些国家修建铁路隧道时常采用这种型式，香港的地铁和新建的轻轨交通也采用了这种型式，简称 PACT 型轨道。这种型式结构简单，建筑高度较小，但施工时需采用刚度较大的模架，施工较为复杂。见图 6.29(e)、图 6.30 所示。

图 6.30 整体灌注式无砟轨道

(2)轨枕式

把预制好的混凝土枕或短木枕与混凝土道床浇筑成一整体，早在 50 年代，前苏联铁路隧道整体道床就采用了这种型式，新加坡的轻轨交通和上海地铁也采用的这种型式。其最大优点是可采用轨排施工，施工进度快。施工精度也容易保证。见图 6.29(a)、图 6.31 所示。

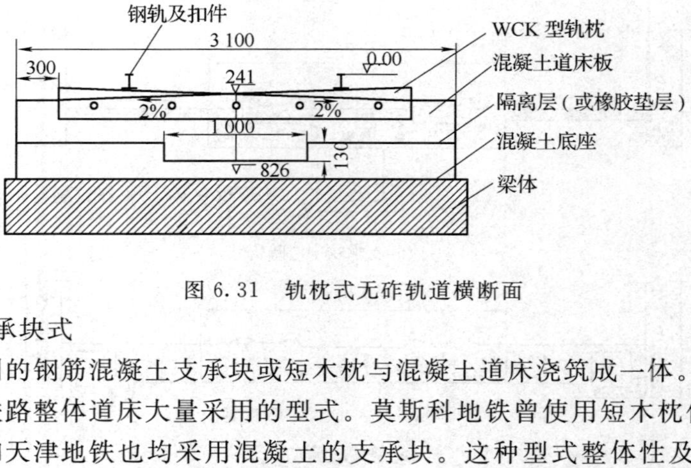


图 6.31 轨枕式无砟轨道横断面

(3)支承块式

把定制的钢筋混凝土支承块或短木枕与混凝土道床浇筑成一体。这是世界上许多国家铁路整体道床大量采用的型式。莫斯科地铁曾使用短木枕作为支承块，我国北京和天津地铁也均采用混凝土的支承块。这种型式整体性及减振性能较差，施工较整体灌筑式简单而比轨枕式复杂，成本较低，施工精度较整体浇灌式易保证。见图 6.29(b)(c)(d)，图 6.32 所示。

弹性支承块式整体轨道结构是一种低振动(LVT)轨道结构，可用于有一般减振要求的 1 类地区，如居民区、商业区域。该轨道结构使轮轨动力在钢轨上经过分配后传到轨下胶垫得到第一次减振，再经过支承块传到块下胶垫进行第二次减振，这样，振动的高频成分及其幅值在得到了相当的衰减后转递给基础。

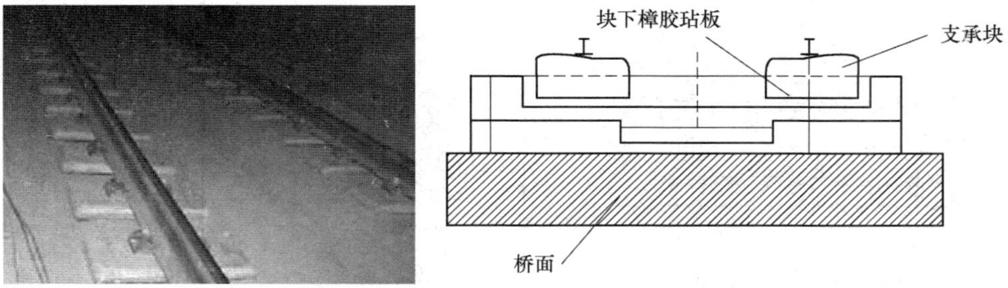


图 6.32　弹性支承块式无砟轨道

**3. 板式轨道**

板式轨道的构造见图 6.33 所示。这种轨道结构是在类似混凝土高架桥、岩石隧道等坚硬基础上，铺设工厂预制的钢筋混凝土或预应力钢筋混凝土板，因而得名。板与混凝土基床之间填充沥青水泥浆。板式轨道主要在日本铁路和轨道交通线路中使用，我国铁路也引进这项技术，见图 6.34。

板式轨道的整体性肯定优于有砟轨道，轨道结构的强度也能得到保证。由于采用工厂预制，构件的精度可以得到保证，施工的进度也能加快，但需要较大型的施工机械和起重设备。

当下部结构沉降或变形过大，超出扣件可调范围时，由于轨枕板与结构或基床混凝土之间填充沥青水泥砂浆，可在此处进行调节，从这个意义上说它也优于整体道床的轨道结构。

日本的板式轨道在板和基础结构间填充水泥沥青材料，如果换成弹性材料则可演化成降振减噪的浮置板结构轨道形式。

**4. 浮置板轨道**

城市轨道交通快速发展在解决人口密集城区交通拥挤问题的同时，也对轨道周边环境造成了振动影响。国内外的一系列研究表明，浮置板式轨道结构是一种降低城市轨道传振和传声的非常有效的方法。自 1965 年科隆地铁首次采用浮置板式轨道结构以来，德国、英国、美国、日本、韩国、新加坡等国家的大多数城市轨道都采用了这一轨道结构，其减振、降噪的效果得到普遍的认同。

在华盛顿地铁轨道的重整过程中，即采用了两种预制的浮置板，一种是具有特殊宽度以支撑特殊型式的轨道；另一种是常规宽度的浮置板用于支撑标准轨道，而对浮置板进行支撑的是聚亚安酯隔音垫。在浮置板结构改进方面，日本浮置板应用螺旋弹簧降低了轨道的基础以及结构产生的噪声和振动。在这一系统中，混凝土板由弹簧支撑。测试试验表明，这种浮置板相对于道砟层降振的导轨，能够将振动降低 7dB。有限元模型和动力车轮荷载模拟分析进一步证明这种浮置板对于轨道运营是安全的。

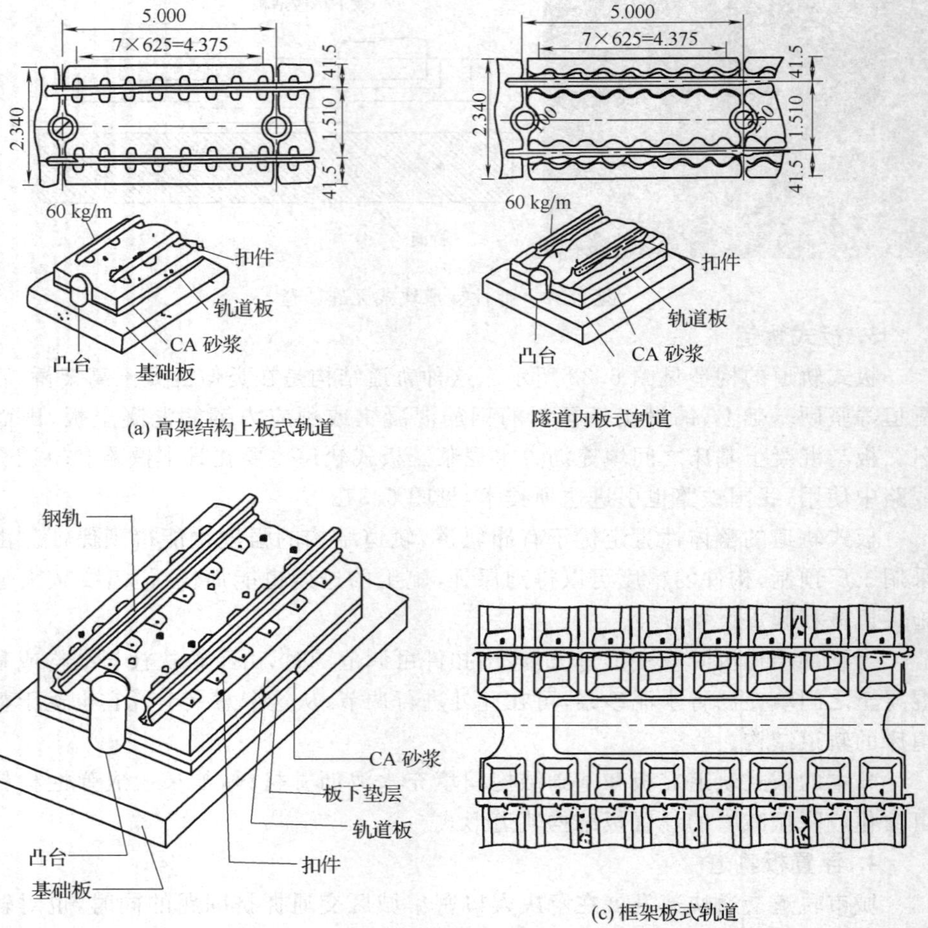


图 6.33　日本普通型(a)、防振型(b)、框架型(c)板式轨道

图 6.34　秦沈铁路上采用的板式轨道

浮置板式轨道结构是降低传振和传声的有效方法，在共振频率下的放大倍数很低，减振降噪效果非常显著。目前有三种结构类型的浮置板轨道，见图 6.35 所示。橡胶块支承的浮置板系统含三层水平垫板(钢轨下橡胶垫板、铁垫板下橡胶垫板、板下橡胶垫板)和一层侧向垫板。浮置板式轨道结构按施工工艺分为两种基本类型：连续现浇浮置板和轨枕板式预制浮置板。图 6.36 为弹簧浮置板的施工过程工艺及采用的弹簧结构。

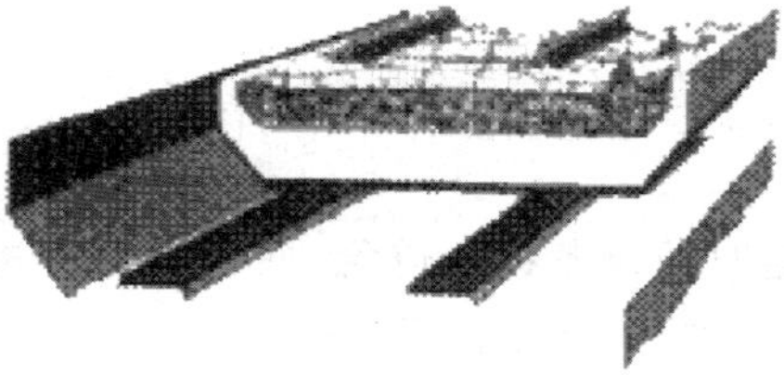

a. 橡胶块线支承式浮置板道床

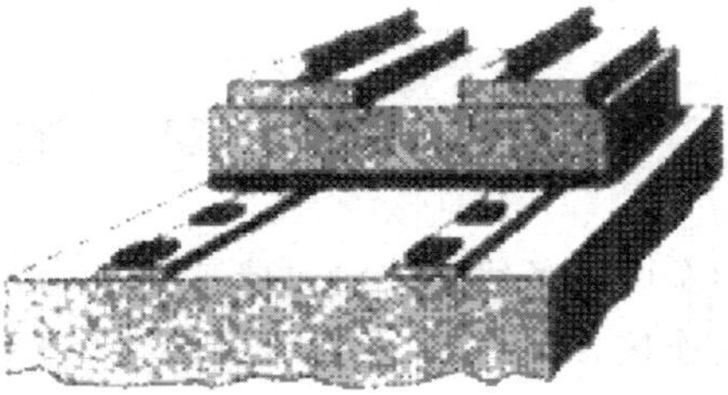

b. 橡胶块点支承式浮置板道床

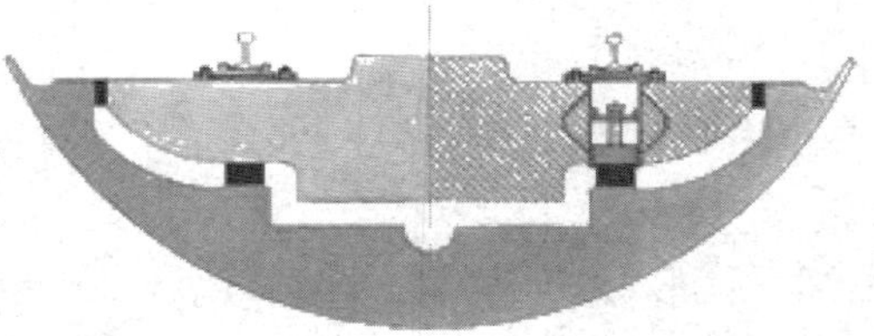

c. 弹簧浮置板道床

图 6.35　浮置板轨道结构

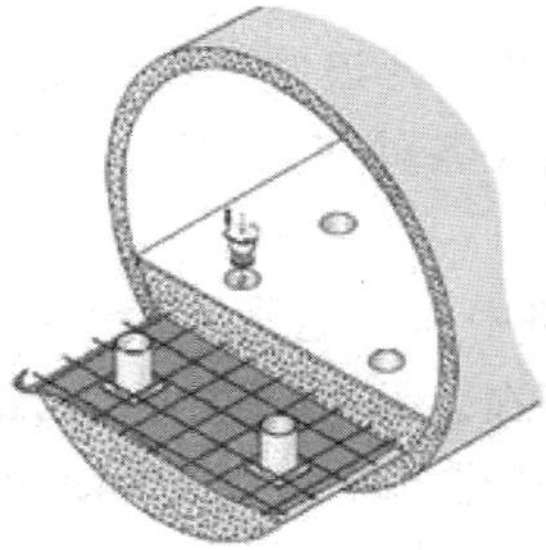

a.GSTV 型弹簧浮置板施工装配简图

b.GSTV 型弹簧浮置板施工现场

c.GSTV 型弹簧

图 6.36　浮板轨道施工工艺

在我国，随着城市轨道交通的发展，浮置板式轨道结构也在北京、上海、广州、香港等地得以推广应用。广州地铁1号、2号线都采用浮置板轨道结构，是弹性支承轨道首次在国内城市轨道采用，其减振性能比轨道减振器扣件强，室内试验可达9～14dB，运营测试平均值为10dB左右；北京市轨道交通中，地铁五号线首次使用浮置板道床技术；上海轨道交通9号线是上海首次在全线“敏感地段”采取了“橡胶弹簧浮置板”、6号线采用“钢弹簧浮置板”减少列车运行时的震动和噪声。

## 6.7 道　　岔

列车由一条线路转向或越过另一条线路时的设备称为道岔，见图6.37。道岔有线路连接、线路交叉及线路连接与交叉等三种基本形式。见图6.38。

图6.37　列车通过道岔

常见的线路连接设备有普通单开道岔，单式对称道岔及三开道岔。线路交叉设备有直角交叉及菱形交叉。连接与交叉设备有交分道岔及各种交叉渡线。应用这些设备，可以把不同位置和方向的轨道相互连接起来。

城市轨道交通是布设在城市内的，基本采用双线，线路中间站通常不设配线，两个方向线路之间，在线路中区段内也很少有交叉、连接存在。城市轨道交通线路的道岔设备主要用于：设有渡线和折返线的车站，通过设置道岔来实现车辆的转线；在车场、车辆段内，停放车辆的股道通过道岔逐级与走行线连接。

单开普通道岔由引导列车的轮对沿原线行进或转入另一条线路运行的转辙部分、为使轮对能顺利地通过两线钢轨的连接点而形成的辙叉部分、将转辙部分和辙叉连接的连接部分以及岔枕和连接零件等组成，见图6.39所示。

单开道岔有左开和右开之分，以适应不同方向的需要。

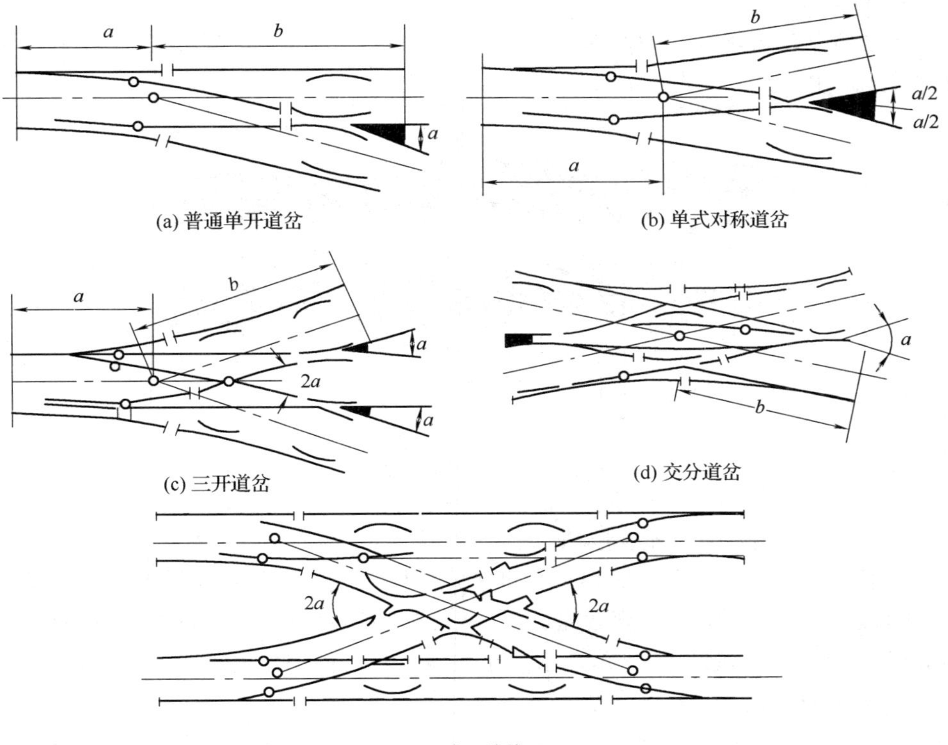


(a) 普通单开道岔　(b) 单式对称道岔

(c) 三开道岔　(d) 交分道岔

(e) 交叉渡线

图注：a—道岔前长；b—道岔后长；a+b—道岔全长；α—辙叉角

图 6.38　道岔的基本类型

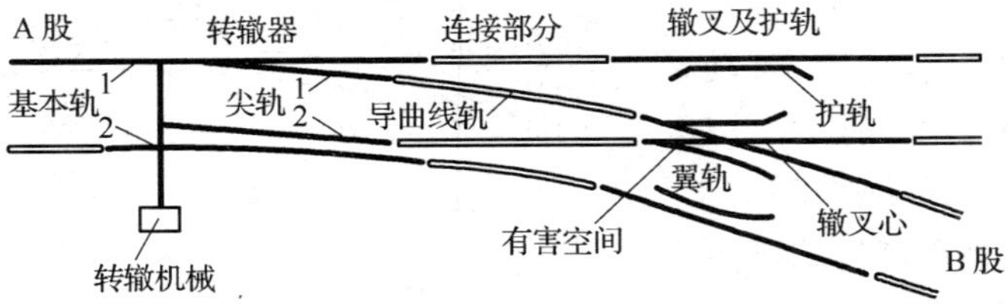


图 6.39　单开道岔的组成

单开普通道岔占全部道岔总数的 95%以上，大多数的折返线路、停车场、车辆段的股道设置等均可由单开道岔与线路的组合来完成。单开道岔结构简单，具有一定的代表性，了解和掌握这种道岔的基本特征，对道岔的铺设、养护等方面，有着十分重要的指导意义。

**1. 转辙部分**

单开道岔的转辙器由两根基本轨、两根尖轨、各种联结零件和道岔转辙机构组成（见图 6.40）。

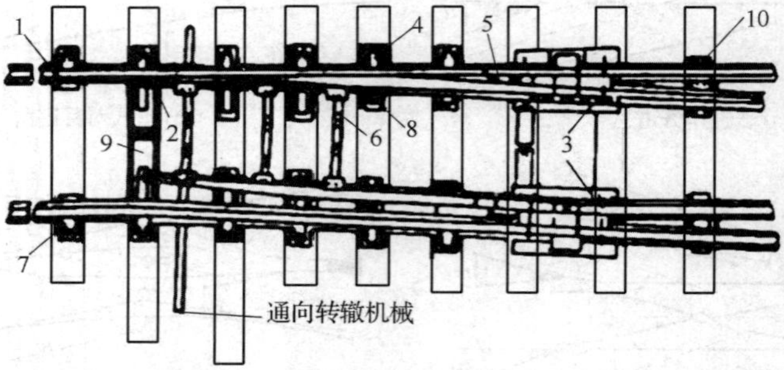


图 6.40　道岔的转辙部分

图注：1—基本轨；2—尖轨；3—尖轨跟部；4—轨撑；5—顶铁；6—连接杆；7—辙前垫板；8—滑床板；9—通常垫板；10—辙后顺坡垫板

最常用的道岔转换设备的种类有机械式和电动式。道岔转换设备必须具备转换（改变道岔开向）、锁闭（锁闭道岔，在转辙杆中心处尖轨与基本轨之间，不允许有 4 mm 以上的间隙）和显示（显示道岔的正位或反位）等三种功能。

**2. 辙叉及护轨**

辙叉是使车轮从一股钢轨越过另一股钢轨的设备，它设置于道岔侧线钢轨与道岔主线钢轨相交处。辙叉由心轨、翼轨、护轨及联结零件组成。按平面型式分，辙叉有直线辙叉和曲线辙叉两类；按构造分，又有固定式辙叉和可动式辙叉两类。在单开道岔上以直线式固定辙叉最为常用。

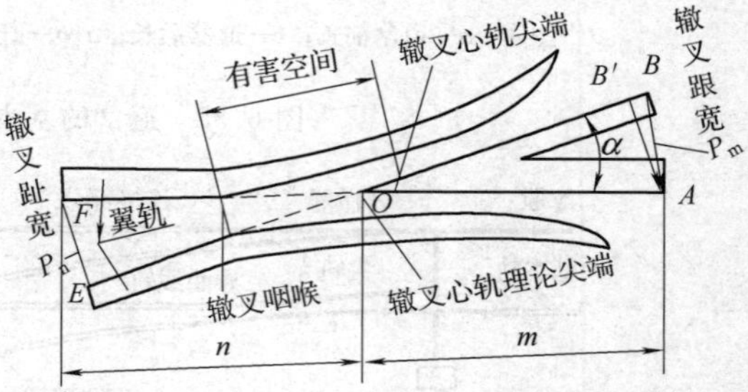


图 6.41　道岔的转辙部分

整铸辙叉是用高锰钢浇铸的整体辙叉（图 6.41），具有较高的强度和良好的冲击韧性，经热处理后，在冲击荷载作用下，会很快产生硬化，使表面具有良好的耐磨性。这种辙叉还具有使用寿命长，养护维修方便的优点。

叉心两侧作用边之间的夹角叫辙叉角 $\alpha$。道岔号数和辙叉角的关系如下式所示：

$$N = \mathrm{ct}\alpha \qquad \text{式(6.2)}$$

城市轨道交通常用的道岔号数和辙叉角如表 6.7。正线以 9 号道岔为主，后方基地的次要线路以 7 号道岔为主，少数城市也使用 6 号道岔。

**表 6.7　道岔号数与辙叉角的关系**

| 道岔号数 | 6 | 7 | 9 |
|---|---|---|---|
| 辙叉角 | 9°27′44″ | 8°07′48″ | 6°20′25″ |

辙叉心轨两个工作边的延长线的交点称为辙叉理论中心（理论尖端）。由于制造工艺的原因，实际上的叉心尖端有 6～10 mm 的宽度，此处称为心轨的实际尖端。

翼轨与心轨形成必要的轮缘槽，使车轮轮缘能顺利通过。两翼轨工作边相距最近处称辙叉咽喉。从辙叉咽喉至心轨实际尖端之间的轨线中断的距离叫作“有害空间”（图 6.41）。道岔号数越大，辙叉角越小，这个有害空间就越大。车轮通过有害空间时，叉心容易受到撞击。为保证车轮安全通过有害空间，在辙叉两侧相对位置的基本轨内侧设置了护轨，借以引导车轮的行驶方向。

**3. 连接部分**

连接转辙器和辙叉的轨道为道岔的连接部分，它包括直股连接线和曲股连接线，见图 6.42 所示。直股连接线与区间直线线路的构造基本相同，曲股连接线又称导曲线，目前线路上铺设的道岔导曲线均为圆曲线，当尖轨为曲线型时，尖轨本身就是导曲线的一部分。导曲线由于长度及界限的限制，一般不设超高和轨底坡。

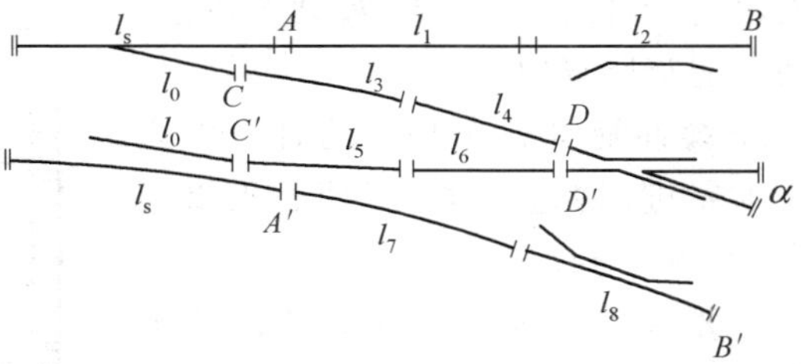


图 6.42　道岔的连接部分

为防止导曲线钢轨在动荷载作用下的外倾和轨距扩张，可设置一定数量的轨撑或轨距拉杆。也可以在导曲线范围内设置一定数量的防爬器及防爬木撑，以减小钢轨的爬行。

连接部分一般配置 8 根钢轨，直股连接线 4 根，曲股连接线 4 根。配轨时要考虑轨道电路绝缘接头的位置和满足接头相对的要求，并尽量采用 12.5 或 25 m 长的标准钢轨。连接部分使用的短轨，一般不短于 6.25 m，在困难的情况下，不短于 4.5 m。

## 6.8　车　　挡

车挡设置在线路尽头线末端，用于阻止由于操作不当，轨道交通车辆冲出尽头线或撞坏其他构筑物。

国外有磁力式、液压式和滑动式车挡等，前两种车挡构造复杂，造价高，后种车挡构造较简单、适用。

国内采用如下车挡：

1. 沙堆弯轨式车挡。北京地铁一、二期工程采用沙堆弯轨式车挡，这种车挡被列车撞过，车挡损坏难以修复，同时沙堆长期埋住钢轨及扣件，使其受到腐蚀。

2. DT 型车挡。上海地铁 1 号线隧道内采用了研究设计的 DT 型车挡，见图 6.43。

这种车挡构造简单，主体架采用钢轨制造，用夹板与走行轨联结。车挡前面设有缓冲垫，能减缓撞击，又能限制车钩摆动。虽然较沙堆弯轨式车挡有较大改进，但因是固定式，被列车撞过，车挡性能难以复原。

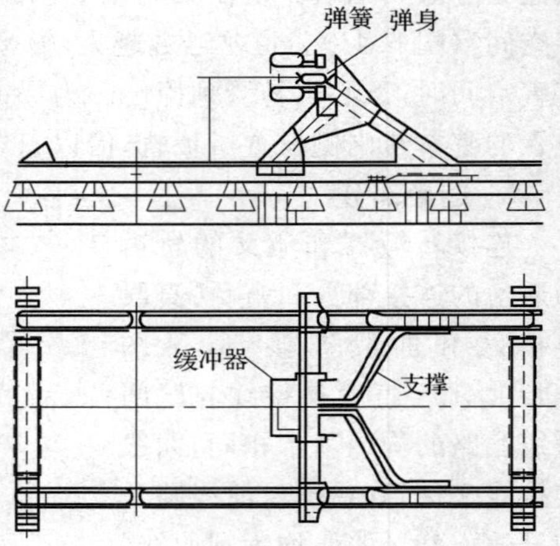

图 6.43　上海地铁使用的 DT 型车挡

3. 缓冲滑动式车挡。这种新型车挡技术先进、构造合理，车挡长度 2 m 左右，见图 6.44。

主要有主体架、制动轨卡和挡卡三部分。主体架用钢轨制造，底部用制动轨卡夹紧走行轨，以增加摩擦，消耗列车动能，上部设有缓冲垫阻撞车钩。2 对制动轨卡分别设在主体架后面 100 mm 和 180 mm 左右，亦是夹紧走行轨，增加摩擦，消耗列车动能。这种车挡安装和维修简便，造价较低，外形整洁美观。车挡的功能是阻撞车钩，滑行一段距离使列车停止，不损坏车辆和车挡，确保人身安全。

1995 年 12 月 19 日在北京地铁车辆厂对缓冲滑动式车挡进行了现场撞击试验，以不同车速撞击，列车速度 15.65 km/h，撞击车挡滑行 10.52 m 停住，车辆和车挡完整无损。若再增加一对制动轨卡，共 3 对，增设一对铁鞋及安装挡卡，滑动距离可缩短到 6.5 m，亦不会损坏车辆和车挡。

库内车挡，一般采用月牙式铸钢车挡，这种车挡构造简单、适用，见图 6.45。

试车线和牵出线宜采用缓冲滑动式车挡，其他线路可采用地面铁路定型的乙式竖壁式车挡。

图 6.44　缓冲式车挡

图 6.45　铸钢月牙型车挡

# 6.9　无　缝　线　路

无缝线路是指将标准长度的钢轨焊接起来而没有轨缝的线路，所以又称为焊接长钢轨线路。无缝线路是当今轨道结构的一项重要新技术。

**1. 概述**

钢轨接头是轨道结构中薄弱的环节。列车通过钢轨接头时会产生很大的冲击力,对轨道结构产生很大的破坏作用,列车的振动加剧,导致使用寿命缩短,修理费用增大。养护钢轨接头区所需的费用,约占养护费用的35%。直到无缝线路问世,为大量的减少接头创造了良好的条件。根据地铁设计规范,轨道交通的正线应铺设无缝线路,并因此可降低轮轨噪声5～10dB。

焊接长钢轨因温度变化会引起伸缩,按处理此种伸缩的方法不同,无缝线路分温度应力式和放散应力式两种。

温度应力式无缝线路的钢轨由一根焊接长轨条及其两端2～4根标准轨组成,并采用普通钢轨接头的形式,见图6.46所示。无缝线路铺设后,焊接长轨条因受扣件及道床纵向阻力的抵抗,两端自由伸缩受到一定的限制,中间自由伸缩受到完全的限制,因而在钢轨内产生温度力,其值随轨温变化而异。这种无缝线路结构简单,铺设养护比较方便,故得到广泛的采用。但因钢轨承受很高的温度力,因此必须满足强度及稳定性方面设计的要求。

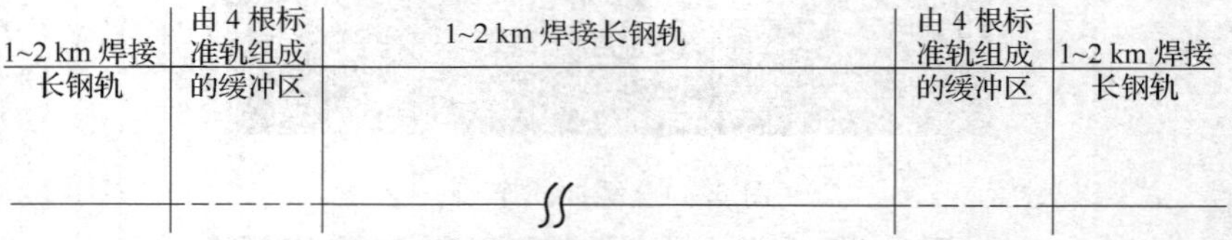


图 6.46　温度应力式无缝线路示意图

放散温度应力式无缝线路又分为自动放散和定期放散两种。前者是在焊接长轨条两端设置钢轨伸缩调节器(如尖轨接头)来自动释放钢轨内的温度应力,见图6.47所示。这种形式的无缝线路主要用在桥梁(尤其是大桥)上。后者是把钢轨内部的温度应力每年调整放散1～2次。放散时,松开焊接长轨条的全部扣件,使它自由伸缩,放散内部的温度应力,在一定的轨温条件下把扣件全部扣紧。

按焊接长轨条的长度不同而有普通无缝线路和超长无缝线路之分。前者的焊接钢轨的长度一般为1 km～2 km,超长无缝线路为焊接长轨条贯通区间,并与车站道岔焊接,取消了缓冲区,彻底实现了线路的无缝化,从而全面提高了线路的平顺性,也为列车运行条件的平稳与舒适提供了良好的条件。在发展超长无缝线路时,必须解决无缝线路与锰钢辙叉的绝缘联接及焊接的技术难题。

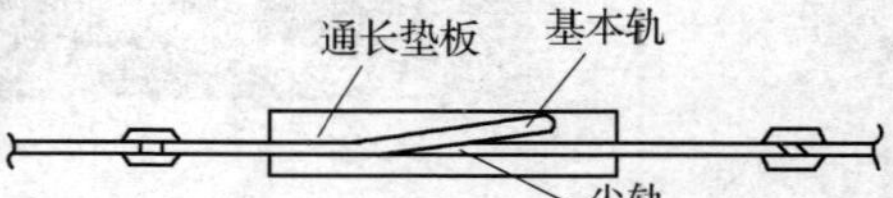


图 6.47　尖轨接头

我国钢轨焊接技术最早是采用电弧焊，后来采用铝热焊、气压焊、电接触焊等焊接方法。其中以电接触焊接的长钢轨质量好、效率高。

长轨条的焊接方法一般是在焊轨厂将钢轨焊接成一定长度(250 m)的长钢轨，然后运往工地，用铝热焊接或小型气压焊接成设计长度的长轨条。目前出现了在施工现场设立焊轨基地，用移动焊接列车在线路上焊接长轨条，就近运往工地铺设。

无缝线路纵向阻力包括接头阻力、扣件阻力及道床纵向阻力。

**2. 温度力**

无缝线路的特点是轨条长，当轨温变化时，钢轨要发生伸缩，但由于有约束作用，不能自由伸缩，在钢轨内部要产生很大的轴向温度力。一根钢轨中的温度力为：

$$P_t = 2.48\Delta t \cdot F(N) \qquad \text{式(6.3)}$$

式中　$F$——钢轨的断面积($mm^2$)；

$\Delta t$——轨温变化幅度(℃)，(或称轨温差)。

由此可得知：

(1)在两端固定的钢轨中所产生的温度力，仅与轨温变化幅度有关，而与钢轨本身长度无关。因此，从理论上讲，钢轨可焊成任意长，且对轨内温度力没有影响。控制温度力大小的关键是如何控制轨温化幅度 $\Delta t$。

(2)对于不同类型的钢轨，同一轨温变化幅度产生的温度力大小不同。对于75、60、50 kg/m 钢轨，如轨温变化 1 ℃所产生的温度力分别为 23.6、19.2、16.3 kN。

(3)无缝线路钢轨伸长量与轨温变化幅度 $\Delta t$、轨长 $l$ 有关，与钢轨断面积无关。

**3. 锁定轨温及轨温变化幅度**

在无缝线路的设计、铺设及养护维修过程中，涉及到不同的轨温，它们具有各自的含义。轨温不同于气温。影响它的因素比较复杂。

根据大量观测，最高轨温 $T_{max}$要比当地最高气温高 20 ℃，最低轨温 $T_{min}$与当地的最低气温大致相同。中间轨温 Tav 指两者的代数平均值。

锁定轨温 Tsf 是指在施工时，钢轨由扣件扣紧在轨枕上的轨温，并习惯地将它称为零应力轨温。但由于长轨条的锁定施工需要一定的时间，所以规定把长轨条始终端就位于轨枕承轨台上(或称落槽)时，轨温的平均值作为施工锁定轨温，同时要求始终端就位时的轨温必须在设计锁定轨温允许变动的范围内。

锁定轨温是无缝线路设计、铺设和养护的重要技术资料。合理确定锁定轨温是降低钢轨内部温度应力的关键。

**4. 强度与稳定性**

为防止钢轨断裂，无缝线路的焊接长钢轨应有足够的强度。无缝线路强度计算的要求是，在轨道交通车辆的动力作用下，焊接长钢轨所受的动弯应力、温度拉（压）力及制动力的总和，不超过钢轨钢料的允许应力。在高架线路上还应考虑由于梁的伸缩及挠曲而引起的附加伸缩力和挠曲力。应根据具体情况进行必要的验算。

无缝线路除满足强度要求外，更重要的是还必须满足稳定性的要求。

实践和理论表明，无缝线路在垂直面上丧失稳定（膨曲）的可能性是很小的。无缝线路的失稳往往在水平面上发生。无缝线路的膨曲首先在轨道的原始弯曲处开始。轨道的原始弯曲分弹性弯曲和塑性弯曲（死弯）两种。前者是在温度力和车辆横向力的作用下产生的，因而能在作用力消失后恢复原状。后者是在钢轨轧制、运输、焊接和铺设过程中形成的，也是无法恢复的。当轨温不高，温度压力不大时，轨道的膨曲变形极小。随着轨温及温度压力的继续增大，轨道变形将随之逐渐增加，但不会引起突然破坏。但当钢轨内部的温度压力升高到某一临界值 Pc 时，如温度压力稍有增加或受外力干扰，轨道变形就会突然增大，终而导致完全破坏。我们称这种现象为无缝线路丧失稳定性，称轨道膨曲的渐变阶段为“胀轨”，突变阶段为“跑道”。无缝线路丧失稳定性后，将导致列车脱轨，其后果将是十分严重的。

理论和实践还证明，无缝线路的稳定性问题是一个力学平衡问题。平衡因素以温度压力和轨道原始弯曲为一方，而以轨道框架（焊接长钢轨通过扣件和混凝土轨枕组成的框架）刚度和道床横向阻力为另一方，前者为破坏线路稳定的因素，后者为保持线路稳定的因素。无缝线路稳定与否，就是前后两者消长变化的结果。

## 6.10 城市轨道交通其他类型轨道结构

传统的钢轮钢轨系统中，通常是导向轮与支承轮合一（见图 6.48），由旋转电机或直线电机牵引。由于高科技的飞速发展，中等运量的轨道交通系统已不完全局限在传统的钢轮钢轨系统方面，而是形成了一个形式多样的全新概念，因而也相应出现多种新型轨道结构，橡胶轮轻轨系统采用全高架运行，不占用地面道路，具有振动小、噪声低、爬坡能力大、转弯半径小、投资较省等优点，当前的独轨、自动导向系统（AGT）均属橡胶轮系统。橡胶轮系统是

图 6.48 钢轮钢轨系统

以橡胶轮为导向和支承为主，而且导向轮与支承轮分开，一般为旋转电机牵引。最近也出现了由直线电机系统。

**1. 独轨(Monorail)**

独轨交通按结构型式一般分为两种：悬挂式和跨座式。相对来讲，采用跨座式较多，轨道梁、转辙机、转向架是独轨系统的关键技术。

由于采用橡胶轮胎，因而车体结构必须轻量化，轨道梁和支座材料的耐温、耐潮湿、耐酸性要求也较高。我国重庆市轨道交通采用的就是这种制式。重庆市独轨轨道梁为宽 0.85 米、高 1.5 米工字型结构，中间为供电轨，梁跨 20～24 m，车辆骑跨于梁上行驶。图 6.49、图 6.50 和图 6.51 显示出轨道梁和支座的结构构造。

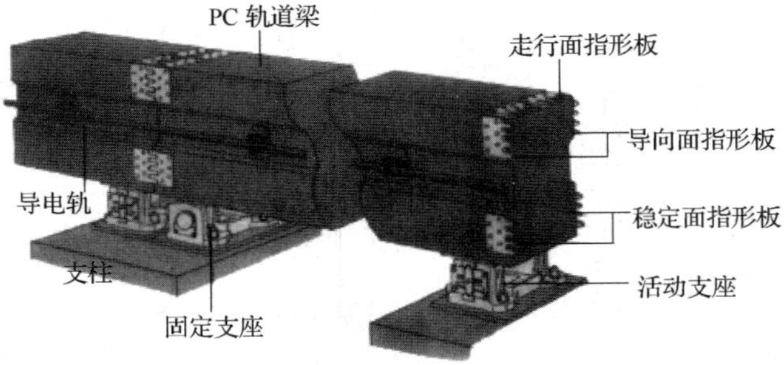


图 6.49　跨座式独轨轨道梁结构

轨道梁是集承重、导向、供电等多种功能的关键产品，生产安装的工艺和技术要求极高。

**2. 磁悬浮**

虽然磁悬浮列车仍然属于陆上有轨交通运输系统，并保留了轨道、道岔和车辆转向架及悬挂系统等许多传统列车的特点，但由于列车在牵引运行时与轨道之间无机械接触，因此从根本上克服了传统列车轮轨粘着限制、机械噪声和磨损等问题。

世界上首次运营的磁悬浮系统是英国伯明翰低速磁浮列车(1984～1995 年)。英国伯明瀚磁悬浮系统是建于英国国铁车站与新建完成的伯明瀚国际机场航站大厦之间，全长 620 m。英国伯明瀚磁悬浮系统 620 m 长的轨道系采用预制混凝土结构，距地面约 5 m 高，柱距 5 m。轨道梁断面采用 T 字形式。线路中有两个曲线地段，曲线半径约 50 m，线路纵坡度约 15‰。Maglev 的两股轨道间配置有安全走道，供紧急状况疏散乘客用。

轨道是中低速磁悬浮列车的关键技术之一。中低速磁悬浮列车的轨道与普通铁轨不一样，它采用 F 型导轨，其轨排加工、安装精度和轨道线型直接影响列车运行平稳性。由于轨道是由一段段轨排连接起来的，轨排太短，安装时难以达到轨道

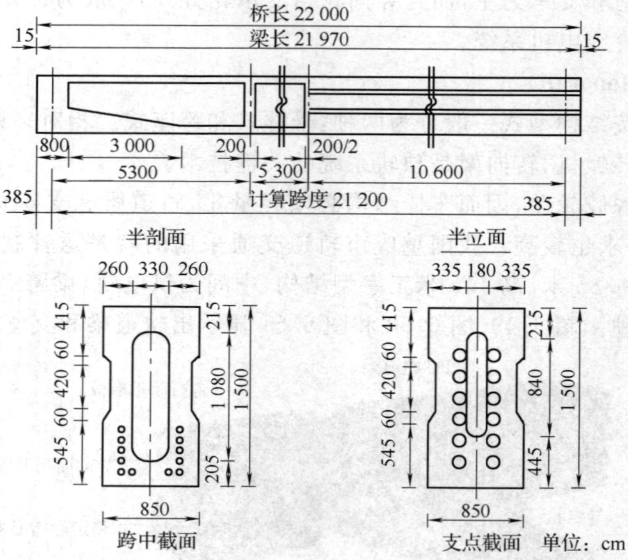


图 6.50　跨座式独轨轨道梁构造图

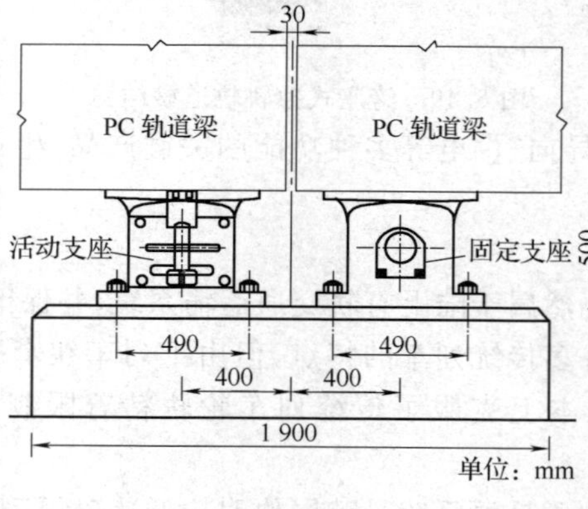


图 6.51　跨座式独轨轨道梁支座构造图

设计要求；太长，则加工需要大型的数控机床，加工难度大。见图 6.52 所示。

高速磁悬浮轨道线路系统采用上部结构为精密焊接的钢结构或钢筋混凝土结构的轨道梁，下部结构为钢筋混凝土支墩和基础。我国上海磁悬浮轨道系统就采用这种轨道结构，见图 6.53 。

磁悬浮线路道岔结构庞大而复杂。轮轨铁路通过钢轨道岔实现列车的转辙。磁悬浮列车的轨道由钢梁或混凝土梁构成，道岔只能移动整梁，实践中采用钢结构多跨连续梁，用 8 台液压千斤顶，以约 50 t 的转辙力使数百吨重的梁移动数米行

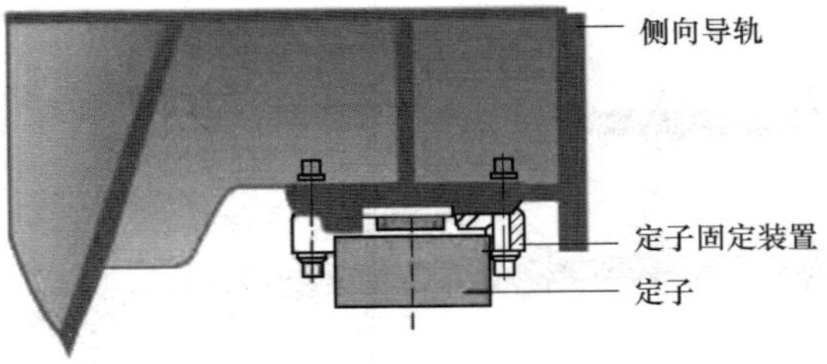


图 6.52　磁悬浮轨道结构

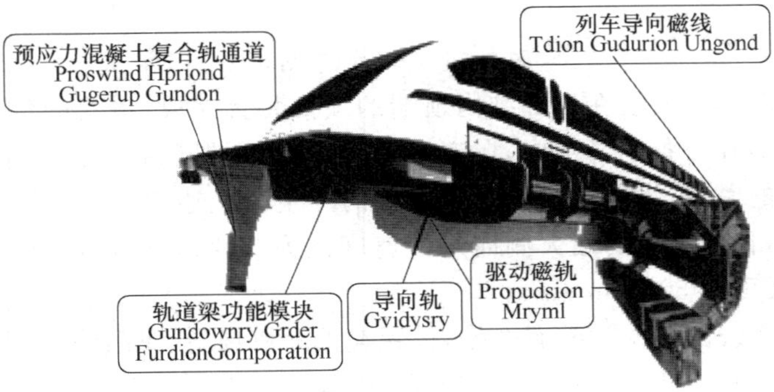


图 6.53　上海磁悬浮轨道系统

程，转辙后锁定困难，可靠性不易保证。钢弯曲道岔结构见图 6.54 。

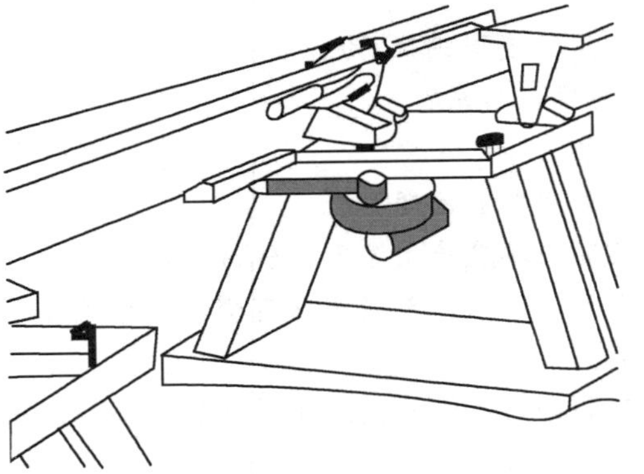

图 6.54　磁悬浮轨道道岔结构示图

磁浮车辆运行原理决定了磁浮线路在线路出岔时，采用整根道岔钢梁强制弹性变形的方法换线。道岔钢梁首先要满足轨道梁的基本要求。道岔钢梁采用箱型断面，总长约 150 m；钢箱梁两侧设置平行于底板的翼缘，用来安装功能件，功能件与箱梁整体加工，见图 6.55。

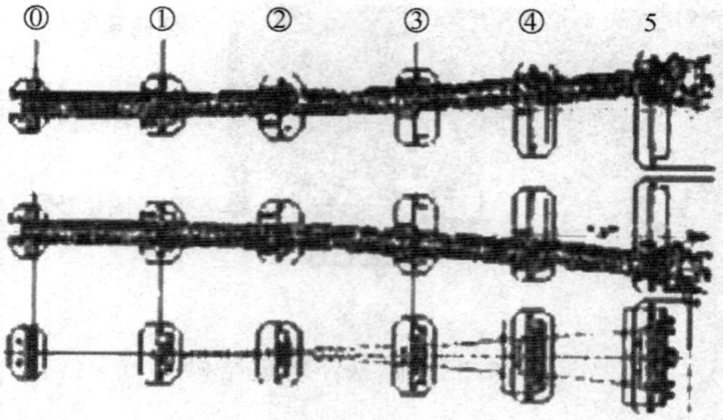


图 6.55 道岔原理图

道岔弯曲时是由安装在下部结构顶端的顶推装置完成，道岔的弯曲线形受速度控制。从车辆和设备本身考虑，在道岔偏转时，必须保证必要的平整度，从受力性能和耐久性的考虑，钢梁应尽量减少扭转的产生。上述原因限制了车辆的最大侧向过岔速度，目前采用的最大侧向过岔速度仅为 196 km/h，但直线过岔速度不受此限制，最大可达 500 km/h。

上海磁悬浮线路道岔一共有 8 处，设置在国际机场站、龙阳路车站、出入库线、维修基地等处。除维修基地处为 3 开道岔外，其余均为 2 开道岔。

## 思　考　题

1. 轻轨线路却采用了重型钢轨，为什么？
2. 钢轨、轨枕各有哪些作用？
3. 钢轨病害有哪些？
4. 扣件的选用要考虑哪些问题？
5. 新建的轨道交通线路度采用了无砟轨道，为什么？
6. 为什么要使用无缝线路？无缝线路有哪几种形式？
7. 道岔有几种类型？
8. 单开道岔有几部分组成？要完成哪些功能？绘制右开单开道岔的示意图？

# 第7章 城市轨道交通车站建筑

## 7.1 城市轨道交通车站的特点

快捷、大运量的轨道交通线路是线状构筑物，载运乘客的轨道交通车辆必须停靠在线路的一定节点上让乘客上下，这个节点就是轨道交通的车站。车站是供使用轨道交通的乘客上下、候车和换乘的场所，从这个意义上来说它和公共汽车站、铁路客运站的功能是一样的。

轨道交通车辆的容量一般远大于公共汽车，且多节车辆编组，以保证大运量。这就要求车站站台有一定的长度，站台长度按远期规划采用列车编组和采用的车辆长度来确定，8节A型车辆编组的地铁车站长度要求大于180 m，4节编组的轻轨车站长度也要求80 m以上。轨道交通车辆一般采用高地板设计，相应要求车站也采用高站台形式，保证乘客水平进出车厢。这些都是有别于公共汽车站可以“任意”设置在人行道上，而要将车站设置在地铁、轻轨线路的一定位置，进行专门的设计。

不同于用在城际交通上的铁路，城市轨道交通是服务于城市的，列车停靠时间短、列车进出站频率高，乘客候车、滞留车站内的时间也较铁路火车站的短，乘坐地铁、轻轨的乘客心理都希望进了车站就能很快上车。有别于火车站，城市轨道交通的车站不设有专门的候车区，巴黎、纽约很多地铁站站台直接通过楼梯或自动扶梯连通人行道。

根据城市轨道交通线路铺设在高架、地面或地下，车站也区分为高架车站、地面车站和地下车站（见图7.1～图7.2）。作为建筑物设计，除了交通功能需要外，高架车站、地面车站设计考虑的问题和普通地面建筑物相仿。高架车站和地面站的建筑融合在城市建筑群中，其建筑品位直接影响城市的美观，而作为车站建筑自身的特点，长宽高的比例往往很难做出优秀的作品，这就要求设计师充分发挥想象力将成特殊比例的建筑物设计得美观一些。

地下车站设置在城市地面以下，空气湿度相对较大，特别像上海、广州等城市地下水位较高，车站结构可能就浸泡在饱和水的土体内；地下建筑空间封闭、车站建筑固有的狭长和结构雷同，往往给乘客带来压抑、单调的感觉。因此需要考虑地下车站有良好的通风、照明、卫生、防灾设备等，给乘客提供舒适、清洁的环境，适当地做一些建筑小品、艺术装修往往能让乘车人感到亲切和温馨。

图 7.1 高架车站

图 7.2 地下车站

城市轨道交通快捷、大运量的特点，在城市轨道交通车站内短时间(特别是交通高峰时刻)会聚集大量人流，出于安全考虑，特别是发生突发事件的情况下，如何最快地疏散乘客到安全的地方，是在车站设计中必须考虑的。世界各国都非常重视这个问题，美国政府专门颁发 NFPA 130 法规，其中有规范车站出入口设置和疏散时间的条款。

城市轨道交通车站除了供乘客上下车的基本功能外，还应容纳主要的技术设备和运营管理系统，从而保证城市轨道交通的安全运行。设备用房一般布置在车站的两端，其中面积最大的是环控机房。其他的主要设备用房还有信号设备用房、通信设备用房、防灾报警(FAS)设备用房、设备监控(BAS)设备用房等等。随着科技进步、工业发展，自动化程度越来越高，关于车站内设备有效的管理、使用已经引起各地铁公司的重视，新增了车站设备工种。

管理用房中主要解决站控室及站长室的位置以及消防疏散兼工作楼梯的位置、工作人员厕所的位置。站控室要求视野开阔，能观察站厅层的运行管理情况，一般设于站厅公共区的尽端或中间，室内地坪要高于站厅公共区地坪。站长室紧连车控室，便于快速处理应变情况。消防疏散兼工作楼梯位于管理用房的中部，考虑其在站台层的位置，避免与其他楼梯发生冲突。工作人员厕所只能设于管理用房的中部，因为它要与站台层的污水泵房有直接管道连通的要求。

城市轨道交通直接面向公众的就是车站，一个轨道交通线网的社会效益、经济效益的高低，在很大程度上取决于车站位置的选择、规划设计得合理与否以及轨道交通线路之间的换乘、轨道交通线路与其他城市交通手段接驳方便与否。轨道交通车站设计时，首先是确定车站在现有城市轨道交通路网中的确切位置，这涉及到城市规划和线路总体方案设计；车站位置确定后，根据客流量及其站位特点确定车站规模、平面布置、合理的站内客流流线、地面客流吸应、交通方式间的换乘便捷等综合考虑。

图 7.3　我国各城市轨道交通标志

轨道交通标志是一个城市的轨道交通系统的标识符号，每个城市的轨道交通标志很少雷同，图 7.3 是我国部分城市轨道交通标志。这是一种符号也是一种文化，表示了这个城市人们对于地铁的理解，在一些新建地铁的城市轨道交通标志来源于公众参与。在一个陌生的城市、陌生的地区，一些地铁车站的出入口相对比较隐蔽，寻找建于地下的车站是很困难的，将轨道交通标记做成建筑小品，可以很好地提醒乘客轨道交通的确切位置，如果设计得好，也不乏成为很好的景观，起了美化城市的作用。早期建设的上海地铁标志仅仅用于车站进口处，新建的地铁线路已经开始注意使用地铁标记来吸引客流。很多城市没有利用轨道交通标志的作用来宣传地铁，这方面还有许多工作可做。在一个陌生的城市或地区，见到这些符号性标志总有一些亲切感，标志起了导向作用(见图 7.4)。

图 7.4　上海地铁标志

## 7.2 轨道交通车站的分类

城市轨道交通车站根据不同的需要有各种分类方法,可以根据其运营性质、站台型式、换乘方式等进行分类。

### 7.2.1 按车站运营性质分类

按车站运营性质主要有,见图 7.5 所示。

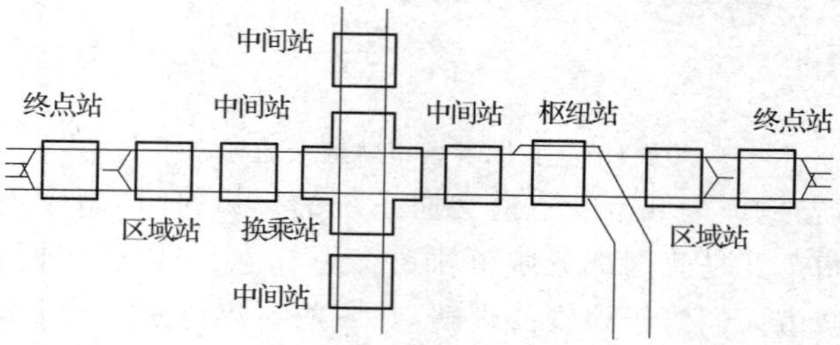


图 7.5 轨道交通车站分类

1. 中间站(即一般站)——中间站仅供乘客上、下车之用,功能单一,是地铁路网中数量最多的车站。

2. 区域站(即折返站)——区域站是设在两种不同行车密度交界处的车站,设有折返线和设备。区域站兼有中间站的功能;上海地铁二号线从浦东机场到虹桥机场,一期工程建成通车的是中山公园至龙阳路站,全线客流分布度不均匀,预测客流集中在东方路站和中山公园站之间,这两个车站都设有折返线路和折返设备。

3. 换乘站——换乘站是位于两条及两条以上线路交叉点上的车站。它除了具有中间站的功能外,更主要的是它还可以从一条线上的车站通过换乘设施转换到另一条线路上的车站;上海地铁人民广场站是上海地铁 1 号线、2 号线和 8 号线的换乘站,世纪大道站是上海地铁 2 号线、6 号线、4 号线和 9 号线的换乘站。

4. 枢纽站——枢纽站是由此站分出另一条线路的车站,该站可接、送两条线路上的乘客;上海地铁已通车的线路中,尚没有支线的概念,但 3 号线和 4 号线在宝山路站与虹桥路站之间是并线运行,而在这两个车站里设有分叉道岔,列车经过这两个车站分别向不同方向运行。这两个车站应该算作枢纽站。

5. 联运站——联运站是指车站内设有两种不同性质的列车线路进行联运及客流换乘。联运站具有中间站及换乘站的双重功能;上海轨道交通网中的上海火车站站和上海南站站是联运站。北向列车乘客可以在上海火车站站换乘上海地铁 1 号线、3 号线和 4 号线;南向列车乘客则可以在上海南站站换乘上海地铁 1 号线和 3 号线。

6. 终点站——终点站是设在线路两端的车站，就列车上、下行而言，终点站也是起点站(或称始发站)，终点站设有可供列车全部折返的折返线和设备，也可供列车临时停留检修。如线路远期延长后，则此终点站即变为中间站。如上海火车站站原本是上海地铁1号线的终点站，在地铁1号线北延伸段建成通车后成为了中间站，但是由于北延伸段和地铁1号线的客流不等，上海火车站站则起了区域站的作用。

### 7.2.2　按车站站台型式分类

车站站台型式主要有以下3种，见图7.6。

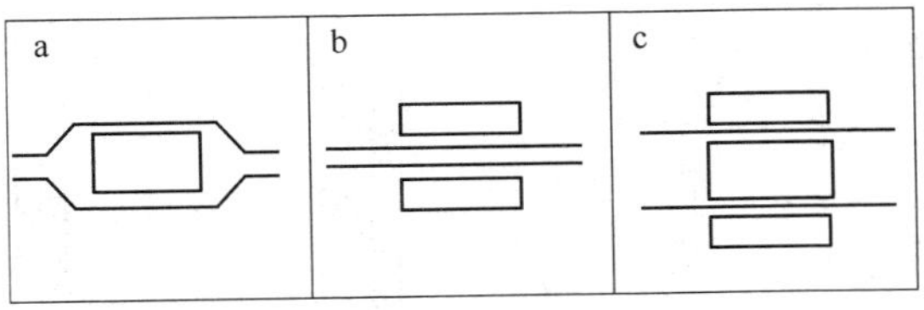


图7.6　站台布置形式

1. 岛式站台——站台位于上、下行行车线路之间，这种站台布置形式称为岛式站台。具有岛式站台的车站称为岛式站台车站(简称岛式车站)。岛式车站是常用的一种车站型式。岛式车站具有站台面积利用率高、能灵活调剂客流、乘客中途改变乘车方向方便，不用通过楼梯或地道换边到另一侧站台，车站管理集中、站台空间宽阔等优点，因此，一般常用于客流量较大的车站。从图7.6a中可以看到线路在站台两段形成了喇叭口状，列车进出站有一个S弯的两个反向曲线，同样列车编组的站台长度，岛式站台车站长度要比侧式站台车站长，一旦车站建造完成，要扩建延长站台长度则是很困难的。

图7.7是某地下岛式车站平面图，点划线是轨道中心线，列车从左边线路进入车站很明显有一个喇叭口状，车站也呈喇叭口状，在此处安排车站用房。

2. 侧式站台——站台位于上、下行行车线路的两侧，这种站台布置形式称为侧式站台。具有侧式站台的车站称为侧式站台车站(简称侧式车站见图7.6b)。侧式车站也是常用的一种车站型式。见图7.8某地铁侧式车站的平面图，站台上下行乘客可避免相互干扰，正线和站线间不设喇叭口，造价低，改建容易，但是站台面积利用率低，不可调剂客流，乘客中途改变乘车方向必须经地道、天桥、站厅或者更简易地使用进口楼梯平台作为换边通道(见图7.9和图7.10)。侧式车站管理分散，站台空间不及岛式宽阔，因此，侧式站台多用于两个方向客流量较均匀(或流量不大)的车站。

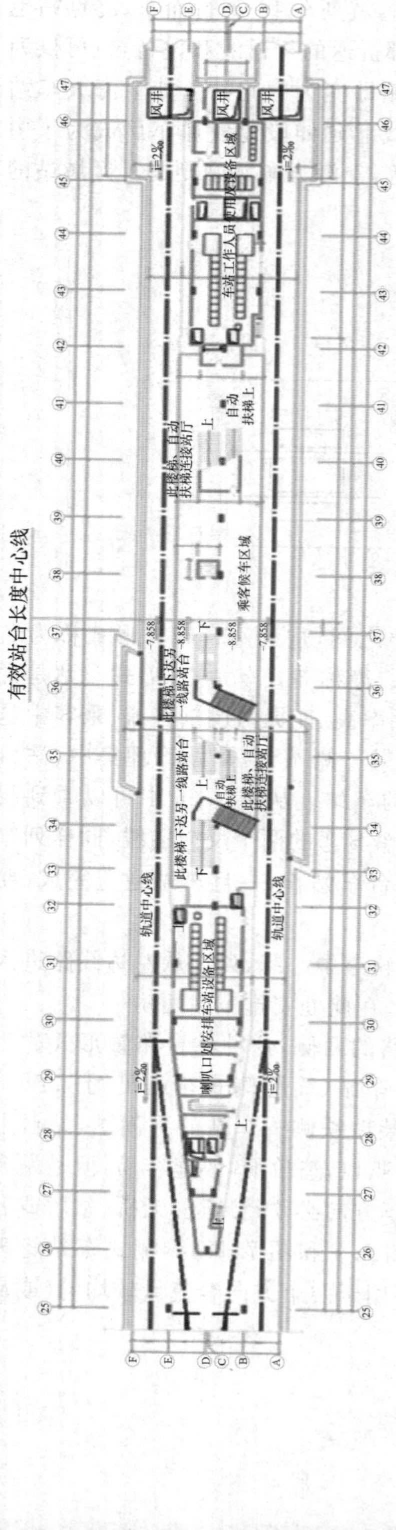

图 7.7 某地铁地下岛式车站平面

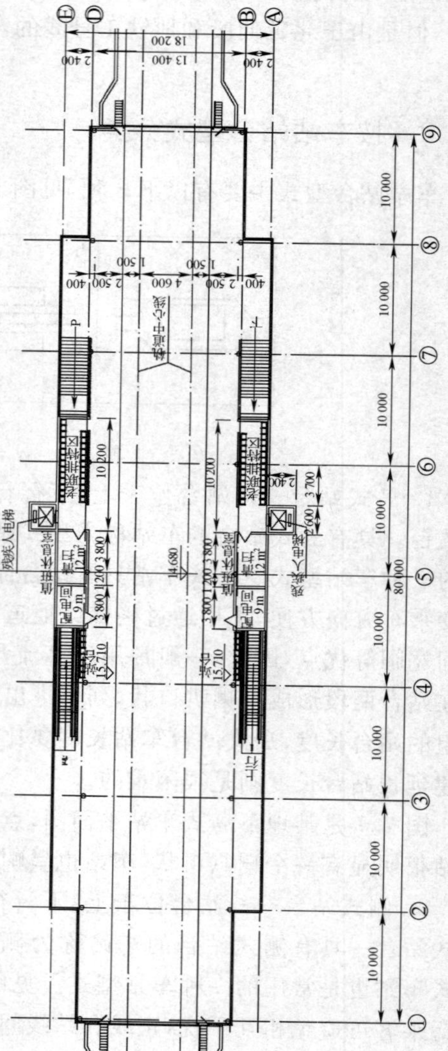

图 7.8 某地铁侧式车站站台平面

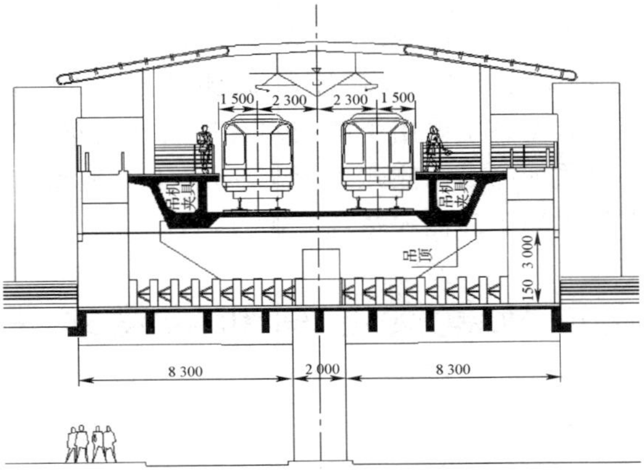


图 7.9　某侧式车站以站厅层作为换边设计

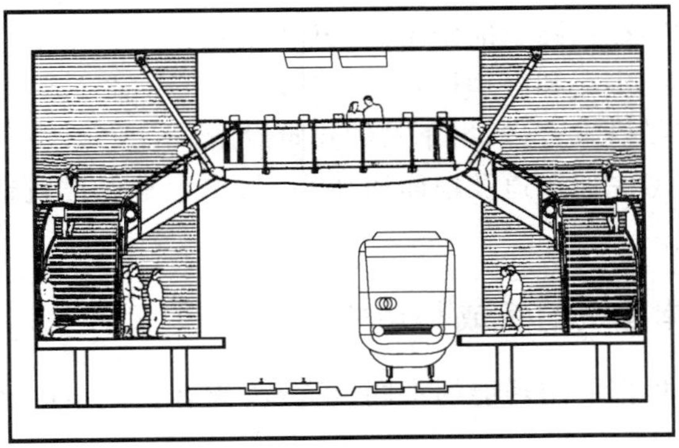

图 7.10　侧式车站天桥设计

在侧式站台车站中很重要的问题是安全问题，改变乘车方向必须到另一侧站台，乘客为了图方便可能会横穿轨道，特别是在郊区的地面、高架车站，在这些站设置站台安全门是需要的。此种安全门高约 1.5 m，由固定墙、平移门和自动控制系统组成。它与地下车站的屏蔽门有很大的区别：屏蔽门有节能和安全双重功效，开关都自动控制；而安全门则用于对环境、温度要求不太高的地面高架车站，由人工控制，主要起到保障乘客安全的作用，造价也只有屏蔽门的三分之一。上海轨道交通 5 号线全线推广这种设施（见图 7.11）。

图 7.11　安全门

3. 岛、侧混合式站台——岛、侧混合式站台是将岛式站台及侧式站台同设在一个车站内，具有这种站台形式的车站称为岛、侧混合式站台车站（简称岛、侧混合式车站）。岛、侧混合式车站主要用于两侧站台换乘或列车折返。岛、侧混合式站台可布置成一岛一侧式或一岛两侧式。图 7.6 c。上海地铁四号线临平路车站设有站修和临时停车线采用了岛侧式站台形式。

## 7.3 城市轨道交通车站的建筑平面组成

### 7.3.1 车站的组成

轨道交通车站由车站主体（站台、站厅、设备用房、管理用房等）、出入口及通道、通风道及地面通风亭（仅地下车站）等 3 大部分组成。

车站主体是列车在线路上的停车点，其作用是供乘客集散、换乘，同时它又是地铁运营设备设置的中心和办理运营业务的地方。

出入口及通道是供乘客进、出车站的建筑设施。

地下车站需要考虑通风道及地面通风亭，其作用是保证轨道交通车站具有一个舒适的地下环境。

### 7.3.2 车站主体建筑的组成和功能

车站主体建筑根据使用功能的不同，可分为乘客使用空间和车站使用空间两大部分：

**1. 乘客使用空间**。

乘客使用空间又可分为非付费区和付费区（见图 7.12）。非付费区是乘客未正式进入车站前的流动区域。它一般应有一定的空间、供设置售、检票设施，根据需要还可设银行、公用电话、小卖部等。设置在道路上的高架车站如果采用人行天桥与人行道连接则非付费区常被用作人行过街通道的一部分（见图 7.13），同样设置在道路下的地下车站采用通道与人行道连接，其非付费区也被用作人行过街通道的一部分。非付费区的最小面积一般可以参照能容纳高峰小时 5 min 内可能聚集的客流量的水平来推算。

付费区包括部分站厅、站台及楼梯和自动扶梯等。付费区部分的站厅实际上是一个乘客进出站闸机和站台间的缓冲区域，一票通轨道交通线路间换乘也在此区域内完成。乘客进出站快慢取决于进出闸机的数量，国内使用普遍的三杆式自动检票机每小时通过人数 1 500 至 1 800 人次。

车站“核心”是站台，站台结构柱、楼梯栏杆等至站台边缘的距离要保证

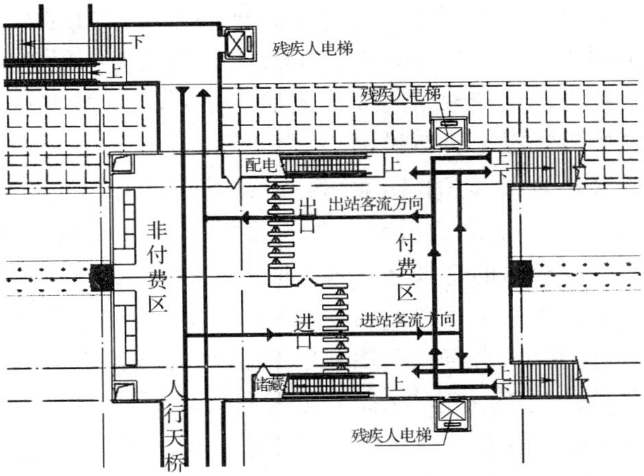


图 7.12　某高架车站部分站厅层进出站客流

图 7.13　上海地铁某高架车站

2.5 m，这里是乘客上下列车的区域(见图 7.14)，距站台边缘 400 mm 应设不小于 80 mm 的纵向醒目安全线，使用 ATO 车辆的站台还要设置醒目的停车位、乘客上车候车位。

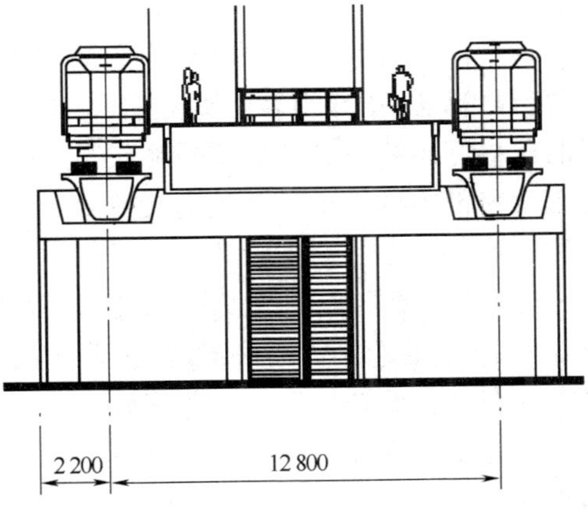


图 7.14　站台上下车区域

站台的其余部位设置有进出站台的通道、楼梯和自动扶梯，是进出站台、上下车客流缓冲和乘客休息候车场所。通道、楼梯和自动扶梯宽度根据客流密度计算得到。1 m 宽上行楼梯每小时通过人数 3 700 人次，下行可达 4 200 人次，单向通道可达 5 000 人次，自动扶梯根据输送速度不同 1 m 宽每小时通过人数 8 100 至9 600人次。很明显自动扶梯的输送能力远大于楼梯的能力，新造的车站大量采用了自动扶梯的。在发生紧急情况需要把乘客从站台(地下或高架)疏散到地面，我国规定疏散时间为不大于 6 分钟，自动扶梯计事故疏散之用，其供电等级应由二级升至以上负荷供电。

车站装修应采用防火、防潮、防腐、耐久、易清洁的环保材料，应便于施工与维修，可能条件下兼顾吸声。地面材料应防滑、耐磨。照明灯具要节能、耐久，尽可能采用深罩明露式。高架站的灯具还应考虑防水、防尘。

乘客使用空间是轨道交通车站的重点，它对车站类型、总平面布局、车站平面、结构横断面形式、功能是否合理、面积利用率、人流路线组织等都有较大的影响，客流流线的合理性，保证乘客方便、快捷地出入车站。

由于我国已建的地下车站较多地采用矩形断面的混凝土框架结构，站厅、站台上下两层，装修后层高一般仅 3.0 m，结构上的先天不足，建筑上给人以压抑感，这和华盛顿地铁等采用拱顶的车站不一样(见图 7.15)。这个问题已经引起注意，在一些后建的地铁车站中的建筑布局上也作了一些尝试。

图 7.15 华盛顿地铁车站

为了让乘客快捷方便地进出车站，乘降列车，在车站的乘客使用区域内设置有各种诱导标志，指导乘客购票、进出站(见图 7.16)、换乘、紧急疏散等。各地铁公司的诱导标志组成各自的诱导系统，这些标志对方便乘客使用车站设备、提高车站使用效率很重要。诱导系统的设置要贴近人的生活，给人以亲切感，要简洁、明确、一目了然。

随着 IT 行业的飞速发展，公交液晶电视、显示列车到站信息的液晶指示牌(见图 7.17)也进入了地铁车站，让乘客在出行的过程中可以看新闻、听音乐，也可以对列车运行的知情度有了很大程度的提高。

为防止乘客以不同原因由站台进入轨道，造成安全事故，新建的轨道交通车站都装置了屏蔽门(见图 7.18)，地下车站的屏蔽门系统隔断了车站区域与地铁隧道区域，起了节能、优化车站环控、防噪声的作用。屏蔽门应该满足负载强度、气密性等功能要求和经济适用原则，并应做到安全、可靠、检修方便、造型美观。

图 7.16　某地铁车站出站标志

图 7.17　地铁预告列车信息液晶显示屏

图 7.18　广州、日本京都地铁屏蔽门

**2. 车站用房**

轨道交通车站用房包括运营管理用房、设备用房和辅助用房 3 部分。表 7.1 是车站管理用房、辅助用房面积参考表，图 7.19 是某地下车站的车站用房在站台区的平面布置。

运营管理用房是为保证车站具有正常运营条件和营业秩序而设置的办公用房，由进行日常工作和管理的部门及人员使用，是直接或间接为列车运行和乘客服务的，主要包括站长室、行车值班室、业务室、广播室、会议室、公安保卫、清扫员室等。

设备用房是为保证列车正常运行、保证车站内具有良好环境条件及在事故灾害情况下能够及时排除灾情不可缺少的设备用房，它是直接或间接为列车运行和乘客服务的，主要包括环控机室、变电所、控制室、通信机械室、信号机械室、泵房、票务室、工区用房、附属用房及设施等。技术设备用房是整个车站的心脏所在地。由于这些用房与乘客没有直接联系，因此，一般设在离乘客较远的地方。

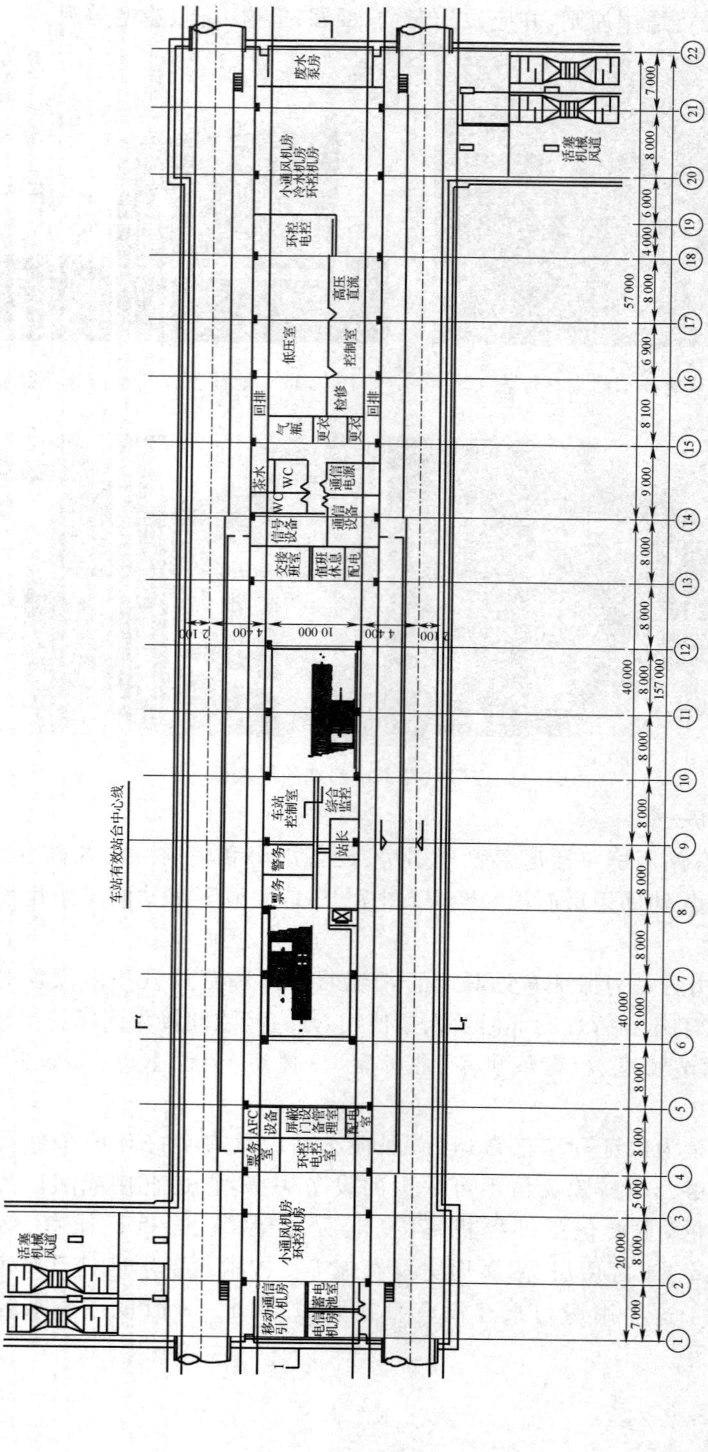


图 7.19 某地下车站设备层布置

辅助用房是为保证车站内部工作人员正常工作生活所设置的用房。是直接供站内工作人员使用的，主要包括厕所、盥洗室、更衣室、休息室、茶水间、储藏室等。这些用房均设在站内工作人员使用的区域内。

**表 7.1　车站管理、辅助用房面积参考表**

| 房间名称 | 参考面积($m^2$) | 位　置 |
| --- | --- | --- |
| 站长室 | 15～18 | 站厅层，靠近控制室 |
| 车站控制室(含防灾控制) | 35～50 | 站厅层客流大的一端 |
| 警务室 | (12～15)×2 | 一条线上另加设 1～2 间警署室，每间 12 $m^2$ |
| 交接班室(兼会议、餐室) | 1.2～1.5 $m^2$/人 | 按一班定员计 |
| 更衣室(分男、女) | 0.6～0.7 $m^2$/人 | 按车站全部定员计 |
| 茶水室 | 8～10 | 附洗涤池 |
| 卫生间 | 女 2～3 坑位，男一个坑位、两个小便斗 | 管理人员用 |
| 清扫室(站厅、站台各设一间) | 10～20 | 附洗涤池、两个站厅、侧式站台另增 |
| 站务员室 | 2×15 | 侧式车站站台设两间(面积可适当减小) |
| 收款室(即票务室) | 2×15 | |
| 库房 | 8 | |
| 供电值班室(每座降压变电所配一间) | 2×6 | 如 SCADA 同步实施，可不设 |
| 列检室 | 10～15 | 交路折返站 |
| 司机休息室 | 2×8 | 交路折返站 |
| 维修巡检室 | 2×6 | 宜每站一间，至少 3～5 站一间 |

车站用房中和乘客、运营有关的用房一定要布置在站厅、站台内，如售票房、车控室、站务员室等，其余的可以设置在此范围内，根据防火分区的要求，这些房间尽可能地安排在车站的一边布置；如果没有空间，也可以设置在地面，单独建筑，这种布置有利于缩小车站建筑的体态及由此带来的一系列优点，但在城市旧区内建设车站很难采用此方案。单独建设的车站用房应考虑与周围建筑的协调性。

## 7.3.3　车站的规模

车站规模主要根据车站远期预测高峰客流量、所处位置的重要性、站内设备和管理用房面积及车站所在地区远期发展规划等因素综合考虑确定。其中客流量大小是一个重要因素。

车站规模一般分为分 3 个等级，在大城市中，车站规模按 3 个等级设置；在中等城市中，其规模可以设两个等级。车站规模等级适用范围见表 7.2。

表 7.2 车站规模等级适用范围

| 车站规模 | 适用范围 |
| --- | --- |
| 大型站(甲级站) | 通用于客流量大,地处市中心区的大型商贸中心、大型交通枢纽中心、大型集会广场、大型工业区及位置重要的政治中心地 |
| 中型站(乙级站) | 适用于客流量较大,地处较繁华的商业区、中型交通枢纽中心、大中型文体中心、大型公园及游乐场、较大的居住区及工业区 |
| 小型站(丙级站) | 适用于客流量不大的地区 |

注:客流量特别大,有特殊要求的车站,其规模等级可列为特级站。

车站规模的大小,直接影响到工程造价的高低。规模过大,投资太高;规模不足,满足运营的需要期限短,影响运营功能且日后改建困难。因此,在确定车站规模时,应慎重进行技术经济比较。

## 7.3.4 车站出入口和风亭

**1. 车站出入口**

"有出入口才有车站"在某种意义上反映了出入口的重要性。

车站出入口的主要作用在于吸引和疏散客流,车站出入口位置都在轨道交通沿线主要街道的交叉路口或广场附近,尽量扩大服务半径,方便乘客。

车站出入口布置应与主客流的方向相一致,宜与过街天桥、过街地道、地下街、邻近公共建筑物相结合或连通,统一规划、同步或分期实施。如兼作过街地道或天桥时,其通道宽度及其站厅相应部位应计入过节客流量,同时考虑地铁夜间停运时的隔离措施。

车站出入口的数量,不得少于 2 个出入口。每个出入口宽度和该方向远期客流量有关。

地下车站出入口通道力求短、直,通道的弯折不宜超过 3 处,弯折角度宜大于 90°,地下车站出入口通道长度不宜超过 100 m,超过时应采取满足消防疏散要求的措施,有条件时宜设自动人行道。

车站地面出入口的建筑形式,应根据车站所处的具体位置和周围建筑规划要求确定。地面出入口可做成合建式(见图 7.20)或独立式(见图 7.21),但应该优先采用与地面建筑或风亭合建式。

设于道路两侧的出入口宜平行或垂直于道路红线,距道路红线的距离,一般情况,应按当地规划部门要求确定,当出入口开向城市主干道时,应有一定面积的集散场地。

车站出入口通道是乘客进出车站的咽喉,其位置的选择、规模大小,应满足城市规划和交通的要求,并应便利于乘客进出站,下面介绍一下出入口平面类型和出入口通道设计。

图7.20　合建式出入口

图7.21　独建式出入口

地铁车站出入口平面一般有“一”字型、“L”型、“T”型三种基本型式和由基本型式变化的其他型式，见图7.22。

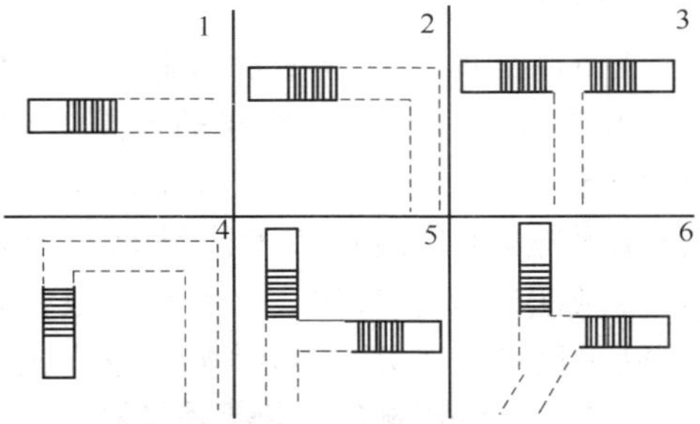


图7.22　出入口平面布置

(1)“一”字型出入口：指出入口、通道“一”字形布置。这种出入口占地面积少，人员进出方便。由于口部宽度要求，不宜修建在路面狭窄地区，见图7.22中图1。

(2)“L”型出入口：指出入口与通道呈一次转折布置。由于端口部较宽，不宜修建在路面狭窄地区，见图7.22中图2。

(3)“T”型出入口：指出入口与通道呈“T”形布置。这种形式人员进出方便，由于口部比较窄，适用于路面狭窄地区，见图7.22中图3。

(4)其他型式：一般由出入口位置要求、地面交通换乘要求具体确定，常用的有“n”型和“Y”型出入口。“n”型出入口指出入口与通道呈两次转折布置，由于环境条件所限，出入口长度按一般情况设置有困难时，可采用这种布置形式的出入口，这种形式的出入口人员要走回头路，见图7.22中图4。“Y”型出入口布置常用于一个主出入口通道有两个及两个以上出入口的情况，这种形式布置比较灵活，适应性强，见图7.22中图5、6。

**2. 地下车站风亭**

埋设于地下的车站四周封闭，空气是不流通的，由于客流量大，机电设备多，站内湿度较大，空气较污浊，为了及时排除车站内的污浊空气，给乘客创造一个舒适的环境，需在轨道交通车站内设置环控系统即通风与空调系统。

早期国内外修建的地铁工程，大多采用自然通风方式即利用地面风、列车在隧道内运行的活塞风、站内外温差等来与地面空气进行交换,但这种通风方式效率比较有限,通风效果不好。随着社会的发展和科学技术的进步,在近期国内外修建的轨道交通车站中,逐步采用了以机械强制通风为主的通风方式,普遍采用了环控设备,车站内温度、湿度得到了控制,地下环境得到了很大的改善。但环控设备的增加,势必会导致增大车站规模。为了控制车站规模,缩短轨道交通车站的总长度,节约投资,部分环控设备可设在通风道内。

地下车站按通风、空调工艺要求设置活塞风井、进风井和排风井。活塞风井是为了站间隧道的通风而设置的。在车站一端需设置一个进新风井和一个排风井,以及两个进出隧道的活塞风井。风井可以集中布置也可分散布置,这取决于地面建筑的现状或规划要求。

图 7.23　合建式风亭

地面风亭的设置应尽量与地面建筑相结合(见图 7.23)。对于单建的风亭,可采用敞口低风井(见图 7.24),风井底部应设置排水设施,风口最低高度应满足防淹要求,开口处应有安全装置。上海地铁很多地下车站采用了低风井方案,并配以绿化、建筑小品,颇有新意(见图 7.25)。

图 7.24　低风井

图 7.25　独建式风亭

单建或与其他建筑物合建的风亭,其开口部距其他建筑物距离应不小于 5 m。当风亭设于路边,风亭开口底部据地面的高度应不小于 2 m。

地面风亭的位置、数量与采取的通风和空调方式有关,一般按周围地区环境及环控要求确定。车站出入口数量可根据进出站客流的数量以及方向确定,首先要满足进出站客流的通过能力,其次,应尽可能照顾各个方向的客流,以方便乘客进出站。

## 7.4　公共交通枢纽建设

单一地建设几条地铁或轨道交通线路并不能根本解决城市的交通拥挤问题，也不能满足市民出行的需要。应该看到城市交通问题是一个系统工程问题，在发展、布局地面、地下、空中，立体城市公共交通时，要从建设系统、网络出发，并考虑地铁、轻轨、公共汽车、水上巴士；以及出租汽车等各种公共交通手段网络节点的连接方便，以及各种交通方式之间的便捷换乘、接驳，在中国应该考虑自行车出行换乘公共交通工具的具体情况。根据城市现状及发展，建设方便乘客的交通枢纽在城市交通规划中应事先考虑周全的问题，城市用地是有限的，一旦建设完成再进行修修补补，一方面投资更大而且很难达到预期的目的。

世界各国关于已建轨道交通线路最后 1 km 的交通问题进行了深入探讨和实践，新加坡在各大居民区修建了 5 条轻轨，采用无人驾驶的自动导向系统，日本也采用同样的方式，美国迈阿密市中心仅办公用房，居民居住在城外，通过通勤列车换乘地铁，最后 1 km 的交通也采用自动导向系统形式。

### 7.4.1　轨道交通线路间的换乘

快速、大运量的城市轨道交通是城市公共交通的主动脉，轨道交通线网节点处组织良好的换乘能更好地发挥轨道交通的优势，也有助于吸引客流提高公共交通的使用率。例如上海轨道交通远期网络中规划有 83 个换乘站，其中 17 个三线或三线以上的交汇的大型换乘站。见图 7.26。

**1. 换乘车站基本要求**

城市轨道交通是城市的永久性基础设施之一，建造的目的就是为公众服务，换乘设计要始终贯彻以人为本。一经建造无论是线路走向、车站设置、换乘节点，都很难更改。

根据换乘的方式不同有多种方案可供选择。在做具体设计时应考虑尽量缩短换乘距离，做到明确、简洁、方便乘客。两线或多线的车站尽量减少换乘高差，避免高度损失。换乘客流与进、出站客流分开，避免相互干扰。

在做换乘设计时应以远期高峰小时客流量为依据，换乘通道、楼梯、电梯等换乘设施应该能满足远期换乘量的需要。无障碍设施的建设在近期投入使用的轨道交通车站内已考虑，在换乘设施中也应该予以重视，达到肢残者与盲人和正常人一样的换乘目的。

换乘设施应该充分考虑设置在各换乘车站的付费区内，实现一次购票就可以完成乘坐目的、出站结算的模式。这样可以达到购票乘车者重新购票环节，也可以

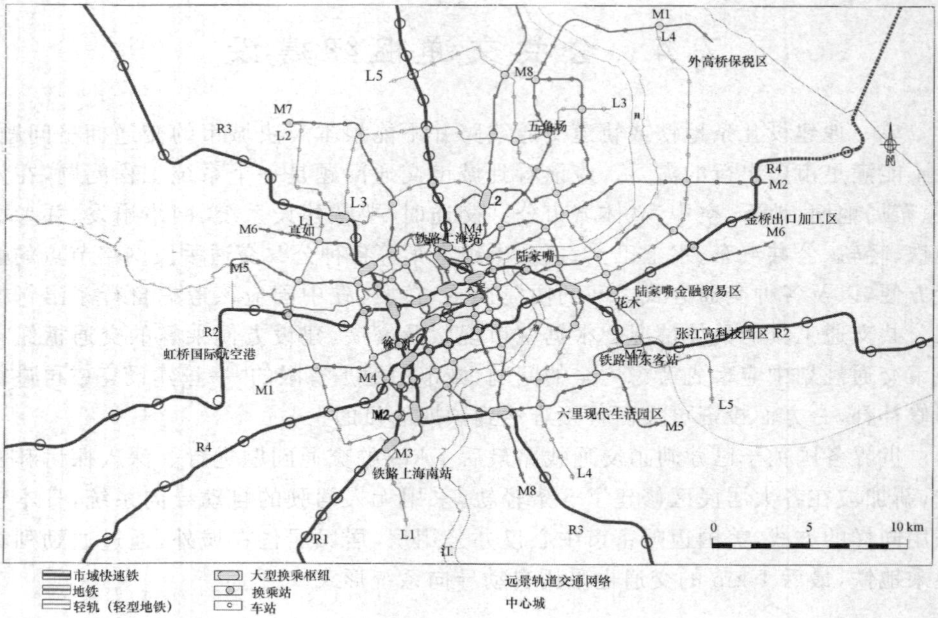


图 7.26　上海城市轨道交通发展远期网络换乘节点示意图

充分发挥公交 IC 卡的功能。

一个城市的轨道交通线网不可能同步实施建设，一般而言，换乘站也不会同步配套完成，在先期设计、施工的车站应预留切实可行的接口（见图 7.27），先期投入使用的车站应该做好乘客安全防范措施及接口处的照明、排水设施。

图 7.27　北京地铁车站预留换乘设施

轨道交通换乘枢纽一般而言都设置在人流集中的区域，各相关的轨道交通车站应考虑多设置出入口通道，交叉路口的各象限均应布设，通道可以作为城市道路人行地道，既可解决行人交通障碍也可吸引客流。相邻换乘枢纽距离比较近，可考虑将这些换乘设施连成一个整体，并且在换乘通道设计、土地利用上综合考虑。

土地资源愈来愈贫乏，21世纪是地下空间开发时代，目前我国的规划、设计还处于平面设计水平，对城市地下深层次开发利用上尚处于低级阶段。亟待有所突破，城市轨道交通换乘枢纽的规划、设计和施工实际上提供了一个演习的契机。

**2. 同站台平行换乘**

(1)上、下层平行岛式站台换乘

进入换乘枢纽站的两条线路平行走向，两个车站站台上下重叠设置，一般构成"一"字形组合，站台上下对应，便于布置楼梯、自动扶梯，乘客就在同一站台达到换乘目的，或通过楼梯、自动扶梯等到另一车站的站台换乘，两线四个方向均能在上、下层站台完成换乘，见图7.28。这种换乘方式线路短，换乘高度小，换乘方便，节约换乘时间。但是两个车站需同步实施。

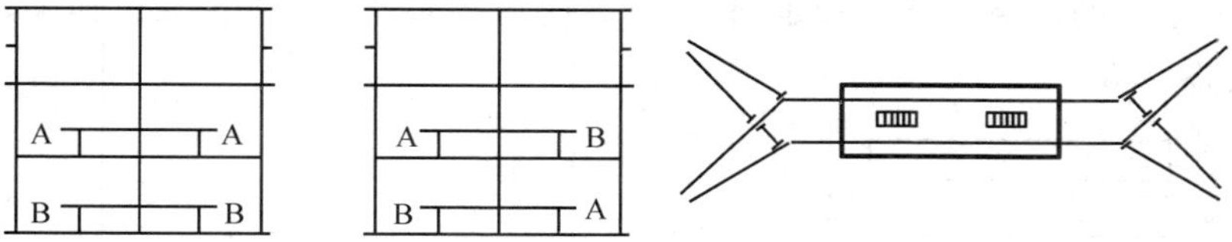


图7.28　上、下层平行岛式站台换乘

(2)同站台共线岛式换乘

两线或两线以上线路平行走需要换乘的乘客下车后在车站等候下一列车进站，换乘便捷，换乘量不受限制，但是只适用于各线发车密度不大的线路，通过该站的总量发车密度不得超过信号能实现的最小发车间隔，见图7.29。

(3)双岛式同站台平行换乘

进入车站的两条线路同标高平行走向，两线路各一个方向在同站台换乘，余下两个方向需通过站厅或通道换乘，需要同步建设两个车站，见图7.30。

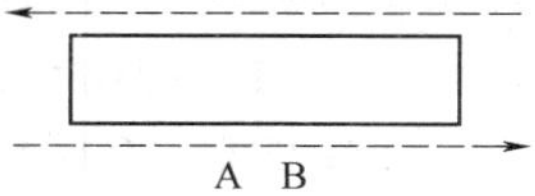


图7.29　同站台共线岛式换乘

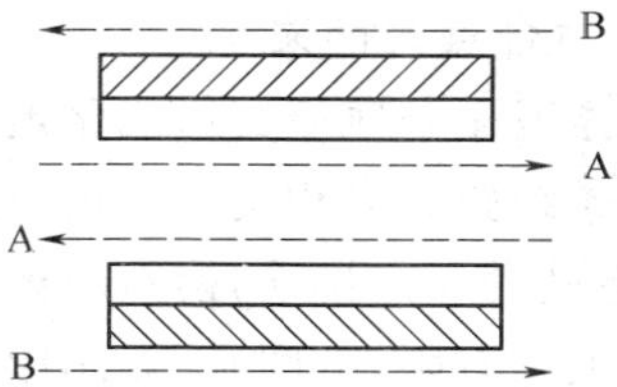


图7.30　双岛式换乘

(4)上下层平行侧式站台换乘

进入车站的两条线路平行走向，两线路两个方向能在上、下层通过楼梯完成换乘，余下两个方向需通过站厅或通道换乘，这也需要同步建设两个车站，见图 7.31。

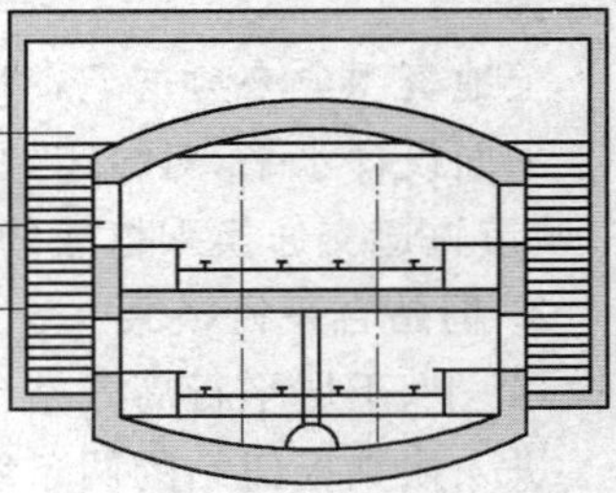

图 7.31　上下层平行侧式站台换乘

(5)同层岛、侧式站台平行换乘

也称一岛二侧式站台平行换乘，见图 7.32，进入车站的两条线路平行走向，两线路一个方向能完成平面换乘，余下方向仍然需通过站厅或通道换乘，可分期实施但两车站合用的隔墙需要改建。

3. 同车站平行换乘

(1)双岛式站台平行换乘

进入车站的两条线路平行走向，所有方向均需通过站厅层或通道换乘，可分期实施，见图 7.33。

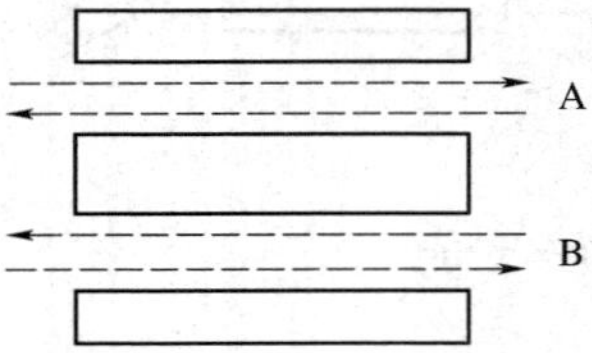

图 7.32　一岛二侧式站台平行换乘

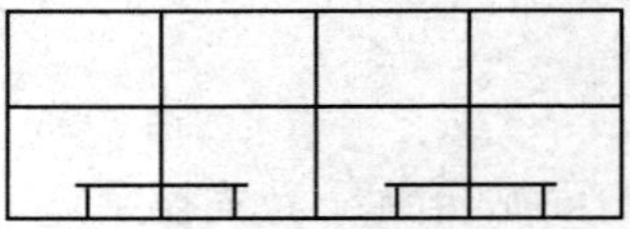
图 7.33　双岛式站厅平行换乘

(2)上、下平行侧式站台夹站厅层平行换乘

图 7.34 中，进入车站的两条线路上、下平行走向，两线站台均通过夹站厅层进行换乘，此种形式往往是用于高架车站，基本需要一次建成，如后建线路在上层，可分期实施。

**4. 站台点式换乘**

两条或多条轨道交通线路走向很难做到平行，一般多呈空间曲线状，从平面图中看两条线路大多相交成一定角度，在相交部位设计换乘设施是可行、合理的，形成上、下站台一点换乘，换乘距离短、便捷。但是可用作换乘通道的站台处空间相交部位面积有限，从图 7.35 阴影部分可以清晰地看到，只够安排一个楼梯，换乘量受控制，换乘客流方向一般只可解决从一个站台到另一个站台，反方向的换乘客流则必须采用通道换乘方式或站厅换乘方式。根据两个车站相交形状和位置一般可以站台点式换乘区分为如下几种形式(图 7.36)：

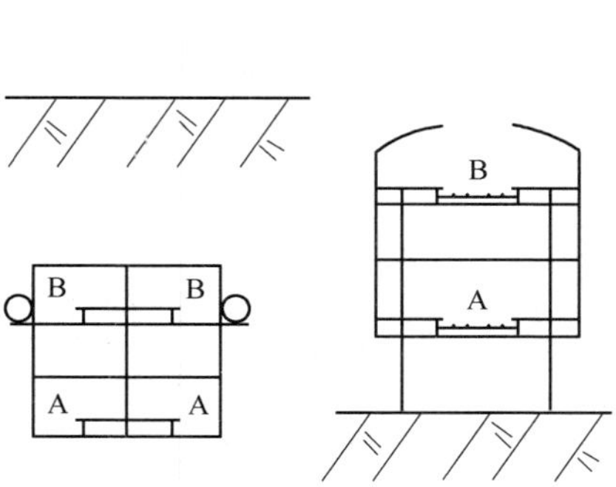


图 7.34　站厅夹层做换乘厅平行换乘

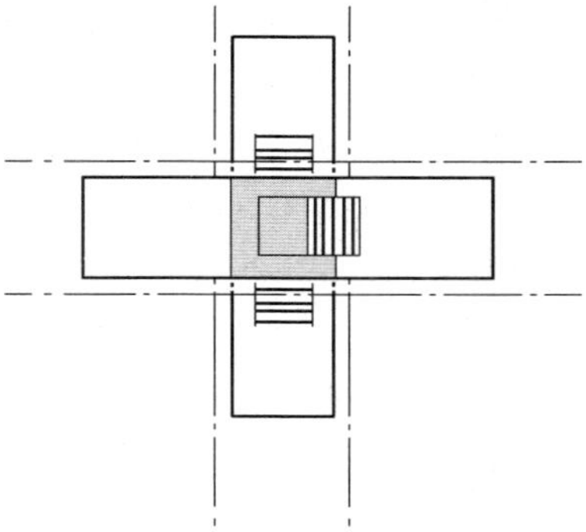

图 7.35　岛式与岛式“十”字形换乘

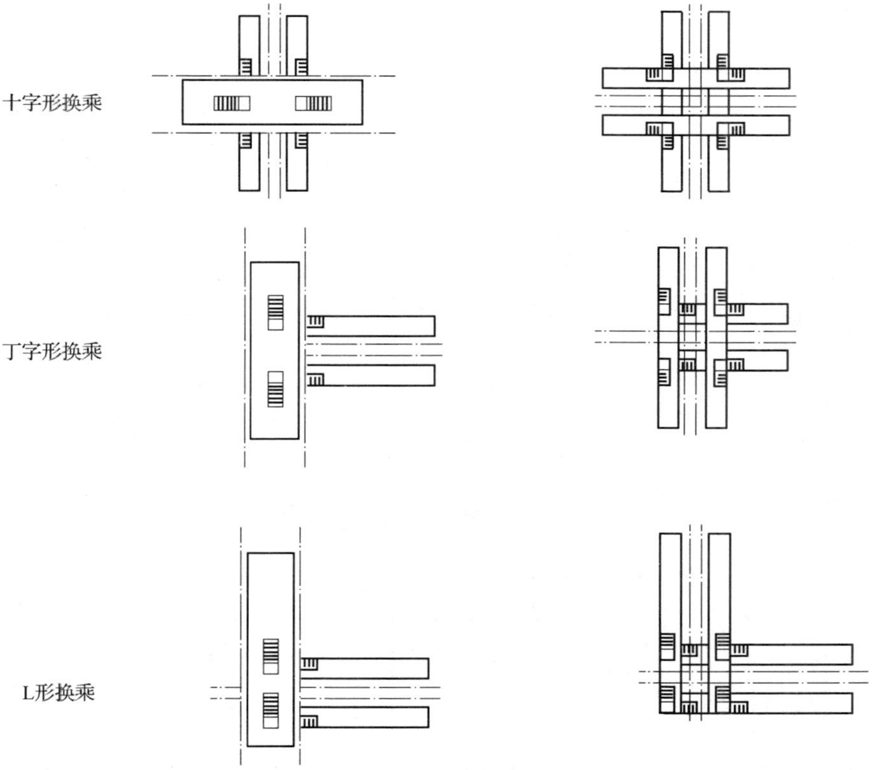


图 7.36　各种类型站台点式换乘方案

(1)岛式与岛式呈“十”字交叉换乘

形成上、下站台一点换乘，后建线路可预留接口，北京地铁比较多地采用这种换乘方式，如复兴门、建国门、西直门等车站。

(2)岛式与侧式呈“十”字交叉换乘

形成上、下站台两点换乘。

(3)侧式与侧式呈“十”字交叉换乘

形成上、下站台四点换乘。

(4)岛式与岛式、岛式与侧式、侧式与侧式呈“丁”字交叉换乘

情况和前三种形式相同，不同处在于一条线路的站台计算长度外延伸段与另一线路的站台计算长度内相交完成换乘。

(5)岛式与岛式、岛式与侧式、侧式与侧式呈“L”字交叉换乘

情况和前三种形式相同，不同处在于两条线路的站台计算长度外延伸段相交完成换乘。“L”形交叉换乘和“十”字形交叉换乘相比较，可取得较大宽度的换乘楼梯，换乘量比后者大，但走行距离也比后者长。

**5. 通道换乘**

使用单通道、双通道或多通道把需要组织换乘的车站连接起来，达到换乘的目的(见图 7.37)。此种形式的换乘方式往往通过站厅层沟通达到在付费区内换乘的目的，换乘距离长，不直接，如上海地铁 1 号线和 2 号线在人民广场站的原换乘就是采用这种形式(见图 7.38)。1 号线和 2 号线在南京西路与西藏中路交叉口地下较差，地铁 1 号线隧道位于地下二层，地铁 2 号线位于地下三层，两线车站站位呈 L 形布局，车站端部与中部建有联络通道，南端通道长度 250 m，北通道长度约 60 m，通道出入口均设在站厅层收费区内(现已修建地下换乘大厅，连接 1、2 和 8 号线)。

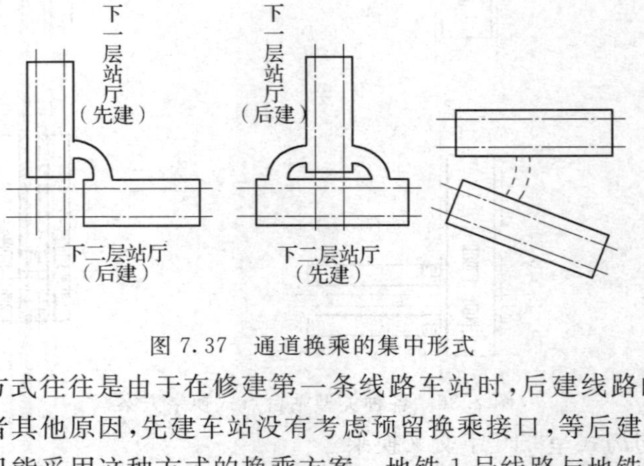


图 7.37　通道换乘的集中形式

这种换乘方式往往是由于在修建第一条线路车站时，后建线路的车站还没有规划、设计，或者其他原因，先建车站没有考虑预留换乘接口，等后建车站施工后为解决换乘问题只能采用这种方式的换乘方案。地铁 1 号线路与地铁 3、4 号线路在上海火车站站十字相交，站位一北一南，中间被上海火车站阻隔，建有人行通道一

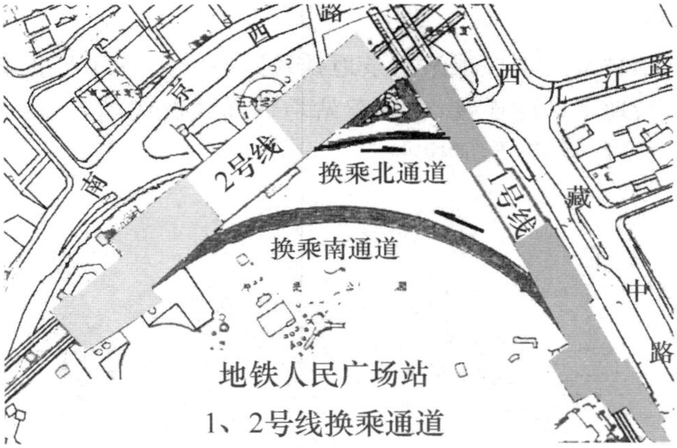


图 7.38　上海地铁 1、2 号线换乘通道

座，通道长 355 m，如果按两站中心计算换乘距离，则达到 475 m，而且该人行通道非地铁专用，兼作火车站南、北广场的联络通道，实际上不能作为换乘通道之用（现已彻底废除，乘客需出站再进站）。

**6. 组合换乘**

两线以上换乘通常是上述换乘形式的组合，其形式如“H”、“门”、“Y”等形式见图 7.39 所示。

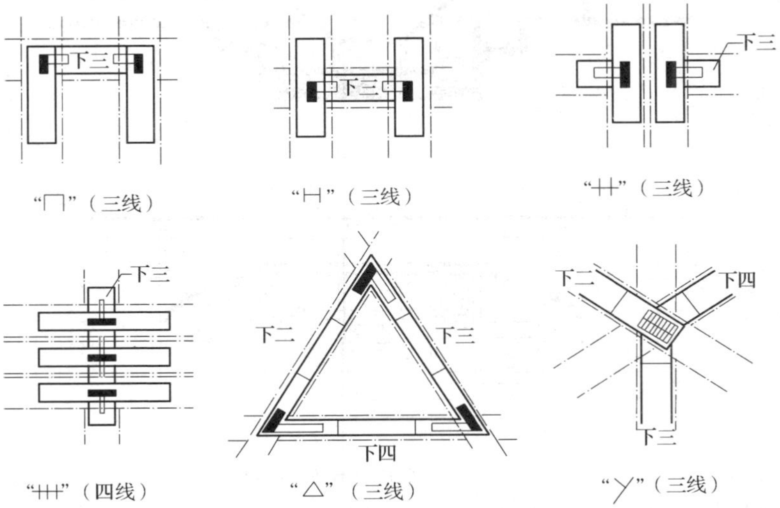


图 7.39　组合换乘方案

**7. 换乘实例**

图 7.40 是柏林某地铁换乘站两条地铁线路在十字路口十字交叉，在交叉点设换乘站，出入口与地下站厅连接，上下车站均为岛式曲线站台，两个站台以自动扶梯及楼梯一地下站厅连接，形成换乘。

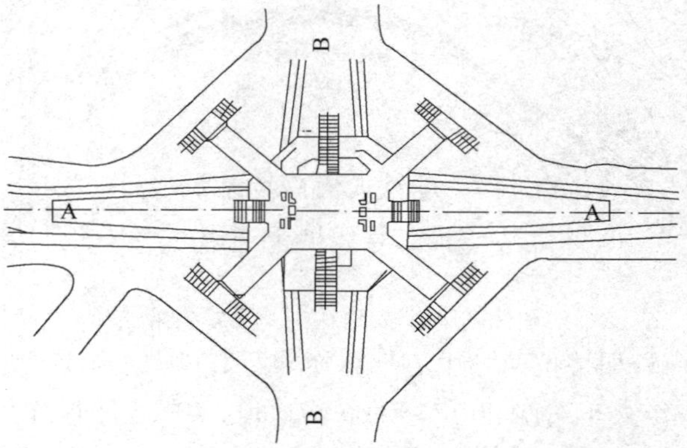


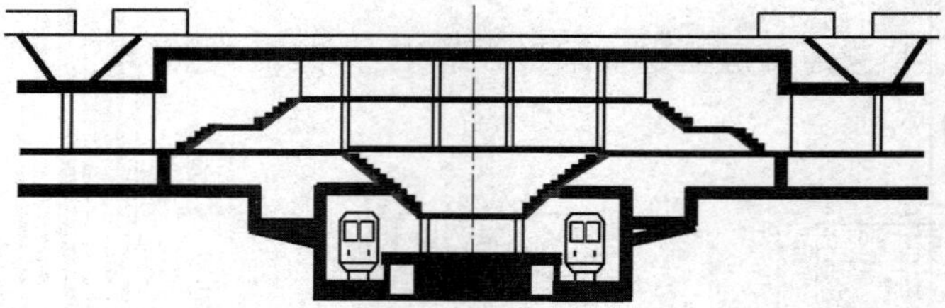

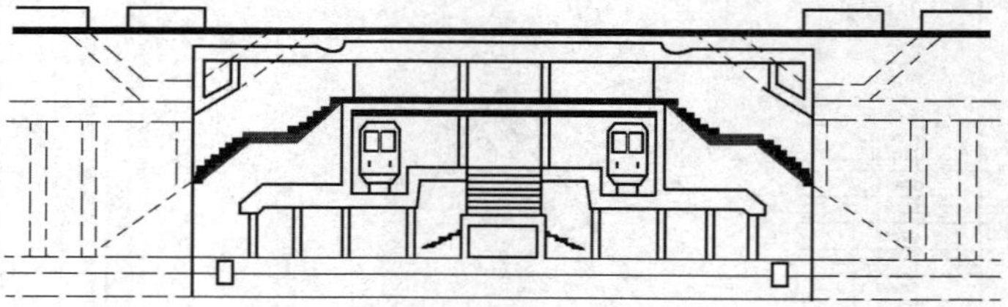

图 7.40　某柏林地车站换乘

香港地铁在地铁车站综合开发、组织换乘方面的设计是值得借鉴的。如图 7.41荃湾线和观塘线两线四个方向的换乘，香港地铁采用了站台平行换乘方式，在太子、旺角两个岛式车站来进行，乘客只要简单地下车后到岛式站台的另一侧上车即可，非常方便。在加拿大蒙特利尔等其他一些地铁换乘站里也采用这种站台同平面换乘的形式。

图 7.41　香港地铁平行换乘线路

上海地铁 1 号线、2 号线早于其他线路已通车，后建的地铁 4 号线在世纪大道站于 2 号线换乘，8 号线与 1 号线在人民广场站换乘均采用了站厅换乘方案的形式，见图 7.42 所示。这种做法是方便乘客换乘、不影响已建线路运营的补救方案，如果在 1 号线、2 号线车站设计施工过程中就考虑换乘接口，总体投资要节省得多，影响城市交通周期要小得多，可选优化方案也多。

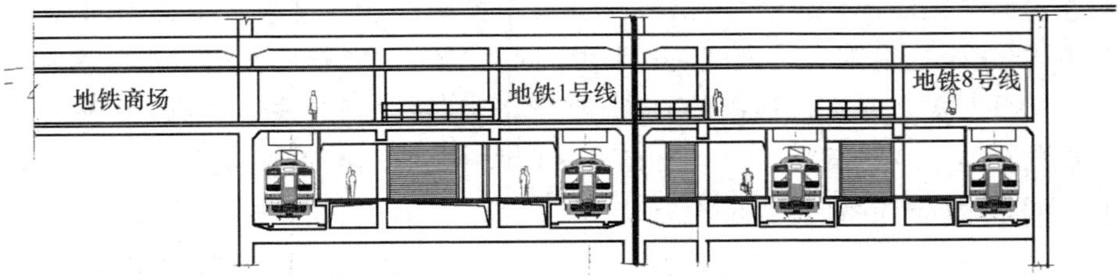


图 7.42　新建上海地铁 8 号线在人民广场站与上海地铁 1 号线换乘方案

## 7.4.2　轨道交通与地面公共交通的换乘

一个城市的交通系统可以比喻成人的循环系统中的动脉血管，有主动脉、动脉和毛细血管等组成，动脉血管中的任何一个环节出问题，都可能造成血脉不通，健康受损。城市轨道交通相当于主动脉，地面公共交通相当于动脉，主动脉中的血液如果不能通畅无阻地流向动脉、毛细血管，这个系统肯定有问题。

以上海为例，上海已建成通车地铁各条线路大部分区段，日均客流 100 万人次。地面公交经营企业 62 家，市区拥有各类公交线路 981 条，各种车辆 18 059 辆，线路总长度达 23 332 km，日均运送乘客 746.01 万人次。

我国各已建轨道交通线路的城市中,目前轨道交通大多网络尚未健全,优势尚未完全发挥,但对于今后各种交通方式之间分工已基本得到了确认,即以轨道交通为主,地面公共交通为补充。充分发挥轨道交通大容量、准点、快速的优势,以及地面公交便利、反应速度快捷、布局容易改变的特点。因此加强两者之间的接驳配套,形成科学合理的换乘、接驳体系就刻不容缓。

**1. 轨道交通车站与地面公交配套枢纽接驳、换乘的困难**

轨道交通车站在城市内大多设于地下或高架之上,乘客从地下或高架上到地面有一定的步行距离,轨道交通车站很多设于交通繁忙的交叉路口,根据我国的交通规则,距交叉路口一定的范围内机动车辆不得停靠,也即不能设有公交车站,这又加大了从轨道交通站出入口到公交站点的距离,乘客在这两种交通方式之间的接驳、换乘步行距离较大。比如上海地铁 1 号线人民广场站位于人民公园南北走向靠西藏路侧,公交枢纽位于东西走向的武胜路,如果地铁乘客欲换乘位于武胜路西端的公交 123 路汽车,需行走 500 m 以上。

如果车站出口位于路中央,乘客将把交通要道作为换乘通道,使本已拥挤的路面交通雪上加霜。典型的案例如上海地铁 3 号线中山公园高架车站位于凯旋路中间,横跨在长宁路之上,地铁出入口位于凯旋路中央。地铁乘客欲换乘地面公交必须横跨凯旋路。

由于轨道交通车站和地面公交站点各自设置的特殊性、局限性,加之城市布局和周边建筑的先期性,给轨道交通和地面公交换乘的设计带来了很大的困难,没有新意、因循守旧是很难有所突破,去利用空间,立体地、紧凑地作出方便乘客在两种不同的交通方式之间进行换乘的方法和思路。比如上海地铁莘庄站是地铁 1 号线和 5 号线的起始站(见图 7.43),没有去做同站台平面换乘,公交配套也没有利用空间,简单地置于线路两侧,很不方便。

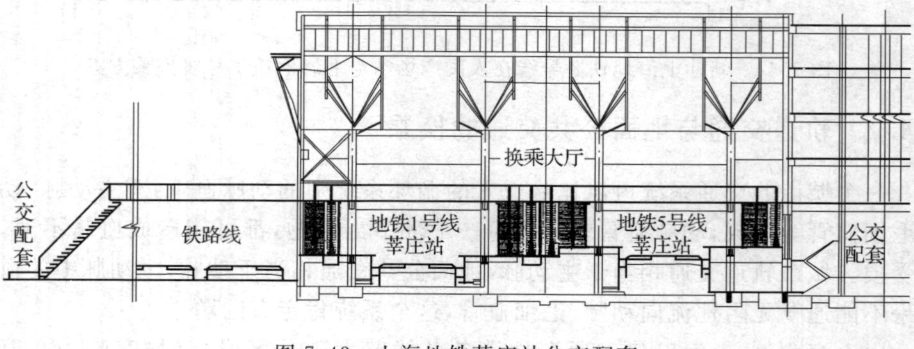


图 7.43　上海地铁莘庄站公交配套

**2. 轨道交通站与地面公交配套换乘枢纽布设**

我们的城市规划和城市建设早于城市轨道交通建设许多年,城市地面公交的设置、建设早已成型,公交乘客也已习惯使用这种公交站点的设置。

在城市已形成格局的情况下进行轨道交通线网规划、设计、接驳换乘配套,难免会出现不协调、不尽人意。而且轨道交通建设初期,建设方注意力会集中在轨道交通自身的建设,没有把精力放在与其他交通形式联系上。在地面公交与轨道交通配套问题上,地面公交调整往往只能浅尝辄止,难以进行系统额度优化调整。

我们国家在过去较长的一段时间里,建设配套工程处于弱势地位,未受到足够的重视,配套资金也难以落实,由此产生了轨道交通站点周边的地面公交配套滞后,换乘不便,影响轨道交通发挥交通主动脉的优势。

据不完全统计,上海地铁已建47个车站中规划建设地面公交配套的车站35个,有实际配套的车站仅15个,占42%。

**3. 轨道交通站与地面公交配套的换乘客流基础数据**

城市轨道交通与地面公交配套的目的在于组织客流,以最短的时间运送完成最多的出行客流,地面公交系统在以往的轨道交通配套中曾做出过一定的努力。但是由于近年发展速度相当快,整个中国的社会经济结构进行了有史以来最大的调整:

(1)大中型企业转制、调整、关、并,工作出行的客流发生了很大变化;

(2)旧城区改造、城市中央商务区的形成、居民新村不断外迁,购物、就学、就医等发生了明显变化;

(3)我国正处于农村人口向城市转移的关键时代,各大城市流动人口比例持续走高;

(4)各大城市在向高科技、高水准发展的进程中,必然涌进大批国内各方面人才,这些城市新移民的居住、出行习惯改变了以往的客流一般常规规律。

在世界经济中心向太平洋沿岸区域,特别向中国转移的时刻,中国大城市在走向世界,以博大的胸怀迎接了世界各国、各地区的人流,这些人员在各城市已达到一定数量,他们的出行客流有待研究。

这些诸多因素,已经反映了客流流向有很大的变化。而与此相关的数据库背景资料透明度不大,或资讯的传递途径不畅,更新率也较差,公共交通行业囿于对这些背景资料的缺乏,在进行轨道交通与地面公交配套中难免捉襟见肘。

### 7.4.3 轨道交通站与出租车配套换乘

出租车是城市公共交通中较高层次的出行工具,随着改革开放的深入发展,出租汽车行业得到了较快的发展,以上海为例,全市拥有出租汽车超过5万辆,日均供车100余万车次,运送乘客200余万人次,以上海人口最新普查资料显示,全市1670万常住户口,则每天有13.2%乘坐出租汽车,占地面公交1/3强。出租汽车能吸引这么多人乘坐，反映了时代进步，社会财富增加，联手消费总额已发生变化，人的消费观念也跟着转变。另一个重要的原因是出租汽车的服务方式迎合了现代人追求方便、迅速、舒适、门到门的出行要求。

长期以来，有关各部门对于出租汽车在城市公共客运体制中作用的认识不足，致使在市政建设中、轨道交通规划中，出租汽车的候客站、扬招站配套严重滞后，导致乘客换乘极为不便。先期建造的轨道交通车站根本未考虑出租汽车的停靠问题，如 7.4.2 节所述，轨道交通车站一般均设在交通繁忙、人流集中地段，由于事先未规划设计出租车停车区域，而轨道交通换乘乘客又需要在此换乘，造成出租车违章停车候客，堵塞交通。

在构筑城市交通一体化过程中，如何使出租汽车成为城市交通中有机的组成部分，应该充分引起各方面的重视。

根据上海交通研究部门在做上海地铁客流调查中，采用问卷调查方式，得出上海地铁车站平均换乘出租车的换乘率大致为 3%。根据车站所处位置不同，换乘率有所不同。

出租汽车上下客区域的选定是一个重要的服务质量问题，考虑出租汽车是以“门到门”为服务特点的交通工具，为体现以人为本。方便群众、为民服务的思想，根据我国城市道路具体情况，建议该区域应设置在轨道交通车站出口处附近，最远不超过 50 m。

### 7.4.4 轨道交通站自行车寄放站和汽车停车场

社会发展的规律是首现由农村向城市的转移，城市化、工业化达到一定程度，又开始逆向转移，从城市化区域转移到近郊，甚至远郊居民区，发达国家几乎人人都有小汽车，但是在纽约曼哈顿、巴黎、新加坡等城市中心区域内，政府有意识限制小汽车通行，这些城市区域内公共交通的乘坐率极高，人们出行行为变成开小汽车到居住地附近的轨交通（地铁、轻轨或通勤列车）车站停车，然后换乘轨道交通列车进城，称为“P & R”（即为 Park and Ride）。这些国家的停车场是必要配套措施。

我们国家尚未达到这些国家的发达程度，但是应该看到已开始有这方面的苗子，市中心区域交通拥堵、经济富裕的群体开始向近郊转移，这部分人是潜在的客源，但是我们在建设郊区轨道交通车站时根本未考虑停车场设置问题，而且也未有意识地留有将来发展的接口。这个问题值得思考和研究。

我们国家是自行车大国，一段时间以前自行车几乎了家庭万能“自备车”，在道路布局中快车道两边设置慢车道的做法颇具有中国特色，自行车在解决城市交通的问题中发挥了极重要的作用，遗憾的是很少有人研究如何更发挥自行车在交通中的作用,政府在解决城市交通的拥堵问题时也是以限制非机动车作为一项措施。即使这样,这种“门到门”的交通工具依然受到群众的欢迎和认可,社会保有量高居不下。旧城改造、动拆迁,城市居民大量迁往环线以外的地区,依靠自行车出行的传统做法变得不可能,中国式的“P & R”,即骑车到轨道交通站点,寄放自行车换乘轨道交通车辆进城,变成一种群众自创的出行方式。轨道交通北京西直门站、上海莘庄站等,站外都设有民间的大型自行车寄放站,给人一种规模宏大、杂乱无章、临时性的感觉。在早期投入使用的轨道交通车站中没有设置自行车寄放站,规划设计中也没有把这列入议程。以人为本、为民服务是我们的施政原则,如何为工薪阶层创造更好的乘车条件?在轨道交通车站的建设中把自行车寄放站(见图7.44)考虑在车站的总体设计中就是其中一个很重要的措施。

图7.44　西直门地铁外自行车停车场

## 7.5　城市轨道交通车站文化

城市轨道交通系统的车站建筑与其他建筑一样,在满足其物质功能的同时,还对人的精神感受产生巨大的影响。具体地说;就是车站建筑在解决乘客上下车辆这一基本功能的同时,还应解决车站内外环境给人的心理感受的问题,处理好车站建筑内外空间与造型、形式与风格的问题。

### 7.5.1　城市轨道交通车站的建筑形式

处理城市轨道交通车站的建筑形式时,应始终是车站功能第一,在满足车站功能要求的基础上,处理好车站的建筑形式问题。

车站是城市建筑的组成部分,车站建筑必须与城市建筑和街道等相关部分协调,相辅相成。选择车站建筑形式要与城市环境有内在的联系,不同建筑形式有不同的特点、不同的魅力,同样的一个建筑形式,在一个地方可以是美的,但在另一个地方可能是不美的;在一个地方可以是得体和必要的部分,而在另一个地方则可能是牵强和多余的部分,图7.45的车站形式就十分符合周边环境的特色。

图 7.45 轨道交通车站建筑形式和周边环境相协调

### 7.5.2 城市轨道交通车站内部文化

随着城市的不断扩大,居民需要花费在出行上的时间越来越长。作为大城市公共交通运输系统中骨干地位的轨道交通系统是绝大多数居民首选的交通工具。但轨道交通车站往往受到各种资源和建设成本的限制,车站在满足实用功能的前提下,规模越小越好。车站的有限的空间如何让乘客不感到压抑?地下车站"永无天日",完全采用人工采光,如何让乘客与现实社会相沟通?如何让人在地下空间中不感到乏味、单调?这是地下车站建设、运营管理中需要动脑筋的。越来越多的城市采用文化和艺术手法来装饰车站,如莫斯科地铁里的巨幅壁画、巴黎地铁里的文物、伦敦地铁里的现代艺术品等等,车站已成为一个集交通、商业和艺术为一体的"地下世界"。

斯德哥尔摩地铁车站堪称世界最长的艺术画廊。斯德哥尔摩的地铁修建于上世纪四十年代,当时人们构思着如何去装饰每个地铁站,后来决定让一百多位艺术家分别用自己的风格和艺术构思来装点一个站台。于是今天人们能在一百多个地铁站内可以欣赏到各种风格的绘画、壁画、雕塑以及各式各样的艺术表现手法,见图 7.46、图 7.47。

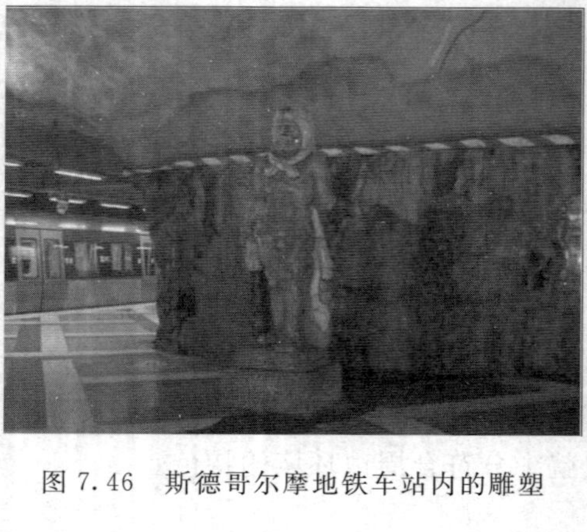

图 7.46 斯德哥尔摩地铁车站内的雕塑

图 7.47 斯德哥尔摩地铁车站内的壁画

我国的许多城市也意识到轨道交通车站除了通过商业广告来增加商业氛围之外，还能够通过艺术壁画、浮雕等形式来反映城市的文化特色和风土人情。如上海地铁体育馆站的《生命的旋律》、人民广场站的《万国建筑博览》、火车站站的《车轮滚滚》等大型壁画，将一个钢筋水泥铸成的地下“宫殿”装饰得温馨典雅。又如南京轨道交通车站内的壁画展现了这座历史古城的文化风貌、城市建设和自然景观，构成了独具特色的“地铁艺术”风景线，吸引了南来北往的乘客，见图 7.48、图 7.49。

图 7.48　鼓楼站的浮雕文化墙

图 7.49　三山街站的年画风格文化墙

## 思 考 题

1. 城市轨道交通车站有哪些功能？
2. 按运营性质分类，城市轨道交通车站可以分为哪几类？
3. 岛式车站和侧式车站各有什么优缺点？
4. 轨道交通车站的平面建筑由哪几部分组成？
5. 城市轨道交通车站规模是如何设置的？
6. 城市轨道交通车站出入口平面有哪几种基本型式？
7. 简述轨道交通线路之间各换乘形式的优缺点。
8. 轨道交通车站与地面公交配套枢纽换乘的困难有哪些？
9. 如何做好轨道交通车站与出租车之间的换乘接驳？
10. 怎么布置轨道交通车站配套的停车场？

# 第8章　城市轨道交通的轨道维护

## 8.1　城市轨道交通的轨道维护模式

城市轨道交通的轨道不同于其他工程结构物，它必须在边运营的条件下，边进行经常性和周期性的维护；它也不完全相同于国家铁路的轨道结构，正由于它的种种特性，所以需要建立适合城市轨道交通的轨道维护模式。

### 8.1.1　城市轨道交通轨道维护的目的

城市轨道交通轨道维护的目的就是以乘客运输为中心，在技术上，最大可能的减少永久变形的积累，经常保持轨道设备状态的均衡完好，保证列车按规定的最高允许速度，安全平稳的运行；在经济上，以最少的人力、物力和财力获得最佳的经济效益，最大限度的延长大中修周期，最大可能的延长设备使用寿命。

**1. 确保行车安全**

城市轨道交通的轨道结构受车辆运行的动力荷载作用及各种自然条件的影响，发生着各种各样的有害变化，为了使地铁车辆能够以规定的最高速度安全平稳的运营，就必须对这样的有害变化进行有效的控制和消除。控制和消除有害变化的最有效方式就是对轨道进行经常性保养和定期修理。

**2. 提高乘客舒适度**

在确保城市轨道交通行车安全的前提下，还需要不断保持轨道设备的良好状态，减少轨道病害对车辆运行的不利影响，使得乘客的舒适度得以保证。

**3. 提升经济效益**

任何构筑物在使用过程中都有一定的“寿命”，轨道维修的目的是以较小的投入来保持和提高轨道设备的使用寿命，借以提升轨道维护的经济效益。

### 8.1.2　城市轨道交通轨道维护的原则

城市轨道交通和国家铁路在轨道结构、运营要求等很多方面有较大的差异，因此其轨道维护也有很大的不同，城市轨道交通的轨道维护应遵循以下一些原则：

**1. 预防为主，适度超前**

城市轨道交通的轨道维护工作，应贯彻“预防为主，适度超前”的原则。轨道维护部门应按轨道设备技术状态的变化规律和程度，适当提前进行相应的维护，有效地预防和整治轨道病害，有计划地补偿轨道设备损耗，以免造成设备寿命缩短的不利情况，借以取得较好的技术经济效益。

**2. 检修分开**

城市轨道交通的轨道维护工作宜实行“检修分开”模式，特别是在线路成网络后，这就显得非常重要。成立轨道检查部门负责轨道检查工作，成立轨道维修部门负责轨道维修养护工作，成立轨道大中修及抢修部门负责轨道大中修及抢修工作，这样有利于专业分工，更好地做好轨道交通的维护工作。

**3. 自营与委外结合**

城市轨道交通的维护工作宜采取自营与委外相结合的模式，轨道检查和轨道抢修工作必须自营，这是轨道维护的安全保障；轨道维修及大中修宜委外，从而节约大量的设备购置费和人工管理费，这样自营与委外相结合有助于提高轨道维护的技术管理水平及经济效益。

### 8.1.3 城市轨道交通轨道维护的内容

城市轨道交通轨道维护可分为检查、维修、大中修及抢修等内容。

**1. 检查**

就是应用目视或是检查设备对轨道及附属设备状态进行调查。从检查周期上看，可分为周检、月检、年检等；从检查主体上看，可分为人工检查和仪器检查；从检查性质上看，可分为静态检查和动态检查。

**2. 维修**

就是根据线路变化规律和特点，在轨道病害无法控制前，按周期、按规定、有计划地对轨道进行作业，以恢复轨道完好的技术状态。城市轨道交通的维修可分为综合维修、经常保养和临时补修。

**3. 大中修**

根本任务是在轨道病害处在无法控制后，采用补强或是更新轨道的方式，使轨道恢复到原来的状态或更新成新的状态。城市轨道交通由于特殊的轨道结构，其大中修主要内容是成段更换无缝线路钢轨、成组更换道岔等专项大修，和国家铁路的大修、中修内容有明显的区别。

**4. 抢修**

主要是指接到本单位调度或是总调度所的抢修令时，需要到现场进行的抢修作业或是配合抢修作业。

## 8.2 城市轨道交通的轨道检查

在列车运行的条件下，轨道状态总是不断地发生着变化，这些变化又不断地累积和发展，使得轨道设备形成病害而威胁行车安全。在轨道状态不断发生变化的过程中，在对轨道进行维护的过程中，需要对轨道状态进行有周期、有目的的检查，从而掌握轨道的变化状态。因此，检查是进行设备质量评定的重要手段，也是修理作业前的重要程序。

### 8.2.1 轨道病害的内容

城市轨道交通的轨道在列车作用下产生的病害是多种多样的，主要有以下 3 个方面：

**1. 轨道几何形位的变化**

轨道几何形位的变化是指轨道的轨距、水平、轨向、高低等方面的变化，显示了轨道结构在三维空间发生了不良位移。

**2. 轨道构件的变化**

轨道构件的变化是指组成轨道的各部件如钢轨、扣件、轨枕等在列车动态荷载以及自然环境条件影响下发生着各种各样的有害变化，如锈蚀、磨耗、裂纹及断裂等。

**3. 轨道紧固度的变化**

轨道紧固度的变化是指有时轨道的几何形位没有变化，构件也没有变化，但是各种紧固件发生了松动和脱落等。虽然零部件的松动是局部的，但它发展的速度极快，最终必然导致轨道的变化。

### 8.2.2 轨道检查的内容

当轨道产生病害时，为确保行车安全，一定要通过相应的检查手段发现这些轨道病害，为修理作业提供前期保障。

针对轨道病害的内容，轨道检查主要有以下 3 个方面：

1. 检查轨道不平顺情况，包括轨距、水平、轨向、高低及扭曲（三角坑）等是否在容许范围之内。

2. 检查轨道各组成部分如钢轨、扣件、轨枕、道床及道岔零配件等是否良好，各类紧固件是否有松动。

3. 检查行车平稳程度，包括车辆在运行过程中车体产生的垂直加速度及水平加速度等动力学指标是否满足乘客的舒适度要求。

### 8.2.3 轨道检查的主要类别及设备

轨道检查种类繁多，可按检查的性质、内容和设备相结合进行划分，分为以下几类：

**1. 静态检查及设备**

在城市轨道交通列车停止运营后，轨道维护部门对轨道进行静态检查，是为了解在无列车运营情况下轨道的整体状态，是各种检查类别中最基础的内容。

(1)道尺检查

用道尺和支距尺(见图 8.1、图 8.2)对线路及道岔进行人工静态检查，用来检查轨道的不平顺情况是否在容许范围之内。

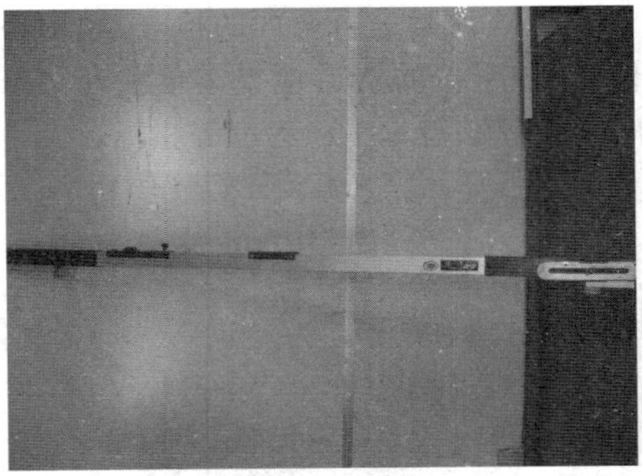

图 8.1　道尺

图 8.2　支距尺

(2)轨道检查仪检查

人工手推轨道检查仪(图 8.3)对线路进行仪器静态检查，也用来检查轨道的不平顺情况是否在容许范围之内。这种利用仪器进行轨道检查的方式比人工用道尺检查先进，各项检查数据也更为精确。

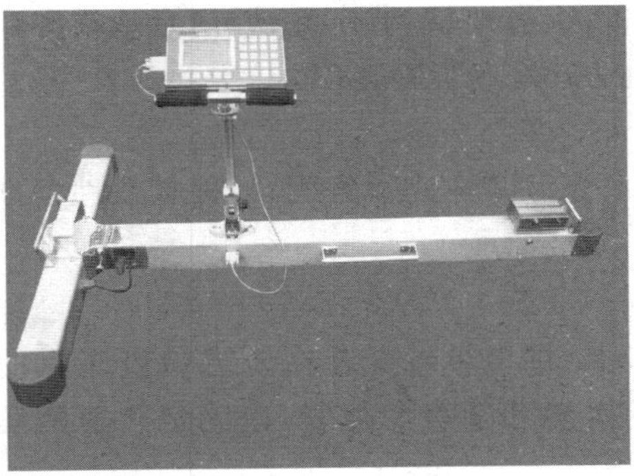

图 8.3　轨道检查仪

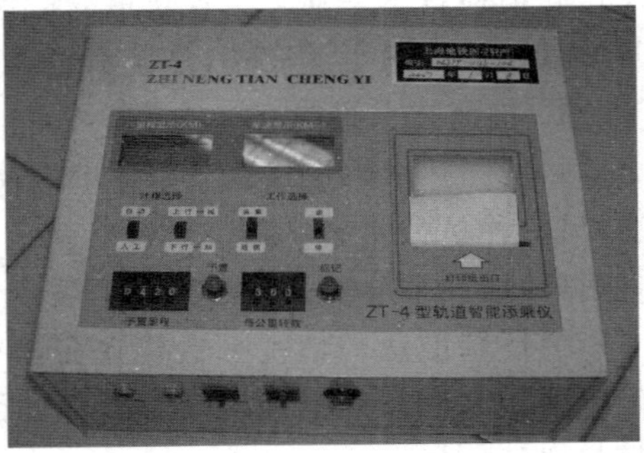


图 8.4　轨道添乘仪

**2. 动态检查及设备**

轨道静态检查是在无列车荷载作用下的轨道状态的调查，但有时我们需要了解在列车荷载作用下轨道的各项状态指标，因此需要进行轨道动态检查。

(1)轨道添乘仪检查

将轨道添乘仪(图 8.4)放置在列车头部或尾部,用来动态检查运营列车的水平加速度和垂直加速度,以反映行车的平稳程度,检查是否满足乘客的舒适度要求。

(2)轨道检查车检查

静态条件下的轨道检查数据并不能真实反映列车荷载作用下轨道的变化情况,这就需要我们模拟有列车荷载作用下,对轨道的动态进行全面的检查,轨道检查车(图 8.5)就应运而生。装有各种检测仪器、传感器的轨道检查车单独开行或者加挂在其他车辆里,主要用来动态检查轨道不平顺、行车平稳程度等指标。

图 8.5 轨道检查车

## 8.2.4 轨道检查车

轨道检查车是动态检查轨道的最佳设备,上海地铁、北京地铁、南京地铁和广州地铁已经购置了该设备,是城市轨道交通动态检查轨道的必由之路。

**1. 检测技术路线**

目前国际上轨道检查车采用的检测技术分为两种技术路线,一种是惯性基准法,另一种是弦测法。

(1)惯性基准法

惯性基准法的惯性平台建立在检查车上(图 8.6),安装在轨道检查车上的传感器用来测量轨道相对于惯性基准线的水平和垂直的位置,以确定轨道的几何位置。

(2)弦测法

弦测法一般使用了三个在轨道上同时测量的点来组成一个弦,该弦必须依靠车辆或转向架提供严密基准。弦测法分为对称弦测与不对称弦测。

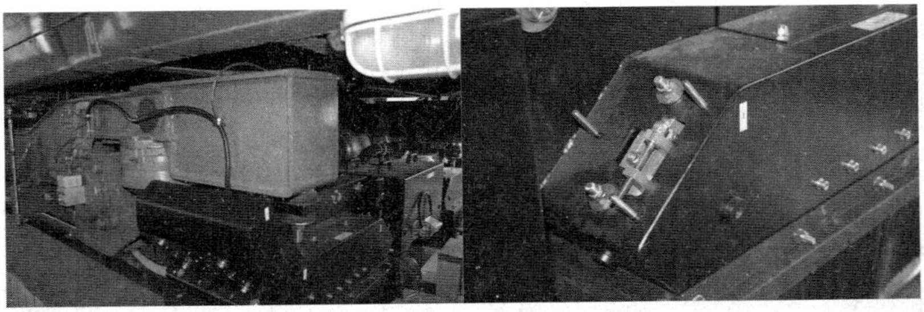

图 8.6 轨道检查车惯性系统

**2. 检测内容**

轨道检查车所能检测内容一般分为必选的轨道几何形位和车体振动加速度，可选的钢轨断面检测和钢轨波磨检测。

(1)轨道几何形位和车体振动加速度

轨道检查车检测内容的必选项目，真实地反映在车辆运营条件下的轨道几何状态和车辆的振动状态。

(2)钢轨断面检测和钢轨波磨检测

用来检测钢轨表面状态(图 8.7)。

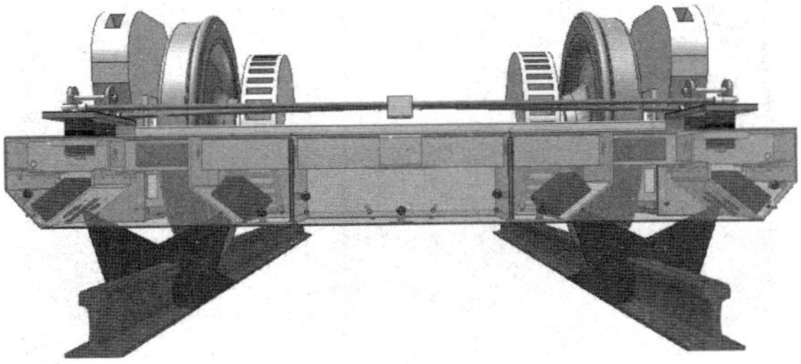

图 8.7 钢轨全断面检测

## 8.3 城市轨道交通的钢轨探伤

钢轨支承并引导车辆的车轮，直接承受来自车轮的力并传给基础，钢轨和轮对直接接触，钢轨状态的好坏直接决定着轨道的质量和运营的安全。钢轨探伤是检查钢轨状态的重要手段，属于轨道检查的一种，由于钢轨探伤工作是工务工作中非常重要的一项，因此数年来一直将钢轨探伤作为工务的单独分支。

### 8.3.1 钢轨的伤损

钢轨伤损是城市轨道交通轨道结构病害中出现最频繁、数量最多、也是影响最大的病害。

钢轨伤损主要有以下几类：

**1. 磨耗型伤损**

磨耗型伤损既包含了机械磨耗的伤损，还包括了由于轮轨力过大产生的塑性变形伤损，磨耗型伤损主要有侧磨（图 8.8）、垂磨、波磨（图 8.9）、擦伤（图 8.10）等。

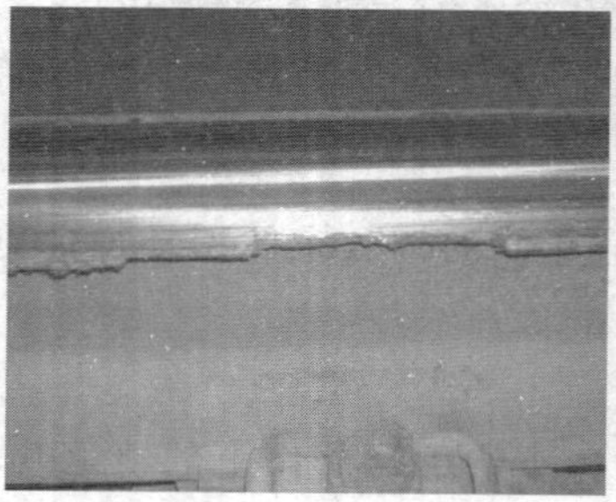

图 8.8 侧磨（重伤）

图 8.9 波磨

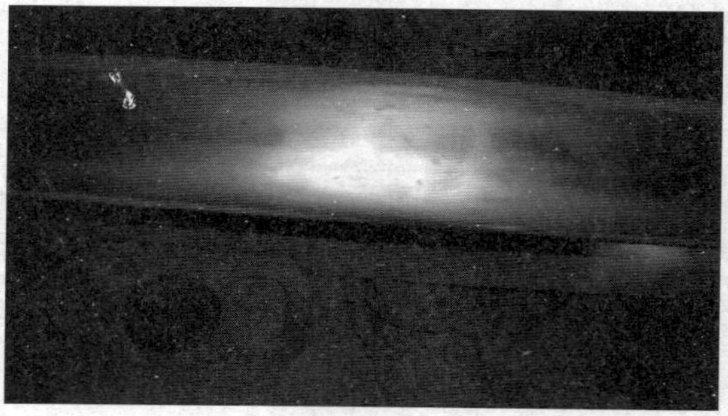

图 8.10 擦伤

**2. 表面接触疲劳型伤损**

接触疲劳型伤损是钢轨在列车交变荷载作用下，钢轨表面产生的弹塑性变形，最终导致钢轨表面完全塑性变形，引发表面接触型伤损的产生。

表面接触疲劳型伤损主要有轨面剥离、剥落掉块（图 8.11）、轨面鱼鳞（图 8.12）等。

**3. 裂纹型伤损**

裂纹型伤损指在列车荷载作用下，钢轨表面或是内部产生裂纹导致钢轨伤损，主要有纵向裂纹、轨头核伤（图 8.13）、轨腰螺栓孔裂纹（图 8.14）等。

**4. 锈蚀伤损**

在隧道内空气湿度大，钢轨作为供电回路产生大量的电化学反应，导致钢轨锈蚀伤损极易发生和发展，钢轨锈蚀伤损主要有轨腰锈蚀和轨底锈蚀，其中以轨底锈蚀最为严重(图 8.15)。

图 8.11　剥落掉块

图 8.12　轨面鱼鳞

图 8.13　轨头核伤

图 8.14　螺栓孔裂纹

图 8.15　轨底锈蚀

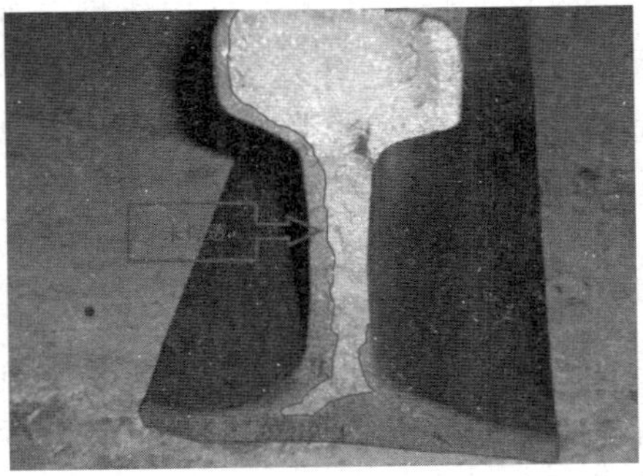

图 8.16　未焊透

**5. 焊缝伤损**

城市轨道交通焊缝主要是接触焊和气压焊，焊缝表面伤损主要有低塌、错接等；内部伤损主要有裂纹、光斑、灰斑、未焊透(图 8.16)等。

## 8.3.2 钢轨探伤的目的

针对钢轨在运营中发生的各种伤损，对于磨耗型伤损、锈蚀型伤损及焊缝的表面伤损等，我们可以通过表面检查进行伤损的定性定量分析；而对于接触疲劳型伤损、裂纹伤损及焊缝的内部伤损等则需要采取超声波探伤的形式进行检查，以保证钢轨的状态，确保行车的安全。

## 8.3.3 钢轨探伤的内容

**1. 钢轨母材的探伤**

钢轨母材探伤是针对钢轨本身，钢轨母材探伤贯穿于从新钢轨上道到旧钢轨下道的整个钢轨全寿命过程，在此过程中按照一定的周期对钢轨母材进行探伤，保证钢轨在使用期限内状态良好。

**2. 钢轨焊缝的探伤**

钢轨焊缝探伤是针对钢轨焊缝，对焊缝进行全断面探伤。根据上海轨道交通多年来的钢轨焊接质量调查及经验，在建设时期需对所有焊缝进行全断面探伤；在运营时期，对于厂制接触焊维护单位可以不列入探伤生产任务，对于工地气压焊及铝热焊则必须列入探伤生产任务，工地接触焊根据实际的焊接质量进行评定是否纳入探伤计划。

## 8.3.4 钢轨探伤的主要设备

1. 钢轨母材探伤的主要设备

(1)JGT-6 型钢轨探伤仪和 JGT-6M 型数字式钢轨探伤仪(图 8.17)

这是一种以人工在沿钢轨推行的超声波探伤仪器，已经在线路上使用多年，从模拟显示到数字显示。性能越来越优良，使用上也更方便。

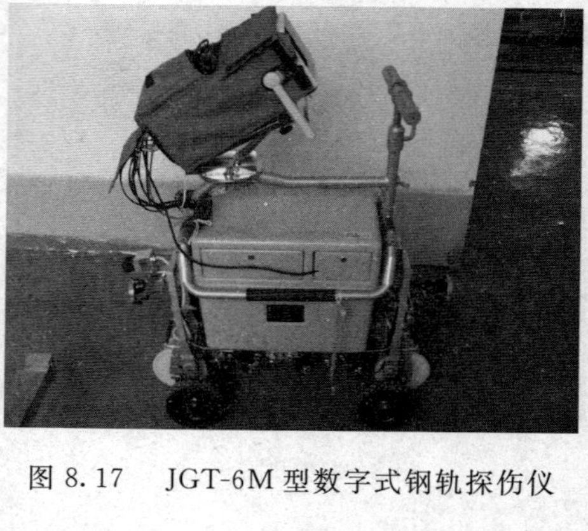

图 8.17　JGT-6M 型数字式钢轨探伤仪

(2)钢轨探伤车

将探伤探头安装在特制车辆上，车辆按一定速度在轨道上行驶，并把检测到的钢轨信息记录、分析、整理，这就是钢轨探伤车(图 8.18)。

2. 钢轨焊缝探伤的主要设备

(1)CTS-2200 通用探伤仪

CTS-2200 通用探伤仪一般使用单斜探头对轨头、轨底进行扫查并判伤，使用0°探头对轨腰进行扫查并判伤。

(2)CTS-2020 数字式通用探伤仪

近年来,随着超声波探伤技术的发展,出现了数字式通用探伤仪,主要型号是 CTS-2020(图 8.19)。它能将仪器探头的数据及判废线、定量线及测长线存放并显示在仪器上,极大的方便了焊缝探伤工作。

图 8.18　钢轨探伤车

图 8.19　CTS-2020 数字式通用探伤仪

## 8.3.5　钢轨探伤车

**1. 钢轨探伤车的基本原理**

目前钢轨探伤车大部分都使用轮式超声波探伤技术,它是对钢轨进行无损检测的有效手段。超声波在固体、液体中有不同的传播速度,但在空气中则几乎不能传播,超声波探伤就是利用这一特性进行工作的。当超声波射入有核伤、裂纹或其他伤损的钢轨时,在钢轨与空气的界面上受阻,产生反射波,经电子仪器接收、处理并显示,就能发现钢轨内部的伤损。还可根据超声波发射与反射的时间间隔及其在钢轨内的传播速度,判断伤损的深度。图 8.20 为钢轨探伤车探伤系统的简略图。

**2. 钢轨探伤车探伤的主要伤损及灵敏度**

由于钢轨中伤损位置不同,存在着轨头、轨腰、轨头轨腰交接处、轨腰轨底交接处等伤损以及伤损方向不一样(水平裂纹、垂直裂纹或其他方向的伤损等),需要布置不同角度的探头来发射超声波,以便能全面地探测出钢轨内部的伤损。

**3. 钢轨探伤车探伤系统的主要组成部分**

探伤系统一般由探测部分、偶合水部分及信号分析处理部分等组成。

(1)探测部分

探测部分指探伤小车(图 8.21),探伤小车能提起、落下,由液压控制,电控提升系统作为备用。

探伤小车左、右侧对称布置若干个探轮(图 8.22),探轮内有多个角度的探头及接收器,用于发射超声波及接收回波信号。探伤小车有自动对中调节装置,用液压驱动的伺服阀来控制左、右侧探轮的横向及超高位置,保证在曲线地段探伤时探轮始终处于钢轨中间,便于探伤作业的正常进行。

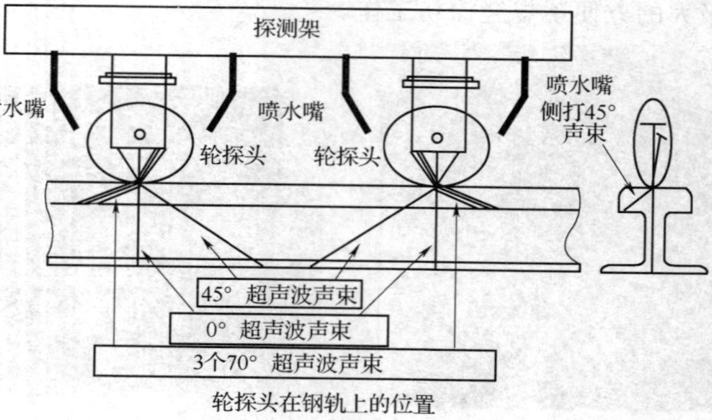


图 8.20 探伤车探伤系统的简略图

图 8.21 探测部分(小车安装方式)

图 8.22 探伤轮(6 英寸)

(2)偶合水部分

偶合水部分由偶合剂箱、水泵、防冻液箱及管路等组成。偶合剂用于探轮及钢轨的偶合,减少杂波的干扰。防冻液用于防止偶合剂在冬季冻结。

(3)信号分析处理部分(图 8.23)

信号分析处理部分由信号放大器、滤波器、A/D 板、计算机、显示器及示波器、打印机等组成。它能实现的功能

图 8.23 数据分析及处理

有：数据采集、处理、实时数据分析（钢轨伤损识别、分级、确定位置、尺寸等）、数据及彩色图形显示和打印报表等。

## 8.4　城市轨道交通的维修和大中修

### 8.4.1　维修和大中修的重要意义

轨道设备在运营过程中必然会发生有害的变化，在线路病害发展的过程中，需要不断地采取维修保养措施，对线路进行作业，从而保持轨道状态处于规定的范围之内。当轨道状态超出允许范围，且通过维修已经不能改善轨道状态时，需要对轨道进行大中修，从而对轨道进行更新，达到轨道规定的要求。

### 8.4.2　维修的内容

根据城市轨道交通轨道维修的目的，维修包含综合维修、经常保养和临时补修三个内容：

**1. 综合维修**

综合维修是根据线路变化规律和特点，以全面改善轨道弹性、调整轨道几何尺寸和更换、整修失效零部件为重点，按周期、有计划地对线路进行的综合修理，以恢复线路完好技术状态。

**2. 经常保养**

经常保养是根据线路变化情况，在全年度和线路全长范围内进行的有计划、有重点的养护，以保持线路质量经常处于均衡状态。

**3. 临时补修**

临时补修是及时整修超过容许偏差管理值及其他不良处所的临时性修理，以保证行车平稳和安全。

以上三个层次具有不同的特点，对设备质量和行车安全都具有互补性。综合维修是根据轨道各部件老化的规律和使用寿命所进行的周期性工作，周期的长短主要取决于运量、部件的技术指标和质量指标。同时，还取决于日常养护维修的工作质量，当日常养护工作的质量高，完全可以延长维修周期。

经常保养是及时减缓或消灭线路所发生的经常性变化，阻止线路超限的发展或线路病害的积累，是确保全线质量均衡的措施。

临时补修带有突发性和不可预见性，及时发现和处理突发性病害是养护工作的重中之重。

### 8.4.3 大中修的内容

当轨道状态已经超过允许标准，而通过维修已经无法改善其状态时，只有通过轨道大中修更换轨道部件才能保证列车的正常运营。

根据轨道设备损耗规律，有计划的对损耗部分更新和修理，恢复和提高设备强度，延长设备使用寿命，恢复和增强轨道承载能力。以全面更换新钢轨或再用轨为基本内容，同时改善轨枕、道岔等状态，使轨道质量恢复到初始标准或更高标准。

城市轨道交通轨道大中修内容主要有以下几个方面：

**1. 成段更换钢轨**

当钢轨的各项状态（磨耗、裂纹等）已经超出钢轨的允许标准时，就需要通过成段更换钢轨的方式来改变轨道的状态，从而确保行车安全。

**2. 成组更换道岔**

当道岔的各项状态（几何形位、部件性能等）就需要通过成段更换道岔的方式来改变轨道的状态，从而确保行车安全。

**3. 清筛道床**

当有砟道床的状态（脏污、板结等）已经超过允许标准时，就需要对道床进行清筛，以改善道床性能。

**4. 安装轨道加强设备**

当轨道的强度不能满足轨道的运营要求时，需要对轨道安装加强设备，以保持轨道的各项性能，满足轨道的要求。

随着城市轨道交通运营时间的逐年增长，轨道设备的病害会越来越多，维修和大中修的难度也越来越大。因此需要我们未雨绸缪，及早应对，寻找出能够延长设备使用寿命最经济的方法，推迟设计寿命终点的来临。

## 8.5 城市轨道交通的钢轨在线整形

钢轨在线整形是城市轨道交通领域轨道维修的重要内容，由于城市轨道交通曲线半径小、线路坡度大，因此钢轨的伤损，特别是钢轨表面伤损极其频繁。而钢轨的在线整形可以带来车辆荷载分布的最优化，保证列车的平稳运行，延长钢轨的使用寿命，因此它在城市轨道交通的轨道维护中占有非常重要的地位。

### 8.5.1 钢轨在线整形的重要意义

钢轨是轨道设备中非常重要的部件，从某种意思上说，对钢轨的维护管理决定了轨道的状态，因此对钢轨进行在线整形有着极其重要的意义。

**1. 消除钢轨伤损，延长使用寿命**

钢轨在线整形能够消除和延缓钢轨波浪形磨耗，同时也可清除钢轨表面的接触疲劳层，防止剥离掉块。采用特殊的整形断面还可以明显地改善轮轨接触条件，降低接触应力，抑制钢轨头部的塑性变形。对曲线地段的钢轨进行不对称打磨能明显地降低轮轨横向力和冲击角，从而显著地减轻钢轨的侧面磨耗，延长钢轨的使用寿命。

**2. 减少钢轨磨耗，提高经济效益**

由于钢轨本身的价格一般比较昂贵，在延长钢轨使用寿命后就减少了钢轨的用量，因此保证钢轨的良好状态从地铁运营的经济效益角度来说也是非常重要的。

**3. 改善钢轨状态，提高运营质量**

对钢纨进行在线整形作业是优化钢轨轮廓面、改善钢轨受力状态、提升钢轨运营质量的最有效维护途径。

钢轨轮廓面的优化能够加强轮轨之间的匹配，钢轨波磨的消除能够提高轨道纵向的平顺性，使得列车的振动及噪声大为降低，极大的提高运营质量。

## 8.5.2 钢轨在线整形的分类

钢轨在线整形对于钢轨的全寿命使用过程来说可以分为针对新上道钢轨的预防性整形、针对钢轨正常使用过程中的定期整形和针对钢轨伤损后的矫正性整形。

**1. 预防性整形**

预防性整形是指新铺设线路钢轨于通车之前进行在线整形作业，其主要作用是消除钢轨表面氧化层，防止形成波浪型磨耗和轨头龟裂，还可以矫正钢轨表面磨耗，如长波波磨、焊接接头的不平顺等。预先对钢轨进行打磨作业，改善了轮轨接触条件，延缓了钢轨表面伤损的出现，最终达到了延长钢轨使用寿命的目的。

**2. 定期整形**

钢轨在正常使用过程中由于轮轨的相互作用会产生一些如轨面细小裂纹、少量剥落掉块等病害。对钢轨实施定期整形，可以保持其最佳的轮轨接触面和走形条件，减少线路的振动和噪声，并使线路钢轨的疲劳发展处在控制之中，尽可能延迟钢轨的破坏进程。在钢轨定期整形实施时，为将横截面矫正量最小化，一般修理钢轨顶部，减小内圆角疲劳，使其保持最佳的轮轨接触面。

**3. 矫正性整形**

钢轨在到达一定的运量后，由于钢轨和轮对长时间的相互作用会对双方造成结构上的损坏，对于钢轨来说，轨头出现各种病害，如轨距角飞边、细小裂纹、剥离、擦伤、波磨等，这样正常的钢轨横断面轮廓被破坏，正常的钢轨纵向平顺性也被破坏，且这些病害和破坏值已经达到工务部门的最大伤损限界值。

钢轨伤损的大量出现，将会加快轮轨的磨耗，缩短钢轨的使用寿命，同时车辆运行时振动噪声增大，运行安全性及舒适度下降，甚至还有一定的安全隐患。

对伤损钢轨进行矫正性打磨作业，可以在很大程度上消除轨头的各种病害，如轨距角飞边、细小裂纹、剥离、擦伤、波磨等，彻底消除轨头的应力集中层，改善轮轨踏面条件，减少轮轨相对磨耗，高效率、高精度地恢复钢轨的横断面轮廓及纵向平顺性，延长钢轨的使用寿命，降低运行时的振动噪声，提高地铁的运营平稳性和安全性。

### 8.5.3 钢轨在线整形的技术和设备

钢轨在线整形经历了小型打磨机、砂轮打磨车和刀盘铣磨车，目前世界上铁路及城市轨道交通领域最为广泛使用的是砂轮打磨车。近年来，由于刀盘铣磨车的技术及设备不断发展，其应用也越来越广泛。

**1. 砂轮打磨车**

砂轮打磨车(图 8.24)是 20 世纪 50 年代源于欧洲最早应用于钢轨在线整形的技术，其主要原理是利用高速旋转的砂轮磨头端面对钢轨表面进行研磨作业，通过调整磨头的角度，经多次反复打磨，最终实现一个完整的钢轨包络面。这种钢轨打磨作业单次单个砂轮磨头每次打磨掉的金属量是比较少的，且在钢轨打磨过程中随着钢轨外形和其他参数的变化设定不同的打磨砂轮下压力，打磨的金属量是随时变化的，所以打磨的精度相对来说也是比较高。一般由 48 至 96 个磨头组成的大型砂轮打磨车，可以达到相对较快的作业速度，由于要求打磨效率较高时，打磨量只能控制在较小范围，故比较适用于钢轨早期的细微病害的整形作业——预防性打磨。

图 8.24 香港铁路公司的砂轮打磨车

但这种打磨方式会使钢轨产生很大的热量，会冒大量火星，作业时噪声也比较大，产生的灰尘及其他污染物也比较多，是比较传统的钢轨在线整形方式。

**2. 刀盘铣磨车**

20 世纪 90 年代,欧洲出现了一种新式的钢轨整形作业方式——钢轨铣磨。钢轨铣磨车(图 8.25)可以具备两套作业机构——刀盘铣削和砂轮打磨(不同于砂轮打磨车)。其中钢轨铣削的主要原理是利用圆周铣削技术,由镶嵌在刀盘圆周面上的铣刀对钢轨表面进行铣削加工。它是由不同的刀具组成一个完整的钢轨断面轮廓,采用仿形加工的方式,通过铣刀刀具与钢轨之间的快速相对运动一次切除较大的金属量,一次加工成形。在对钢轨完成铣削作业后,根据线路的实际状况和用户的需求,可以使用选配的磨石打磨机构再对钢轨表面进行一部分修正整形作业。

图 8.25 刀盘铣磨车

由于这种铣削方式一次的铣削量比较大,很适用于钢轨周期性整形和矫正性整形。同时,这种钢轨作业方式能够在一定程度上减小单纯靠钢轨打磨作业方式而产生的大量热量、火花、污染物和噪声,因此其应用前景相当广泛。

## 8.5.4 适合于城市轨道交通的钢轨铣磨车

**1. 铣磨车的主要组成部分**

铣磨车主要由操作监测部分、车体部分、铣削机构和吸尘设备组成。

(1)操作监测部分

操作监测部分要求让操作人员方便的操作铣磨车(图 8.26),同时在铣削机构作业时能够做到适时监测(图 8.27)。

(2)车体部分

根据上海城市轨道交通的网络线路要求,轴重不能超过 14 吨,因此铣磨车设计为二节二轴转向架形式,二节车采用铰接的连接形式。

(3)铣磨机构

一般来说,对于城市轨道交通线路只设一套铣削单元(图 8.28)和一套打磨单元(图 8.29)就能满足钢轨的作业要求。

图 8.26 钢轨铣磨车铣磨操作界面

图 8.27 铣磨作业检测

图 8.28 铣削部件

图 8.29 打磨部件

(4)吸尘回收设备

吸尘回收设备(图 8.30)分为铁屑容器、吸尘口(驱动、风扇)和连接管装置,城市轨道交通对吸尘设备要求很高,严禁有大量的铁屑和粉尘。

**2. 铣磨车的铣削内容**

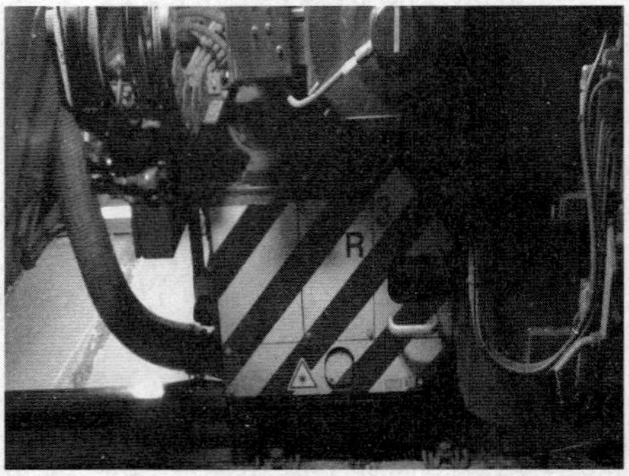

图 8.30 回收磨削粉末装置

针对上海地铁钢轨伤损的类型和数量,要求铣磨车能够对钢轨的横断面、纵断面以及轨头部分实施铣磨,通过钢轨铣磨作业能够消除波浪型磨耗、轨面擦伤、剥落掉块、作用边鱼鳞裂纹以及轨头飞边等钢轨病害。

**3. 铣磨车的铣削速度和效率**

(1)走行速度和通过要求

钢轨铣磨车在不工作时的自身走行速度应达到 60～80 km/h,铣磨车应自由通过最小曲线半径为 300 m、最大线路纵坡为 40‰的地铁线路以及车站的道岔区域。

(2)铣磨效率

针对城市轨道交通的钢轨伤损情况和铣磨要求,铣磨车在工作天窗内完成钢轨各项铣磨指标应达到 300～500 m/h。

## 思　考　题

1. 为什么要进行轨道结构维护?
2. 轨道维护分几个层次?
3. 轨道检查车如何工作?
4. 钢轨探伤车的原理是什么?
5. 如何进行钢轨断面修整?

# 第3篇　车　　辆

## 第9章　城市轨道交通车辆工程

### 9.1　城市轨道交通车辆概述

#### 9.1.1　城市轨道车辆组成

城市轨道车辆是技术含量较高的机电设备，也是城市轨道交通工程中最关键的设备，其选型和技术参数不仅是界定线路技术标准的基础，同时也是确定系统运营管理模式和维修方式的基本条件，而且还是系统设备选型和确定设备规模的重要依据。各城市的城市轨道交通车辆结构和性能不尽相同，但是它们都是尽可能的结合城市各自的特点，以满足城市交通容量大、安全、快速、舒适、美观、节能和环保的要求，并具有先进性、可靠性和实用性。

由于城市轨道交通车辆是运载乘客的工具，应满足乘客对乘车舒适、准时的要求，所以要在综合考虑各项因素后对车辆整体进行科学的编组。按照预期的目的，将各独立的车辆连接起来，成为一个运行体，就称为车辆编组。

车辆编组一般应考虑：线路坡度、运营密度、站间距离、舒适度、安全可靠性、工程投资、客流大小等因素。例如：必须满足单向高峰小时断面客流量的需要；兼顾信号系统设备所能达到的行车密度（或行车间隔），即系统设计能力；既满足高峰时的客流要求，又能提高平时的车辆满载率，实现节能和降低运营成本；考虑编组对初、近、远期客流变化的适应能力；结合运行交路的设计，合理选择车辆编组，实现经济、合理、高效。为了编组运营的需要，一般讲城市轨道车辆划分有动车、拖车等多种形式。有电机和传动装置的车辆称为动车。而动车又分为无受电弓（M或C）、有受电弓（Mp或B）、有司机室（Mc）、有受电弓及司机室（Mcp）几种情况。没有电机和传动装置的车辆称为拖车。而拖车又分为无司机室（T）和有司机室（Tc或A）两种情况。

目前我们国家各个城市的地铁编组方法都不尽相同，但是具体编组方法都采用动、拖车混编的方式。一般动、拖混编采用“四动加两拖”或“六动加两拖”的连接方式。

下面以中国几个城市的地铁部分线路车辆编组方法进行举例：

上海地铁6节编组其排列为：A—B—C—C—B—A，也可以写为：Tc—Mp—M—M—Mp—Tc。8节编组其排列为：A—B—C—B—C—B—C—A，也可以写为：Tc—Mp—M—Mp—M—Mp—M—Tc。

早期的北京地铁按全动车设计，两车为一单元，使用时按2、4、6辆编挂组成列车组。目前，北京地铁的列车有带司机室的拖车（Tc1车、Tc2车）、不带司机室的拖车（T车）和不带司机室的动车（M车）三种车型，采用贯通式车厢，乘客可任意走动。一个动车和一个拖车为一个制动单元，使用时按2、4、6节进行编组。当采用6节编组时，排列为：Tc1—M1—M3—T3—M2—TC1。

而天津滨海轻轨车辆在开通初期为4节编组，采用“二动二拖”形式，编组为：Mcp—T—T—Mcp而远期为6节编组，采用“三动三拖”形式，编组为：Mcp—T—T—M—T—Mcp。

每个城市会根据自己特有的客流量，车站位置，运行路线等方面的考虑做出相应的编组方法以达到整体运营的最优效果。

城市轨道车辆的结构基本由车体、车门、车辆连接装置、车辆走行装置、制动系统、牵引系统、辅助设备（包括辅助电源、通风和空调设备、照明设备）和列车控制系统等组成。

## 9.1.2　城市轨道交通车辆类型

目前城市轨道交通车辆的供应商较多，导致各个拥有地铁的城市其车辆规格各异。同时，城市轨道车辆形式的划分也没有一个十分严格的标准，在本书中的划分方法主要依据《城市轨道交通工程项目建设标准》（建标104—2008）及GB 7928—2003《地铁车辆通用技术条件》。根据城市轨道交通的形式，目前车辆大致可以划分为地铁车辆、轻轨车辆、独轨车辆等。然而还可以根据其他方式进行分类：

1. 根据车体宽度进行划分：只有车辆的宽度最具有参考性，不同的宽度满足不同的运能需要，而且宽度一旦成型就无法再改变，因此车辆宽度才是区分不同车型的唯一标准，如表9.1所示。

**表9.1　各种城市轨道交通车辆的主要技术特征和规格**

| 运能类型 | Ⅰ级 | Ⅱ级 | Ⅲ级 | Ⅳ级 | Ⅴ级 |
|---|---|---|---|---|---|
| 系统类型 | 高运量 | 大运量地铁 | 中运量轻轨、独轨 | 次中运量轻轨、独轨 | 低运量轻轨 |
| 适用车辆类型 | A型车 | B型车和Lb型车 | C—Ⅰ、Ⅲ型车和Lb型车 | C—Ⅱ型车 | 现代有轨电车 |
| 最大客运量（单向小时人次） | 4.5万～7.5万 | 3.0万～5.5万 | 1.0万～3.0万 | 0.8万～2.5万 | 0.6万～1.0万 |
| 线路形态 | 隧道为主 | 隧道为主 | 地面或高架 | 地面为主 | 地面 |
| 路用情况 | 专用 | 专用 | 专用 | 隔离或少量混用 | 混用为主 |

续上表

| 运能类型 | Ⅰ级 | Ⅱ级 | Ⅲ级 | Ⅳ级 | Ⅴ级 |
| --- | --- | --- | --- | --- | --- |
| 站台高低 | 高 | 高 | 高 | 低(高) | 低 |
| 车辆宽度(m) | 3.0 | 2.8 | 2.6(C型车)<br>2.8(Lb型车) | 2.6 | 2.6 |
| 车辆定员(站6人/$m^2$) | 310 | 240 | 217 | 220 | 104～202 |
| 最大轴重(t) | 16 | 14 | 11(C型车)<br>13(Lb型车) | 10 | 9 |
| 最大时速(km/h) | 80～100 | 80～100 | 80(C型车)<br>90(Lb型车) | 70 | 45～60 |
| 平均运行速度(km/h) | 34～40 | 32～40 | 30～40 | 25～35 | 15～25 |
| 轨距(mm) | 1435 | 1435 | 1435 | 1435 | 1435 |
| 额定电压(v) | DC1 500 | DC750 | DC1 500<br>/DC750 | DC750<br>(600) | DC750<br>(600) |
| 受电方式 | 架空线 | 第三轨 | 架空线/第三轨 | 架空线 | 架空线 |

注:① 广州三号线A型车设计最高时速为120 km/h,上海11号线北段车辆设计最高时速为108 km/h。
② 广州地铁4、5号线直线电机车辆采用DC1 500V第三轨供电方式。
③ A、B、C型车为旋转电机车辆系列,Lb型车为直线电机车辆系列。

2. 按车辆的牵引控制系统划分:分为直流,交流变压、变频车辆等。

3. 按车体材料划分:分为不锈钢车、铝合金车和耐候钢车辆等。

4. 按受电方式划分:分为受电弓车、第三轨受流器车及受电弓加受流器车辆等。

5. 按电压等级划分:分为直流1 500 V和直流750 V两种类型。

### 9.1.3 城市轨道交通车辆技术参数

车辆技术参数是概括地介绍车辆技术规格的某些指标,是从总体上表征车辆性能及结构的一些参数,一般可分为性能参数与主要尺寸两大类。

**1. 车辆性能参数**

(1)自重、载重:车辆自重是指车辆本身的全部质量;车辆载重是指车辆允许的正常最大装载质量。

(2)构造速度:构造速度是指车辆基于按照安全及结构强度的考虑,设计时所允许的车辆最高行驶速度。车辆的实际运行速度一般不允许超过构造速度。

(3)轴重:轴重是每根车轴允许负担的最大总质量,它包括轮对自身的质量。

(4)最小曲线半径:最小曲线半径是指车辆在站场或厂、段内调车时所能安全通过的最小曲线半径。当车辆在此曲线区段上行驶时不得出现脱轨、倾覆等危及行车安全的事故，也不允许转向架与车体底架或车下其他悬挂物相碰。车辆通过曲线最小半径的大小与车辆的运行速度有关。

(5)速度：速度参数包括：最大启动速度、平均启动加速度和最大制动减速度。

(6)冲击率：由于工况改变引起的列车中各车辆所受到的纵向冲击。在城轨车辆中，主要用于说明车辆本身电气及制动控制系统所应达到的冲动限制。用加速度变化率来衡量，单位为 $m/s^3$。

(7)列车平稳性指标：车辆平稳性是评定旅客舒适程度的主要依据，反映了车辆振动对人体感受的影响，因此评定列车平稳性的方法主要以人的感觉疲劳程度为依据，通常以平稳性指标表示。

(8)座椅数及每平方米地板面积站立人数：此参数与列车大小尺寸相关，也与设计的服务水平相关。

(9)每延米轨道载重：车辆设计中与桥梁、线路强度密切相关的一个指标，同时又是能否充分利用站线长度，提高运输能力的一个指标，其数值是车辆总质量与车辆全长之比。城市轨道车辆该参数按设计任务书规定。

**2. 车辆的主要尺寸**

(1)车体的长、宽和高：车体的长、宽和高又有车体外部和内部的区别。车体内部的长、宽和高必须满足乘客舒适乘坐的要求，而车体外部的长、宽和高应符合车辆限界的要求。车体外部(内部)长度是指车体两端墙板外(内)表面间的水平距离；车体外部(内部)宽度是指车体两侧墙板外(内)表面的水平距离；车体外部(内部)高度是指由地板下(上)平面至车顶中央部位外(内)表面间的垂直距离。

(2)车辆的长、宽和高：车辆的长度是指车辆处于自由状态，车钩呈锁闭状态时，两端车钩连接面之间的距离；车辆的宽度是指车辆两侧的最外突出部之间的水平距离；车辆的高度是指空车时，车体上外表面至轨面的垂直距离。

(3)车辆最大宽度：指车体横断面上最宽部分的尺寸。

(4)车辆最大高度：最大高度指车辆顶部最高点与钢轨顶面之间的距离。通常需说明与最高点相关的结构，如有无空调、受电弓的状态等。

(5)车辆定距(又称转向架中心距)：同一车辆的两转向架回转中心线之间的距离。

(6)固定轴距：同一转向架的两车轴中心线之间的距离，图 9.1 为车辆几个主要尺寸的关系示意图。

(7)车钩高：车钩高是指车钩连接面中点至轨面的高度。取新造或修竣后空车的数值。列车中各车辆的车钩高基本一致，是保证车辆正确连挂、列车运行中正常传递牵引力及不会发生脱钩事故所必备因素。不同车型车钩高有所差异。

(8)地板面高度：车辆地板面与钢轨顶面之间的距离。地板面高度与车钩高一

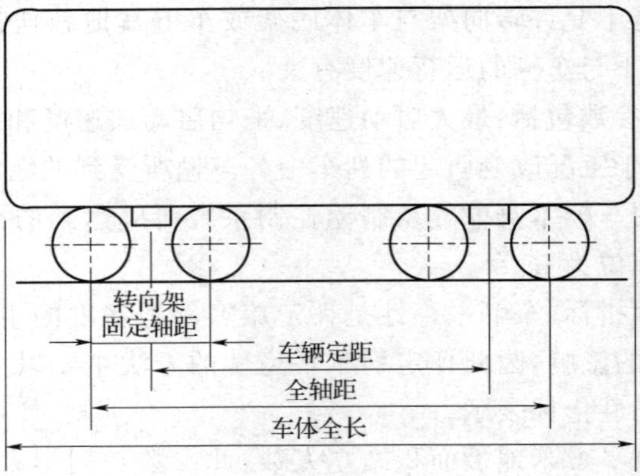


图 9.1 车辆主要尺寸关系示意图

样，指新造或修竣后空车的数值。它将受到两方面的制约，一是车辆本身某些结构高度的限制，如车钩高及转向架下心盘面的高度；另一方面又与站台高度的标准有关，规定车辆地板面应与站台高度相协调。不同车型底板面高度有所差异。

# 9.2 转向架

转向架是支承车体并担负车辆沿着轨道行驶的走行装置，它是城市轨道交通车辆最重要的组成部件之一，也是保证车辆运行品质、动力性能和行车安全的关键部件。转向架安装在车体与轨道之间，用来牵引和引导车辆沿着轨道行驶，承受与传递来自车体及线路之间的各种载荷并具有缓和各种冲击力的作用。

## 9.2.1 转向架作用和组成

**1. 转向架的作用和特点**

把两个或多个轮对用专门的构架(或侧架)连接，组成一个形似小车的走行装置，称为转向架，车体就坐落在前后两个转向架上。由于这种走行部的结构具有许多明显的优点，现代大多数轨道车辆的走行装置都采用转向架的结构形式。

转向架的作用有以下几点：

(1)车辆采用转向架可以增加车辆的载重、长度和容积。

(2)通过轴承装置使车轮沿着钢轨的滚动转化为车体沿线路方向的平动，并保证在正常运行条件下，车体都能可靠地坐落在转向架上。

(3)支承车体，承受并传递来自车体与轨道之间的各种载荷及作用力，并使轴重均匀分配。

(4)实现弹簧悬挂装置的安装,使车辆具有良好的减振特性,以缓和车辆和线路之间的相互作用,减小振动和冲击,提高车辆运行的平稳性和安全性。

(5)实现制动装置、牵引电机和减速装置等车辆关键部件的安装。

转向架的特点又有以下几个方面:

(1)转向架相对车体可自由回转,能灵活地沿直线线路运行及顺利通过曲线,减少运行阻力与噪声,提高运行速度。

(2)适应轮轨接触状态的变化,充分利用轮轨之间的粘着作用,传递牵引力和制动力。

(3)转向架的结构设计和制造,便于安装各类车辆关键走行部件。

(4)转向架是车辆的一个独立部件,与车体之间连接件较少,并且结构简单,装拆方便,便于独立制造和维修。

转向架主要技术参数如下(以上海地铁 11 号线为例)如表 9.2 所示。

**表 9.2　A 型车转向架主要技术参数**

| 轮对内侧距 | 轴距 | 轴重 | 车轮滚动圆直径(新轮) | 车轮滚动圆直径(全磨耗) | 齿轮传动比 |
|---|---|---|---|---|---|
| 1 353 mm | 2 500 mm | ≤16 t | 840 mm | 770 mm | 6.32 |

**2. 转向架的组成**

根据城市轨道交通车辆有动车、拖车 2 种形式,转向架一般分为动力转向架和非动力转向架,分别配置在动车和拖车上。动力转向架和非动力转向架区别主要在于是否安装有牵引电机和齿轮变速装置。一般地,在 A—B—C—C—B—A(或又称为 Tc—Mp—M—M—Mp—Tc)6 节编组的列车上,转向架的配置方式见图 9.2 所示。

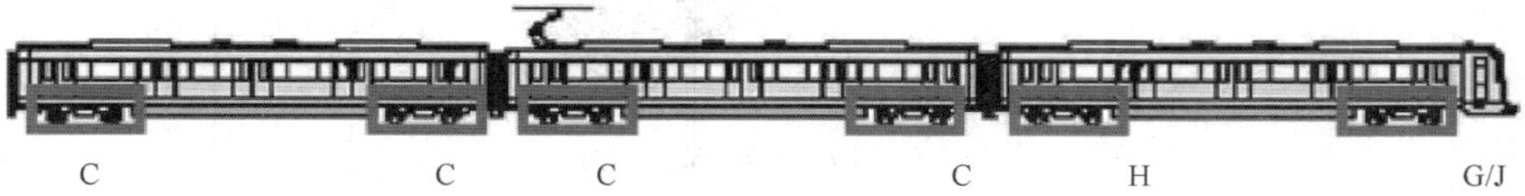


图 9.2　一个单元编组列车上的转向架配置方式

图注:C—动力转向架;H—拖车转向架(不带 ATC 和轮缘润滑装置);

G—拖车转向架(带 ATC 装置);J—拖车转向架(带 ATC 和轮缘润滑装置)

注:ATC:列车自动控制系统

轮缘润滑装置:为了减少轮缘非正常磨耗配置的润滑装置。

由于城市轨道车辆的用途、运用条件与要求的不同,不同厂家生产的转向架也会有一定的差别,但它们的基本组成部分和主要功能是相同的,见图 9.3 所示。

图注：1—齿轮变速传动装置；2—牵引电机；3—中央牵引连接装置；4—构架；
5—空气弹簧；6—一系弹簧悬挂装置；7—二系弹簧悬挂装置；8—轮对轴箱装置

(a) 动力转向架总成图

(b)非动力转向架总成图

图 9.3 动力转向架和非动力转向架

转向架主要由构架、轮对轴箱装置、弹簧悬挂装置、中央牵引连接装置、牵引电机与齿轮变速传动装置、基础制动装置组成。

## 9.2.2 构 架

构架是转向架各组成部分的安装基础，通过构架把转向架的组成部件组合成一个整体，构架也是转向架承载的主要部件，见图 9.4 所示，其结构有如下特征：

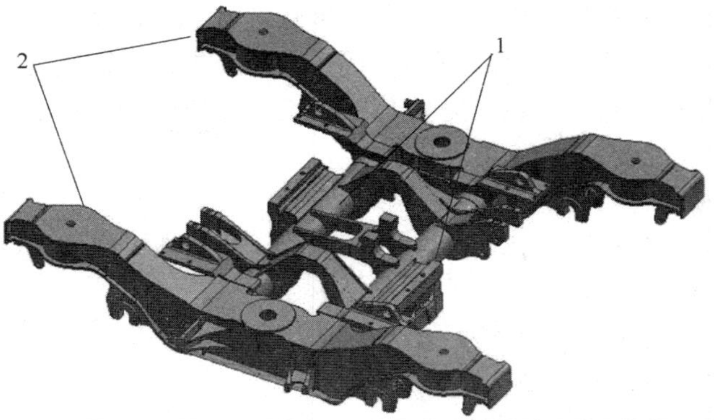


图 9.4　构架三维模型

图注：1—主横梁；2—侧梁

1. 构架是由两根侧梁和一根横梁焊接成的“H”形结构。

2. 侧梁为箱形结构，在中部将高度降低以安装空气弹簧，侧梁上焊有一、二系弹簧座、减振器座、抗侧滚座和转臂定位座。横梁主要承载结构由两根无缝钢管组成，横梁上焊有电机、齿轮箱、基础制动装置等安装座。

3. 构架焊接设计和制造符合标准焊接体系。

4. 构架上各主要部件安装面采用整体加工，保证转向架零部件组装时具有很高的定位精度。

## 9.2.3　轮对轴箱装置

轮对轴箱装置由轮对和轴箱装置两部分构成，见图 9.5 所示。轮对承担车辆全部载荷，同时还承受着从车体、钢轨传来的各种力的作用；轴箱装置使轮对沿钢轨的滚动转化为车体沿线路的平动，并把车辆的质量以及各种载荷传递给轮对。两者相互配合引导车辆沿着钢轨运行。

图 9.5　轮对轴箱装置

**1. 轮对**

轮对是由一根车轴和两个相同的车轮采用过盈配合使之牢固地结合在一起，是组成转向架的重要部件之一。轮对承担车辆全部质量，且在轨道上转动，同时还承受从车体、钢轨两方面传递来的其他各种静、动作用力，受力很复杂。

目前我们国家城市轨道车辆的车轮主要采用的是整体辗钢轮形式。整体辗钢轮由踏面、轮缘、辐板和轮毂组成。车轮与钢轨的接触面称为踏面，一侧沿着圆周突起的圆弧部分称为轮缘，是保持车辆沿钢轨运行，防止脱轨的重要部分。踏面沿径向的厚度部分称为轮辋。轮毂是轮与轴互相配合的部分。轮辋与轮毂联接的部分称为辐板。

**2. 轴箱装置**

轴箱装置一般包括轴箱体、轴承、轴承圈等。轴箱体一般为整体铸钢结构。

轴箱装置的作用是：

(1)将轮对和构架联系在一起，是一系悬挂装置的定位基础；

(2)使轮对沿钢轨的滚动转化为车体沿路线的平动；

(3)把车辆的质量以及各种载荷传递给轮对；

(4)保证良好的润滑性能，减少磨耗，降低运行阻力；

轴箱装置按其采用的轴承形式可分为：滚动轴承轴箱和滑动轴承轴箱。

目前，轨道交通车辆采用滚动轴承结构的轴箱装置。滚动轴承的滚动体形状分类主要有圆柱滚动轴承、圆锥滚动轴承、球面滚动轴承等几种。由于轴承在车辆运行中承受着巨大的静、动载荷的作用，因此，要求轴承具有承载能力大、强度高、耐振、耐冲击、寿命长等特点。圆柱滚动轴承轴箱结构，见图 9.6 所示。

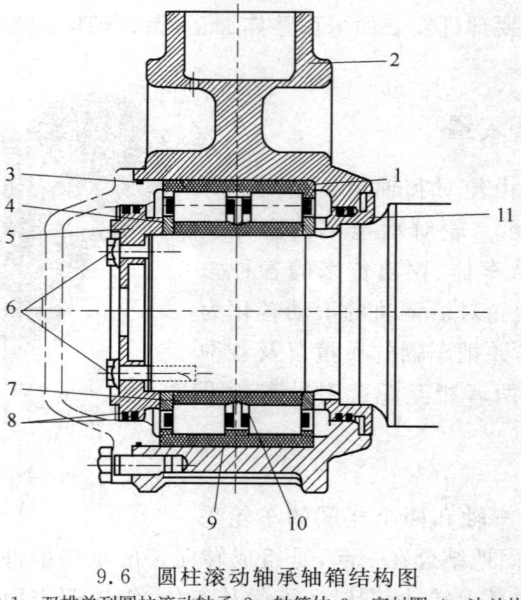


9.6　圆柱滚动轴承轴箱结构图

图注：1—双排单列圆柱滚动轴承；2—轴箱体；3—密封圈；4—法兰垫圈；5—端盖板；6—端盖板定位螺钉；7—轴承内圈；8—层流环；9—轴承外圈；10—润滑脂；11—曲折密封圈

### 9.2.3 弹簧悬挂装置

车辆在轨道上运行时，由于线路的不平顺、轨隙、道岔、轨面的缺陷和磨耗以及车轮踏面的斜度、擦伤和轮轴的偏心等原因，必将伴随产生复杂的振动和冲击。为了提高车辆运行的平稳性，保证旅客乘坐的舒适度，目前城市轨道交通车辆上均设有弹簧悬挂装置。

车辆上安装的弹簧悬挂装置按其安装位置的不同，可分为两类：

第一类为一系弹簧悬挂装置（简称一系悬挂），主要位于轮对和构架之间，主要包括轴箱弹簧（一系弹簧）、一系垂向液压减振器等；

第二类为二系弹簧悬挂装置（简称二系悬挂），主要位于构架和车体之间，主要包括空气弹簧（二系弹簧）、二系垂向液压减振器、二系横向液压减振器、抗侧滚扭杆、横向止挡等。

车辆在弹簧悬挂形式的选择上，有一次减振悬挂和两次减振悬挂两种，一次减振悬挂形式为只选择一系悬挂装置或二系悬挂装置作为弹簧悬挂形式；而两次减振悬挂为一系悬挂装置和二系悬挂装置的串联形式。

采用两次减振悬挂可以减小整个车辆悬挂装置的总刚度，增大静挠度、改善车辆垂向运动平稳性，减小车辆与线路之间的动作用力，城市轨道车辆目前都采用两次减振悬挂形式。

**1. 一系弹簧悬挂装置**

一系弹簧悬挂装置主要功能是将轮对定位在构架上，从而连接轮对与构架、传递牵引力和制动力、缓冲牵引力及制动力的冲击、支承构架及车体质量。

（1）轴箱弹簧（一系弹簧）

一系弹簧悬挂装置的定位和承载功能主要通过轴箱弹簧（一系弹簧）来实现，通过轴箱弹簧的作用可以约束轮对与轴箱之间的相对运动，实现轴纵、横向不同定位刚度的要求，达到较为理想的定位性能，从而可避免车辆在运行速度范围内蛇形运动失稳，保证在曲线运动时车辆具有良好的导向性能，减轻轮缘与钢轨间的磨耗和噪声，确保运行安全和平稳性。

目前轴箱弹簧的选择一般有钢质弹簧和橡胶弹簧两种。钢质弹簧在垂向定位上能较好满足轴箱定位要求，但在横、纵方向上需要一定的装置辅助才能满足定位要求，这种装置通常称之为轴箱定位装置。橡胶弹簧由于可以自己确定其在三维方向的形状，所以在垂、纵和横向上，都能较好满足轴箱的定位要求，不需要额外的轴箱定位装置。城市轨道交通车辆常见的轴箱弹簧形式有：

① 采用转臂式轴箱定位方式的钢制螺旋圆弹簧

转臂式定位通常又被称为弹性铰定位，其固定的轴箱弹簧通常为钢制螺旋圆弹簧形式。定位转臂一端与圆筒形的轴箱体固接，另一端以橡胶弹性节点与焊接在构架上的安装座相连接，见图 9.7 所示。

② 采用拉杆式轴箱定位方式的钢制螺旋圆弹簧

拉杆两端分别与构架轴箱连接，拉杆可以容许轴箱与构架在垂向有较大的相对位移。拉杆中的橡胶关节分别限制轴箱与构架之间的横向与纵向的相对位移，该定位方式适用于轴箱弹簧为两组钢制螺旋圆弹簧的结构形式，见图 9.8 所示。

图 9.7 转臂式轴箱定位

图 9.8 拉杆式轴箱定位

③ 圆锥形橡胶弹簧

随着橡胶元件的发展，逐步出现了采用圆锥型橡胶弹簧取代钢圆弹簧一系轴箱悬挂装置。该圆锥形橡胶弹簧起能起到垂向承载的作用，又能较好地提供适合的横向和纵向定位刚度，见图 9.9 所示。

④ V 形橡胶弹簧

在构架与轴箱之间装设压剪型层叠式橡胶弹簧，其设计的垂向刚度一般较小，使轴箱相对构架有较大的上下方向位移，从而保证车辆的垂向运行舒适性。而它的纵、横方向具有适宜的刚度以实现良好的弹性定位，见图 9.10 所示。

图 9.9 圆锥形橡胶弹簧定位

图 9.10 V 形橡胶弹簧定位

（2）一系液压减振器

城市轨道车辆上的减振器目前均采用液力传动的方法，称为液压减振器。液压减振器主要是利用液体粘滞阻力所做的负功来吸收振动能量.它的优点在于它的阻力是振动速度的函数，其特点是振幅的衰减与幅值大小有关，振幅大时衰减量也大，反之亦然。这种“自动调节”减振的性能，非常符合客车车辆对振动性能高要求的特点。

城市轨道交通车辆的弹簧悬挂装置还采用液压减振器与一系弹簧或二系弹簧相互配合的形式，分别称之为一系液压减振器和二系液压减振器，在弹簧悬挂装置中，弹簧主要起缓冲作用，缓和来自轨道的冲击和振动的激扰力，而减振器的作用是减小振动，它的作用力总是与振动的方向相反，起着阻止振动、消耗振动能量的作用。

液压减振器按照其布置方向的不同一般又分为横向和垂向两种形式，主要用于减小垂直和水平方向上的摆动和振动。以上海地铁11号线为例，每个动车转向架和拖车转向架均装有4个一系垂向液压减振器、2个二系垂向液压减振器和1个二系横向液压减振器，并且拖车转向架和动车转向架的液压减振器布置形式完全相同，见图9.11所示。

一系垂向液压减振器与一系悬挂系统的螺旋弹簧并行布置，用于减小各轮对的垂向运动，从而保证轮对的平行。此外，一系垂向液压减振器还可用作上升止挡，实现脱轨和复轨时车体的小量提升。

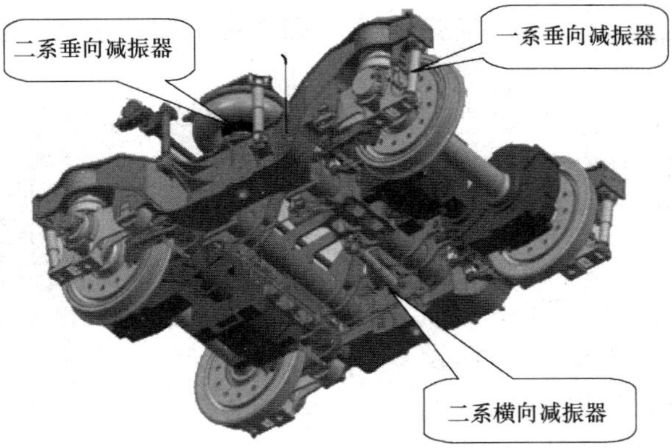


图9.11　减振器在转向架上的一般布置形式

**2. 二系弹簧悬挂装置**

二系弹簧悬挂装置见图9.12所示，包括空气弹簧系统、二系垂向液压减振器、二系横向液压减振器、抗侧滚扭杆、横向止挡等。二系弹簧悬挂装置主要功能包括支承车体质量；减小振动、避免共振，提高车辆的运行平稳性；通过高度阀调节确保车辆地板面高度始终处于一个合理的高度范围等。

（1）空气弹簧系统

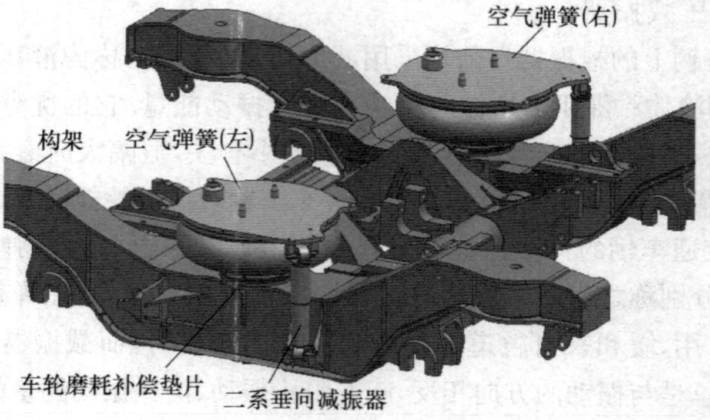


(a)三维整体视图

图 9.12 二系弹簧悬挂装置

空气弹簧系统是城市轨道车辆控制振动的关键部件之一，每台转向架设置两个空气弹簧，分别安装在构架的左、右两个侧梁上面，车体质量通过这两个空气弹簧进行支撑。每一空气弹簧包含一个橡胶气囊和一个应急弹簧，当空气弹簧气囊泄气时，应急弹簧可作为保护装置保证车辆能够继续前行至线路终点，但乘坐舒适度会有所降低；当车体负载变化时，空气弹簧通过高度阀调节进行充放气，确保车体地板高度限制在允许的范围内，从而保证车辆运行的平稳性和舒适度。目前空气弹簧已广泛应用于铁路客车、地铁、轻轨和动车组上，见图 9.13 所示。

(2)空气弹簧的主要优点

① 空气弹簧的刚度可选择较低的值，从而降低车辆的自振频率。

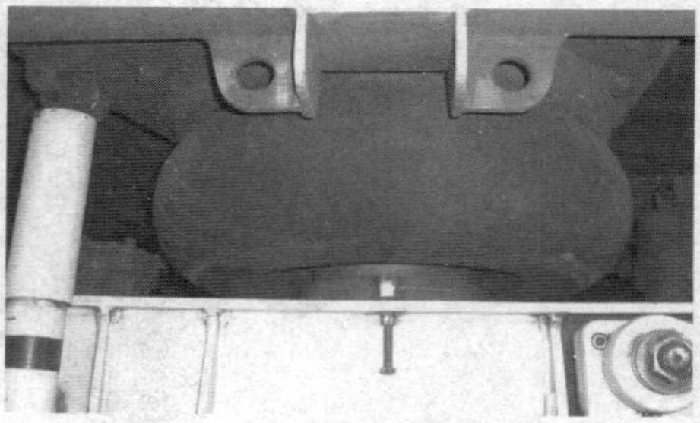

图 9.13 空气弹簧

② 空气弹簧具有非线性特性，可以根据车辆振动性能的需要，设计成比较理想的弹性特性曲线。在平衡位置振动辐度较小时(正常运行时的振辐)，刚度较低，若位移过大，刚度显著增加，以限制车体的振辐。

③ 空气弹簧的刚度随载荷而改变，从而保持空、重车时车体的自振频率几乎相等，使空、重车不同状态的运行平稳性几乎相同。

④ 空气弹簧用高度控制阀控制时，可使车体在不同静载荷下，保持车辆地板面距轨面的高度不变。这一性能应用在地铁和轻轨上则可保持车辆的地板面与站台面的高差始终不变。

⑤ 同一空气弹簧可以同时承受三维方向的载荷。利用空气弹簧的横向弹性特性，可以代替传统的转向架摇动台装置，从而简化城市轨道车辆转向架的结构，减轻自重。

⑥ 空气弹簧具有良好的吸收高频振动和隔音性能。

(3)空气弹簧的主要缺点

由于空气弹簧的附件(如高度控制阀、差压阀)较多，所以成本较高，同时增加了维护与检修的工作量。另外空气弹簧垂直静挠度的增加降低了车辆系统的抗侧滚刚度，需加设抗侧滚扭杆机构。

## 9.2.5　中央牵引连接装置

与传统的铁路车辆不同，城市轨道车辆普遍采用了无摇枕结构的转向架。由于没有摇枕，车体直接坐落于空气弹簧上，必须靠转向架中央牵引装置来实现摇枕所具有的传递纵向力和转向功能，所以要求牵引连接装置具备以下功能：

1. 能够传递纵向的驱动力和制动力，同时允许二系弹簧在垂向和横向上柔软地动作；

2. 纵向具有适当的弹性．以缓和由于转向架点头、车轮质量不平衡等引起的纵向振动；

3. 结构上应便于车体与转向架的分离和连接；

4. 使转向架能够相对于车体旋转，使列车自由通过曲线。

见图9.14所示的是一种典型的城轨车辆的中央牵引连接装置，其结构是中心销上端用螺栓固定在车体枕梁上，下部插在能够传递纵向力的牵引梁孔中，能够自如地垂向运动和回转。牵引梁与构架横梁之间设有牵引叠层橡胶，它的特性是纵向较硬、横向柔软，所以既能有效地传递纵向力，又能随空气弹簧做横向运动。

见图9.15所示的是另一种中央牵引连接装置结构，它由牵引杆组件、牵引座

图9.14　中央牵引连接装置1

图9.15　中央牵引连接装置2

等组成。牵引杆组件是一个推拉杆,一端安装在构架横梁上的牵引杆安装座上,另一端安装在牵引座上,牵引座则安装在车体上。牵引杆的作用相当于一个推拉杆,它借助于牵引橡胶关节将车体和转向架构架连接起来。由于牵引橡胶关节是橡胶件,所以它能够缓冲车体和转向架构架之间的相对运动。

### 9.2.6 齿轮变速传动装置

齿轮变速传动装置(又称齿轮变速箱)装配于城市轨道交通车辆的动力转向架上,主要由牵引电机(交流电机或直流电机)、联轴器、齿轮变速箱三大部分组成。工作过程中,牵引电机将电机轴高速、低扭矩的旋转运动通过联轴器传递至齿轮变速箱,再经过齿轮变速箱减速后转换为轮对低速、高扭矩的旋转运动,然后利用轮轨接触面之间的粘着作用使轮对沿钢轨滚动,从而带动车辆行驶。

齿轮变速传动装置的设计、制造和装配应满足如下要求:

1. 传动装置应保证能使牵引电机性能得到有效发挥;
2. 牵引电机安装时应采取良好的减振措施;
3. 牵引电机轴应尽量与车轴位于同一高度,从而尽可能地减少轨道不平顺导致的车轴振动对齿轮变速箱内齿轮的损害;
4. 传动装置中各部件应尽量简单、可靠,且尽可能地减少磨耗件的使用;
5. 当牵引电机发生损坏时,应易于拆卸。

## 9.3 车辆连接装置

车辆连接装置主要包括:车钩、车钩缓冲器和贯通道装置,通过它们使列车中的各车辆相互连接,从而实现相邻车辆之间的纵向力传递和通道的连接。

### 9.3.1 车 钩

在各种城市轨道车辆上,都有车钩缓冲装置(以下简称车钩),它用来连接列车各车辆,实现车辆之间机械、电气和气路的连接。车钩缓冲装置是车辆最基本的,也是最重要的部件之一。

**1. 车钩的作用**

车钩是用来连接列车中各车辆,使之彼此保持一定的距离,并且传递和缓和列车在运行中或在调车时所产生的纵向力或冲击力的装置。其作用具体包括:

(1)连接作用:使车辆和车辆之间能够联挂和解编,并保持有一定距离。

(2)牵引作用:把动车的牵引力传递给其他车辆。

(3)缓冲作用:缓和与衰减运行中由于牵引力的变化和制动力前后不一致而引起的冲击和振动。

**2. 车钩的基本组成**

车钩一般由钩头、缓冲器、电气连接装置和钩尾座等部分构成,见图9.16所示。钩头主要作用在于机械连接并完成牵引力和冲击力的传递,通过钩头内的机械连接装置完成待挂、连接、解钩的三态动作;缓冲器用来缓和列车运行过程中车辆之间的冲击,并吸收冲撞能量;电气连接装置是实现车辆之间电路连接的装置;钩尾座是车钩与车体相连的部件。

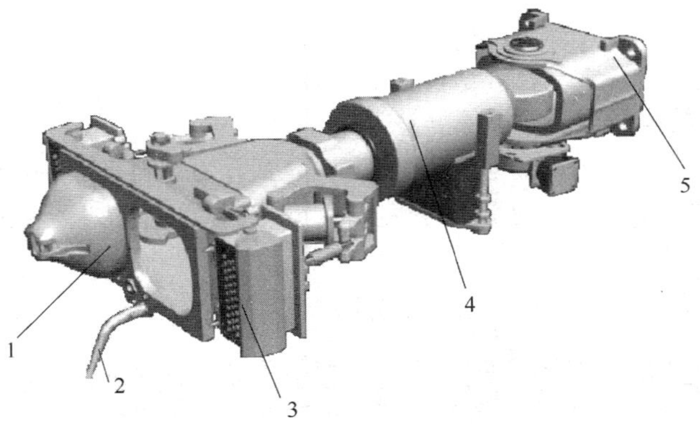


图9.16　车钩基本组成

图注:1—钩头;2—空气连接管;3—电气连接装置;4—缓冲器;5—钩尾座

**3. 车钩缓冲器**

(1)车钩缓冲器的基本工作原理和作用

车钩缓冲器是车钩缓冲装置的重要组成部分,位于钩头与车体之间。缓冲器的基本工作原理是借助于弹性元件来缓和冲击作用,同时在变形过程中借助摩擦和阻尼吸收冲击能量。其作用是缓和列车在运行中牵引力变化或制动及调车作业时,车辆之间相互碰撞而引起的冲击和振动,吸收能量以缓和车辆之间的冲击力,减少车辆之间的纵向动力作用,从而提高列车运行的平稳性和乘坐的舒适性。

(2)车钩缓冲器的分类

根据车钩缓冲器的结构和工作原理,一般可将其分为以下几种类型:弹簧式缓冲器、摩擦式缓冲器、橡胶缓冲器、摩擦橡胶式缓冲器、液压缓冲器等。

城市轨道车辆中常用的液压车钩缓冲器结构见图9.17所示。

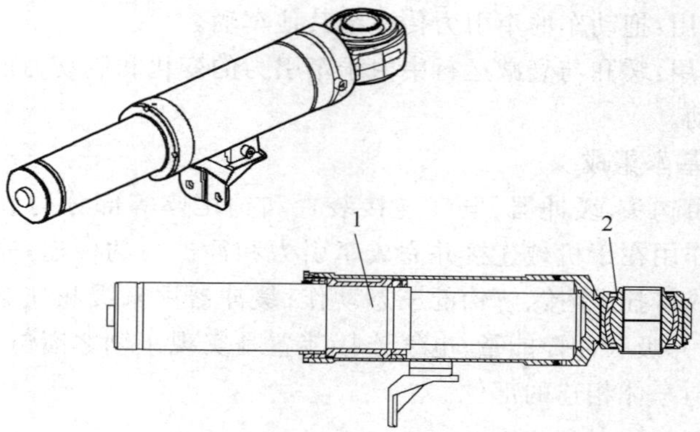


图 9.17 液压车钩缓冲器

图注:1—液压缓冲器;2—支承座

**4. 车钩的类型及配置形式**

目前,城市轨道交通车辆使用的车钩基本上分为全自动车钩、半自动车钩和半永久车钩三种类型,以上海地铁六节编组列车为例,它们在列车上的一般配置形式见图 9.18 所示。

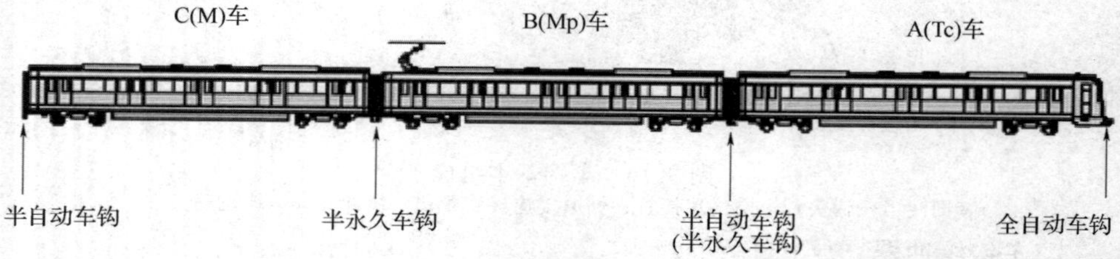


图 9.18 一个单元编组列车上的车钩一般配置形式

全自动车钩位于 A($T_c$)车的前端,一般用于列车与列车间的相互联挂,主要是为了方便故障列车的救援及库内调车。

半自动车钩一般用于一列车的 2 个或 3 个单元之间的连接,以及 A($T_c$)车与动车间的连接。

半永久车钩主要为了实现 B(Mp),C(M)车能组成一个固定的单元。B(Mp)车的半永久车钩位于后端,而 C(M)车的半永久车钩位于前端。另外有的线路上,在 A(Tc)车与 B(Mp)车之间也使用半永久车钩代替半自动车钩进行 B(Mp)—C(M)车固定连接的单元与 A(Tc)车的连接。

## 9.3.2 贯通道

贯通道装置位于两节车厢的连接处,是连接两车辆通道的重要组成部分,它是车辆与车辆之间的连接通道，见图 9.19 所示。

贯通道装置使乘客可以在车厢之间走动，从而使乘客均匀分布；通过它可以实现车辆之间的柔性连接，是车辆通过曲线时的关节部位。同时贯通道装置具有良好的防雨、防风、防尘、隔音、隔热等功能，所以也称风挡装置。贯通道风挡包含两个单体风挡，是车辆上灵活可动的部分，可以让相邻的两个车厢相对运动，并提供乘客一个安全舒适的通道，并且基于风挡的结构，它拥有一个较长的使用寿命。

图 9.19　贯通道

贯通道分为整体式和分体式。上海、广州、深圳等城市的地铁车辆均为宽体封闭式贯通道，采用分体式结构，即风挡装置的一半装在每辆车的端部；包括两个配对的可分解的波纹形折棚、两个渡板（车辆侧面）和车辆联挂的滑动支撑等。

# 9.4　车体及车门

## 9.4.1　车　　体

车体是容纳乘客和司机（对于有司机室的车辆）的部分，又是安装和连接其他设备及组件的基础，它是城市轨道交通车辆最重要的部件之一。车体底架下部及车顶上部安装有大量的机电设备，构成车辆的主体。车体设计要求其具有较好的隔音、减振、隔热、防火等性能，在事故状态下尽可能保证旅客安全，同时车体自身的质量要求也较为严格。

城市轨道交通车辆的车体采用模块化设计，由底架、侧墙、端墙、车顶四大部分组成的封闭筒形薄壳整体承载结构，见图 9.20 所示，其部件间的连接方式主要是手弧焊接、接触点焊、螺栓、铆钉连接等。车体的主要承载件，如地板梁、侧梁、侧墙板、车顶板等均由断面较复杂且承载能力较强的大型中空挤压型材制成。

车体按照所使用的材料不同可分为碳素钢车体、铝合金车体和不锈钢车体三种类型，早期的城市轨道车辆车体材料基本上是以碳素钢（包括普通低碳钢和耐候钢）为主，目前主要使用铝合金和不锈钢材料。

## 9.4.2　车　　门

1. 车门的结构与原理

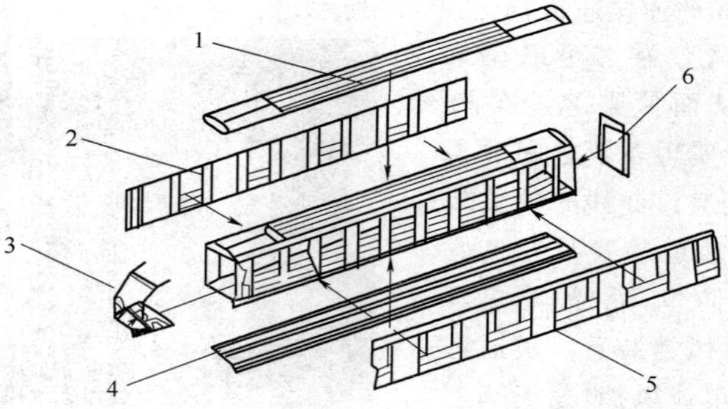


图注：1—车顶；2—右侧墙；3—驾驶室结构；4—底架；5—左侧墙；6—端板、端墙

(a)拖车车体结构图

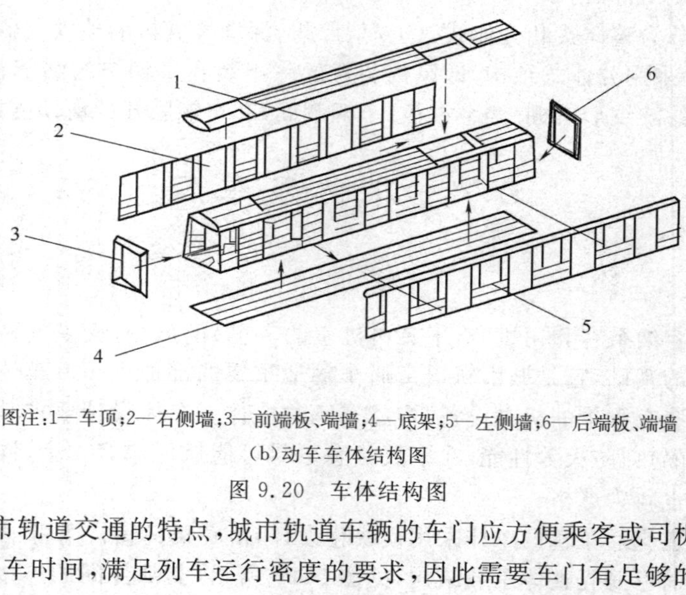


图注：1—车顶；2—右侧墙；3—前端板、端墙；4—底架；5—左侧墙；6—后端板、端墙

(b)动车车体结构图

图 9.20 车体结构图

根据城市轨道交通的特点，城市轨道车辆的车门应方便乘客或司机，并尽量缩短乘客上、下车时间，满足列车运行密度的要求，因此需要车门有足够的有效宽度，分布均匀等要求。

下图 9.21 为城市轨道车辆一种典型的客室车门系统结构图。

一般情况下，城市轨道车辆的客室车门系统具有以下几个关键部件：

(1)门页

每个客室车门由左右两个门页所组成。

(2)上部执行器

上部执行器主要功能是确保门页做对称运行和协调运行，即确保车门的正常工作状态，其中主要的部件包括车门驱动系统和电子门控单元(EDCU，Electrical

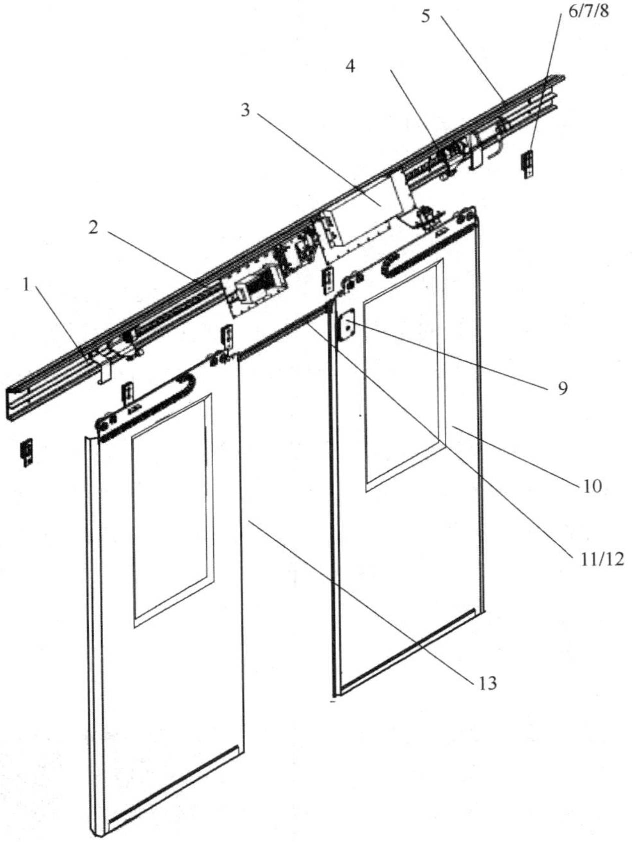


图 9.21 车门系统结构图

1—承载驱动机构；2—驱动部件；3—EDCU 部件；4—内操作装置；5—电机；6—安装螺母板；
7—安装板；8—垫片；9—隔离锁；10—右门扇；11—上密封毛刷；12—压板；13—左门扇

Door Control Unit)。车门驱动装置主要是驱动车门做对称运行的执行装置。电子门控单元是车门的核心控制单元，接受来自司机室并通过列车控制总线传递的车门控制指令，并在列车运行过程中，与列车控制系统交换车门开启和闭合信息、紧急装置被操作信息、门位置传感器故障诊断信息等大量的信息交换工作。另外 EDCU 与车门系统内部组件也进行相应的通信工作，从而完成相应的车门动作。

(3)车门控制板

在司机室每侧的门柱上安装有控制客室车门的按钮，可根据选定侧打开同侧车门。在城市轨道车辆正常运行状态下，只有在运行司机室才能够控制车门。

(4)车门切除系统

每一扇车门都安装了一个锁紧/切除装置，目的是当某车门出现故障时可以将该车门从服务状态切除，并机械锁紧。不能再使用紧急解锁功能打开该门。可以在车内和车外，通过旋转双位方形钥匙（锁紧位、切除位）来实现。

**2. 车门的种类**

目前世界各国城市轨道车辆的车门种类较多，可按其驱动方式和开启方式进行分类。

（1）按驱动方式分类

① 电气风动门

电气风动门由压缩空气驱动传动气缸，再通过机械传动系统和电气控制系统完成车门的开关动作。机械传动系统的作用是将传动气缸活塞杆的运动传递至车门，使车门动作。电气控制系统具有开、关门控制、车门动作监视和列车控制电路联锁等功能。

② 电控驱动门

电控驱动门，则由电机提供驱动力，通过机械装置将滑行运动传送给门页。

电控驱动门由于采用电机进行调速，因此在车门开关速度方面较电气风动门更容易控制；另一方面电控驱动门也避免了电气风动门在布置时需额外铺设气路管道，及其在运行过程中可能会出现漏气等问题，所以在城市轨道车辆车门实际选择使用时电控驱动门更受青睐。

（2）按开启方式分类

① 内藏门

开关车门时门扇在车辆侧墙的外挡与内护板之间的夹层内移动，传动装置设于车厢内侧车门的顶部，装有导轮的门扇可在导轨上移动并与传动装置的钢丝绳或皮带相连接，借助气缸或电动机驱动传动机构，从而使钢丝绳或皮带带动门扇动作。内藏门外观见图 9.22 所示。

图 9.22 内藏门外观图

内藏门具有如下特点：

a）驱动机构占用车辆上的空间较小，这与内藏门的运动方式有关，内藏门只作沿车长方向的直线运动，没有曲线运动，因此驱动机构相对较为简单；

b）质量较轻；

c）手动开、关门所需力量较小。

② 外挂门

外挂门有时也称为外移门，与内藏门区别在于开关车门时，门扇均处于侧墙的外侧。外挂门采用模块化设计和安装，门页、车门悬挂机构以及传动机构的部分部件安装于车体侧墙外侧，电子门控单元和驱动电机装于车体侧墙的内侧。此外，车门还装有车门关闭行程开关、锁闭行程开关、切除开关以及紧急解锁开关。外挂门由电机带动丝杆转动，丝套在丝杆上的横向移动带动门扇在导轨上滑动。外挂门外观见图 9.23 所示。

外挂门具有如下特点：

a)与其他形式的车门相比，采用外挂门形式的列车车内空间相对较大；

b)由于门翼始终位于车体侧墙的外侧，因此车辆运行过程中会产生一定的运行阻力。

③ 塞拉门

塞拉门主要由门扇、电机、支承杆、托架组件、车门导轨、传动组件、制动组件、紧急解锁机构、车门旁路系统以及 EDCU 等组成。车门还装有锁闭行程开关、切除开关、紧急解锁开关和 EDCU 复位开关，实现对车门的电气控制。塞拉门外观见图 9.24 所示。

图 9.23　外挂门外观图

图 9.24　塞拉门外观图

塞拉门具有如下特点：

a)塞拉门在开启状态时，车门移动到侧墙的外侧；

b)在关闭状态时车门外表面与车体外墙成一平面，这不仅使车辆外观美观，而且有利于减小列车在高速行驶时的空气阻力和降低空气涡流产生的噪声，也便于自动洗车装置对车体的清洗。

另外，在轨道车辆驾驶室前端还设有紧急前门(逃生门，见图 9.25 所示)。

图 9.25　逃生门

通常情况下，紧急前门处于锁闭状态。因紧急疏散或按计划对门进行维护需要时才打开。该紧急前门系统为手动铰链式，在驾驶室内或室外都可开启，其打开方式为向外下方翻转，一旦门锁开启车门能自动倒向路基,并且有缓冲器,从而不会导致车门开启的的加速度过大而致使门损坏。逃生门主要由门框、门扇、保险锁、气弹簧及铰链等零部件组成。逃生门一般为可伸缩的套节式踏级板机构,两侧设有扶手栏杆,中间铝合金踏板上涂有防滑漆,故乘客在上面行走时不会滑跌。

# 9.5 制动系统

## 9.5.1 制动系统概述

对于城市轨道交通车辆来说,为了使运行着的列车能迅速地减速或停车,必须对它施行制动;为了防止列车在下坡道上运行时由于列车的重力作用导致列车速度无限制的增加,也需要对它施行制动;同时为避免停放的车辆因重力作用或风力吹动而溜车,还需要对它施行制动(称停放制动)。对已经施行制动的列车,为了使其重新启动或再次加速,必须解除或减弱其制动作用,这种做法称之为列车制动缓解。

为了能施行制动或缓解制动,需要在列车上安装由一整套零部件组成的一个完整的制动装置,总称为列车制动系统。

**1. 制动基本概念**

(1)制动力

要改变运动物体的运动状态,必须对它施加外力。由制动装置产生的,与列车运行方向相反的外力,称为制动力。制动力是人为的阻力,它比列车在运行中由于各种自然原因产生的阻力要大得多。因此,尽管在列车制动减速的过程中,列车运行阻力(自然阻力)也在起作用,但起主要作用的还是列车制动力(人为阻力)。

(2)制动距离

从列车自动控制系统自行实施制动或司机手动施行制动(将司机控制手柄拉至制动位)的瞬间起,到列车速度降为零的瞬间止,列车在这段时间内所行驶过的距离,称为列车制动距离。这是综合反映列车制动效果的主要技术指标。有的国家不用制动距离而用(平均)减速度作为其主要技术指标,其实两者的实质是一样的,只是制动距离较为具体,而减速度较为抽象而已。

(3)制动能力

列车的制动能力是指能使列车在制动系统的作用下在规定的制动距离内安全停车的能力,一般情况下用安全制动距离来表征列车的制动能力。

(4)制动功率

从能量的角度看,制动的实质就是将列车上的动能转移出去,其转移动能的能力就是制动功率。从安全的目的出发,一般列车的制动功率要比驱动功率大5~10倍。

**2. 制动方式**

列车制动方式可按制动时动能转移方式、制动力获取方式或按制动源动力的不同进行分类，见图 9.26 所示。

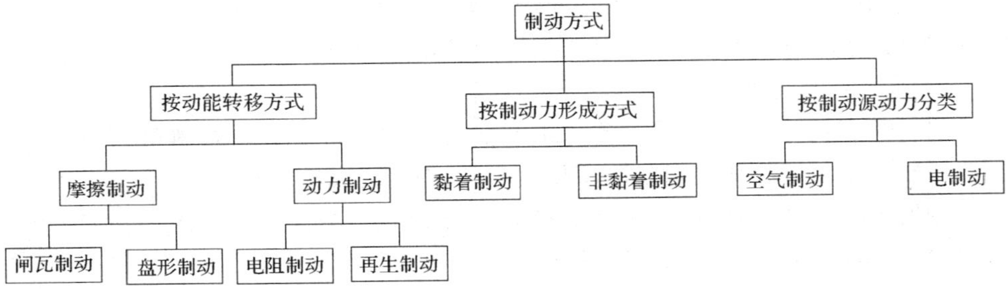


图 9.26　制动方式分类图

(1)按城市轨道列车动能转移方式分类

列车动能的转移方式可以分为两类：

一是摩擦制动方式，即动能通过摩擦副的摩擦转变为热能，然后消散于大气。城市轨道交通车辆常用的摩擦制动方式有闸瓦制动和盘形制动。

二是动力制动方式，即把动能通过牵引电机转化为电能，转化而来的电能处理方式有两种：反馈给供电触网或消耗在车辆底部的制动电阻上，分别称之为再生制动和电阻制动。

(2)按制动力获取方式分类

列车的制动方式按其制动力的获取方式分类，可分为黏着制动与非黏着制动。

① 黏着制动

制动时，车轮与钢轨之间有三种可能的状态，如表 9.3 所示。

**表 9.3　车轮与钢轨间的状态**

| | 车轮在钢轨上运动形式 | 车轮与钢轨之间的制动力 | 特　点 |
|---|---|---|---|
| 纯滚动状态 | 纯滚动，二者之间为静摩擦 | 二者之间的静摩擦力 | 是一种难以实现的理想状态 |
| 滑行状态 | 滑行 | 二者之间的动摩擦力 | 是一种必须避免的事故状态 |
| 黏着状态 | 滚动、滑行兼有，滚动为主 | 黏着力 | 是车辆运行常见状态 |

纯滚动状态：车轮与钢轨的接触点无相对滑动，车轮在钢轨上作纯滚动。这时车轮与钢轨之间为静摩擦，车轮与钢轨之间可能实现的最大制动是轮轨之间的最大静摩擦力。这是一种难以实现的理想状态。

滑行状态：车轮在钢轨上滑行，这时车轮与钢轨之间的制动力为二者的动摩擦力。这是一种必须避免的状态，由于动摩擦系数远小于静摩擦系数，因此一旦发生这种工况，制动力将大大减小，制动距离延长；同时车轮在钢轨上长距离滑行，将导致车轮踏面的擦伤，危及行车安全。

黏着状态：制动时车轮在钢轨上处于连滚带滑（基本上是滚动）的状态，这种状态称为黏着状态。黏着状态下，车轮与钢轨间的最大水平作用力称为黏着力。依靠黏着滚动的车轮与钢轨黏着点之间的黏着力来实现车辆的制动称为黏着制动。黏着状态是轨道车辆运行时，车辆与钢轨间最常见的一种状态。

② 非黏着制动

制动时，制动力大小不受黏着力限制的制动方式称为非黏着制动。即非黏着制动的制动力不从轮轨之间获取，因而它可以得到较大的制动力。

显然，在上面曾经介绍的制动方式中，闸瓦制动、踏面制动、电阻制动和再生制动均属于黏着制动；而磁轨制动则属于非黏着制动。

（3）按制动源动力分类

在目前电动车组所采用的制动方式中，制动的源动力主要有压缩空气和电。以压缩空气为源动力的制动方式称为空气制动方式。如闸瓦制动、盘形制动等都为空气制动方式，以电为源动力的制动方式称为电制动方式，如电阻制动和再生制动。

**3. 现代城市轨道交通车辆制动系统主要功能**

现代城市轨道交通系统的特点是站距短，行车速度快，乘客上下数量波动大，发车频率高，因此，对车辆启动、加速和制动都有很高的要求。特别是对制动，出于安全的考虑，必须做到万无一失。

为此，现代城市轨道交通车辆的制动系统应具有如下功能：

（1）操纵灵活，制动减速度大，作用灵敏可靠，列车编组前后车辆制动、缓解作用一致。

（2）具有足够的制动能力，保证列车在规定的制动距离内安全停车。

（3）制动系统应包括电制动（动力制动）和空气制动（摩擦制动）两种制动方式，需具备电制动与空气制动协调配合的制动功能。并且在正常制动过程中，应尽量充分发挥电制动能力，以减少空气制动对城市的环境污染并降低车辆维修成本。

（4）制动系统应保证列车在长大下坡道上制动时，其制动力不会衰减。

（5）电动车组各车辆的制动能力应尽可能一致，制动系统应具有载荷校正能力，根据乘客量的变化自动调节制动力，使车辆制动力保持恒定，限制列车制动时引起的冲动，从而有效保证乘客乘坐的舒适性。

（6）具有紧急制动能力。遇有紧急情况时，能在司机的操控下使城市轨道列车在规定距离内安全停车。另外紧急制动作用在必要时还可由列车上的乘客利用客室内的紧急按钮进行操纵。

（7）城市轨道列车在运行中发生诸如列车分离、制动系统故障等危及行车安全的事故时，应能自动发挥紧急制动作用。

**4. 现代城市轨道交通车辆制动系统的组成**

根据现代城市轨道交通车辆制动系统应具备的功能要求，目前城市轨道交通车辆系统一般包括以下两个组成部分：

(1)电制动装置。它一般与牵引系统连在一起形成列车牵引系统主回路，包括再生反馈电路和制动电阻器，将动力制动产生的电能反馈给供电触网或消耗在制动电阻器上。

(2)空气制动装置。它由供气部分(又称供气系统)、制动控制部分(又称制动控制系统)和执行部分(又称基础制动装置)等组成。供气部分有空气压缩机组、空气干燥器和风缸等；制动控制部分有电子制动控制单元、空气制动控制单元和电气指令单元；执行部分包括闸瓦制动装置和盘形制动装置等。

## 9.5.2 供气系统

供气系统是向整个列车提供压缩空气的气源。它不仅针对空气制动装置，而且也为其他用气部件提供气源，例如车辆二系悬挂设备、车门控制装置、气动喇叭、刮雨器、受电弓气动控制设备和车钩操作气动控制设备等。供气系统主要由空气压缩机组，风源设备(风缸)及其他空气管路部件等组成。

一般城市轨道交通列车是以单元为编组的，所以供气系统一般也是以单元为单位来设置的。每一个单元设置一个空气压缩机组，安装在该单元其中一节车的底架上，(有安装在每个单元A(Tc)车上的，也有安装在每个单元C(M)车上的形式。)

一套空气压缩机组包括电动机、空气压缩机、空气干燥器和压力控制开关等。

空气压缩机组弹性安装在底架上，这样有利于减小空压机的振动幅度，如下图9.27所示。

图9.27 空气压缩机组实物图

### 9.5.3 制动控制系统

制动控制系统是空气制动装置的核心，接受司机或自动驾驶系统(ATO)的指令，并采集车上各种与制动有关的信号，将指令与各种信号进行处理并计算，得出列车所需的制动力，再向电制动装置和空气装置发出制动信号。牵引控制系统将能够产生的电制动力通过电信号的方式反馈给制动控制系统，它再计算得出相应的空气制动力，从而实现列车制动减速的要求。

**1. 制动模式**

为配合满足列车制动系统的特点要求，在列车制动系统的操纵方式上有以下几种制动模式可供选择。

(1)常用制动

常用制动是在列车正常运行情况下调节和控制列车运行速度的主要措施，作用比较缓和，制动力可以人为调节。

在常用制动模式下，动力制动和空气制动一般都处于激活状态，以便于电制动和空气制动之间平滑转换。常用制动时，第一优先再生制动，这取决于接触网线路吸收能力，即与网压高低有关，第二优先电阻制动，承担不能再生的那部分制动电流，第三优先空气制动，在列车运行的高速及低速区段，由于牵引电机自身的特性限制，其电制动力无法满足制动减速度的要求，因此需要提供一定的空气制动力来满足制动的要求。常用制动时还须提供防滑保护和冲击限制功能。

(2)紧急制动

紧急制动是列车在出现事故等紧急情况下，仅靠空气制动来实现列车停车的一种制动方式，其目的是要求列车尽快停止运动，因此其制动作用比较猛烈，制动力为制动装置的全部制动能力。另外，紧急制动装置经常有冗余设备，其可靠性非常高，以确保在列车发生断电、车体分离等紧急情况下也能保持制动效果，这与常用制动有着一定的区别。

目前运营的地铁车辆紧急制动减速度都在 1.2 m/s 以上，全部由空气制动执行。紧急制动命令不可逆，一经施加，不能撤除，直至列车停车。

紧急制动可由以下系统触发：紧急按钮；ATP 系统(Automatic Train Protection，列车自动保护系统)；控制电源失电；司机台上紧急按钮按下；紧急制动回路失电；列车超速；车钩断钩等。

紧急制动一经触发，列车安全回路中断。触发信号同时传输给列车控制单元和牵引控制单元，牵引控制单元中断牵引系统工作。紧急制动过程中列车滑动防护和冲击保护功能失效。

(3)快速制动

快速制动是为了使列车迅速停车而实施的制动，其制动力高于常用制动，与紧急制动的制动力相当（上海、广州地铁的快速制动力高于常用制动的22%）。这种制动方式是在紧急情况下、制动系统各部分作用均正常时所采取的一种制动方式，其特点与常用制动相同，制动过程可以实行缓解。与常用制动中制动优先级的选择相类似，快速制动也应尽可能充分发挥动力制动的作用。早期的城市轨道交通车辆的快速制动大多采用纯空气制动形式，如上海轨道交通1、2号线，而目前城市轨道车辆的快速制动一般采用动力制动和空气制动联合制动形式，如上海轨道交通3号线。

（4）停放制动

停放制动是为了防止列车启动前发生溜车现象而实施的制动。列车停放制动采用弹簧力来产生制动作用，其大小不随时间变化，一般用于司机行车检查或车库停车等列车较长时间的停放。它采用"停放制动缸充气，停放制动缓解；停放制动缸排气，停放制动施加"的模式。采用每节车单独控制。另外，为了使列车在无气状态下也能缓解，停放制动还有手动缓解功能。停放制动应满足在满负载情况下车辆可以安全可靠地停放在3.8%的坡道上，而不发生溜车现象。

（5）保压制动

保压制动是为防止列车在停车前产生冲动，使列车平稳停车而实施的制动。保压制动是通过EBCU内部设定的程序来实现控制的。它分两个阶段实施：

第一阶段：当列车制动到速度小于某个临界值时，牵引控制单元触发保压制动信号，同时传输给EBCU，由牵引控制单元控制的电制动逐步退出，而由EBCU控制的空气制动来代替。

第二阶段：接近停车时（如：列车速度小于0.5 km/h），一个小于制动指令的保压制动由EBCU开始自动实施，即瞬时将制动缸压力降低到一定范围，直至列车停止。

另外，保压制动与停放制动一样都具有防止列车在启动前发生溜车现象的作用。不同的是，停放制动的释放需司机手动操纵，而保压制动是运行中的列车在停车时，通过EBCU自行释放的。

**2. 制动控制策略**

在列车制动过程中，动力制动与空气制动有效地配合，关系到轨道车辆运行的安全、经济以及环境保护等问题，因此需制订较为合理的制动系统控制策略。

在常用和快速制动模式下，城市轨道车辆目前普遍采取的是电、空联合的制动控制策略，见图9.28所示，当车辆在制动初期（高速段）和制动末期（低速段），虽然优先采用电制动，但由于电机本身的特性决定其电制动力无法完全满足制动减速度的需求，从而需要补足一定的空气制动力来完成这两个阶段的制动要求。其中在制动末期（低速段）列车空气制动介入临界点速度的不同决定了制动能量的差异，空气制动介入临界点速度过高，导致空气制动施加在车轮上的制动能量过大，从而使车轮踏面产生异常磨耗;空气制动介入临界点速度过低,又不能实现安全、精确的停车。由此可见,空气制动介入临界点速度的合理选择是车辆制动控制策略研究中的一个重要方面。

列车制动控制策略中空气制动力补足的方式有多种形式,如动、拖车制动力均匀补足、拖车空气制动力优先补足以及动车空气制动力优先补足等方式。

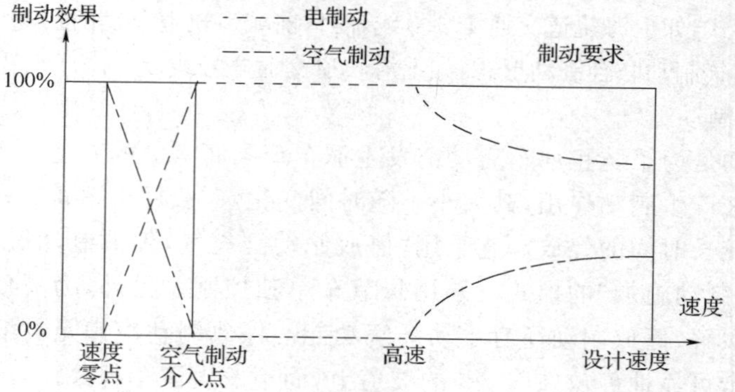


图 9.28 城市轨道列车制动策略图

过去一般采用动、拖车制动力均匀补足的制动控制方式。采用这种均匀制动方式的列车,拖车所需的制动力将全部由自己的空气制动系统承担,因此其拖车的车轮磨耗要比动车的磨耗大得多。

目前城市轨道交通列车的空气制动力补足方式主要为拖车空气制动力优先补足或动车空气制动力优先补足两种类型,不同制动系统供应商会根据列车整体的设计方案来对空气制动力补足方式进行选择。

动车空气制动力优先补足控制方式即拖车所需制动力先由动车的电制动力承担,然后根据电、空联合制动运算,不足部分的制动力也先由动车的空气制动力补充,当其还不足以满足制动减速度要求时,最后再由拖车的空气制动力承担。

拖车空气制动力优先补足控制方式也是拖车所需制动力首先由动车的电制动力承担,但当电制动力不足时,首先由拖车的空气制动力来补充,再不足时才由动车的空气制动力补足。

## 9.5.4 基础制动装置

基础制动装置是空气制动系统的执行部件,目前城市轨道交通车辆上的基础制动装置包括闸瓦制动装置、盘形制动装置和轨道电磁制动装置。

**1. 闸瓦制动装置**

闸瓦制动是最常用的一种制动方式,其制动原理,见图 9.29 所示。制动时闸瓦压紧车轮,轮、瓦间发生摩擦,电动车组的动能大部分通过轮、瓦间的摩擦变成热能,经车轮与闸瓦最终逸散出去。在闸瓦与车轮这一对摩擦副中，车轮由于主要承担着车辆走行功能，因此其材料是不能随意改变的。要改善车辆的制动性能，只能通过改变闸瓦材料的方式。早期的闸瓦材料主要是铸铁。为了改善摩擦性能和增加耐磨性，目前城市轨道交通车辆中大多采用合成闸瓦。但合成闸瓦的导热性较差，因此目前也有采用导热性能较好，且具有较好的摩擦性能和耐磨性的粉末冶金闸瓦。

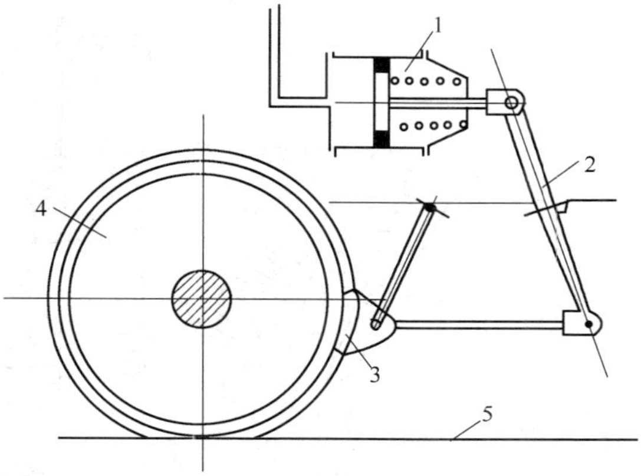

图 9.29　闸瓦制动
图注：1—制动缸；2—基础制动装置；3—闸瓦；4—车轮；5—钢轨

在闸瓦制动时，列车的动能在很短时间内均转化为热能，但这对摩擦副散热能力相对较小。当要求的制动功率较大时，有可能导致热能来不及散于大气，而在闸瓦与车轮踏面积聚，使它的温度升高，严重的甚至会导致闸瓦熔化或车轮踏面产生裂纹等。因此，在采用闸瓦制动时，制动功率不易过大。

城市轨道车辆上的闸瓦制动装置目前基本采用单元制动器形式，主要原因是转向架的安装空间有限，特别是动车的转向架，采用单元制动器形式可以有效解决传统基础制动装置的安装问题，并便于满足维修更换时的需要。

城轨车辆采用的单元制动器一般有两种形式：带停放的单元制动器和不带停放的单元制动器，见图 9.30 所示。

(a) 不带停放的单元制动器

(b) 带停放的单元制动器

图 9.30　单元制动器

单元制动器安装于转向架横梁组成的下方。带停放单元制动器安装在每个转

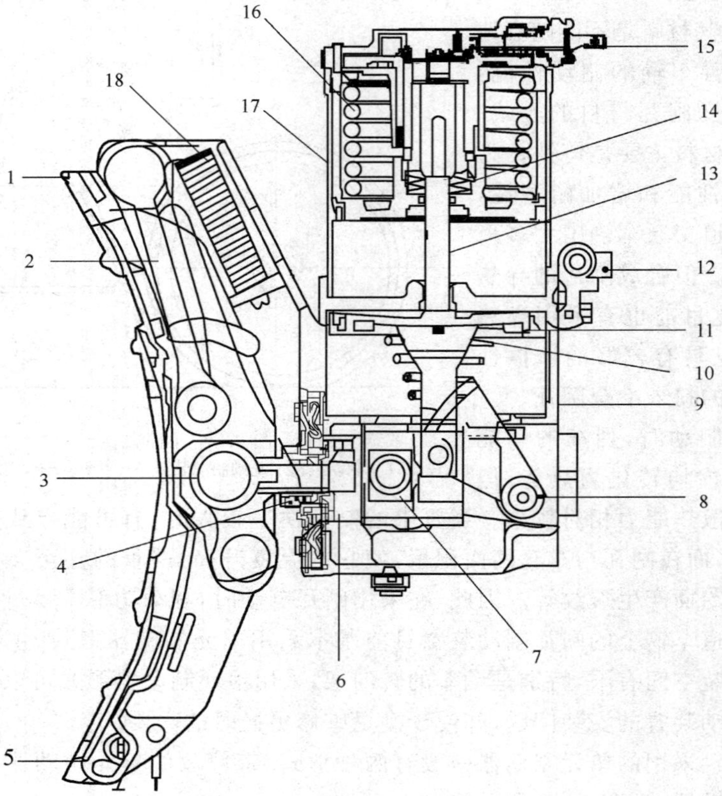


图 9.31 带停放装置的单元制动器

图注：1—闸瓦；2—闸瓦托；3—推力杆；4—调节螺母；5—闸瓦锁定装置；6—闸瓦间隙调整器；7—滑块；8—偏心轮机构；9—常用制动缸；10—缓解弹簧；11—制动活塞；12—混合阀(进风口) 13—心轴；14—锥形离合器；15—紧急缓解装置；16—停放压力弹簧；17—停放制动缸；18—压簧

向架上处于对角线的两个车轮的一侧，而另一对角线的两个车轮的一侧安装不带停放制动单元制动器。

单元制动器由制动缸体、偏心轮机构、推力杆、缓解弹簧、制动缸活塞、压簧、闸瓦、闸瓦间隙调整器等组成；带停放装置的单元制动器在此基础上还设有停放压力弹簧等，见图 9.31 所示。

2. 盘形制动装置

盘形制动装置见图 9.32 和图 9.33 所示，它有轴盘式和轮盘式之分。一般拖车采用轴盘式盘形制动装置，对于动车由于轮对中间设有牵引电机等设备，使安装制动装置较困难，一般采用轮盘式盘形制动装置。制动时，制动缸通过制动夹钳使闸片夹紧制动盘，在闸片与制动盘间产生摩擦，把电动车组的动能转变为热能，热能通过制动盘和闸片散于大气。因盘形制动能双向选择摩擦副，所以可以得到比闸瓦制动大得多的制动功率。

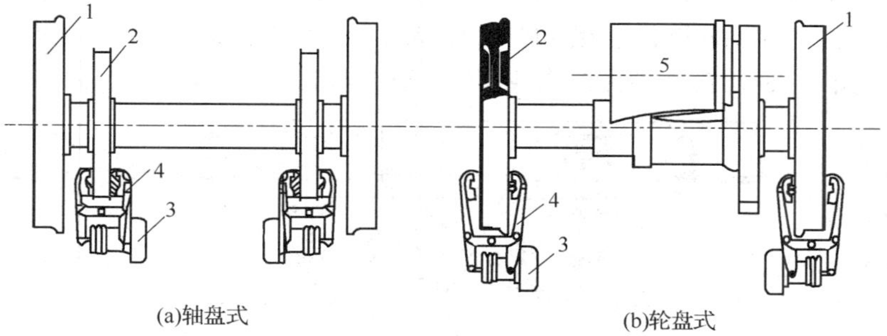


图 9.32　盘形制动基本原理

图注：1—轮对；2—制动盘；3—单元制动缸；4—制动夹钳；5—牵引电机

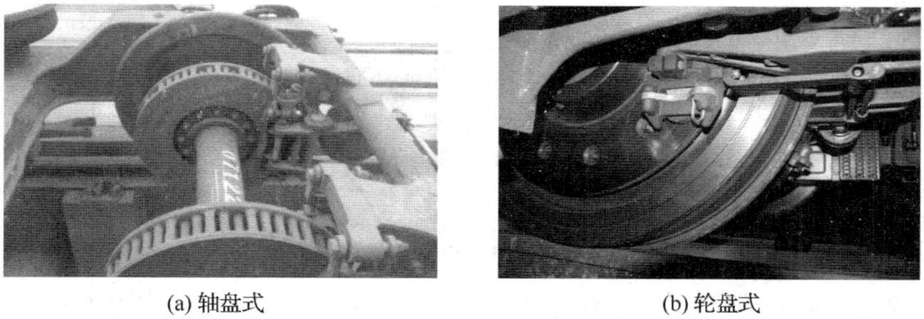


图 9.33　盘形制动实物图

盘形制动装置的特点：

(1)盘形制动装置代替闸瓦对车轮踏面的摩擦，减少车轮磨耗，延长了车轮的使用寿命和改善了运行品质，保证了行车安全。

(2)盘形制动装置散热性能比较好，所以摩擦系数稳定，能较容易得到较为恒定的制动力。它的热容量允许它具有较高的制动功率。

(3)由于可以相对自由地选择制动盘和闸片的材料，使这一对摩擦副具有最佳的制动参数。因此可以减小闸片压力，制动缸及杠杆的尺寸都可以减小，减轻了制动装置的质量。

(4)盘形制动的闸片面积比闸瓦制动的闸瓦面积大，承受单位面积压力小，它的磨耗也相对较轻。

(5)盘形制动代替闸瓦制动后，使轮轨之间的粘着系数会有所降低。

**3. 轨道电磁制动装置**

轨道电磁制动也叫磁轨制动，见图 9.34 所示。在转向构架侧梁 4 下通过升降风缸 2 安装有电磁铁 1，电磁铁下设有磨耗板 5，制动时将电磁铁放下，使磨耗板与钢轨吸住，电动车组的动能通过磨耗板与钢轨的摩擦转化为热能，然后经钢轨和磨耗板最终散于大气。轨道电磁制动能得到较大的制动力，因此常被城市轨道车辆和高速铁路车辆用作紧急制动的一种补充制动手段，在我国的轨道车辆上较少采用。

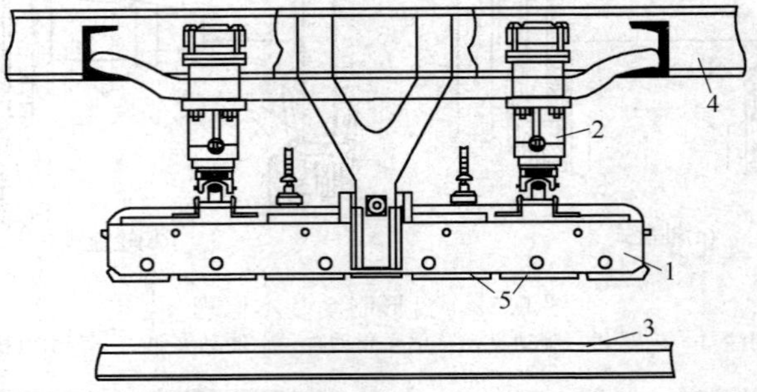


图 9.34 磁轨制动

图注：1—电磁铁；2—升降风缸；3—钢轨；4—转向构架侧梁；5—磨耗板

# 9.6 辅助系统

城市轨道交通车辆的辅助系统是车辆重要的组成部分，主要包括辅助供电系统和负载两部分。其中，辅助供电系统是电源，空调系统、照明系统、控制系统等为主要负载。电源、负载及熔断器、继电器等所构成的完整回路即城市轨道交通列车辅助电路。

在辅助系统当中，辅助供电系统是车辆的辅助电源，包括辅助逆变器和蓄电池。其中辅助逆变器作为车辆的主要辅助电源，为照明、空调、控制系统等负载提供正常工作电源，蓄电池是车辆的应急电源。空调系统主要负责车辆的通风及制冷（有些车辆也有加热的功能）。照明系统主要负责车辆的客室照明、外部照明及工作照明。

## 9.6.1 城市轨道交通车辆辅助供电系统

辅助供电系统中的辅助电源及熔断器、继电器、负载等可构成完整的辅助电路回路。列车正常运行状态下使用的辅助电源由辅助逆变器提供，列车启动时，或列车不能使用辅助逆变器的紧急情况下可使用列车应急电源蓄电池。

**1. 辅助逆变器**

辅助逆变器一般安装在各节车厢底部，对于不同的车型，辅助逆变器的具体数量与单台辅助逆变器的输出功率、列车编组形式及冗余状态有关。

辅助逆变器是城轨车辆的辅助电源，主要为除牵引以外的所有用电器供电。在正常工作状态下，辅助逆变器由高压接触网或第三轨供电，供电电压为DC1 500 V或DC750 V，在检修工作中，可由车间电源供电。辅助逆变器可将输入电压变为AC380 V、AC220 V及DC110 V，从而提供三种电源：

(1)为列车上所有三相负载提供AC380 V 50 Hz的三相交流电源，如：冷却风机、空调、空气压缩机等；

(2)提供AC220V50 Hz的交流电源，如：插座、照明等；

(3)DC110 V直流辅助电压主要给110 V的直流负载供电，并为蓄电池充电。它的工作状态正常与否直接影响整列车的功能。

**2. 蓄电池**

车辆蓄电池主要作用是供列车启动使用，同时，如果发生辅助逆变器无法为车辆供电的紧急情况，车辆蓄电池可为列车重要负载(如：应急照明、应急通风、控制系统、通信系统等)提供应急电源。目前，城轨车辆蓄电池通常采用碱性镉镍电池，镉镍电池具有环保、寿命长、抗冲击振动性能好、自放电量小、低温性能好、耐过充能力强等优点。车辆蓄电池通常安装在拖车车辆底部，见图9.35所示：

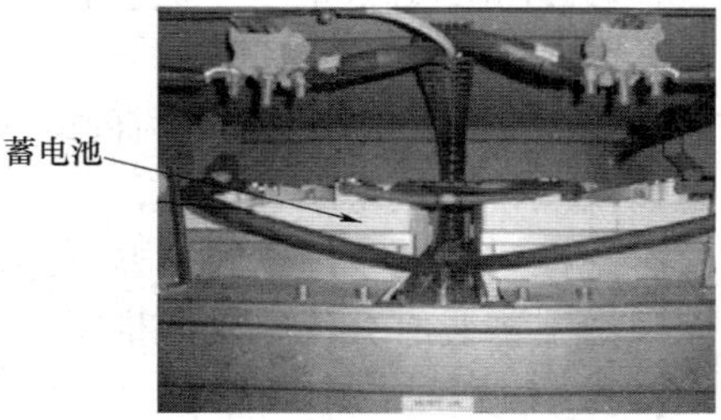

图9.35　蓄电池

## 9.6.2　空调通风装置

空调系统用于城市轨道交通，其作用就是确保车内有一个舒适的环境温度、湿度和充足的新鲜空气。考虑车辆承载的乘客较多，乘客上、下频繁，有一定的运行时间段及所在城市运营环境(包括地下环境)等特殊因素，空调通风装置设计(如空调工况、机组性能及通风组织时)要充分考虑到城市轨道交通，尤其地铁客车的这些特殊性，应充分研究乘客在不换衣着，短时乘坐这一瞬态条件下的“舒适”体验及生理需求。这样在空调机组的选取上一方面一般要求风量大，风速高，温度接近外界，而另一方面则要求小型轻量、结构紧凑、安全可靠、免维护程度高。

城市轨道交通车辆的空调机组安装在列车车顶，空调机组安装座处设有减振橡胶衬垫，用于吸收振动，降低噪声。每个客室安装有2台空调机组，位于整个客室的1/4和3/4位置。见图9.36所示。

空调系统的电源正常情况下由辅助逆变器提供380 V三相交流电，在发生故

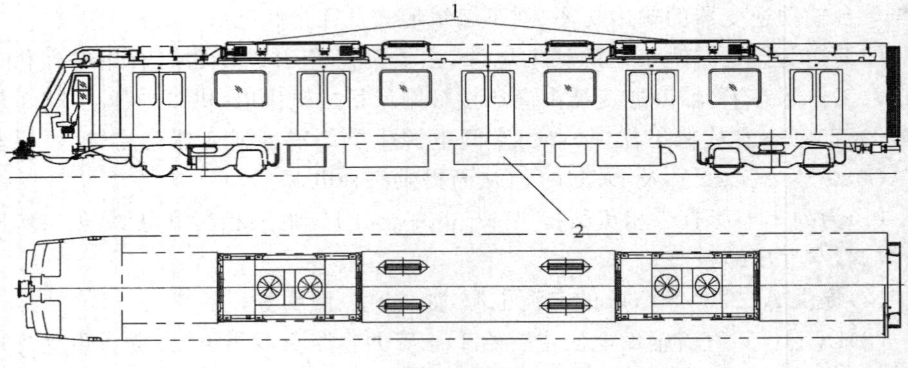


图 9.36 空调设备安装位置图

图注:1—通风与空调设备;2—车厢主体

障时,由列车蓄电池向空调系统的紧急逆变器提供 110 V 直流电,空调系统的紧急逆变器将 110 V 直流电逆变成三相交流电供紧急通风使用。

**1. 空调系统组成**

空调系统由控制系统、空调机组、送风机、司机室通风单元、客室的送风道、回风道以及废排装置组成。

客室风道沿列车的纵向延伸,由若干个区段连接而成,安装在天花板上方。在整个风道上都装有分流空气的格栅。空调系统通过风道及格栅向客室供风。

**2. 空气循环**

车内循环空气分为送风、回风和排风三种气流,见图 8.13 所示。

空调机组采用双端出风、底部回风的空气循环方式。每台空调由 1 个冷凝压缩单元和 2 个空气处理单元组成。见图 9.37 所示,新鲜空气通过 4 个进风口进入

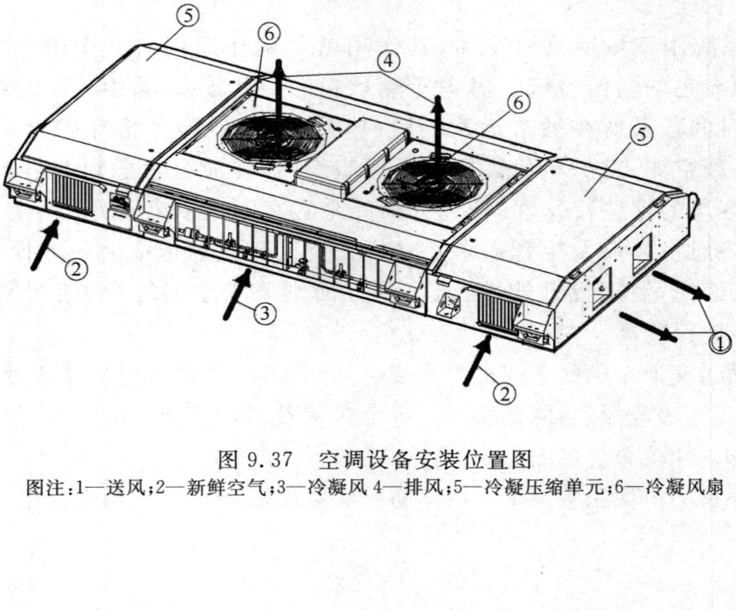


图 9.37 空调设备安装位置图

图注:1—送风;2—新鲜空气;3—冷凝风 4—排风;5—冷凝压缩单元;6—冷凝风扇

通风和空调设备。这样新鲜空气就与客室回风相混合，在冷却模式下，混合空气（客室回风与外界吸入的新鲜空气相混合）被送风机吸入，首先经过混合风滤网除尘，再经过蒸发器盘管冷却除湿，空气处理后的混合空气经过送风机送入车顶风道系统，通过风道输送到乘客车厢。

扩散到客室内的冷空气带走了客室内的热量，通过座椅底下的回风口，经过车体侧墙和内装侧墙板之间的间隙以及拐角顶板和侧墙板之间的间隙，进入天花板上方的回风道，其中一部分热空气通过回风风道进入空调机组，与从空调新风口吸入的新鲜空气相混合，经空调机组过滤和冷却，通过送风风道送入客室内。另一部分则通过车顶的废排装置排至车外。

上面所提及的排风，之所以能将一部分客室内的回风排出车外，是因为回风管内的热空气对于车体的流动速度较小，车外的空气相对于车体的流动速度较大，而流速小的空气压力大，流速大的空气压力小，从而造成了压力差，这样热空气就能经由废排装置从车内排到车外。

### 9.6.3　车辆照明系统

车辆照明系统包括客室照明、外部照明及工作照明几个子系统，它能够提供车辆在正常运营过程中的全部照明需求。按照城市轨道交通车辆照明功能的要求，分为正常照明及应急照明两部分。其中，正常照明是指城市轨道交通列车在外部受电正常的情况下，由辅助逆变器提供全部照明电源。应急照明是在辅助逆变器无法正常工作时，由列车蓄电池提供应急照明电源。

**1. 客室照明**

列车的客室照明是用于列车在运营过程中为乘客提供舒适的视觉照明。客室照明有正常照明和应急照明两种功能。为了保证正常照明和应急照明两部分功能的要求，相应配以 220 V 交流电流和 110 V 直流电源。在正常情况下车辆客室照明电源由辅助逆变器提供，在紧急情况下由蓄电池提供。

目前城市轨道车辆的客室照明大部分是通过位于天花板上的两条纵向光带实现，混合有普通照明和紧急照明。客室照明由普通照明荧光灯和紧急照明荧光灯这两部分组成，普通照明荧光灯中的电源为 AC220 V，紧急照明荧光灯中的电源为 DC110 V。这些荧光灯型号不同，混合并均匀地分布在客室区。这种设计使得在紧急情况下客室至少保持部分照明，并且要求客室内照度相对均匀。

客室照明见图 9.38 所示，普通照明一般由 20 个灯管组成(每边 10 个)。紧急照明由 11 或 12 根灯管(每边 5 个，在过道加 1 或 2 个)。正常照明 1 来自一种电源，正常照明 2 来自另一种电源，这种设计使得电源发生故障时对客室照明的影响降至最低。

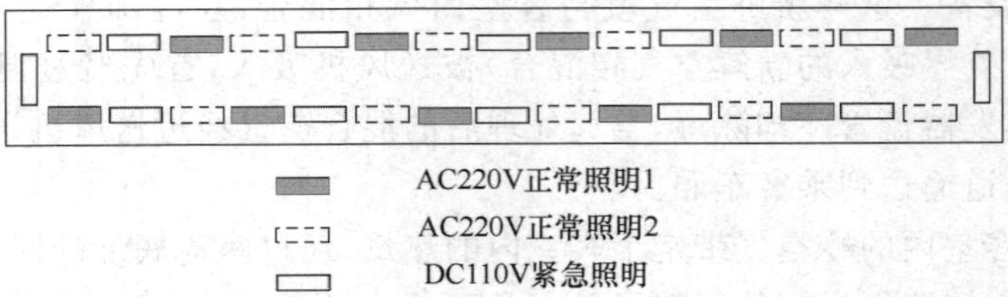


图 9.38 客室照明

**2. 外部照明**

城轨车辆的外部照明系统由头灯、尾灯、运营灯及侧墙信息灯等构成。这些外部照明是列车正常运行中至关重要的照明或信息灯具，有些城市轨道车辆同时还可以显示列车的车次、目的地、前进、后退、停放、ATC 运行方式、制动施加和缓解等信息，因此，外部照明系统是列车安全、正点运行的保证。

头灯和尾灯位于 Tc 车的驾驶室外。Tc 车的每一端配有两盏头灯和两盏尾灯，每一边有一个头灯和一个尾灯，左右对称布置。

头灯用于照亮前方，以便驾驶员能够检查钢轨和了解列车运行方向。尾灯可确保本列车能被后续列车观察到，尾灯位于 Tc 车前末端的底部，见图 9.39 所示。

图 9.39 外部照明

图注：1—尾灯；2—头灯；3—运行灯；4—侧墙信息灯

有些车型设有侧墙信息灯，每组有 5 种色灯，自上而下颜色排列依次为橙、绿、蓝、红、白，其中橙色灯亮表示门未关好，绿色灯亮表示所有制动释放，蓝色灯亮表示停放制动施加，红色灯亮表示摩擦制动施加，白色灯亮表示 ATC 切除。

**3. 工作照明**

列车配备了供司机及维修人员在作业过程中所必需的工作照明系统。包括驾驶室照明、司机阅读灯、设备柜照明及信息照明等。驾驶室照明独立于客室。照明设计避免阴影投射到控制台面上，降低操作者的能见度。在驾驶控制台上所有的设备都有可读信息，监视器、速度指示器、仪表等信息必须突出并能够清晰地被看见。

驾驶室照明位于天花板顶部，由在驾驶台上的开关控制。该照明在列车启动阶段、列车停车期间、车辆维修时使用。在列车正常运行过程中不得开启，以免影响司机正常瞭望。

司机阅读灯独立于驾驶室照明。该照明位于司机驾驶台上，用于列车运行的过程中为了考虑驾驶员的特别需要(驾驶室面板的观察、报表填写、阅读等工作)而提供的。

设备柜照明位于车辆各设备柜中，主要功能是为了方便司机和维修人员的操作与作业。

信息照明位于司机室前上方两侧，主要用途是向乘客及站台工作人员提供列车的目的地及车次等信息。

## 思　考　题

1. 城市轨道交通车辆都有哪些特点?

2. 为什么城市轨道车辆要采用转向架? 动力转向架和非动力转向架的区别是什么?

3. 简述转向架弹簧减振装置的种类和各自作用?

4. 简述城市轨道车辆车钩缓冲装置的用途。

5. 简述贯通道装置的用途。

6. 简述车体的基本结构由哪几个部分构成。

7. 简述车门的主要类型。

8. 简述摩擦制动方式的种类。

9. 辅助逆变器的负载有哪些?

10. 辅助逆变器如果突然不能工作，客室车厢内是否会立即停电灭灯? 为什么?

# 第 10 章　城市轨道电力牵引系统

## 10.1　城市轨道电力牵引系统发展概述

电力牵引是一种将电能作为动力的牵引方式。城市轨道交通车辆的电力牵引系统的基本功能是车辆经牵引供电网络吸取电能转变为驱动车辆所需的机械能；并且在必要时将车辆的机械能变成电能，对车辆实施电制动。所以在电力牵引系统中的主要组成部分即是机电能量的变换装置——电机，并且电力牵引系统以牵引电机为控制对象，通过对电机的牵引力和速度进行调节，以满足车辆牵引和制动特性的要求。

城市轨道交通车辆电力牵引系统通常根据牵引电机进行分类。应用于城市轨道电力牵引系统的牵引电机根据其结构特征分为旋转电机与线性(直线)电机两大类，而旋转电机又可分为直流电机与交流电机两大类，通常也可根据传动系统将其分类为直流传动系统和交流传动系统，而采用线性电机的传动系统称为线性电机传动系统，见图 10.1 所示。

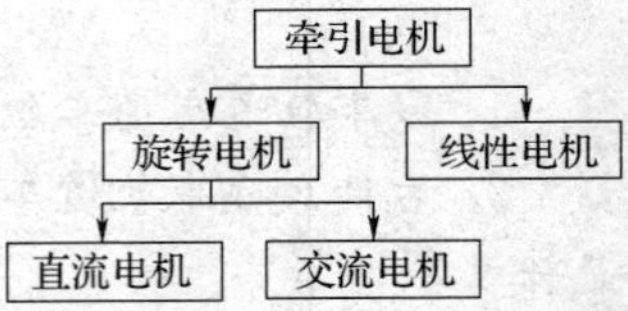

图 10.1　牵引电机分类图

城市轨道无论采用哪种牵引电机使用哪种控制方式，最终都要靠控制电机输入电能的特性来控制牵引电机输出的牵引力和牵引速度，即需要将牵引供电网络的电能变换为牵引电机所需要的电能供给牵引电机。实现对电能进行变换和控制的技术称为电力变换技术，亦称电力电子技术，而实现电力变换功能的装置称为电力电子变流装置，其核心组成为电力电子器件。通常所用的电力有交流和直流两种，由此将电力变换分为四大类，即交流变直流(AC-DC)、直流变交流(DC-AC)、直流变直流(DC-DC)、交流变交流(AC-AC)，如表 10.1 所示。交流变直流称为整流，直流变交流称为逆变。直流变直流是指一种电压(或电流)的直流变成另一种电压(或电流)称为直流斩波。交流变交流可以是电压或电力的变换，称为交流电力控制，也可以是频率和相数的变换。

城市轨道电力牵引系统的发展主要是根据牵引电机种类、控制方式、电力电子技术的发展为主线的。以直流电机作为牵引电机是最早应用于城市轨道车辆的传动方式，具有良好的牵引性能，且技术可靠，因此在电力牵引领域得到广泛的应用。直流牵引电机传统的调速方法是串入电阻调速，从而改变电机机械特性，但因此增加了电阻损耗,效率降低。直流牵引电机存在的主要缺点是有电刷和换向器,随之带来的问题是电机在高速时换向困难、结构复杂、工作可靠性差、制造成本高及维修保养困难。随着大功率电力电子器件制造技术的不断提高和交流电机控制理论的发展,可变频变压的逆变器解决了交流电机的调速控制问题。采用异步牵引电机驱动的交流传动系统迅速崛起,并使轨道车辆的电力传动技术跨越了一个很高的台阶。异步牵引电机消除了由于换向器和电刷所引起的一系列实际问题,并且有结构简单、维护方便、体积小、质量轻、转速高、功率大、能防滑、粘着利用好等一系列优点,被公认为是城市轨道车辆电力传动的一项重大革新,因而得到国内外的广泛应用。

**表 10.1　电力变换的种类**

| 输入 / 输出 | 直流(DC) | 交流(AC) |
| --- | --- | --- |
| 交流(AC) | 逆变 | 交流电力控制变频、变相 |
| 直流(DC) | 直流斩波 | 整流 |

直线电机牵引是目前最先进的牵引方式之一,技术成熟。用于地面运输车辆的直线电机,给人们印象最深的莫过于用它来驱动高速磁悬浮列车,事实上,直线电机另一个较大的应用领域是将直线感应电机用作为轨道车辆的动力。在这种驱动方式中,车辆的支撑和导向与传统的用旋转式电机驱动的铁道车辆一样是依靠车轮和轨道来完成的,而推进力则是由直线电机产生,车速在 70 km/h 左右。鉴于直线电机驱动方式的优点以及技术与经济上的现实可行性,在一些先进国家率先被成功用于车辆的动力装置,在实际运营中,直线电机车辆逐渐被人们接受。我国早在上世纪 80 年代已开始这种渠道方式的运载系统,但一直处于系统选择可行性研究,到了上世纪 90 年代,随着磁悬浮铁路系统试验线及试验车的研制,开始了直线电机及其控制系统设备研制。其中北京市轨道交通首都国际机场线,广州市轨道交通 4、5 号线根据沿线的环境要求,均采用低噪声的新型交通制式直线电机系统。

直线电机车辆有着断面小、爬坡能力强、转弯半径小、良好的牵引和制动性能、噪声小、寿命长等优点,直线电机驱动的小断面地铁车辆为我们提供了一种降低造价的选择。但是与普通的旋转电机相比,它的效率和功率因数较低。直线电机系统一次侧和二次侧的气隙对直线电机的性能影响较大,所以对轨道、反作用板、轨枕的尺寸精度及安装精度,直线电机的安装精度及支撑结构都相应有较高的要求。因此国内以直线电机作为电力牵引电机的轨道交通车辆应用并不广泛。

综观国外城市轨道车辆电力牵引发展情况,现代城市轨道车辆电力传动系统具有以下特点：

1. 广泛应用三相异步牵引电动机及逆变器，使用变频变压技术。

2. 牵引变流器广泛采用了 IGBT(或 IPM)模块作为主开关器件，由于该类电力电子器件具有很高的开关频率，从而使电源输出特性更高，控制能力更强。

3. 微电子技术在地铁车辆的牵引、制动、辅助控制、信息显示和储存、防滑与防空转控制及行车安全等方面得到了广泛的应用。

4. 车辆的制动，除了采用摩擦制动外，还采用了动力(电)制动技术，如电阻制动、再生制动及磁轨制动等，以提高运行中的节能效果与安全性。

5. 电力牵引系统与列车自动控制系统紧密结合。

就我国而言，城市地铁与轻轨建设起步较晚，但随着改革开放与国民经济的发展日益得到重视，特别是进入 21 世纪以来，我国的城市轨道交通得到了迅猛的发展。我国地铁车辆的发展，按其传动与控制方式可分为直流调阻车(如早期北京地铁 1 号线车辆)、直流斩波车(如早期上海地铁 1 号线车辆)和交流传动(目前绝大多数车辆采用)，其发展趋势与世界牵引技术发展主流一致。

## 10.2 城市轨道交通车辆电力牵引系统特性

为了满足城市公众对大容量快速交通的需求，主要在市内和市郊运行的城市轨道交通车辆，为适应城市环境，需要在地下隧道或高架运行，城市轨道交通系统具有以下特点：

1. 站距短，线路曲线半径小，坡度大；

2. 客流量大而集中，乘客上下车频繁，高峰时可能严重超载；

3. 为了尽量缩短乘客的乘坐时间，要求有较高的旅行速度，特别是较大的起动加速度和制动减速度；传动系统应效率高、能耗少，尽量减少发热，减轻自重；

4. 控制系统更可靠、精确，并有良好的适应能力。

这些特点都对城市轨道交通电力牵引系统提出了更高的要求。而牵引电机是城市轨道交通车辆的核心，因此对牵引电机也提出了更高的要求：体积小、质量轻、输出功率大、效率高、能在列车启动时输出较大的启动转矩，并能在很宽的速度范围内平滑调速，以便实现对列车的转矩控制。

城市轨道车辆在运行中，在每个站间区内，一般由 3 个典型区域构成：即牵引加速区、惰行区和制动减速区，其典型的速度变化曲线见图 10.2 所示。

对于在较长的站间城市轨道交通车辆，在牵引加速区与制动减速区之间除惰行区外还可能有恒速(或限速)运行区域。

为满足车辆运行的需要，城市轨道交通车辆电力牵引必须具备 3 种基本的牵

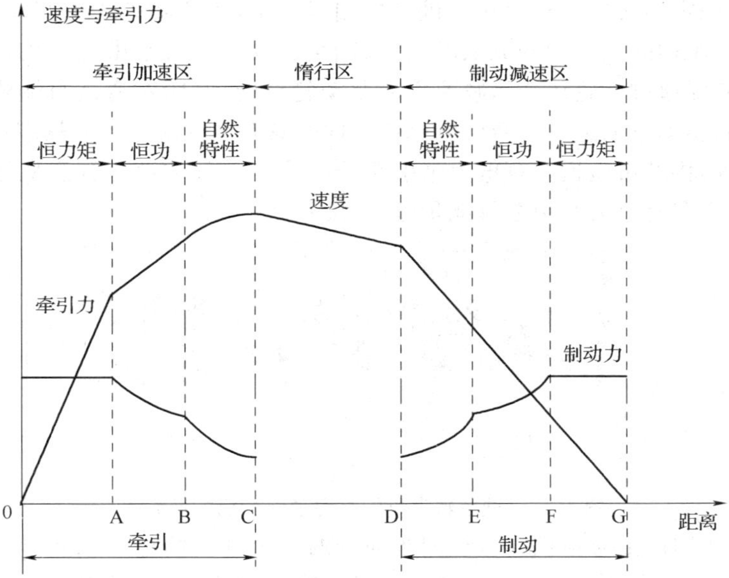


图 10.2　车辆运行曲线(运行时分图)与电机特性控制方式

引特性,即恒力矩特性、恒功率特性和自然特性,牵引电机必须满足见图 10.2 中所示的车辆牵引力(或制动)——时间特性,图中制动力特性是对应于单独采用电气制动方式的情况。以上海地铁 2 号线车辆为例,列车的加速过程为:0～36 km/h 为恒力矩加速;36～50 km/h 为恒功率加速;50～80 km/h 以自然特性加速。

图 10.2 中的电机牵引特性和制动特性,表明了牵引电机和传动系统应该具有的工作能力。对于干线机车或长距离运行的电动车组的交流电动机,图中的某一段的某一点(往往在牵引曲线 A～B 区域内)对应的工作能力(转矩、转速)被定义为额定工作点。对于城市轨道电动车(组),电传动系统一直工作在瞬变过程中,负载变化强烈,电机大部分时间运行于过载状态,电机的额定工作点及其额定参数仅用于电机的考核。

## 10.3　城市轨道交通车辆电力牵引系统组成

根据电力牵引的基本功能,城市轨道交通电力牵引系统的能量传动过程一般为车辆通过受流装置从牵引网络获得电能,其中当牵引供电方式为接触网供电时,受流装置为受电弓,当牵引供电方式为第三轨供电,受流装置为受电靴。当车辆为牵引工况时,受流装置获得的电能一部分供给辅助供电,其余电能通过车载的变流装置将电能调制成所需要的电能后供给牵引电机使用,此时牵引电机将电能变成机械能，以一定的转速和转矩从电机机械端口输出；当车辆处于电制动工况时，则牵引电机将车辆的机械能变成电能，从而产生制动力。通常由电机机械端口输出的机械能需要通过齿轮传动箱减速之后驱动轮对转动，轮对通过与钢轨之间建立的粘着从而驱动车辆运行。牵引电机作为同时具有电气端口与机械端口的机电能量变换装置，将城市轨道车辆电力牵引系统分为了电气传动部分和机械传动两部分，城市轨道车辆电力牵引系统能量流图见图 10.3 所示。

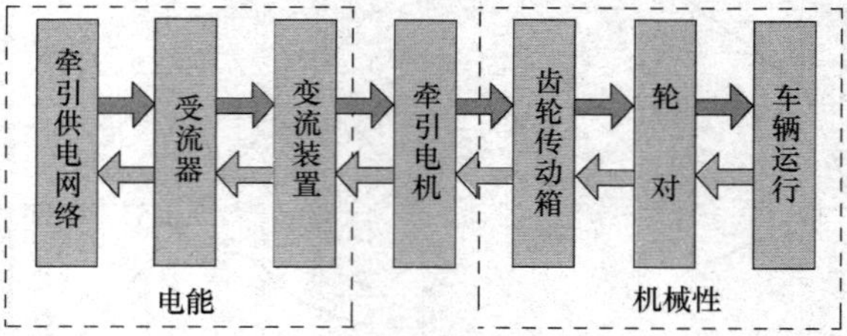


图 10.3 城市轨道车辆电力牵引系统能量流图

图 10.4 即以上海地铁 1 号线列车为例的一个 3 节编组单元列车的电气传动部分示意图。其中该单元包括一节不带牵引装置的 A 车，一节带受电弓及牵引装置的 B 车和带牵引装置的 C 车，故 A 车称为拖车，B 车及 C 车为动车。B 车及 C 车的牵引主电路通过高速断路器进行通断，C 车牵引回路的电能通过车钩的电气接口从 B 车获得。

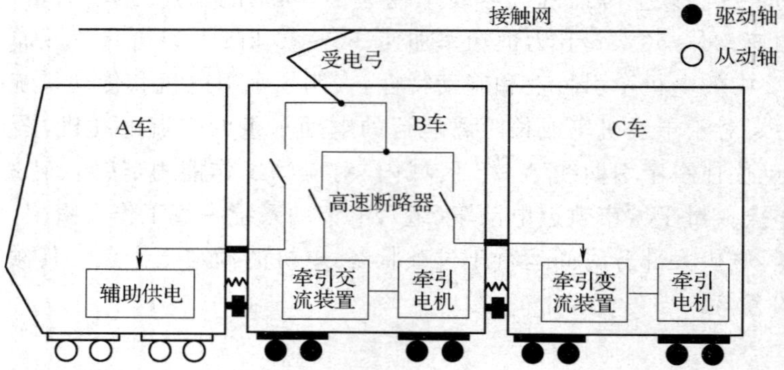


图 10.4 城市轨道车辆电气传动示意图

获得的电能通过牵引变流装置进行电力变换后供给牵引电机产生机械能，通过机械传动装置最终驱动列车运行。在动车上一个牵引电机驱动一对轮对，因此一节具有两个转向架的动车由 4 个牵引电机驱动，具有牵引电机驱动的轴被称为驱动轴，没有牵引电机驱动的轴被称为从动轴。图 10.5(a)、(b)分别为上海地铁列车为例的机械传动局部图与整体示意图。

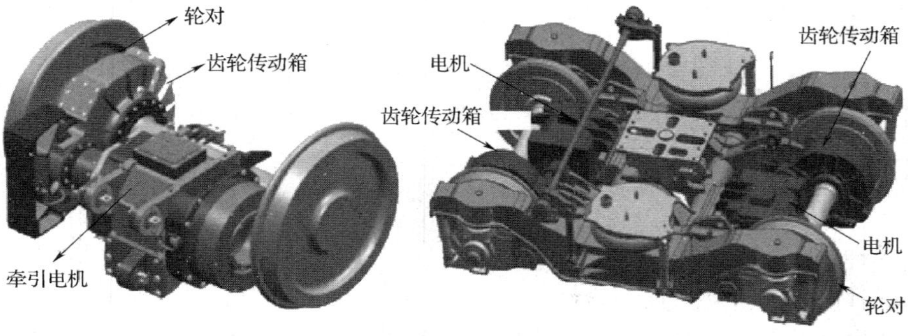


(a)机械传动局部图　　(b)机械传动整体图

图 10.5　城市轨道车辆电力牵引机械传动示意图

一般意义上，电力牵引系统仅指电力传动部分，所以城市轨道车辆电力牵引系统通常主要由受流装置、牵引变流装置、牵引电机、制动电阻、高速断路器、电抗器、速度传感器等组成。

# 10.4　城市轨道交通车辆直流电力牵引系统

## 10.4.1　直流牵引调速原理

在城市轨道车辆电力牵引中，通常是调压及弱磁两种方式的混合使用，以达到所要求的牵引特性。

**1. 调节端电压**

随着半导体技术的飞跃发展，直流牵引普遍采用斩波调压，能对电动机的端电压进行连续、平滑地调节，实现平稳调速。见图 10.6 所示，CH 为一个斩波器，它代表一个理想开关，如果斩波器有规则地导通和关断，每次导通的时间为 $t_{on}$，关断的时间为 $t_{off}$，则 $T=t_{on}+t_{off}$，$T$ 称为斩波周期，而 $\alpha=t_{on}/T$，其中 $\alpha$ 称为导通比。不难看出，负载电压的平均值为：

$$U_{R_L}=U\frac{t_{on}}{T}=\alpha U \qquad 式(10.1)$$

由上式可见只要调节 $\alpha$，即可调节负载的平均电压，这就是直流斩波电路基本原理。

导通比的控制可以用 3 种不同的方式来实现，见图 10.7 所示：

(1)脉冲宽度控制(定频调宽)——改变导通时间 $t_{on}$，而斩波周期 $T$ 不变。

(2)频率控制(定宽调频)——保持 $t_{on}$ 为常数，而改变斩波周期 $T$。

(3)脉宽和频率的综合控制——通常是分段地改变斩波周期 $T$，而连续地控

制 $t_{on}$。

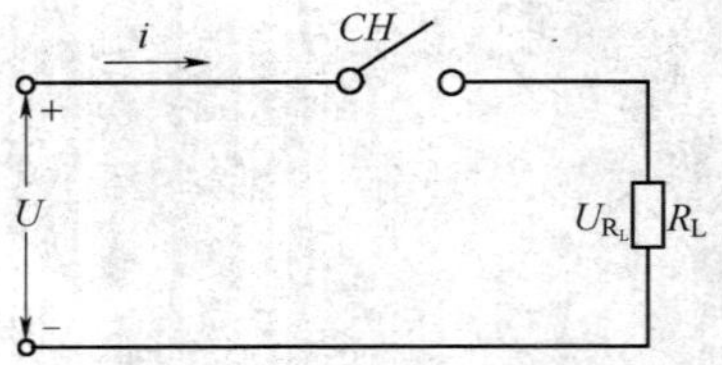


图 10.6 直流斩波电路原理

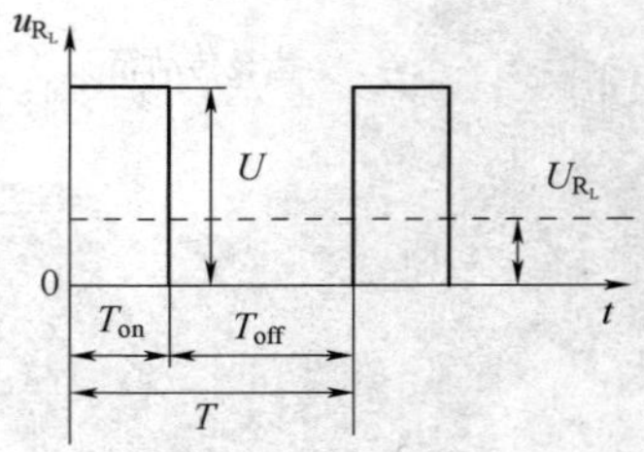


图 10.7 直流斩波电压波形

第一种方法由于斩波器的基本频率固定，通过调节导通比来调节电压，所以易于设计滤波器消除高次谐波；第二种方法控制电路比较简单，但斩波器的频率是变化的，所以滤波较难，且对通信信号干扰可能性较大，使用较少；第三种方法通常只用于要求在很大范围内调节的负载。

**2. 调节主极磁通**

主极磁通的调节往往采用减小电机主磁通的办法，提高机车或电动车组的速度，因此亦称为磁场削弱，城市轨道车辆主要利用斩波调磁的方法来实现。

### 10.4.2 牵引主回路及控制

直流传动系统主回路结构框图见图 10.8 所示。其工作原理如下：

受电弓 1 和接地开关 4 将直流电网中网侧电压（DC1 500 V 或 DC750 V）引入电动车组中，当电动车组出现短路、过流、接地等故障时，由主断路器 2（牵引断路器）切断直流电源，对电动车组实现故障保护；线路滤波电抗器 6 和线路滤波电容器 7 组成线路滤波器，用于对网侧电压进行平波处理；充电电阻 $R_{ch}$ 组成线路滤波器的充电电路，实现线路滤波器的软起动；软起动结束后，由负载接触器 5 将 $R_{ch}$ 切断；司机控制器 12 将控制指令（速度、转矩）经触发脉冲信号发生器 10 控制电子控制装置 11 输出斩波器或凸轮调速变阻器 8 的控制脉冲；滤波处理后的直流电源通过斩波器或凸轮调速变阻器 8 将直流电源变换成幅值可变的直流电源，驱动直流牵引电机 9 运行；电压检测环节 3 用作对电动车组电压进行实时检测。

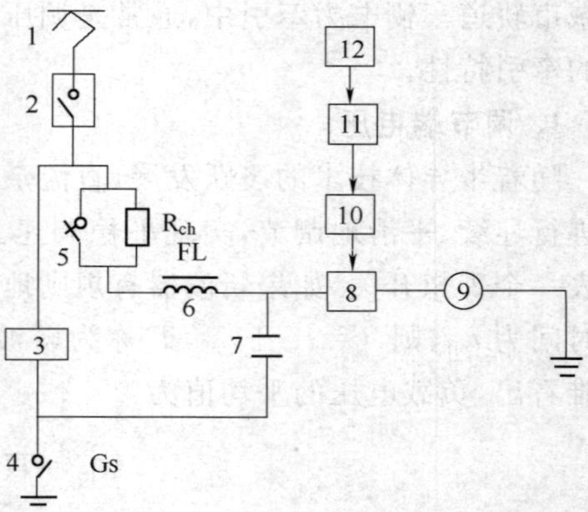


图 10.8 直流传动系统主回路结构框图

根据牵引要求，控制应使列车尽可能平稳，即尽可能实现恒加速与减速，故斩波器控制应采取恒流牵引与恒流制动方式。随着半导体微处理器技术的发展，现在微型计算机控制已广泛用于控制电路，代替了使用传统的模拟电路。

## 10.5　城市轨道交通车辆交流牵引系统

### 10.5.1　交流电机调速系统

变频调速是三相异步电机的主要调速方法。变频调速是把交、直流电变换为可调电压、可调频率的交流电(Variable Voltage Variable Frequency，简称 VVVF)向交流电动机供电。按供电电源不同，交流传动又可分为直交传动和交直交传动，城市轨道交通中使用的交流传动形式多为直交传动，交直交传动一般使用在干线铁路中。

一般在恒转矩起动区，为了使电动机的铁磁材料得到充分利用，电动机磁场状态维持近于饱和状态，即磁通量基本恒定。变频电源供电频率不断提高，转速不断提高，为了保持恒定的磁通量，其端电压必须按频率的函数关系变化，其基本规律是电压与频率的比值为常数。当变频电源供电频率不断增大，转速增大到一定程度，需要进行弱磁增速，此时电压不再变化，进入恒功率调速区。

在城市轨道交通车辆中，由于交流传动的形式为直交传动，因此实现变流装置称为逆变器。以单相桥式逆变电路为例说明其最基本的工作原理。见图 10.9(a)所示，$S_1 \sim S_4$ 为桥式电路的 4 个臂，由电力电子器件及辅助电路组成，在这里可以简化看成理想开关。当开关 $S_1$、$S_4$ 闭合，$S_2$、$S_3$ 断开时，负载得到的电压 $u_0$ 为正；当开关 $S_2$、$S_3$ 闭合，$S_1$、$S_4$ 断开时，负载得到的电压 $u_0$ 为负，如此周而复始，在负载上就形成了一个有着正负变化的交流电，波形见图 10.9(b)所示。

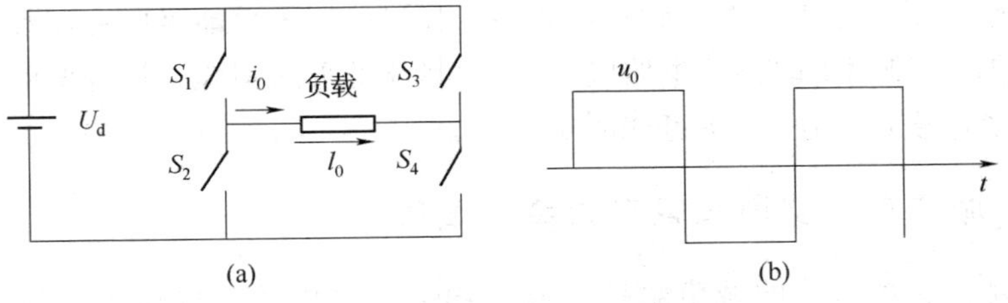


图 10.9　单相逆变电路及负载波形示意图

但由图 10.9(b)所示由上图可见输出的波形为方波，并不符合输出电压波形为正弦波的要求。因此在各桥臂的导通控制上引入了一种称为脉宽调制(Pulse Width Modulation，简称 PWM)的方法。即利用面积等效原理把正弦半波分为 N

等份，用一系列等幅不等宽的脉冲来代替正弦波，见图 10.10 所示。通过改变单位时间内控制脉冲组重复的次数，可以达到输出波形频率的变化控制；而通过改变单位时间内控制脉冲的数量和每个脉冲的宽度，依照面积等效原理，可以达到调节输出电压的控制要求。因此，可以用全控型电力电子器件的通断来实现调频调压，最终实现调节异步电机转速和转矩的目的。

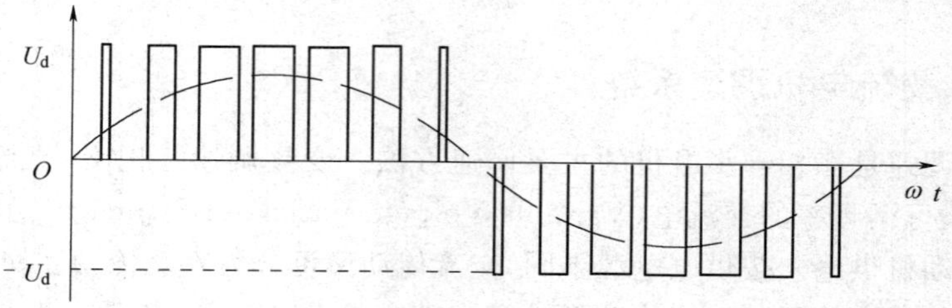


图 10.10　PWM 控制方式波形示意图

## 10.5.2　交流传动主回路

交流牵引系统最主要由直流供电、直流中间电路、电阻制动电路及逆变电路组成，其具体的组成见图 10.11。

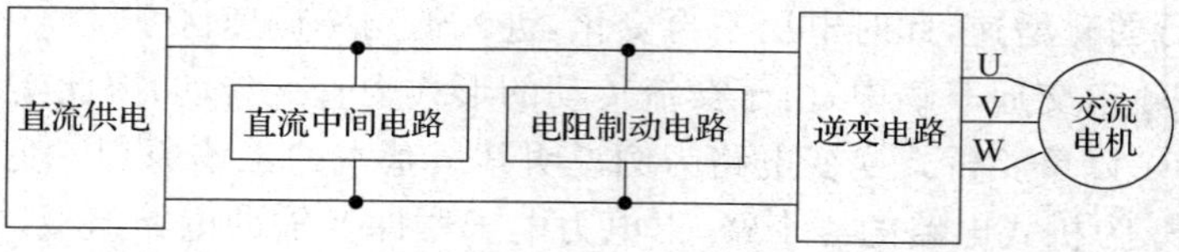


图 10.11　交流牵引系统组成示意图

直流供电电路的主要功能是将牵引逆变器与接触网的直流输入电源接通与切断。直流中间回路的作用主要是消除电源中的谐波分量，使输入的电源比较平稳，还可防止牵引逆变器工作在短时过压状态。如果线网不再能吸收在制动过程中产生的制动能量，则由电阻制动电路吸收，并以热能的形式消耗。逆变电路的作用主要是将直流电变成电压、频率可变的交流电。

## 10.5.3　城市轨道交通车辆电力牵引设备

以接触网供电方式的城市轨道交通车辆电力牵引的主要设备由以下部件构成：受电弓、牵引逆变箱、制动电阻箱、牵引电机部分组成。以下将介绍各部分的安装位置及简单工作原理，牵引电机不再详述。

**1. 受电弓**

受电弓是将电能引入车辆的重要电气设备，一般安装在 B(Mp)车车顶，每三节最小编组的列车配置一个受电弓。受电弓结构多样，一般根据其升降弓的动力来源分为气动式受电弓和电动式受电弓两种。受电弓一般主要由底架、升高—降低装置和接触滑板等部分组成，见图 10.12 为气动式受电弓结构图。通常受电弓升弓、降弓动作通过司机控制器发出命令实现，故障时也可以进行人工升降弓操作。

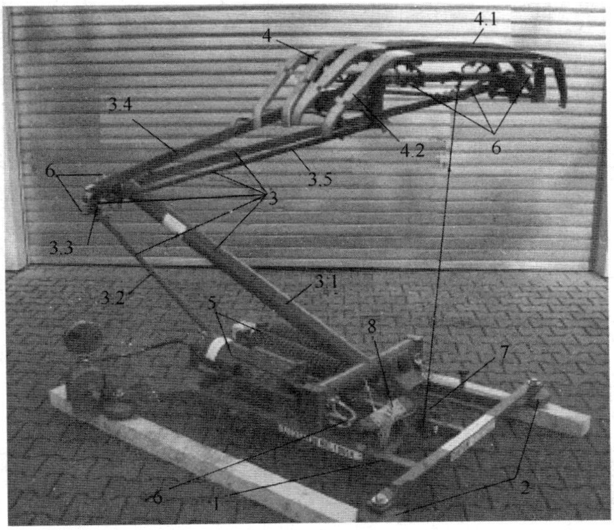


图 10.12　气动式受电弓结构图

图注：1—底架；2—绝缘子 3—构架；3.1—下臂；3.2—下导杆；
3.3—高度止挡；3.4—上臂；3.5—上导杆；4—弓头；
4.1—接触滑板；4.2—端角；5—升降装置；6—电流传输装置
7—锁钩；8—最低位置指示器

**2. 牵引逆变箱**

牵引逆变装置一般悬挂于 B(Mp)车及 C(M)车车底，见图 10.13 所示。

图 10.13　牵引逆变箱外观图

牵引逆变箱中的主要的部件为牵引逆变器、绝缘接地开关、接触器、线路滤波器等，因为牵引逆变器在工作中存在损耗，会以散热的形式产生消耗，所以一般牵引逆变箱中还设有风冷或者水冷等装置。通常用来接通和断开主回路的高速断路器一般也被安装于牵引逆变箱中，除此之外也有将高速断路器独立装于专用箱中。在出现严重干扰情况时，比如过流、逆变器故障或短路等，高速断路器能安全断开牵引设备与直流电网电路连接。每个牵引逆变器均通过其各自的高速断路器与直流电网电路连接，一旦有一个牵引逆变器故障，高速断路器会安全地断开。司机控制面板上也有相应的“合上”、“断开”按钮，可以控制高速断路器的接通与断开。

**3. 制动电阻箱**

制动电阻与牵引逆变器相连，是牵引逆变器系统的一部分，但并不安装在牵引箱内。制动电阻独立安装在动车底部，见图 10.14 所示。每节动车装设有一台制动电阻箱，用于车辆的电阻制动。制动电阻配有冷却风扇，使制动电阻及时散热。由于在消耗电制动能量时，电阻会产生较高的温度，所以通过装在进风口的通风风扇对制动电阻进行强迫通风冷却。在通风风扇的风道中安装有压差传感器及温度传感器，通过对通风流量及温度的检测，可以监控通风风机的工作情况，以防止制动电阻因温度过高而受到损伤。

图 10.14 制动电阻安装示意图

## 思 考 题

1. 一般城市轨道交通车辆电力牵引的传动过程是怎样的？
2. 城市轨道车辆在运行中，在每个站间区内，一般由哪三个典型区域构成？
3. 为满足车辆运行的需要，城市轨道交通车辆电力牵引必须具备哪三种基本的牵引特性？
4. 简述直流牵引电动机调速的基本形式。
5. 交流牵引电机的主要调速方法是什么？
6. 城市轨道交通交流电力牵引设备主要有哪些？

# 第 11 章　城市轨道交通供电系统

## 11.1　概　　述

在城市轨道交通这个节能、全天候、运量大、安全、快速、便捷的交通工具中，供电系统是不可或缺的重要机电设备系统之一，它承担着为各个用电设备及电动列车提供动力的重要任务。电动车辆以及为轨道交通运营服务的机电设备，都需要电力来为其提供动力。在城市轨道交通运营中，若供电一旦中断，不仅会造成城市轨道交通运营瘫痪，而且还有可能危及旅客生命安全，造成财产损失。因此供电系统在城市轨道交通运营中的重要性被不断提升。安全、可靠而又经济合理的电力系统是城市轨道交通正常运营的重要条件和保证。

供电系统一般分为：外部电源；主变电所或开闭所；牵引供电系统；动力照明系统；杂散电流腐蚀防护系统；电力监控系统。为了便于设计任务及专业接口清晰明了，一般把主变电所、中压网络、牵引变电所、降压变电所、接触网、杂散电流腐蚀防护系统、电力监控系统划为城市轨道交通供电系统。

目前国内城市轨道交通的供电方式主要有两种类型：分散供电方式、集中供电方式和混合式供电方式。

分散供电方式是，附有牵引变电所、降压变电所的车站分别由附近既有电网引两路相互独立的 35 kV 或 10 kV 电源供电，轨道交通沿线不设主变电所。集中供电方式是，在轨道交通沿线设主变电所，每个主变电所有两路独立的进线电源，一般对电网及城乡电网变电所影响较小、接入的电压等级较高、电源可靠性高、使轨道交通供电自成系统、运营管理方便，产生的高次谐波注入电网影响相对较少。混合式供电方式是以集中供电方式为主，分散供电方式为辅的一种供电方式。

具体采用何种外部电源供电方式，应在确定用电负荷后，根据城市轨道交通线网规划、城市电网的构成特点、工程实际情况等综合比选后确定。

城市轨道交通供电电源多数由城市电网供给，通过输送电能和变换电压，最后以适当的电压等级和一定的电流形式（直流或交流）供给用电设备。

城市电网一次电力系统由国家电力部门建造与管理，它包括发电厂、传输线、区域变电所。发电厂是发出电能的中心，一般可分为火力发电厂、水力发电所和原子能核电所等。发电厂的发电机发出的电能，要先经过升压变压器升高电压，然后以 110 kV 或 220 kV 以及更高的高压，通过三相传输线路输送到区域变电所。

在区域变电所中，电能先经过降压变压器把 110 kV 或 220 kV 的高压降低电压等级（如 10 kV 或 35 kV），再经过三相输电线输送给本区域内的牵引变电所和降压变电所，并再降为轨道交通所需的电压等级（如 DC1 500V 或 DC750V、380V 等）。

在地铁供电系统中，根据实际需要，也可以专设高压主变电所。发电厂或区域变电所对地铁主变电所供电，经主变电所降压后，分别以不同的电压等级对牵引变电所和降压变电所供电。牵引变电所的设置和容量应按运行的列车编组及行车密度进行牵引供电计算后确定，降压变电所的设置和容量可根据动力、照明和其他用电设备的用电量确定。对主变电所，其容量应由全部牵引、动力和照明用电量来确定。

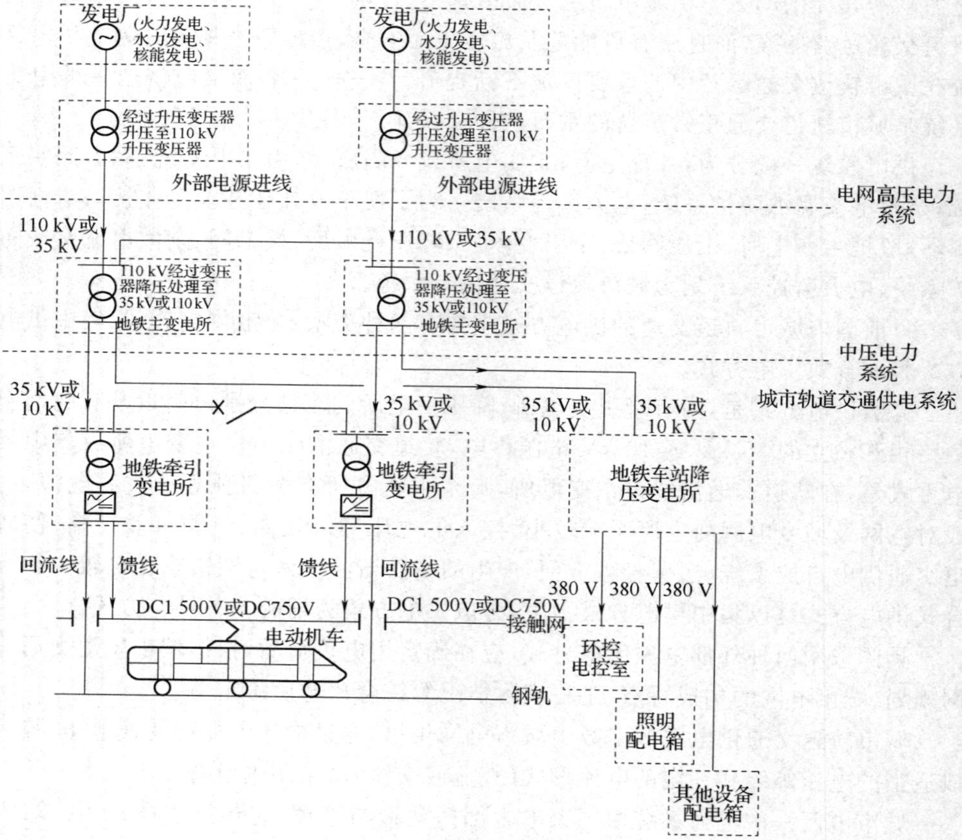


图 11.1 城市电网一次电力系统和地铁供电系统图

城市轨道交通系统是一个重要用电部门，它不同于一般工业和民用的用电，根据供电等级的划分为一级负荷。一级负荷按规定由两路独立的电源供电，当任何一路电源发生故障中断供电时，另一路应能保证一级负荷的全部用电。牵引变电所的电源进线应来自两个区域变电所或由区域变电所提供的两路独立电源，当一路电源失压时，另一路电源自动投入，牵引变电所能从地铁主变电所不间断地获得三相交流电。在城市轨道交通供电系统中，根据用电性质的不同可分为两部分，即为牵引供电系统和车站降压供电系统。

牵引供电系统其各部分的名称及功能简述如下：

1. 牵引变电所：供给地铁一定区段内电动车组牵引电能的变电所。

2. 接触网（包括架空接触网或接触轨）：经过电动列车的受电器向电动列车供给电能的导电网（北京、天津和武汉等各地地铁线路采用接触轨；上海和广州地铁采用架空接触网）。

3. 回流线：用以提供牵引电流返回牵引变电所通路的导线。

4. 馈电线：从牵引变电所向接触网输送牵引电能的导线。

5. 电分段：为便于检修和缩小事故范围，将接触网分成若干段的装置称为电分段。

6. 钢轨：承载列车的同时被用来作为牵引电流回流回路的一部分。

一般将接触网、馈电线、钢轨、回流线总称为牵引网。

牵引供电系统由牵引变电所和牵引网组成，其中牵引变电所和接触网是牵引供电系统的主要组成部分。

车站降压变电所各部分功能简述如下：

1. 车站降压变电所：是将中压电能转换为低压电能（AC 220/380 V），并向车站、区间、车辆段内的用电设备分配电能。降压变电所是城市轨道交通运营安全、行车安全以及应急处理等动力照明供电的保障。降压变电所主要是为风机、水泵、照明、通信、信号、防火报警等用电设备供电。

2. 配电间（室）：配电间（室）仅起到给照明、小动力设备分配电能作用。降压变电所通过配电所（室）将三相 380V 和单相 220V 交流电分别供给照明、小动力设备。

3. 配电线路：配电间（室）与用电设备之间的导线及路径。

4. 应急电源：是为应急设备服务的电源，一般指在正常电源失效后，为确保电力保障和消防联动的需要，它能即时提供逃生照明和消防应急，保护用户生命或身体免受伤害提供的备用电源。地铁工程中应急电源一般有 EPS（应急电源装置）、UPS（不间断电源），EPS 装置多用于消防用电设备，如应急照明灯、疏散指示灯等对供电质量要求相对不高的用电设备，强调供电的连续性。UPS 适用于允许中断供电时间为 ms 级的负荷，在地铁工程中一般通信、信号系统使用 UPS 电源。

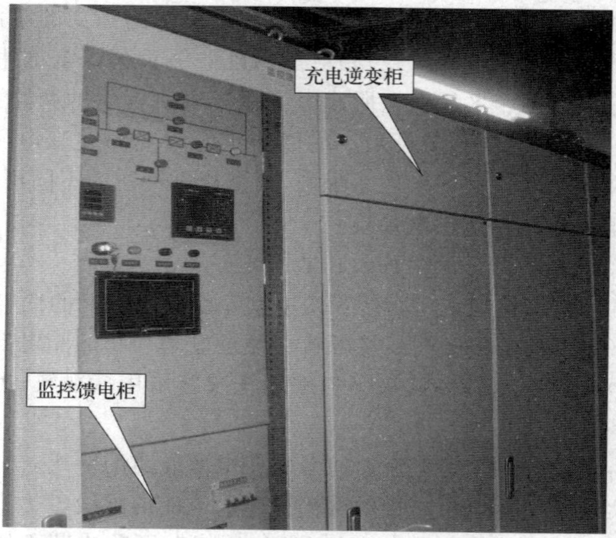


图 11.2 EPS设备装置图

在地铁供电系统中,降压变电所一般每个车站设置一个;也可将降压(动力)变压器附设在某个牵引变电所之中,构成牵引与降压混合变电所。

地铁车站及区间照明电源采用 AC220/380 V 系统配电。正常时,工作照明、事故照明均由系统交流照明电源供电,当系统交流照明电源失去时,事故照明自动切换为 EPS 供电,确保事故期间必要的应急照明。

## 11.2 中压网络

中压网络是轨道交通供电系统中主变电所与牵引供电系统、动力照明供电系统间相互连接的重要环节。其电压等级的确定关系到城市轨道交通供电系统的供电质量,同时也制约着主变电所位置及数量的确定。所以,中压网络方案的确定,影响到轨道交通供电系统的整体投资和运营维护等诸多方面。

### 11.2.1 中压网络的构成及组网结构

中压网络一般由两条以上与城市轨道交通线路平行敷设的电缆线路构成。其作用是:纵向把上级的主变电所和下级的牵引变电所、降压变电所连接起来;横向把全线的各个牵引变电所和降压变电所连接起来。由于它是城轨供电系统内部变电所之间唯一的电能传输通道,因此每回电缆线路的容量必须满足所供分区内全部牵引负荷以及一、二级动力照明负荷的需求。

城网中压网络典型接线有:单电源辐射网、“手拉手”环网、“网格式”环网、电缆单环网、电缆双环网等。目前国内城市轨道交通中最为常见的中压网络接线形式是电缆双环网接线。

中压网络的组网结构与城市轨道交通供电系统的外部电源、供电分区的用电性质、负荷密度等有关。就集中供电而言,中压网络组网结构为树型结构。而对于分散供电来讲,中压网络组网结构一般采用点对点的结构。

目前,在各个城市的轨道交通建设中,供电系统多采用集中供电方式,所以其中压网络的组网结构一般以树型结构为主。

树型结构的组网形式相对比较灵活,形式也多种多样。根据用电负荷的性质,树型结构大致可分为两种:一种是混合网络构架,是指由主所提供的中压电能通过中压网络直接分配给牵引供电系统和动力照明供电系统。这种形式的优点是网络结构简单,设备的利用率较高,投资相对节省;缺点是事故影响范围较大,排除故障相对复杂。采用这种接线的工程有上海地铁、广州地铁、天津地铁等,国内新建项目基本上多采用这种中压网络构架。图11.3是混合网络构架供电系统典型接线图。

另一种是独立网络构架,是指由主所或电源开闭所提供的中压电能通过两个相互独立的中压网络路径分别分配给牵引供电系统和动力照明供电系统。这种组网形式的优点是网络接线结构清晰,系统间电气部分相互独立,事故影响范围小;缺点是网络结构重复,设备投资较高。

总之,这两种组网形式各有特点。具体的网络接线方式还要根据工程的实际情况,并结合相关轨道交通路网供电系统的组成结构,进行综合的经济技术比较。

### 11.2.2 中压网络电压等级的选择

电压等级的确定,是中压网络研究中的一个关键问题。因为电压等级的选择影响到整个供电系统的供电质量、系统接线和经济投资等诸多方面,所以应对中压电压等级选取进行详细分析研究。

我国现行中压配电标准电压等级有:35 kV、20 kV、10 kV、6 kV和3 kV。地铁中多数采用35 kV或10 kV的中压网络。33 kV和20 kV为国际标准电压,国内工程采用的相对较少。

随着城乡电力消费的增长,发展20 kV配电网已正在进行讨论。20 kV是目前公认的具有发展前景的优选电压等级。

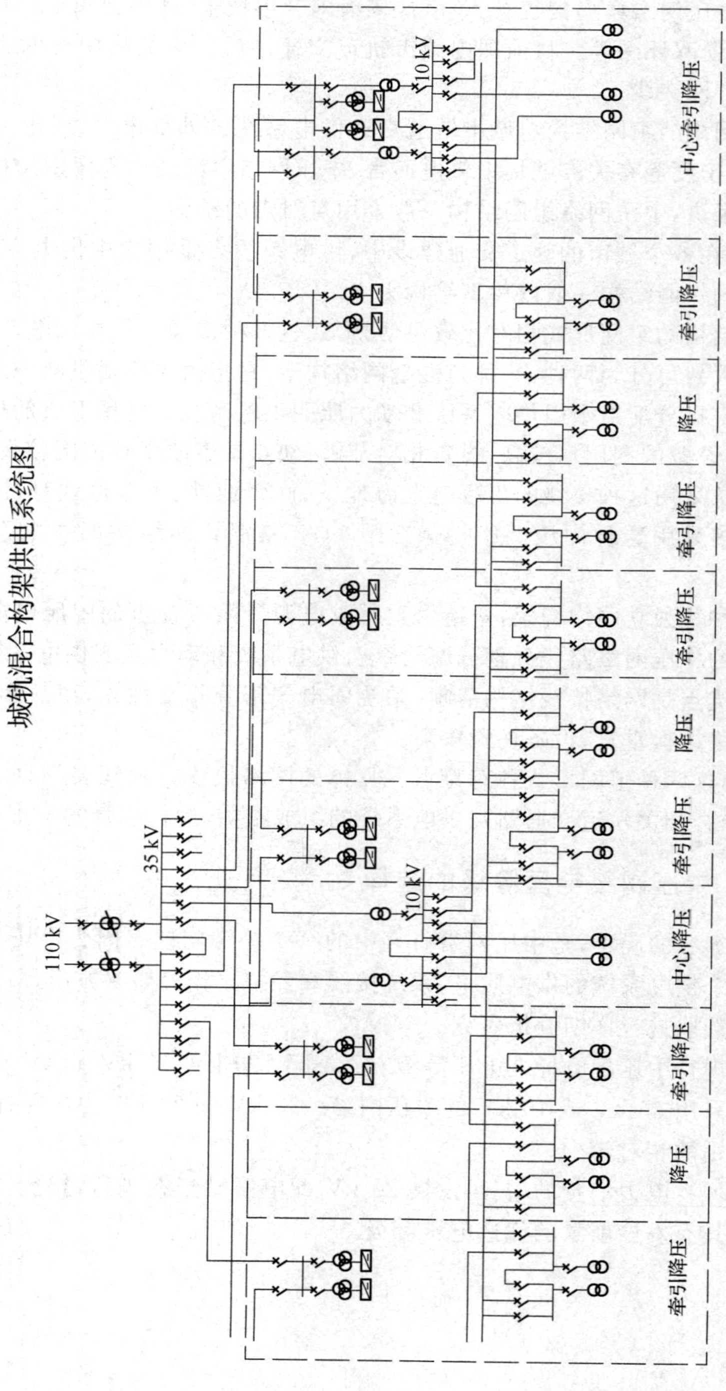


图 11.3 混合网络构架供电系统典型接线图

## 11.3　牵引供电计算的条件及需用参数

由于城市轨道交通列车(车辆)是以变化的速度沿轨道线路运行的,因此牵引负荷是变化的;此外,牵引负荷也随时间而变化,当线路上列车(车辆)密集则负荷大,反之则负荷小,甚至为零。

根据上述牵引负荷的特点及牵引负荷在供电臂上任意分布特性,我们可以得出牵引供电计算的条件及需用参数。

### 11.3.1　牵引供电计算的条件

1. 线路的技术条件(包括纵断面和限坡要求);
2. 线路年输送能力;
3. 信号的闭塞方式;
4. 电动车组(车辆)类型;
5. 电动车组(车辆)载客量;
6. 线路行车间隔时间和每天最多开行列车对数。

### 11.3.2　牵引供电计算需用的参数

1. 电力牵引年用电量(应分别计算年总用电量和电力系统所需增加的功率);
2. 电动车组电流的平均值和有效值;
3. 供电臂电流的平均值和有效值(与线路的供电方式有关);
4. 供电臂瞬时最大电流和短路电流(与主变压器接线方式有关);
5. 牵引网阻抗;
6. 牵引供电系统能耗(应包括牵引变电所内主变压器和牵引网的电能损失)。

牵引变电所内主变压器的安装容量和台数应满足在繁忙运行时最大电动车组数的需要,计算时所有电动车组都按重车计,并应考虑线路运量的增长,留有一定的储备能力(一般增加 15%～20%)。由计算出的容量选择安装容量,再按短时过负荷进行校验。

我国直流牵引供电系统的电压及其波动范围见表 11.1 所示。

**表 11.1　直流牵引供电系统电压标准**

| 系统电压(V) | | |
|---|---|---|
| 标准 | 最低 | 最高 |
| 750 | 500 | 900 |
| 1 500 | 1 000 | 1 800 |

牵引网的电压水平将影响到列车的运行速度及线路的通过能力，因此在进行牵引变电所布置时，要计算出牵引供电系统的电压损失。电压损失应包括供电臂最大的电压损失（指电动车组在最繁忙运行时可能出现的短时最大损失）和平均电压损失（指电动车组在最繁忙运行时在限制区间或追踪间隔的电压损失平均值）。

## 11.4 牵引变电所

### 11.4.1 牵引变电所设置原则

1. 牵引变电所尽可能设在车站，与车站降压变电所合建，节省投资；在长大区间高架段，尽可能设在高架桥下，减少另外征地；在长大区间地面段，设在线路一侧。

2. 牵引变电所应满足牵引负荷的要求，在远期高峰负荷时，当一相邻牵引变电所解列，接触网最低电压高于 1 000 V，钢轨最高电位低于 120 V。

3. 综合考虑牵引变电所分布对迷流防护的影响。

4. 同车站的牵引变电所与降压变电所尽量合建为牵引降压混合变电所。

5. 牵引降压混合变电所和降压变电所的位置应便于设备运输和运营管理。

6. 牵引降压混合变电所和降压变电所由 35 kV 或 10 kV 环网供电，两路进线，采用单母线分段形式，设母联断路器。

7. 牵引整流变压器高压侧额定电压为 35 kV，直流馈线额定电压为 DC1 500 V。动力变压器高压侧额定电压为 35 kV，低压侧额定电压为 0.4 kV。

8. 牵引变电所设两套整流机组，构成等效二十四脉波整流。两套整流机组接于同一段 35 kV 母线上，并联运行。整流机组过负荷能力符合下列要求：

(1)100%额定负荷——连续；

(2)150%额定负荷——2 h；

(3)300%额定负荷——1 min。

9. 低压供电系统采用三相五线制配电，即 TN－S 接地保护系统。

10. 继电保护装置按满足可靠性、选择性、速动性和灵敏性要求设置。

11. 所内控制、保护设备采用变电所综合自动化系统。

12. 设备选择立足于国产设备，技术性能达到国内先进水平。

直流牵引变电所的数量、设置地点、以及馈电线数目要由供电计算确定。一般设置在沿线车站及车辆段附近。相邻牵引变电所的距离在 2～4 km 之间，每个牵引变电所按其所需总容量设置两组整流机组并行运行，沿线任一牵引变电所故障时，由两侧的相邻牵引变电所承担其间的全部牵引负荷。

牵引变电所从区域变电所(或主变电所)获得电能,经过降压和整流变成所需要的直流。

## 11.4.2 牵引变电所主接线图

牵引降压混合变电所主接线图见图 11.4 所示。

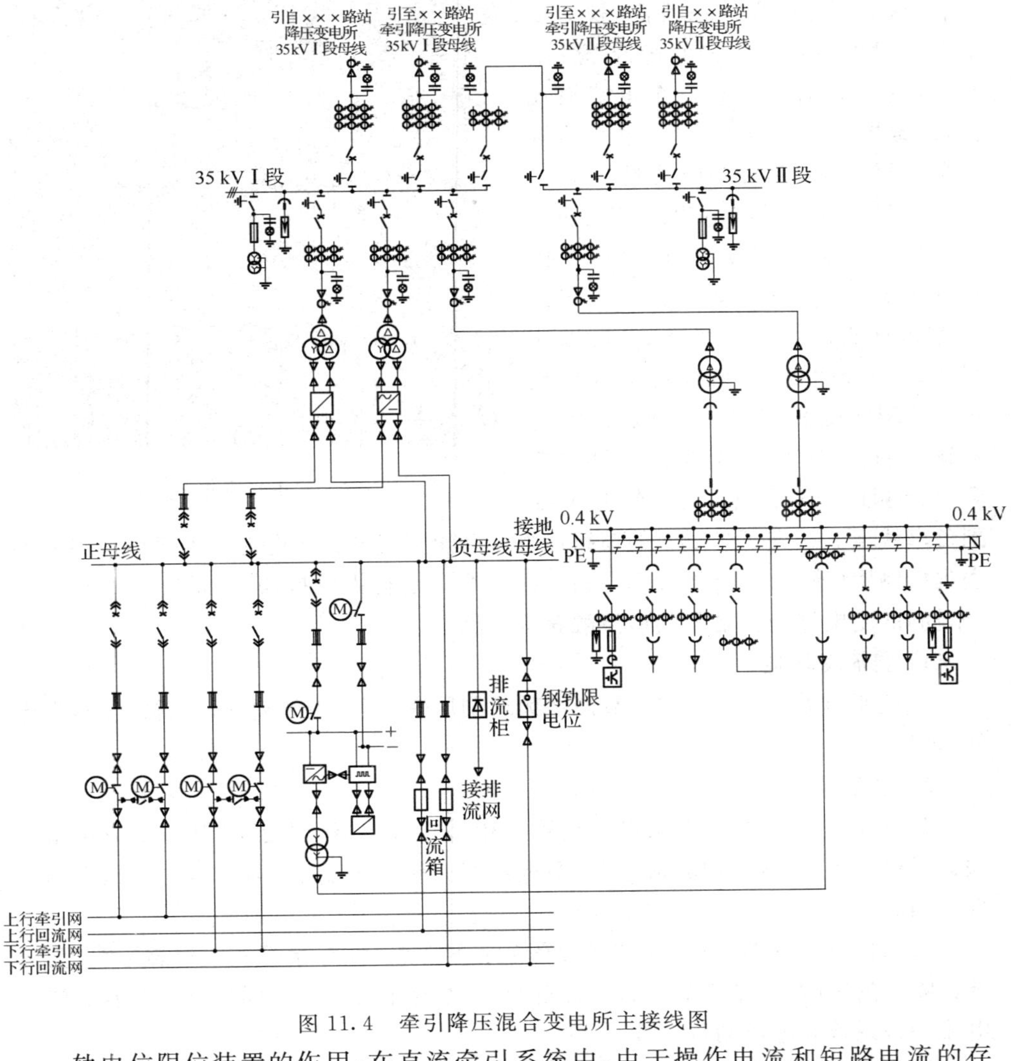


图 11.4 牵引降压混合变电所主接线图

轨电位限位装置的作用:在直流牵引系统中,由于操作电流和短路电流的存在,可能会引起回流回路和大地之间产生超过安全许可的接触电压。在此情况下,就需要在回流回路与大地之间安装一套钢轨电位限制装置,以限制运行点位,避免超出安全许可接触电压的发生。当产生超出安全许可接触电压的发生时，此钢轨电位限制装置就将钢轨与大地快速短接，从而保证人员和设施的安全。

再生制动能量吸收装置：列车在制动时会向电网回馈能量，当这部分能量不能完全被其他车辆或用电设备吸收时，会造成电网电压升高，这对变电所的供电设备和车辆的运行非常不利，因此需要有装置将剩余电能消耗掉，以维持电网电压的稳定，这个装置被称作再生制动能量吸收装置。

图 11.5　轨电位限位装置柜

两路 35 kV 进线电源来自地铁主变电所或相邻牵引变电所，牵引变压器一般采用三相线圈变压器，2 个二次线圈和整流器组成多相整流，可以获得比较平滑的直流电，并可降低交流正弦波形畸变和谐波干扰问题。整流器输出的正极经直流高速空气开关接到直流侧的正母线上，负极经开关按到负母线上。接在正母线上的馈线经直流高速空气开关将电能送到隔离开关后再送到接触网(轨)上。负母线经开关与回流线和走行钢轨接通，轨道交通电动列车(车辆)的受电器与接触网(轨)接触获得直流电。

**1. 整流变压器**

整流变压器为室内干式环氧浇注无载调压变压器，能耐潮、防火、损耗小，噪声低、体积小。

**2. 整流器**

整流器采用两套 12 脉波硅二极管三相桥式整流器，两套 12 脉波整流机组并联运行构成等效 24 脉波整流电源，整流器有完整的控制信号装置，并有独立的框架结构。

整流器具有耐潮、防火、低损耗、噪声小等特点，所有导线采用阻燃导线，为降低其噪声的影响，硅整流器可为空气自冷式，本身不装风机。同时整流器有足够的电流储备系数和电压储备系数。

### 11.4.3 牵引变电所运行方式

正常情况下，母联开关常开，两段母线分列运行。两套整流机组并联运行，相

图 11.6　再生制动能量吸收装置柜

邻牵引变电所对其间接触网双边供电；正线与车辆段间接触网联络开关常开，车辆段牵引所单独向车辆段接触网供电。

故障情况下，变电所一回 35 kV 进线电源故障，35 kV 母联开关自投，由另一回进线电源负担本所全部负荷；

近、远期时，一套整流机组故障后，另一套机组也同时退出。其相邻的两座牵引变电所通过故障所接触网越区隔离开关，进行越区大双边供电；运行初期，一套整流机组故障后，另一套整流机组在条件允许时可以单台运行；

车辆段牵引变电所解列时，闭合正线与车辆段间的联络开关，由正线牵引变电所向车辆段支援供电。

## 11.5　降压变电所

降压变电所主接线见图 11.7 所示。

为保证供电可靠，降压变电所采用单母线分段，两路电源分别引入并接到分段母线上，并均由分段母线引出送往相邻降压变电所，作为相邻降压变电所的备用电源。城市轨道交通系统动力、照明等设备根据其重要性分为一级、二级和三级负荷，两台降压变压器的低压侧对一、二级负荷采用双电源或交叉供电，三级负荷采

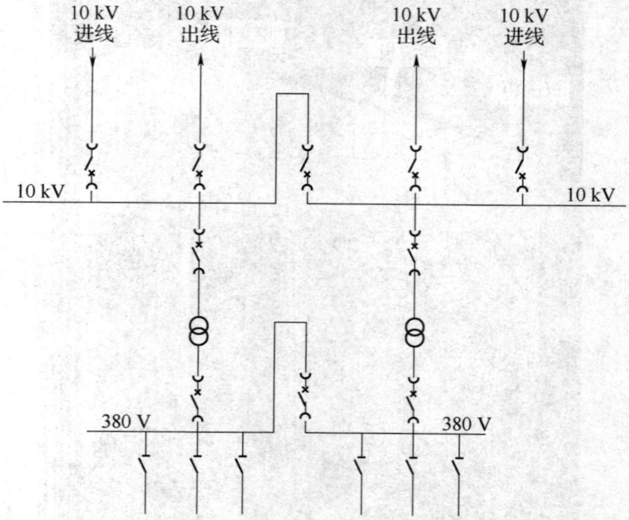


图 11.7 降压变电所主接线图

用单电源供电。

为了提高功率因素，在降压变电所低压母线上或各低压配电所接入并联电容器补偿装置以减少无功能耗。

各类变电所中，除了主要电气设备之外，还有各种电气设备的保护装置和电量（电压、电流、电功率等）的计量仪表。此外还应设有蓄电池室，作为事故照明的备用电源和变电所开关设备的操作电源。正常情况下，事故照明由交流供电，当失去交流电源时，自动切换至蓄电池供电，保证在紧急情况下能对车站与变电所提供必要的照明。根据防火要求，各类变电所内外的连接导线应尽可能选用阻燃型或阻燃耐火型电线、电缆。在火灾情况下，变电所的所有开关（断路器）应能自动跳闸。同时在各类变电所内应设置足够、有效的灭火设备（施）。

降压变电所内一般包括的设备有：35 kV 或 10 kV 开关柜、35/0.4 kV 或 10/0.4 kV 变压器、0.4 kV 开关柜、交直流屏。

## 11.5.1 降压变电所设置原则

根据车站类型、规模及负荷情况，位于负荷中心设置变电所，承担整个车站及两端各半个区间的用电负荷。

1. 高架站、标准地下站一般一个车站设置一座降压变电所，位于负荷重的一端或车站中部位置。

2. 车站两端负荷比较重的地下站（较大的换乘站或设有折返线、停车线较长的站；设有大面积商业开发的车站)，其中一端设置降压变电所，另一端设置跟随式变电所。

3. 在长大区间，区间降压变电所尽可能与牵引变电所合建。

4. 每座变电所内设两台 35/0.4 kV 或 10/0.4 kV 变压器，其容量根据负荷计算确定。

## 11.5.2　降压变电所负荷分类

1. 一级负荷：主控系统、通信系统、信号系统、防灾报警系统、机电设备监控系统、自动售检票系统、门禁系统、屏蔽门、防淹门、自动扶梯(火灾时仍需运行才能满足疏散要求的自动扶梯)、民用通信、商业通信、气体灭火、消防泵、废水泵、雨水泵、所用电、站厅站台公共区照明、事故及疏散标志照明、二三四类导向灯箱、事故风机及其风阀等。

2. 二级负荷：设备区和管理区照明、出入口通道照明、非事故风机及风阀、组合空调器、污水泵、自动扶梯(火灾时无需运行的自动扶梯)、电梯、楼梯升降机、维修电源、商铺电源等。

3. 三级负荷：公共区管理用房空调系统中的冷水机组、冷冻水泵、冷却水泵、冷却塔风机、补水泵、空气幕、分体空调器、广告照明、清扫机械、生活用电源等。

图 11.8　降压变电所内 35 kV 开关柜

### 11.5.3 降压变电所运行方式

降压变电所高低压侧，均采用单母线分段接线。正常时，母线分段断路器开路，两路电源、两台变压器同时供电分列运行；当一路电源失电时，高压母线分段断路器投入，全所一路电源全负荷正常供电；当一台变压器需退出运行时，低压母线分段断路器投入，自动切除三级负荷，一台变压器承担该所全部一、二级用电负荷。

跟随式降压变电所高压侧采用线路变压器组接线，低压侧采用单母线分段接线。正常时，两路电源、两台变压器同时供电分列运行；当一台变压器退出运行时，低压母线分段断路器投入，自动切除三级负荷，一台变压器承担该所全部一、二级用电负荷。

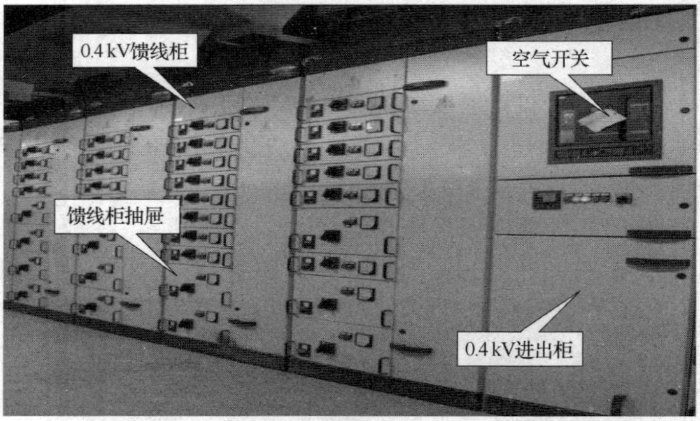


图 11.9 降压变电所内 0.4 kV 开关柜

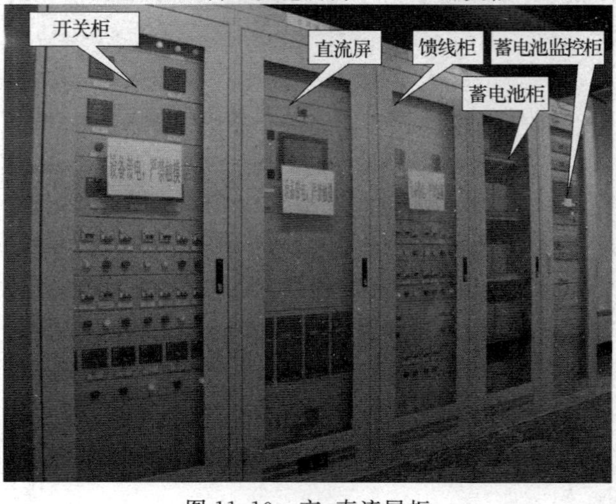


图 11.10 交、直流屏柜

## 11.6 供电系统的保护

在供电系统运行过程中，由于各种因素的存在，如自然环境（雷击、鸟兽害等）、设备质量、运行维护及人为误操作等，可能出现各种形式的故障和异常状态。而一旦设备出现故障或异常状态，则将对设备及设备所在系统产生不良后果甚至是严重的后果。因此，为了保护设备及系统的安全，供电系统中所有投入运行的设备，都必须配置相应的保护装置。

供电系统保护装置应满足可靠性、选择性、灵敏性、速动性要求；自动装置满足供电安全、可靠、灵活的运行要求。

供电系统各部分保护配置一般如下：

**1. 35 kV 进、出线**

(1)线路差动保护；

(2)过电流保护；

(3)零序电流保护；

(4)母线室或断路器室气室电弧故障保护。

**2. 35 kV 母联**

(1)限时电流速断；

(2)零序电流保护；

(3)母线室或断路器室气室电弧故障保护。

**3. 35 kV 整流机组馈线**

(1)电流速断保护；

(2)过电流保护；

(3)零序电流保护；

(4)过负荷保护；

(5)温度保护(变压器内部保护)；

(6)断路器失灵保护；

(7)整流器内部保护；

(8)整流器二极管保护；

(9)整流器交、直流侧过电压保护；

(10)整流器温度保护；

(11)整流器缺相保护；

(12)整流器逆流保护。

**4. 35 kV 动力变压器馈线**

(1)电流速断保护;

(2)过电流保护;

(3)零序电流保护;

(4)过负荷保护;

(5)断路器失灵保护;

(6)动力变压器温度保护(变压器内部保护)。

**5. 直流 1 500 V 进线**

(1)大电流脱扣保护;

(2)逆流保护。

**6. 直流 1 500 V 馈线**

(1)大电流脱扣保护;

(2)$di/dt+\Delta I$ 保护;

(3)电流速断保护;

(4)过电流保护;

(5)热过负荷保护;

(6)双边联跳保护。

**7. 1 500 V 直流设备设一套框架泄漏保护,安装于负极柜内。**

## 11.7 接 触 网

### 11.7.1 接触网应满足的基本要求

接触网是牵引供电系统的重要组成部分,一旦损坏将中断牵引供电。为此,接触网应满足以下基本要求:

1. 由于接触网在工作中无备用网,因而要求接触网强度高、且安全可靠;

2. 要求在各种气候条件下均能受流良好;

3. 因接触网部件更换困难,因此要求接触网性能好、运行寿命长;

4. 因其维修是利用行车中的间隔时间进行的,故要求结构轻巧,零部件互换性强,便于施工、维护和抢修;

5. 因接触网无法避开腐蚀强、污秽严重等异常环境,故应采取耐腐蚀和防污秽技术措施;

6. 因采用与受电器摩擦接触的受流方式,因此要求接触网有较均匀的弹性,接触线等部位要有良好的耐磨性。

接触网按其结构型式可分为接触轨式(第三轨见图 11.11)和架空式(见图 11.13)两大类型。

图 11.11　接触轨简图(一)

图 11.12　接触轨简图(二)

## 11.7.2　接触轨式接触网

接触轨是沿着走行轨道一侧平行铺设的附加轨,故又称第三轨。轨道交通电动列车(车辆)侧面或底部伸出的受电器与第三轨接触取得电能,该种受电器称为受电靴(接触靴)。

接触轨为正极,走行轨为负极。

我国地铁直流制 750 V 系统一般采用第三轨。其优点是隧道净空高度低,结

图 11.13 架空式接触网

构简单，造价低；其缺点是人身和防火方面安全性差，难以与采用架空式接触网的地面或高架轨道衔接。

接触轨可以有三种方式，即上接触式、下接触式和侧接触式。

**1. 上接触式**

三轨安装在绝缘子组件上（见图 11.14），由接触轨、绝缘子、三轨夹板、防护支架、防护板、端部三轨弯头、防爬器等构件组成。受流器滑靴从上压向接触轨轨头顶面受流。受流器的接触力是由下作用弹簧的压力调节的，受流平稳，由于端部弯头的过渡作用，能够减少在断电区的电流冲击。

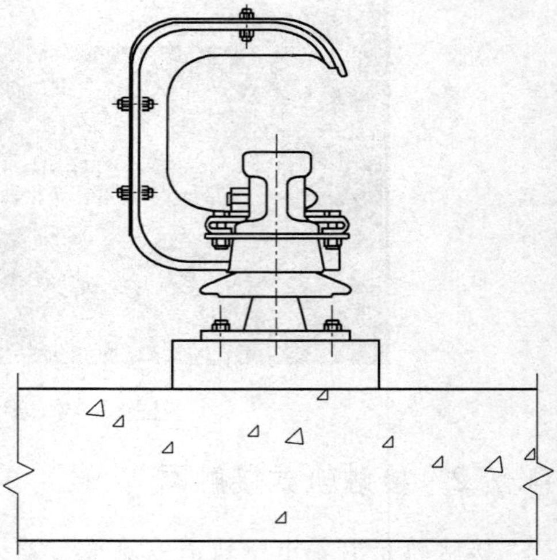

图 11.14 上接触式三轨

上接触式三轨施工作业简便，可以在轨头上部通过支架安装不同类型的防护板。在较早期修建的城市地铁和轻轨工程中，主要采用了接触轨上部受流方式，如北美和英国等城市地铁；北京地铁、纽约地铁都是采用上接触式第三轨。

**2. 下接触式**

下接触式三轨轨头朝下，通过绝缘肩架、橡胶垫、扣板收紧螺栓、支架等安装在底座上，见图 11.15。下接触式的优点是防护罩从上部通过橡胶垫直接固定在接触轨周围，对人员安全性好。莫斯科地铁就采用这种方式，利于防止下雪和冰冻造成集电困难。但是这种方式安装结构较复杂，费用较高。自上世纪八十年代开始，在德国、马来西亚、泰国、新加坡等国家城市轨道交通中开始采用接触轨下部受流方式。

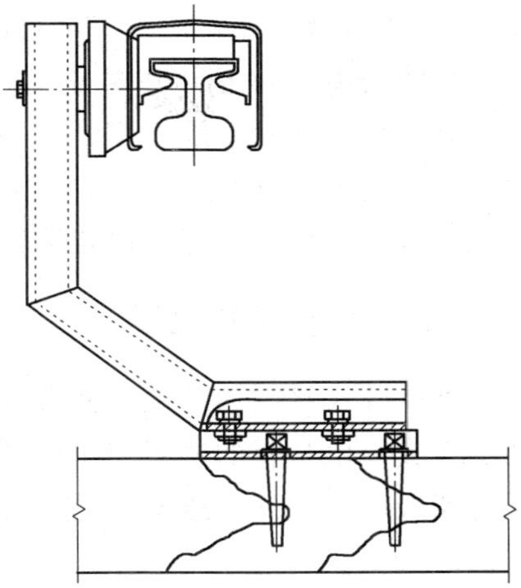

图 11.15　下接触式三轨

**3. 侧面接触式**

侧面接触式就是接触轨轨头端面朝向走行轨，集电靴从侧面受流。跨座式独轨车辆就采用侧面接触形式。其受流器装在转向架下部，接触轨装在轨道梁上。接触轨侧面受流方式主要应用在加拿大、日本等国家城市轨道交通中。

**4. 接触轨技术的发展状况**

早期的接触轨材料采用 50 kg/m 低碳钢轨。随着工业和电气技术的发展，接触轨在材料选用及安装方式等方面取得了长足的发展。钢铝复合轨代替低碳钢轨，是接触轨受流系统的一次技术革命，其与低碳钢接触轨相比，导电性能、耐腐蚀性能大大提高。质量轻、安装更加方便，电气损耗大大降低。钢铝复合轨已经在加拿大 SKYTRAIN 线、德国汉堡 S－BAHN 线、马来西亚吉隆坡地铁、新加坡地铁、曼谷轻轨等工程采用。最长的已经成功应用了 25 年之多，无论在生产工艺还是运营业绩上都非常成熟。国内城市轨道交通中的天津地铁 1 号线(旧线改造及新线)、北京地铁 5 号线、北京地铁 4 号线、武汉轻轨一期工程以及广州地铁 4 号线(大学城专线)均采用钢铝复合接触轨。钢铝复合接触轨的断面结构见图 11.16。

相对于早期采用的低碳软钢接触轨而言，钢铝复合接触轨的主要优势是：

(1)导电率高，可以增大牵引变电所间距，减少牵引变电所数量，减少能源损耗。钢铝复合接触轨系统如全部采用国产产品，牵引供电系统在全寿命周期内的总投资与架空接触网供电制式相近。

(2)质量较轻，运输、安装方便。

(3)与集电器的接触良好，磨耗小，噪声低，耐腐蚀，使用寿命长。

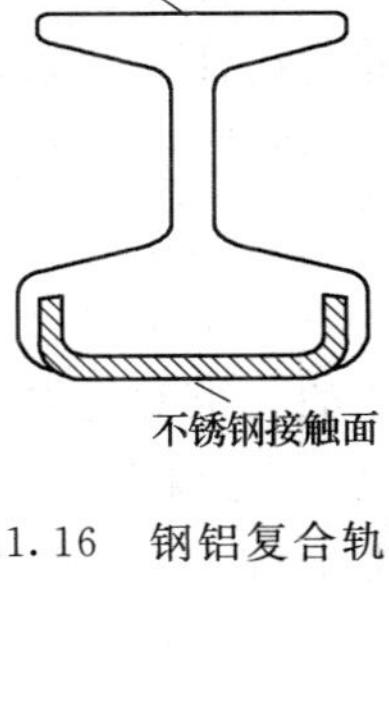


图 11.16　钢铝复合轨断面

正因为钢铝复合轨有以上优势，在武汉、北京等城轨项目中已经采用钢铝复合轨，我国不少城市的轨道交通项目也在准备使用钢铝复合轨。

**5. 接触轨系统的电压等级**

在国外接触轨系统应用电压等级分为DC750V、DC1 200V、DC1 500V等，国内一般采用DC750V。近年来，某些工程由于受线路条件的限制（站间距大、高架桥区段考虑城市景观等），也有采用DC1 500V接触轨系统的。

## 11.7.3 架空式接触网

架空式接触网的悬挂类型大致为三种：简单悬挂、链形悬挂、刚性悬挂。不同的类型其导电材料的截面、条数、张力都是不一样的。架空式接触网的悬挂方式是根据架线区段的列车速度、电流容量等输送条件以及架设环境进行综合勘察后决定的。

我国城市轨道交通架空接触网经过多年的建设和运营发展，逐步形成了四种典型的架空接触网悬挂型式：弹性支座补偿弹性简单悬挂、全补偿简单链形悬挂、旋转腕臂补偿弹性简单悬挂、刚性悬挂。这四种典型的架空接触网中，弹性支座补偿弹性简单悬挂和旋转腕臂补偿弹性简单悬挂能满足最高时速80 km/h的要求，全补偿简单链形悬挂和刚性悬挂能满足最高时速120 km/h的要求。

根据地铁隧道的建筑限界和行车速度的要求，地铁隧道内接触网悬挂型式主要有三种：弹性支座结构补偿弹性简单悬挂，Π形刚性悬挂，腕臂结构全补偿简单链形悬挂。

**1. 简单悬挂**

(1)弹性吊索式简单弹性悬挂

简单悬挂方式结构简单，支柱高度低，支持装置承受的负荷较轻，但是弛度大、弹性不均匀度大。为改善这一状况，一般在悬挂点处增加一个人字形的弹性吊索，称为弹性简单悬挂（见图11.17、图11.18），相应改善了悬挂点处的弹性和运行状况。由于弹性简单悬挂建造费用低、施工方便、维修简单，城市电车、轻轨和地铁车辆基地内往往采用这种悬挂方式。

(2)弹性支座作支持部件的简单弹性悬挂

弹性支座作支持部件的简单弹性悬挂见图11.19。

弹性支座不仅支撑与固定接触网导线，而且为接触网导线提供良好的弹性，可以使电动车组的受电弓与接触网导线平稳接触，有效地减少机车受电弓与导线的磨耗，延长接触网的使用寿命，同时还可使机车平稳地获取电能，从而保证电动车组正常运行。

图 11.17　旋转腕臂支持的简单弹性悬挂

图 11.18　软横跨支持的简单弹性悬挂

**2. 链形悬挂**

链形悬挂见图 11.13 。

接触线通过吊弦悬挂到承力索上的悬挂称为链形悬挂。链形悬挂承力索悬挂于支柱的支持装置上,接触线通过吊弦悬挂在承力索上,使接触线增加了悬挂点,调节吊弦可以使接触线对轨面的高度保持一致。由于接触线是悬挂在承力索上的,因而基本上消除了悬挂点处的硬点,使接触线的弹性在整个跨度内都比较均匀。显然,链形悬挂比简单悬挂性能好得多,但结构复杂、投资大、施工维修调整较为困难。

链形悬挂的类型很多,可以按悬挂链数分为单链形悬挂、双链形悬挂和多链形悬挂。按线索相对于线路中心的位置,又可以分为直链形接触悬挂、半斜链形悬

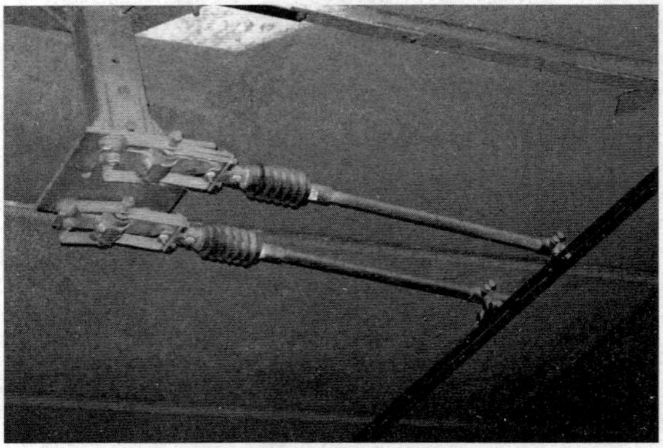

图 11.19　弹性支座作支持部件的简单弹性悬挂

图 11.20　弹性补偿

挂、斜链形接触悬挂。按是否在悬挂点处安装Ⅱ形吊索又可分为简单链形悬挂和弹性链形悬挂。对城市轨道交通而言,因其运行速度不太高,一般多采用简单链形悬挂(见图 11.13),应用速度可达 120 km/ h 以上。

**3. 刚性悬挂**

刚性悬挂又称刚性接触网,是一种区别于传统柔性接触网的供电方式。

由于刚性架空接触网系统不需要张紧装置,如平衡重或液压拉伸装置,可以比传统的接触网设计更方便容易。

维修工作明显比传统的接触网容易,因为大多数调整工作很简单并且容易量化。接触导线固定,不需要进行张力调整。对于隧道这类维修作业困难且很耗费时间的场合，采用这样的系统大有好处。刚性架空接触网系统的使用经验表明其维护和修理作业容易且较快。

刚性架空接触网系统比柔性接触网系统的初始成本高，但是在整个寿命周期内维修成本明显低，其寿命可达 30 年。

经过多年的改进和发展，目前国内外普遍认可和采用的是“Π”形截面的铝合金汇流排(梁)，其截面形状见图 11.22，汇流排本体见图 11.21，安装结构见图 11.23。广州和上海地铁采用刚性悬挂的线路均为这种结构。

图 11.21　汇流排本体

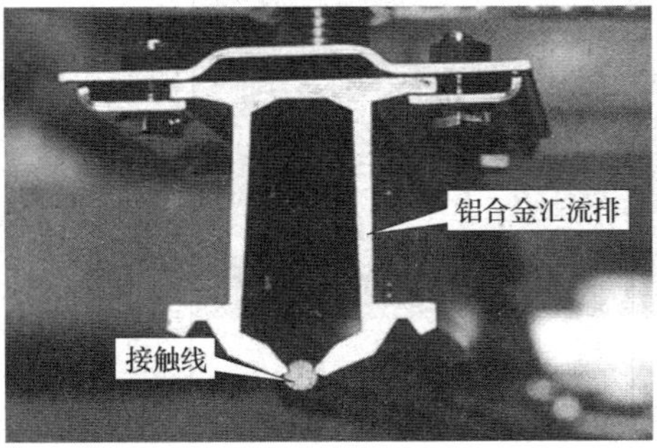


图 11.22　汇流排

图 11.23　“Π”形刚性架空接触网

**4. 分段绝缘器**

分段绝缘器是接触网进行电分段时采用的一种绝缘设备。正常情况，受电弓带电滑行通过。当某一接触网分段发生故障或因施工停电时，打开分段绝缘器处的隔离开关将该部分接触网断电，而其他部分能正常工供电。如：两部分接触网系统分别供电时，当一部分接触网的电源发生问题不能供电，则可合上隔离开关，使其使用一个电源，从而提高了接触网运行的可靠性和灵活性。

目前，由于受接触网形式及安装空间的条件限制，国内外架空接触网电分段的采用形式不尽相同，主要包括以下几种形式。

(1) 柔性悬挂方式的电分段

柔性悬挂电分段一般采用分段绝缘器方式和锚段关节形式。

分段绝缘器方式一般适用于空间狭小的地下隧道，可以节省空间，但须设置专用的分段绝缘器，同时存在列车受电弓滑过电分段时，因导线与分段绝缘器连接处存在受力“硬点”，容易造成受电弓离线并出现较为明显的拉弧现象，影响列车的受流质量。

锚段关节形式适用于空间条件较好的地面及高架线路，由于在电分段处两个相邻供电分区的接触线平行重叠，因此可以基本消除列车受电弓过电分段时的拉弧现象，保证了列车受流质量。

(2) 刚性悬挂方式的电分段

刚性悬挂通过锚段关节实现机械和电气分段。悬挂结构简单；节约隧道空间；安全性、稳定性较好；维护容易。但因其形式特殊，所以要求安装精度很高；产生缺陷后无法像柔性悬挂那样通过系统本身的匹配关系来弥补，见图 11.24。

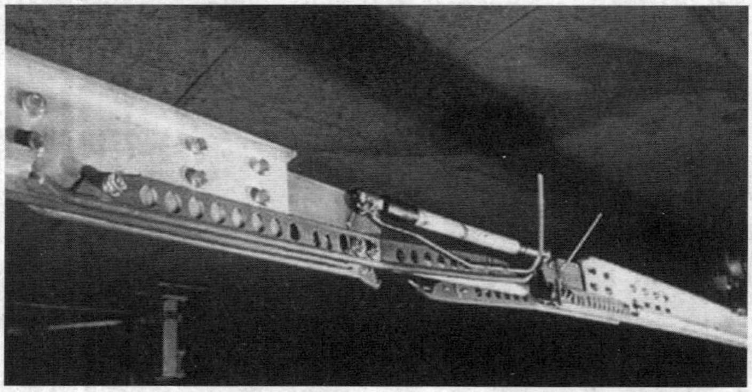

图 11.24 刚性悬挂分段绝缘器

**5. 刚柔过渡**

刚柔过渡是指架空刚性悬挂与架空柔性悬挂两种接触网形式的衔接过渡。在刚性悬挂的结束段，采用带有刚性递次减小的切槽式汇流排，吸收来自柔性悬挂接触线的振动，使接触线避免疲劳破坏，实现刚柔的顺利过渡，见图 11.25。

图 11.25 刚柔过渡

# 11.8　城轨供电 SCADA 系统

## 11.8.1　SCADA 介绍

SCADA(Supervisory Control and Data Acquisition)系统，全名为数据采集与监视控制系统。城市轨道交通电力监控系统已经历了三个发展阶段:人工监控、分立自动化系统、综合监控系统。SCADA 系统自诞生之日起就与计算机技术的发展紧密相关。SCADA 系统发展到今天已经经历了三代。

第一代是基于专用计算机和专用操作系统的 SCADA 系统，如电力自动化研究院为华北电网开发的 SD176 系统以及在日本日立公司为我国铁道电气化远动系统所设计的 H－80M 系统。这一阶段是从计算机运用到 SCADA 系统时开始到 20 世纪 70 年代。

第二代是 20 世纪 80 年代基于通用计算机的 SCADA 系统，在第二代中，广泛采用 VAX 等其他计算机以及其他通用工作站，操作系统一般是通用的 UNIX 操作系统。在这一阶段，SCADA 系统在电网调度自动化中与经济运行分析，自动发电控制(AGC)以及网络分析结合到一起构成了 EMS 系统(能量管理系统)。第一代与第二代 SCADA 系统的共同特点是基于集中式计算机系统，并且系统不具有开放性，因而系统维护，升级以及与其他联网构成很大困难。

90 年代按照开放的原则，基于分布式计算机网络以及关系数据库技术的能够实现大范围联网的 EMS/SCADA 系统称为第三代。这一阶段是我国 SCADA/EMS 系统发展最快的阶段，各种最新的计算机技术都汇集进 SCADA/EMS 系统中。这一阶段也是我国对电力系统自动化以及电网建设投资最大的时期，国家计划未来三年内投资 2 700 亿元改造城乡电网，可见国家对电力系统自动化以及电网建设的重视程度。

第四代 SCADA/EMS 系统的基础条件已经或即将具备，预计将于 21 世纪初诞生。该系统的主要特征是采用 Internet 技术、面向对象技术、神经网络技术以及 JAVA 技术等，继续扩大 SCADA/EMS 系统与其他系统的集成，综合安全经济运行以及商业化运营的需要。

SCADA 系统在城轨供电系统中的应用上已经取得突破性进展，应用上也有迅猛的发展。

## 11.8.2　城轨供电 SCADA 系统主要功能

SCADA 系统是以计算机为基础的生产过程控制与调度自动化系统。它可以对现场的运行设备进行监视和控制，以实现数据采集、设备控制、测量、参数调节以及各类信号报警等各项功能。

城轨 SCADA 系统一般由控制中心主站子系统（含供电复视系统）、主变电所综合自动化子系统、牵引（降压混合）变电所和降压变电所综合自动化子系统、直流隔离开关集中监控子系统和通信通道等子系统组成。主要有以下功能：

1. 数据库管理功能；
2. 输入数据处理功能；
3. 通用的 HMI 功能；
4. 监视功能；
5. 系统安全与权限管理功能；
6. 遥控功能；
7. 报警功能；
8. 数据点的禁止/允许功能；
9. 内部运算功能；
10. 统计和报表功能；
11. 历史数据存档和查询功能；
12. 历史趋势记录功能；
13. 实时趋势记录功能；
14. 设备禁止功能；
15. 软件维护功能；
16. 打印管理功能；
17. 在线帮助功能；
18. 系统管理功能。

## 11.9 地下杂散电流及其防护

### 11.9.1 地下杂散电流

在直流牵引供电系统中，牵引电流并非全部由钢轨流回牵引变电所，而是有一部分由钢轨杂散流入大地，再由大地流回钢轨并回到牵引变电所。走行钢轨中的牵引电流越大或钢轨对地面绝缘程度越差，地下杂散电流也就相应增大，这种地下杂散电流又称为地下迷流。

走行钢轨铺设在轨枕、道砟和大地上，由于轨枕等的绝缘不良和大地的导电性能，地下杂散电流杂散流入大地，并在某些地方重新流回钢轨和牵引变电所，在走行钢轨附近埋有地下金属管道、电缆和任何其他金属结构件时，一部分地下杂散电流就由导电的金属件上流过。在电动列车附近的杂散电流从钢轨流向金属体，使金属体对地电位形成阴极区。在变电所附近，杂散电流从金属体流回钢轨和变电所，金属体对地电位形成阳极区。在阳极区，杂散电流从金属体流出的地方将出现电解现象，这种电解现象使金属物体温度升高，加速了金属物体的腐蚀。在长期的电腐蚀作用下，地下金属物体（如管道、电缆等）将受到严重损坏。若地下杂散电流流入电气接地装置，又将引起过高的接地电位，导致某些设备无法正常工作。同时杂散电流过大时将可能使轨道或设备产生对地电压，严重时可危及人身安全。从上面分析可知，地下迷流及其影响是直流牵引供电系统中必须高度重视的大问题。

### 11.9.2 杂散电流的防护

杂散电流防护一般按照“以防为主，以排为辅，防排结合，加强监测”的原则进行。

防：隔离、控制所有可能的杂散电流泄漏途径，减小杂散电流进入地铁的主体结构、设备、金属管线及其他的相关设施的可能性。

排：通过杂散电流的收集及排流系统，提供杂散电流返回牵引变电所的金属通路，以限制杂散电流向外泄漏，减少杂散电流对金属管线及金属构件的腐蚀。

测：设计完备的杂散电流监测系统，监视、测量杂散电流的大小，为运营维护提供依据。

**1. 在牵引供电系统方面**

(1)选择较高的直流牵引供电电压，以减少牵引电流和迷流；

(2)缩短牵引变电所之间的距离；

(3)采用迷流较小的双边供电方式；

(4)在钢轨间用铜软线焊接，尽可能减小钢轨间接触电阻；

(5)增加附加回流线，减少回流线电阻；

(6)增加道床的泄漏电阻，提高钢轨对地面的绝缘程度；

(7)按规程定期检查轨道绝缘、钢轨接触电阻和进行迷流监测。

**2. 在埋设金属物方面**

(1)地下金属物应尽量远离钢轨；

(2)在金属表面和接头处采用绝缘；

(3)采用防电蚀的电缆；

(4)在电缆上外包铜线或套钢管；

(5)地下管道涂沥青后再包油毡；

(6)在地下金属物、钢轨间加装排流装置，见图 11.26 所示。

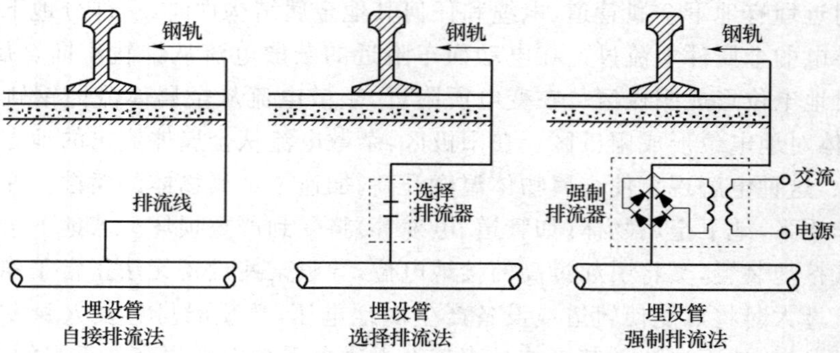


图 11.26 排流方法

图 11.27 排流柜

## 思 考 题

1. 轨道交通位于城市电网中,从城市电网至机车、动力照明终端设备经过几次变压过程?

2. 轨道交通的供电分成几级? 牵引变电所和降压变电所的作用各是什么?

3. 什么是接触网? 有几种形式的接触网? 接触网电压有几个等级?

4. SCADA 作用是什么?

5. 什么是迷流? 如何防护?

# 第4篇　通　　号

## 第12章　城市轨道交通通信系统

轨道交通通信系统是轨道交通运营指挥、企业管理、服务乘客和信息传递的网络平台，应适应轨道交通运输效率、保证行车安全、提高现代化管理水平和传递语音、数据、图像和文字等各种信息的需要，做到系统可靠、功能合理、设备成熟、技术先进、经济实用。系统在正常情况下，能保证列车安全高效运营，为乘客提供高质量的出行服务；在异常情况下，能迅速自动切换为防灾救援和事故处理。

通信系统主要由传输系统、公务电话系统、专用电话系统、无线通信系统、广播系统、乘客信息、视频监控系统、集中网管系统、时钟系统、电源及接地系统等子系统组成。

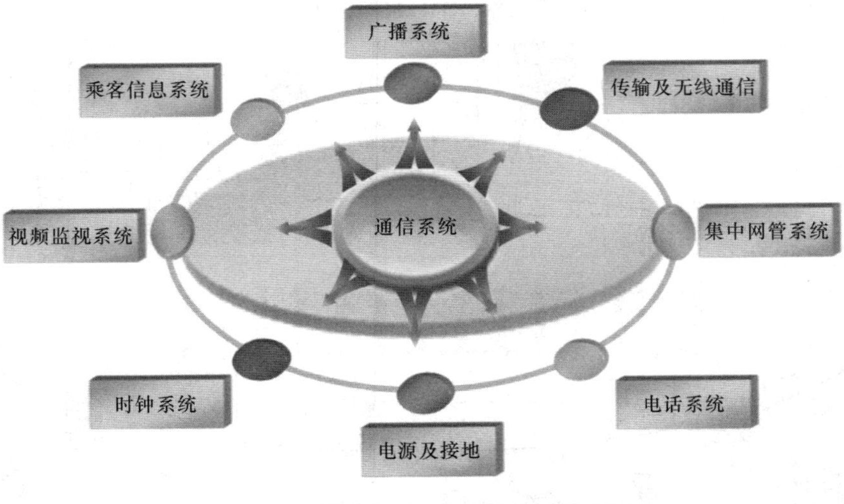


图12.1　轨道交通通信系统构成示意图

如12.1图所示，通信系统不是单一的子系统，而是多个独立的子系统的组合。它以传输系统为核心，各子系统配合提供语音、数据以及视频、无线通信、乘客信息等业务。目前各个子系统应用都非常成熟，如何让这些子系统更好地融于一体，组成强大的综合集成管理平台，来满足轨道交通运营管理的需要是通信系统的重要发展方向。

# 12.1 传输系统

## 12.1.1 概　　述

传输系统是通信系统的基础核心，是连接行车调度指挥中心和车站、车站和车站之间信息传输的主要手段，为通信各子系统及相关专业的各种业务信息提供相应语言、文字、数据和图像传输通道，迅速、准确、可靠地传送地铁运营管理所需要的各种信息。

## 12.1.2 系统构成

传输系统在控制中心、车辆段及各车站节点设置光纤数字传输设备，各个节点设备分别使用上、下行区间光缆中的光纤相连构成具有自愈环结构的传输系统。系统基本架构如下所示：

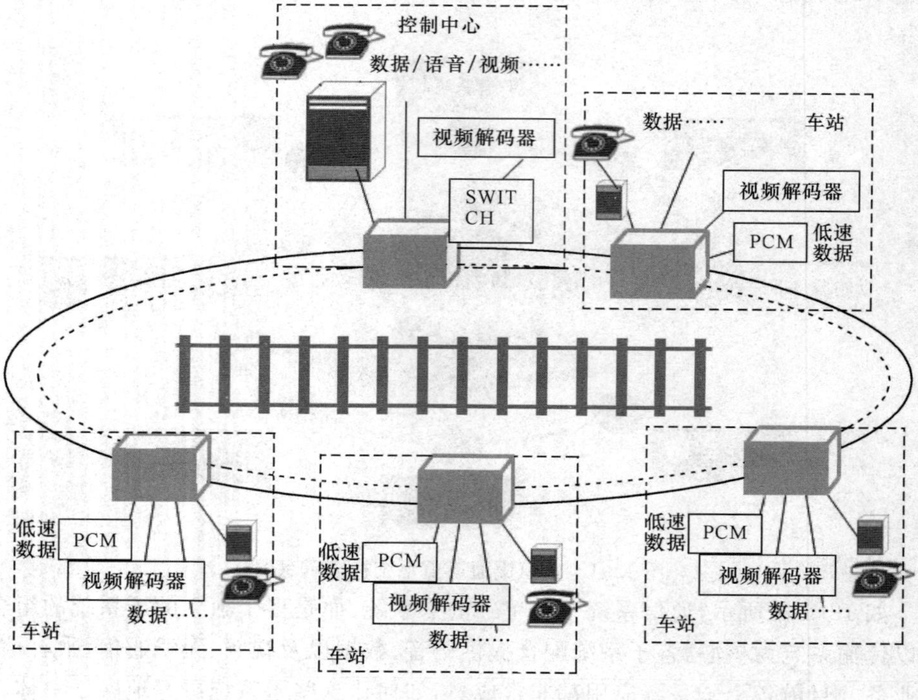


图 12.2　传输系统构成示意图

根据目前地铁运营需求，传输系统需提供模拟用户、2M 数字业务、宽音频广播业务、各种低速数据业务、图像业务、10/100/1 000 Mbps 以太网业务等，主要要解决容量/线路利用率、话音质量/干扰等问题，而目前采用的网络传输技术主要有 SDH、MSTP、RPR、OTN 等，不管采用何种机制，均需要满足以下组网原则：

1. 网络无单节点失效。

2. 网络某一节点失效不影响全线其他各节点之间的业务通道通信，不能影响其他系统的业务切换时间要求。

当前主流采用 MSTP，这是基于 SDH、同时实现 TDM、ATM、IP 等业务接入、处理和传送，提供统一网管的多业务传送平台。作为传送网解决方案，MSTP 伴随着电信网络的发展和技术进步，经历了从支持以太网透传的第一代 MSTP 到支持二层交换的第二代 MSTP 再到当前支持以太网业务 QoS 的新一代（第三代）MSTP 的发展历程。

### 12.1.3　系统功能

传输系统能可靠地传输语言、文字、数据和图像信息，满足轨道交通运营对其的各种需求，主要功能如下：

**1. 信息传输及交换通道**

传输系统为公务电话、专用电话、无线通信、广播、时钟、视频监控、电源、乘客信息系统、信号、自动售检票、电力监控、防灾报警、设备监控、门禁、屏蔽门等系统提供可靠的、冗余的、可重构的、灵活的信息传输及交换信道。

**2. 系统保护**

传输系统的光纤环路具有双环路功能。当主用环路出现故障时，能够自动切换到备用环路上，保证传输系统不中断，切换时不影响正常使用，完成倒换动作后向传输网络管理系统报告保护倒换事件。当主、备用光纤环路的线路在某一点同时出现故障时，两端的网络设备自动形成一条链状的网络。当某个网络节点设备出现故障时，除受故障影响的节点设备外，其他网络节点设备能保持正常工作。

**3. 自愈功能**

传输系统对网内传输的各种信息进行环路保护，环路中的传输设备发生故障和光缆断路时，传输环路自动脱离故障设备和组成新的环路继续工作，并发出故障报警信息，网络无单节点失效故障。

**4. 扩容与组网**

传输系统具有良好的可扩展性，为今后的业务发展预留容量及扩展条件，此外还提供较好的兼容性能，可兼容并连接本网络以外的其他网络或系统。

**5. 维护管理功能**

传输系统具有集中维护管理功能，采用简明、直观的维护管理界面和系统安全机制，监视每个传输节点主要模块和用户接口模块的工作状态，可提供声光报警和打印告警数据,系统还具有自诊断功能,可进行故障管理、性能监视、系统管理、配置管理,并能通过与集中网管系统的接口,向集中告警终端提供告警信息。

**6. 时间同步功能**

本系统能接收时钟系统中心母钟提供的标准时间信息,校准本系统内所有需要时间信息的设备。

### 12.1.4 系统主要设备

传输系统主要由光传输设备、网管设备、光缆等硬件以及相应的系统、管理维护软件组成,重要设备、部件均采用冗余配置。在OCC设置集中网管系统及设备,采用简明、直观的维护管理界面和系统安全机制,传输系统可通过本地管理接口和OCC维护管理终端相连,可方便地对节点、传输通道进行配置和管理,监视每个传输节点主要模块和用户接口模块的工作及运用状态,进行故障管理、性能管理、配置管理、安全管理,并且能与集中网管终端相连,实现各系统集中告警。

## 12.2 公务电话系统

### 12.2.1 概　　述

公务电话系统主要用于地铁内部各部门之间的电话联系,为本工程的运营、管理、维修等部门的工作人员提供服务;公务电话系统能与当地的公用电话网连接,实现地铁用户与公网用户间的通信;可向地铁用户提供语音、数据、传真等通信服务业务。公务电话系统在正常情况下应保证列车安全高效运营,为乘客提供高质量的出行服务;在异常情况下能迅速转变为供防灾救援和事故处理的指挥通信系统。

### 12.2.2 系统构成

公务电话系统主要由数字程控交换设备(接口模块、交换模块、控制模块)、线路、电话机、调度台、录音装置、网管设备等组成。在控制中心、车辆段设置数字程控交换设备,在各车站设置程控交换机远端模块,各站电话业务通过远端交换模块接入。控制中心设置系统维护终端、测量台和计费终端等,用于公务电话系统的网络管理、话务测量和系统计费。

控制中心交换机通过2 Mb/s数字中继或IP传输通道与各车站及车辆段数字程控交换机相连;同时,车站数字程控交换机还通过模拟中继线与相邻车站数字程控交换机相连。所有数字中继信令可通过No.1信令,模拟中继可采用模拟环

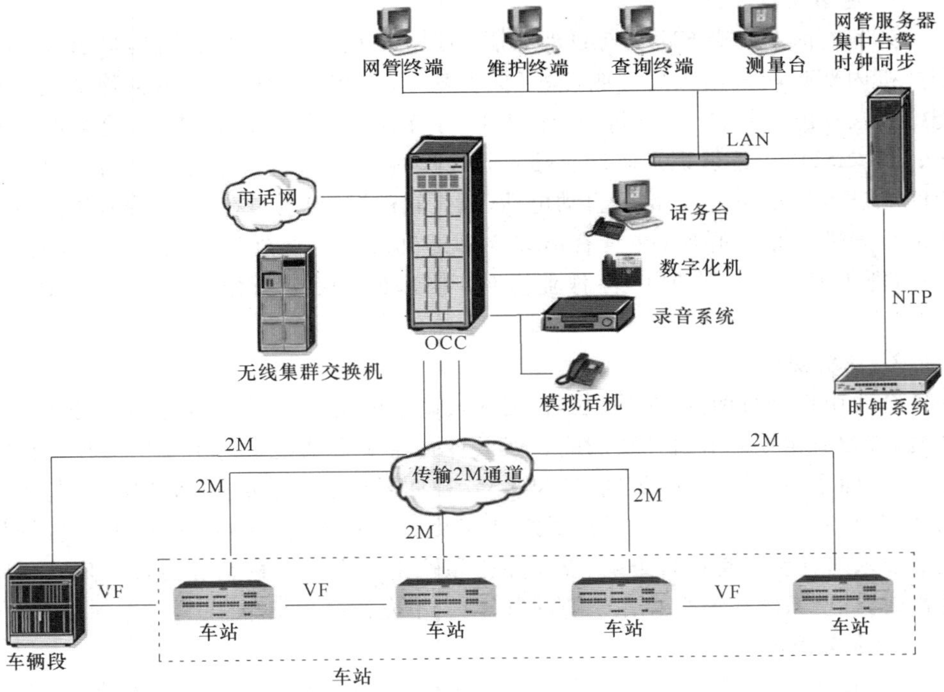


图 12.3　公务电话系统构成示意图

路中继或 E&M 中继。

系统利用 OCC 数字程控交换机与市话局交换机相连，实现与公用市话网的互联互通及各车站、车辆段的互联互通，市话网交换机可采用 DSS1(30B+D)信令；出入市话局可采用全自动(DOD1+DID)、半自动 BID(人工/自动话务员)等方式。此外，系统可通过控制中心交换机通过 2 Mb/s 数字中继与专用无线通信系统的中继接口，接口信令可采用 ETSI Q－SIG、No. 1 等。

公务电话系统应结合运营需求，编制统一的编号，例如内部采用统一的 5 位编号，对外与市话交换网统一采用 8 位编号，用首位号码代表特殊的含义等。维护人员可通过人机命令实现电话编号的修改。

## 12.2.3　系统功能

为轨道交通管理部门、运营部门、维修部门提供一般公务联络(电话业务和非话业务)；同时系统还具备呼叫、录音、存储、显示、检测和优先权等功能。系统主要功能如下：

**1. 电话交换功能**

公务电话系统交换机具有自动电话、站内、站间及轨旁电话功能，能够完成本交换机内部呼叫及出入局呼叫，除了提供基本的PSTN业务，提供各种新业务功能(热线、呼出限制、呼入限制、闹钟、呼叫等待、呼叫转移、缩位拨号、追查恶意呼叫、会议、ISDN)，能够识别非话业务。通过联网，地铁内部的任意两个自动电话用户间能进行相互呼叫，且部分自动电话(通过软件设定)能与本地、国内及国际自动电话用户进行相互呼叫，并具有话费立即通知性能。此外还能将"119(火警)"、"110(匪警)""120(救护)"特种业务呼叫自动转接至当地的"119"、"110"和"120"上。

**2. 计费功能**

全线用户进行网内、网外、国内、国际长途各种业务，进行分类按时间分段实时计费，应留有定期和脱机计费功能。通话计费需要自动记录的主要信息包括话单序号、主叫本地号码、主叫类别、被叫区号、被叫号码、被叫状态、通话时间、起始时间(时分秒)、终止时间(时分秒)、话终日期及最终的费用等必要信息，并可按维护人员要求对计费信息进行查询、统计并打印输出。当交换机系统出现故障或瞬间停机时，计费系统应能保存完整的计费信息，不允许丢失话单。

**3. 业务功能**

(1)非话业务：能通过模拟用户线向用户提供话路传真及话路数据业务，并能保证这类业务的接续不被其他呼叫插入或中断。

(2)能够提供ISDN业务，有2B+D、30B+D数字用户接口，能与分组交换网连接，支持所有的ISDN功能终端，包括数字话机、可视电话、数据网络适配器等。

**4. 录音通知及话务员功能**

系统在接续过程中如遇空号、临时改号、无权呼叫及久叫不应等情况时，能自动接入录音通知设备。

**5. 话务台**

话务台具有呼叫转接、分机忙态验证、用户号码查询、中继组忙提示、话务台预占、夜服、VIP优先应答、强行插入处于免打扰、忙线、呼叫转移或待机状态下的分机等基本功能。

**6. 统计功能**

具有基本的话务统计功能，如用户呼叫次数，电路忙、用户忙次数，出局方向呼叫次数，平均通话时间等，测试结果可以记录并打印输出。

**7. 会议功能**

公务电话系统具备多方会议电话功能。

**8. 维护管理功能**

系统可通过维护管理终端，实现日常维护、话务员管理，各种数据的输入、输出及修改都可以由维护人员通过人机命令灵活修改，并实现分级管理，保证系统数据安全。系统能诊断硬件或软件故障、能告警显示和记录，并指出故障所在范围及性质。此外，系统还能与集中网管系统相连，并将本系统的各种状态信息输出到集中网管系统上。

**9. 时间同步功能**

本系统能接收时钟系统中心母钟提供的标准时间信息，校准本系统内所有需要时间信息的设备。

### 12.2.4　系统主要设备

公务电话系统主要由数字程控交换设备、电话机、话务台、网管设备等组成。在 OCC、车站、车辆段、停车场的不同地方根据需求不同设置数字电话机或模拟电话机，在区间设置轨旁电话机。在控制中心设置网管系统，包括网管服务器、网管终端等设备以及相应的维护管理软件，提供友好的人机操作界面，对本系统(包括控制中心、车辆段、停车场、各车站等)设备进行集中维护和统一管理。

## 12.3　专用电话系统

### 12.3.1　概　　述

专用电话系统是调度员和车站、车辆段、停车场值班员指挥列车运行和下达调度命令的重要通信工具，是为列车运营、电力供应、日常维修、防灾救护、票务管理提供指挥手段的专用通信系统。该系统可为控制中心指挥人员，如行车调度、电力调度、防灾环控调度、总调等提供专用直达通信，并且具有单呼、组呼、全呼、紧急呼叫和录音等功能，同时可为站内各有关部门提供与车站值班员之间的直达通话以及车站值班员与邻站值班员的直达通话功能。

### 12.3.2　系统构成

专用电话系统由专用调度电话程控交换机、调度台和各站及车辆段的调度分机组成。调度交换机与各分机通过传输网络提供的点对点式专用音频话路连接。与公务电话系统通过 E1 链路相互连接，紧急情况下，互为备用。

在控制中心放置一台程控调度交换主机，各车站设置分系统设备。在控制中心放置调度台，分别用于总调、行调、电调、环调、维调等调度系统的指挥通信。各

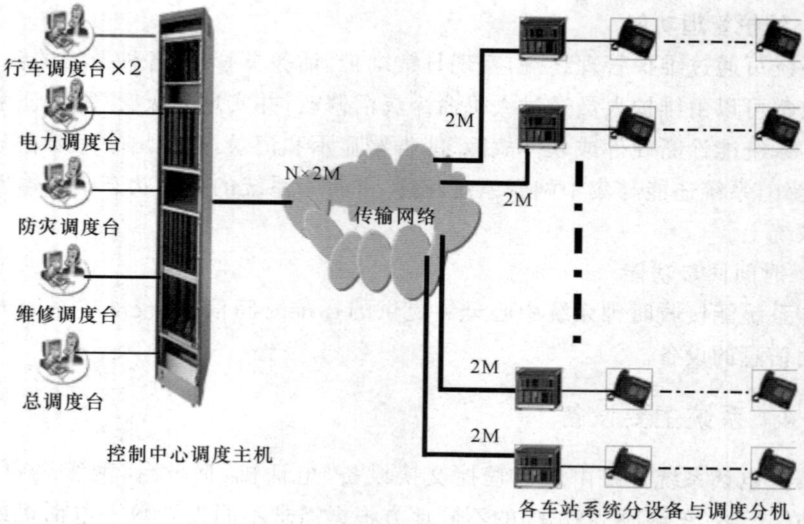


图 12.4　专用电话系统构成示意图

车站与车辆段设置调度分系统设备,用于各站场的行车调度分机、电力调度分机、防灾调度分机等。各车站分系统分别与控制中心主系统采用星型连接,主系统与分系统之间均采用 2M 通道相连。同时,相邻车站、车辆段、停车场调度交换分机通过站间电缆采用模拟中继方式相连,进行站间电话的模拟备用,避免因为传输系统故障时导致的站间通信中断。

### 12.3.3　系统功能

专用电话系统能准确传递语音信息,满足轨道交通运营对其的各种需求,主要功能如下:

**1. 通话功能**

控制中心各调度员能通过调度员操作台与各站(车辆段/停车场)相应值班员(分机)直接通话。控制中心各调度员之间能通过调度员操作台直接通话,但调度电话分机之间不允许通话。

**2. 选叫功能**

控制中心各调度员呼叫各站(车辆段/停车场)值班员时可单呼、组呼、全呼。各站(车辆段/停车场)值班员呼叫调度员时,调度员操作台可显示呼叫分机号码及站名,若紧急呼叫时候有灯光指示及“紧急”字样以示区别。调度员正在通话时,再有值班员呼叫则显示呼叫分机站名,并标明是紧急还是普通呼叫。

**3. 会议功能**

调度交换机具有会议功能,方便调度员召开电话会议,会议的参加方能在调度员的操作台上灵活设置。调度员可指定会议成员发言，会议成员也可向调度员提出发言请求。

**4. 录音功能**

调度员与各站(车辆段/停车场)值班员的通话及各调度员之间的通话能在控制中心以数字方式自动记录在多信道录音设备上。

**5. 维护管理功能**

系统具有集中统一监控功能，程控调度主机、各分站的分系统设备，都由集中网管工作站统一监控管理，并进行用户数据的维护与修改工作。系统具有设备状态监视与测试、网络管理、配置管理、故障管理、安全管理、记录、检测与维护等功能；可从时钟子系统获取标准时钟信号并转发至专用电话全系统，实现标准时钟信号共享；使用E1专用网管与各站段专用电话交换机相联网；与集中网管系统接口，传送控制中心和各站段专用调度交换机各类故障及可闻可视告警信息。

### 12.3.4 系统主要设备

专用电话系统主要由调度电话程控交换机、调度台、调度分机、数字录音设备等硬件以及相应的系统、管理维护软件组成，重要设备、部件均采用冗余配置。在控制中心设置网管设备以及相应软件，提供友好的人机界面，对控制中心调度主机、各站段专用电话、交换机具有集中维护管理和网络管理，能完成状态监视与测试、配置管理、安全管理、故障管理、自动检测、遥控检测及远端维护等功能。

## 12.4 无线通信系统

### 12.4.1 概 述

无线通信系统为轨道交通固定用户和移动用户(控制中心及车辆段/停车场调度员、车站值班员、列车司机、防灾人员、维修人员)提供了移动通信手段，满足其话音、数据通信的需要；同时在地铁运营出现异常情况和有线通信出现故障时，能满足迅速提供防灾救援和事故处理指挥的需要。

### 12.4.2 系统构成

无线通信系统由多个基站的无线集群系统组成，由控制中心设备(中心控制设备、调度台、网管终端、二次开发平台)、车站设备(基站、车站/固定台、光纤直放站)、便携设备(车载台、便携电台、手持台)和配套设备(漏泄同轴电缆、天线)组成。中心控制设备到基站之间采用有线传输系统所提供的通道连接，基站到移动台之间采用无线连接，无线电波通过漏泄电缆和空间辐射传播。系统在正常运行时各基站由设置在中心的主控制器控制，当基站与控制中心失去联系时，以单站集群方式支持单站系统的正常运行。

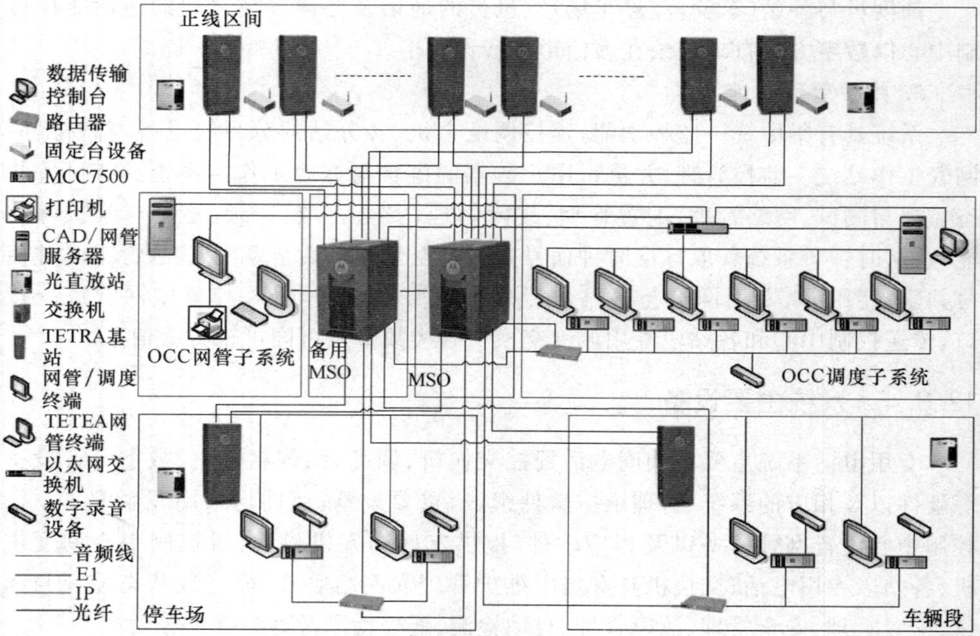


图 12.5　无线通信系统构成示意图

无线通信系统的用户包括中心行车调度员；沿线各站的车站值班员和站内移动值班人员、运行线路上的列车司机；中心环控调度员、线路和车站内的相关移动人员；中心维修调度员、线路和车站内的移动维修人员；车辆段/停车场调度员、值班员、停车场内列车司机、列检及停车场移动工作人员。系统以调度组通信为主，同时还可实现用户间一对一的单独通信：

1. 列车无线调度：主要用于地铁列车调度员、司机、车站值班员、车辆段信号楼值班员之间以及车站值班员与站台值班员之间通信联络，满足列车运行需要。

2. 公安无线调度：供公安调度员与车站公安值班员及公安外勤人员之间通信联络。

3. 消防无线调度：供防灾环境调度员、车站值班员、现场指挥人员及有关人员联络，进行事故抢修及防灾救灾。

### 12.4.3　系统功能

无线通信系统主要为运营控制指挥中心的行车调度员、环控调度员、总(维)调度员等对列车司机、运营人员、维护人员和现场工作人员等无线用户分别提供无线通信服务；为车站/停车场/车辆段的值班员对站/场/段内的无线用户提供无线通信服务；为各无线用户之间提供必要的无线通信服务；为列车传递各种状态信息；同时，在紧急情况下做防灾调度无线通信使用。系统功能主要如下：

**1. 通话功能**

在地铁无线通信系统中有多种不同种类的用户，根据不同种类用户的性质、功能，可组成相互独立的通话组，包括：调度台与车载台、调度台与车站台和手持台、车载台与车载台、调度台与无线用户(车载台、车站电台、手持台)、无线用户(车载台、车站电台、手持台)、无线用户(车载台、车站电台、手持台)与有线用户等不同用户之间的通话，其中行车调度员与列车司机之间的通信是最高级别的，具有强插和强拆功能，要求高可靠性且通信连续，尽可能避免产生任何中断。

**2. 呼叫功能**

专用无线通信系统具备组呼、通播组呼叫、紧急呼叫、单呼、电话互联呼叫、车组号呼叫、车次号呼叫、集中站管区呼叫等多种呼叫功能。呼叫具有多级优先功能，调度可强插、强拆正在通话的一般用户。在紧急情况下，移动台只允许对相应调度台发出紧急呼叫，授权调度台可以对所有列车车载台或所有无线终端发起紧急呼叫。

系统的每一个用户都分配有相应不同的身份识别码(ID 号)。其中对于每个车载台，可分配多个功能号，功能号与身份 ID 号是相对应的。列车台的身份 ID 号与功能号的对应方式，可根据信号系统的信息，进行实时的、自动的跟踪编制。调度台可将相应组内用户的识别号和组的识别号显示在调度台的显示屏上，对于车载台则显示相对应的功能号。调度员可直接进行各种呼叫。

此外，系统还有呼叫转移、呼叫转接、呼叫限时、状态呼叫、遇忙排队/自动回呼、自动重拨、缩位拨号、会议呼叫、广播等呼叫功能。

**3. 编组功能**

系统可根据地铁不同的部门和不同的业务编成多个通话组，将相互之间需要通话的用户编成不同的通话小组，每个用户可同时编入多个通话组，通话组可按大组、中组、小组等形式编制。

**4. 数据传输功能**

专用无线通信系统的移动用户和调度员之间能发送预先设置的状态信息；移动用户之间、移动用户与调度员之间能进行双向数据信息传送；车载电台与调度台之间能传送分组数据，车载电台接收来自控制中心的分组数据，并具备向列车内相关显示设备的输出功能；提供用户状态、紧急告警、出入库自检等特殊信息传送；可利用数据承载功能，支持数据库调阅、文本信息、图像文件传送等，满足通过手持台提供的数传接口及外置终端将静态图像传送到控制中心。

**5. 故障弱化功能**

专用无线通信系统支持单站集群的工作模式，当基站和控制中心设备之间的线路连接出现故障时，基站自动进入单站集群工作模式，一旦连接恢复正常，基站自动返回正常集群模式；在单站集群模式下，基站能为其服务区内的用户提供登记和组呼功能，在组呼模式下支持紧急呼叫、迟后接入、呼叫方显示等。此外移动用户还能脱离集群系统网络，构成移动用户之间的脱网直通功能。

**6. 专网功能（VPN）**

多个用户群组能共享一个数字集群网络，网络中所有的系统管理功能都能合理地分配给每一个群，以满足每个群的需求；能为各用户群组提供专用调度台，组成虚拟专网；支持多个虚拟专网，不同的虚拟专网之间具有高度的通信保密性和独立的控制权限，不会产生干扰和失密。

**7. 移动用户功能**

包括场强指示、自动越区切换、自动登录、缩位拨号等功能。

**8. 存储功能**

当用户发出呼叫时，位于中心控制的设备能存储呼叫类型、呼叫状态、被呼和主呼的移动台标识码和位置、通话起止时间等有关信息，必要时可由打印机输出。组呼时，能存储组号及加入通信的用户号。

**9. 录音功能**

可以对调度员的所有通话录音，此外列车司机能对行车调度员的语音命令不但能进行录音还能回放。

**10. 系统辅助功能**

包括繁忙排队和自动回叫、多级优先权、动态基站分配、动态重组、跨区呼叫、限时通话、迟后加入等功能。

**11. 系统管理功能**

包括系统配置管理、用户管理、安全管理、移动台遥毙/激活、统计报告、故障管理、自诊断功能等。

**12. 时钟同步功能**

专用无线通信系统具备时钟同步功能，接收控制中心时钟系统一级母钟发出的时间同步信号，并同步专用无线通信系统中所有终端设备的时间信号。

### 12.4.4 系统主要设备

无线通信系统主要由无线交换机、基站、调度台、车载台、车站台、手持台、同轴电缆、天线、功分器、耦合器、光纤直放站设备等硬件以及相应的系统、管理维护软件组成,重要设备、部件均采用冗余配置。在控制中心设置网管设备以及相应软件,提供友好的人机界面,对无线通信设备进行集中维护管理和网络管理,中心级网管终端能够监测系统各级设备的运行状态信息,可完成自动检测、遥控检测、故障定位、故障报警及远端维护等,出现故障时能够发出声光报警。

## 12.5 广播系统

### 12.5.1 概　述

广播系统主要用于地铁运营时对乘客进行公告信息广播,发生灾害时兼做救灾广播,以及运营维护广播之用。控制中心调度人员、车站值班员及站台值班员可通过广播系统向车站旅客进行公众语音广播、通告地铁列车运行、播放安全及向导等服务信息,向工作人员发布作业通知;车辆段/停车场信号楼行车值班员、检修库值班员及运转值班员向库内流动生产人员发布作业命令。当车站或车辆段/停车场库内发生火灾等灾难时,广播系统可以兼做消防广播。

### 12.5.2 系统构成

广播系统采用二级广播控制方式,由控制中心级和车站级(车站/车辆段/停车场)组成。一般分为三个部分:控制中心广播系统、车站广播系统、车辆段/停车场广播系统,通过传输系统提供的通道连接,形成一个可由中心统一控制的广播系统。其中,车站广播系统是实现集中管理的重要组成部分,车站广播区一般分为上行站台、下行站台、售票区、站厅、出入口和办公区等。列车到站及离站的实时预告信息,非常情况下的疏导信息等,通过该系统及时向旅客通报。同时,为了组织好行车,应通过车站广播系统及时将运行信息告之行车相关人员。为了实现集中管理,车站广播系统除了车站广播外,还可由控制中心集中播音。

控制中心输出的话音信号和控制信息,经传输设备传输到各个车站,由车站广播控制设备接收。根据中心发来的指令,控制启动车站广播执行装置,语音经放大均衡后播送到指定的广播区域。同时车站广播控制设备亦将本站执行的状态反馈传送到控制中心,并在控制中心有关调度员控制台和中心调度员备用广播操作台上显示,完成中心调度对车站的选站、选区遥控操作和指挥。当控制中心不操作

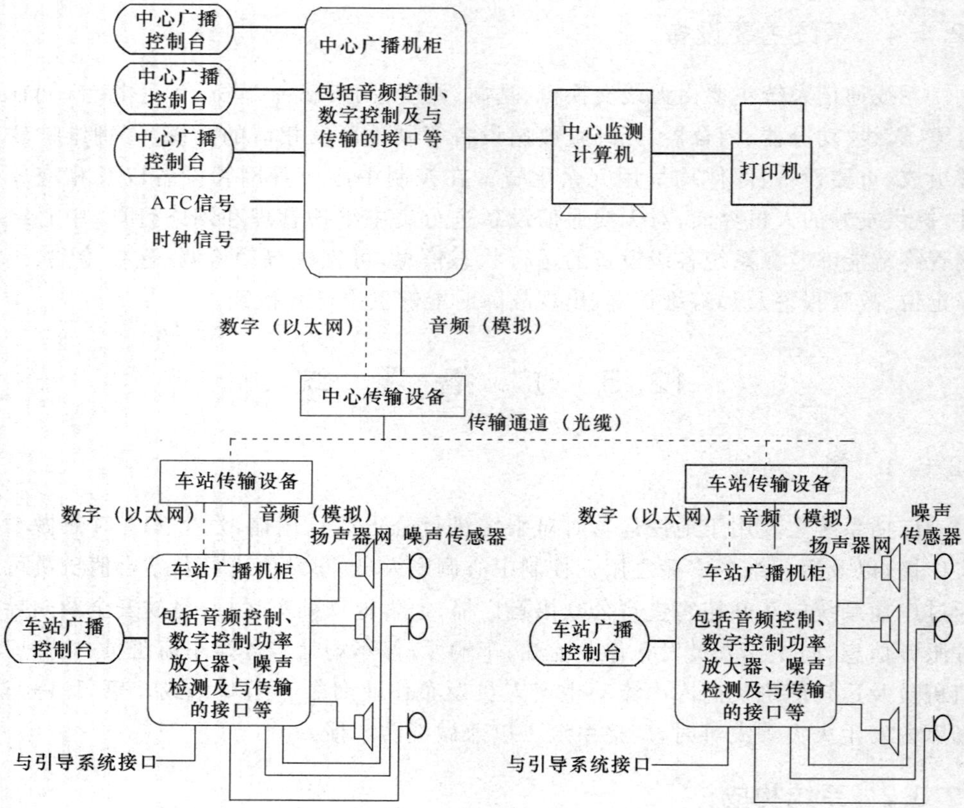


图 12.6　广播系统构成示意图

时，各车站广播均能独立自主地实现自控操作。

## 12.5.3　系统功能

广播系统按中心级广播和车站级广播两级方式设置，以满足各级管理人员对所划分的广播区进行广播（含对隧道区间广播），系统主要功能如下：

**1. 中心级广播**

控制中心提供中心调度员广播功能，中心广播范围为全线广播、任意一个车站广播、任意车站的任一个选区或多个选区广播，主要有如下几种工作模式：

(1)编组广播模式（组选模式）：向已设定的固定组合广播区域进行广播，也可灵活编程设定任意车站的组合和任意广播区的组合。

(2)单选广播模式（站选模式）：向全线任意一个车站、隧道区间内的任一区域、多个区域、全部区域进行广播。

(3)话筒/语音合成/线路广播模式(信源选择):话筒为单路,选择话筒广播时,可通过音频话筒进行广播;预录不同语音合成广播内容,供中心各控制台选择调用,语音内容能通过中心网管对每个车站统一修改、下发和上传,也可以对单个车站的语音进行修改、下发和上传,并具有语音合成播音排队功能;能将录制的语音信息存储及回馈数据库内,同时将这些广播信息进行相应信息编号,以实现相应的广播调用;同时,可根据需要进行删除、调整录制的语音信息,以实现相应的正确的广播调用;提供线路输入插口,可接入外接音源设备,用于播放线路输入的内容。

(4)人工编程模式:可人工编组设定车站广播区、语音合成信息键位与内容、播放优先级别等,设定内容掉电时不得丢失。

(5)监听选择模式:可对全线任一车站的任一广播区进行选择性监听,还可对语音合成的广播内容进行预听,以确认广播音质或广播内容正确与否后,再进行播放。

(6)显示模式:操作台上的显示屏显示全线各站的工作/空闲/故障状态、单个车站的广播占用状态、中心控制室对各站广播时的车站反馈状态、各车站编组的显示状态、信源选择显示(如话筒、线路、语音、语音段)、各种操作均有指示都等信息。

**2. 车站级广播**

车站广播范围为本站所有选区广播、多个选区广播或单个选区广播,有如下几种工作模式:

(1)单选广播模式(站选模式):向站内的任一区域、多个区域、全部区域进行广播。

(2)话筒/语音合成/线路广播模式(信源选择):话筒为单路,选择话筒广播时,可通过音频话筒进行广播;预录不同语音合成广播内容,供车站控制台选择调用,语音内容能方便的更改,并具有语音合成播音排队功能;提供线路输入插口,可接入外接音源设备,用于播放线路输入的内容。

(3)编程模式:用于对站内广播区的编组设定、语音合成信息键位与内容设定、优先级别设定等。

(4)监听区域选择模式:可选择车站内任意区域的广播内容进行监听,监听音量可调。

(5)显示模式:操作台上的显示屏显示中心控制室对车站广播时的车站占用状态、广播系统故障指示、车站广播区使用指示等信息。

**3. 优先分级功能**

广播优先级可根据用户需求灵活设置及调整,当高优先级广播时,能够自动打断低优先级的广播,而低优先级的广播则不能打断高优先级的广播。系统正常开通后,优先级的重新调整不应影响系统的正常运作。

**4. 自动录音功能**

中心广播系统留有广播录音接口，通过专用音频电缆与中心多路数字录音设备相连，向录音设备提供中心各调度员话筒广播的音频信号，以便实现自动录音的功能。

**5. 平行广播功能**

广播系统可实现多信源、多信道、多负载区域平行广播，各信源可经不同的播音通道同时播向不同的负载区域。

**6. 应急广播功能**

在广播机柜内应配置话筒插口，当广播控制通道出现故障时，可用临时话筒对所有广播区进行应急广播。

**7. 列车到发自动广播功能**

广播系统通过相关系统接口(可直接通过与信号系统接口，也可以通过与综合监控系统接口)接收信号系统传来的列车运行信息，自动启动并播放相应的广播内容。

**8. 广播自动退出功能**

话音广播完毕自动释放选区，退出广播状态(释放时间可调)；其他各种音源广播完毕则立即自动释放选区，退出广播状态。

**9. 预示音及背景音乐功能**

广播设备内应设预示音电路，在OCC、车站操作员每次广播前，自动触发预示音电路，向选通的广播区播放标准的预示音信号。同时具有背景音乐功能，背景音乐根据其他音源优先级进行音量调整播出。

**10. 噪声探测及音量自动调节功能**

在站台层和站厅层的旅客公共区域内设置的环境噪声传感器，通过相应的控制设备，可根据回授的背景噪声大小，自动调整功率放大器的输出功率，使广播的输出保持一定的声压级，以达到最佳的播音效果。环境噪声传感器中有话音识别电路，防止将广播声音当作噪声处理。

**11. 功率放大器的自动切换功能**

对任一功放可以任意加载或减载。当一台功放挂满负载后自动启动另一台功放，自动排队轮流使用，均衡各功放的工作时间，延长功放使用周期，各功放处于热通电状态。系统中功率放大器采用n主用+1备用的配置方式，备机处于热备份状态。当某台功放出现故障时，广播系统能控制启动备用功放，以代替故障功放继续工作，故障功放即自动退出。

**12. 自动延时加电功能**

系统具有延时加电功能，能够延时对系统中的功放及重要控制模块逐台加电，以有效地防止电网瞬间断、通电时对本系统运行程序的干扰和系统设备开机时对电网的冲击。

**13. 检测功能**

系统可检测扬声器的故障，当扬声器发生故障时，系统能判定故障扬声器所在回路，并向系统网管告警。此外系统还可检测广播区的线路故障，当广播区线路发生故障时，系统自动切断该广播区的线路与功放的连接，并向中心系统网管告警。

**14. 不停机检修功能**

本系统具有不停机检修功能，当功放或部分模块出现故障(或需要检修)时，可在系统不停机的情况下拆、装机，而不影响系统设备的正常运营。

**15. 系统网络管理功能**

系统网管终端设备可对中心、各车站、车辆段/停车场广播设备进行统一监控和管理。具有集中维护和自诊断功能，可进行故障管理、性能管理、配置管理、安全管理、打印管理和优先级的设置。控制中心网管终端通过数据通道能检测各车站设备的运行状态信息，当设备出现故障时能够发出报警，并能通过太网数据接口将故障信息提供给通信集中告警设备。同时中心网管能对车站级广播音量进行手动和自动调整设置。

**16. 时间同步功能**

本系统在控制中心与时钟系统接口，接收时钟系统中心母钟提供的标准时间信息，校准本系统内所有需要时间信息的设备。

### 12.5.4　系统主要设备

中心设备：中心广播操作台(信源：话筒、语音合成、CD机等)、中心广播机柜(含电源、接口及控制模块等)、中心网管终端。

车站设备：车站广播操作台(行车、客运、防灾广播用)、车站广播机柜(含功放、电源、接口及控制模块等)、噪声传感器、扬声器、音柱。

车辆段/停车场设备：车辆段/停车场广播操作台、通话柱、车辆段/停车场广播机柜(含功放、电源、接口及控制模块等)、号筒扬声器。

## 12.6　乘客信息系统

### 12.6.1　概　　述

乘客信息系统(PIS)是依托多媒体网络技术，以计算机系统为核心，通过设置在站厅、站台、列车的显示终端，让乘客及时准确地了解列车运营信息和公共媒体信息的多媒体综合信息系统；是地铁系统实现以人为本、提高服务质量、加快各种信息（如：乘客行车、安防反恐、运营紧急救灾、地铁公益广告、天气预报、新闻、交通信息等）公告传递的重要设施，是提高地铁运营管理水平，扩大地铁对旅客服务范围的有效工具。该系统是运营信息、公共媒体信息发布兼顾的系统，在正常情况下，两者共同协调使用，在紧急情况下运营信息优先使用。

## 12.6.2　系统构成

乘客信息系统主要有控制中心子系统（信息编播中心子系统）、车站/车辆段/停车场子系统、车载子系统以及各子系统间信息传送的网络子系统组成。控制中心子系统主要实现系统的编辑、播放、管理及控制等功能；车站子系统接受内容、信息播放、设备监视、时间同步、接口功能；车载子系统实时信息的接受、车载视频传送、播放控制；网络子系统提供千兆有线以太网和无线网络两个传输通道。

**1. 控制中心子系统（信息编播中心子系统）**

信息编播中心子系统是PIS的中心部分，主要实现系统的编辑、播放、管理及控制等功能，通过接口采集外部信息流，经编辑、处理手段，生成内部信息，按既定规则或版式播出，以达到向乘客传递信息的目的。信息编播中心子系统主要负责集中管理和监控整个PIS系统；外部视频信息源的导入；外部系统数据的导入和导出（ATS、时钟）；中心公共信息的编辑保存；中心集中发放信息；中央集中控制终端显示设备的显示模式/开关；中心播放实时网络视频流数据等。

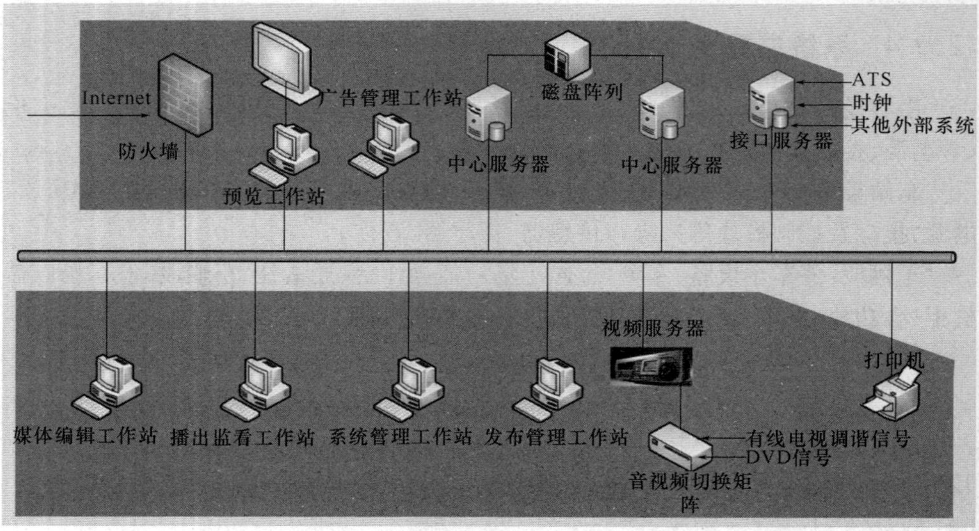


图 12.7　信息编播中心子系统构成示意图

**2. 车站/车辆段/停车场子系统**

车站子系统是 PIS 的现场部分，主要根据中心的要求进行编播信息的现场播放、管理及控制等，满足车站内旅客对信息的需求。车站子系统分为控制部分和现场显示部分。控制部分设备负责接收和下载控制/临时中心下传命令（设备开/关机等）、各类信息内容（节目列表等）、系统参数（时钟信息等），在控制/临时中心或网络子系统故障时，按照下载的节目列表和节目内容在本站显示终端上自动播放。现场显示部分设备包括 LED 显示屏、LCD 显示屏及多媒体查询机，设置在车站出入口、站厅及站台区域，统一从机房馈电。

车站子系统无需人工干预，只有特殊或紧急情况下，通过车站权限操作员登录将需要发布的信息（或预定义号码）、发布信息显示屏组或者发布申请提交控制/临时中心，由控制/临时中心审核后将相关信息发布至指定显示屏组。播出版面在正常运营期间自动定时切换而不需人工干预，以避免固定显示的文字或图像对显示终端的灼伤（烧屏）现象。

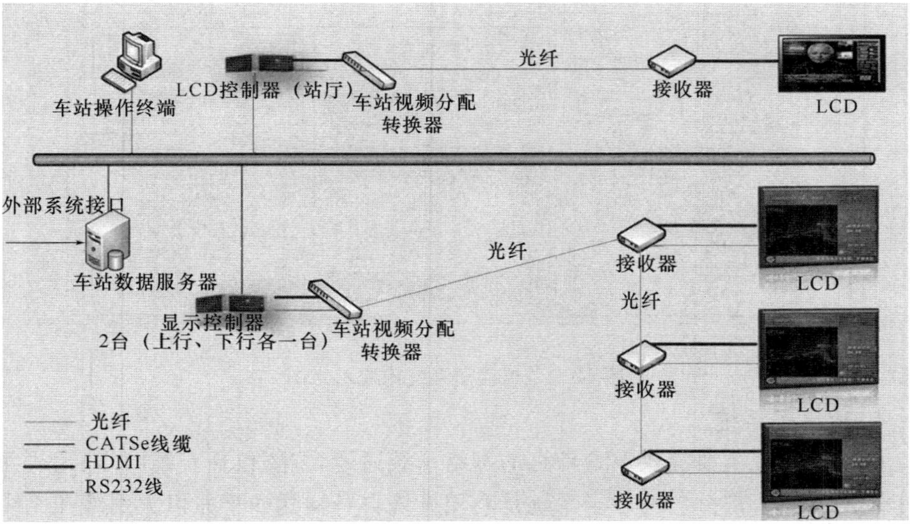


图 12.8 车站子系统构成示意图

车辆段及停车场子系统主要由交换机、服务器、AP 设备等组成，主要负责从控制中心接收数据，并在列车停靠在车辆段及停车场时间内利用移动宽带传输网络设备向列车车载设备传送数据，同时收集车载 PIS 的状态信息，能够自动测试和管理车载 PIS 设备。

**3. 车载子系统**

车载系统通过有线网络子系统、无线网络子系统从编播中心服务器自动接收发布实时媒体信息，同时，车载设备利用无线网络子系统、有线网络子系统将车上视频监视图像传递到控制中心。车载控制器完成本列车的控制功能，主要包括接口方面的控制，例如广播；ATS；发送紧急信息；车载设备管理和控制；车载日志的保存和上传。车载 LCD 播放控制器接收车载无线接入设备下发的相应数据，完成车载 LCD 屏的播放。车载 LCD 播放控制器直接输出 VGA 接口，避免了车载信号长距离传输带来的损耗，以及地铁内复杂的环境对信号的干扰。车载分屏器完成车厢内部视频分配作用，输入端为 VGA 信号，输出为单路 UTP 线缆（级联到下一级）。由于每列车有两个视频源，每节车厢配置两个车载分屏器。LCD 屏安装在车厢内。

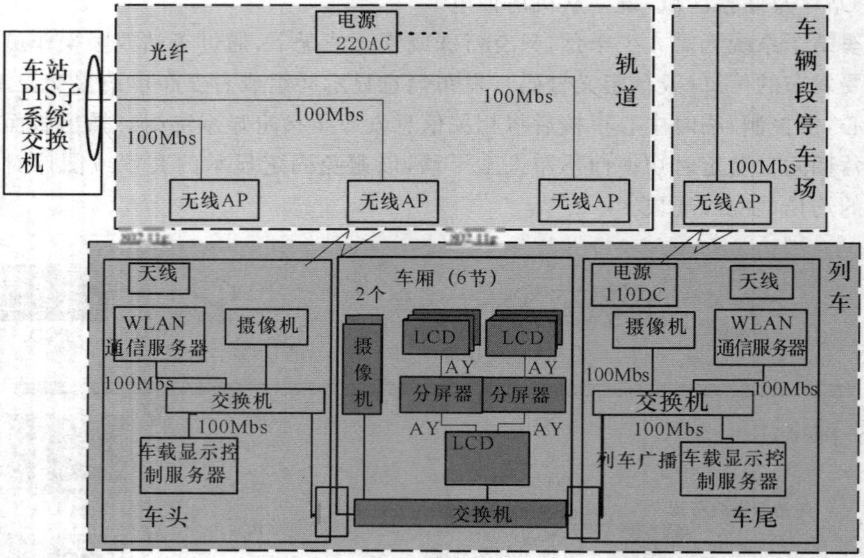


图 12.9 车载子系统构成示意图

**4. 网络子系统**

网络子系统主要提供 PIS 信息的网络承载通道，主要包括有线网络、无线网络和车载网络三个部分。网络子系统是利用系统自身构建的千兆以太网络和无线网给乘客信息系统提供网络通道，该通道用来传输从中心到各车站以及地铁车辆的各种数据信息、视频信息和控制信息。有线网能够保证以千兆的速率在车站和控制中心之间进行数据交换，传输数据信息、视频信息和控制信息。无线网络子系统作为有线网络信息传送的延伸，提供地面与列车的通信，支持以 80 km/h 速度行驶的任意驶向的列车通信，能够以不小于 15 Mbit/s 的平均速率在列车和控制中心数据服务器间双向传输视频影像，并能保证很小且恒定的延迟和丢包率。

**5. 系统运行模式**

（1）正常模式：系统由控制中心直接组织信息播放并控制终端显示设备，车站子系统在接收同步播放列表和节目内容的同时处于热备份状态。

(2)准实时模式：当车载无线设备无法与地面进行不间断实时通信时，在列车进站停靠期间或车辆回库期间，通过无线网络在非移动的情况下高速传输媒体文件，供车辆组织播出，以保证列车在整个运行期间播出节目不间断。

(3)录播模式：当主干传输网络出现带宽受限或拥堵，利用晚上停止运营后的时间进行传送，可预先将停运时间设置好，到达停运时间后系统自动触发该操作；在运营期间，系统限速接收和下发数据(低速度)，在停运期间全速接收和下发数据。

(4)降级模式(应急模式)：当控制中心故障或网络通信中断以及系统检测到非法入侵时，受到影响的车站子系统迅速自动转入降级模式，按已接收到的播放列表和节目内容自行组织播放。

(5)单点故障模式：当个别终端显示设备与系统通信中断时，通信中断的终端设备按照无输入显示方式运行，其余设备按照原有模式运行。

### 12.6.3　系统功能

乘客信息系统可为乘客提供乘客导乘信息、紧急事件信息、乘客服务信息、公告信息等多种信息服务，系统主要功能如下：

**1. 信息编播中心子系统功能，主要包括：**

(1)接收、存储、处理和发布地铁外部信息，包括有线电视信号、符合播出要求的商业信息、公益信息、互联网信息及其他系统信息的引入、处理和发布。

(2)接收、存储、处理和发布地铁内部公共信息，主要包括运营、公告、安全、广告、营销等方面的信息。

(3)信息编辑处理、信息预览。

(4)播放列表及内容的审核、管理及发布，媒体素材、运营信息管理以及在播画面监看。

(5)紧急信息发布功能。

(6)车载视频监视信息传送功能。

(7)经营管理资料的生成和管理。

(8)编播中心形成的播放文件信息须通用。

**2. 车站子系统功能，主要包括：**

(1)接收和下发功能。

(2)具备播放控制功能。

(3)在播画面监看回传。

(4)信息发布的形式与内容。

(5)紧急信息发布。

(6)降级播放功能。

**3. 车载子系统功能，主要包括：**

(1)实时信息的接收和传送功能。

(2)具备播放控制功能,车载子系统的播放控制功能根据专业分工可以分为列车 PIS 的播放控制功能和通信 PIS 的播放控制功能。

(3)车载子系统具有同一传送内容的断点续传功能,实现运行列车通过无线网络及时有序接收信息内容,而不破坏内容的完整性和数据质量。

**4. 优先分级功能**

系统支持数据传送优先级别定义,对定义级别高的数据优先传送处理。显示信息具备不同的优先级属性,当各种显示信息在同一时间、同一个显示设备的同一区域需要显示时,高优先级的信息能够取代低优先级的信息优先显示在屏幕上。同级别的信息按照“先进先出”的原则进行显示(最高优先级除外)。临时编辑发布文本信息及其在显示终端的播放形式,可以由该信息的发布操作员指定优先级,并经过必要的审批程序,经批准后按照相应优先级控制播出。

**5. 发布管理与在线升级**

控制中心、车站子系统及终端设备、网络子系统具备网络下载安装及更新软件的功能。车站子系统和终端设备在通电后,自动启动操作系统和运行应用程序,而不需人工干涉。同时,也不允许非授权人员使用除应用程序以外的其他系统资源。

**6. 统计和报表**

控制中心具备将系统采集的信息进行归类统计并输出报表功能,主要包括:账户/权限管理类报表、信息播放类报表、设备管理类报表、维修维护管理类报表、广告播放类报表等。

**7. 系统网络管理功能**

系统配置一套功能完善的网络管理系统,实现对乘客信息系统进行统一管理,包括参数管理、故障管理、性能管理、配置管理、安全管理、计费管理、日志管理、磁盘空间管理等,并对各种告警及维护管理信息以可视及可闻的方式输出,同时将系统设备的运行状态信息传输给集中网管系统进行统一管理。

**8. 与传输、车辆、信号、时钟接口功能**

乘客信息系统与传输系统之间交互的数据包括控制中心下发到车站及列车上的媒体信息、控制信息以及车辆采集并上传的列车客室监视数据和车站及车载设备反馈的网管及设备运行状态信息等;负责向车辆传送控制中心下发的媒体信息;车辆向 PIS 系统传送其采集的列车客室监视数据信息;通过相关系统接口(可直接通过与信号系统接口,也可以通过与综合监控系统接口)接收信号系统传来的列车运行信息,对信息进行接收、分类及加工处理后形成固定格式的文本信息实时传送到各车站及车载设备；通过与时钟系统的接口，接收时钟系统中心母钟提供的标准时间信息，校准本系统内所有需要时间信息的设备。

### 12.6.4 系统主要设备

信息编播中心子系统是PIS的中心部分，主要设备有：中心服务器、视频输入服务器、接口服务器、无线控制器、路由交换机、以太网交换机、防火墙、媒体编辑工作站、发布管理工作站、广告管理工作站、预览工作站、数字非线性编辑设备、磁盘阵列、LCD屏、摄像机、扫描仪、系统管理设备等。

车站子系统是PIS的现场部分，主要设备有：车载服务器、显示控制器、网络设备、操作工作站、分屏器、LCD显示屏现场显示部分设备，包括：LED显示屏、LCD显示屏及多媒体查询机，设置在车站出入口、站厅及站台区域。

车辆段/停车场子系统是PIS的重要组成部分，主要由以太网交换机、服务器等设备组成。

车载子系统是PIS在列车上提供服务的重要设施，主要由车载交换机、车载服务器、存储设备、分配器、显示屏、摄像机、电源适配器、车一地无线通信设施（车载部分：无线网桥、天线等）以及接口及播放控制使用的播放控制服务器及有关线缆（含接头）等组成。

## 12.7 视频监控系统

### 12.7.1 概 述

视频监控系统（CCTV）是地铁运营、管理现代化的配套设备，主要用于运营管理人员、地铁公安有关人员实时监视车站客流、列车出入站及旅客上下车情况、主要设备，以加强运营组织管理、提高运营指挥效率以及事故灾害处理能力，确保安全正点地运送旅客。

### 12.7.2 系统构成

CCTV系统主要由控制中心、车站、车辆段/停车场和车载视频监控系统组成，通过传输系统提供的通道组成一个完整的视频监控系统。系统可为控制中心调度员提供对各车站（主变电所）、车辆段/停车场及列车相关区域进行监视；为车站值班员对车站的站厅、站台等主要区域进行监视；为车辆段/停车场的有关值班员对该段/场内的重要区域进行监视；为列车司机对相应站台旅客上、下车等情况进行监视以及本列车上乘客的情况进行监视。

CCTV系统的车站级和中心级监控是相互独立，同时中心级的各调度员的操作控制也相互独立，系统采用二级控制方式，控制中心为一级控制，车站、车辆段值班员及列车司机为二级控制，平时以车站、车辆段值班员及列车司机控制为主，在紧急情况下转换为控制中心调度员控制。

控制中心CCTV与车站、车辆段/停车场CCTV通过传输系统提供的以太网通道组网进行信息传输，控制中心CCTV与车载CCTV系统之间的信息则通常利用乘客信息系统的信道（有线和无线）传输。

**1. 控制中心视频监控系统**

控制中心视频监控系统以列车、车站及车辆段的视频监控系统为基础，并与列车、车站、车辆段/停车场的视频监控系统构成一个完整的视频监控系统。

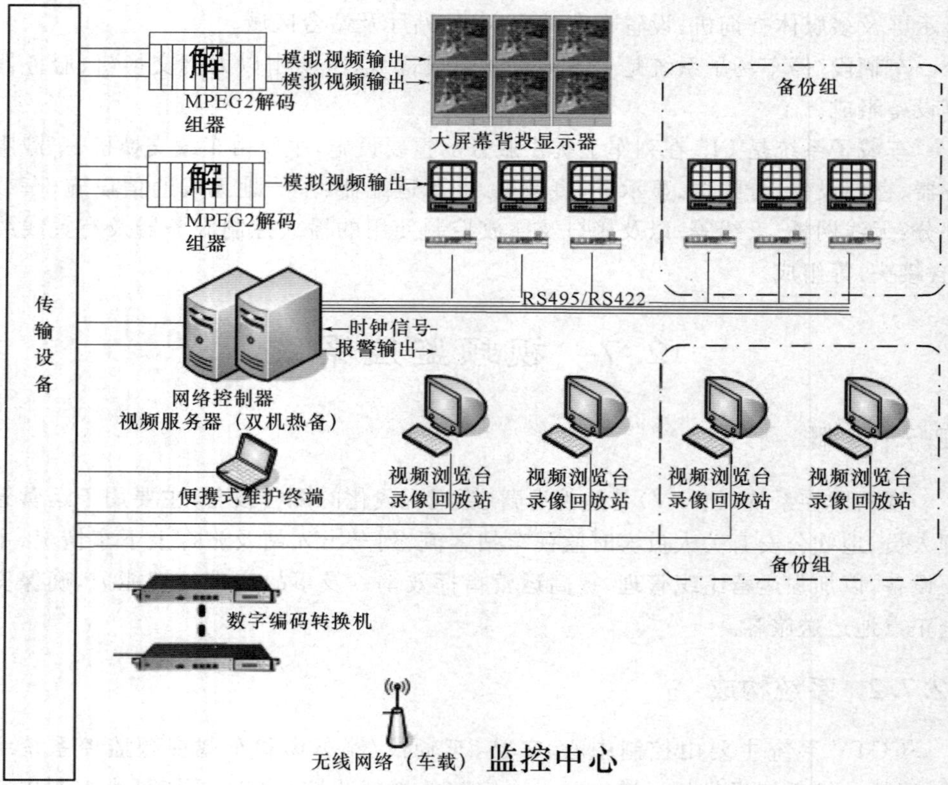


图12.10 控制中心视频监控系统构成示意图

在中心通信设备用房内设置视频服务器，并配置相关系统软件，对监视终端进行集中管理。在各行车调度台、电力调度台、环控调度台及总调度台上分别设置视频监控终端设备及控制台。同时系统还设置网络管理终端设备，负责对本系统进行集中维护管理。

控制中心CCTV与调度大厅的大屏幕控制器/多屏处理器接口，实现在大屏上显示模拟视频；从控制中心通信设备室到调度大厅各操作台的控制信号采用网络电缆/或专用控制电缆传输，可为模式视频图像或数字视频图像；控制中心CCTV系统通过乘客信息系统提供的传输信道与车载CCTV系统相连，实现控制中心和公安分局有关人员对列车CCTV系统的监视及控制。

控制中心CCTV系统通过网络与时钟系统相连，接收时钟系统提供的标准时间信号，实现本系统时钟同步功能；通过网络与通信集中网管系统相连，给通信集中网管系统提供本系统的主要状态信息，实现集中告警功能。

**2. 车站视频监控系统**

车站视频监控系统主要完成对本车站管辖范围内的视频信号的监控和存储。车站所有摄像机输出的视频信号经过视频分配器后，一部分送往本地画面分割器及视频编码器，另一部分送给公安监视系统，满足公安人员对运营区域进行监视（公安只监不控）。视频编码器完成模拟视频信号的数字化编码后（通常为MPEG2、MPEG4），接入本地局域网，供本地综合监控值班员控制台调看。

车站以太网交换机将MPEG2格式的数字视频监控信号提供给视频解码器及车站控制室值班员的视频操作终端，同时将该信号送入传输设备后进入通信传输网络传输至控制中心；另外，将MPEG4格式的数字视频信号送入视频管理录像服务器及磁盘阵列进行数字视频的录像存储。

车站值班员及中心调度员的视频操作终端所发出的图像调用命令直接进入交换机网络，后备操作台所发出的图像调用命令通过视频服务器进入交换机网络，交换机网络发送给视频编解码系统，通过编解码系统的虚拟矩阵功能来实现数字视频的调用，所调用的图像可以通过解码器显示在监视器或大屏上，也可以通过软解码显示在控制终端显示器上。

车站监视区通常分为上行站台、下行站台、站厅等。通常在各车站上、下行站台司机监视驾驶室位置的站台边、车控室、通信设备室等地方设置CCTV监视终端，而摄像头的布置以及设备选型（例如固定枪式摄像机、防暴半球型摄像机、室内球型一体化摄像机、室外球型一体化摄像机等），则根据车站的具体情况、运营需求以及公安视频监控需求而定。

各车站范围内的各摄像机接入通信设备室的视频（及控制）信息采用视频及控制电缆点对点传输；各车站站台监视器到通信设备室机柜的视频信息采用视频电缆传输；各站的视频监控终端到设备机柜的视频信息采用网络电缆传输；从通信设备室到车站控制室操作台间的控制信号采用网络电缆或专用控制电缆传输。

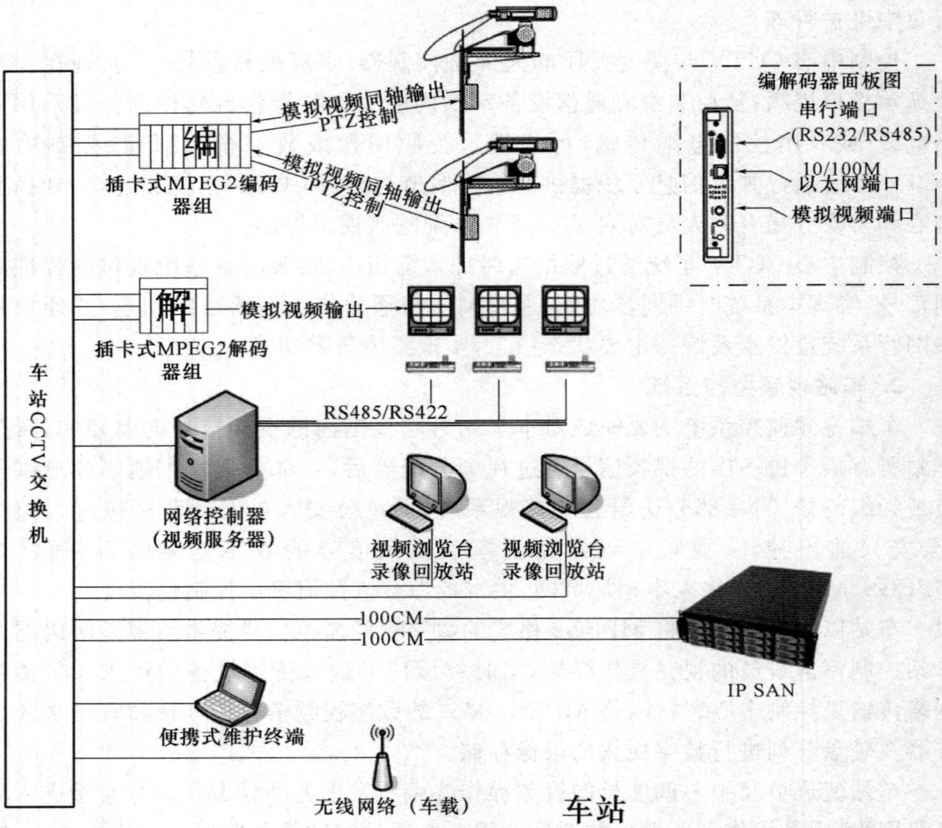


图 12.11　车站视频监控系统构成示意图

### 3. 车辆段/停车场视频监控系统

车辆段/停车场监控网络主要是为了方便值班员监视出入段线口、道岔咽喉区、周界围墙、段/场内公共区等处；摄像机输出的模拟信号经视频分配器分别输出至编码设备、本地切换矩阵，然后经以太网交换机设备接入本地录像存储设备及传输通道。

该系统主要在车辆段/停车场出段线设计终点与车辆段/停车场基线起点的分界点、库前道岔区等区域设置监视点，以看清道岔为布置原则，同时对段/场内如运用库出入区等主要作业区进行监控。

由于距离较远，车辆段/停车场范围内摄像机接入通信设备室的视频及控制信息一般采用非压缩数字光端机通过光缆线路点对点传输；信号控制室监视器至通信设备室机柜的视频信息一般采用视频电缆传输；控制信息一般采用网络电缆或专用控制电缆传输。

**4. 车载视频监控系统**

根据地铁运营管理模式，地铁控制中心调度人员、应急指挥中心人员、公安人员等能对在线运行列车实施监视。为确保接口方式的统一，所有车载图像通常由乘客信息系统(PIS)提供的传输通道传递给地面运营 CCTV 系统统一处理(包括视频图像可能的二次编解码、控制协议转换等)后，再分发给相关系统和相关人员监控调看。

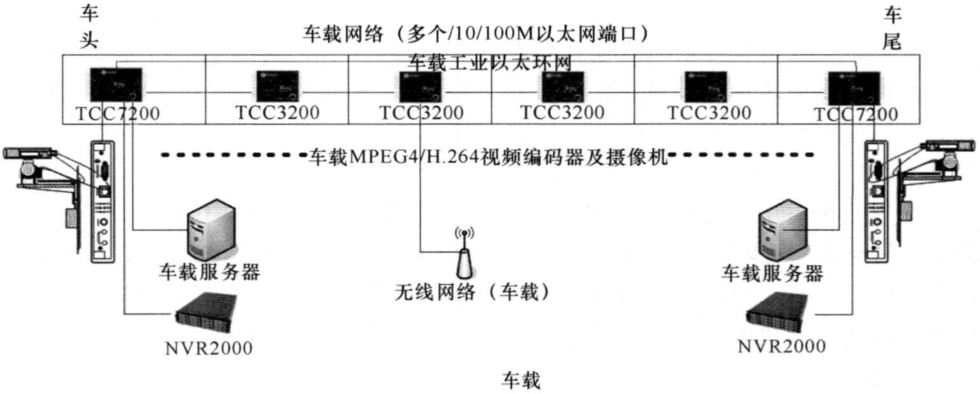


图 12.12　车载视频监控系统构成示意图

每节车厢内设 2 台摄像机监视车厢内的情况，车头/尾各设 1 台摄像机提供轨道和隧道内的图像；对应每台摄像机设 1 台数字编码器；每节车厢内设 1 台以太网交换机，每辆车两端各设置 1 套车载服务控制器和一套车载录像机分别管理、存储车载图像信息，并能控制摄像机图像从车载系统向轨旁设备的传输。

车载监视图像调用一般采用硬解方案，在 CCTV 系统与 PIS 系统之间由 CCTV 系统设置编/解码设备，把数字视频流转换为模拟视频流，并把控制信号分离出来，然后在通过编码器对模拟视频流及控制信号进行编码转换为数字视频流。转换后的数字视频流可通过各调度员的终端、大屏幕、公安、应急中心等显示终端上显示出来。视频编码器通常把车载视频转换为数字 MPEG2 格式。

每列车的车载视频服务器内含数据库接收来自中心视频服务器发送的请求指令，实现对车载编码器的设置，监控和编码流的调度。在车辆的“列车启动”后，即开始录制图像。每个摄像机的视频图像经过车载编码器编码后，同时进入车头/车尾的录像设备进行存储，通常采用 MPEG4 格式。对车载 CCTV 的实时图像的调看和录像的调用查询可在列车运行期间实时进行。

## 12.7.3　系统功能

视频监控系统具有直观、实时的动态图像监视、记录和跟踪控制等独特功能，是通信指挥系统一个重要组成部分，具有独特的指挥和管理能力，已成为城市轨道交通实现自动化调度管理的必备设施。根据地铁运营管理特点，地铁视频监控系统从使用上应满足运营管理人员如行调、电调、环调、总（维调）调等指挥中心人员和车站值班员、列车司机等对相应的管辖区域进行闭路电视监控，同时还可以设置相应的视频监控终端满足应急指挥、地铁管理人员等对地铁运营及客流情况的实时监视，以加强运行组织管理，提高工作效率。系统主要功能如下：

**1. 云台控制及图像选择功能**

控制中心调度员可以通过控制终端及监视器，控制全线任意车站任何一台球形一体化云台的转动以及对变焦镜头的调节，对各车站的云台摄像机执行远程俯仰、左右以及焦距等控制操作，可进行多画面显示、循环显示或手动选择在彩色监视器、大屏上显示任意一个画面。

在中心未占用时，各车站值班员可以通过设置在本站终端控制本站任意一台球形一体化云台的转动以及变焦镜头的调节，可循环显示或手动选择在监视器上显示单画面或多画面。系统能显示球形一体化云台被占用的情况，车站方只有在高优先级用户释放本站云台控制后，才可对该路云台进行操作。

**2. 图像选择**

OCC 各调度员、公安值班员及上层网相关值班员对各车站、车辆段、停车场及车载的选择图像功能相互独立。OCC 能随意地、无任何限制地对各车站/车辆段/停车场/车载进行时序循环切换监视（单选），也可选择人工固定监视（单选）；图像的选择互不干扰。大屏上可完成组选功能。公安及上层网能在规定范围内，随意、无限制地对各车站进行时序循环切换监视（单选和组选），也可选择人工固定监视（单选和组选），图像选择互不干扰。

车站/车辆段/停车场值班员能选择监视本站/车辆段/停车场范围内任意监视图像，能随意地、无任何限制地对本地进行时序循环切换监视（单选和组选），也可选择人工固定监视（单选和组选），图像的选择互不干扰。

**3. 监视功能**

控制中心调度员可监视全线各车站情况，可对各个车站所有摄像机摄取的画面进行选择，进行循环显示或手动选择预置位，观看任意车站的任意图像。控制中心的所有监视终端可以同时显示同一台摄像机的图像，也可以显示同一车站不同摄像机的图像，或不同车站摄像机的图像，并保持图像正常显示。行车、环控（防灾）调度员还能将各站、列车的图像任意地切换到调度大厅的显示大屏上。

车站值班员可监视本站站台、站厅及自动扶梯、出入口、售票处、票务室、检票口等处情况，可以进行循环显示或手动选择显示单画面或多画面，以调看多画面实时图像和点播历史图像，并可通过控制终端进行视频控制。

车站上/下站台的摄像机监视图像经画面分割合成后分别传到上/下行站台的监视器上，供列车司机监视相应站台的旅客上下车情况。

**4. 视频分配功能**

车站摄像机(除设备通道等摄像头外)的图像信号在进行编码之前，可经视频分配器进行分配，一路接入地铁公安闭路电视监控系统，另一路接入地铁运营闭路电视监控系统。

**5. 字符叠加功能**

终端监视器上所显示的图像能同时显示相应的字符信息，可通过字符叠加软件灵活自由修改字符的格式、内容、亮度、大小、位置、背景等。

**6. 录像及转存下载功能**

系统能对所有摄像机摄取的图像进行实时录制，并具有动态侦测录像功能。可通过网络管理系统(人工或自动方式)开启和停止录像设备进行实时录像功能，系统在进行实时录像时，可以转换为动态侦测录像。系统具有循环录像功能，磁盘存满后，最新录入的信息可覆盖最早录入的信息。此外监控录像存储设备还具有接收统一时间校准的功能，对输入的所有图像录制时间进行校准。

在控制中心总调(值班主任)能将各车站、车辆段/停车场及控制中心的视频存储设备中的重要图像信息按文件、按时段等转存下载到控制中心存储设备中或刻录到光盘。

**7. 回放及检索功能**

控制中心能调看任意车站的任意一幅视频录像，能对所回放的录像进行光盘刻录复制。车站/车辆段/停车场值班员能在授权的情况下回放本站/车辆段/停车场任一路图像的录像资料。系统能按记录的时间、日期范围、摄像机位置(编号)等信息进行分类检索图像。可多路图像同步回放，回放时可播放、快放、慢放、拖拽、暂停等，回放速度可调且不影响录制。

**8. 优先级设定**

CCTV系统可以设置优先级，并可通过云台优先级管理设备将运营和公安的云台统一规划。当高一级操作员针对某一个快球云台进行操作时，权限低于他的其他操作员则无法与其抢控云台。即便是高一级的操作员停止了控制，但为了便于驻留观察图像，权限低于他的其他级操作员此时也无法控制该云台。只有待高一级的操作员自动释放了控制权限并经过延时后，低一级的操作员方可控制。使得全网切换该图像的其他操作员均可看到该云台正被哪个操作员使用的信息。如果车站出现紧急情况，所有控制权限也可以在特定情况下进行快速调整。

**9. 系统联动功能**

CCTV系统可配合其他系统(FAS、PA、PIS、ACS及PSD等)，将现场监控画面上传至监视器和大屏上，必要时可同时将视频信号上传轨道公安监控中心和网络监控(应急)中心等上层网各监控室。

**10. 车站数字矩阵功能**

车站视频监控系统具有数字矩阵功能，可以灵活解码输出单路单画面、单路多画面图像至车站测试监视终端。

**11. 系统管理功能**

系统可对模拟视频矩阵、摄像机、控制终端、编解码器、画面分割器、存储设备、视频字符叠加及分配器等设备进行参数设置、编程、故障告警及电源控制等综合管理。系统除了可进行故障管理、录像存储系统管理、图像编解码设备控制管理、网络管理、用户管理、安全管理外，还能将本系统的故障信息上传给通信集中网管系统实现集中告警、接收时钟系统中心母钟提供的标准时间信息，校准本系统内所有需要时间信息的设备。

### 12.7.4 系统主要设备

CCTV 系统主要由图像摄取、图像显示及录制、车站控制处理、以太网交换机、中心控制处理及显示、视频信号传输、网管等设备组成。具体如下：

1. 控制中心视频监控系统主要设备包括：交换机、编/解码器组、视频服务器、网管服务器、流媒体服务器、大屏幕显示器、视频监控终端、操作台、视频存储设备、各种软件及调度员监控终端等。

2. 车站闭路电视监控系统主要设备包括：摄像机、站台监视器、视频监控终端、视频分配器、画面处理器、视频编/解码器、以太网交换机、视频存储设备、后备操作台及各种软件以及监控终端等。

3. 车辆段/停车场视频监控系统主要设备包括：摄像机、监视器、视频监控终端、视频编/解码器、交换机、视频存储设备、操作台等。

## 12.8 时钟系统

### 12.8.1 概述

时钟系统为控制中心调度员、车站值班员、各部门工作人员及乘客提供统一的标准时间信息，为轨道交通其他系统提供统一的时间信号。时钟系统的设置对保证地铁运行计时准确、提高运营服务质量起着重要的作用。

### 12.8.2 系统构成

时钟系统由中心母钟（一级母钟)、车站母钟(二级母钟)、车辆段母钟(二级母钟)、停车场母钟(二级母钟)、时间显示单元(子钟)、标准信号接收装置(信号接收单元)、传输通道、接口设备、电源和时钟系统网管设备等组成,采用控制中心与车站/车辆段/停车场两级组网方式。在控制中心设置中心母钟(一级母钟),接收外部标准时钟源,通过传输设备传送至车站/车辆段/停车场母钟(二级母钟),单元(子钟)时钟信号从二级母钟接引。

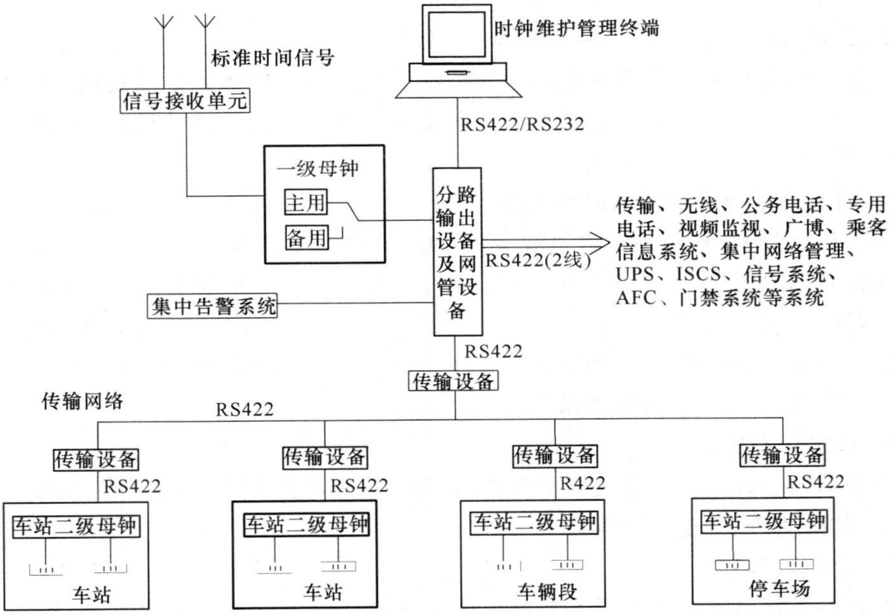


图 12.13　时钟系统构成示意图

## 12.8.3　系统功能

时钟系统按中心一级母钟和车站二级母钟两级方式设置,系统基本功能如下:

**1. 同步校对**

在正常情况下,中心一级母钟设备接收外部标准时间信号(例如 GPS、北斗卫星标准时间信号)进行自动校时,保持同步。同时产生精确的同步时间码,通过传输通道向各车站、车辆段、停车场二级母钟传送,统一校准二级母钟,并负责向控制中心的子钟提供标准时间信号;当中心母钟接收不到外部标准时间信号时(通道或信号接收单元出现故障),中心一级母钟能够以自身高精度晶振产生精确的同步时间码,对各车站及车辆段的二级母钟进行同步校对,并向时钟系统网管设备发出告警。

二级母钟系统接收中心母钟发出的标准时间码信号,与中心母钟随时保持同步，并产生输出时间驱动信号，用于驱动本站所有的子钟，并能向中心设备回馈车站子系统的工作信息；二级母钟在传输通道中断的情况下，能够独立正常工作，以自身高精度晶振产生时间信号驱动本站子钟的驱动信息，使本区子钟能够进行正常统一的时间显示，并向时钟系统网管设备发出告警。

在时钟系统出现传输通道或其他故障恢复的情况下，二级母钟或子钟重新接收到上一级母钟的时间信号后，应具有自动校对功能。

**2. 日期/时间显示**

中心一级母钟和二级母钟应产生全时标信息并按标准格式显示时间，主备自动按照 12 和 24 h 制式分别显示北京时间或格林威治时间转换功能，例如日历数字式子钟按“年、月、日、星期(中文字)、时、分、秒”显示。

**3. 为其他系统提供标准时间信号**

一、二级母钟可提供串行总线或 NTP 接口的形式供其他系统对时，能够在整秒时刻给地铁其他各系统提供 ms 级标准时间信号，这些系统主要包括：传输系统、无线通信系统、公务电话系统、专用电话系统、广播系统、乘客信息系统、视频监控系统、UPS 电源系统、集中网络管理系统、综合监控系统(含 FAS / BAS / SCADA 等)、信号系统、自动售检票系统、门禁系统等。

**4. 系统管理功能**

在控制中心设置时钟系统监测管理终端即中心监控计算机，可进行系统监控及显示、故障管理、安全管理等。

(1)监控及显示

监控终端能够检测地铁时钟系统主要设备的运行状态，对系统的工作状态、故障状态进行显示，并能够对全系统时钟进行点对点的控制，其主要监控及显示的内容包括：标准信号接收单元的工作状态、信号处理单元的工作状态、一级母钟/二级母钟/每个子钟的工作状态、传输通道的工作状态，对全系统时钟系统的控制(加快、减速、复位、校对、追时等)，常用故障排除信息及列表等帮助信息。

(2)故障管理

监控终端能对故障状态及故障产生的时间进行存储记录。系统出现故障时，监控终端能够发出声音报警，并可在监控终端主界面上显示主要故障内容及设备位置。声音报警信号能通过手动操作去除。同时故障信息能够通过以太网传输到集中网管系统，便于地铁通信系统的集中管理。

(3)安全管理

系统应具备常规的用户信息的创建、修改、删除、授权等权限管理功能，可根据应用需求不同，设置网络监视(只能看信息，不能修改任何数据)、网络维修(能对一般维修所需的数据进行修改，不能对数据库进行修改)、网络管理(能修改数据库的任何数据)等不同权限级别的用户组。网络管理运行中应对所有登录者、操作内容进行实时监视、记录和保存,监视过程用文件记录方式。

### 12.8.4　系统主要设备

时钟系统主要由一级母钟、二级母钟、子钟、标准信号接收装置、传输通道、时钟系统管理设备等设备组成。一级母钟设于控制中心通信设备室,二级母钟设于各车站、车辆段、停车场通信设备室内,子钟设于控制中心调度大厅和各车站的车站控制室、警务室、票务室、变电所控制室、安全门设备室、会议交接班室、站长室、站区长室及其他与行车有关的处所,并在车辆段/停车场信号楼运转室、值班员室、停车列检库等有关地点设置子钟。时钟系统的监控管理设备(监控计算机及打印机)设于控制中心通信设备用房内,用于管理时钟系统。通过数据传输通道,实时监测一级母钟、二级母钟的工作状态,当控制中心、车站、车辆段、停车场时钟设备故障时,一级母钟、二级母钟可实时将告警信号发送到控制中心时钟系统网管设备;并通过网络接口设备向通信集中网管终端传输告警信息,实施集中管理。

## 12.9　集中网管系统

### 12.9.1　概　　述

集中网管系统就是利用计算机网络技术和计算机本身的高速数据处理能力,对通信的各子系统进行集中管理,将通信各子系统的运行状态集中反映到控制中心的计算机上,使通信维护人员能及时、准确了解整个通信系统设备的运行状态和故障信息,以便于处理。

### 12.9.2　系统构成

集中网管系统由交换机、网络管理服务器、终端、打印机、集中网管软件等组成,通过统一的标准接口与相关子系统(含传输、公务电话、专用电话、无线、广播、乘客信息、视频监控、时钟、电源等)交换状态、故障及控制信息。

专业通信的各子系统内部各个部件的网管由子系统自己实现,即实现网元的管理。各子系统的网管均集中设置在监控中心内,通过 TCP/IP 连至本系统,把上报的告警信息经过数据统计和分析处理,进行记录和告警,达到故障集中监视和告警的目的。

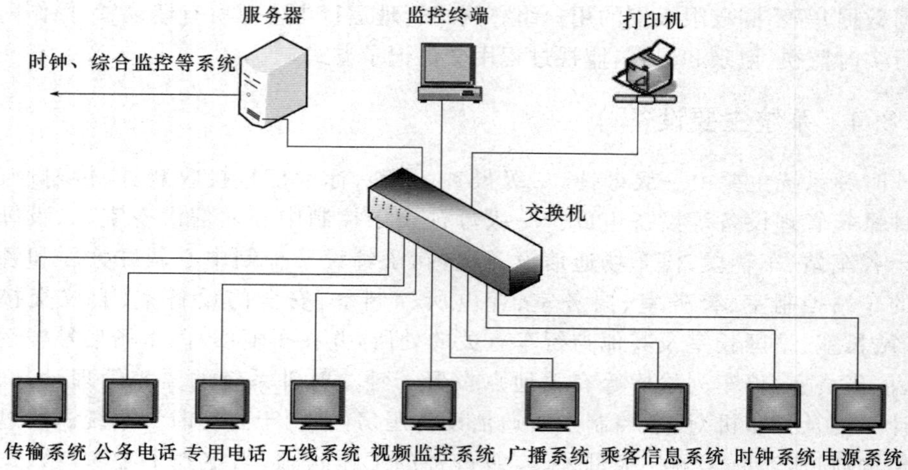


图 12.14 集中网管系统构成示意图

## 12.9.3 系统功能

集中网管系统能对通信各系统的运行状况进行 24 h 不间断信息采集，当通信各系统的维护管理终端向集中告警设备发送故障告警信息时，系统可以屏幕显示告警信息并发出声音告警信息，并记录下收到的故障信息保存到数据库中。系统主要功能如下：

**1. 信息显示功能**

集中网管系统提供良好用户界面，以图形方式显示网络拓扑，在网络拓扑图上实时、动态显示被管网络及设备的运行状态。系统状态一般分为正常状态、一般故障和严重故障：

(1)正常状态：表示系统在正常工作。

(2)一般故障：表示系统已发生了不影响设备及通信安全但应注意的事件。

(3)严重故障：表示系统已经发生了危及设备及通信安全必须立即处理的事件。

**2. 告警信息采集功能**

集中网管系统可对告警信息实时采集，采集的告警包括：

(1)网元告警：通过各通信系统的网管系统实时采集各通信系统网元设备的全部告警信息。

(2)性能越限告警：通过各通信系统的网管系统实时采集各通信系统的性能超限告警。

(3)连接告警：可以查看并测试通信各系统与集中告警设备的通信状态及工作状态。

**3. 告警信息处理**

集中告警设备系统可以根据告警源、告警级别、状态、类型、产生时间等条件对告警信息进行确认。并提供告警清除功能，包括自动清除和手动清除两种方式。当收到重复发送的同一告警时，可通过系统预先设置选择消除重复告警，只保留最初一条告警，同时记录告警重复上报的次数。对单位时间内频次过高或历时过长的告警可通过系统预先设置提高告警级别，从而保证网管中心告警信息的有效性。

**4. 告警信息过滤功能**

集中告警设备系统可以控制告警接收条件，实现告警过滤功能，可以设定哪些告警信息进行接收或哪些告警不接收，便于对一些不重要或不关心的告警信息进行过滤，使维护管理人员能够集中精力对网络中重要的告警信息进行监视和处理，提高工作效率。

**5. 告警查询与统计**

系统应可根据告警源、发生地点、告警级别、状态、类型、产生时间等条件对告警信息进行查询和统计。查询统计结果以报表、图形方式显示，并可将其进行存储和输出打印。

**6. 系统安全管理功能**

集中告警设备系统具有对用户系统登录和操作的检测控制功能，保证只有具有相应权限的用户才能进行登录和操作，并提供日志管理功能对维护管理人员的登录和操作行为进行记录，并提供查询功能。

**7. 其他功能**

通过与时钟系统接口，进行标准时间显示及定时校时功能。

能通过与其他系统的接口（例如综合监控系统、EAM 资产管理系统等），输出通信各子系统的告警信息。

### 12.9.4　系统主要设备

集中网管系统主要由网管管理服务器、交换机等设备组成。网管管理服务器为网管终端提供实时显示数据，并接受管理终端的交互指令。服务器通过以太网接口与以太网交换机连接，通过与相关系统的接口，进行数据采集、分析处理等管理服务。在服务器上安装集中网管、数据库等软件，以提供集中网管系统数据服务及长期存放历史告警数据。

# 12.10 电源系统

## 12.10.1 概 述

电源系统为控制中心、车站、车辆段及停车场的通信系统、综合监控系统、自动售检票、门禁等系统，提供高质量、高可靠的电源供应，保证在主电源故障(中断或发生超限波动)的情况下，各用电系统设备在规定的时间内仍能正常工作，等待主电源恢复正常。

电源系统为不间断供电系统，系统的交流输入由各变电所引接，按一级负荷供电，两路独立的三相交流电源经交流电源切换设备后接入 UPS，经 UPS 输出的交流电源分路后分配给综合弱电机房、车控室内各弱电系统设备进行供电。控制中心、各车站、车辆段及停车场的电源设备的运行是各自独立的，但各车站、车辆段及停车场电源设备的运行状态及故障告警信息将通过传输系统送到中心进行统一监测。在控制中心，电源集中监控系统可将设备告警信息输送至集中告警系统。对于电源系统中重要的分时交流配电屏控制技术，轨道交通目前应用的有以下 3 种，其中 PLC 控制方式是目前大力推广的一种：

1. 时间继电器控制方式，成本低，可靠性低，抗干扰性也是最低的。

2. 单片机控制方式，成本较低，可靠性较好(属于家电级)，但其抗干扰性较差。

3. PLC 控制方式，可靠性最高，抗干扰能力最强，成本最高。PLC 控制方式也是国家电网供配电设备采取的唯一控制方式。系统具备冗余控制功能，一旦出现难以恢复的紧急情况时，系统将采用默认控制方式工作。

## 12.10.2 系统构成

电源系统由控制中心电源系统、车站电源系统、车辆段/停车场电源系统、电源集中监控系统等组成。控制中心、车辆段\停车场通常由动照专业提供两路三相五线制交流电源，引至电源切换配电柜。电源切换配电柜实现两路输入电源自动切换，并为 UPS 电源输入供电，预留检修及备用交流分路。UPS 设备负责输出纯净的交流电源并由电源切换配电柜分配给各系统 220V 用电设备供电。

**1. 控制中心电源系统**

**2. 车站电源系统**

**3. 车辆段/停车场通信电源系统**

车辆段/停车场通信电源系统采用交流供电的方式，其供电组成方式与车站相同，仅容量与输出回路不同。

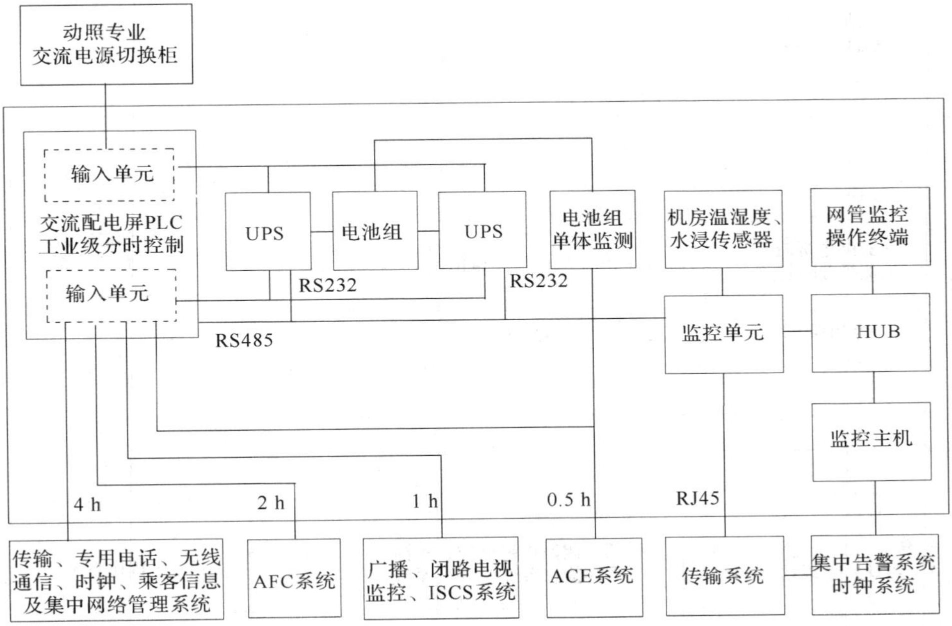


图 12.15　控制中心电源系统构成示意图

**4. 电源网管系统**

控制中心设置一套通信电源网管系统，控制中心、各车站（车辆段、停车场）电源设备的远端监测信号通过通信接口经传输系统送至控制中心的网管中心进行统一监控。

**5. 配电输出回路**

配电输出回路原则上以系统为单位，每个系统分配一个电源回路，各系统设备由各系统机柜供电。

## 12.10.3　系统功能

电源系统为通信系统提供动力，是轨道交通专用通信系统必不可少的子系统，一旦通信电源发生故障而停止供电，必将造成通信各子系统中断。因此电源系统的安全可靠性极为重要，要求能为各系统设备提供不间断、无瞬变的供电。系统主要功能如下：

**1. 不间断供电功能**

UPS 电源能对通信（包括传输、公务电话、专用电话、无线通信、视频监控、广播、乘客信息、时钟集中网络管理等）、综合监控、自动售检票、门禁等系统的设备进

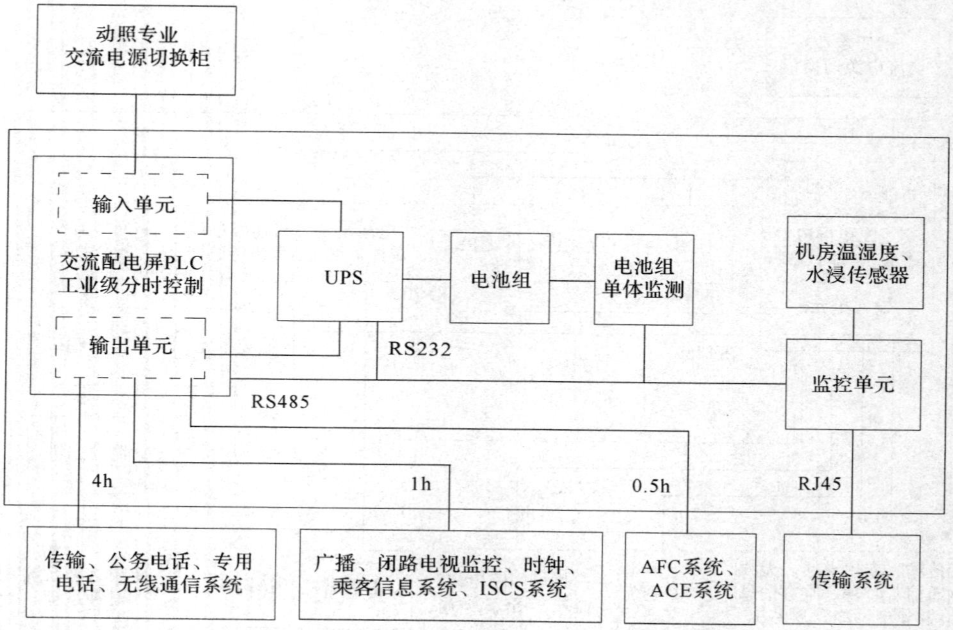


图 12.16　车站电源系统构成示意图

行不间断地供电。

**2. 保护功能**

(1)电源设备具有输出短路保护功能,在输出负载短路时,能立即自动关闭输出,同时发出可闻、可视告警信号。

(2)电源设备具有输出过载保护功能,在输出负载超过额定负载时,发出声光告警;超出过载能力时,应转为旁路供电。

(3)在电源设备处于逆变工作方式时,电池电压降至保护点能发出声光告警,同时停止供电。

(4)电源设备的输出电压超过设定的电压(过压、欠压)值时,应发出声光告警,并转为旁路供电。

(5)电源设备机内温度过高时,发出声光告警,并转为旁路供电。

(6)电源设备应具有抗雷击浪涌能力。

**3. 电池管理功能**

电源设备具有定期对蓄电池组及单体电池进行浮充、均充转换,漏液侦测告警,电池组自动温度补偿及电池组放电记录等功能。

**4. 后备供电功能**

市电故障后，UPS 电源设备能持续工作一段时间（电池组的后备供电时间），由免维护电池为各系统负载供电。

**5. 遥测、遥信性能**

（1）电源设备具有以太网接口，以便将各类状态及故障信息送到系统管理监控中心。

（2）能对 UPS 电源设备的输入电压、输出电压、输出频率、蓄电池电压等进行遥测。

（3）能监视 UPS 电源设备的同步/不同步、UPS/旁路供电、蓄电池放电电压低、市电故障、UPS 故障等信息。

（4）UPS 电源设备能提供与配电设备的通信接口。

**6. 配电功能**

（1）交流配电屏能对低压配电专业输入的交流电源进行分配并作为 UPS 的输入，且交流配电屏能对 UPS 的输出进行分配，为其他系统设备提供交流分路。

（2）交流配电屏配置的液晶屏可实时显示各系统每一路负载电压、电流、功率、电量、工作模式等。

（3）当系统采用后备蓄电池供电时，交流配电屏能对各交流分路按照事先设置的时间（可调）进行断开控制（超过设置时间后断开该分路），当程序控制设备故障时能实现手动供电。

（4）交流配电屏内任何仪器故障不影响正常供电（故障倒向安全）。

（5）交流配电屏内仪器具有自诊断功能，能够报警和显示故障。

（6）软件具有防止误切断电源功能。

（7）PLC 故障或任何负荷接触器误跳闸，自动旁路。

（8）遥测、遥信性能：交流配电屏设备具有以太网接口，能对交流配电屏的工作状态进行监测，并在控制中心能通过监控终端（与 UPS 监测共用）进行远程监控。

**7. 集中监控管理功能**

（1）通信电源监控系统能在控制中心集中监控全线 UPS 电源设备、智能配电设备、蓄电池组的各种工作状态，当电源系统设备故障发生时，在告警显示上具有专门的提示，并具有可闻、可视告警信号（灯亮、铃响），以便维护人员能迅速判定故障，进行处理。

（2）通信电源监控系统能在控制中心集中监控全线专用电源设备室（通常与通信设备室合设）内温度、湿度等环境实时数据，接收监控对象的告警数据，为维护人员提供判定故障，进行处理的依据。

（3）通信传输网络为电源设备集中监控系统提供以太网，以传输各种监控信息。

(4)电源监控系统通过以太网接口向通信集中网络管理系统传递各种状态及告警信息。

(5)通信电源集中监控管理系统应能与集中告警系统相连，输出告警信息至中心集中告警系统。

### 12.10.4 系统主要设备

电源系统由UPS不间断电源、蓄电池组(胶体电池)、交流电源切换柜、交流配电屏、电源集中监控系统、防雷设备等构成。

## 12.11 接地系统

为了确保通信设备和人员的安全以及通信系统的正常工作，防止通信电源系统引入串杂音、强电干扰和雷害，通信系统必须设有接地装置。在各车站、停车场、车辆段、控制中心均设置一组通信接地系统，接地系统由室外接地体和室内地线盘组成。在控制中心和车站通信系统与供电系统共用一组室外接地体，接地体由供电系统设置，从供电专业提供的接地体引出两根接地引入线，与弱电机房或通信电源室内地线盘的接地铜排相连。在车辆段和停车场条件许可时也按上述标准设置地线，不然应单独设置一组通信室外接地体，该接地体与其他系统的接地体之间的距离应不小于20 m。

## 思考题

1. 通信系统在轨道交通中的作用是什么？
2. 轨道交通的通信系统由哪几部分组成？
3. 简要说明集中网管系统的作用。

# 第13章　信号系统

## 13.1　信号引论

信号是“信号(显示)、联锁、闭塞”的总称，由各类信号显示、轨道电路、道岔转辙装置等主体设备及其他有关附属设施构成一个完整的体系，是保证列车运行安全，实现行车指挥和列车运行现代化，提高运输效率的关键设备。

**1. 信号在城市轨道交通系统中的作用**

在规划城市轨道交通的过程中，必须规划和建设与预测客流量相适应的通信信号设施。用于指挥和控制列车运行的通信信号设施，尽管其投资额在整个工程中所占的比例甚低(通常在3%以下)，但对于提高通过能力、保证行车安全却有着至关重要的作用。

(1)信号系统首先保证列车运行的安全性。采用先进的信号技术，如ATC系统，能大大提高行车的安全性，使得因人为的疏忽(如司机忽视信号显示)、设备的故障而产生的事故率降至最低。

(2)在保证安全的前提下，提高轨道交通的运行效率。在保证安全的条件下，提高列车运行速度，缩短行车间隔，提高运营效率。例如，香港的地下铁道，设计要求载客能力为6万人/(h·方向)，每列车的定员定为2 000人/列车(实际使用情况为2 616人/列车)，则必须每2 min发出1列车，即列车间隔为2 min。如果采用相对落后的信号设备，则不能保障该运输效率要求，如采用移频自动闭塞，最小列车间隔为4 min，这就意味着在同一条线路上，使用同样的车辆，载客能力只能达到3万人/(h·方向)。显然，在城市轨道交通中采用先进信号设备(如列车自动控制系统——ATC系统)是事半功倍。采用先进的信号技术可以避免不必要的突然减速和加速，这不仅可提高行车的稳定度，还对节能具有重要的作用。

此外，随着轨道交通建设的快速发展，当今信号系统技术已融通信、信号、计算机等先进技术于一体，并向数字化、智能化、综合自动化方向发展，其发展水平已成为现代化建设的重要标志之一。

**2. 信号系统的发展历程**

早期的城市轨道交通信号系统的发展要追溯到大铁路的信号系统的发展过程上。

20世纪60年代前，列车运行控制由轨旁的信号机来传递信息，列车运行完全取决于司机，前后列车之间的空间间隔由相邻信号机之间的距离来实现。在这种传统的信号系统中，信号机显示的信息量极为有限，而且信号机的位置不能随意改变，列车间隔较长，导致运行效率低。由于列车的自动化控制程度不高，多依赖于司机驾驶，因此不能很好的降低人为因素造成的行车事故。

为了提高安全性，列车自动控制技术的研制得到了各国的重视，早期的这类技术是在距离信号机一定位置安置应答器，列车通过应答器时，控制系统一方面向司机报警，另一方面在司机没有反应动作时，控制系统强制列车制动停车。我们把这类系统称为自动停车装置，其技术有两个特点：

(1)信息传输途径增加，列车能够接收地面信息；

(2)安全性增加，安全性不仅仅依靠司机。

从 60 年代后期是信号技术处于突飞猛进的时期，移动闭塞、计算机联锁、列车自动运行系统已被大量应用在城市轨道交通中。这些新技术的产生都与客流量增长和新科技发展密不可分。针对不断增大的客流需求及信号系统的相对落后的矛盾，世界各国都投入巨资用于研制更先进的控制系统，替换已有的信号设备。随着新技术的发展，现代通信技术的应用，推动了城市轨道交通系统的列车自动控制技术大发展，而该技术已成为世界各国列车运行实现智能化的关键。当时的西班牙、巴塞罗那、前苏联列宁格勒及莫斯科、美国纽约、日本东京及名古屋、英国伦敦、法国巴黎和瑞典斯德哥尔摩等城市的地下铁道和地面线路运用了列车自动运行系统。1968 年世界上第一条具有列车自动控制系统的线路一英国伦敦维多利亚投入运行，此后，各国逐步将单个列车的运行控制发展为列车群的监控，构成了完整的列车自动控制系统。

我国城市轨道交通信号系统是随北京地铁的兴建而起步。除了采用一些铁路既有设备外，结合城市轨道交通的特点，研制适合于城市轨道交通的信号系统，如北京地铁采用的移频自动闭塞改为无选频、集中设置的方案；电气集中增加了折返站的自动折返功能等。1983 年还研制了用计算机对列车运行自动跟踪、车次显示及描绘列车实迹运行图，并在环线上试用。1990 年结合北京地铁环线改造研制了全微机分布网络的调度集中系统，其中还包括了列车车次跟踪/显示，并将计划图及实迹图进行显示及描绘。随着我国城市轨道交通客流量的增长，仍采用传统的信号系统已不能满足高密度行车的要求。北京地铁 1 号线将发车间隔从 5 min 缩短到 2 min，从英国西屋公司引进了列车自动控制系统(ATC)。广州地铁 1 号线引进德国西门子的 ATC 及车站微机联锁设备；上海地铁轨道交通 1 号线采用当时美国 GRS(GRS 现归属于阿尔斯通公司)的 ATC 系统；2 号线采用美国 US&S 的 ATC 系统；3 号线采用法国 ALSTOM 公司的 ATC 系统，而 5 号线采用德国 SIEMENS 公司的 ATC 系统。不同的 ATC 系统，反映了各条线路功能需求，也反映其时代特色。

# 13.2　信号基础设备

城市轨道交通信号基础设备包括信号机、转辙机、轨道电路等。他们是城市轨道交通信号系统的重要基础设备。他们的安全可靠工作，是信号系统正常运行的保证和充分发挥功能的基础。因此在学习信号系统之前，我们需要掌握信号的一些基础设备。

## 13.2.1　信 号 机

铁路信号随着第一列列车在英国出现而出现。早期的信号是十分简陋的。现代信号借助电子工业的发展，使行车指挥系统走上自动化，列车运行也向着自动驾驶与自动控制方向发展。

早期使用的臂板信号机是固定信号机的一种。它白天用臂板的不同位置，夜间用不同颜色的灯光显示信号，适用于无可靠电源的车站。铁路采用的单臂板信号机见图 13.1 所示，通常用作出站、防护、通过信号机，它由机柱、臂板、信号灯、外表示镜，立杆和牵纵拐肘等组成。外表示镜和臂板连接在一起，用轴安装在机柱上。外表示镜上装有红色、绿色玻璃各一块；臂板的端部为方形，红色带白条。

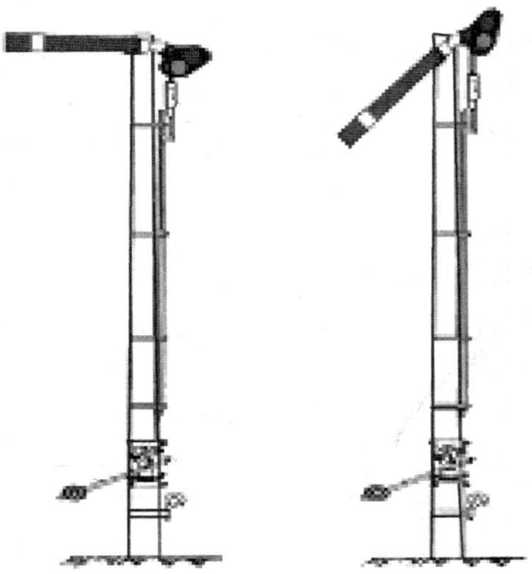


图 13.1　单臂板信号机

在城市轨道交通中没有用到臂板信号机，臂板信号机是铁路早期用到的一种信号设备，随着电的普及，信号显示由色灯信号机替代了臂板信号机。

色灯信号机作为传递行车信息的一种设备，在铁路和城市轨道交通中得到广泛的应用。色灯信号机利用其灯光颜色、数目和亮灯状态来表示信号。例如红灯表示禁止行车，绿灯表示允许行车。

色灯信号机根据光学系统的不同可分为透镜式和探照式两种。现在都采用透镜式色灯信号机。因为它具有结构简单、安全方便等优点。透镜式色灯信号机有高柱和矮柱两种类型，高柱信号机的机构安装在钢筋混凝土信号机柱上，矮柱信号机的机构安装在信号机水泥基础上。

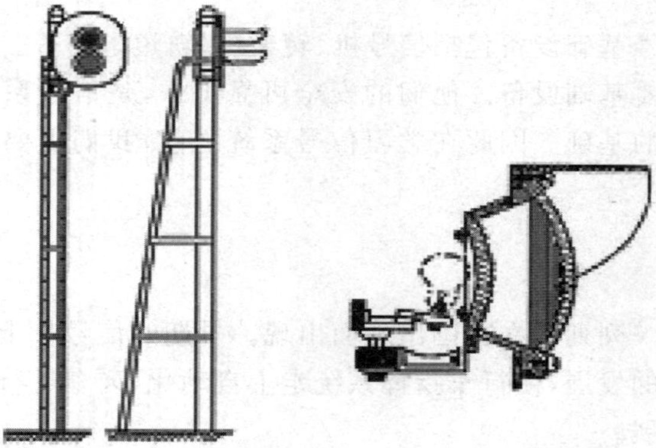

图 13.2　透镜式色灯信号机

高柱色灯信号机见图 13.2 所示，由机柱、机构、托架、梯子等组成。机构的每个灯位配有透镜组和灯泡。托架用来将机构固定在机柱上。矮柱透镜式色灯信号机直接用螺栓固定在信号基础上。在城市轨道交通中，高柱信号机多用于停车场的出入/库信号机，而停车场的调车信号机与正线所用信号机都可归于矮柱信号机，见图 13.3 所示。

在城市轨道交通正线，一般用红色、白色（黄色）和绿色三种颜色，通过这三种颜色的不同组合，给出不同的行车信息。

各地对信号显示都做了规定。如上海地铁的信号显示为：

1. 红色：禁止信号，ATP 速度为零；

2. 绿色：允许信号，前方道岔开通直股，按照 ATP 速度命令行驶；

3. 月白色（黄色）：允许信号，前方道岔开通弯股，需要减速行驶，一般限制速度为 30 km/h；

4. 红色＋月白色（黄色）：引导信号，准许列车以低速进入信号机内方，并随时准备停车，一般能够将列车接入车站的信号机可设为引导信号。

图 13.3　正线信号机

在正线线路尽头有阻挡信号机，该信号机采用单显示机构，只有一个红灯。

停车场调车信号机的蓝色显示，指示车列不得越过信号机；而白色显示，允许车列越过信号机所防护的进路。调车信号机，必须当列车或车列的尾部，全部进入信号机内方以后，才会改变为蓝色显示。

由于城市轨道交通，对信号显示没有统一规定，因此各个城市的信号显示会有所差异。

城市轨道交通不再以地面固定信号作为主体信号，而是用车载信号作为主体信号，但在有道岔的地方仍然设置地面固定信号机，特别是在 CBTC 系统的后备模式下，地面信号机尤为多。城市轨道交通的信号机需设置在线路的右侧，有道岔的地方都需要设置信号机加以防护，在线路尽头需设置阻挡信号机。由于城市轨道交通在正线运行的列车速度较低，因此一般采用矮型信号机即可。

城市轨道交通车载信号作为主体信号，不是简单的复示轨旁信号机的状态，而是用仪器仪表、表示灯等设备，显示行车信息。见图 13.4 所示。

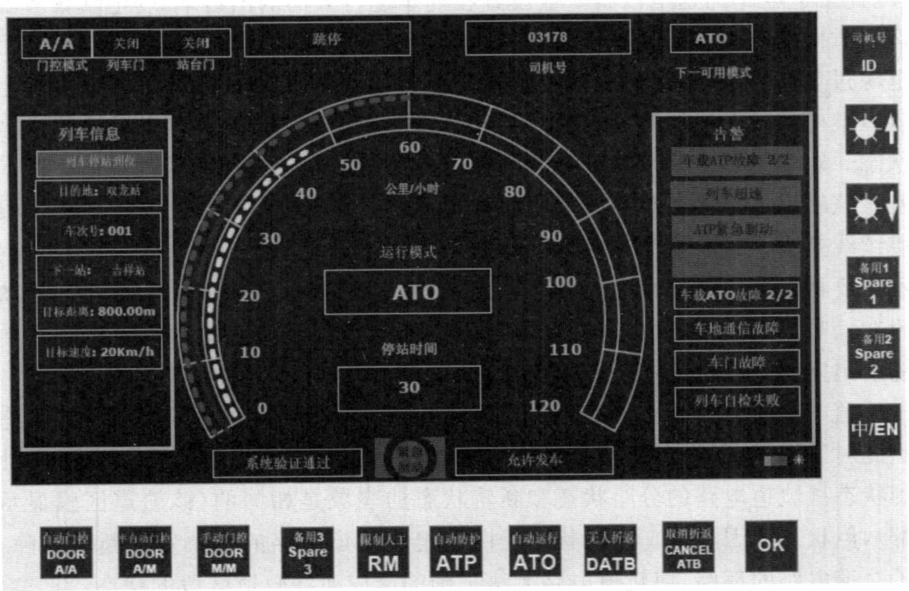


图 13.4 列车驾驶员显控界面

## 13.2.2 轨道电路

对于城市轨道交通列车自动控制，列车的定位非常重要。自 1927 年发明了轨道电路之后，轨道交通就利用轨道电路来进行列车的定位，并沿用至今。因此，轨道电路是轨道交通的重要信号设备之一。它为轨道交通信号自动控制创造了条件。轨道电路能够检测列车位置，并向列车传送行车信息。在轨道交通中得到了广泛的使用。

轨道电路以线路中的两根钢轨作为导体，在钢轨两端设置绝缘节，用引接线连接电源和接收设备构成电气回路。见图 13.5 为最简单的轨道电路示意图。

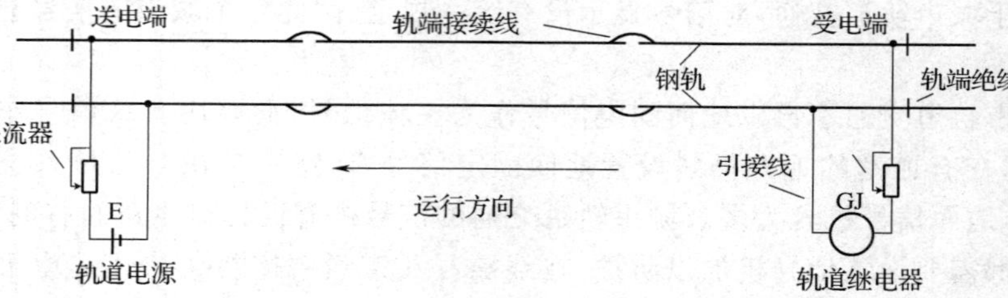


图 13.5 最简单的轨道电路

轨道电路要求列车位置的检测信息和行车信息应该迎着列车的运行方向发送，因此轨道电路的送电设备一般设置在列车运行方向的出口端，受电端设置在列车运行方向的入口端。送电设备为轨道电路提供电源，它由电源和限流电阻组成，当电源过负荷运行时，可由限流电阻保护电源不受损坏。轨道电路的受电端主要有轨道继电器（DGJ/GJ）和限流电阻组成。由轨道继电器的状态来反映轨道区段的状态。轨端绝缘节是用来分割相邻轨道电路的。轨道电路两端绝缘节之间的长度就是该轨道电路的长度。钢轨是轨道电路的传输通道，在钢轨连接处的增设轨端接续线是为了减少钢轨连接处的接触电阻。当轨道区段内没有钢轨的连接处，就不需要再设置轨端接续线。轨道电路送、受电设备除了限流器以外，主要设备均放置在信号设备室内，这样有利于轨道电路的调试和维护。室内轨道电路设备由电缆引出室外，由轨旁电缆盒转接至轨道电路箱内，再由引线直接连接至钢轨。

轨道电路有分路状态、调整状态、断轨状态。其中当轨道电路处于分路状态时表示此时该轨道区段有车占用，当轨道电路处于调整状态时表示此轨道区段处于空闲状态。轨道电路的分路状态和断轨状态的表象是相同的（该轨道区段显示红光带），但状态原因不同。断轨状态是由于组成轨道电路的钢轨发生断轨故障，阻断了轨道电路的环路，使轨道电路无法正确的反应所在轨道区段的状态。

轨道电路有很多种类，分类方式也有多种。

1. 轨道电路按接线方式分可分为闭路式和开路式（均是以轨道电路平时无车占用时所处的状态来确认）。

2. 轨道电路按供电方式分可分为直流轨道电路和交流轨道电路。

3. 按电气牵引区段牵引电流的通过路径分为单轨条轨道电路和双轨条轨道电路。

4. 按分割方式可分为有绝缘轨道电路和无绝缘轨道电路。有绝缘轨道电路是利用在相邻轨道电路之间加绝缘片，使相邻轨道电路之间绝缘，实现轨道电路的电气隔离。在使用过程中发现，钢轨绝缘在列车运行的冲击力和剪切力下很容易破损，故障率很高。并且绝缘节的安装也给无缝线路的施工带来了麻烦，有时需要锯轨，因而增加了线路的维护复杂性。钢轨中的牵引回流也不希望有绝缘节，为了能够使牵引回流绕过绝缘节，需要增加扼流变压器和回流线等设备，增加了设备的维护量。因此现在城市轨道交通中，除了停车场还在使用有绝缘轨道电路，所有正线都使用的是无绝缘轨道电路。无绝缘轨道电路在轨道电路两端不需要加绝缘节，它是利用电气隔离的方式加以隔离。在相邻轨道电路中使用不同频率的信号，轨道电路中的谐振回路对不同频率呈现不同阻抗，实现相邻轨道电路的电气隔离。

轨道电路作为室外设备，工作环境非常复杂。影响轨道电路正常工作的参数主要有道砟电阻、钢轨阻抗和电源电压。

轨道电路在轨道交通中得到了广泛的应用。我国不同城市不同的线路所用的轨道电路都有所差别。在城市轨道交通车辆段一般用 50 Hz 相敏轨道电路。上海 1 号线采用原美国 GRS 公司的音频无绝缘轨道电路，3 号线采用法国 ALSTOM 的 DTC921 数字无绝缘轨道电路。北京地铁 1 号线、13 号线、八通线以及天津地铁 1 号线采用英国西屋公司的 FS-2500 型无绝缘轨道电路。广州地铁 1 号线、2 号线和深圳地铁、南京地铁采用西门子的 FTGS 型音频无绝缘轨道电路。

城市轨道交通列车采用直流牵引供电，而且都是无缝线路，一般采用“S”形导线(简称“S”Bond)作为轨道电路的电气绝缘，见图 13.6 所示。轨道电流有两种方式经“S”形导线在钢轨内传输，图 13.6(a)为感应式，轨道电流由绕行在环线内侧的电缆，感应至“S”形导线上，再送至钢轨；图 13.6(b)为注入式，轨道电流直接经过与“S”形导线直接相连的电缆注入钢轨。

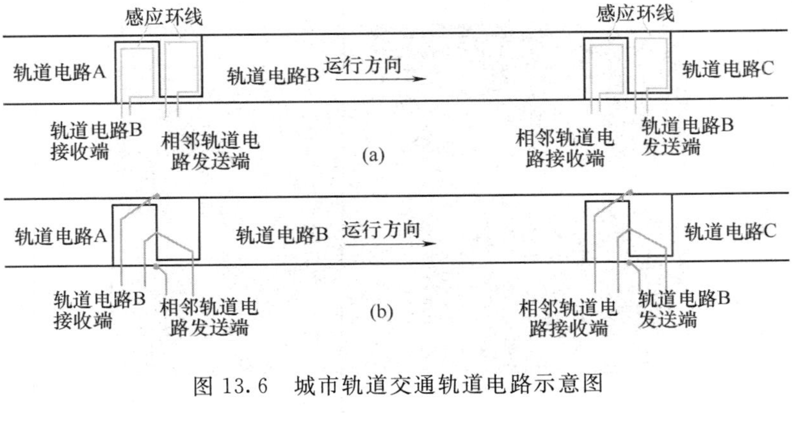


图 13.6 城市轨道交通轨道电路示意图

图 13.7 城市轨道交通轨道电路“S”Bond 现场布置图

## 13.2.3 动力转辙机

道岔是列车转换线路的重要设备，但道岔本身不会动作，需要由信号设备—动力转辙机带动道岔动作，道岔动作到规定位置后还需要转辙机锁闭道岔位置。有了动力转辙机，工作人员可以对道岔进行集中操作，实现自动化，因此转辙机是重要的信号基础设备。它对于保证行车安全，提高运输效率，改善行车人员的劳动强度都起到了很重要的作用。

在城市轨道交通车站中，联锁集中站都设有道岔，来完成列车的折返作业。因此在联锁集中站就需要设置转辙机。一般城市轨道交通正线使用 9 号道岔，需要两台转辙机同时拉动，这种方式称为双机牵引，见图 13.8 所示。停车场通常使用 7 号道岔，一台转辙机牵引即可。

图 13.8 双机牵引道岔

**1. 动力转辙机的分类**

(1)按动作能源和传动方式分类,转辙机可分为电动转辙机,电动一液压转辙机和电空转辙机;

(2)按供电电源种类,转辙机可分为直流转辙机和交流转辙机;城市轨道交通大部分还是采用电动转辙机,但是近年来采用电液转辙机和交流转辙机的线路也在增加;

(3)按动作速度分类,转辙机可分为普通动作转辙机和快动转辙机;

(4)按锁闭道岔的方式,转辙机可分为内锁闭转辙机和外锁闭转辙机;

(5)按是否可挤,转辙机可分为可挤型转辙机和不可挤型转辙机。

**2. 动力转辙机的作用**

转辙机是转辙装置的核心和主体,除转辙机本身外,还包括外锁闭装置和各类杆件及安装装置,它们共同完成道岔的转换和锁闭。

转辙机的作用具体如下:

(1)转换道岔的位置,根据需要转换至定位或反位;

(2)道岔转至所需位置而且密贴后,实现锁闭,防止外力转换道岔;

(3)正确地反映道岔的实际位置,道岔的尖轨密贴于基本轨后,应给出相应的表示;

(4)道岔被挤或因故处于"四开"(两侧尖轨均不密贴)位置时,及时给出报警及表示。

城市轨道交通一般使用电动或电液转辙机,转辙机作为保证行车安全的重要设备,必须安全可靠的工作。

### 13.2.4 计 轴 器

我国早在1966年就开始探索用计轴方式来检查分界点间线路空闲状态,1978年开始研制与半自动闭塞相配套的计轴设备,同年研制出一套样机在现场进行了初步试验。在研制非电化区段用计轴设备的基础上,从1981年开始研制电化区段用的计轴设备,1983年经铁道部通号公司和西安铁路局组织了技术鉴定,决定进一步扩大试用。

近几年,随着通信技术的飞速发展,列车自动控制系统也有了质的飞跃。在上海城市轨道交通中,自上海6、7、8、9号线开始使用国际先进信号系统——基于通信的列车自动控制系统(CBTC)。在CBTC后备模式中,由计轴器代替轨道电路的功能,检查轨道区段的状态。现在乃至将来,计轴设备将会在各大城市的城市轨道交通中得到广泛应用。

**1. 计轴设备的组成**

计轴设备在铁路和城市轨道交通中都有广泛的应用。计轴设备的生产商有国内的也有国外的。在城市轨道交通中主要用的是国外厂商生产的计轴设备。由于生产厂商的不同,在计轴设备的设计上也存在差异。

一般计轴设备要完成检查区段状态的功能，应包含室内设备和室外设备，见图 13.9 所示。室外设备有传感器(磁头)和室外电子盒。室内设备有运算器、UPS 电源、继电器等，或采用微型计算机构成计轴器主机系统。室内设备和室外设备由专用计轴电缆相连。

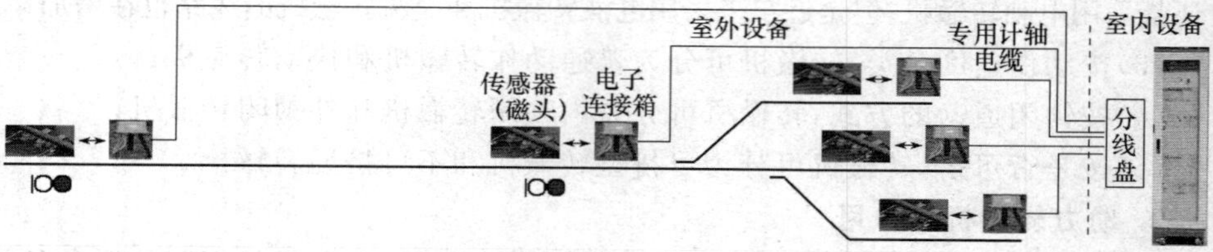


图 13.9 计轴设备系统构成示意图

图 13.10 传感器实物图

图 13.11 室外电子盒外观图

2. 计轴器原理

计轴设备的基本工作原理：见图 13.12 所示。基于列车(车辆)驶入和驶出计轴点所监视的区段时所记录轴数的比较结果，以此确定该区段的占用或空闲状态。当列车从所检查区段的一端出发，车轮驶入车轮传感器(A)作用区域时，向微机传送轴脉冲，微机开始计数，并判别运行方向，确定对轴数是累加计数还是递减计数。此时 A 计数结果为 N(列车轴数)，B 计数结果为零，微机根据轴数信息，经比较不一致后，发出区段占用信息，控制该区段轨道继电器落下。当列车驶离区段时，经过车轮传感器(B)计数为 N，经微机比较结果一致，输出区段空闲信息，控制该区段轨道继电器吸起。

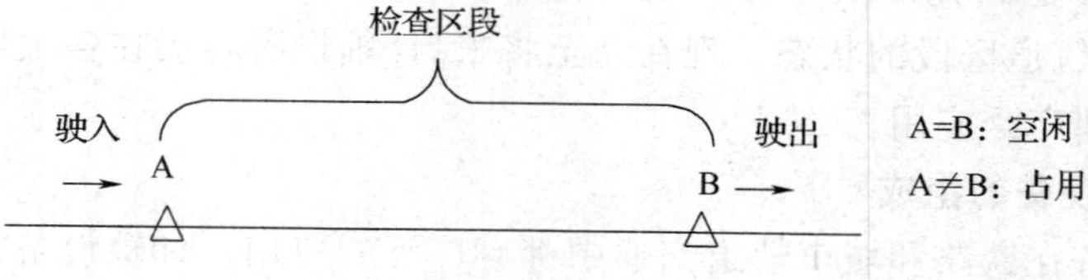


图 13.12 计轴基本原理图

计轴设备采用电磁式有源传感器，利用线圈互感在有车轮通过时发生变化而得到轮轴信号。车轮传感器的每套磁头包括发送(T)和接收(R)两个磁头,发送磁头安装在钢轨外侧,接收磁头安装在钢轨内侧。

发送磁头的线圈和接收磁头的线圈及钢轨的几何形状见图 13.13 所示。

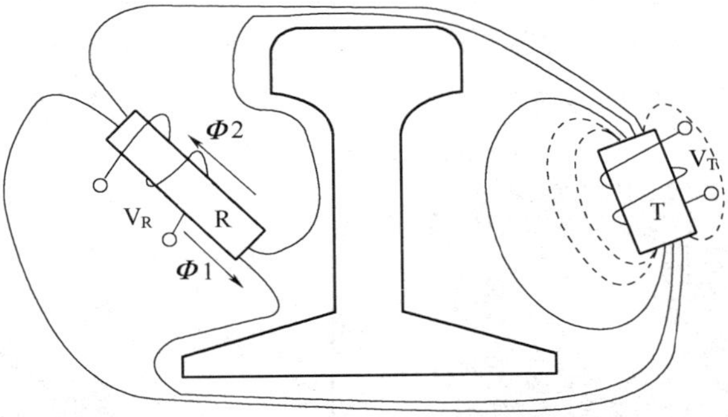


图 13.13　发送与接收磁头间的磁路

### 13.2.5　信标(应答器)

信标在城市轨道交通中可用于列车定位,也可作为地面向列车传送信息的信号设备。

信标是一种基于电磁耦合原理而构成的高速点式数据传输设备,它利用无限感应的原理,在特定地点实现车—地的双向通信。信标若要完成上述功能必须和车载设备相配合使用,车载设备主要包括车载查询天线和车载查询器主机。

图 13.14　无源信标实物图

信标分无源信标和有源信标两种。无源信标(见图 13.14)作为一个电磁设备,没有外接电源进行供电,平时无源信标处于静止休眠状态。当有列车经过它的上方时,无源信标会接收到列车通过车载天线发出的功率载波。这种功率载波将激活无源信标中的电子元器件,使其向列车发送调制好的数据编码信息。这些信息可以包含公里标、线路坡度、限速等各种关键信息。列车接收到这些信息,通过车载控制系统得出最佳的运行速度,以保证行车安全。列车也可以根据接收到的信息确定列车位置。

有源信标见图 13.15 所示,需要外接电源向其供电。它由可变信息应答器、轨旁电子单元(LEU)、车站信息编码设备和连接电缆组成。有源信标接有车站信息编码设备,因此有源信标内的数据报文是可随外部控制条件产生变化。列车接近到信标的一定距离时,地面信标内的数据应该保持不变,当列车远离信标时,数据可以随时变化。车站信息编码设备和车站联锁系统结合,采集联锁系统的有关信息,例如:信号机的显示、道岔的位置、临时限速等。这些信息经过编码设备编码后,通过串行接口传送至轨旁电子单元,再通过它控制地面可变应答器的发送,为列车提供实时的信息。

图 13.15 有源信标实物图

信标是放置在两根钢轨中间的设备,它作为地面设备的重要组成部分,负责向车载设备传输地面数据。在考虑到行车安全和行车效率的前提下,信标的布置应满足数据的完整性和数据的冗余覆盖。

信标设置的位置不同,其功能也有所不同。在城市轨道交通 CBTC 模式下有进路信标(Route Tag)和信号信标(Signal Tag)。

进路信标的工作时机由其前方进路的开通方向决定,当前方进路中有道岔,并且进路的开通方向是通过道岔的定位,那么进路信标就会处于工作状态,将前方进路的状态告知经过列车。

信号信标主要用来反映信号机的显示,并将显示告诉给经过列车。因此信号信标设置在信号机附近。信号信标有两种,一种是绿色信标(Green tag),一种是白色信标(White tag)。当信号机显示绿色灯光,绿色信标工作。当信号机显示白色灯光,白色信标工作。若信号灯点亮红灯,则信标处于呼叫状态。不同颜色的信标根据所需表示信号机的显示不同,进行不同的组合,然后封装在一个信标盒内。由于列车可以从不同方向经过信标,但信标送出的信息是给固定方向经过的列车。因此需要确定经过信标的列车运行方向。单个信标是无法判断方向的,只有含有多个信标的信标组才能够确定列车的运行方向,这个方向可以被车载设备识别,用于区分信标内数据的信息。一般 3 个信标为一组。

以"距离定位"为原则的 ATP 系统中,"列车定位"对安全是至关重要的,所以列车在"进路地图"上的定位,是通过位移测量及通过信标的再定位,来确保列车定位的准确。当列车通过“初始化信标”时，便开始了“列车定位”功能的实现，列车的初始化定位，根据列车通过线路上设置的“初始信标”，或停站时，列车通过站台区域设置的“初始信标”来确定。这些初始信标设在线路的特殊位置，而且在向列车连续传输的数据信息中，向列车提供了各类信标的绝对位置，所以这种定位与轨道电路的分界点无关，定位的精确度也更高。

图 13.16 是各类信标的示意图，图 13.16 中(A)为无源信标，当列车经过信标时，信标由车辆的“天线”供电启动，载频为 4.237 MHz，以 FSK 方式调制发送，列车经过该信标以后，对列车估算的运行距离进行验证，纠正由于滑行、空转或后退等所造成的误差。

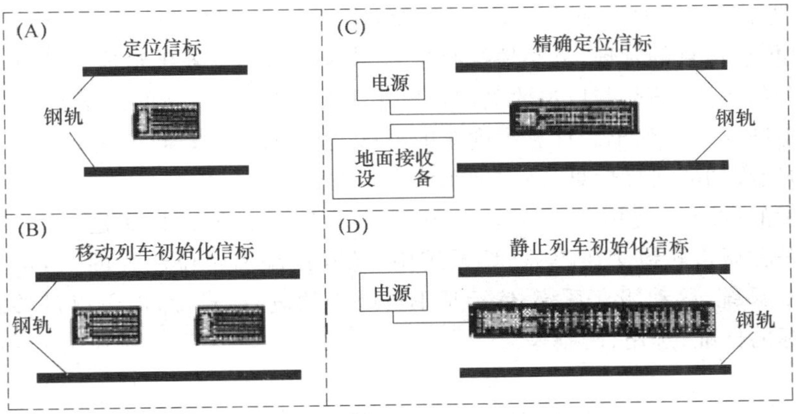


图 13.16 “距离定位”式数字轨道电路的定位信标示意图

图 13.16 中(B)为移动列车初始化信标，列车在区间的定位消失后，用此信标对列车重新初始化，另外，当列车进入 SACEM 系统，为了校准编码里程计数据时，也可以用此信标来初始化系统，由于这两个信标之间的距离是固定的，其中第一个信标，给出信息网络上的定位，并“启动”列车的位移测量系统，来校准编码里程计，第二个信标给出的信息，为网络上的定位及关闭列车位移测量系统，来校准编码里程计。

图 13.16 中(C)为精确定位信标，这种信标安装于站台的停车点，它需要外部 220 V 的交流电源供电，此信标允许将所需信息传递给运行中的列车或已停车的列车，也就是说当列车以 45 km/h”跳停”站台时，也能保证信息的可靠接收，而当列车停于站台后，用它来进行列车与轨道间的信息传递，列车状态信息也通过此信标向地面传输；另外，还进行屏蔽门管理以及授权屏蔽门的门控。

图 13.16 中(D)为静止列车初始化信标，它也是有源信标，一般安装于线路两端的折返线、停车场出口，进入正线的出站信号机前，它能在列车经过或停靠时向

列车传递所需的信息，也能执行列车向轨道的信息传递。

列车通过信标可以得到列车在线路的绝对位置，从而对列车的位移计算进行修正，所以在距离定位 ATP 子系统中，如何正确地计算列车的位移至关重要，编码测速计，是测量列车位移的故障安全设备，它能安全地检测内部的电子故障，并且通过与另一路设备的测量数据比较，可以检测出机械故障，它的最小位移可达 3 cm，列车实际位置与 ATP 的测量计算位置的误差，在通过下一个再定位信标后，列车被重新准确定位。当车辆发生空转(速度突然增加，导致列车有速度而不前进)，或打滑(速度突然降低，导致列车前行而没有速度)时，编码测速计可以自动检测，车载系统可通过“列车定位”予以校正。

以“距离定位”为原则的 ATP 子系统，在一个进路区域进入另一个进路区域时，通过传输信息的管理，分类地接收信息；数据解码后，提供给应用软件，确定新接收部分的进路地图，与以前收到的进路地图相连接，建立新的进路地图。并在新的进路地图上定位列车。计算出列车的位移及加速度和减速度，进行打滑/空转校正，根据接收到的信标信息，确定列车的实际位置。

信标的种类和使用，因 ATC 系统而异，不等于必须或只能运用上述 4 种信标。但是在城市轨道交通的 ATC 系统中，尤其是距离定位制式的 ATC 系统，包括 CBTC 系统、移动闭塞系统，信标是不可缺少的设备，对此，应予以足够的重视，包括信标的标准、选用、研制等。

## 13.3 联锁系统

城市轨道交通的联锁集中站为有岔站。根据道岔的不同位置可以组成不同的进路，列车是否能够进入进路，需要有信号机指示列车。如果信号机显示的信号是指示列车进入某一进路，而道岔的开通位置却是开通另一进路，这样就存在发生行车事故的危险。为了保证行车安全，必须使信号机、进路和道岔三者之间，存在一定的相互制约关系，这种关系称之为联锁。

车站联锁系统是以色灯信号机、转辙机、轨道电路作为室外三大基础设备，以电气设备或电子设备实现联锁功能，并集中控制信号机和转辙机的系统。但现代联锁系统的室外设备不再仅仅局限于上述三大设备，部分线路用计轴器替代了轨道电路。

进路是列车或调车车列在站内运行时所经由的路径。如按作业性质，进路大体上可分列车进路和调车进路两类。列车进路又可划为接车进路、发车进路、通过进路和转场进路。凡是列车进站所经由的路径叫列车接车进路；列车由车站发往区间所经由的进路叫发车进路；列车由车站通过所经过的正线接车进路和正线同方向发车进路组成的进路．叫通过进路；列车由车站的某一车场开往另一车场时所经由的进路称为转场进路。按运行方向来区分，调车进路可分为调车接车方向的进路和调车发车方向的调车进路。

在城市轨道交通中，由于列车种类单一、列车作业简单、列车运行规律性强。使计算机联锁的功能得到了加强。根据城市轨道交通运营特点，城市轨道交通进路还有追踪进路和连续通过进路。追踪进路和连续通过进路都是由联锁系统自动排列的进路。追踪进路的防护信号机需要具备自动信号功能，连续通过进路的防护信号机需要具备连续通过功能。

道岔的位置决定了列车或调车车列走行的进路，转辙机可以带动道岔到进路要求的位置、并锁闭和给出道岔位置状态。当挤岔时能给出报警。信号机用以防护进路。

无论是列车进路还是调车进路，联锁系统的控制过程基本是一样的。一条进路的控制过程可分解为进路建立（办理）和进路解锁两个阶段。进路建立可分解为进路选择、道岔控制、进路锁闭和信号控制四个进程。进路的锁闭和解锁是指进路中的道岔区段的锁闭和解锁。信号开放时，必须把进路上的所有的道岔锁闭在规定的位置，并且把敌对信号机锁闭在未建立的状态，这种锁闭叫进路锁闭。进路锁闭有两种方式，当列车或车列已驶入接近区段而且信号机曾开放过，那么此时进路处于接近锁闭；当列车或车列未驶入接近区段或者信号机从未开放过（不管接近区段是否有车），此时进路处于预先锁闭状态。对于不同锁闭状态的列车，有不同的解锁方式。进路解锁方式有五种：取消进路、人工延时解锁、正常解锁、调车中途折返解锁以及故障解锁。

城市轨道交通可分为两大控制区，一个是车辆段，一个是正线。在车辆段，由计算机联锁系统控制全段所有信号设备，保证列车的安全运行。在正线，由列车自动控制来完成列车运行的安全保护，但在有道岔的车站，仍需要联锁系统配合列车自动控制系统，共同完成保证行车安全的职责。由于列车在车辆段和正线的行车组织方式有所差别，控制方式也不尽相同。因此车辆段联锁系统与正线联锁系统，在实现联锁功能上也有差别。

对于联锁系统来说，它的主要控制对象就是进路。一条进路的控制过程可分解为进路建立（办理）和进路解锁两个阶段。进路建立阶段是指从调度员或车站值班人员开始办理进路（自动触发进路）到防护该进路的信号开放这一阶段；进路解锁阶段是指从列车或车列驶入进路到越过进路中全部道岔区段这一阶段，或者是指操作人员解除已建的进路的阶段。

要建立一条进路，首先需要联锁系统根据得到的进路始端和终端选择一条这样的路径，将进路中的道岔转换到进路所要求的位置，将进路锁闭，开放该进路的防护信号机,并在信号机的开放过程中不断地检查信号开放的条件。

当列车驶入进路内方,防护信号机立即关闭开始进路逐段解锁。当列车没有驶入进路,就需要对进路进行解锁时,需要人工操作,根据进路锁闭的不同性质,选择不同的人工解锁方式。当进路处于接近锁闭时需要人工延时解锁,当进路处于预先锁闭时需要进行取消解锁。

联锁表是联锁系统对进路进行操作的基础。联锁进路表中应包含进路的始端终端、防护信号机、进路中的道岔、进路中的轨道区段、敌对信号机等信息。城市轨道交通对联锁表没有统一的标准,因此各个设计单位所用的到联锁表都会有所差异。但其中所应该包含的有关行车安全信息的项目应该都是相似的。联锁表有静态联锁表和动态联锁表。动态联锁表由计算机自动生成,并且在联锁系统中动态存储,现在联锁系统一般用动态联锁表。

联锁系统除了对进路进行控制,还可以对道岔进行单独操作和单独锁闭、对信号机进行重复开放等操作。

联锁系统是城市轨道交通中不可或缺的控制系统。在传统 ATC 系统控制下,联锁系统与 ATP 系统相配合,保证列车的运行安全。在 CBTC 控制的线路,联锁系统在其后备模式中也起到了非常重要的作用。

## 13.4 闭塞系统

为保证轨道交通必要的通过能力和行车安全,轨道交通线路以车站为分界点划分成若干个区间。列车在区间内运行时,列车速度快、质量重、制动距离长,由于区间内一般不设置道岔,因此不能避让。所以,必须采取技术措施确保列车在区间内运行安全,在同一区间,只准许一列列车运行。我们把在规定区间,只准许一列列车运行的方式称为闭塞,实现闭塞方式的设备叫做闭塞设备。

在同一区间只准许一列列车运行,一旦列车占用区间,即实行闭塞,在闭塞解除之前,不准许其他列车驶入。在单线区段还必须防止两个车站同时向一个区间发车,所以必须杜绝发生尾追或迎面冲突事故。实现闭塞的方法有两种:

**1. 时间间隔法**

列车按照事先规定好的时间自车站发车,使两个列车之间间隔按一定的时间运行。但是,当列车在区间内发生了事故(停车或分离等),这种方法就不能保证列车在区间运行的安全。

**2. 空间间隔法**

把铁路线路分成若干线段(区间或闭塞分区)。在每个线段内,只准许一个列车运行,使前行列车和追踪列车之间保持一定距离的行车方法。这种行车方法是我国目前所采用的闭塞方法。

我国轨道交通采用的都是空间间隔法。

区间闭塞系统是确保列车在区间运行安全的信号设备，闭塞系统又直接影响行车效率；随着技术发展，闭塞系统也在不断提高和发展。

**1. 人工闭塞**

铁路最先采用的是基于机一电结合的电气路签或路牌，作为列车占用区间的“凭证”，司机取得“路签或路牌”后，才能驶入区间，而且当列车抵达下一个车站，司机必须将“路签或路牌”，交还给行车值班员，以证明区间已经空闲，允许下一列车再驶入区间。这种人工闭塞方式在交接凭证和检查区间状态，都是依靠人来完成，所以叫做人工闭塞。随着电气自动化技术的发展，这种机一电结合的人工闭塞方式被半自动闭塞系统所替代。

城市轨道交通由 ATC 系统的列车自动防护(ATP)子系统，完成列车间隔控制(相当于闭塞控制)。当 ATP 子系统故障时，列车接收不到速度(或距离)信号，这种情况下，在行车调度员的授权下，发车站行车值班员用“电话”通知接车站的行车值班员，做好接车准备，同时签发占用区间的“路票”，发车站的司机得到“路票”以后，才允许列车出站；列车抵达下一个车站，司机必须将“路票”交还给接车站的行车值班员。城市轨道交通也将这种闭塞方式称为“电话闭塞”。

**2. 半自动闭塞**

半自动闭塞是指由人工办理闭塞手续，列车凭出站信号机的进行信号显示作为发车凭证，列车发车后，出站信号机自动关闭的闭塞方法。

发车站要发车，发车站行车值班员必须与接车站行车值班员配合，办理好闭塞手续，才能开放发车站的出站信号机；司机根据出站信号机的允许显示驶入区间，列车头部进入出站信号机内方，出站信号机会自动关闭，实现区间闭塞，不允许后续列车再进入区间；列车到达接车站后，由接车站值班员，确认列车完整到达，然后接车站行车值班员向发车站发出闭塞复原信息，使区间闭塞解除。这种方法，既要值班员办理操纵，又需依靠列车的作用自动动作，所以称之为半自动闭塞。有些城市轨道交通在试运行阶段，因为 ATC 系统还不完善，所以设计了基于间隔“两站两区间”的半自动闭塞系统，如上海轨道交通 1、2、3、4 号线，在开通运行的前几年都采用这种方式实现列车运行间隔控制。

**3. 自动闭塞**

上述半自动闭塞系统，一个区间只允许一列车运行，因此行车效率很低；为了提高区间通过能力，自动闭塞系统便应运而生。

将站间区间分割成若干个闭塞分区，在每个闭塞分区的分界点处，设置通过信号机，通过信号机根据列车运行而自动改变其显示，我们把这种闭塞制度，称为自动闭塞。为了完成自动闭塞功能，站内和区间都必须装设轨道电路，轨道电路不仅用于检测列车是否占用轨道区段，而且利用轨道电路传输的信息，来控制信号机的显示，并向列车传送机车信号信息。自动闭塞仍在铁路信号系统普遍采用，其技术和电路也在不断提高。

城市轨道交通中有一种准移动闭塞。它是通过音频轨道电路的发送设备向车载设备提供目标速度、目标距离、线路状态（曲线半径、坡道等数据）等信息，结合固定的车辆性能数据，计算并调整出适合本列车运行的速度/距离曲线，每个闭塞分区不设速度等级，保证列车在速度/距离曲线下有序运行。准移动闭塞采用数字式音频无绝缘轨道电路、音频无绝缘轨道电路＋感应电缆环线、计轴＋感应电缆环线或无线方式作为列车占用监测和信息传输媒介，追踪目标点是前行列车所占用闭塞分区的始端，当然会留有一定的安全距离，而后行列车从最高时速开始制动的计算点是根据目标距离、目标速度及列车本身的性能计算决定的。目标点相对固定，在同一闭塞分区内不依前行列车的走行而变化，而制动的起始点是随线路参数和列车本身性能不同而变化的。空间间隔的长度是不固定的，由于要与移动闭塞相区别，所以称为准移动闭塞，其追踪运行间隔要比固定闭塞小一些。

另外：城市轨道交通无论采用自动闭塞还是准移动闭塞，在区间都是不设置通过信号机的。

**4. 移动自动闭塞**

在自动闭塞区段，允许多列车运行于同一个区间，列车间隔控制取决于轨道区段的长度，而轨道区段的长度远远超过列车的长度，所以列车运行间隔控制离不开轨道区段长度的划分，显然这种基于轨道电路的信号系统，不可能再缩短列车运行间隔。

随着数字信号处理、无线通信和计算机技术的迅速发展，基于车一地双向数据通信的移动闭塞应运而生。它不依靠轨道电路，而是采用交叉感应电缆环线、裂缝波导管以及无线通信等方式实现车地间双向数据传输，监测列车位置，使地面信号设备可以得到每一列车连续的位置信息和列车运行的其他信息，并据此计算出每一列车的移动授权，并动态更新，发送给列车，列车根据接收到的移动授权和自身运行状态计算出列车运行的速度曲线，控制列车的牵引、运行、惰行及制动。追踪列车之间应保持一个“安全的距离”。这个最小安全距离是指后续列车的指令停车点和前车尾部的确认位置之间的动态距离。这个安全距离允许在一系列最不利情况存在时，仍能保证安全间隔。列车安全间隔距离信息是根据列车运行速度、给定的安全防护减速度、列车最不利时的减速度、列车目标地点或前车尾部位置和线路条件等信息计算而定。信息被不断更新，以保证列车连续收到即时信息。因此，在保证安全的前提下，能最大程度地提高区间通过能力。该方式的空间间隔长度不是固定的，所以称为移动闭塞。其追踪运行间隔要比准移动闭塞更小一些。

移动闭塞制度下，可以实现列车运行间隔自动调整和列车运行间隔最小化。移动闭塞信号系统是基于无线通信的列车运行控制系统（CBTC）的简称。移动闭塞在我国城市轨道交通得到普遍应用。

## 13.5　列车运行自动控制系统

城市轨道交通的信号系统是保证列车运行安全和提高线路通过能力的重要设施。基于城市轨道交通区别于铁路的诸多特点，传统的信号系统已不能适应城轨交通的发展，必须采用一种能实现列车速度自动控制和列车运行间隔自动调整的新系统替代，这就是列车自动控制系统—ATC（Automatic Train Control System）。ATC系统中后续列车根据与先行列车之间的距离和进路条件，在车内连续地显示出容许的速度信息，（或按设定的运行条件达到该容许速度的距离信息），根据上述信息列车自动地控制运行速度，以达到自动调整行车间隔的目的，提高运输效率，并由列车自动控制系统实现在车站的程序定位停车。ATC系统取消了传统的地面信号，将机车信号作为主体信号，信号的含义发生了质的变化，传递给列车的是具体的速度和距离信息，系统能可靠地防止由于司机失误而超速或追尾等事故，确保列车运行安全。

### 13.5.1　列车运行自动控制系统的结构

列车自动控制（ATC）系统，包括列车自动监控（Automatic Train Supervision—ATS）、列车自动防护（Automatic Train Protection-ATP）、列车自动运行（Automatic Train Operation-ATO）三个子系统，它是一套完整的管理、控制、监督系统。位于管理级的ATS子系统，较多地采用软件方法实施联网，通信及指挥列车安全运行；发送和接收各种行车命令的ATP子系统，确保列车的运行安全，完成列车运行进路控制、速度控制和实现列车间隔控制；车载ATP子系统，接收轨旁ATP设备传递的指令信息，进行列车运行超速防护，相关信息经校验后，送至车载ATO子系统，实现列车运行速度的自动调整控制，和列车在车站的程序对位停车控制。3个子系统既相对独立，又相互联系，以保证列车安全、快速、短间隔地有序运行。

ATC系统的设备分布于控制中心、车站信号设备室、轨旁及车上。图13.17为ATC系统的结构图例。

见图13.17所示，指挥列车运行的控制中心，设有作为ATC系统中枢的系统控制服务器及其用于调度控制的工作站；数据传输系统，包括通信前置服务器、路由器以及数据通信网等，实现控制中心与全线车站信号设备室之间的实时数据信息交换；调度员通过调度员工作站下达行车控制命令。

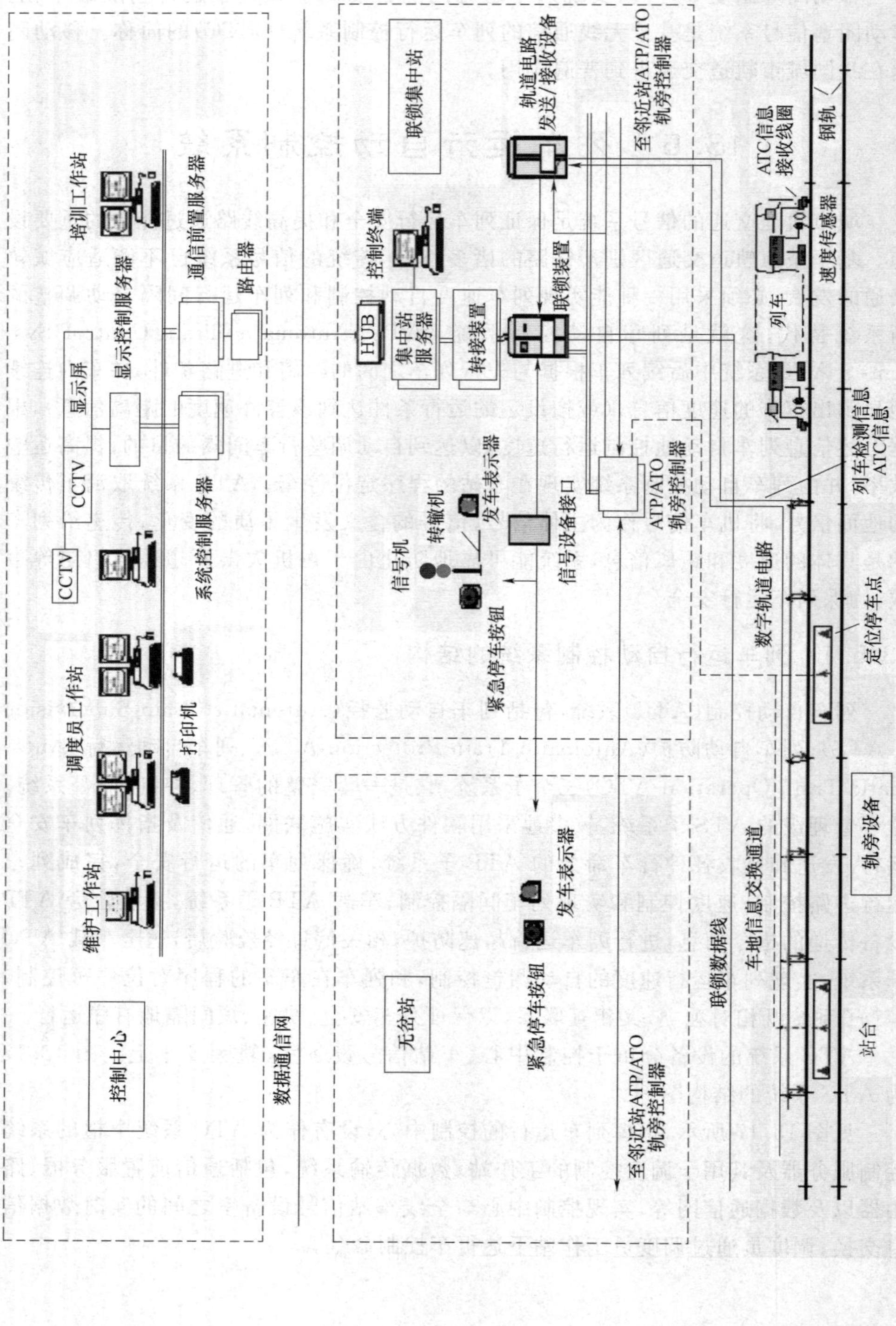


图 13.17　列车运行自动控制系统结构示意图

列车在线信息,车次号信息以及道岔、信号机的状态信息等,由壁式大屏幕显示屏或背投显示屏及调度员工作站的CRT显示。

设于联锁集中站设备室的服务器,接收调度员的控制指令,通过联锁装置,排列进路、开放信号,并将列车在线信息、信号设备的状态信息等传送给控制中心。通过ATP子系统的轨旁设备,发送列车检测信息,以检查轨道区段内有、无列车占用,并向列车发送限速命令或允许运行的目标距离信息、门控命令、对位停车指令等。

车上ATC设备,接收并解译地面送来的调度指令和ATP速度命令或距离信息,完成速度自动调整和车站程序对位停车,实现列车的自动运行;并将列车的运行状态和设备状态信息,经车站服务器传送给控制中心。

### 13.5.2 列车运行自动控制系统的分类

由于地面设备构成不同、地面与车载信息传输方式不同,构成的ATC系统也不尽相同,其功能与使用效果也有差别。我国目前还不具备提供完整的列车控制系统,应用在城市轨道交通系统中的ATC核心技术都采用国外的先进技术,综合国内外ATC系统的产品,系统可以按以下几种分类:1)按车载信号传输方式分;2)按闭塞方式分。

**1. 按车载信号传输方式**

在列车自动控制系统中,根据车载信号传输方式而导致列车是否能够连续收到行车信息,可以分为点式和连续式两类。

(1)点式

点式车速自动控制系统在欧洲应用十分广泛。其主要特点是采用无源、高信息容量的地面应答器,结构简单,安装灵活,可靠性高,价格明显低于连续式列车速度自动控制系统。点式系统主要由地面应答器、轨旁设备以及车载设备组成。地面应答器是无源的,通常设置在信号机的旁侧或者设置在一段需要降速的缓行区间的始、终端。应答器内部按协议存放实现列车速度监控及其他行车功能所必须的数据。当列车驶过地面应答器时,车载应答器以一定的频率,通过电磁感应方式将能量传递给地面应答器,地面应答器随即开始工作,将所存储的数据通过电磁感应传送至车上。车载设备根据地面传至车上的信息,计算得出两个信息点之间的速度监控曲线,实现列车超速防护。

点式信息为非连续式的信息模式,结构简单,易于维护,但单纯的点式ATP系统不满足紧急状态下的紧急停车功能。以防止列车冒进车站为例,需在进站前方铺设一段电缆环线,传输ATP信息,以适应紧急停车的安全保障。由于该系统运行下的列车获得的信息是定点、不连续的,列车在越过信息点后按已接收到的信息行驶，必须等待收到下一个点式信息时才能按新的信息要求行驶，在两信息点间行驶不能及时地适应变化的运行条件，因此，降低了行车效率。单纯的点式系统与ATO系统配套时，不易实现ATO的运行调整功能。

(2)连续式

连续式列车超速防护系统是基于连续的信息传递，列车不间断地从信息传输通道获得信息，车载计算机也不间断地计算出速度曲线，从而可使列车间隔缩至很短。连续式列车自动控制系统因传递信息的连续性而具有较佳的控制性能。连续式列车速度自动控制系统按地—车信息传输所用媒体又可分为有线与无线两大类，有线传输利用多信息或数字音频无绝缘轨道电路、交叉电缆环线、裂缝波导管或无线自由电波等，向车载设备提供连续的列车运行信息，既能连续检测列车位置和占用状态，又具有信息传递功能。可以实时地、连续提供大量列车控制信息，达到安全、平稳控制列车、满足高密度行车的运行的目的。

**2. 按闭塞方式分**

按闭塞方式，可分为固定式和移动式。固定闭塞方式中按控制方式，又可分为速度码模式(台阶式)和目标距离码模式(曲线式)。

(1)固定闭塞方式

① 速度码模式(台阶式)

基于传统的音频轨道电路，其传输的信息量少，对应每个闭塞分区只能传送一个信息代码，即该区段所规定的最大速度命令码或入口/出口速度命令码，列车速度监控采用的是闭塞分区入口/出口检查方式，当列车速度超过规定速度时，实施常用制动或紧急制动，实施常用制动时，如制动率达不到要求，会自动转为紧急制动。一旦实施了紧急制动，必须在列车停止后，通过一定操作才能缓解。阶梯式速度曲线中，两列车之间的最小行车安全间隔距离至少应为一个固定的闭塞分区，为了保证列车正常追踪运行，两列车间隔距离在三个闭塞分区以上，两列车之间的最小行车安全间隔距离较后者需要的空间距离大，降低了线路通过能力。

② 目标距离码模式(曲线式)

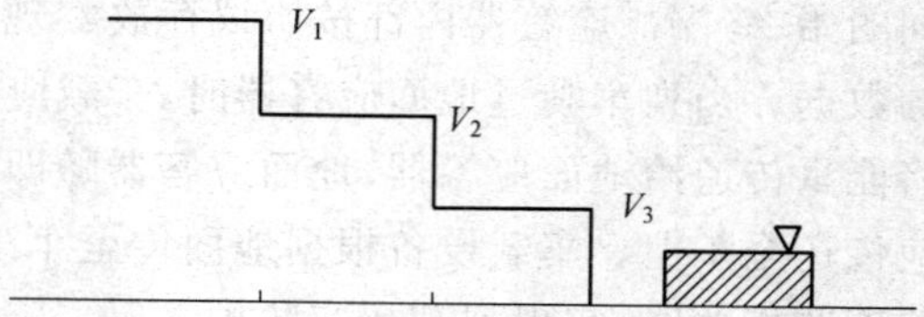

图 13.18　阶梯式速度控制示意图

该方式由命令编码单元通过车—地通信实施向列车提供目标速度、目标距离、线路状态等信息，车载计算机根据这些数据，结合列车自身的固有数据，实时计算得出允许速度曲线，并按此曲线对列车的实际运行速度进行监控，在列车的每一确切位置，ATP地面设备或车载ATP设备据此计算出列车运行的速度/距离曲线，保证列车在安全速度下运行。该模式列车可用信息较少，阶梯所代表的速度差值较大，造成列车连续速度控制性能也较差。相比之下，由于数据传输及车速监控都是连续的，目标距离模式曲线控制方式可以提高线路利用率，相应缩短追踪列车之间的最小安全行车及正常行车间隔距离，可提高行车密度及列车运行的平稳度。

(2)移动闭塞方式

移动闭塞方式的 ATC 系统通常采用无线通信、地面交叉感应环线、波导等媒体，向列控车载设备传递信息。列车安全间隔距离是根据最大允许车速、当前停车点位置、线路等信息计算得出，信息被循环更新，以保证列车不间断收到即时信息。

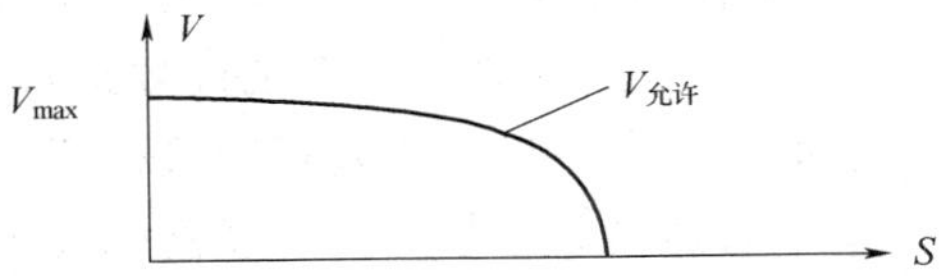

图 13.19　目标距离码模式示意图

移动闭塞 ATC 系统是利用列车和地面间的双向数据通信设备，使地面信号设备可以得到每一列列车连续的位置信息，并距此计算出每一列列车的移动授权，动态更新发送给列车，列车根据接收到的运行权限和自身的运行状态，计算出列车运行的速度曲线，实现精确的定点停车，实现完全防护的列车双向运行模式。移动闭塞方式更有利于线路通过能力的充分发挥。

### 13.5.3　列车运行自动控制系统的发展

为了轨道交通的载客能力，一方面可增加每列车的车辆数目及车辆的空间容量，另一方面就是缩短行车间隔，后者为发展更先进的列车运行控制系统提供了需求。与此同时，微计算机技术的飞速发展也为发展列车速度自动控制提供了良好的硬件和软件环境。自 70 年代起。世界上一些著名的信号公司，如法国的阿尔斯通〔ALSTOM〕，德国的西门子(SIEMENS)、英国的西屋(WestingHouse)、瑞典的 ADTranz，美国的 US&S 等相继推出基于数字轨道电路的准移动闭塞 ATC 系统，使城市轨道交通的通过能力大大提高，运行的安全性和可控性也得到改善。现在，基于准移动闭塞的 ATC 系统已在世界各国得到广泛应用。目前，作为准移动闭塞 ATC 系统基础的数字轨道电路正朝着双向信息传输和更高的传输速率、更多的信息量方向发展。相对于以固定分区做为列车安全间隔的固定闭塞，移动闭塞前后车间距是以距离连续描述的。移动自动闭塞中轨道占用不再是以分区为单位，而是以列车车长为单位的。与固定自动闭塞及准移动自动闭塞相比，移动自动闭塞系统有如下的优点：

1. 实现车一地之间双向、实时、高速度、大容量的信息传输；
2. 列车定位精度高；
3. 列车控制的实时性更强；
4. 不受牵引回流的干扰；

5. 摆脱线路状况不良造成的影响；

6. 轨旁设备简单、数量少，系统可靠性高；

7. 缩短列车追踪间隔，提高通过能力；

8. 方便行车指挥，易于列车运行调整；

9. 能适应不同性能列车的高效运行；

10. 有利于缓解因土建工程规模不足造成折返能力下降；

11. 易达到设备故障修和状态修技术要求。

根据移动闭塞技术的发展及城市轨道交通系统的要求，移动闭塞将是城市轨道交通和铁路信号控制系统发展的主要方向。上世纪九十年代以来，随着计算机、通信技术特别是移动通信的快速发展，基于通信的列车速度控制系统 CBTC (Communication-Based Train Control)受到了日益广泛的重视。ALCATEL，ALSTOM，HARMON 公司近年来都开发出了基于通信的实现移动闭塞的地铁信号系统。我国各大城市也多选用 CTBC 作为线路的信号控制系统。

### 13.5.4 列车自动控制系统的应用

纵观国内主要城市已建成的地铁线路信号系统的使用情况，不难发现其列车自动控制系统已经出现了制式繁多的局面，而进口设备的价格也相对昂贵，同时不难发现信号系统不兼容、“万国牌”的特点在上海轨道交通中尤为突出，在管理中造成许多冲突，如表 13.1 所示。

**表 13.1 国内部分城市信号系统应用情况**

| 线路名称 | 供货商 | 信号系统特点 |
|---|---|---|
| 上海地铁 1 号线 | 美国 GRS 信号公司 | 基于音频无绝缘轨道电路 |
| 上海地铁 2 号线、天津滨海线 | 美国 US&U 信号公司 | 基于数字轨道电路 |
| 上海 3 号线、4 号线 | 法国 ALSTOM 公司 | SACEM 速度控制，音频测距 |
| 广州 1 号线、2 号线、上海莘闵线 | 德国 SIEMENS 公司 | 基于数字轨道电路 |
| 广州 3 号线、武汉地铁 1 号线 | ALCATEL 加拿大公司 | 基于轨道环线的移动闭塞 |

从此表可以看出，不同时期投入运营的轨道交通采用了不同的列车控制系统。各个列车控制系统已印入了其时代特性，它反映了科技发展的必然，也反映了 ATC 系统的发展进程，制式不同造成各系统的硬件设备、软件结构各不相同，而且轨旁设备与车载设备也无法兼用，使得各条线路之间暂不能实现互通互联。评价一个 ATC 系统，最主要的是确保列车运行安全的 ATP 子系统，也就是 ATP 子系统的基础—轨道电路的制式。

轨道交通 1 号线是我国第一次引进国外的 ATC 系统，它始于上个世纪 90 年代初期，当时还是“模拟信号”的时代，所以选用基于音频无绝缘轨道电路的 ATP 系统为基础的 ATC 系统，反映了其技术成熟、可靠和先进性，体现了当时的时代特征，决定了 ATC 系统只能采用模拟、分列元件的电路，机车信号的速度码信息也只有 6 种，采用台阶式的定位停车方式，1 号线 ATC 系统投入运行以来，性能稳定、动作可靠，安全运行至今。

2 号线 ATC 系统引进时，正值数字电路技术趋于成熟应用阶段，而且“目标速度”制式的数字编码轨道电路 ATP 子系统，在国外已有了成功运行的经验，以数字编码和计算机技术为基础，信息传输速率高、信息量也大，数字信号处理速度快，所以 2 号线 ATC 系统中决定选用基于数字编码轨道电路的 ATP 子系统是正确的。其轨旁设备，列车传送的信息中不仅包括“目标速度”，还包括轨道区段的载频，以及到达“目标速度”的距离，相比 1 号线，其定位停车方式也趋于“曲线模式”制式，所以制动性能更好，也提高了旅客的乘车舒适度。ATP 子系统已在 2002 年 6 月开始，正式投入运行。可以说 2 号线的 ATC 系统相比 1 号线在技术上上了一个台阶，目前这种制式在轨道交通中，仍处于广泛应用的阶段。

3 号线的 ATC 系统相比 2 号线，虽然都称为数字轨道电路，但向列车传送信息的内容发生了很大变化，它传送的是围绕着的与先行列车之间的距离，以及进路地图，而不是传统的“速度命令”，这是 ATC 系统在这一领域，新的研究成果的应用，这种制式要求传输速率更高，信息量也更多。“距离”信息要求不断地对列车进行“重新定位”，而且在一定的区域内，其“进路地图”信息基本相同，所以对轨道电路的分割，并不像按“闭塞分区”划分那样严格，轨道电路的数量可以减少；这种“距离信号”，也为今后发展移动闭塞奠定了基础；其定位停车方式，车载计算机根据“距离”而不断修正其制动曲线，使模式曲线式制动更为理想，达到缩短行车间隔的目的，进而提高行车效率。

技术随着时代而不断进步，ATC 系统也是这样，随着新技术的不断涌现而更加先进，所以上海市已建成的三条线的 ATC 系统，它们都代表着不同时期的产物。但由于不同线路，采用不同的 ATC 系统，各个系统之间的不兼容性，造成不同线路的列车不能“跨线运行”，确实对运营带来很多不便。线路联网后，由于不同线路的列车无法“跨线运行”，就不能充分发挥轨道交通的网络优势，势必对旅客出行带来不便。如何解决这个问题，成了有识之士共同关心的议题。对信号工作者来讲，要掌握三条线路的三种不同制式，技术人员也要有较长时间的学习过程。由于轨旁、车载设备各不相同，无法通用，今后的各条线路的备品、备件，设备更新都是难题。

ATC 制式的不统一带来的问题非常严重。由于无法互联互通，每列列车都只能在固定的线路上运行，每条线路都需具备自己的预备车并设有独立的停车空间，由此带来的成本非常巨大。目前不同制式ATC系统的存在是客观事实，而且，在较长的一段时期也不可能统一，不分线路需求而求统一是不切实际的。ATC系统是为列车运行服务，根据不同线路的需求（尤其是列车运行间隔时分和客流量），可以采用不同制式的ATC系统。以满足运行要求为前提，选用技术、经济比较合理的ATC系统；对于运行间隔时分较长、客运量也不太多的线路，可以采用较为简易的系统，既实用又可以降低造价，当然其技术也能反映当今时代特征，而且要考虑今后的发展，5号线采用点式ATC系统是明智之举。对于运量大、运行间隔时分小的线路，应选择完整的ATC系统，才能满足运营需要。随着交通网络日益完善，各条线路之间的跨线运行是必然趋势。因此对跨线运行除了加快自主开发产品的步伐外，应用先进通信技术也是解决不同制式之间矛盾的方式之一。

CBTC系统采用先进的通信、计算机技术对列车进行连续控制，它可不依靠轨道电路对列车占用轨道的检测，从而真正实现移动闭塞，降低发车间隔；无线CBTC通过开放的数据通信网络实现列车与轨旁设备实时双向通信，信息量大，还可以实现其他附加功能；对既有的列车防护系统采用无线CBTC进行改造后，可以实现既有信号系统与无线CBTC的补充，可以实现既有线与新的无线CBTC线路的跨线运行。目前，新线建设直接选用CBTC系统的线路较少，即使上了CBTC系统，还是以传统的数字轨道电路系统或其他点式设备为后备，这反映了用户对CBTC系统可靠性的心理担忧，但我们相信CBTC系统是具有发展方向的列车运行控制系统，它正在日趋完善，在通信“分层”结构标准规范下，其可靠性、安全性是能保证的。作为心理承受能力，采用“站间闭塞”的传统方式作为后备，也是可行的。其关键是对CBTC系统本身的可靠性和安全性论证，其接口标准的认定，以及对系统功能需求规范的制定等等，当然价格也是决定因素之一。

CBTC无论在技术先进性还是成本节约上都具有优势。近年来CBTC技术已经或即将在城市轨道交通中得到应用，虽然CBTC技术在世界范围内的商用历史接近20年，但是在中国市场，这项技术仍然未能得到城市轨道交通决策者的青睐。随着该技术在国外轨道交通应用上的实践，国内也将CBTC逐步引入，武汉是国内第一个采用CBTC技术建造城市轨道交通系统的城市，上海8号线经过专家论证采用ALCATEL公司的基于无线通信CBTC系统。这说明根据通信领域多年来在互联互通上的经验，CBTC应用在轨道交通列车控制系统是安全的。为使各系统互通互联，必须使用标准统一并被广泛接受的协议，并鼓励系统供应商制造符合互联标准的产品，同时，统一标准的制定和应用也保证了系统未来兼容和升级有一条稳定的过渡途径。作为先进技术的CBTC也是世界城市轨道交通技术的发展趋势。

# 13.6 CBTC系统

基于通信的列车运行控制系统(Communication-Based Train Control—简称CBTC系统),是支持移动闭塞的列车运行控制系统。近年来随着移动通信技术的发展,无线通信可靠性技术的提高,以及通信协议和国际标准接口的制定,基于无线(Radio)通信的CBTC系统,在国内已被广泛使用。我国目前采用的CBTC系统,来自于多个厂商,出自不同厂商的CBTC系统存在差异。我们以上海应用较广泛的CBTC系统为例,简单地介绍一下基于无线(Radio)通信的列车控制系统的室内设备。

CBTC的主要组成部分有:列车自动监控子系统(ATS);数据库存储单元(DSU);区域控制器(ZC);车载控制器(VOBC);数据通信系统(DCS)。见图13.20所示。其中数据通信系统包括骨干网、网络交换机、无线接入点及车载移动无线设备。其中列车自动监控子系统(ATS)、数据库存储单元(DSU)、区域控制器(ZC)是其主要的室内设备。

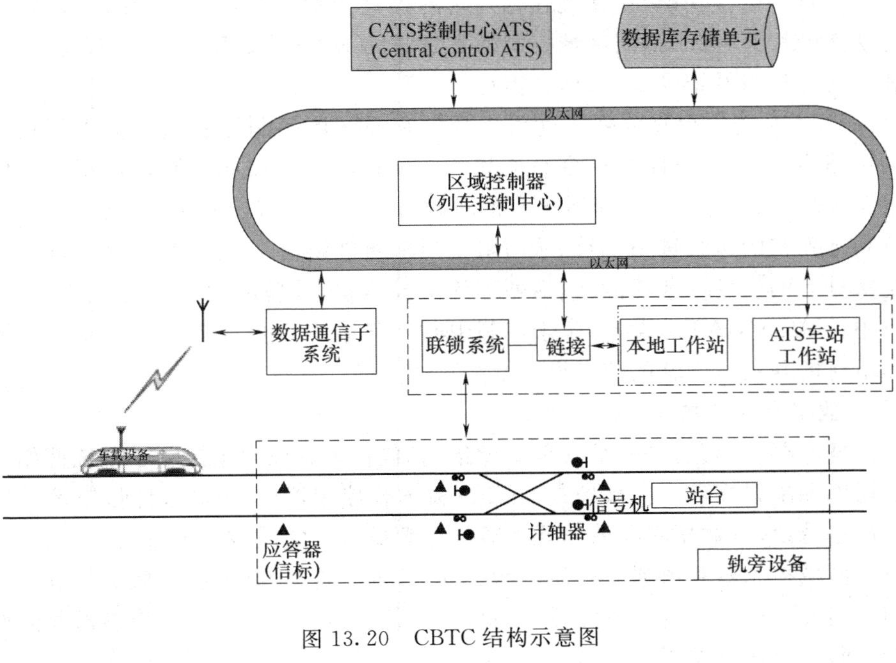


图13.20 CBTC结构示意图

**1. 区域控制器(ZC)**

区域控制器,接收其控制范围内列车发出的所有位置信息;根据控制中心列车自动监控子系统(ATS)的进路请求，控制道岔、信号机，并完成联锁功能；根据所管辖区域内轨道上障碍物位置，向所管辖区域的所有列车提供各自的移动授权限制(LMA)。所谓“障碍物”包括列车、关闭区域、失去位置表示的道岔，以及任何外部产生的因素，如紧急停车按钮、站台屏蔽门、防淹门和隔离保护门的动作等。区域控制器，还负责对相邻区域控制器的移动授权请求作出响应，完成列车从一个区域到另一个区域的交接。区域控制器还与其他区域控制器、车载控制器和数据存储单元通信；向 ATS 提供轨旁设备状态。

**2. 列车自动监控子系统 (ATS)**

列车自动监控(ATS)子系统，是一个非安全子系统，它为控制中心调度员提供人机界面。ATS 的线路显示屏上，显示线路状态、信号设备状态、各列车位置、列车工作状态；同时也提供调度员的各种调度命令功能，如临时限速、车站“跳停”、关闭区域等。

ATS 子系统向中央调度员提供人机接口的非安全系统；提供列车和轨道构成的监控界面。ATS 的本质作用就是进行监控，从 ATS 发送到车载控制器、区域控制器或其他重要子系统的所有命令都不会危及行车安全。

列车自动监控功能，包括接收每列车的位置和状态报告；监控和显示 ATC 设备的状态；对于每列车都向区域控制器发送进路请求；采集数据，用于管理报告、维护和运行分析以及记录事件(即数据记录)等。

ATS 子系统发出排列列车进路指令。它向区域控制器发送对应于每列车的排列进路指令，排列进路的指令必须和列车所接收的进路相一致。如果排列的进路不正确(如：列车 A 分配到列车 B 的进路)，相应的车载控制器，将会检测到道岔设置和本列车的运行进路不符，从而阻止列车通过该道岔。ATS 还具有远程控制系统所具有的设备诊断功能，包括列车的车载 ATC 设备的状态检测。

中央 ATS(CATS)设备，位于控制中心。车站 ATS(LATS)设备，位于区域控制器所在的联锁集中站的信号设备室。

**3. 数据库存储单元 (DSU)**

数据库存储单元，是一个安全型设备，它包含了其他列车控制子系统使用的所有数据库和配置文件。区域控制器(ZC)和车载控制器(VOBC)之间，使用一个安全的通信协议，从数据库存储单元下载线路数据库。线路数据库都有一个版本号，在每个区域控制器和数据库存储单元之间，每隔一定时间，就会对版本号进行交叉检测。当列车第一次进入系统时、以及之后每隔一定时间，在车载控制器和区域控制器之间也会进行相同的检测。

数据库存储单元(包括三个 CPU，用于实现“三取二”的冗余配置；电源单元)，它包含轨道信息的重要单元(如线路数据、道岔、信号机位置、停站信息、速度限制等)。线路数据库,根据需要下载到其他子系统(如 ZC 和 VOBC)。

数据库存储单元(DSU)在降级运行的信号控制系统中不运行。

当然,作为保证行车安全的列车控制系统(CBTC),需要室内设备、轨旁设备以及车载设备,共同完成列车自动控制功能,三者缺一不可。

## 思　考　题

1. 试述信号系统的重要性?

2. 试述上海轨道交通 1 号线与 9 号线分别用了哪些轨旁设备,它们的作用是什么?

3. 试述闭塞和联锁的概念。

4. 固定闭塞和移动闭塞的区别是什么?

5. 试述固定闭塞与移动闭塞是怎样控制列车运行间隔的?

6. 试述轨道电路的概念。

7. 试述列车运行自动控制系统组成。

# 第14章　城市轨道交通综合监控

## 14.1　概　　述

### 14.1.1　什么是综合监控

综合监控系统(ISCS)是指对城市轨道交通线路中所有电力和机电设备进行监控的分层分布式计算机集成系统。包含了内部的集成子系统,并与其他专业自动化系统互联,实现信息共享,促进城市轨道交通高效率运营。

综合监控系统一般采用全冗余、分层、分布式的典型C/S应用架构,系统具有高性能,稳定可靠的特性。并通过主要设备冗余设置、UPS集中供电、独立接地、交换机划分VLAN等系统软硬件冗余保护措施,实现系统中常见的故障隔离和抗干扰,保证整个系统的可靠性、实时性、可扩展性及可维护性。

### 14.1.2　综合监控系统的作用

综合监控系统支持实现行车和行车指挥、机电设备监控和管理、防灾和安全管理、乘客服务、系统维修管理等运营功能,并与运营管理模式和运营管理的发展相适应,满足城市轨道交通运营和管理整体功能的需求。

中央综合监控系统对全线重要监控对象的状态、性能数据进行实时的收集处理,通过各种调度员工作站和大屏幕以图形、图像、表格和文本的形式显示出来,供调度人员控制和监视。并且根据一定的逻辑关系自动向分布在各站点的被监控对象或系统发送控制命令,或由调度员人工发布控制命令,从而完成对全线环境、设备的集中控制。

车站综合监控系统通过车站值班员工作站、打印机设备实时的反映监控对象变化的状态信息并形成报表,供车站值班人员控制和监视,从而完成对本站环境、设备的集中控制。

车辆段综合监控系统与车站综合监控系统相似,但接入的系统较少。一般而言,车辆段综合监控系统还担负着系统维护与培训的功能。

中央、车站、车辆段综合监控系统通过网络实现联系和数据交互,构成统一的整体。

通过综合监控系统,中央调度人员及车站管理人员可及时监视现场机电设备的状况，并对系统或设备进行有效控制，以实现对行车和车站管理的支持，实现正常、阻塞、故障、火灾、公共灾害和维护等运行模式，为乘客创造舒适的车站环境和及时的信息服务。在灾难时（如火灾等）系统可及时启动应急联动，统一管理所有机电系统实现救灾。

图 14.1　中央调度大厅

图 14.2　车站控制室

同时，综合监控系统统一管理所集成系统的所有机电设备和运行的基础数据，在故障时可进行快速的故障定位，为系统设备的运维和抢修提供完整的信息。

### 14.1.3　综合监控系统对子系统的接入

综合监控系统一般深度集成车站机电监控系统，包含车站环境与设备监控（BAS）、火灾自动报警（FAS）、电力监控（PSCADA）等系统；功能集成与乘客服务有关的系统，主要包含闭路电视（CCTV）、广播（PA）、乘客信息（PIS）、自动售检票（AFC）、门禁（ACS）等系统；并与信号（SIG）、通信集中告警（ALM）、屏蔽门（PSD）、防淹门（FG）等系统互连。对于综合监控深度集成的系统一般以控制器直接接入综合监控的形式存在，不再独立设置数据处理单元（如服务器、工作站），所涉及的系统监视与控制、数据处理与存储、报警的监视与联动处理均由综合监控实现。对于综合监控功能集成的系统一般通过前置通信机（FEP）与接口系统进行信息交互，其常规监视与控制功能在综合监控系统中实现。对于与综合监控系统互联的系统一般也是通过前置通信机（FEP）与接口系统进行信息交互，实时监视其工作状态，为调度提供综合信息。

综合监控系统采用前端通信处理机、PLC 等设备将综合监控系统与互联子系统及就地级设备接入并进行隔离，使得相关系统和 ISCS 既相互联系又相互独立。一方面，相关系统的异常不会影响 ISCS 的运行，使相关系统的数据干扰范围得到控制。另一方面，ISCS 的异常不会影响各个相关系统的运行。即使 ISCS 失效，各个相关系统能继续正常工作，保证地铁基础层的监控功能。

在异常情况时，可通过综合监控系统设置的后备综合控制盘来实现紧急控制。

## 14.2 综合监控系统结构

综合监控系统是实现各专业设备信息互通、资源共享，提升自动化水平的有效手段，并提高地铁运营的安全性、可靠性和响应性，最终达到减员增效的目的。一般而言，综合监控系统由中央级综合监控系统、车站级（含车辆段）综合监控系统以及连接这几部分的地铁综合监控主干网络组成。见图 14.3 所示：

中央级和车站级监控系统采用基于 TCP/IP 的网络协议，对关键设备及网络采用冗余配置，并采用物理层安全技术、内外网隔离技术、访问控制技术、防病毒技术、集中备份技术等多种措施，对故障点进行有效隔离和提高系统的抗干扰能力，以确保综合监控系统的可靠运行。

### 14.2.1 中央级综合监控系统

中央综合监控系统设置在线路控制中心。中央综合监控系统存储、处理从全线各车站及中央接口系统读取的数据，实时反映全线各站点现场设备状态的变化并生成报表。系统处理操作员的控制命令，相关的控制信息同时被传送给被控系统并形成闭环反馈。为满足调度需要，综合监控系统通常在中央设置 1 套总调度员工作站、2 套电力调度员工作站、2 套环控调度员工作站、1 套维护调度员工作站、1～2 套行车辅助调度员工作站，通过相应权限设置，各工作站完成不同监控管理功能。中央综合监控系统将全部记录所有事件、报警和操作信息，并更新中央数据库。在中央的操作员工作站和综合显示屏均可显示这些信息。

中央综合监控系统构成见图 14.4 所示：

中央配置的冗余实时服务器完成实时数据采集和处理工作。冗余实时服务器可自动切换，每个实时服务器通过以太网接口接入中央以太网交换机，实现与各个车站数据级的连接。同时，中央配置历史服务器完成全线历史数据的存储、记录和管理等工作。冗余历史服务器能自动进行切换，通常并配置 1 套外置磁盘阵列和 1 台磁带机以利于海量数据的存储和备份。历史服务器配置关系型数据库管理系统，用来管理历史数据。

综合监控系统在线路控制中心集成 FAS、BAS、PSCADA、PSD、FG、PIS、PA、CCTV 系统的中央级功能，互联有 SIG、AFC、CLK、RTS、ALM 等系统的中央级信息。

中央综合监控系统通常设置大屏幕显示系统，日常情况下显示电力、环控、CCTV、客流量等主要运营数据和现场状况。紧急情况下显示预制的或人工干预下的特殊场景和数据，以供调度指挥人员参考。

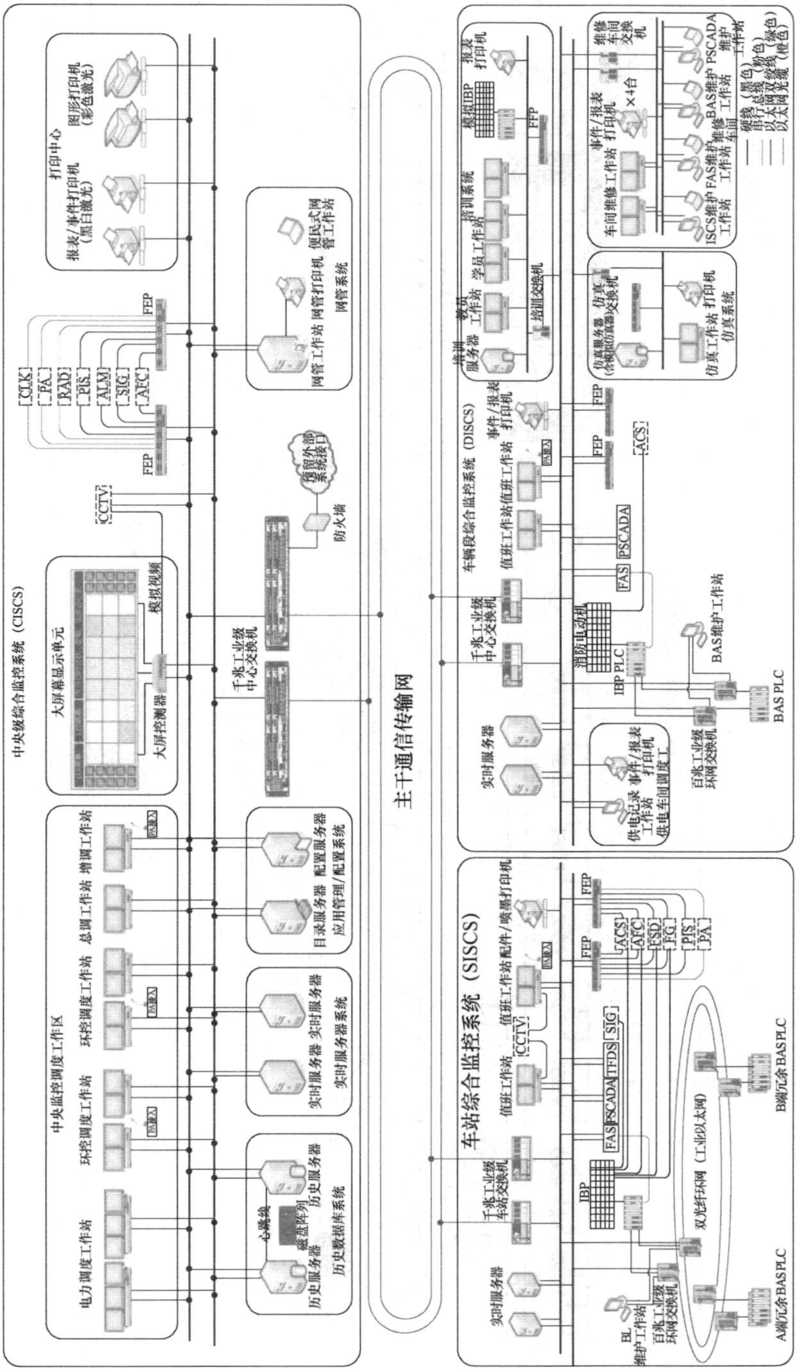


图 14.3　综合监控系统结构

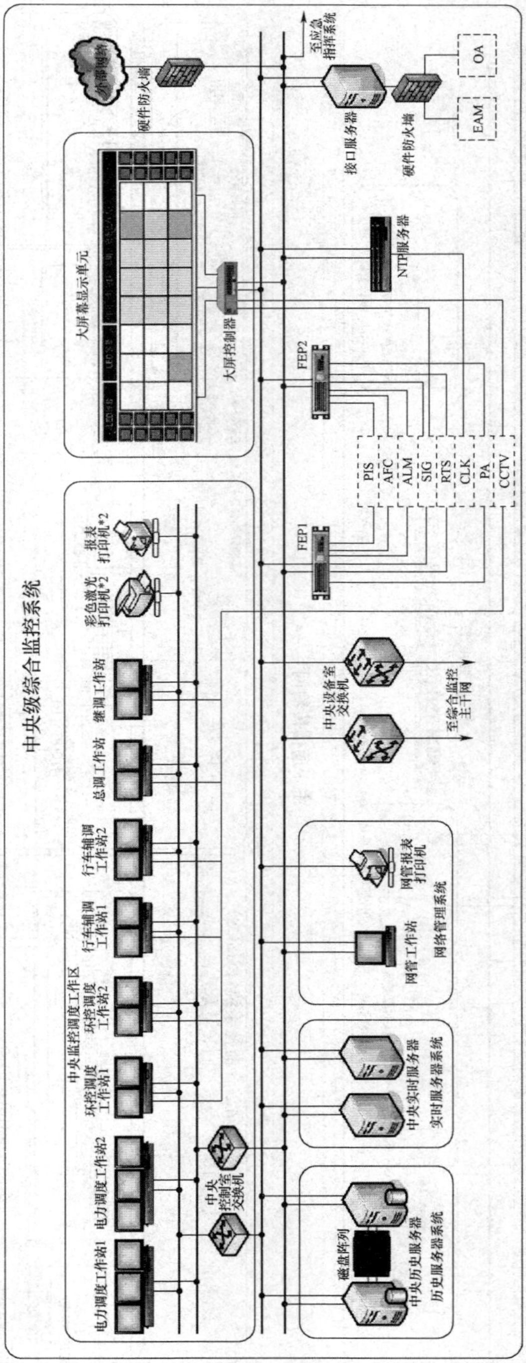


图 14.4 中央级综合监控系统构成图

为利于企业信息化及上层网管理的需要，综合监控系统通常在中央设置专用接口服务器并配置防火墙来与 EAM、企业 OA 等系统交互信息。一方面保障信息传输的实时性，另一方面也可保障系统的独立性和安全性。

## 14.2.2 车站级综合监控系统

车站综合监控系统设置在车站，车站综合监控系统存储、处理本站被监控系统的数据和运营管理信息，实时反映本站的综合情况。车站综合监控系统将记录这些信息，更新车站数据库。车站操作员工作站显示这些信息，并根据车站值班员操作员的控制命令，传送相关的控制信息给被控系统，完成对本站的实时监控与运营管理。

典型车站综合监控系统构成见图 14.5 所示。

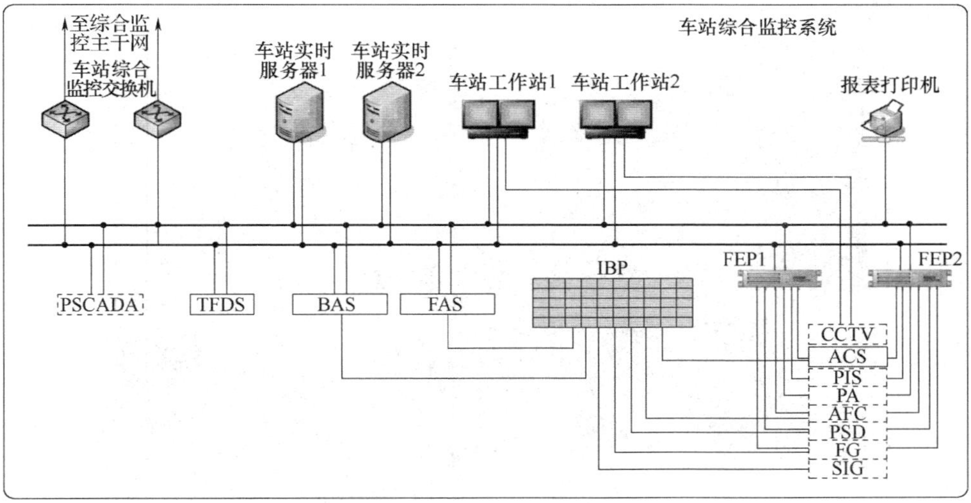


图 14.5　车站综合监控系统构成图

每个车站综合监控系统均是个可独立工作的单元，这些工作单元通过每个车站配置的综合监控交换机形成的环形网络与中央和其他车站构成一个整体。车站综合监控系统和中央综合监控系统两个系统之间是通常按照松耦合系统进行设计。故此，当车站综合监控系统和中央综合监控系统通信中断或者中央综合监控系统故障时，车站综合监控系统的站级功能仍能正常工作。

每个车站综合监控系统配置冗余的实时服务器，完成本站实时数据采集和处理工作。冗余实时服务器可以自动切换。实时服务器实时接收来自车站集成系统控制器(如 PLC，FAS 主机等)以及 FEP 转发的接口系统的数据，经处理后显示在值班员工作站上，同时完成来自值班员工作站的操作指令的下发。

每个车站配置冗余、带路由功能的工业级以太网交换机。综合监控系统通过各站设置的交换机跳站连接，形成整个系统的冗余环形网络。

每个车站配置冗余前端处理器(FEP)用于接收和发送车站互联系统的信息。

每个车站为值班员提供了两套配置双屏的工作站，用于本站信息的监视和控制。

每个车站设置1套综合后备盘(IBP)。综合后备盘放置在地铁车站综合控制室内，是车站的紧急后备控制装置，满足应急、备份和直接的操作要求。当出现紧急情况或在车站监控系统故障造成无法通过监控系统进行监控操作时，操作员可通过IBP盘对本车站进行应急管理，保证车站内的重要监控对象仍能被控制。因此，IBP盘还要求具有安全性、可靠性，防护能力、散热能力、防火能力和屏蔽功能。

图14.6 车控室内综合后备盘示意图

IBP盘面上设置紧急控制按钮，状态指示灯等，通过其实现对重要设备和系统的手动操作与表示功能。在紧急情况下可采用人工方式直接操作IBP盘上按钮及钥匙开关，进行系统模式控制操作和某些设备的远程单动操作，其控制级别高于各系统工作站。盘面按钮操作所发出的控制信号输入IBP盘内控制装置，由盘内控制装置发出联动控制指令或设备的远程控制指令，直接控制设备运行。

### 14.2.3 车辆段综合监控系统

与车站综合监控系统类似，车辆段综合监控系统和中央综合监控系统之间也是完全按照松耦合系统进行设计。故此,当车辆段综合监控系统和中央综合监控系统通信中断或者中央综合监控系统故障时,车辆段综合监控系统仍能正常工作。另外,由于功能需求不同,维修车间、培训车间通常设置在车辆段,因此车辆段综合监控系统还担负着全线设备的维护检修和人员培训功能。在车辆段综合监控系统中,对应设置维护维修管理系统、培训系统以及仿真测试平台,并通过各自的接入层交换机汇聚到车辆段核心交换机上,实现信息交互。

典型车辆段综合监控系统构成见图 14.7 所示。

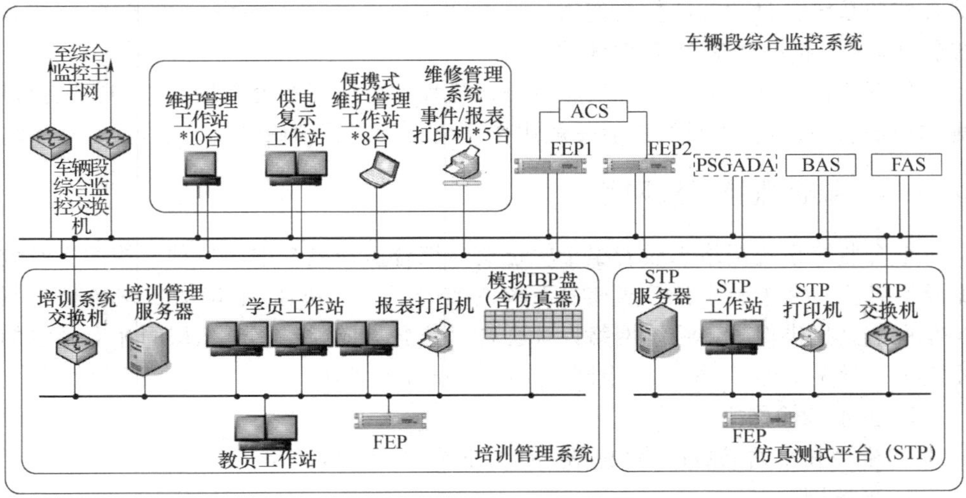


图 14.7 车辆段综合监控系统构成图

**1. 综合监控维修管理系统**

一般在车辆段维修基地机电车间设置多套综合监控维修管理值班工作站,综合监控维修管理系统实现对全线综合监控系统管理的系统及其监控设备的故障报警的汇总、分析和统计功能。并与中央控制室维修调度的联系,以及安排日常检修和临时抢修。

综合监控维修管理系统同时具备对相关设备的备品、备件管理及维修人员的维修工作的管理等功能。

**2. 培训系统**

培训系统用于培训新的操作人员。综合监控培训系统通常采用仿真技术与模拟器相结合的方式来有效进行培训操作,并达到操作的模拟仿真实现及反馈。系统通过构建与现场运营相一致的操作界面(包括操作方法和操作流程),并将其通过仿真技术反馈与运营现场相一致的结果,从而达到对操作人员、运行维护人员进行上岗培训的目的,使其掌握综合监控系统的运行管理、操作、以及日常维护、故障排除等业务。

通常，培训系统单独设置培训服务器，用以仿真运行车站或中心的应用。在此基础上辅助设置不同种类的仿真设备，可以模拟执行大部分现场子系统场景。在教师工作站上可持续管理学员工作站上的学习进程，并可启动各种模拟场景。

**3. 仿真测试平台**

仿真测试平台用于综合监控系统和各机电设备系统软硬件接口、通信协议、数据格式等内容进行测试，并可以作为软件升级、修改时的调试平台，其本身也具有综合监控系统自身的功能仿真作用。仿真测试平台与主干网络相连，起到监控系统软件运行、上载软件、更新软件的作用。

仿真测试平台在系统工程实施及测试过程中可用于系统开发、工厂测试、接口测试和现场测试，在项目结束后一般用作高级维护工程师站。

### 14.2.4　综合监控系统网络

综合监控系统网络承载着整个轨道交通综合监控系统中的各种监控的实时数据及信息流。它为整个计算机监控系统的实时、可靠、快速、准确的传递各种控制及监视信息提供保障。系统网络设计会针对信息集成、结构分层、层间相对独立的原则进行设计。通常，综合监控网络系统可分为 3 部分：

1. 主干传输网络。
2. 中央和车站局域网络（包括 OCC、车站、车辆段）。
3. 现场网络。

典型轨道交通综合监控系统网络结构见图 14.8 所示：

**1. 主干传输网络**

主干传输网络主要完成 ISCS 系统所覆盖的各站点之间的数据传递。其覆盖范围主要包含 OCC、各车站及车辆段。由于主干网络要实现各个节点与 OCC 之间的数据传递，因此需要具有高带宽、高可靠性、高实时性等特点。

主干传输网络通常采用单模光纤跳站相连，最终构成一个千兆双环网的拓扑结构。

**2. 中央和车站局域网络**

中央和车站局域网络主要实现局部区域内的网络通信，并通过主干传输网络实现各站点与 OCC 之间的信息传递。局域网络的主要接入设备有站点内的服务器、终端工作站、打印机、前置机、集成系统控制器等。对一个线路完整的应用而言，局域网主要包括 3 个部分：

（1）中央综合监控系统局域网。

（2）车站局域网络。

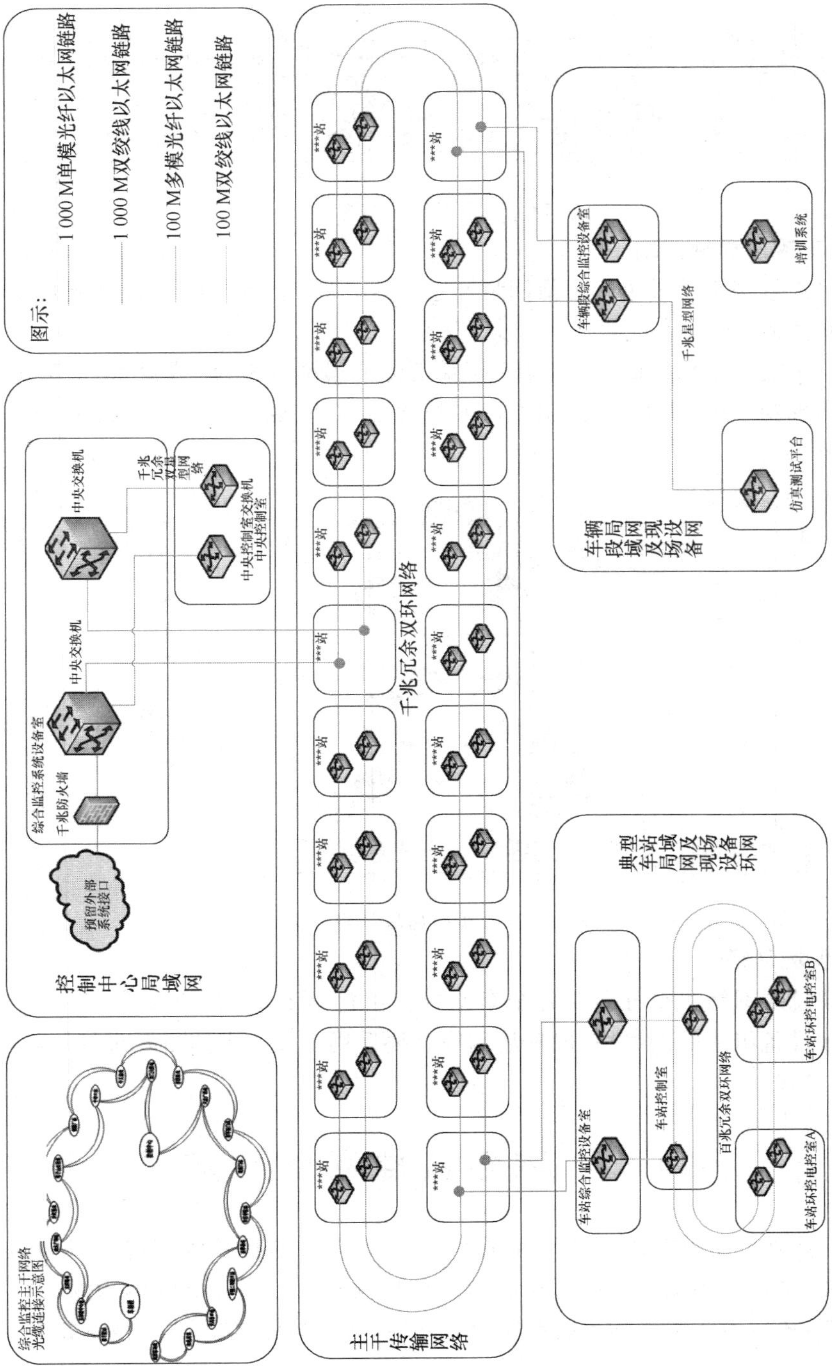


图 14.8　网络总体构成图

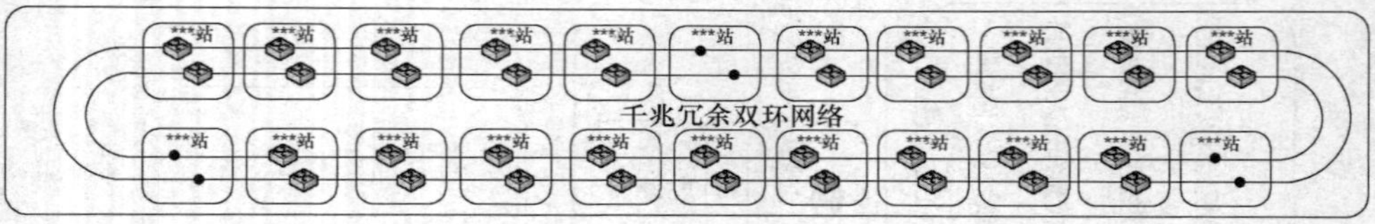


图 14.9 主干传输网构成图

(3)车辆段局域网络。

这些局域网络通过主干通信网络互连互通，从而将整个线路各区域局域网络有机的联接成一个整体。

由车站交换机构成的车站局域网，既是各个车站内系统（或设备）间数据交换以及本站现场系统（或设备）数据上连的的通道，同时也构成主干传输网络在本站的交换节点。

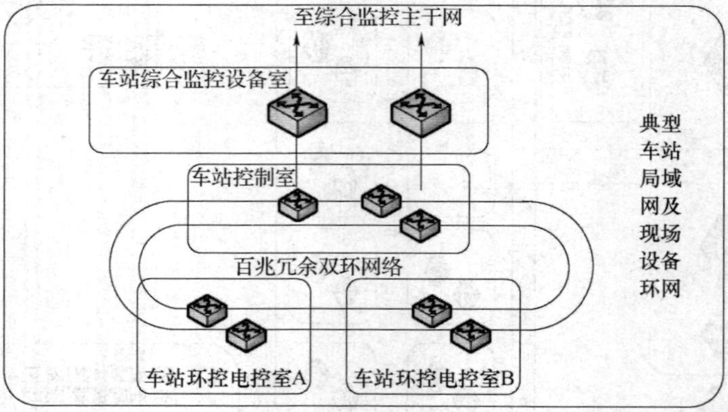


图 14.10 车站局域网构成图

**3. 现场网络**

现场总线网络主要分布在各个车站内。由包括 BAS、FAS、ACS 等各个子系统现场级设备组成的网络，一般现场网络主要采用工业以太网络及现场总线（或环网）技术实现。

## 14.3 综合监控系统功能

结合实际的运营管理以及站务调度的需求，综合监控系统应包含基本的通用监控功能、集成后的相关子系统功能、系统间的联动功能等。同时，为保证维护与培训需要，还应包含前述的系统维护维修功能、培训功能、仿真测试等功能。

## 14.3.1 综合监控基本功能

**1. 人机界面功能**

综合监控系统面向的操作员对象为控制中心的行调、电调、环调和总调人员及车站的值班站长、值班人员等。为满足这些岗位的功能要求，综合监控系统在车站和控制中心提供基于人体工程学设计的控制台及具有良好人机画面（HMI）的工作站。采用统一的图形用户界面，用层次化、生动丰富的画面，诸如：动态画面、多层次画面、视频画面插入、渐进画面体系等，将系统和各子系统接线图、总貌图、流程图、图表图、趋势图等显示出来。

综合监控人机界面首先满足运营管理需求。包括：

（1）符合人体工程学的风格设计、人机交互原则；

（2）合理的人机界面规划和布局，满足各岗位的监控需求，并体现两级管理、三级控制的结构。

其次，人机界面需满足运营过程需求，包括：

（1）集成子系统体现系统工艺，具有专业的设备图标、合理的工艺布局和简便的操作流程；

（2）与乘客服务相关的系统界面能够体现服务特点和服务能力，包含所有运营需要的功能；

（3）实现不同运营场景下的工作流程；

（4）对设备检修与维护功能的支持。

再次，人机界面需满足运营安全需求的支持，包括：

（1）实现降级运营下的控制策略，通过人机界面可对故障进行定位、分析，以保证服务的连续性；

（2）实现运营暂停时的相关联动功能，以保证服务的质量和安全性；

（3）实现事故灾害时的相关联动功能，以确保服务的快速响应和安全性。

**2. 数据处理、显示和报警功能**

数据处理是综合监控系统的基本功能，主要包括：

（1）开关量处理，包括采集、报警、记录、强制状态等。

（2）模拟量处理，包括工程量转换、量程检查、极大（小）值追踪、越限报警等。

（3）脉冲量处理。

（4）优先级处理。

（5）设备标签处理，综合监控系统允许操作员设定设备为“允许（维护）工作”模式，在维护人员进行现场维护前，必须获取系统的“允许工作证”。

（6）脱离扫描。

(7)手动超驰。

通过对系统采集数据的处理及中间运算，综合监控系统将在人机界面显示正确的系统和设备状态，这些状态信息可用文本或静态/动态图形的方式来表示。

同时，综合监控系统各级工作站都具备完善的报警功能，可将报警信息进行分级，筛选重组，建立一个报警体系。当出现灾害或重大事件时，对调度员、车站工作人员及乘客进行声光报警，并能根据事件严重性以不同形式分类报警。

**3. 系统安全与权限管理**

综合监控系统通过用户名、密码识别并分配操作权限来实现系统安全管理，所有用户都必须经过登录过程才能访问系统。

一旦用户登录，就能够在已选定的用户权限范围内进行操作。权限决定操作员的监视及控制的范围。综合监控系统将分配给每个级别用户一定的权限，这些权限包括操作模式、控制权力、控制范围等。所有操作员的登录、注销、控制操作、权限授予/取消活动都将被记入事件日志。

综合监控系统通常提供三级以上用户权限，并对操其权限所能做出的操控作进一步设定：

(1)操作员级：操作员级包括电调、环调、行调、总调、车站值班员等。系统根据各操作员对应专业及位置的权限，开放其相关的界面和操作。

(2)维护级：系统为维护人员分配特定的登录密码，允许他们修改综合监控系统的相关配置。

(3)系统管理员级：系统管理员为“超级用户”，拥有一切权限。

**4. 数据存储与历史数据分析**

综合监控系统配置历史数据库用以数据存储，存档功能连续记录一段时间的历史数据。保存的数据包括系统参数、开关量状态、模拟量值、脉冲累计量、计算结果，以及报警/事件记录等。

一般而言，中心历史数据存档允许采用统计存档的方式，归档数据可存储在中央级数据库管理系统服务器中或者脱线移至可移动媒体如 DVD 盘以便长期存储。中心历史数据库采用关系数据库，并支持内、外部系统通过使用 SQL 来查询历史数据库的数据。

车站服务器本地可以保存至少 3 个月完整的本地历史数据，中心历史库可以保存至少 1 年的完整数据。操作员可以按照时间、位置、数值和设备名对历史数据过滤及查询历史数据，并进行分析(如对给定类型的设备在用户定义时间段内统计事件数量)。

综合监控系统的数据库系统还需提供数据报表和报表查询功能，包括：

(1)支持 C/S、B/S 结构下的数据查询；

（2）基于时间、位置、设备类型、数据信息、事件等多种内容进行检索；

（3）根据检索内容自动生成相关报表。

**5. 设备管理功能**

为了支持运营维护人员对综合监控系统设备信息的维护，综合监控系统还需提供完整的设备管理功能，对本系统所监控的设备管理提供支持，包括设备状态监视和动作次数统计，设备预维修报警等。对于部分重要的网络型控制器（如 PLC 等）还需具备远程维护和远程状态监视功能。

## 14.3.2　集成后的相关子系统功能

**1. 环境与设备监控系统功能**

综合监控系统实现车站环境控制系统和设备监控系统两部分。环境控制包括车站环控系统和隧道通风系统，设备监控系统包括对车站常规设备如电梯、扶梯、照明以及导向标识系统等。系统对其进行不间断的监控及管理，控制设备开、关和启、停，检测环境参数，调控环境舒适度及节能管理。从而为乘客提供舒适的乘车环境。

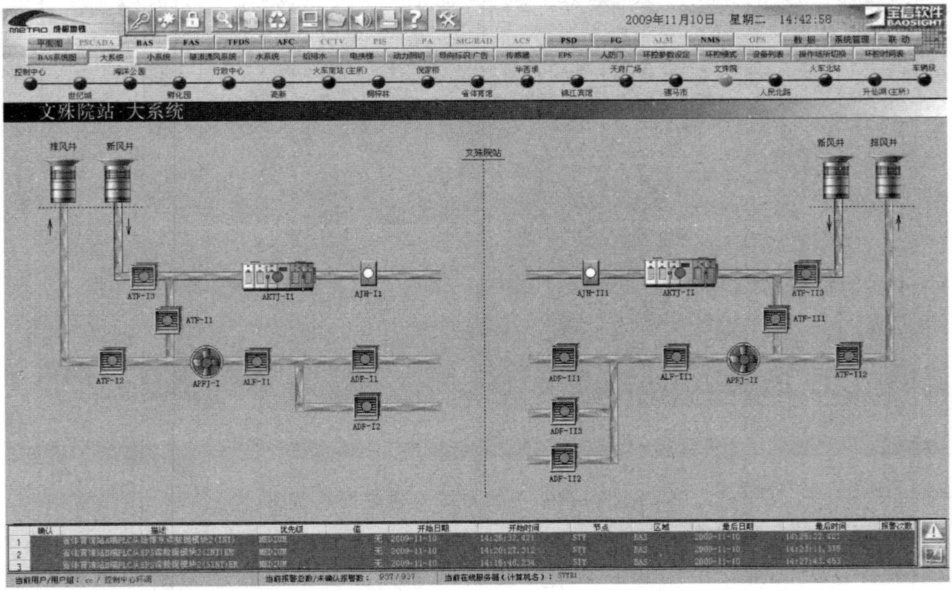


图 14.11　典型车站环控大系统人机界面示意图

**2. 火灾报警系统功能**

车站综合监控系统在车站控制室工作站上显示火灾报警系统报警和状态信息并在火灾状态下联动 BAS、PA、CCTV、PIS、导向等系统。火灾报警信息同时上传给 OCC 中央级综合监控系统。

火灾自动报警系统(FAS)包括火警探测系统和自动灭火系统。火警探测系统包括烟、火和热量探测器等,自动灭火系统包括灭火设备,例如:水及气体喷洒、消防泵、防火阀等。自动灭火系统通常由给排水系统建设,FAS 通过输入模块实现对自动灭火系统的预警、确认火警、气体释放,故障、手动/自动状态进行监视。

在火灾状态下,FAS 联动相关设备和系统实现救灾操作。

**3. 电力监控系统功能**

电力监控系统的车站操作单元设在变电所内,各车站变电所设置有信号控制盘,一般由嵌入式计算机或工控机构成。系统以供电设备为对象,管理所内的 35 kV、0.4 kV 交流保护测控单元、DC1 500 V 保护测控单元、整流器监控单元、变压器温度测控单元、交直流电源系统监控单元、杂散电流监测系统监控单元等间隔层设备。

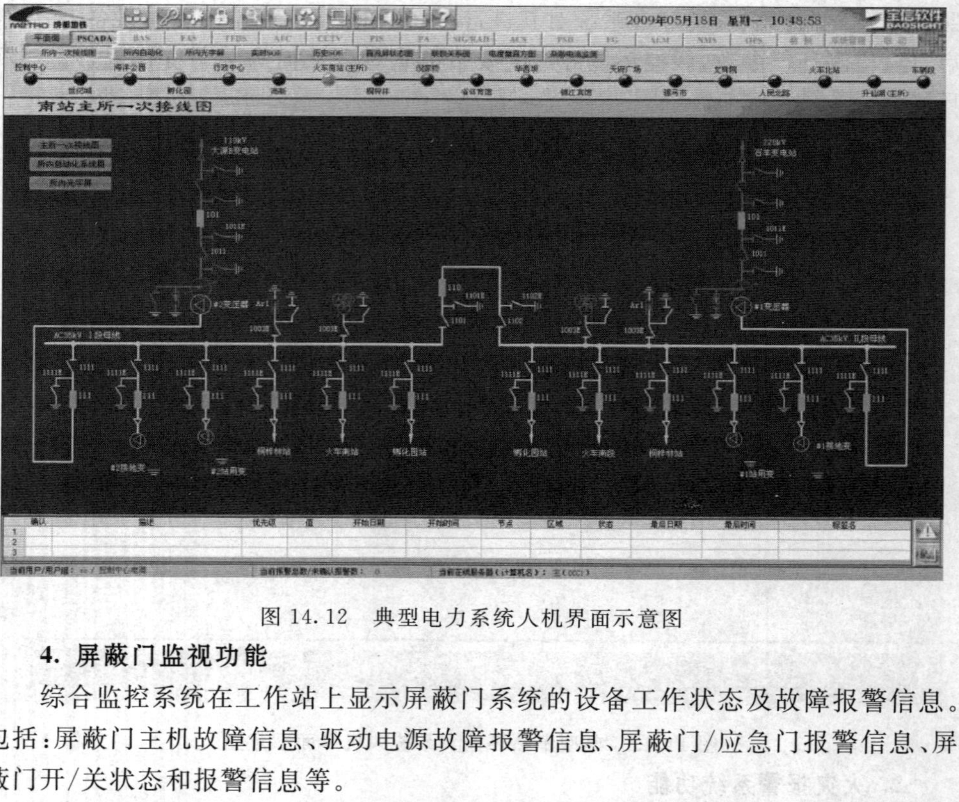


图 14.12　典型电力系统人机界面示意图

**4. 屏蔽门监视功能**

综合监控系统在工作站上显示屏蔽门系统的设备工作状态及故障报警信息。包括:屏蔽门主机故障信息、驱动电源故障报警信息、屏蔽门/应急门报警信息、屏蔽门开/关状态和报警信息等。

综合监控工作站对屏蔽门通常只考虑监视功能,不提供控制功能。紧急情况下,通过综合后备控制盘(IBP)可控制屏蔽门的开启和关闭。

**5. 防淹门监视功能**

对于设置防淹门的车站，综合监控系统在工作站上监视防淹门的设备工作状态、故障报警信息以及与之对应的水位信息。

**6. 自动售检票监视功能**

综合监控工作站监视有关的 AFC 设备及报警状态，并提供与导向标识系统的联动功能。系统实时采集闸机、售票机等设备的状态信息及设备的紧急状态信息，包括系统工作模式、设备状态、设备预警及故障报警。同时，每隔一定时间，综合监控系统从 AFC 系统采集本站客流统计数据。

在异常情况下，综合监控系统从工作站可对 AFC 系统执行车站关闭或车站疏散模式指令，实现 AFC 工作模式的切换以及相应闸机的开启和关闭。

**7. 广播控制功能**

综合监控系统具有控制广播的功能。广播系统在为车站操作员工作站提供一个音频话筒（含监听扬声器），供值班员播音使用。车站综合监控系统可实现以下几种广播操作：

(1)单选广播：向站内的任意一个区域、多个区域、全部区域进行广播。

(2)语音合成广播模式（包括预录制广播）

(3)监听选择模式：可选择车站内任意区域的广播内容进行监听。

综合监控系统与广播系统是主从关系，只有当综合监控系统访问广播系统时，广播系统才将上述显示内容送到综合监控系统。

车站 IBP 操作台上同时设置广播系统后备操作键盘，其使用优先级高于综合监控系统的广播控制功能。

**8. 旅客信息系统功能**

乘客信息系统通过综合监控系统接收信号 ATS 系统提供的车站列车停站信息（中央接口），并在本站相应的显示终端上进行显示。

**9. 电视监控系统功能**

综合监控工作站提供实时电视监控功能，并实现与 FAS 等系统的联动功能。对本车站的监视图像，做到人工监视、循环监视等模式，并可对一体化球机进行遥控。

**10. 门禁系统功能**

车站综合监控系统可以对门禁系统相关设备的运行状态、故障以及报警等信息进行监视。根据不同的运营管理要求，综合监控系统能遥控开启指定的专用门。并接收门禁系统的非法入侵报警，自动联动相应的车站 CCTV 设备。

**11. 其他系统功能**

综合监控系统同时还与车辆段系统、信号系统、通信网管系统等其他子系统交互信息。具体的功能需求各线路根据建设运营需求不同存在一定的差异。

### 14.3.3 联动功能

联动功能是综合监控系统最重要的功能之一。它根据运营紧急事件处理需求和日常运营管理需求进行设计，通过 HMI 上的单个指令或系统自动检测到的报警信息实现相关系统的同步和配合工作。其目的是减少手工操作，提高操作的速度和准确率，缩短紧急事件的处理时间。

通常，按照联动功能的覆盖范围或区域，联动分为中央级联动功能和车站级联动功能。按联动功能的执行方式，联动分为全自动、半自动和手动 3 种。

1. 全自动联动：综合监控系统接收处理接口系统的报警/状态触发点，然后自动发送相关的控制命令到需要联动的接口系统而无需人员干涉。控制命令还根据需要包括图形或画面自动弹出的形式。操作员不允许在综合监控人机界面取消此联动功能，只有系统工程师有权取消此功能。

2. 半自动联动：当与预定义的联动功能相关的报警点触发动作后，将在 HMI 上发出信息提示操作员，操作员确认后，自动向需要联动的系统发出控制指令。

3. 手动联动：人工选择启动一组涉及多个系统的顺序控制序列，系统自动按照顺序和闭锁条件向不同的系统发布指令。比如对于与屏蔽门的联动，综合监控在人机界面上只给出操作建议，必须通过 IBP 人工操作，也是手动联动的一种。

综合监控系统联动的目的是减少手工操作，避免人为误操作，提高操作的速度和准确率，简化与各子系统的传输环节，缩短紧急事件的处理时间。

综合监控系统的联动功能以“安全第一”的思想，坚持高度集中、统一指挥的原则，对可能会导致重大影响的联动功能采用人工确认的半自动和手动方式，避免事故扩大化。

综合监控提供的日常联动功能包括有车站早间启运、晚间停运、自动扶梯与导向标识联动、闸机与导向标识联动、早/末班车提示联动等。提供的紧急联动包括有火灾联动、车站疏散联动、大客流应急处置联动、站内失电联动等等。

联动功能设计原则有：

**1. 基本原则**

联动功能既可以在系统之间自动激活执行，也可以作为一个控制序列由操作员手动执行。对操作和对时间有苛刻要求的联动直接在相关子系统之内完成，比如电力子系统内跳闸连锁。如果联动功能由综合监控系统完成更经济（如可以减少接口）或更易于以后维护，则由综合监控系统完成。

**2. 子系统的支持**

联动必须得到子系统的支持，从获得信息及可执行的角度出发，要求子系统必须能提供相应的信息输入，必须支持必要的控制输出。即：所有的必要信息获取必须是可观的；所有的必要控制命令输出必须是可达的。

**3. 启动逻辑条件**

所有逻辑条件的计算均可以通过逻辑表达式完成。

**4. 执行位置及结果输出位置**

需要明确该联动的执行位置：车站、中心、车站及中心。联动执行结果输出到子系统的位置应明确，例如，输出到子系统（如 PA、CCTV 等），输出到车站或中心的操作员工作站，输出到大屏幕等等。

**5. 安全性考虑**

一般而言，重要的联动，如火灾、阻塞等工况下的联动功能实现，均需要操作人员手动确认后，联动功能才能被顺序执行。对重要的系统联动，必须经过运营人员的手动确认方可执行。

综合监控系统的联动功能，结合实际运营场景考虑，可分为正常联动、紧急联动（包括火灾联动）。正常联动一般是按照时间表自动激活或操作员手动启动执行，紧急联动一般由事故触发或操作员手动触发。一般与安全相关的联动功能采用半自动执行方式。联动功能必须经过 ISCS 服务器的核心处理来完成。

## 14.4 综合监控系统软件

软件是综合监控系统的核心，所有的数据分析、逻辑判断及指令处理等功能实现均由软件完成。

对于综合监控这类大型分布式应用系统而言，软件的可靠性、可用性、安全性、可维护性、可扩展性以及自身的处理能力非常重要。综合监控系统软件通常采用 C/S 分布式架构，通过模块化的方式构建中央级、车站级、车辆段综合监控系统。

综合监控系统软件需与硬件及网络结构相匹配，典型的综合监控系统软件结构见图 14.13 所示：

综合监控系统的软件从逻辑上分为 3 层：

1. 数据接口层：用于数据采集和协议转换；

2. 数据处理层：对收集数据进行判断和处理；

3. 人机界面层：用于工作站上显示人机界面，使运营人员完成各种监控和操作。

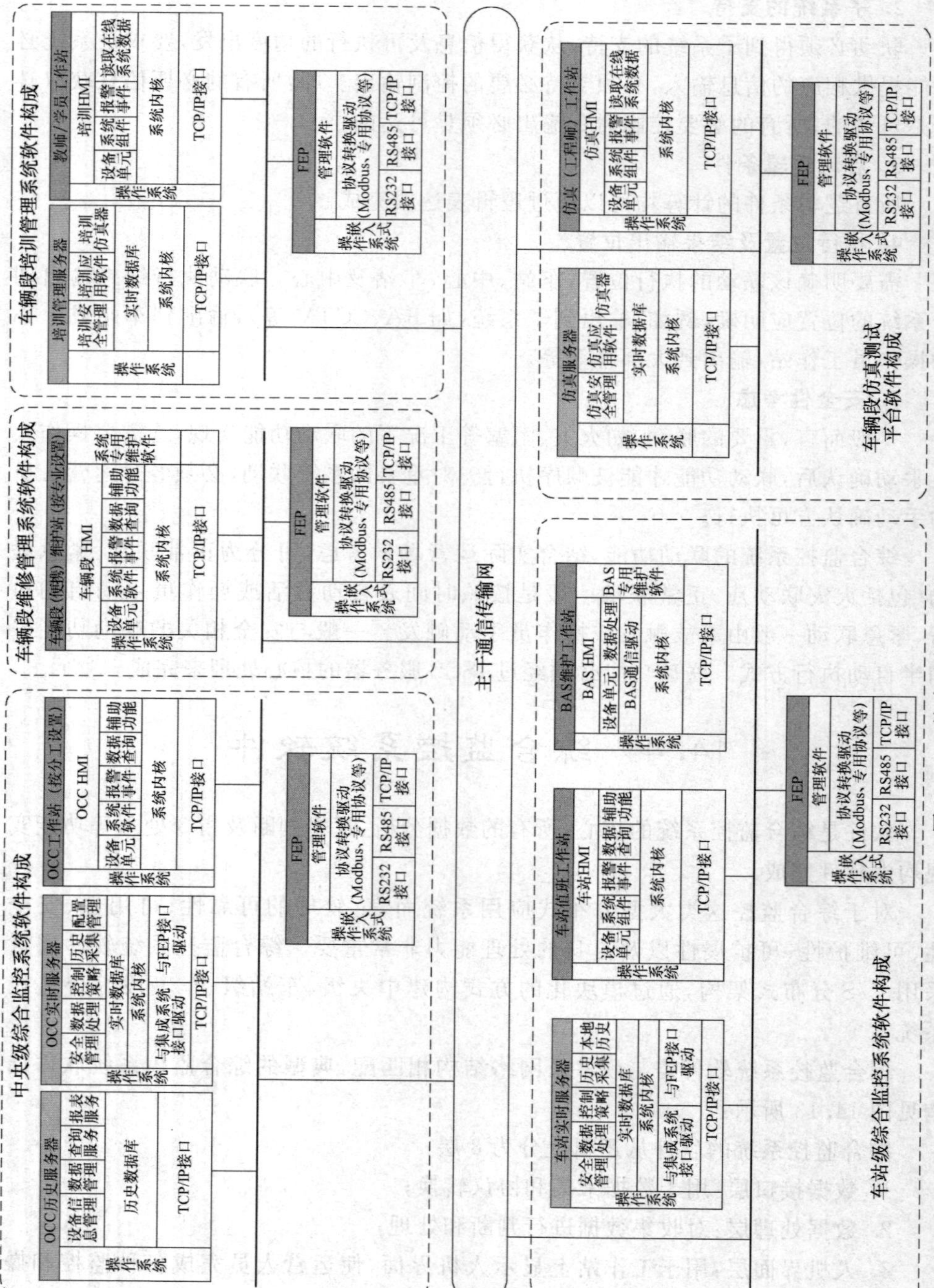


图 14.13 综合监控系统软件结构图

典型的综合监控系统软件功能层次见图 14.14 所示：

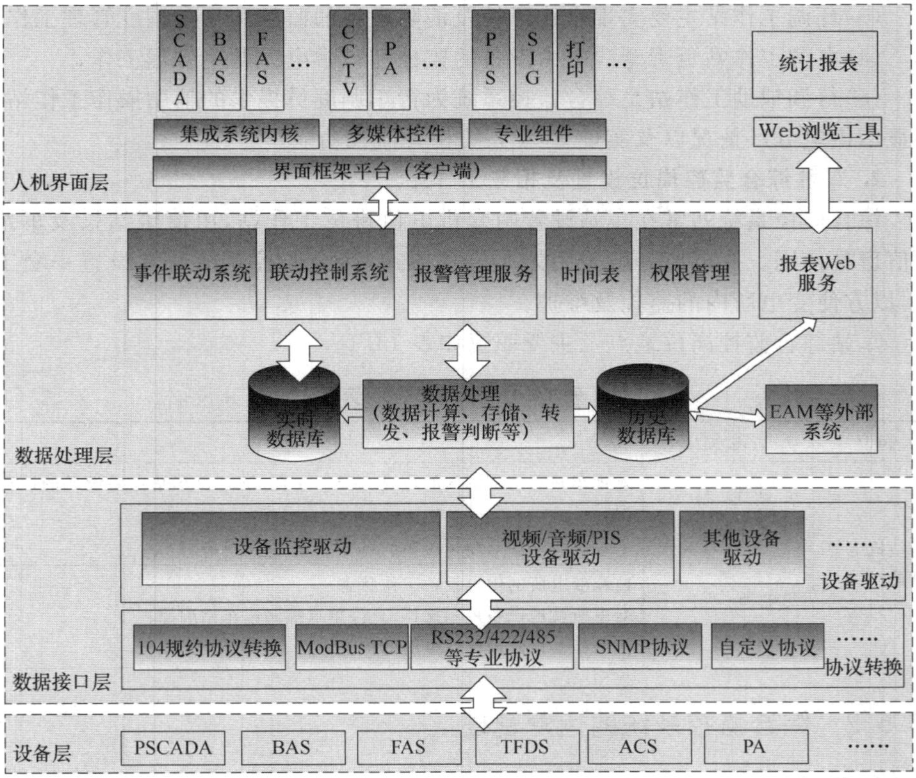


图 14.14　综合监控系统软件层次图

# 14.5　综合监控系统的运营管理

## 14.5.1　线路运营体系及岗位设置

综合监控系统面向的对象是控制中心的调度员、车站的值班员以及维护维修人员。各调度工作站可根据不同的用户权限激活相应的人机对话界面，实现地铁全线各系统的相关监视、控制功能。

**1. 中央综合监控岗位设置及相应工作站**

综合监控系统在中央设置总调、电调、环调、行调辅助、维调工作站。分别为调度长、电力调度员、环控调度员、行车调度员、维修调度员提供监控服务。

(1)总调工作站可实现全线机电设备的监视。在紧急情况下，通过密码实现对车站相关设备的临时控制；

(2)维调工作站主要监视全线主要机电设备的故障状态，不具有控制权；

(3)环调工作站主要实现全线环控及消防设备的监控和日常调度管理工作；

(4)电调工作站负责全线电力设备的监控和日常电力调度管理工作；

(5)行调辅助工作站是综合监控系统为行车调度员提供的辅助操作工作站，主要显示供电分区情况以及实现CCTV的相关监视功能。

**2. 车站综合监控岗位设置及相应工作站**

综合监控系统通常在车站设置两套机电值班员工作站，由值班站长及车站机电值班员使用。变电所一般采用无人值守形式，综合监控系统通常设置一套工作站，以方便变电所内的监控及维护。

车站综合监控岗位地点及主要职责如表14.1。

**表14.1 车站岗位职责表**

| 岗位 | 地点 | 主要职责 |
|---|---|---|
| 车站机电值班员 | 车站控制室，ISCS工作站 | 监视车站管辖范围内的环境、灾害、乘客、供电及车站主要设备的运行情况；<br>单点或模式控制操作车站的机电设备，以维持运营； |
| | 变电所，所内工作站 | 监视变电所的供电设备工作状态；<br>变电所就地设备控制操作，允许单点控制或车站顺控；<br>按照检修计划操作变电所的供电设备； |

## 14.5.2 综合监控系统的运营管理

**1. 系统运行与监控**

综合监控系统采用两级管理、三级控制方式。两级管理即中央级和车站级两级管理；三级控制方式即中央级、车站级和现场级三级控制。控制中心与车站值班员通过综合监控系统实现对全线(或本站)环境、设备和客流的监视，根据实际情况调整控制和提供相应服务。同时，在设备调试阶段或综合监控系统失去控制时，可直接在现场控制设备本体。

三级控制方式中，控制的优先权根据岗位、操作地点不同而不同。对于设备而言，离设备越近，操作的优先权越高，就地级设备可以通过“就地”和“远程”转换开关获得设备操作权。如果设置为“远程”状态，该设备将设置为“中央”或“车站”控制。设备处于“就地”控制模式时，控制优先权在底层。

**2. 车站与中央的信息交互及管理分工**

根据系统结构的不同，车站与中央有两种信息交互方式。一是车站服务器与中央服务器之间通过网络实现信息与报警的同步；二是车站FEP做为车站的信息接入层，同时向中央和车站做信息转发。

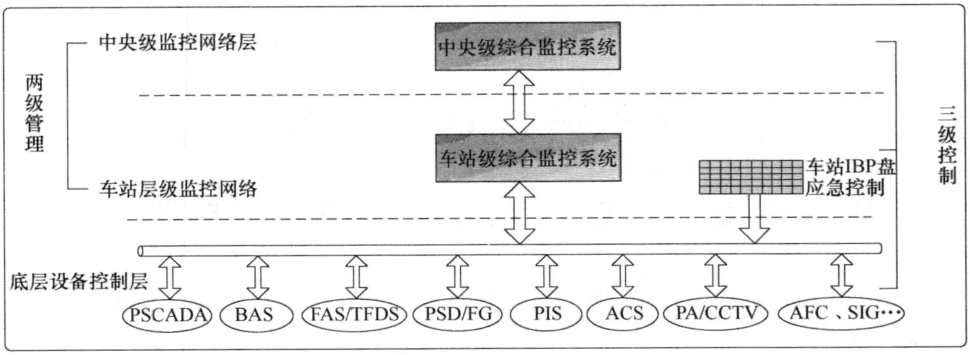


图 14.15　综合监控系统总体管理结构示意图

两种方式下均可保证车站的独立应用。第一种方式是典型的分布式应用，较为适合轨道交通这种大型分布式监控系统的特点，也有利于故障最小化；第二种方式有利于中央数据的集中管理，此时的 FEP 将成为最核心的数据枢纽。

除电力系统及环控系统中的隧道通风系统控制权设置在中央外，车站的管理通常由本站独立完成，由中央进行实时监视。通过操作授权，在特殊情况下中央也可实现对车站相关设备的临时控制。

**3. 后备运营模式**

在车站综合监控系统不能正常工作时，车站值班员可通过综合后备控制盘控制本站的主要设备和系统的运行；并通过在 IBP 操作台设置的广播和电视监控的后备控制键盘来控制广播的播放以及电视监控画面的选择与控制。

## 思　考　题

1. 综合监控系统在轨道交通运营管理体系中的作用？
2. 综合监控系统中，中央、车站、车辆段的功能定位有何区别？
3. 通常综合监控系统的岗位如何设置？其管理权限是什么？
4. 综合监控系统网络如何构建？主要特点是什么？
5. 简述综合监控系统正常及后备的运营管理方式？

# 第5篇　管　　理

## 第15章　城市轨道交通运营管理

城市轨道交通运营管理工作主要分为行车管理、站务管理、票务管理、设备运营管理四大部分：

**1. 行车管理**

城市轨道交通的行车管理按生产、组织、管理流程，可以分为车站客流组织、运输计划的编制（客流计划与全日行车计划）、车辆配备计划、列车牵引计算、列车运行图铺画、列车交路计划、运输能力计算、列车运行与行车调度指挥等内容。

行车管理是轨道交通运营管理体系的核心，具有极其重要的地位，它通过列车运行组织将客运服务和轨道交通各组成部分联系在一起，共同完成城市轨道交通系统运营组织和管理的全过程。

**2. 站务管理**

城市轨道交通的站务管理内容包括车站行车指挥和行车组织的辅助协调工作，站台站务管理工作人员需密切注意候车乘客动态，发现危及行车和乘车安全的情况，及时与有关人员联系，并进行处理。同时工作人员还需与乘务人员密切配合，共同确保列车运行安全和乘务安全。

**3. 票务管理**

城市轨道交通的票务管理主要包括票制、票价的确定、自动售检票系统及其运用、管理等。由车站组织售检票工作，并负责设备的养护维修和运用管理，并根据客流情况对售检票系统（装备）的进行调整、设置。便于轨道交通运营部门对全线的运量、运营指标进行统计，进行财务、经济的核算、评价。

**4. 车站设备的运营管理**

一个完整的城市轨道交通系统的设备运营管理包括车站服务设施系统、通信及信号系统、收费系统、供电系统、环控系统、通风及排烟系统、防灾系统、给排水及消防系统、自动扶梯及电梯运载系统等设施、设备的操作运用和养护维修管理等。设备的运用，一般可分为正常状态下的日常车站设备运用、非正常情况下（故障运行）车站设备的运用及紧急情况时的车站设备运用。

综上所述，城市轨道交通是一项涉及社会因素复杂、技术门类繁多、动态影响明显的综合性系统。我国城市轨道交通的发展历史较短，运营管理经验有限，有待努力积累经验、不断完善，并开创更为先进的运营管理事业。

## 15.1　行车管理

### 15.1.1　运输计划

城市轨道交通需求特性根据出行的目的可以分为两大类：通勤出行和非通勤类的其他出行（如：探亲、旅游、访友、购物等）。城市需求可以分为：基本需求、辅助需求和享受需求。乘客的需求是多种多样的，而且各种不同的需求性质不同，特性也不同，客观上就要求有各种不同的供给形式与之相适应，来满足各种不同的需求。编制运输计划的最终目的就是尽量满足大多数乘客的出行需求，并合理引导需求。在不用大规模增加供给的情况下保持供给和需求的相对平衡，增加运输供给，适应运输需求。

运输计划是城市轨道交通系统运输组织的基础。从社会服务效益看，轨道交通系统应充分发挥运量大和服务有规律的特点，安全、迅速、正点和舒适的将乘客运送至目的地。从企业经济效益看，轨道交通系统的运营应实现高效率和低成本。为了达到这个目标，轨道交通系统的运输组织必须根据客流的特点，合理编制运输计划，合理调度指挥列车运行，实现计划运输。

运输计划的内容包括行车计划、列车运行交路、列车停站设计和车辆运用计划等。运输计划的编制基础是客流、技术设备及其能力等相关因素。

### 15.1.2　客流计划

客流计划是运输计划期间轨道交通线路客流的规划，是编制全日行车计划、车辆配备计划和列车交路计划的基础。

**1. 客流变化特点**

城市轨道客流是指在单位时间内，交通线路上乘客流动人数和流动方向的总和。客流的概念既表明了乘客在空间上的位移及其数量，又强调了这种位移带有方向性和具有起讫位置。

客流是动态变化的，随天、时、地的变化而改变，这种变化是城市社会经济活动、生活方式在轨道交通系统的反映。客流变化主要体现在空间分布和时间分布的变化两个方面。

客流变化的时间分布和空间分布变化特点主要包括：

(1)一日内每小时的客流变化；

(2)一周内每日客流的变化;

(3)季节性或短期性客流的变化;

(4)每条线路客流的分布变化;

(5)每个方向客流的分布变化;

(6)每个断面客流的不均衡;

(7)每车站乘降人数的不均衡。

**2. 客流计划的编制**

在新线投入运营时,客流计划根据客流预测资料进行编制;在既有运营线路的情况下,客流计划则根据客流统计资料和客流调查资料进行编制。

客流计划主要包括站间到发客流量,车站方向别上下车人数,全日、高峰小时和低谷小时的断面客流量,全日分时最大断面客流量等。

客流计划的编制基础为站间到发客流量资料,分步计算出各站上/下车人数和断面客流量表。表15.1是轨道交通线路的站间到发客流量斜表,A站至B站方向为下行方向。根据站间到发客流量资料可以计算出各站上下车人数(表15.2)。根据各车站上/下车人数,并可计算出断面客流量数据(表15.3)。根据表15.3资料可绘制断面客流图(图15.1)。从图中可以直观的看出上行的最大断面客流量出现在B—C区间,下行的最大断面客流量出现在B—C区间。这将是计算全日行车计划的基础。

**表15.1 站间到发客流斜表** 单位:人/h

| 发/到 | A | B | C | D | E | 合计 |
|---|---|---|---|---|---|---|
| A | 0 | 7 019 | 6 098 | 7 554 | 4 878 | 25 549 |
| B | 6 942 | 0 | 1 725 | 4 620 | 3 962 | 17 249 |
| C | 5 661 | 1 572 | 0 | 560 | 842 | 8 635 |
| D | 7 725 | 4 128 | 597 | 0 | 458 | 12 908 |
| E | 4 668 | 3 759 | 966 | 473 | 0 | 9 866 |
| 合计 | 24 996 | 16 478 | 9 386 | 13 207 | 10 140 | 74 207 |

**表15.2 各站上下车人数** 单位:人

| 下行上客数 | 下行下客数 | 车站 | 上行上客数 | 上行下客数 |
|---|---|---|---|---|
| 25 549 | 0 | A | 0 | 24 996 |
| 10 307 | 7 019 | B | 6 942 | 9 459 |
| 1 402 | 7 823 | C | 7 233 | 1 563 |
| 458 | 12 734 | D | 12 450 | 473 |
| 0 | 10 140 | E | 9 866 | 0 |

表 15.3　各区间断面客流量　　单位：人

| 下行 | 区间 | 上行 |
|---|---|---|
| 25 549 | A—B | 24 996 |
| 28 837 | B—C | 27 513 |
| 22 416 | C—D | 21 843 |
| 10 140 | D—E | 9 866 |

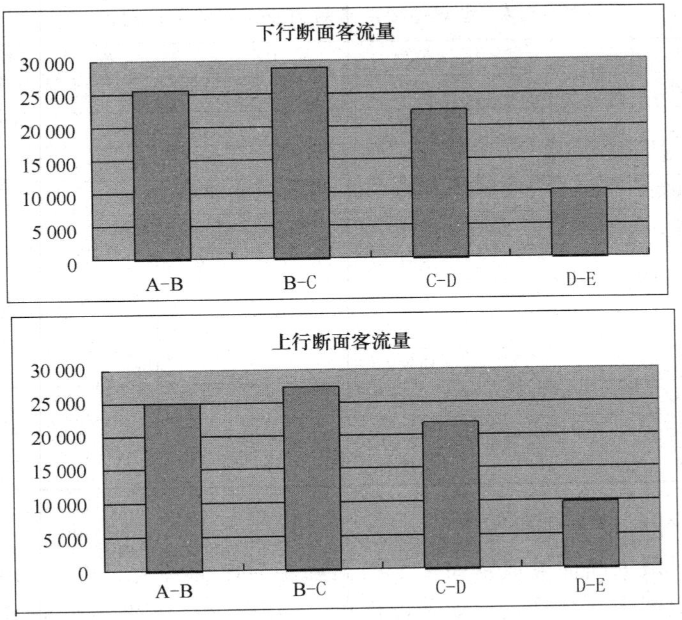


图 15.1　断面客流量示意图

客流计划以站间发、到客流量数据作为原始资料，通过计算得到各站方向别上下车人数和全日分时最大断面客流量等客流数据。在客流计划编制过程中，高峰小时的断面客流量可以通过高峰小时站间发、到客流数据来计算，也可以通过全日站间发、到客流量数据来估算。在用全日站间发、到客流数据时，在求出全日断面客流量数据后，高峰小时的断面客流量按占全日断面客流量的一定比例来估算，比例系数的取值可通过客流调查来确定。我们将在下节中详细讲解。

## 15.1.3　全日行车计划

全日行车计划是营业时间内每小时开行的列车对数计划，它规定了城市轨道交通线路的日常运输任务，它是编制列车运行图，计算运输工作量和确定车辆运用的基础数据。全日行车计划编制的基础是客流计划。

**1. 全日行车计划编制资料**

(1)营业时间

根据统计,世界主要城市轨道交通系统营运时间如表 15.4 所示。可见世界上大多数城市的轨道交通系统营业时间在 18～20 h 之间,个别城市为 24 h 运营,如美国的纽约和芝加哥。运营时间的长短在一定程度上是城市轨道交通系统服务水平高低的体现。

表 15.4　世界主要城市轨道交通系统营运时间　　单位:h

| 城市 | 类型 | 始运年份 | 营业时间(h) |
|---|---|---|---|
| 伦敦 | 地铁 | 1863 | 20 |
| 纽约 | 地铁 | 1868 | 24 |
| 芝加哥 | 地铁 | 1892 | 24 |
| 布达佩斯 | 地铁 | 1896 | 19 |
| 巴黎 | 地铁 | 1900 | 20 |
| 柏林 | 地铁 | 1902 | 21 |
| 东京 | 地铁 | 1927 | 19.5 |
| 莫斯科 | 地铁 | 1935 | 19 |
| 北京 | 地铁 | 1969 | 18 |
| 华盛顿 | 地铁 | 1976 | 18 |
| 香港 | 地铁 | 1979 | 19 |
| 上海 | 地铁 | 1993 | 18 |

(2)全日分时最大断面客流量

全日分时最大断面客流量通常是在高峰小时断面客流量的基础上,根据全日客流分布模拟图来计算确定。如条件许可,采用分时断面客流量分布计算所得的全日分时最大断面客流量数据更为准确可靠。

(3)列车定员数

列车定员数是列车编组辆数和车辆定员数的乘积。列车编组辆数的确定以高峰小时最大断面客流量作为基本依据。

(4)线路断面满载率

线路断面满载率是指在单位时间内特定断面上的车辆载客能力利用率。线路断面满载率在实际工作中通常是指早高峰小时,单向最大客流断面的车辆载客能力利用率。在编制全日行车计划时,轨道交通系统可采用列车在高峰小时适当超列车定员的做法。

**2. 全日行车计划编制程序**

(1)根据全日客流分布模拟图计算全日分时最大断面客流量数据。

(2)计算营业时间内各小时应开行的列车数,计算公式如下:

$$n_i=\frac{p_{\max}}{p_{列}\beta} \qquad 式(15.1)$$

式中　$n_i$——全日分时开行列车数(列或对)；

$p_{列}$——列车定员数(人)。

(3)计算行车间隔时间

计算公式如下：

$$t_{间}=\frac{3\ 600}{n_i} \qquad 式(15.2)$$

式中　$t_{间}$——行车间隔时间(s)。

(4)确定全日行车计划

在编制轨道交通系统全日行车计划时应把方便乘客、提高服务质量作为重要因素，调整开行间隔，并最终确定全日行车计划。

在已经计算得到每小时应开行列车数和行车间隔时间的基础上，应检查是否存在某段时间内行车间隔时间过长的情况。行车间隔时间过长，会增加乘客的候车时间，降低乘客的出行速度，不利于吸引客流。为方便乘客、提高服务水平，轨道交通系统在非高峰运营时间内，应视轨道交通线路沿线的客流状况合理确定行车间隔，最终确定的行车间隔时间标准也不宜大于 10 min。

### 15.1.4　车辆运用计划

车辆配备计划是指在一定类型的设备和行车组织方法条件下，为完成一定的运输任务而必须保有的车辆。车辆保有数包括运用车辆数、检修车和备用车辆数。

**1. 运用车**

运用车是为完成日常运输任务而配备的技术状态良好的车辆，运用车的需要数与高峰小时开行列车对数、列车旅行速度及在折返站停留时间等因素有关，按下式计算：

$$N=\frac{n_{峰}\theta m}{60} \qquad 式(15.3)$$

式中　$N$——运用车辆数(辆)；

$n_{峰}$——高峰小时开行列车数(对)；

$\theta$——列车周转时间(min)；

$m$——列车编组辆数(辆)。

列车周转时间是指列车在线路上往返一次所消耗的全部时间。它包括了列车在区间运行，列车在中间站停车供乘客乘降，以及列车在折返站进行折返作业的全过程。当列车在折返站的出发间隔时间大于高峰小时的平均行车间隔时，须在折返线上预留一列车进行周转，此时运用车数需相应增加。

**2. 检修车**

检修车是指处于定期检修状态的车辆。车辆的定期检修是一项有计划的预防性维修制度。车辆的定期检修分成月检、定修、架修和大修(又称厂修)等,也有安排双周检与双月检的情形。不同的检修级别有不同的检修周期,表 15.5 为某城市轨道交通线路的车辆检修级别和检修周期。车辆检修级别和检修周期是根据车辆各部件使用寿命以及车辆运用环境等因素综合考虑确定的。通过对车辆的不同部件制定不同的技术标准、检修级别和检修周期,使车辆在经过不同级别的定期检修后,能在整个检修周期内保持良好的技术状态。

车辆检修周期是一个与车辆段建设规模和车辆段作业组织关系密切的技术指标,它也是推算检修车数的基础资料之一。检修周期主要是根据车辆运用时间确定,同时还需综合考虑车辆运用时间和走行千米数。在车辆运用时间和检修周期确定的情况下,根据每种检修级别的年检修工作量和每种检修级别的检修停时,可以推算检修车数。

除车辆的定期检修外,车辆的日常检修有日检,检修停时约每日 2 $h$,车辆临修的停时按运用列车平均每年一次,确定为每次 2 天。

**表 15.5　城市轨道交通车辆检修级别、周期及停时**

| 检修级别 | 运用时间 | 走行千米 | 检修停时 |
|---|---|---|---|
| 双周检 | 2 周 | 4 000 | 4 $h$ |
| 双月检 | 2 月 | 20 000 | 2 天 |
| 定修 | 1 年 | 100 000 | 10 天 |
| 架修 | 5 年 | 500 000 | 25 天 |
| 大修 | 10 年 | 1 000 000 | 40 天 |

**3. 备用车**

为了适应客流变化,确保完成临时紧急的运输任务,以及预防运用车发生故障,必须保有若干技术状态良好的备用车辆。备用车的数量一般控制在运用车数的 10%左右。备用车原则上停放在车辆段内或线路两端终点站。

列车保有量根据线路远期客流预测结果,远期计划运行行车间隔,可得出所需运用列车数,备用列车数量按照运用列车数量的 10%取得;检修列车数量需根据运用列车数量综合维修能力、修程修制取得,一般为运用列车数量的 10%～15%。

### 15.1.5　列车交路计划

列车交路计划是根据运营组织的要求及运营条件的变化,按运行图或由调度指挥列车按规定区间运行、折返的列车运行计划。列车交路计划规定了列车运行区段、折返车站以及按不同交路运行的列车对数。

**1. 站前折返**

列车折返是指列车通过进路改变、道岔的转换，经过车站的调车进路由一条线路至另一条线路运营的方式。具有列车折返条件的车站称为折返站。列车折返分为站前折返和站后折返。

列车在中间站或终点站利用站前渡线进行折返作业的站前折返方式，由于渡线设置在站前，可以减少项目建设的土建投资，缩短列车的运行距离，但列车折返会占用区间线路，从而影响后续列车的运行，并且行车安全保障要求比较高。所以城市轨道交通行车组织中较少采用这种折返方式，特别是当行车密度高、列车运行间隔短的条件下。

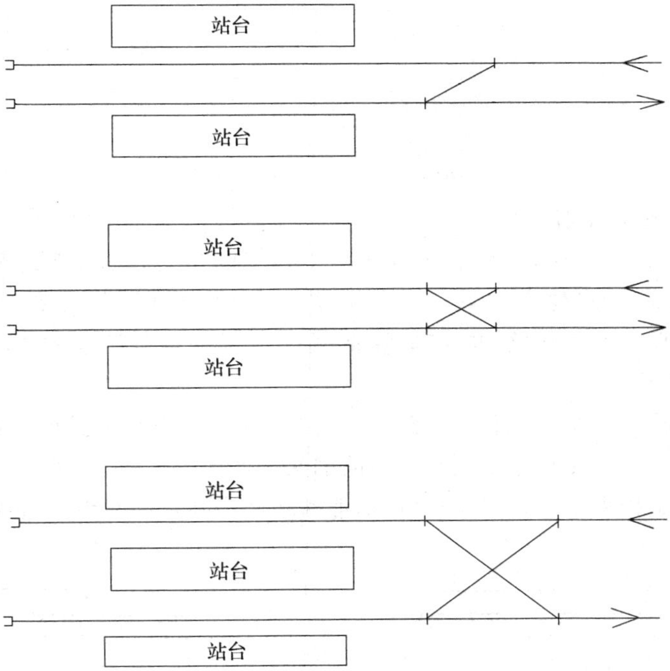


图 15.2 站前折返示意图

**2. 站后折返**

列车在中间站、终点站利用站后渡线进行折返作业的站后折返方式，由于车站接发车采用平行作业，不存在进路交叉，行车安全，有利于提高列车的旅行速度，这是城市轨道交通行车作业中的常用折返方式。

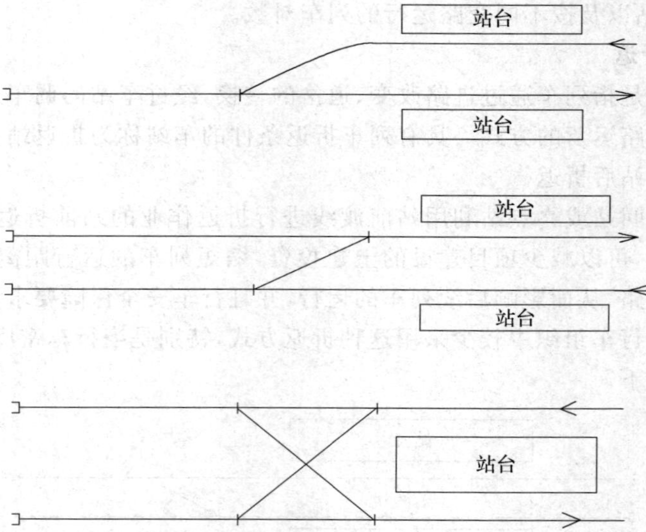


图 15.3　站后折返示意图

**3. 列车交路计划**

在列车开行计划中，列车交路规定了列车的运行区段、折返车站以及按不同列车交路运行的列车对数。在线路各区段客流量不均衡程度较大的情况下，采用合理的列车交路，能在不降低服务水平的前提下提高车辆运用效率，避免运能虚靡。

列车交路有长交路、短交路和长短交路三种。长交路是指列车在线路的两个终点站间运行。短交路是指列车在线路的某一区段内运行，在指定的车站上折返。而长短交路是指列车在线路上运行，既能够在两个终点站间折返，也能够在某一中间站折返。

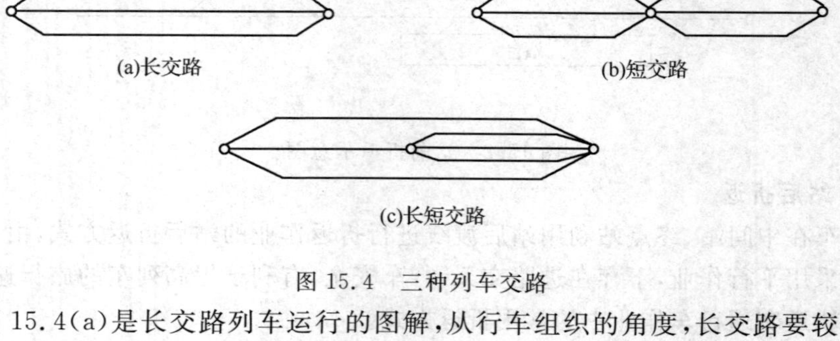


图 15.4　三种列车交路

图 15.4(a)是长交路列车运行的图解，从行车组织的角度，长交路要较短交路

列车运行组织简单，对中间站折返设备要求也不高，适合于全区段客流量比较均衡的线路。在各区段客流量不均衡程度较大的情况下，会产生部分区段运能的浪费。图 15.4(b) 是短交路列车运行的图解，短交路能适应不同客流区段的运输需求，运营较经济，但要求中间折返站具有两个方向的折返能力以及具有方便的换乘条件。从乘客的角度，由于在乘行途中需换乘，服务水平有所降低。图 15.4(c)是长短交路列车运行的图解，长短交路混跑的组织方案，既能满足运输需求，又能提高运营效益。

在线路各区段客流量不均衡程度较大的情况下，可以采用以长交路为主，短交路为辅的列车交路形式，组织列车在线路上按不同的密度行车。同样，当高峰期间客流在空间分布上比较均匀，而低谷期间客流在空间上分布相差悬殊时，也可以在低谷时间采用长短交路列车运行方案，组织开行部分在中间站折返的短交路列车。

在我国城市轨道交通的运营实践中，列车运行交路通常是采用长交路，偶有采用长短交路(如上海轨道交通 1 号线与北延伸段)，很少采用短交路。采用长短交路时，为加速中间站折返作业，不影响线路通过能力，对折返站的客运组织工作提出了较高的要求。

## 15.2　列车运行图

在城市轨道交通系统中，列车运行图是列车运行的综合计划，它规定了列车占用区间的次序，列车在每一个车站出发、到达或通过的时间，区间运行时分，车站停车时分。也就是规定了线路、站场、车辆和通信信号等设备的运用和与行车有关各部门的工作。

城市轨道交通的列车运行要求各个部门、各工种、各项作业之间相互协调配合率。车站按列车运行图安排接发列车、组织客运工作。调度指挥部门按列车运行图指挥列车运行。车辆部门根据列车运行图确定每天需要的车组数和运行时刻，制定车组的检修和乘务司机的值乘计划。供电、通信信号、机电、工务等部门均根据列车运行图的规定来安排运营生产施工计划和检修计划。各个部门、各个工种、各项作业之间相互配合、协调动作、时间准确的工作，使各次列车按规定的时刻运行。

因此，列车运行图是协调城市轨道交通系统各部门、单位按一定程序进行生产活动的工具，是城市轨道交通运输工作的综合计划、行车组织的基础。经济、合理的列车运行图既要考虑城市轨道交通系统能提供的运营设备能力，又要在符合各时期、各时段线路客流量规律的前提下，使运能与运量达到最佳的组合，既方便乘客出行，又使企业获得最佳经济效益。

## 15.2.1 列车运行图的含义

**1. 列车运行图的表示方法**

列车运行图是运营调度部门组织列车在各站和区间运行的一种图解形式。列车运行图又称为时距图(Distance-Time Diagram)。通常以图解法来表示行车时刻,利用坐标原理表示列车运行状况,将列车看作一个质点,斜线就是列车运行的轨迹,代表列车的运行线。坐标系有 2 种表示方法。在图 15.5(a)中,纵坐标为距离,水平线间的距离即为站间距,横坐标为时间,这种表示方法应用最为广泛。图 15.5(b)的表示方法正好与第一种相反,德国和我国南京的城市轨道交通运用的是这种列车运行图形式。

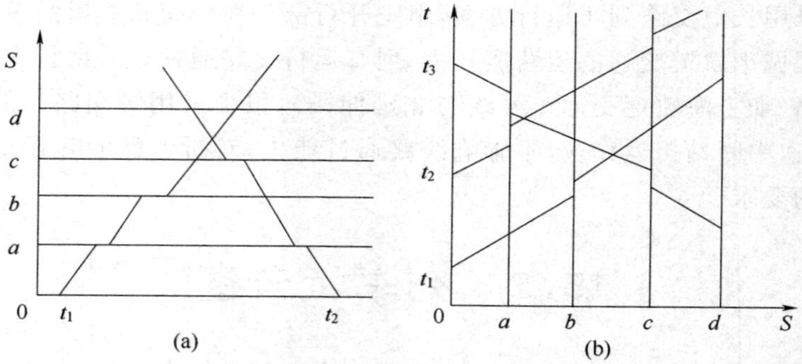


图 15.5 列车运行图的坐标表示

**2. 列车运行图的图解表示**

在我国大多数的城市轨道交通系统运行图中,采用图 15.5(a)的表示方法,图中的斜线是列车运行的轨迹,代表列车运行线。在列车运行图上,下行列车的运行线由左上方向右下方倾斜;上行列车的运行线由左下方向右上方倾斜,图中:

(1)横坐标:表示时间,用一定的比例进行时间划分,城市轨道交通列车运行图一般采用 1 分格或 2 分格,即每一等分表示 1 min 或 2 min 时间。

(2)纵坐标:表示距离分割,根据区间实际里程,采用规定的比例,以车站中心线所在位置进行距离定点。

(3)垂直线:是一族平行的等分线,表示时间等分段。这些垂直线将横轴按一定的时间单位进行划分,代表一昼夜的小时和分钟。

(4)水平线:是一族平行的不等分线,这些水平线将纵轴线按一定比例加以划分,代表车站的中心线,通常中间站的车站中心线以较细线条表示,换乘站、折返站和终点站以较粗线条表示。

(5)时刻:在列车运行图上,列车运行线与车站的交点即表示该列车到达、出发或通过的时刻。由于城市轨道交通列车停站时间较短，一般不标明到、发不同时间。

(6)车次：对于不同种类的列车，列车运行图采用不同的列车运行线条和车次范围加以区别。一般按不同的列车类别规定代号与列车号。按发车顺序对车次进行编号，上行采用双数，下行采用单数。(ATC 方式的列车车次末两位是以列车运行的目的地号码表示)。在列车运行图上，列车运行线与车站中心线的交点就是列车经过车站的时刻。

## 15.2.2　列车运行图的编制

**1. 编制步骤**

城市轨道交通列车均为可载客列车，在车站只进行乘客上下车的客运作业，而且不存在车辆解体编组和车辆技术作业及跨线运输等问题，列车行车密度较高。为此列车运行图无需铺画每一列车在各个车站上到发或通过(空驶列车)时刻的详细列车运行图，只要编制铺画每一列车在始发、终到站的发车、到达时刻的列车方案就行了。

在新线开通或线路客流量、技术设备和行车组织方式发生变化时都需编制列车运行图。其编制步骤如下：

图 15.6　列车运行图的编制

(1)按编制要求和目标确定编制的注意事项；

(2)收集编图资料，对有关问题组织调查、研究、试验；

(3)总结分析现行列车运行图的完成情况和存在问题，提出改进意见；

(4)确定全日行车计划；

(5)计算所需运用列车数量；

(6)计算运行图所需的各项基础数据；

(7)确定列车交路计划；

(8)计算所需运用列车数；

(9)听取调度部门、行车、客运部门和车辆部门的意见，对列车运行方案进行调整；

(10)根据列车运行方案铺画详细的列车运行图、编制列车运行时刻表和编制说明；

(11)全面检查列车运行图的编制质量，计算列车运行图的指标；

(12)将编制完毕的列车运行图、时刻表和编制说明上报审核，经批准后执行。

**2. 编制方法**

(1)车站中心线的确定方法

车站中心线有下列 2 种确定方法：

① 按区间实际里程比率确定

即按整个区段内各车站间实际里程的比例来画横线。采用这种方法时，列车运行图上的站间距完全反映实际情况，能明显地表示出站间距离的大小。但由于各区间的线路和纵断面不一样，使列车运行速度有所不同，这样列车在整个区段的运行线往往是一条斜折线，既不整齐，也不易发现列车在区间运行时分上的差错，所以一般不采用这种方法。

② 按区间运行时分比率确定

即按整个区段内各车站间列车运行时分的比例来画横线。采用这种方法时，可以使列车在整个区段运行线基本上是一条斜直线，既整齐又美观，也容易发现列车在区间运行时分上的差错，故多被采用。

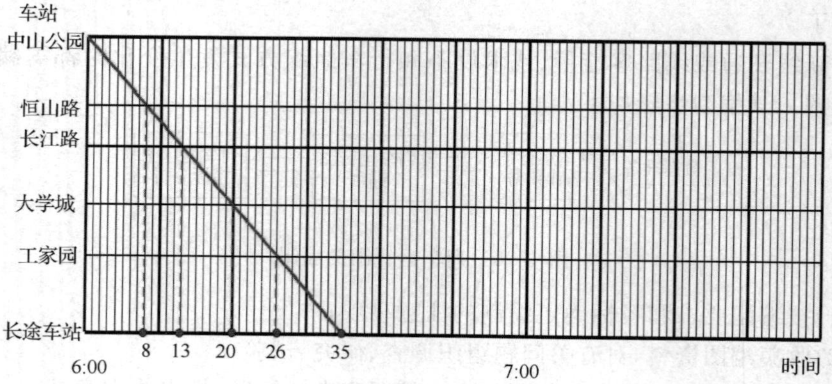


图 15.7 按区间运行时分确定底图

列车运行图上的列车运行线与车站中心线的交点，即为列车到、发或通过车站的时刻。根据列车运行图的格式不同的表示方法。所有这些表示时刻的数字或符号，都填写在列车运行线与横线相交的钝角处。

(2)计算列车单程旅行时间

列车单程旅行时间等于单程各区间列车运行时分加沿途各车站停站时间之总和。由于上、下行单程旅行时间不一定相同，须分别算出下行列车运行时间和上下行列车旅行时间，作为在列车运行图上铺画上、下行列车运行线的依据。

(3)计算列车运行图的运行周期

列车运行图的运行周期就是列车跑一个运行交路所需的时间，它等于上、下行列车旅行时间加两端折返站折返时间之和。

(4)计算平均列车运行间隔时间

根据在正线上运营的列车数和列车运行图的运行周期，就可算出平均列车运行间隔。

(5)列车车次的编号

列车车次的编号，原则上分两大类：

第一类是调度监督下的列车运行，其车次号为四位数，第一位代表线路的编号、第二、三、四位代表列车识别符；末位数上行列车为双数、下行列车为单数。

第二类是实施调度监控室的列车运行。其车次号码有五位数组成，前三位为列车识别符，后两位为目的地符(目的地符代表列车运行的终到站)

(6)列车运行线的图示

列车运行图上的列车运行线按其列车运行方向的规定可分为上行列车运行线和下行列车运行线。上行列车运行线是由左下角向右上角铺画的斜直线，而下行列车运行线是由右上角向右下角铺画的斜直线。

(7)列车运行交路的图示

列车到达终到站后，在满足图定列车折返作业时间标准的基础上，应划出该列车就近折返的列车运行线(含车次号和始发站时刻)，将列车终到时间与折返列车运行线间用线段相连接，就是本次列车在该终到站的列车运行交路图示。

### 15.2.3　编制质量的检查

列车运行图编完后，必须对运行图的编制质量进行全面的检查。检查的主要内容有：

1. 上、下行首、末端车站载客列车在站的开车时间是否符合营运时间的规定；
2. 运行图上铺画的载客列车和空驶列车是否符合安全要求；
3. 列车运行图上铺划的列车数和折返列车数是否符合要求；
4. 各时段列车运行间隔是否符合高峰及低谷客流时段的运能要求；
5. 列车运行线的铺画是否符合规定的各项时间标准；
6. 列车在车站折返时，同时停在折返线的列车数是否超过该站折返线数；
7. 列车乘务员的工作和休息时间是否符合规定的时间标准；
8. 换乘站的列车到发密度是否均衡。

### 15.2.4　列车运行图的指标计算

在检查并确认列车运行图完全满足规定的要求后，应计算列车运行图的各项指标：

1. 开行列车数量

凡列车在运营线路上行驶一个单程，无论是全程行驶还是短交路折返，均按一列计算。

开行列车数＝载客列车数＋空驶列车数　　式(15.4)

2. 技术速度

技术速度是列车在运行线路上运行(不包括列车在中间站的停站时间)的运行速度。列车在各区间运行的时间包括列车起动加速、在区间运行、慢行以及制动停车的时间，不包括城市轨道交通列车在运营线路上停站时间和列车在线路两端的折返停留时间。

技术速度＝运营线路长度/(单程行驶时间－中途停站时间)×60　　式(15.5)

3. 满载率

满载率是客运周转量与客位千米之比，表示车辆客位的利用程度。

满载率＝客运周转量/客位里程×100%　　式(15.6)

4. 客位数

客位数是指运营车辆的核定载客量。

客位数(客位)＝乘客座位数＋(车厢有效站立面积×每平方允许站立人数)　　式(15.7)

注：客车有效站立面积允许站立人数暂按 $6/m^2$ 人计算。

5. 高峰小时运用列车数：按早高峰和晚高峰分别计算。

6. 全日车辆总走行千米：轨道交通车辆为运送乘客在运营线路上所走行的里程，包括图定的车辆空驶里程和由于某种原因列车在中途清人或列车在少数车站通过后仍继续载客的车辆空驶里程。

全日车辆总走行千米＝∑(旅客列车数×列车编成辆数×列车运行距离)　　式(15.8)

## 15.2.5 列车运行图的使用

**1. 列车运行图使用前的准备工作**

为了评价新运行图的质量，除计算新运行图的各项指标外，还应与现行运行图进行比较，分析各项指标提高或降低的原因。列车运行图经批准后，为了保证新图能够顺利地实行，必须在实行新图之前做好下列准备工作：

(1)发布实行新图的命令；

(2)印刷并分发列车时刻表；

(3)拟定实现新图的技术措施；

(4)组织学习，使职工了解、熟悉新图规定的要求；

(5)做好车辆和司乘人员的调配工作。

**2. 公布列车时刻表**

在铺画好列车运行图后，应编制列车时刻表。编制时刻表的依据是列车运行图及各区间上下行列车运行时间和沿途各车站列车停站时间标准。简易列车时刻表可人工编排，实施自动监控的列车运行图其列车时刻表可使用计算机编排，并作为生成列车运行图使用。列车时刻表可分载客列车和出入场空驶列车两大部分，先编排载客列车。而且上下行载客列车时刻表编在一起，以上行载客列车时刻表为基础，然后将下行载客列车编在上行一起，然后再编排出入厂的空驶列车时刻表，若有早、晚职工通勤列车，其时刻表也与空驶列车编在一起。各车站接到列车时刻表后，应在实施新的列车运行图之前，将首、末班列车时刻表对外通告。

9 号线列车运行间隔

| 周一~周五 | | |
|---|---|---|
| 名称 | 时段 | 列车间隔 |
| 早高峰 | 7:25~8:35 | 佘山站~杨高中路站:3分<br>松江新城站~佘山站:6分 |
| 晚高峰 | 16:30~19:30 | 佘山站~杨高中路站:4分<br>松江新城站~佘山站:8分 |
| 其他时段 | | 6分40秒~12分 |
| 周六、周日 | | |
| 名称 | 时段 | 列车间隔<br>松江新城~杨高中路 |
| 高峰时段 | 8:00~20:00 | 约6分 |
| 其他时段 | | 6分30秒~13分45秒 |

图 15.8　公布的列车运行间隔

# 15.3　列车运行调度指挥

城市轨道交通系统是组成复杂、技术密集的公共交通系统，各项工作环节紧密联系、协同运作，要求城市轨道交通系统必须实行集中领导、统一指挥的原则。运输调度就是实现城市轨道交通系统日常运输工作的指挥中枢，凡与运输有关的各部门、各工种都必须在运输调度的统一指挥下进行日常生产活动。

行车调度是轨道交通运输组织指挥系统的中枢神经，按列车运行图的要求指挥行车，并根据客流变化及时调整运力安排，合理使用生产资源，实行 24 小时指挥、协调、监督与控制，保障运营安全与质量，确保运营生产的顺利实施。负责运营事故以及其他运营突发事件的处置、抢险指挥与协调工作，以减少影响与损失，迅速恢复正常运行为前提，及时采取一切有效措施控制事件发展态势。按公司规定负责管辖范围内的检修施工计划管理，协调各单位、各专业间的作业计划安排与配合工作，合理分配检修作业时间、空间资源，并组织计划实施。

### 15.3.1 轨道交通列车运行指挥

**1. 列车运行指挥日常工作**

在我国的大部分城市，通常由控制中心（OCC）担任城市轨道交通系统的列车指挥工作，OCC是城市轨道交通企业的运营生产指挥部门，负责所辖各条轨道交通线路行车、电力、消防环控及票务等运行调度和突发事件处理等工作。其日常工作包括：

（1）组织制订行车、电力、环控调度规程，参与运营技术管理、行车组织等规程及突发事件预案，并组织实施。

（2）组织、控制有关行车人员按运行图行车，遇到列车晚点和突发事件，及时采取调整措施，迅速恢复列车正常运行。

（3）密切注意客流动态，并按规定负责下令和通知自动售检票系统有关单位实行相关运营方案。

（4）负责行车、设备事故及突发事件的救援抢修的调度指挥，采取有效措施，防止事故扩大，尽快恢复正常运行；按事故报告程序及时做好上报和下达工作。

（5）负责编制及组织实施正线的施工、抢修及工程、调试列车的作业计划。

（6）建立、健全运营生产、调度指挥等各项原始记录及统计，分析报表，并按规定向上级主管部门上报。

（7）维护调度纪律，督查各基层单位执行调度命令和有关规章制度的情况，发现问题立即采取相应措施。

**2. 列车运行指挥系统**

城市轨道交通系统是一个复杂的、技术密集型的城市公共交通系统。为实行统一指挥，有序组织运输生产活动，轨道交通系统设立调度控制中心，调度控制中心实行分工管理原则，按业务性质划分、设置不同的调度工种。控制中心通常设有行车调度、客运调度、电力调度和环控调度等调度工种，有的还设有设备调度。

控制中心主任，全面负责辖区的运营管理工作；值班主任调度负责行车调度业务的技术指导、突发事件分析与报告，运营统计分析等。主任调度或设备主管负责辖区各专业领域的施工管理和安全生产管理，电力环控专业领域内的技术指导。

其中行车调度工作是城市轨道交通系统的核心，它的好坏直接影响乘客运输任务的完成，本章将重点讨论行车调度工作的相关问题。行车调度工作的基本任务包括：

(1)组织指挥各部门、各工种严格按照列车运行图工作。

(2)监控列车到达、出发及途中运行情况,确保列车运行正常秩序。

(3)随时掌握客流情况,必要时调整列车运行方案。

(4)检查监督各行车部门执行运行图情况,发布调度命令。

(5)当列车运行秩序不正常时,及时采取措施,尽快恢复正常运行秩序。

(6)及时、准确地处理行车异常情况,防止行车事故的发生。

(7)当发生行车事故时,按规定程序及时向上级主管部门汇报,并采取措施防止事故扩大,积极参与组织救援工作。

## 15.3.2　行车调度控制方式

城市轨道交通系统的基本行车调度控制方式主要与采用的行车调度指挥设备类型有关。主要有调度集中和行车指挥自动化两种。车站控制是在特殊情况下采用的辅助方式:

**1. 调度集中**

行车调度员通过调度集中控制设备控制所管辖线路上的信号和道岔,办理列车进路,组织和指挥列车运行。这时,基本闭塞方法为自动闭塞法,列车运行以驾驶员操纵为主。在采用非调度集中控制时,可改为车站控制。车站值班员在列车调度员的指挥下,办理列车进路,接发列车作业。

调度集中控制设备是一种远程控制的信号设备。它是区间采用自动闭塞、车站采用电气集中联锁,在控制中心利用电缆引接到指挥该线路列车运行。控制中心的行车调度员通过操纵控制台上的按钮集中控制、管辖线路上的信号和道岔,直接办理各车站的接发车进路,指挥列车运行。行车调度员通过区间和车站线路表示盘,可以清楚地掌握线路上列车运行和分布情况、区间和站内线路的占用情况、各种信号机的显示状态和道岔开通位置等。

**2. 行车指挥自动化**

在行车调度员监控下,由双机冗余计算机组等设备构成的列车自动监控子系统(ATS)完成列车运行的控制任务。这时,基本闭塞方法为自动闭塞法,通常还采用列车自动保护(ATP)和列车自动运行(ATO)子系统,三个子系统构成列车自动控制系统(ATC),ATC 系统具有列车运行自动化和行车指挥自动化功能。在 ATS 子系统因故不能使用时,改为调度集中控制。

ATS 子系统的硬件组成包括:双机冗余计算机组和控制室内的显示盘、工作站、绘图仪、打印机等设备。该子系统的主要功能是跟踪正线列车运行,显示列车车次;根据储存的基本运行图或调整过的计划运行图,行车调度员可用人机对话方式生成当前使用运行图;自动排列列车进路;自动进行列车运行调查;自动绘制实际列车运行图和生成各种运行报告。该子系统的主要人工功能包括行车调度员直接办理进路和进行列车运行调整。

### 15.3.3 行车调度组织

**1. 正常情况下的列车运行组织**

城市轨道交通由于行车密度高、间隔小、对安全运营要求高的特点，根据信号设备所能提供的运行条件，一般分为调度集中控制、调度监督下的自动运行控制和半电动运行控制3种方式，按照运行图规定的行车计划开行列车，进行列车运行组织。

为实现按图行车，行车调度员要努力确保列车正点运行，行车调度员应在列车出场、列车折返方式、客流组织等方面进行组织，确保列车正点始发。由于途中运缓、设备故障等原因，会造成列车运行晚点。此时行车调度应根据列车运行点和兼顾行车安全的原则，尽快使晚点列车恢复正点运行。

列车运行调整的主要方法有：

(1)始发站列车提前或推迟出发列车。

(2)根据车辆的技术状态、线路允许速度，改变列车速度，恢复正点。

(3)组织车站快速乘降作业，压缩停站时间。

(4)组织列车越站运行：行车调度员应严格掌握列车跳停原则：客流较大车站原则上不安排通过，首末班车不安排跳停，不允许办理连续两列车通过同一车站，列车以规定运行等级速度通过车站，通过车站的计划原则上在始发站安排。

(5)变更列车运行交路，组织列车在具备条件的中间站折返。

(6)扣车：当一条线路的列车由于车辆或其他设备故障引起运行不正常，造成乘客拥挤时，调度员可采取扣车措施，将列车扣在附近车站，以缓和压力确保列车间隔。

(7)停运列车：当线路某区段中断，已不能满足在线列车运行时，调度员可适当抽调部分列车下线，拉大列车时间间隔运行。

**2. 特殊情况下的列车运行组织**

非正常情况下的列车运行组织是相对上述正常情况下的列车运行组织而言的，它是在基本列车运行控制方式由于信号故障、道岔故障等原因而不能继续采用时的情况下的列车运行组织。下面选取部分特殊情况下的列车运行组织进行分析。

(1)列车自动控制系统故障时

在采用ATC系统情况下，由ATS子系统完成列车运行的控制任务，行车调度员只起监控作用；列车根据ATP子系统提供的信息，由ATO子系统自动驾驶运行。

在 ATC 系统发生故障时，行车指挥方法和列车运行控制方式改变如下：

① ATS 子系统发生故障，改为调度集中控制，由行车调度员人工控制全线的信号与道岔、办理列车进路和调整运行秩序。

② ATP 地面设备发生故障，因 ATO 车载设备接收不到限速命令，无法按自动闭塞法行车。在小范围的设备故障时，可由行车调度员确认故障区间空闲后，向驾驶员发布命令，列车在故障区间限速运行；如发生大范围的设备故障时，须停止使用自动闭塞法，实行电话闭塞法行车，改为车站控制。

③ ATP 车载设备发生故障，因故障列车无法接收限速命令，该列车驾驶员应按调度命令，人工驾驶限速运行。

④ ATP 子系统和车站通信设备同时发生故障，采用时间间隔法行车。

⑤ ATO 子系统发生故障，列车改为人工驾驶，在 ATP 车载设备的监护下，按车内速度信号显示运行。

(2)改为车站控制时

凡发生下列情形之一时，根据行车调度员的命令，由调度集中控制改为车站控制。

① 对所管辖的道岔或信号失去了控制作用时。

② 表示盘上失去了复示作用或不能正确复示时。

③ 停止使用自动闭塞法时。

④ 清扫道岔时。

⑤ 列车运行或调车有关工作必须由车站办理时。

当调度集中控制改为车站控制时，在行车调度员的指挥下，由车站行车值班员办理闭塞、准备进路、开闭信号和接发列车。

(3)改用时间间隔法时的行车时

由于自然灾害或其他原因使车站一切电话中断，车站行车值班员无法与控制中心、邻站取得联系，为了不间断行车，双线区间可改用时间间隔法行车。

此时，行车作业办法与要求如下：

① 车站行车值班员指定改用时间间隔法的第一趟列车驾驶员，将实行该情况通知有关车站。

② 除线路两端折返站外，中间站道岔一律置于正线列车运行位置，如车站行车值班员无法在控制台上确认道岔位置或转换道岔，必须随车就地确认或办理。

③ 出站信号机置于停车信号显示，列车进入区间的行车凭证为红色许可证，凭发车手信号发车。

④ 两列车的间隔时间和列车运行速度应符合要求。

(4)夜间施工时

夜间施工是城市轨道交通系统生产活动的重要组成部分。运输调度部门既要按照批准的施工计划，保证设备维修更换、线路扩建工程等夜间施工任务顺利完成，又要保证次日运输生产能正常进行。为此，夜间施工时的行车应按有关作业办法与要求组织。

① 行车调度员应认真核对当夜施工计划，对施工内容、地点和方法做到心中有数。目前上海规定：如施工负责人在23点前未与行车调度员确认夜间施工，视为施工计划自行取消，行车调度员不予安排。

② 行车调度员在23点后将施工命令下达给有关车站值班员和信号楼值班员，重点车站应做重点布置。行车调度员应保证施工时间，并在施工过程中与施工负责人保持联系。

③ 需向施工封锁区间开行施工列车时，列车进入封锁区间的行车凭证为调度命令。调度命令中应包括列车车次、运行速度、停车地点、停车时间、到达车站等有关事项。向施工封锁区间开行施工列车，施工地点每一端只准进入一列。施工列车进入施工地段时，应在施工防护人员显示的停车手信号前停车，根据施工负责人的要求，按调车办法，进入指定地点。

④ 施工列车应按闭塞方式运行。当一个区段一条线路上，只有一个列车往返多次运行时，可采取封闭区间运行的办法。

### 15.3.4 运行质量分析

运营分析是指对运营生产各项指标的原因进行分析和重大运营事件的影响程度分析，包括了过程分析、日分析、月分析、半年/年度分析四级分析，还包括特殊运营活动的专题分析。

运营分析一般包含以下内容：

1. 正点率，兑现率，列车加开、运休情况，运营里程；
2. 换车情况、载客通过、清客、列车救援、严重晚点、反方向运行情况；
3. 设备故障、列车故障情况；
4. 施工完成情况；
5. 各种记录报表及运营指标的评比考核工作。

调度所定期(例如每月、半年/全年)对该阶段的各项运营指标、安全生产和施工检修等情况进行分析、统计，并做出相应的报表，以积累资料，为运营决策部门改进日常运营组织方案提供必要的依据。

1. 建立运营过程分析控制制度，由当班调度员对列车运行图完成情况及晚点原因进行及时分析并记录。

2. 控制中心建立日分析制度，由运营主管对上一日列车运营情况进行分析评估。

3. 运营技术管理部代表总调度所对每月运营指标的完成情况、安全生产和施工检修进行分析统计，对影响上述工作完成的因素，做好分析、总结，并提出解决的办法。

4. 设备运用分析、施工分析采用月分析制度，由运营技术管理部完成。

5. 半年/年度分析由运营技术管理部完成，对半年/全年内运营生产各项指标的完成情况进行专项统计，分析运营生产规律性，指出存在的主要问题和解决办法。

专题分析是对某一特定任务组织专题分析，以便指导行车调度员更好完成任务或进行总结。如上海地铁主要就以下几个方面进行专题分析：

1. 每发生一次 5 min 以上晚点，班组要及时进行专门讨论、分析，找出问题的根源。

2. 发生 7～10 min 以内晚点，由控制中心组织当事班组进行分析。

3. 因设备故障或人身伤亡事件发生 10 min 以上晚点、调度班组必须填写严重事件专报，由运营技术管理部调查事件经过，组织专题分析，在 2 个工作日内提出分析意见。

4. 发生 15 min 以上严重晚点或各类事故，调度班组填写《严重事件专报》，由主管运营的所领导组织运营技术管理部、控制中心相关人员调查事件过程，召开分析会，在 2 个工作日内提出专题分析报告，对有责任的事件提出整改措施，并组织各部室落实。

5. 在新设备、新运行图启用或特定的运输任务前，必须进行专题研究、分析评估。

6. 遇有演练、重大运营活动等，由运营技术管理部对其结果及时进行分析。

## 15.4　客运服务

### 15.4.1　客运服务流程

城市轨道交通系统的运行目的是不间断地运送乘客安全、准时地到达目的地，它在完成为乘客服务的同时，也在不断地产生城市轨道交通的产品——乘客人公里，而这也是运营企业主要的经济来源。

城市轨道交通客运组织流程根据乘客“购票、检票、候车、乘车、验票、离站或换乘”车站活动，可以分解为以下具体作业流程：

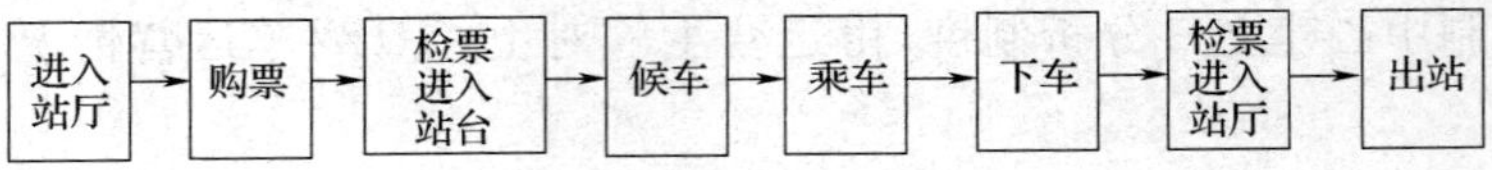


**1. 进站**

乘客搭乘城市轨道交通，首先需弄清附近城市轨道交通车站的位置，然后通过出入口进入。为此需要明确乘客需求，以确定设施设置原则。

(1)乘客需求

① 车站位置合理；

② 到城市轨道交通车站的距离短；

③ 方便到达城市轨道交通车站；

④ 城市轨道交通出入口容易找到；

⑤ 城市轨道交通引导系统指示明确。

(2)设施设置原则

① 出入口以最大限度吸引客流为准则；

② 出入口与公交车站换乘方便；

③ 城市轨道交通标志醒目，指示牌设置合理。

**2. 问询处**

搭乘城市轨道交通的乘客可分为一般购票乘客，老人、学生等特殊乘客及残障人士。其中购票乘客可分为熟悉城市轨道系统的乘客，如购 IC 卡的本地乘客；不熟悉城市轨道系统的乘客，如购单程票的外地乘客、旅客、搭乘地铁次数不多的本地乘客。一般情况下，询问的乘客多为不熟悉城市轨道交通的乘客。

(1)乘客需求

① 位置合理、醒目；

② 引导指示明确，标志醒目；

③ 规模结合乘客特点；

④ 询问人流不干扰其他人流。

(2)设施及服务要求

① 询问处服务窗口的多少、等候面积；

② 需根据不同车站的乘客特点，设计不同询问处的形式；

③ 服务人员要服饰整洁、热情周到、礼貌待客、服务规范。

**3. 购票**

进入车站付费区的乘客均需持有城市轨道交通车票，持单程票的乘客每次进入车站均需购票。持储值卡的乘客，需根据实际情况进行充值。

(1)乘客要求

① 非付费区设有售检票机、票务宅；

② 位置合理，处于进站的流线上；

③ 引导指示明确，标志醒目；

④ 最好设有零钞兑换机；

⑤ 售检票机、人工售检票工作台数量合理，购票等候时间不长。

(2)设施的设置

① 售检票机、票务室设置的数量；

② 根据不同车站的乘客组成特点及乘客舒适的购票时限而设计所需的空间，设计前需分析乘客组成特点。

**4. 检票**

乘客购票后，将所持车票送入闸机检票口；经检票无误后，闸机开放，让乘客通过闸机进入付费区。

(1)乘客需求

① 迅速找到闸机；

② 能快速通过闸机。

(2)对设施的要求

① 位置醒目，指示明确；

② 闸机的通过能力与客流量相匹配；

③ 闸机数目、进出的配置需根据不同车站的乘客组成特点。

**5. 候车**

乘客过闸后，进入付费区，到站台等候列车到达。

(1)乘客需求

方便到达站台，舒适候车。清楚明了现在所处的位置及需搭乘列车的方向和车次。

(2)对设施的要求

① 站台应设有明显的候车安全线——广播提示乘客在列车未进站停稳、车门未完全打开之前，不要越过安全线，以防发生意外事件。

② 采用广播系统，预报——车站通过广播为乘客预报下次进站列车的方向。已经有两种新的设备投入运用，一种是自动广播系统：当后续列车驶入接近区段时，广播系统自动工作；另一种为在站台设置同位显示器，向乘客预告列车运行情况。

③ 安装屏蔽门——屏蔽门可为乘客提供一个舒适的候车环境，又能保障乘客在站台的候车安全。

④ 舒适的候车环境——空间宽阔，压抑感少，灯光照明配置合理，减少噪声干扰，空调气流组织舒适；引导指示系统醒目清楚；广告位置合理，不干扰引导指示

系统。

**6. 列车旅行**

(1)乘客需求

列车运行平稳，车内整洁舒适，能随时了解列车的运行情况。

(2)客车要求

① 客车外部运行方向标示明显；

② 客车内要有列车运行路线图展示，并标示站名；

③ 客车内要有与该线路相交叉的轨道交通网图及相交路线的运行时刻；

④ 客车上的管制标语(如:禁止吸烟等)也应该清楚标示；

⑤ 客车符合运行标准，车内灯光配置合理，座位舒适；

⑥ 客车广播信息及时、准确。

**7. 验票**

乘客乘坐轨道交通到站后，下车持票到闸机，验票出闸。乘客需求及设施设备的设置保持一致。

**8. 补票**

乘客到站验票过程要求手续简单、乘客对设施的要求:在付费区内设置;引导指示明确，容易找到;车票损坏或补车资等情况，需到票务室处理，等候时间短。

**9. 出站**

乘客验票出站后，通过出入口离开车站。

(1)乘客需求

① 方便出入；

② 方便到达目的地。

(2)乘客对设施的要求

① 车站在不同街区有出入口，出入口兼作过街隧道或天桥；

② 出入口靠近公交车站；

③ 出入口没在人流主要活动区。

**10. 换乘**

换乘的乘客从一个车站到另一个车站，通过通道或楼梯、扶梯或站厅换乘。

(1)乘客需求

① 换乘距离短、快捷；

② 换乘方向明确；

③ 通道照明适度、环境舒适；

④ 地下通道通风良好。

(2)设置要求

① 换乘通道短、直接；

② 引导指示清晰、明了。

### 15.4.2 客运服务质量

城市轨道交通系统虽然复杂，但只有客运服务工作才直接面对广大乘客，客运服务工作是直接反映系统运营管理水平的重要标志之一，也是反映城市文明程度的窗口。

**1. 乘客的位移需求及其对设施、服务的要求**

不论从企业的角度看，还是从乘客的角度看，要实现乘客满意，都需要成功地理解乘客需求。从运营实践中来看“乘客需求”有以下 3 个特点：

(1)乘客需求是多方面的

乘客选择城轨交通出行，要求购票方便，候车舒适、安全、便捷、车站服务良好等等。显然，其中安全与便捷是乘客出行最主要考虑的需求。在市场经济条件下，乘客总是选择最安全便捷、服务质量最好、价格相对便宜的交通路线作为出行的首选。当这些指标都比较接近时，服务质量就成为主要因素。

(2)乘客需求是有层次的

马斯洛需求层次理论表明不同层次有不同的需求期望值，同一层次不同用户，不同消费群有不同的爱好和需求。即使同一用户群在不同场合也会有不同的需求。需求的变化多体现在心理上的满足。

(3)乘客需求是不断发展的

随着生产水平的发展，乘客需求是不断变化、提高的。在市场经济条件下，乘客的出行，促进了城轨交通企业的生产和发展。企业既要重视乘客当前主要层次的显性需求，更要着眼于即将来的潜在需求，同时要认真理清客流出行需求量的变化，从中总结出过去——现在——将来的需求发展规律。

**2. 客运服务艺术**

在满足了客运服务的基本要求之后，企业追求的是更高的服务质量，更高的乘客满意度。要达到这一目的，就需要有技巧地提供服务，也就是讲究服务艺术。

我们通常所说的“服务艺术”，实际是指在劳务活动中为满足服务对象某种特殊需要所运用的具体方法。讲究服务艺术，就是讲究服务方法，它追求的是良好的服务动机与良好服务效果的统一。

(1)掌握乘客的心理

科学的服务方法来自对服务工作客观规律的正确认识。客运服务人员的服务对象是乘客，在乘客旅行过程中，乘客的各种愿望和要求是受心理支配的，各种外界的条件变化又直接影响着乘客心理，客运服务人员需要掌握乘客的心理活动规律，增加服务工作的有效性，提高服务工作的预见性。

① 让乘客及时乘上车，是乘客最基本的需要

乘客的基本需要是及时乘上车。因此，我们每一个客运服务人员都要从满足乘客的基本需要出发，急乘客所急，想乘客所想，尽责守职，做好本职工作，满足了乘客及时乘上车的愿望，体现一心为乘客着想的良好的职业道德品质。

② 关心安全，方便乘行，满足乘客的普遍性需要

乘客的普遍性需要是安全和方便。对城市轨道交通客运服务人员来说，要时刻关心乘客的乘行安全，尽力为乘客提供各种乘行的方便，以此满足乘客的普遍性需要。

客运服务人员要时刻留意乘客的动态，及时发现不安全因素，对乘客的不安全行为给予必要的提醒和劝阻。列车进站时要提醒乘客不要拥挤，劝阻抢上抢下；开关车门时要提醒乘客不要手扶车门。尽自己的所及，积极防止因各种原因造成的乘客跌伤、压伤、挤伤等事故。总之，客运服务人员在任何情况下都要以对乘客高度负责的精神，关心乘客的乘行安全。

客运服务人员为乘客提供乘行方便，需要做好在乘行中购票、等车、上车、乘车、下车、进站、出站等一系列乘行环节的服务工作。

③ 体贴照顾，热情周到，满足乘客的特殊需要

老、弱、病、残、孕及怀抱小孩或其他一些特殊困难人群是客运服务人员重点服务的对象。由于这些乘客的自理能力或活动能力都不及一般乘客，对乘行的方便往往都有特殊的需要。因此，热情而周到地为他们服务，城市轨道交通客运服务人员应尽力满足需要。

满足乘客的特殊需要，要求客运服务人员首先要能了解这些特殊乘客的困难和不便，体贴他们的难处，从感情上激发起为他们服务的热情，其次还要尽力设法予以特殊照顾，积极为他们排忧解难。对老、弱、病、残、孕等特殊乘客，客运服务人员要特别注意他们的上下车安全，有条件的最好能搀扶一下；由于他们的行动都比较迟缓，其中有些耳目不便的，客运服务人员就要对他多留心一点。对一些残疾乘客，客运服务人员还要注意说话用语，不要伤害他们的自尊心，以免产生不快。这些乘客特殊需要的满足，对于我们客运服务人员虽然是麻烦了一些，但它却最能体现我们社会主义社会人与人之间相互关心、相互照顾、团结友爱的平等互助关系，不仅是我们服务工作的需要，也是社会主义精神文明建设的需要。

(2)讲究语言技巧

规范用语是讲究语言技巧的前提，是服务岗位的基本要求。而运用技巧性的语言满足乘客的服务需求是讲究服务艺术，提高服务质量的要求，是在规范用语的基础上所能提供的高水平服务。

① 语言亲切

客运服务人员的服务是否到位，一方面要看服务是否主动周到，另一方面就要看客运服务人员的说话语气是否亲切、热情。

② 商量口气

客运服务人员与乘客是服务和被服务的关系，因此客运服务人员对乘客说话不能有“命令式”的口气，要用商量的口气希望乘客配合自己的工作。

③ 言辞委婉

客运服务人员在向乘客解释一个问题的时候，言词不能有责备的口气，应以委婉的言词达到提醒乘客，让乘客得到理解。

④ 恰到好处

客运服务人员在处理乘务矛盾时，说话办事要恰到好处。不该说的话不说，不该做的事不做，不该多说话的时候要控制少说几句。

⑤ 留有余地

客运服务人员在乘务活动中说话办事，都要给乘客或自己留有余地，不说绝对的话、不办没有余地的事，不给自己带来被动的局面。

⑥ 语言幽默

幽默语言是要求客运服务人员在向乘客解释问题的时候，能让乘客听了感到心情愉快、容易理解、乐意接受。

⑦ 注意自责

客运服务人员在乘务活动中出现乘务矛盾时，不要首先责备乘客，而要首先讲自己有什么不足之处，然后再向乘客解释问题，从感情上化解矛盾。

⑧ 顾全大局

客运服务人员在处理自己与乘客发生乘务矛盾的过程中，要从保护乘客的利益、维护公交企业信誉这个大局出发，宁可自己受点委屈，也要妥善处理好在工作中发生的一些乘务矛盾。

(3)坚持“以理服人，得理让人”的服务原则

乘客与客运服务人员之间发生的矛盾，部分是由于误会或是客运服务人员工作的疏忽造成的，这时，只要我们客运服务人员能耐心解释或虚心道歉，以诚恳的态度取得乘客的谅解，矛盾完全可以消除。对此，大多客运服务人员是知理的，也是能够做到的。

“以理服人，得理让人。”是城市轨道交通职工在长期服务工作实践中总结的一条经验。它主张城市轨道交通职工在是非矛盾面前要心平气和，有礼貌的说理；有了理，又要本着缩小矛盾的态度宽以待人，做到得理让人。俗话说：“人非草木”，对一般无理的乘客，只要他不是故意侮辱人，不是要野蛮、要流氓，客运服务人员对其

坚持耐心诚恳的态度，始终对他们保持信任和尊重，以争取他们态度的转变还是可能的。

客运服务人员在服务工作中坚持“以理服人，得理让人”的服务原则。能有效地避免一些矛盾的产生。要提倡“你发火，我耐心，你粗暴，我礼貌；你埋怨，我周到，你有气，我热情”的处事态度，以我们的实际行动创造文明和谐的乘车环境，促进社会风气的改善。

## 思　考　题

1. 城市轨道交通运营管理工作主要由哪些部分组成？

2. 什么叫做线路满载率，并调查所在某一特定城市轨道交通线路的线路满载率为多少？

3. 什么是列车交路，列车交路有哪几种，各自特点是什么？

4. 简述列车周转时间的定义及计算方法。

5. 根据下表已知条件计算最大断面客流量

| 起\终 | A | B | C | D | E | 合计 |
|---|---|---|---|---|---|---|
| A | 0 | 7 019 | 6 098 | 7 554 | 4 878 | 25 549 |
| B | 6 942 | 0 | 1 725 | 4 620 | 3 962 | 17 249 |
| C | 5 661 | 1 572 | 0 | 560 | 842 | 8 635 |
| D | 7 725 | 4 128 | 597 | 0 | 458 | 12 908 |
| E | 4 668 | 3759 | 966 | 473 | 0 | 9 866 |
| 合计 | 24 996 | 16 478 | 9 386 | 13 207 | 10 140 | 74 207 |

6. 列车运行图的内涵是什么？列车运行图的要素有哪些？如何确定？

7. 城市轨道交通系统的调度工种有哪几种？各自的职责范围是什么？

8. 试述特殊情况下的列车运行组织方法。

9. 请简述城市轨道交通客运组织流程。

# 第 16 章　城市轨道交通自动售检票系统

城市轨道交通自动售检票系统(Automatic Fare Collection,以下简称 AFC 系统)是指基于计算机、通信、网络、自动控制等技术,实现轨道交通售检票、检票、计费、收费、统计、清分、管理等全过程的自动化系统。

城市轨道交通自动售检票系统(AFC 系统)是城市轨道交通系统运营的核心子系统,该系统综合了机械、电子、通信、计算机等学科,替代传统的人工售检票,实现了城市轨道交通运营环境中售检票、进站检票、出站检票、票务数据统计和处理等环节的自动化,杜绝了人为因素的影响,体现了地铁票务管理的现代化水平,同时也极大地方便了乘客。

城市轨道交通自动售检票系统(AFC 系统)的实现,是为了能更好地提高运营管理水平和工作效率,做到合理收费、方便乘客、树立良好的服务形象,而成为整个轨道交通系统中的一项重要组成部分,它是随着计算机技术的成熟而发展起来的,通过计算机集中控制的自动售检票、自动检票以及自动收费,来达到自动化管理的目的。它的崛起和发展使城市轨道交通设备的技术水平和运营管理水平跃上一个新的台阶。

城市轨道交通自动售检票系统(AFC 系统)利用先进的计算机技术和设备,运用现代化的票据介质,使轨道交通的售检票方式由人工转向自动,它是建立在丰富的信息基础之上,有一个高度集成的中央数据处理和控制系统给予支持,该系统可以提供实时的客流票务和收益信息,灵活的控制能力,多种分析图表和财务报告,满足系统发展最新的要求。从乘客角度来讲,可以带来更多的方便和可靠的结算方式;从运营的角度来看,可以提高乘客流通量,改善服务,并且减少现金交易,防止舞弊行为,能为决策层提供详实的统计数据,来进一步完善运营组织制度和提高经济效益。

## 16.1　AFC 系统技术的起源及发展历程

### 16.1.1　国外 AFC 系统技术发展

国际上第一个轨道交通自动售检票系统(AFC 系统)于 1967 年在法国巴黎地铁开通,最初的 AFC 系统采用磁介质票。20 世纪 70 年代后,世界主要城市的轨道交通，如墨西哥、圣地亚哥等都装备了自动售检票或检票系统。此后，在轨道交通 AFC 系统中，各种先进技术不断涌现并得到应用。1974 年，美国旧金山城市地铁票务系统(BART)率先在收费系统中使用电子钱包，1982 年中国香港地铁票务系统(MTRC)在国际上率先采用可循环使用的磁卡票，1993 年，香港地铁用接触式 IC 卡取代磁卡票。随着制票技术的发展，出现了多种轨道交通应用技术体系，主要有基于一维条码的纸质票人工售检票系统、基于二维条码的纸质票自动售检票系统、一次性磁票自动售检票系统，循环使用的磁票自动售检票系统、非接触式 IC 卡票自动售检票系统等。

**1. 莫斯科地铁**

莫斯科地铁是世界上规模最大的地铁之一。1996 年，莫斯科地铁全面安装自动售检票系统，到了第二年自动售检票系统使用第一代磁卡车票，2000 年引入非接触式智能卡，莫斯科地铁采用单一票价，车票类型包括单次车票、月票、季票、年票以及学生票。它的售检票系统安装了 2 200 台磁票和 CSC 验票机、CSC 票的终端 270 台、600 台车票编码终端、270 个车站服务器、270 个 LAN 通过光缆与中央交易处理和报表系统连接、处理中央设备具有高性能的计算机。随后，莫斯科地铁在发展中采用了计程车票替代单一票价，并采用储值票。整个地铁自动售检票系统的关键软件包括：验票软件、车站管理和通信服务器、CSC 票信息处理终端软件、中央交易处理和报表软件、自动售检票机软件(离线)等。

**2. 日本地铁**

而与中国相邻的日本地铁也是发展得较为迅速、成熟。在我国轨道交通售检票系统的发展中有很多值得借鉴的地方。如东京地铁的售检票系统有可承担的客流量大、系统内采用的票种多、收益清分统一简捷、换乘处理灵活、乘客操作方便、终端设备的维护工作量大这些特点。其轨道交通的售检票系统是以车站为基本单元构成，车站汇总计算机负责收集交易数据。它的换乘方式也是多种多样的，大致有，购买到达换乘车站的单程票或者到达目的的车站单程票。由于乘客换乘可能是在同一公司的不同线路之间换乘，也可能是在不同公司之间的线路换乘，针对不同的换乘方式，东京地铁也采用了不同的清分方式，这样可以更有效地提高运营清分的效率。

国外的政府在轨道交通建设时，对 AFC 系统建设尤为重视。如日本、韩国的 AFC 系统开发历程中，就是由政府给企业提供资金，限时完成。韩国汉城、釜山早期使用的 AFC 设备选用的欧洲国家的产品，系统运行后，承包商售后服务不能保障，韩国政府就指令三星公司去完成，这样使韩国的 AFC 系统不仅很快实现了国产化，而且还有能力参与国际市场竞争。

应用技术发展的同时，AFC 系统的硬件设备，特别是专用设备，如自动售检票机(TVM)、自动检票机(AG)、窗口制票机(TIU)等也在发展。TVM 对硬件模块的集成度越来越高；AG 的门控技术从三杆式到拍打式、剪切式，适应不同场合、不同环境的需要；TIU 制票技术向支持多票种(条码、磁、IC 卡)打印、多票卷方向发展。

### 16.1.2 国内 AFC 系统发展及现状

我国的轨道交通建设和发展虽然已经有一百多年的历史，但自动售检票系统起步却是较晚的。第一条地铁从 1965 年在北京开始建设，机电设备完全是国产品，从运营开始，一直延续到 20 世纪 90 年代仍人工进行售检票作业，车票介质为纸质，此时国内尚未见 AFC 称谓。随着上海地铁的建设，于 20 世纪 90 年代开始了自动售检票的探索，到 1999 年上海和广州地铁从美国 CTS 公司引进自动售检票系统，使用磁卡车票。

为了引导城市轨道交通的良性发展，1998 年以来，国家相继出台了实施城市轨道交通装备国产化工作的有关政策性文件。但 AFC 系统属于计算机技术、机电一体化技术、射频技术于一体的系统工程，而有关 AFC 系统投资构成的统计显示，需要进口的服务器、操作系统、数据库等约占 AFC 系统设备总投资的 26%，因此，国内厂家将 AFC 系统装备国产化定位于终端设备。几年来，在有关方面的共同努力下，城市轨道交通 AFC 系统国产技术装备与应用系统从无到有，从小到大，有了突破性的进展。AFC 系统也经历了从引进阶段到国产化时期的蜕变，其中上海轨道交通的 AFC 系统发展走在各城市的首列。

**1. 上海 AFC 系统**

上海城市轨道交通经历了试验、引进、国产化三个阶段。

第一阶段：试验时期(1994 年～1996 年)20 世纪 90 年代初期，上海轨道交通 1 号线建设伊始，就开展了 AFC 系统国产化的试验，但由于配件和工艺缺失以及产业不配套等因素，未能达到预期效果。但这次试验对日后 AFC 系统的引进和后续国产化工作起到了重要的借鉴作用。

第二阶段：引进时期(1997 年～2003 年)1996 年 10 月与美国 CUBIC 公司签定合同，CUBIC 公司负责设计、生产制造、安装、调试、开通，是一项“交钥匙”工程，于 1999 年 3 月 1 日正式开通运营，实现了购票、检票、计费、统计全过程自动化，是国内第一套投入商业运营的 AFC 系统。车票媒介有二种：1)单程票采用循环使用的薄卡型塑质磁票；2)储值票采用当时国际上先进的非接触式智能卡 CSC。这套 AFC 系统体现出了高效便捷的特点，其运营和管理水平已步入了国际先进行列。但是，完全依靠进口的种种弊端也逐渐显现出来，如造价昂贵、维护保养费用高、国外企业的关键技术不公开，造成系统的维护和升级困难、备品备件不足、售后服务难以及时保障等，实现 AFC 系统国产化势在必行。

2000 年，上海轨道交通 2 号线开通，与上海轨道交通 1 号线 AFC 系统共享一个中央计算机和系统，在 AFC 系统和设备国产化的基础上，先后研究和开发出自动查询机、双向自动检票机、具有纸币购票和纸币找零等功能的智能自动售检票机等等。为实现上海市城市公共交通"一卡通"，美国 CUBIC 公司对上海轨道交通 1 号线 AFC 系统的非接触式智能卡和读写器的应用软件进行改造，并在年底完成非接触式智能卡和读写器的更换工作，同时，实现了上海地铁运营公司与公共交通卡公司的交易数据与财务结算。

2003 年 10 月，上海轨道交通 3 号线西班牙 INDRA 公司和上海华虹集团联合中标，基本实现了"主体设备及系统集成引进，应用软件本地化"的目标，上海轨道交通 3 号线的 AFC 系统于 2003 年 11 月 1 日正式投入运营，迈出了国产化的第一步。上海华虹集团组成的投标联合体中标，国产化要求作为一项重要内容写入了合同；并特别在合同中明确约定，国外供应商应保证系统软件不低于 60% 的部分由国内企业完成，其中，单程票使用一次性卡型纸质磁票。

第三阶段：国产化时期(2004 年开始)在经历了国内组装、部件配套、合作开发等阶段之后，国内企业开发能力和经验不断提高，初步具备了独立设计和建设能力，AFC 系统国产化工作取得了重大进展。在上海轨道交通 1 号线北延伸段 AFC 系统的招标中，上海华虹集团胜出，成为该项目的总承包商，从而结束了该领域外国供应商一统天下的垄断局面。这是在上海轨道交通运营商的支持下，我国第一条国产化的自动售检票系统，车票采用与原上海轨道交通 1 号线兼容的薄卡型塑质磁票，并且首先实现与国外引进的自动售检票系统"一票通"、中央系统间互联和交换数据。此系统的建成不但克服了诸如造价昂贵、运营费用高、系统的维护和升级困难、售后服务难以及时保障的种种弊端，也培育了一批有实力的系统设计、集成商以及终端设备和配套部件生产制造商，还实现了非接触 IC 票卡相关集成电路的自主设计、制造和封装的国产化。

**2. 北京 AFC 系统**

北京城市轨道交通从 1969 年 10 月 1 日第一张"参观券"开始，纸票历经了 7 代的转变。2008 年 6 月，北京地铁开始启用广电运通提供的 AFC 系统，承载了 38 年使命的地铁有价纸质车票由此结束，普通车票采用单程一次性 IC 卡。在北京奥运期间，广电运通为北京地铁 1、2 号线和八通线提供的 AFC 设备一直稳定可靠运行，经受住了奥运会开、闭幕式全天候 24 h 运行和超大客流量的重大考验，各项重要指标均领先于其他地铁线路的由几家外国品牌提供的 AFC 系统的设备。新的《北京市轨道交通 AFC 设计实施导则》正式实施，此后，北京新地铁线的 AFC 设备会全部统一，全线网通用。7 条新线 AFC 系统的国产化率将从现在的 40% 大幅提高到 60%～70%。在部分新线上，力争实现 100% 国产化。

**3. 广州 AFC 系统**

广州地铁1号线和2号线AFC系统于1998年首期5个站投入使用，并于1999年初全线投入使用。该系统采用非接触IC卡技术，使广州地铁的收费和检票真正实现了数据化和自动化。广州地铁1号线和2号线的AFC系统原由美国摩托罗拉公司承建，后由韩国三星数据公司接手该项目，单程票采用TOKEN技术。广州地铁3号线和4号线也在2005年底和2006年初开通，AFC系统分别由韩国三星数据和新加坡科技承接。

**4. 其他城市 AFC 系统**

香港地铁(MTR)始建于1975年，1979年首条线路开通运营，并采用了AFC系统，现有6条线路，线路网络全长87.7 km，共有49个车站，每天运营长达19 h，每天乘客量超过230万人次，已成为香港客流交通的重要通道，是世界上最繁忙的城市轨道系统之一。香港地铁AFC系统采用了美国的Cubic公司，法国的Alcatel公司，瑞士的Ascom公司和澳大利亚的ERG集团等公司产品。单程票采用磁卡，储值票采用SONY公司Felica非接触式IC卡，即八达通(Octopus)卡。香港的八达通系统于1997年9月投入运行，它采用SONY公司的第一代FELICA卡，由澳大利亚ERG公司负责系统集成，系统除涵盖公共汽车、轮渡、轻轨、地铁等运输行业外，目前已经扩展到停车场、游泳池、美心快餐、七十一便利店等地方的小额消费。至2001年4月止发卡量达720万张，每天的交易量达500多万笔，交易金额也高达4 000多万港币。香港地铁AFC系统中应用软件系统是在不断兼容旧终端设备和旧应用软件系统的基础上逐步发展的起来的，现在采用的应用软件系统是ERG集团在集成香港八达通收费系统时，将地铁的AFC系统作为一个服务对象进行升级改造的。从终端设备和应用软件的应用来看，香港地铁采用了很复杂的地铁AFC系统，不同公司的产品在同一个系统中集成，在技术上难度大，在软件维护和硬件维护维修上要求高素质的技术人员；但在终端设备的稳定和可靠程度上高度集成了不同公司的优势，终端设备和应用软件系统供应打破了垄断局面，是香港地铁AFC系统稳定发展的一个重要原因。

深圳地铁将淘汰原有的公交IC卡系统，推动“深圳通”，与香港八达通互通。深圳地铁已完成1号线和2号线的建设，其AFC系统由深圳市现代计算机有限公司承接。

天津地铁AFC系统选择了西班牙泰尔文特公司的产品，跟上海3号线目前使用的设备同属一国产品。

南京地铁1号线AFC系统由法国THALES和南京熊猫电子股份有限公司联合承建，采用欧洲最先进的TOKEN技术，实现公交、地铁的城市一卡通。

武汉地铁1号线一期工程的AFC系统建设为国内招标，采用国内深圳市现代计算机有限公司系统，系统国产化率达到70%以上，大部分设备为国内采购。在票卡的使用上，分为单程票和储值票两种，全部采用非接触式票卡。目前储值卡的使用率为30%。

目前，可以提供AFC终端设备与应用系统的国内厂家各有所长，总体上具备承担AFC系统集成的技术与工程的能力，但高档服务器与主要网络设备和操作系统、数据库等系统软件，以及AFC终端设备的关键部件(纸币识别器、纸币找赎装置、闸机机心等)尚需进口。

## 16.2 AFC系统结构及特点

### 16.2.1 AFC系统结构

AFC系统包括票卡媒介、车站终端设备、车站计算机系统、线路中央计算机系统以及中央计算机系统5个层次的设备。

**1. 票卡媒介**

票卡媒介是指乘客用以作为乘车凭证和付费手段的介质，一般有纸基磁卡、塑性磁卡、CSC卡等多种不同形式，存储有不同的车票编码信息。

票卡媒介在AFC系统的底层，它决定了AFC系统的车站终端设备技术类型及系统的处理方式，决定了系统技术的先进性。

**2. 车站终端设备**

车站终端设备是系统直接面向乘客、提供服务功能的前端设备，包括检票闸机(进站、出站)、半自动售检票机、自动售检票机、验票机、手持式验票机等。

车站终端设备层位于每个车站的站厅层，一方面，AFC系统通过车站设备引导、约束乘客的售检票、检票行为，体现运营管理者制定的业务规则；另一方面，AFC系统通过车站终端设备获取各种票务、客流、交易等运营数据和设备运行状态。

**3. 车站计算机系统**

车站计算机系统由车站网络服务器、车站工作站、网络设备、紧急报警系统及UPS不间断电源等组成。

车站计算机系统一般位于车站的车控室，是车站级的管理核心，它能够接收来自中央计算机或车站管理人员的控制命令或运行参数，并将该命令或参数下达给车站设备执行，以达到控制、管理车站设备的目的，另外，车站计算机还能够收集并向中央计算机上传车站设备的信息，包括票务、客流、交易和状态等，产生车站级的报告，以达到正确进行账务结算、统计分析等目的。

**4. 线路中央计算机系统**

线路中央计算机系统由线路中央服务器、线路中央工作站、网络设备、紧急报警系统及UPS不间断电源等组成。

线路中央计算机系统一般位于该线路的中央控制室，是线路级的管理核心，它能够接收来自中央计算机的控制命令或运行参数，并将该命令或参数下达给车站计算机系统执行，以达到控制、管理本线路车站计算机系统的目的，另外，线路中央计算机还能够收集并向中央计算机上传本线路各车站设备的信息，包括票务、客流、交易和状态等，产生线路级的报告，以达到正确进行账务结算、统计分析等目的。

**5. 中央计算机系统**

中央计算机系统位于AFC系统的最高层，由中央主机、各操作工作站、报表工作站、远程维修工作站、计算机网络设备及UPS不间断电源等组成。

中央计算机系统一般位于该运营商的票务中心，是AFC系统的核心，它实现对AFC系统内的所有设备的监视、控制，实现系统运作、收益及设备维护集中管理功能，实现对系统数据的集中采集、统计及管理功能，提供系统主时钟，并且提供与外部系统的数据交互接口。

本章将重点介绍票卡媒介和车站终端设备。

### 16.2.2 AFC系统的工作模式

AFC系统为适应于运营需要，设有多种不同的运营模式。常用的模式有进出站免检模式、超程免检模式、日期时间免检模式和列车故障模式等。车站、中央工作人员可以根据权限通过计算机下达模式切换命令。

基于公共交通的安全考虑，AFC系统还留有紧急命令外部接口，可以快速下发命令使整个AFC系统进入紧急放行模式，便于乘客的快速疏散。

通常AFC系统采用的两种方式：

方式一，车站车控室内安装紧急按钮。遇到突发事件，管理人员可以及时按下紧急按钮，使车站进入紧急放行模式。

方式二，AFC系统与消防报警系统建立命令接口，一旦发生火灾报警，AFC系统进入紧急放行模式。

一座城市的轨道交通系统（网络）每天要面对数十万乃至数百万的乘客，并负责将他们从其出发站输送到目的站，同时使每一位乘客在从购票乘车到下车出站的全过程中都感到满意，这是轨道交通运营管理的宗旨。

### 16.2.3 AFC系统的特点

AFC系统是一个封闭式的计程计时的自动收费系统，它广泛利用了现代计算机技术和通信技术，是个设备自动化水平很高的集成项目，成为地铁乃至整个城市现代化水平的一个重要标志。该系统可以为地铁运营单位带来以下优点：

**1. 方便乘客**

那些长期乘客可以通过使用多程票或智能卡来避免每次购票的麻烦，尤其是在一个城市的所有公共交通中实行“一卡通”，更为乘客提供了出行的便利。

**2. 有效地减少乃至消除员工舞弊、欺诈行为**

AFC系统能提供准确的票务审计功能，可以随时进行细到对某一台设备或某一个操作员的查账；使用最新的、可靠的安全密码技术，可以防止任何欺诈行为的发生。

**3. 提供灵活的票价政策**

AFC系统可以按照乘车里程及时间实行多级票价政策，以参数表的形式下载至每台设备执行，若要实施不同的票价方案，只须修改相应的参数表即可。

**4. 为城市各个公交运营单位之间的票务清算提供准确依据**

系统记录了每笔交易的明细，依据这些信息可以对每笔交易进行详细分账，从而能自动地快速完成各个运营单位之间的精确票务收入分配。

**5. 为城市公共交通规划提供准确的、客观的客流和票务统计依据**

公共交通规划建立在客流调查的基础上，每次客流调查都要花费大量的人力、物力，收集到的人工统计资料还往往不正确。AFC系统可以依赖每条交易的明细记录，算出乘客出行的OD表、运营线上的断面客流，从而客流统计、预测提供客观依据。

## 16.3 票 卡

票卡(即车票)是乘客乘坐轨道交通的有效凭证，记载了乘客从购票开始到完成一次行程所需和产生的费用、时间、乘车区间等信息，票卡(即车票)在AFC系统结构中位于最底层，是AFC系统中不可缺少的信息载体和信息交互的媒介。

### 16.3.1 票卡媒介

目前常见的车票媒介有三种：纸质、磁卡和智能卡。

**1. 纸质车票**

早期的轨道交通票卡常采用纸质车票，常见的纸质车票有普通纸票和条形码纸票。

(1)普通纸票：是将车票的所有信息都直接印刷在车票上，由票务人员视读确认。票面信息可以包括车票编号、出票站点编号、车票价格等信息。对购票者有明示作用，同时便于票务人员验证和确认，见图16.1。

(2)条形码纸票：是将车票的相关信息通过条形码编码储存，由条形码扫描仪完成信息识别，标识的信息只供读取而不能改写。

纸质车票不仅简单，也更具有实用功能，可限制在某一站出行、从某站至某站，

图 16.1　纸质车票

以及各车站通用等多种类型的车票，还有定额车票等等，其特点是：直观、简便、价格低廉，但安全性、数据保密性差，易被仿制。

**2. 磁卡车票**

磁卡车票(Magnetic Card)是一种卡片状的磁性记录介质，与各种读卡器配合作用。磁卡车票利用磁性载体记录了一些信息，用来标识身份或其他用途的卡片。

磁卡车票是由一定材料的片基和均匀地涂布在片基上面的微粒磁性材料制成的，一般一面印有相应的信息，如地铁运营公司的名称、公司标志、地铁线路信息、使用提示信息等等，还有便于设备信息识别的定位孔槽，见图 16.2、图 16.3 PVC 及纸质磁卡车票外形图。

图 16.2　PVC 磁卡车票

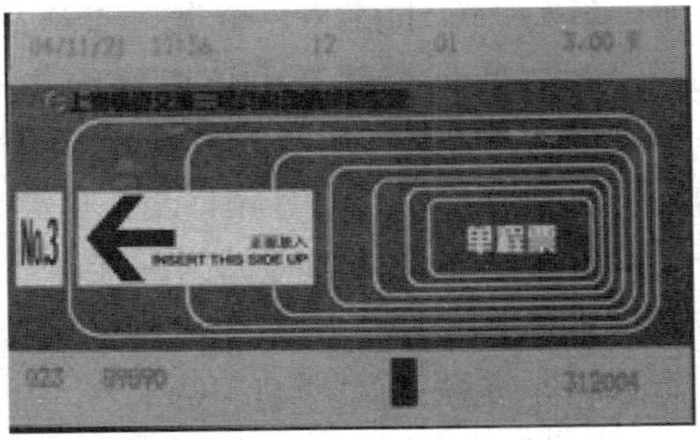


图 16.3　纸质磁卡车票

视使用基材的不同，磁卡车票可分为 PET 卡(涤纶树脂)、PVC 卡(聚氯乙烯)和纸卡三种；视磁层构造的不同，又可分为磁条卡和全涂磁卡两种。

由于磁卡车票由高强度、耐高温的塑料或纸质涂覆塑料制成，因此它的优点是能防潮、耐磨且有一定的柔韧性，携带方便，使用较为稳定可靠，成本低；可以方便地进行票卡生产；可以进行机读，提高自动化程度；磁卡系统，无电磁辐射，是绿色环保系统；AFC 系统采用磁卡运营的成本是最低的。

磁卡车票缺点是虽然磁卡可回收重复使用，但在再投入使用时，要对车票进行消毒；AFC 系统要频繁地对磁卡票进行接触式读/写，要对磁卡车票进行消磁和除尘清洗等工作；磁卡车票的 AFC 系统设备需要较精密的传输机构，机械结构复杂，精密度要求高，使设备造价较高，维护成本较大；记录容量小；磁条的读写次数有限，且读写容易出错或失败；容易受磁场强干扰而改变储存内容；磁条卡受压、被折、长时间磕碰、曝晒、高温，磁条划伤弄脏等也会使磁条卡无法正常使用。其密钥是随票携带的，易被仿制。

即便如此，磁卡车票还是在各国的轨道交通上被广泛应用。

**3. 智能卡车票**

智能卡又名 IC 卡(Smart Card 或 Integrated Circuit Card)，是将车票的所有信息储存在车票的集成电路中，由智能卡读写设备获取相关信息。

智能卡包含了微电子技术和计算机技术，作为一种成熟的高技术产品提高了人们生活和工作的现代化程度，已成为一个国家科技发展水平的标志之一。其特点是信息储存量大，并且可修改。

智能卡按读写方式可分为接触式智能卡和非接触式智能卡。

(1)接触式 IC 卡(CPU 卡)

接触式 IC 卡是将智能卡的绝大部分电气部件进行封装，而将与外部连接线路做成触点外露，按一定的规则排列接触电极，在进行读写操作时卡片必须插入读写器的卡座中，通过触点与读写设备交换信息。

接触式 IC 卡的芯片金属触点暴露在外，可以直观看见，数据存储在卡体内嵌的集成电路(IC)中，通过芯片上的 8 个触点可与读写设备接触、交换信息。接触式 IC 卡是镶嵌集成电路芯片的塑料卡片，其外形和尺寸都遵循国际标准(ISO 7816 标准)，外形图见图 16.4 所示。

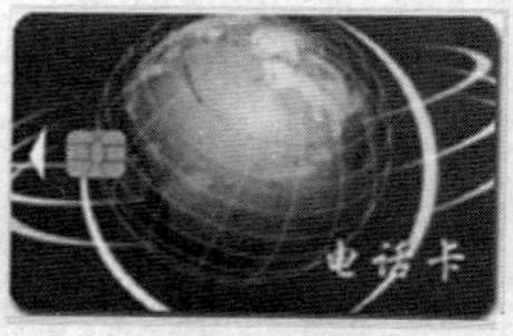

图 16.4　接触式 IC 卡外形图

(2)非接触式 IC 卡(CPU 卡)

非接触式 IC 卡的芯片全部封于卡基内，无暴露部分，通过智能卡的收发天线与读写设备交换信息。非接触式 IC 卡又称非接触式智能卡 CSC、“无触点 IC 卡”或射频卡，它将一个射频接口电路和感应天线集成到原有 IC 卡芯片中，并封装到塑料材质内，使芯片及天线无任何外露部分。它成功将射频识别技术和 IC 卡技术结合起来，通过无线方式传输能量和数据，解决了无源(卡中无电源)和免接触的难题，是电子器件领域的一大突破，是世界上近几年发展起来的一项新技术。

射频识别技术(Radio Frequency Identify)，是通过无线电波供给能量和进行数据的传递。其包含了微电子技术和无线通信技术，广泛的应用于近距离的通信和识别系统中。该技术的优势是信息的交换不需要卡和读卡器之间有任何接触。该种卡的存储容量一般在 256b 到 72kb 之间，目前最流行的技术有 Legic，Mifare，Desfire，iCode 和 HID iclass 等，同时也遵从 ISO 14443 A&B 通信协议的芯片。

非接触式 IC 卡所使用的芯片以 PHILIPS 公司出品的 mifare one S50 或 S70 芯片居多，约占到 80%，所以很多人习惯上称非接触式 IC 卡为“MI 卡”。

非接触式 IC 卡外形图见图 16.5 所示。

非接触式 IC 卡中的集成电路除了带加密逻辑、串行 EEPROM、微处理器外，还带有射频收发及相关电路。其集成电路、天线和封装材料构成见图 16.6 所示。

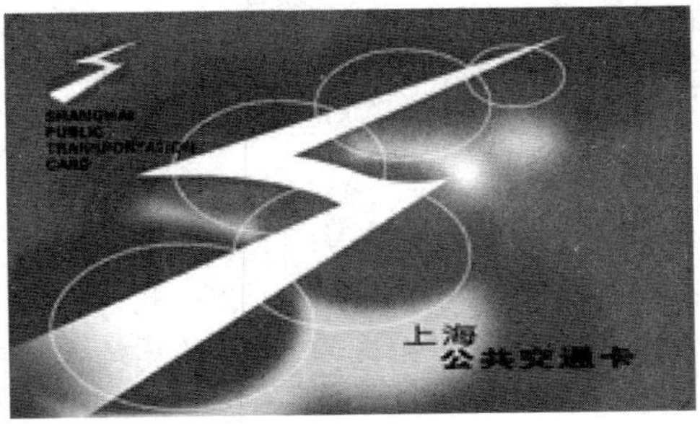


图 16.5　非接触式 IC 卡外形图

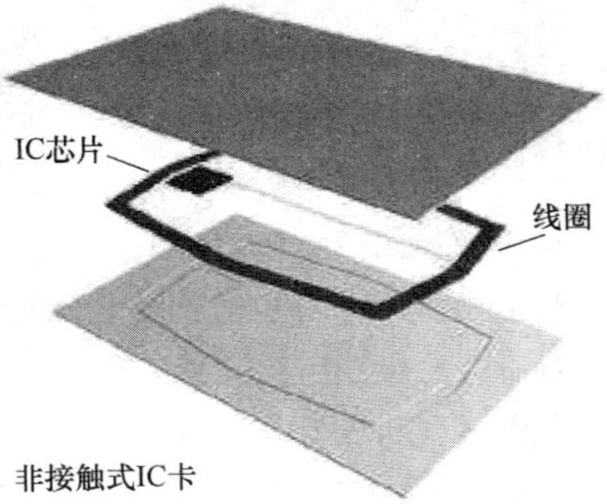


图 16.6　非接触式 IC 卡封装示意图

由于非接触式 IC 卡使用射频通信技术，读写器在 10 cm 范围内就可对卡片进行读写，没有插拔卡的动作，使用时没有方向性，卡片可以任意方向掠过读写器表面，读写时间不大于 0.1 s，大大提高了每次使用的速度。非接触式 IC 卡的序列号是唯一的，制造厂家在产品出厂前已将此序列号固化，不可更改，因此符合城市轨道交通检票快速、方便、安全、可靠性高等要求，在我国国家标准 GB/T 20907—2007《城市轨道交通自动售检票系统技术条件》中，将非接触式 IC 卡列为城市轨道交通的车票介质，车票可按照需要封装成卡片、筹码或其他形式，见图 16.7、图 16.8、图 16.9 所示。

图 16.7　卡片型非接触式 IC 卡

图 16.8 筹码型非接触式 IC 卡

图 16.9 异型非接触式 IC 卡

在实际使用中，通常采用非接触式逻辑加密卡，与当地的公共交通一卡通兼容，如上海公共交通卡采用的是非接触式逻辑加密卡。为了提高安全性，我国有些城市已开始逐步采用非接触式 CPU 卡，以增加数据处理和计算能力以及较大的存储容量，提高适应性。

## 16.3.2 票制

目前国内外轨道交通现行的票制大体上可分为以下两大类，即：基本票制和辅助票制(见图 16.10 所示)，其中应用较为广泛的是单一票制和计程票制。

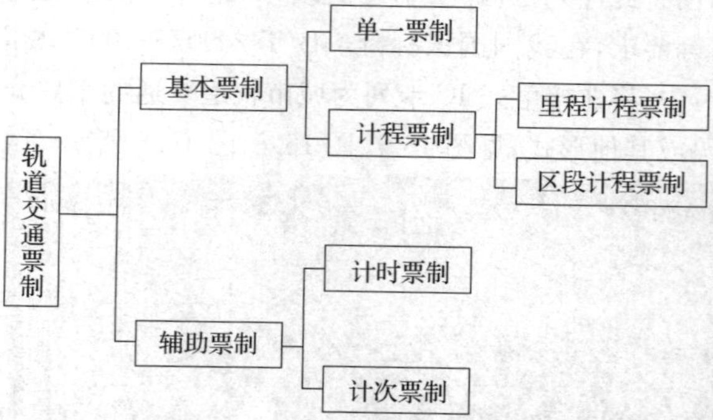


图 16.10 轨道交通现行的票制

**1. 单一票制**

单一票制是指不论乘车的距离长短，全网发售单一票价车票的票制。这是一种最简单方便的票务管理方式，这种模式的车票设计可以做到简单、容易。即使采用人工售检票，对应采用的售检票工作也简便易行，检票工作只需要在进站口进行，确定进站的乘客都已经购票，而不用顾及购票的票值是否在允许乘坐的区间范围内。

但其缺点也很突出，不能准确统计客流信息，只能统计进入轨道交通系统的乘客数量，对于不同乘客的乘车区间、轨道交通某一区段内的客流量无法得到确切数据；在一定程度上不利于吸引短途客流；在单一票制方式下，所有的乘客无论行程远近，票价都一样，具有一定的不公平性。

**2. 计程票制**

计程票价是按所乘的距离长短来计算票价的，其票价等于票价率与里程之比。另外，根据乘距长短，加以不同的优惠。计程票制又可分为里程票制和区段记程票制。

里程计程票制是以 1 千米作为基本计价单位，累计加价的计程票制。其优点是收费标准精确合理，在规模较大的交通网络中能精确反映价值与价格的关系，有效的兼顾长、短途乘客的需求，实现客运量与运输能力之间的平衡。但为了保证收费标准精确合理，必须制定多个收费等级，同时计费难以取整。因此，此种票制的系统复杂程度很高，必须依托高效的自动化设备。在实际应用中，轨道交通运营企业的票务管理和实际操作繁琐，乘客使用十分不便。如香港地铁就采用里程计程票制。

区段计程票制是以规定里程作为基本计价单位，累计加价的计程票制。区段计程票制有效的弥补了单一票制和里程计程票制的缺陷。这种票制基本上能够反映价值与价格的关系，兼顾长、短途乘客需求。同时，设置的收费等级相对较少，计费易于取整。在运用中，既减轻了运营企业票务管理和实际操作的复杂，又能够方便乘客使用。鉴于区段计程票制的多种优势，在各国城市轨道交通规模不断扩大的基础上，这种票制逐渐被各轨道交通运营企业广泛应用。如上海地铁目前使用的就是这一票制形式。

**3. 计时票制**

计时票制是指按照乘客在轨道交通系统中停留时间计费的票制。计时票制通常被作为上述三种票制的辅助形式使用。在计程票制下，针对每一张特定区间的车票，设定一个合理的有效时间段，一旦超过规定时间，乘客必须重新购票。有效时间段的设定必须使乘客既能有充分的时间到达目的地，又不会在轨道交通系统中停留过长的时间。

其优点是车票计时可以有效地减少乘客在轨道交通系统中不必要的停留，减轻轨道交通系统的拥挤状况，它较适用于客流量大、拥挤严重，且售检票自动化水平很高的城市轨道交通。

**4. 混合票制**

目前有不少城市都是同时采用两种票制并用的混合票制，即在轨道交通不同区域上分别使用单一票制和计程票制的票制形态。城市轨道交通的运营线路有可能存在很多条，不同线路的具体情况不同，差别较大的区域或线路使用不同票制就会更为合理。

混合票制的优点就是可以使票制多样化，让每条线路拥有最合理的票制方式，它的缺点是使同一座城市的轨道交通票制复杂，对售检票技术水平的要求很高。

### 16.3.3 票卡流程

城市轨道交通的票卡管理基本上遵循有价证券的管理办法，其内部流程见图16.11所示：

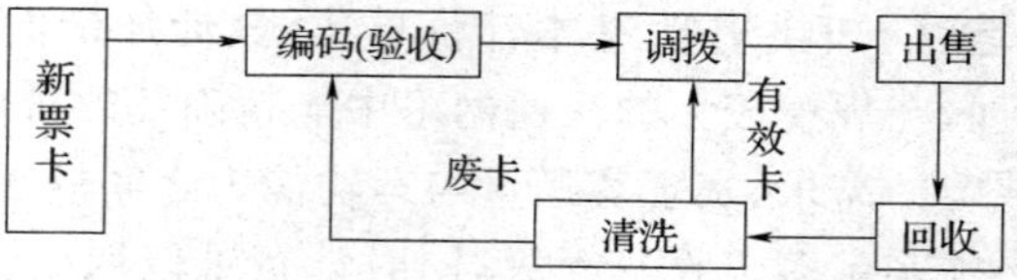


图 16.11 票卡管理流程

**1. 票卡的编码**(验收)

票务中心的中央计算机系统中包含一套编码分拣机，能对制作商提供的每批新卡进行编码，并完成对票卡质量和数量的验收工作。普通单程票经编码后给票卡赋上车票类型、出售日期、卡号和票卡的初始状态，使票卡成为准备发售车票。

纪念票经编码后给票卡赋上车票类型、出售日期、卡号、过期时间、票卡的初始状态、车票面值和制作时间；

应急票的制作既可以遵循普通单程票的原则(即当日当站有效)，也可以遵循储值票的制作原则。

同样，员工卡的制作也可以通过在编码机上进行相应的设置来完成。

**2. 调拨**

根据车站每日返还的普通单程票和库存量对各车站分发单程票。票卡的调拨主要通过人工运送的方式来完成。由于受运输队力量和周转票卡总量及上班时间等多种因素的限制，每座车站每天的票卡库存几乎都保持在至少可以维持半天的正常运转的水平，从而保证了车站工作的正常开展。

**3. 出售**

普通单程票的出售有人工售检票机(BOM)和自动售检票机(TVM)两种方式；纪念票在指定地点限量供应；应急票则只能在人工售检票机上出售；公共交通卡能在人工售检票机上出售，可以在自动充值机上充值。

**4. 回收**

有效普通单程票和应急票在出站时由出站闸机自动回收，超程、超时、读错误

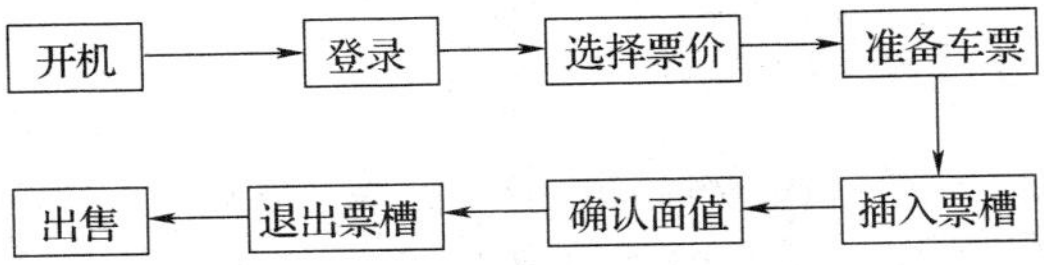


图 16.12　人工售检票机出售普通单程票的流程图

等无效单程票经补票亭人工售检票机分析并处理后，或由出站闸机自动回收，或由工作人员人工回收到专用的“废票箱”内。纪念票在出站时返还给乘客留作纪念。闸机回收的单程票统一装在机内固定的票箱中，工作人员应根据车站计算机的提示信号在票箱将满或已满时，及时更换票箱，取出箱内票卡。当天运营结束后，收回所有出站闸机内的回收票卡及废票箱中人工回收的车票，次日将正常回收的票卡以及废票箱内的票卡分别送交票务中心。公共交通卡由于可以连续充值，基本上不存在回收问题，除非是卡有质量问题或乘客要求退还公共交通卡。

**5. 清洗**

单程票每次操作都必须经过读磁头、写磁头和校验磁头三个环节，只要其中任意一个环节发现问题，机器都将把车票当无效车票处理。经过大量的实践与分析表明，造成车票读错误、写错误或检验未通过的原因中票卡表面清洁程度不够占有较高的比例。为了提高票卡的使用质量；方便乘客进出车站；减少工作人员与乘客的票务纠纷，设立清洗中心负责票卡的清洗。当然，如果碰到节假日清洗组工作人员调休，车站闸机回收的票卡也可以直接装入自动售检票机或分发给人工售检票机，进行重新出售并使用。公共交通卡是感应式非接触性智能卡，基本上不存在清洗的问题。

**6. 测试**

在整个票卡流程中要做两种测试：一是对新票卡的测试；二是对回收清洗后的车票进行测试。新卡的测试由制卡公司进行技术性检查，并将评价指标附在后面，由运营部门给予认同。票务公司收到新制票卡后仅做物理方面的检查，检查的方式是抽查。抽查合格后送到编码室由 ES 机编码。经闸机回收的票卡和车票再由编码分拣机测试、编码，经读、写、检三大步骤。如果发现有无效的，将其彻底报废。编码后的车票重新调拨后进入流通领域，以此循环下去。

## 16.4　AFC 系统车站终端设备

车站终端设备安装在各车站的站厅，是直接为乘客提供售检票服务的设备，包括自动售检票机（ATVM）、半自动售补票机（BOM/EFO）、自动检票机（Gate）、加值验票机（TCM）以及查票机（PCA）等设备组成。

### 16.4.1 自动售检票机(ATVM)

自动售检票机(ATVM,Automatic Ticket Vending Machine)是用于现场自助发售、赋值有效车票,具备自动处理支付和找零功能的设备。

自动售检票机(ATVM)是安装在车站内非付费区,由乘客操作自动出售单程票,其外形图见图 16.13。自动售检票机(ATVM)主要由主控单元(工业级计算机)、触摸屏、乘客显示器、运行状态显示器、IC 车票读写器及天线、纸币处理单元、纸币找零模块、硬币处理单元、票卡发送装置及控制单元、维护面板/移动维护终端接口、打印机、电源模块和 UPS 及机壳等部件组成。

自动售检票机(ATVM)主要功能包括:

1. 可发售符合国际标准非接触 IC 卡车票;
2. 接收硬币,纸币及储值票购买单程票;
3. 具有硬币循环找零功能,可将乘客投入的硬币用于找零;
4. 具有车票票盒自动切换功能,一个票盒发售空时自动切换到另一个票盒;
5. 配备触摸屏、乘客显示器,用于显示各种信息;

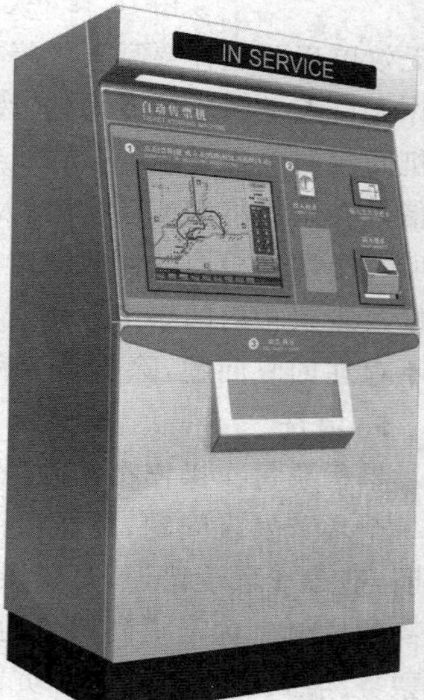


图 16.13 自动售检票机(ATVM)外形图

6. 具有引导乘客操作的说明和提示,可查询轨道交通网络;
7. 向车站计算机系统上传原始交易数据和设备状态信息;
8. 接收计算机系统下发的各种信息;
9. 具有票务和财务审计记录;
10. 具有钱箱管理功能;
11. 当自检失效或不正当手段开机时,报警及记录;
12. 通信中断时,具有单机工作和数据保存能力;
13. 通信恢复时,将保存的交易数据及时上传。

### 16.4.2 半自动售补票机(BOM/EFO)

半自动售补票机(BOM/EFO)(BOM,Booking Office Machine)用于现场工作人员辅助发售、赋值有效车票,具备补票、退票、查询、更新等票务处理功能的设备。

半自动售补票机(BOM/EFO)由城市轨道交通工作人员操作,置于城市轨道交通车站的服务中心,其外形图见图 16.14。半自动售/补票机(BOM/EFO)主要由主控单元(工业级计算机)、乘客显示屏、操作显示器、读写器与天线、车票发售模块、票据打印机、键盘、鼠标、电源模块和 UPS 等构成。

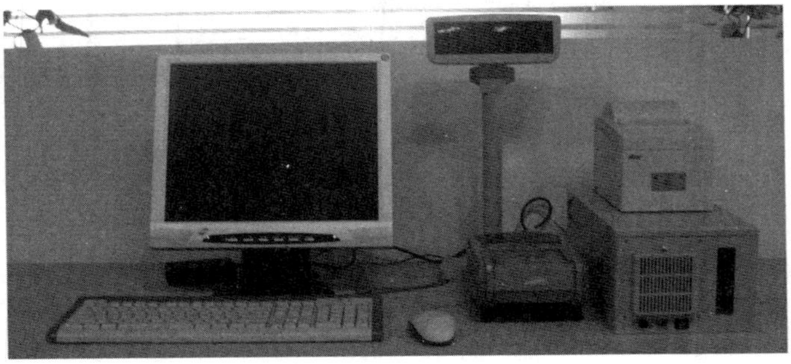

图 16.14　半自动售/补票机(BOM/EFO)外形图

半自动售补票机(BOM/EFO)根据轨道交通运营的需求,按功能可设置成单独的半自动售检票机 BOM 方式、补票机 EFO 方式;也可设置成具有人工售检票(加值)BOM 方式和补票 EFO 方式功能相结合的设备。

半自动售检票机 BOM 方式通常设置在车站站厅层非付费区的售检票房或票亭内,具有发售 AFC 系统中所有车票的功能,采用人工方式进行票务处理,如:车票发售、储值票加值、车票分析(验票)、退票、票据打印与其他票务服务。

人工补票机 EFO 方式则设置在站厅层付费区的补票亭内,用于车票的分析、补票、更新等票务处理,对不能出站的车票,用人工方式进行票务处理。

### 16.4.3　自动检票机(Gate)

自动检票机(Gate)是对车票进行检验和处理,并放行或阻挡乘客出入付费区的设备。

自动检票机(Gate)安装于车站付费区与非付费区的交界处,实现乘客自助式进/出站检票。自动检票机(Gate)能接受单程票和储值票,并满足乘客右手持票快速通过的需求。自动检票机(Gate)主要由主控单元、乘客显示器、方向指示器、警示灯和蜂鸣器、读写器及天线、通道阻挡装置、票卡传送/回收装置、维护键盘/移动维护终端接口、电源模块、UPS 等组成。

自动检票机(Gate)共有两种类型:三杆式自动检票机(见图 16.15)和门式自动检票机(见图 16.16)。

自动检票机(Gate)主要功能包括:

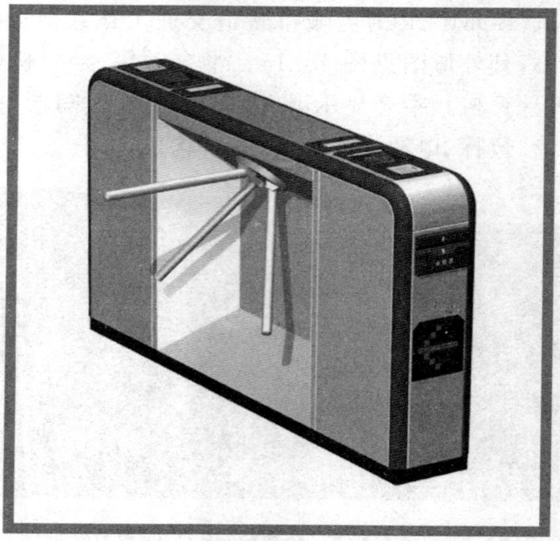

图 16.15 三杆式自动检票机外形图

图 16.16 门式自动检票机外形图

1. 具有双向通行功能，可以按照需要设计成进站检票、出站检票、双向检票；

2. 接收轨道交通专用车票和公共交通卡，自动回收部分指定的车票；

3. 当发生紧急情况时，通过紧急按钮控制使检票机门打开，以保证乘客无阻碍的通过检票机；

4. 满足系统正常运行模式和降级运行模式下的不同控制要求；

5. 具有进、出站客流记录、扣除车费记录、黑名单使用记录以及信息输出功能；

6. 突然掉电时，检票机能安全保存最后一笔交易记录及相关信息。

### 16.4.4　自动加值验票机(TCM)

加值验票机 TCM(Ticket Checking Machine)是用于储值票加值、对票卡信息及交易历史进行自助查询的设备。

自动加值验票机(TCM)安装在车站非付费区内，由乘客操作对储值卡进行余额查询和自动加值，在实际使用时，可以按功能分开为自动加值机和自动验票机，其外形图见图 16.17。自动加值验票机(TCM)主要有主控单元(工业级计算机)、触摸屏、乘客显示器、运行状态显示器、IC 车票读写器及天线、纸币处理单元及控制单元、维护面板/移动维护终端接口、打印机、电源模块和 UPS 及机壳等部件组成。

图 16.17　自动加值验票机(TCM)外形图

自动加值验票机(TCM)主要功能包括：

1. 可使用纸币对非接触 IC 票卡进行加值；
2. 具有交易数据和设备状态信息打印功能；
3. 配备触摸式、乘客显示器及运行状态显示器，用于显示各种信息；
4. 具有引导乘客操作的说明和提示，可查询轨道交通网络；
5. 向车站计算机系统上传原始交易数据和设备状态信息；
6. 接收计算机系统下发的各种信息；
7. 具有票务和财务审计记录；
8. 具有钱箱管理功能；
9. 当自检失效或不正当手段开机时，报警并记录；
10. 通信中断时，具有单机工作和数据保存能力；
11. 通信恢复时，将保存的交易数据及时上传。

# 思 考 题

1. 什么是 AFC 系统？它包含了哪些技术领域？

2. AFC 系统的层次结构有哪几层？各层的主要作用是哪些？

3. 常见的车票媒介有哪三种？各自有哪些特点？

4. 简述票卡的管理流程。

5. 简述自动售检票机、半自动售补票机、自动检票机、自动加值验票机的主要功能。

# 第 17 章　城市轨道交通安全

城市轨道交通作为城市的公共交通工具，系统的安全运营直接关系到高度密集人群生命财产的安全。在日本地铁发生沙林毒气袭击、英国、西班牙、俄罗斯等国地铁遭到爆炸恐怖袭击造成重大伤亡和损失之后，城市轨道交通系统的公共安全问题已被世界各国纳入国家安全战略研究的范畴。除恐怖袭击外，安全生产事故造成社会的公共安全危害也相当严重。据权威刊物披露，我国每年因公共安全问题造成的经济损失达国民生产总均值的 6%，其中因安全生产事故造成的损失近 2 500 亿元。每年因安全问题而死亡的人数就达 20 万人！安全生产事故已经成为危害我国公共安全的最大劣源。大型城市中的轨道交通，每天的工作人员就有上千人，涉及系统安全的人数也高达上百人。每天运送乘客达数十万、甚至数百万人次，乘运环境包含了大量的不安全因素。一旦出事，往往会酿成群死群伤的重大安全事故。因此，城市轨道交通运营的安全问题，已经成为城市社会公共安全极其重要的部分，引起了社会各界的广泛关注。

城市轨道交通的安全问题，可以分为两个大类：一类是系统内部原因引发的安全问题；另一类是系统外部原因引发的安全问题。系统内部原因引发的安全问题，一是系统内部因硬件（结构和设备）质量缺陷或故障造成的安全问题；二是因系统软件或管理制度缺陷、设备违规操作或操作失误造成的安全问题。系统外部原因引发的安全问题，一是乘客行为失常引发的安全问题；二是恐怖袭击造成的安全问题；三是因系统故障导致的客流失控而引发安全问题。

无论系统内部原因还是系统外部原因，轨道交通系统的安全问题往往涉及群体人身和财产安全，后果严重、影响恶劣。在学习、了解城市轨道交通一般知识的同时，比较全面地了解城市轨道交通安全问题的种类、特点、危害性和防范措施，是非常重要的。

轨道交通建设工程，在设计、施工和设备安装阶段，有较为完整的安全保障体系、安全生产规范、岗位责任制度和安全检查规范、项目安全检验、竣工验收制度等一系列安全保障程序以及设计监理、施工监理等监督机制，对项目的安全性进行控制和检查，进入运营之前又有严格的试运行阶段对项目进行各项安全指标的检测与考核。因此，除了责任性舞弊造成的隐患外，一般情况下，项目投入运营前的安全性应该是没有问题的。本章节着重阐述轨道交通系统投入运营阶段的安全保障问题。

# 17.1 行车事故的分类(sh)

城市轨道交通是公共场所，具有人员高度的集散行和异质性。在一定的时间内，人员和财物在轨道交通公共场所快速集聚和发散；在轨道交通公共场所聚散的人群，不分国籍、民族、性别、地域、职业、年龄、经历和人格素质，只要满足城市轨道交通公共场所的收费条件，都可以乘坐地铁。人群中良莠共存、异俗杂处、彼此陌生，其间难免发生摩擦甚至冲突，酿成治安案件或刑事案件；少数素质低下者单独在城市轨道交通公共场所活动，触景生恶扰乱公共场所秩序；相当部分有犯罪前科劣迹的违法分子更是乘机为非作歹，故安全隐患很多。另外，城市轨道交通公共场所因人群流动性大。城市轨道交通安全工作重于泰山。

城市轨道交通事故按照其性质、损失以及对行车造成的影响，可以分为重大事故、大事故、险性事故和一般事故四个类型。

**1. 重大事故**

(1)载客列车发生冲突、脱轨、火灾或爆炸、造成下列后果之一时；

① 人员死亡 3 人或者死亡、重伤 25 人及其以上者；

② 双线中断行车 150 min 及其以上者；

③ 根据列车、车辆破损的规定，电动客车中破 1 辆。

(2)列车发生冲突，脱轨、火灾和爆炸，造成下列后果之一时

① 人员死亡 3 人或死亡、重伤 5 人及其以上者；

② 双线行车中断 150 min 及其以上者；根据机车车辆破损规定，电动客车大破 1 辆或中破 2 辆；

③ 根据机车、车辆破损规定，内燃机车大破 1 辆或轨道车报废 1 辆或车辆报废 1 辆或车辆大破 1 辆。

(3)调车重大事故

调车作业(包括整备作业)发生冲突或脱轨，造成第二项后果之一时。

(4)其他重大事故

由于其他原因造成第二项后果之一时。

**2. 大事故**

(1)载客列车发生冲突、脱轨、火灾或爆炸，造成下列情况之一时

① 人员死亡或重伤 2 人及其以上者；

② 双线中断行车 90 min 及其以上者；

③ 根据机车、车辆破损规定，电动客车小破 1 辆。

(2)其他列车发生冲突、脱轨、火灾或爆炸，造成下列后果之一时

① 人员死亡或重伤 2 人及其以上者；

② 双线中断行车 90 min 及其以上者；

③ 根据机车、车辆破损规定，电动客车中破 1 辆；

④ 根据机车、车辆破损规定，内燃机车中破 1 辆或轨道车大破 1 辆或车辆大破 1 辆。

(3)调车大事故

调车作业(包括整备作业)发生冲突或脱轨，造成第二项后果之一时。

(4)其他大事故

由于其他原因造成第二项后果之一时。

**3. 险性事故**

凡事故性质严重，但未造成损害后果或者损害后果不够认定为大事故的行车事故为行车险性事故：

(1)列车冲突；

(2)列车脱轨；

(3)列车分离；

(4)载客列车错开车门、运行途中打开车门、车未停稳开车门；

(5)载客列车车门夹人动车时；

(6)载客列车夹物动车导致客伤事件和所换乘城市轨道交通有关设备时；

(7)列车冒进信号；

(8)列车无人驾驶运行；

(9)在运行中，电动客车的悬挂件脱落，造成列车下线或产生其他后果时；

(10)列车及其他行车设备发生火警影响运营时；

(11)异物侵入车辆限界造成后果时；未经批准，自动切除 ATP 运行时。

**4. 一般事故**

(1)调车冲突，调车脱轨；

(2)调车作业冒进信号；

(3)挤岔；

(4)列车运行中，因车辆部件脱落或其他原因损坏行车设备；

(5)因行车设备故障或其他原因造成单线行车中断 60 min 及其以上时；

(6)行车有关人员因漏乘、漏接、出乘迟延耽误列车运行造成影响的；

(7)错误办理行车凭证发车；

(8)漏发、漏传、错传调度命令；

(9)列车停车超过停车牌位置 1 节车厢及以上；

(10)未预告司机变更列车运行径路；应停列车在车站通过或应通过列车在车

站停车。

## 17.2 城市轨道交通危险源管理

城市轨道交通系统是一个庞大复杂的系统工程，从其建设施工到正式运营的各个环节存在着诸多的危险因素。在施工期、供电系统、车辆系统、通风、排烟系统、排水系统、通信信号系统、公用工程及辅助设施等方面都会出现危险因素：

**1. 施工期间**

(1)不良自然条件

各类不良地质条件，如暗河、古河道；地下人防设施；地下不明障碍物；承压水地层；复杂地貌条件等不良地质条件及施工方法不当，机具配备衬砌强度和工程进度等方面的原因，都会隐藏着塌方、异常涌水、有害气体堆积等危险因素。

(2) 施工管理

被拆迁建筑的外接管线，特别是是否切断电源、燃气等；施工期间临时交通标志未设标线或设置不当；施工人员携带火种、打火机等可引起火灾的物品进入隧道，引起爆炸、火灾等事故；施工机械、振动噪声过大，会妨碍信息交流，甚至影响信号联络，还会对作业人员造成不适感；长期吸入隧道作业产生的粉尘、内燃机排出废气和烟雾，会引发矽肺病、缺氧症。

**2. 电气系统**

接触网高压电，一旦发生接触网断线或绝缘子损坏，接触到金属结构物就会使其带电，危及人身安全；由于电气设备损坏和使用不当常有触电伤亡事故发生；变电所、配电室中的电气设备等由于短路、过载、接触不良、散热不良、照明、电热器具安置或使用不当、违章作业等均会引起电气火灾、触电事故；杂散电流会给城市轨道交通以外的金属管道、金属结构造成电蚀危害。列车内的高压电器设备的安全防护措施不当，可能引起人员伤亡事故。

**3. 车辆系统**

列车失控会造成人员伤亡和经济损失；轨道损伤或断裂、列车脱轨会造成严重伤亡事故；由于车辆车门的安全标志不清，造成的机械伤人事故，同时车辆事故发生后，较难进行事故救援和人员疏散；而且由于车厢内的座椅等材料的选择不当，易发生火灾，产生有毒烟气，加重事故后果。

其中列车出轨是导致列车事故的主要因素。例如，在 2003 年 1 月 25 日，一列挂有 8 节车厢的地铁列车在行经伦敦市中心一地铁站时脱轨并撞在隧道墙上，最后 3 节车厢撞在站台上，32 名乘客受轻伤。同年 9 月，一列慢速行驶的地铁列车在伦敦国王十字地铁站脱轨，并导致地铁停运数小时。又如，在 2000 年 3 月发生的日本日比谷线地铁列车脱轨，造成了 3 死 44 伤的惨剧。

**4. 通风/排烟系统危险有害因素**

在通风系统管理上的缺陷，如对风亭、风道的行人出入口，会妨碍通风系统的正常工作。如在城市轨道交通系统内，尤其是在地下铁道内发生火灾，不仅火势蔓延快，而且积聚的高温浓烟很难自然排除，并迅速在隧道、车站内蔓延，给人员疏散和灭火抢险带来困难，严重威胁乘客、员工和抢险救援人员的生命安全，这是造成火灾人员伤亡的最大原因 。

**5. 给/排水系统危险有害因素**

给、排水管道的防腐，绝缘效果不佳发生泄漏现象；隧道内排水系统不完善，隧道防水设计等级过低，导致涝灾或地表水侵入；地面车站的地坪高度低于洪水设防要求；排水系统设置不完善，污水乱排以及污水、垃圾的排放会影响环境卫生。

**6. 通信/信号系统危险有害因素**

通信系统的电源发生故障或通信设备本身发生故障等问题时，不能保证各种行车信息及控制信息不间断地可靠传输，从而引起事故的发生。2003 年 3 月 17 日，上海轨道交通 1 号线信号控制系统突然发生故障，停运 8 min。2003 年 2 月 14 日，上海轨道交通 2 号线中央控制室自动信号系统发生故障，停运 20 min。

**7. 公用工程及辅助设施危险有害因素**

站台上乘客过多产生拥挤，可能会使乘客跌入轨道区，列车进站而造成人身伤亡事故；在自动扶梯运行中，可能发生梯级下陷，驱动链断裂、梯级下滑，扶手带断裂等故障，对乘客造成伤害；车站地面材料防滑效果不明显，存在安全事故隐患。地下车站站厅乘客疏散区、站台及疏散通道内及与地铁相联开发的地下商业等公共场所存在发生火灾的危险，且会发生连锁火灾事故；车站内的建筑物装修材料选用不当，会发生火灾，且产生有毒烟气，加重事故后果；乘客无视城市轨道交通运营安全管理的要求，擅自携带易燃易爆、有毒危险物品乘车，造成各种潜在事故隐患；车辆段蓄电池间、检修间等车间易产生有毒气体，吹扫库在吹扫车底工作时产生大量粉尘，对工作人员健康，造成影响。

**8. 自然灾害危险性**

(1)台风

根据国内外城市轨道交通事故(例如台湾地铁受"纳莉"台风影响所造成的损失)的分析表明，台风对沿海城市的轨道交通特别是高架桥部分的破坏程度较高。因此，在受台风威胁的地区建设的轨道交通工程，其工程设计及施工过程中应加强对台风危害的防范。

(2)水灾

城市轨道交通尤其是地铁工程的车站和隧道大都处于地面标高以下，一方面受到洪涝灾害积水回灌危害，另一方面受到岩土介质中地下水渗透浸泡危害。地下水或地表水进入地铁车站和隧道内，可以使装修材料霉变，电气线路、通信、信号元件受潮浸水损坏失灵，造成工程事故。地下水积存，使地铁内部潮湿度增加，使进入车站的乘客胸闷，不舒适。

(3)地震

地下铁道的车站和隧道包围在围岩介质中，地震发生时地下构筑物随围岩一起运动，与地面结构不同，围岩介质的嵌固改变了地下构筑物动力特征。一般认为地震对地下结构影响较小。但 1995 年阪神地震后，人们才改变以往看法，地下结构存在地震破坏的可能性。

**9. 人员因素**

一般性事故主要是因乘客未遵守安全乘车规则，而险性事故多是由于工作人员职责疏忽引发的。人员因素是导致城市轨道交通事故的主要原因，其中包括：

(1)拥挤

2001 年 12 月 4 日晚，北京地铁 1 号线一名乘客在站台上候车，当车驶入站台时，被拥挤人流挤下站台，当场被列车压死。又如，1999 年 5 月在白俄罗斯，也因地铁车站人员过多，混乱而拥挤，导致 54 名乘客被踩死事件。

(2)不慎落入

长期以来，因人员跳入城市轨道交通轨道区，会造成轨道交通列车延误的事件屡次发生，短的一两 min，长则三五 min。例如 2005 年 6 月，上海地铁在 3 天内发生了 2 起人员跳轨自杀现象。城市轨道交通列车只要一旦受到影响，不能正点行驶，势必影响全局，就需全线进行调整。不仅影响当事列车上的乘客，而且使整条线路甚至其他轨道交通线路上的乘客都可能被延误。

(3)处理措施不当

韩国大邱市地铁 2003 年那场大火中，地铁司机和综合调度室有关人员对灾难的发生就有着不可推卸的责任。前方车站已经发生火灾后，另一辆 1080 号列车依然驶入烟雾弥漫的站台，在车站已经断电、列车不能行驶的情况下，司机没有采取任何果断措施疏散乘客，却车门紧闭，而且仍请示调度该如何处理。更不可思议的是，在事故发生 5 min 后，调度居然还下达"允许 1080 号车出发"的指令。

**10. 社会灾害**

地铁车站及地铁列车是人流密集的公众聚集场所，一旦发生爆炸、毒气、火灾等突发事件，造成群死群伤或重大损失，严重地影响了社会秩序的稳定。近年来地铁接连不断的发生爆炸、毒气、火灾等社会灾害。例如，1995 年 3 月 20 日日本东京地铁曾经遭受邪教组织"奥姆真理教"施放沙林毒气，夺走了十多条人命，5 000 多人受伤，引起全世界震惊。又如，2003 年 2 月 18 日韩国大邱市地铁发生的纵火事件造成至少126人死亡，146人受伤，318人失踪。再如，2004年2月6日莫斯科地铁的爆炸及大火。

## 17.3　城市轨道交通事故与处理

### 17.3.1　行车事故报告程序

行车事故的报告程序直接关系到行车事故发生后的处置，关系到行车事故发生后能否及时、迅速地开通运营线路恢复正常行车秩序。良好畅通的信息传递能够使事故损失减少到最低、最小程度。反之如果由于信息传输程序复杂、混乱，将会引起事故后果与损失扩大，造成不良影响扩大，延误事故的处理。

行车事故的分析、调查、处理是行车事故发生后的重要环节，目的是为了认定事故性质，并且根据事故原因，制定相应的措施，并且举一反三，通过各种方法与手段，减少和杜绝同类相关事故的再次发生。

**1. 发生重大事故、大事故时的报告程序**

(1)在运营正线上发生时

① 由值乘列车的司机立刻报告行车调度员，如果因某些因素的影响不能及时报告最近车站的，行车值班员则转报行车调度员；

② 行车调度员应将发生情况立刻报告主任调度员，并且作出是否需要出动救援列车的决定；

③ 主任调度员接受报告后应将情况立刻报告中央调度所主任与总公司值班室；

④ 总公司值班室接报后应立刻通报总经理，主管运营和安全的副总经理、治安处、运管处、公安城市交通分局指挥室及有关单位。

(2)在站场，包括出入场线上发生时

① 由值乘司机立刻报告车辆厂运转值班员；

② 车辆厂运转值班员立即报告车辆厂计划调度科值班调度与安全运行科，如需事故救援时由安全运行科立刻组织事故救援工作的开展；

③ 车辆厂计划调度科值班调度接报后立刻报告车辆部门主要领导，总公司值班室；

④ 总公司值班室立即转呈总公司经理、主管运营与安全的副总经理、质安处、运管处、公安轨道交通分局指挥室及有关单位。

**2. 发生行车险性事故及一般事故的报告程序**

(1)在运营正线上发生时

① 由值乘列车的司机立刻报告行车调度员，如不可能时则报告最近车站的行车值班员转报行车调度员；

② 行车调度员接报后立即报告主任调度员，并且作出是否需要事故救援的决定；

③ 调度所主任调度员见报后立即报告调度所主任、总公司值班室；总公司值班室并将情况立即报告质安处、运管处及有关单位。

(2)在站场，包括出入场线上发生时

① 由值乘司机立刻报告车辆场运转值班员；

② 车辆场运转值班员接报后应立即报告运转部主任、车辆场计划调度科值班调度与安全运行科，如需要事故救援时由安全运行科立即组织事故救援工作的开展；

③ 车辆场计划调度科值班调度要立即通报车辆部门主要领导，并通报总公司值班室；

④ 总公司值班室接报后通报质安处、运管处。

### 17.3.2 行车事故的报告内容

无论行车事故的性质如何，在发生有关行车事故(事件)后其报告内容应包括以下条款：

1. 事故发生的时间，包括月、日、时、分；
2. 事故发生的地点，包括区间、千米、米、站、站场线段等；
3. 列车车次、车号、关系人员职务、姓名；
4. 事故概况及基本原因；
5. 人员伤亡情况以及车辆、线路等城市轨道交通设备损坏情况；
6. 是否需要救援等。

在紧急情况时，特别是在发生重大事故和大事故时，由于现场情况和环境情况很复杂、混乱，事故的当时关系人可能一时难以说清情况，此时可先报告上述部分内容，但必须报清事故发生的地址、事故概况及当时发生了什么、是否需要立即救援帮助的，以利于行车安全管理部门以及有关管理人员和领导决策。

必须进行现场事故抢救和救援时，行车调度员及时通知各相关部门进行。各相关部门一旦行车调度员以及上级有关领导指示做好救援准备，及时出动展开救援工作。

### 17.3.3 行车事故的处理

#### 1. 行车事故现场处置

在发生行车重大事故与大事故后，在事故报告程序完成后，有关人员要迅速进行事故现场的处置。若事故发生在运行区间，在总公司以及轨道分局和救援人员到达事故现场前，值乘司机负责引导乘客自救、组织疏散、安抚乘客等活动，等待进一步救援；在有关救援人员到达后，应由事故现场的最高行政首长负责或委任有关行车管理专业人员指挥抢救、处理善后工作。

若事故发生在车站时，应有车站站长负责乘客救援、组织乘客离开现场，并保护现场、查找证人、做好记录，等待有关救援人员与相关领导到达进行进一步救援活动，车站站长应在救援专业人员到达后向有关领导报告，并听从到达现场的最高行政领导和最高行政领导委任的救援指挥员的命令。现场勘查由行车管理部门与公安部门按规定进行。

在险性事故和一般事故发生后，值乘司机必须按规定程序要求报告，并且等待行车调度员的进一步命令指示，按要求执行，不得擅自移动列车。如需事故救援时，值乘司机应按照规定请求救援，并在救援人员和设备到现场前负责列车安全、乘客安全等工作。在救援人员到达后向自己以下现场指挥人员简单报告情况，并按行车调度员或指定的事故救援指挥人员的命令执行。关于事故现场的勘测工作由行车管理部门按规定进行。

**2. 事故调查、分析**

重大事故和大事故发生后，总公司成立由总经理和主管安全副总经理为组长的事故处理调查小组及各有关部门参加，负责调查、处置、协调、善后、分析等各项工作，包括现场摄、录像及绘制现场草图、设备检测、收集物证、询问人证、调查记录现场情况的值乘司机和事故有关人员要积极配合，实事求是提供当时情况报告，便于掌握现场真实资料，已评定和分析事故产生的原因及确定事故责任，明确事故责任者和事故关系者，制定防范措施。

险性事故和一般事故发生后，如涉及到两个以上直属单位时，由总公司运管处负责调查，7 日内将事故调查报告交总公司质安处，由质安处提出处理意见，并提出防范措施，对责任单位无异议的险性事故，由险性事故责任单位组织调查分析，明确原因与责任者，提出处理意见，制定防范措施，并向总公司质安处提交《行车事故报告》。对涉及一个单位的一般事故，由责任单位调查分析，找出原因判定责任，作出对责任者的处理，并制定措施。

与险性事故和一般事故有关的人员必须配合调查分析，如实报告情况，不得隐瞒事实，对推脱责任、拖延调查、隐瞒真相的个人与单位部门，经查实予以从重处理。

对事故涉及城市轨道交通以外单位的调查，由总公司事故调查处理小组与相关单位协调处理，必要时提请司法部门裁决处理，凡行车事故涉及刑事责任的调查、处理时由轨道交通公安分局进行，事故有关单位、个人协助配合调查工作。

### 17.3.4 事故发生后的处理

**1. 乘客的安全疏散问题**

根据全世界的轨道交通重大事故的经验和教训，乘客没有得到快速、及时、安全地疏散是造成严重后果的重要原因。所以，乘客快速、及时的安全疏散是整个城市轨道交通安全体系中极其重要的内容。一个完善的乘客安全疏散方案要尽可能详尽和具体。在1～2 h不能恢复交通的情况下，运营公司要赶紧联系公交公司，安排在各个轨道交通系统出口处设有开往不同地方的专车，来有效疏导乘客。还有发生事故后，运营公司应担负起告知责任，不能以“故障”为借口，忽视甚至漠视乘客的知情权，导致乘客恐惧不安和混乱。

**2. 建立事故处理专家系统**

城市轨道交通事故的分析和处理是一项复杂的、经验性很强的技术工作，城市轨道交通发生事故的原因很多，要求快速、有效、准确地识别故障原因并采取有效措施，及时恢复城市轨道交通正常运行，这还是一个值得深入研究的工作。近年来，在安全科学领域中计算机技术已与安全管理、安全评价、风险分析预测等工程技术广泛结合，并且推动了安全科学发展的进程。利用计算机准确及高速度的科学计算功能进行安全分析、事故诊断、安全决策等任务。目前，城市轨道交通普遍安装了计算机监控系统，但对状态监测的作用没有得到充分发挥，需要有一个后台的故障处理和分析系统来实现对监控信号的处理，充分实现对系统的智能化监控，提高整个监控系统的利用率。

专家系统内部含有大量的某个领域专家水平的知识与经验，能够利用人类专家的知识和解决问题的方法来处理该领域问题。利用专家的经验快速给出处理措施，辅助管理人员进行事故处理，提高城市轨道交通的安全经济运行水平。城市轨道交通事故处理专家系统就是建立在这样的基础之上的。

一旦事故和灾害发生，在全线上运行的列车不能继续按照原先的计划运行图运行，中央控制室必须及时对所有列车运行作出科学正确的调整。韩国大邱城市轨道交通纵火案中正是由于中央控制室管理不力，没有及时阻止另一列列车驶入已经失火的车站，导致了伤亡人员的增加，死亡人员中的多数也是第二列列车的乘客。

列车自动控制系统（ATC）中应包括针对发生紧急事故和灾害情况下的列车自动调度系统。这个自动调度系统应该是一个实时专家系统。自动调度系统软件由事实库、规则库、推理机、数据黑板等构成。事实库中主要存放与推理有关的静态事实；规则库中主要存放调度专家的领域知识，如故障判断规则、运行图调整规则等；推理机模拟调度专家的思维方式，根据事实库中的事实，调用规则库中的规则，逐步进行推理，推理的中间结构暂存在数据黑板上。自动调度系统将及时制定出新的列车运行方案，防止灾害的扩大化。

## 17.4 城市轨道交通防(反)恐

从美国恐怖袭击事件发生以来，恐怖袭击活动在世界各地频频发生。近年来，恐怖分子又把袭击目标转向到城市轨道交通。众所周知，恐怖主义集团、组织和恐怖分子的恐怖袭击，不论使用什么手段，其目标大都是伤害无辜人群。他们袭击的对象，往往是人群密集的市场、剧院、办公楼、公共汽车站等公共场所。由于城市轨道交通作为公共交通的重要工具，乘客日流量达数十万甚至上百万人次，如此高度密集的人群，自然成了恐怖分子袭击的目标。西班牙马德里、俄罗斯、莫斯科、英国伦敦等城市的城市轨道交通系统相继遭到恐怖袭击，人员伤亡和经济损失严重。相对于自然灾害和安全生产事故等传统的公共安全问题，恐怖袭击造成的公共安全问题日益凸现。城市轨道交通的防范恐怖袭击，已引起轨道交通运营单位、政府公安监管部门的高度重视。

### 17.4.1 恐怖活动综述

**1. 恐怖的概念**

恐怖是指由于生命受到威胁而引起的恐惧。显然是指一种心理状态。

(1)恐怖活动的定义

我国的有关司法解释，恐怖活动一般是指采取暴力(如爆炸、暗杀、绑架人质、劫机)或恫吓等手段，旨在威胁政府、社会，危害社会公共安全(即不特定多数人的生命、健康和公私财产安全)的行为。很显然，恐怖活动是个人或集团，为实现某种目的或改变某些政治进程的结局而运用暴力或威胁手段，蓄意制造恐慌气氛的行动。

(2)国际恐怖主义的定义

一般而言，国际恐怖主义即指国外恐怖主义。由于全球经济一体化的加剧，恐怖主义越来越显现出国际化的特点。如今，很难说某一个恐怖组织是一个单纯的国内恐怖组织。只要一个国家的恐怖组织与境外组织和集团有关联，接受其资金或其他形式的资助，一般也将其视为国际恐怖主义。

**2. 恐怖活动的形式与特点及其对社会的危害**

恐怖主义作为一项犯罪行为，其影响力已波及到全世界。一系列的组织，他们或是带有政治色彩，或是带有激进的道德色彩，或是带有宗教色彩，都在利用恐怖主义传播信息和影响政治对话。在过去的20年，尤其在过去的5年内，恐怖组织更加地疯狂，所带来的死伤更多，并且已将趋势蔓延到了交通系统。

(1)恐怖活动的形式

目前，从全球恐怖活动的表现形式来看可以分为：爆炸、暴力袭击、暗杀、劫持交通工具、投毒、绑架、撞击建筑物等。

(2)国际恐怖活动的主要特点

恐怖主义是当代世界国家、民族、阶级、宗教等各种尖锐复杂矛盾的反映，有着深刻复杂的社会和政治原因。它是一个国家范围的经济、政治、文化等矛盾不断积累和世界范围政治、经济发展不平衡这两者交互作用而生成的。国际恐怖主义的形成与发展，常常与宗教、民族纷争、领土争端等有着千丝万缕的联系。

根据恐怖主义组织性质的不同可分为：极左翼恐怖组织，如日本的“赤军”，意大利的“红色族”，德国的“红军派”等；极右翼恐怖组织，如德国新纳粹及组织“光头党”等；民族分裂恐怖组织，如斯里兰卡的“泰米尔猛虎组织”、西班牙的“埃塔”和俄罗斯车臣的分裂主义势力；种族主义恐怖组织，如美国的“三 K 党”、英国的“民族陈线”等；宗教极端主义恐怖组织，如伊斯兰的原教旨主义；邪教恐怖组织，如日本的“奥姆真理教”等。

当今世界，随着民族分裂主义、原教旨主义的泛起，民族、宗教恐怖组织制造的恐怖活动逐步占据主导地位。带有明显宗教狂热色彩的恐怖活动已成为当代世界危害最为严重的恐怖主义；而某些老牌的极左翼恐怖组织在当地政府打击下正逐渐瓦解或放弃恐怖斗争。随着世界经济、技术的迅猛发展及国际关系的剧烈变动，国际恐怖主义组织的形态、犯罪手段、社会危害等也在不断发展，当前的国际恐怖活动主要呈现以下特点。

① 支持背景发生变化

由于联合国有关决议，对资助恐怖主义的国家进行制裁，由国家、政府支持的恐怖组织逐渐减少。但民间组织、私人资助的恐怖组织增多了。例如，当今以美国利益为打击对象的恐怖组织中，许多都接受过基地组织头目本·拉丹的资助。我国的“东突伊斯兰运动”组织也曾受到基地组织的资助。

② 组织结构发生变化

以前垂直式的领导模式逐渐被分权式、网络状组织体系取代，恐怖主义组织成员的自主性明显提高。中东地区的一些非法武装没有统一的指挥机构，由一些松散联系的半独立小组组成，小组接受一定的战略指导，但享有战术上的独立。本·拉丹建立了“世界伊斯兰反对犹太人及十字军圣战阵线”，但他并不直接指挥和控制所有恐怖组织，只是资助各国伊斯兰激进组织、进行培训并协调各组织行动。分散在世界各地的恐怖组织运用最先进的网络、通信技术保持联系，相互协调行动。这种组织结构即使在其中部分组织受到打击削弱后，其他组织仍能正常运作，具有破坏性。

③ 策略发生变化

a)由注重直接打击政治目标转而越来越重视通过打击经济目标、其他平民目标而间接打击和削弱对手。20 世纪 60、70 年代，攻击官方目标（包括军事目标、政府目标和外交目标）和非官方目标（包括商业目标和平民目标）的恐怖活动之比为 47.9:52.1。20 世纪 80 年代以来，各国大力加强对外交、政府、军事等官方目标的安全保护，恐怖分子转而求其次，频频袭击包括商业、旅游、娱乐设施在内的各类“软目标”，以期达到严重削弱有关国家经济实力，增强社会公众恐惧感的目的。至 20 世纪 90 年代，攻击官方目标和非官方目标之比为 17:83，攻击商业目标的恐怖活动已上升到第一位（占总数的 58%）。

b)不再声称对恐怖事件负责。过去，恐怖主义者在暴力事件发生后，往往公开声称自己对此事负责，希望引起社会公众关注。但今天的恐怖主义完全不同，他们在造成人员伤亡和财产损失后，却往往保持沉默。印尼巴里岛爆炸事件、肯尼亚爆炸事件等许多大型恐怖暴力活动至今都无组织声称对此负责。恐怖分子的这种保护策略，更能引起人们的恐惧，因为遭受恐怖袭击后不知恐怖分子来自何方。

c)在战略上恐怖组织逐渐将零星的袭击变成一种“战争”，即“非对称战争”。过去，无论是极左还是极右型恐怖组织，他们的活动大多带有意识形态倾向。恐怖活动只是他们为了成就事业的一种手段，只要能引起世人的关注，他们往往并不追求伤亡的数量，有时甚至避免伤亡，以免给自己的事业抹黑。当今的恐怖组织，其战略思想开始发生转变，恐怖活动不再单单是一种手段，而是一种直接的结果。恐怖分子比以往更加疯狂，他们只要造成最大限度的破坏，毫不顾虑能否保存自己。

④ 伤亡人数不断上升

据统计，20 世纪 90 年代国际恐怖活动造成年均人员伤亡数（2 303 人）比 20 世纪七八十年代年均人员伤亡数（1 119 人）增长了 106%；90 年代每起恐怖活动平均伤亡数（6.4 人）是七八十年代每起恐怖活动平均伤亡数（2 人）的 3 倍。另据不完全统计，2002 年世界各地已发生较大规模恐怖事件 161 起，造成 3 300 余人死伤。随着世界各国经济与技术不断发展及恐怖分子攻击方式和破坏手段的更新，恐怖活动的危害将越来越严重。

⑤ 国际化网络逐渐形成

恐怖主义的泛滥，打破了一切地域的界限，各国恐怖组织的跨国合作日益紧密。无论在人员来往、活动资金与武器获取，还是恐怖主义活动的策划实施，都表现出国际化的特点。如伊斯兰原教旨主义恐怖组织利用宗教教义扩大影响，招募各国信仰者加入其组织，不断扩大组织规模，形成分工协作、各司其职的庞大组织体系。此外，信息技术的发展，为国际恐怖主义的跨国沟通、管理提供了便利，促进了恐怖组织的国际化。像基地组织那样涉及亚洲、欧洲、美洲、非洲等全球范围的庞大的国际网络，是前所未有的。

**3. 国际恐怖活动对社会的危害**

(1)造成巨大的物质财产损毁和人员伤亡

2001 年 9 月 11 日恐怖分子劫持的民航飞机撞向美国纽约的世界贸易中心和华盛顿的五角大楼，2 座直冲云霄的世界贸易中心的摩天大楼轰然倒塌，化为一片废墟，五角大楼也损坏了一个角。这就是恐怖分子制造的“9.11”事件，地处纽约曼哈顿岛的世界贸易中心是 20 世纪 70 年代初建设的摩天大楼，造价高达 11 亿美元，是世界商贸力量汇聚之地，有来自世界各国的企业共 1200 家之多，平时有 5 万人上班。“9.11”恐怖事件造成 3 000 多人丧生，使美国经济一度处于瘫痪状态。据国际货币基金组织估计，“9.11”事件使美国直接经济损失达 255 亿美元，考虑间接损失则“9.11 事件给美国造成 765 亿美元的损失，占当年美国国内生产总值的 0.75%。美国“9.11”事件后，仅保险公司为恐怖袭击造成的生命和财产损失支付的保险金总额就高达 400 亿美元。

(2)影响了国际社会秩序和经济秩序

恐怖活动往往酿成严重的地区动乱或武装冲突，不但严重危害本国安全与社会秩序，而且也会影响地区安全和国际安全，甚至会对地域政治和世界政治格局带来影响。恐怖活动破坏了经济发展所必需的稳定社会环境，严重影响了各国的旅游、商贸、交通运输和金融证券等行业的正常经营，给全球的经济发展带来了阴影。“9.11”事件不仅局限于物质财产的大量损毁和人员的大量伤亡，更重要的是影响了人们的投资和消费的信心。“9.11”事件使美元贬值，股市大跌，石油等战略物资价格上涨，并导致美国和其他国家的经济增长减慢。“9.11”事件后，美国 2001 年 9 月份工业产值下降了 1%，商品零售额下降了 60 亿美元(下降 2.1%)，耐用品新订单减少了 116 亿美元(减少 6.8%)；证券交易 9 月 17 日恢复时，标准普尔 500 指数下跌 7%，纳斯达克指数下跌 9.9%，直到 9 月 21 日达到谷底；各大航空公司虽然将定期航班减少了 30%，但仍然不能满员飞行。

2005 年 7 月 7 日英国伦敦地铁连环爆炸案发生后，英镑兑美元跌至 19 个月来新低，兑欧元跌止 1 个月来最低点。伦敦地铁连环爆炸案的发生，使许多国家感到恐慌，被迫纷纷采取措施，加强安全防范工作。

(3)对社会稳定和民众心理产生严重的负面影响

尽管恐怖活动造成的死伤人数与某些局部冲突、战争或灾荒相比，绝对数字不一定大，但却给国际经济和社会发展增加许多不确定性，给社会公众带来严重的不安全感。恐怖活动会对一定范围内的社会稳定和民众心理产生严重的负面影响。国外城市轨道交通发生恐怖事件后的调查显示，一部份人不愿意乘坐城市轨道交通，此外一些城市轨道交通工作人员也因工作中存在太大的危险性而辞职。

(4)损害政府形象

损害政府形象是恐怖分子的主要政治目的。恐怖活动基本上都是反政府的，其制造恐怖事件的目的就是引起社会恐慌，显示政府无能，使民众对现任政府失去信心。

**4. 国际恐怖活动趋势**

恐怖分子通常是无道德、无感情、狂热的，不珍惜生命，具有高适应能力，并高度专注于欺骗及不合常理的行动。他们不会仔细分析袭击的成功率与代价的关系，因而经常在一段长时间内导致毫无意义的人员伤亡和破坏。

文化背景不同的恐怖分子会有不同的袭击方法。恐怖分子通常不会以自己的死亡来作为袭击方式，但有些恐怖分子会使用“自杀”作为武器，对意图的目标进行袭击。如果只是为了在经济上造成破坏，而不是以伤害或杀害人为目的，恐怖分子袭击目标可能就是基础设施，如大厦、公共事业、轨道交通等。

国际恐怖活动现呈现以下趋势：

(1)袭击公共交通系统的恐怖事件数量在增加

公共交通运输系统，很少有如机场所执行的安全检查措施，因此很容易成为恐怖分子袭击的对象。现在恐怖分子对公共交通工具的袭击有增加的趋势，特别是发生在公共汽车、火车、城市轨道交通和主要公路上。桥梁和隧道是公共交通系统的重要部份，因此可能成为恐怖分子发动有效或猛烈袭击的重要目标。

(2)恐怖活动已指向信息技术

目前与电子计算机有关的恐怖活动亦有上升的趋势。因为世界的城市和社会越来越依赖于电子计算机控制系统，与计算机有关的恐怖活动可以用来扰乱交通、运输、城市供气和供电等系统。

(3)恐怖袭击的目标在扩大

从恐怖分子攻击美国的事件向外推断，恐怖袭击的目标正在扩大。未来的袭击目标可能包括：城市的大型、高密度商业大厦；重要的城市基础设施(例如供水及电力系统)和主要工业设施(例如炼油厂)；交通要道及运输网络(阿尔及利亚极端分子曾在法国将其定为目标)；重大公众聚集场所。

(4)恐怖活动的组织化与网络化进一步加强

恐怖活动趋势的一个根本变化是出现严密的全球性组织。譬如“基地组织”是以与跨国公司相似的手法来经营。他们的财政运作极为复杂，经费是从不同方式的合法商业运作中获得。这些恐怖分子的组织相当严密，这是一个有组织的犯罪团体。恐怖活动的组织化和网络化正在进一步加强。

### 17.4.2 未来我国城市轨道交通恐怖事件发生的原因

我国目前尚无城市轨道交通的恐怖事件发生，但是根据对国际恐怖事件的分析与研究，结合中国的实际情况，我国城市轨道交通未来恐怖事件发生的原因可能有以下几个。

**1. 国内民族矛盾**

在我国，"东突信息中心"长期利用各种媒体特别是互联网，进行恐怖主义、极端主义、分裂主义的宣传和煽动，教唆以暴力恐怖手段进行"圣战"，公开号召中国境内穆斯林要通过爆炸、投毒等手段，针对汉族幼儿园、学校、政府等目标制造恐怖事件。因此，民族分裂组织有可能对我国重要城市的轨道交通进行恐怖袭击。

**2. 社会矛盾**

随着我国经济的发展，社会各个阶层由于既得利益的分配不均或其他因素，难免会存在一些内部矛盾。弱势阶层为了表示反抗、报复或对政府的不满，就有可能在城市轨道交通内实施恐怖活动。

**3. 自杀性事件**

自杀性事件在我国发生比较多，现在越来越多的人已经将自杀地点选在城市轨道交通车站。北京城市轨道交通及上海城市轨道交通都有类似的事件发生，值得引起重视，要警惕自杀者的恐怖之举。

**4. 精神病患者的意外举动**

某些神经不正常的人会带汽油等危险物在城市轨道交通内"玩"，并进行一些对城市轨道交通安全造成极大隐患的举动，如果不能及时发现，后果严重。上海城市轨道交通已有类似事件发生。

**5. 落魄阶层**

某些为生活所迫，或对社会失望、失恋等人群也有可能在城市轨道交通车站内进行自杀或恐怖之举。

城市轨道交通的防(反)恐工作，关键在于防。除了需要大量的监视、监控装备和完善的信息传输、储存、处理系统外，更需要敏感而有效的情报工作。如果仅仅停留在"大海捞针"式的被动搜寻状态，工作效率肯定是很低的。英国伦敦市内设置了50万台摄像机，结果还是发生了城市轨道交通6座车站连环爆炸案，造成50余人死亡，700多人受伤。在利用摄像资料搜寻犯罪分子的过程中，虽然找出了4个犯罪嫌疑人，但警方仍抱怨摄像系统数量不足，盲区太多。而且，日常监控系统的工作人员在没有情报指引的情况下，实际上是没有针对性地盲目工作，预先找到恐怖犯罪分子的概率是微乎其微的。所以应该大力增强监控能力，完善事件处置系统，以尽可能减少恐怖袭击的损失。

恐怖袭击事件发生后的处置工作，除了通过检测、监控设备，搜寻犯罪嫌疑人及其策划者的工作，同其他非恐怖袭击造成的突发事件有所不同外，其他处置手段和程序均相同，此处不再赘述。

总而言之，城市轨道交通安全反恐在建设规划时期就应当与轨道交通建设总体规划同步进行，保证与城市轨道交通“同规划、同设计、同建设、同验收、同使用”，一则向城市轨道交通的运营同步提供可靠的安全保障，二则避免建成后改建或补建等重复浪费，以确保实现在整个城市轨道交通体系下考虑安全问题，这就必须在“五同步”原则下通盘考虑城市轨道交通建设总体规划。另外，城市轨道交通安全反恐机制必须要有明确的权责体系和信息共享机制，实现城市轨道交通公安保卫部门和城市轨道交通营运机构之间的配合机制，以及突发事件出现后各单位的配合机制都要有相应的保障。这有助于平时的日常防范工作，特别是在突发事件的快速处置上会达到事半功倍的效果。

## 17.5 城市轨道交通消防

轨道交通系统发生火灾是这一公共交通工具危害最大的灾难性事件。世界各国有轨道交通的国家，都有发生火灾的沉痛教训。我国城市轨道交通建设才刚刚起步，消防安全设施和措施还很不完善。认真吸取其他国家城市轨道交通火灾的经验教训，努力完善我国城市轨道交通的消防设施，强化国民在轨道交通条件下的消防意识，是城市轨道交通建设过程中一项极其重要而又相当艰巨的任务。

### 17.5.1 轨道交通火灾的分类

引起城市轨道交通火灾的原因是多方面的，按失火原因划分，可分为以下几类：

**1. 电器设备故障引起的火灾**

由于隧道或车站的电器设备发生故障而引起火灾，大多数是电线短路起火、电器开关发生打火、接触导线保养不良产生闪弧、电缆超负荷供电击穿绝缘层短路起火、电缆敷设不当等原因引发的火灾。

**2. 列车故障引起火灾**

由于列车受电系统、电气系统故障产生电弧或火花、整流器触头在油中短路、动力电路短路等故障导致列车起火。

**3. 乘客违章引起火灾**

携带易燃、易爆危险品进入车站、带上列车，以及在城市轨道交通车辆上吸烟等违章行为引起火灾。

**4. 人为纵火引起火灾**

由精神病人、恐怖分子纵火、爆炸、投毒等人为故意引起的火灾。

**5. 自然原因引起的火灾**

因地震、滑坡、雷电等自然因素引起的火灾。

引起城市轨道交通失火的原因不同、火势蔓延的速度不同、火灾表现的形式也不同。但有着火灾的潜在性、突发性和随机性的共同特点。火灾危害对乘客生命财产的损失和社会公众的安全心理会造成很大的负面影响。特别是在隧道区间内发生火灾,由于隧道空间狭小,又无处进行紧急疏散,极易造成火灾事件中人员的恐慌和重大伤亡。

### 17.5.2 火灾事故的特点

由于城市轨道交通结构的特殊性,与地面或其他地下建筑相比,城市轨道交通火灾有如下的特点:

**1. 浓烟积聚不散**

地下车站、隧道与外界相连的通道较少,发生火灾时,多半是缺氧燃烧,产生大量烟气以及一氧化碳等有害气体。烟气的蔓延速度和范围超过火势的蔓延,疏散不及时,将导致人员中毒或窒息死亡。

**2. 火灾蔓延快**

由于隧道空间狭小,受隧道净空限制,火焰向水平方向延伸,加速了火势延列车方向蔓延。如果火灾发生时未能及时控制通风设备,炽热的气流可顺风传播得很远,一旦遇到易燃物很快引起燃烧。如列车着火点即可从一列车蔓延到另一列车(例如韩国大邱市地铁1号线特大火灾)。实验中观察到的最远引燃点距着火点50倍隧道直径。

**3. 温度上升快**

有时城市轨道交通地下车站密封性好。火灾发生后,热量不易散发,有时温度可达100 ℃以上。有时会造成气流方向的改变,对逃生人员的威胁很大。

**4. 救援和疏散困难**

城市轨道交通出入口少,通道狭窄,疏散距离长,烟气扩散的速度比人员逃生的速度快。人员密集时,极易造成混乱,发生挤伤、踩踏伤亡。由于地下空间限制,浓烟、高温、缺氧、有毒、视线不清、通信中断等原因,指挥员很难了解现场情况,给现场指挥带来极大的困难。大型灭火设备又无法进入现场,且进入的救援人员需要特殊防护,故救人、灭火困难很大。

### 17.5.3　火灾事故的危害

**1. 人员伤亡**

由于城市轨道交通发生火灾时，通风不良，氧气不足车厢内和隧道中积聚大量热量、烟气和有毒气体，造成人员伤亡。因此，为减少火灾的人员伤亡，应尽量缩短人员在火灾现场滞留的时间，并通过消防设施、通风系统控制火势蔓延，降低温度，排除烟气。

**2. 设施损坏**

火灾将造成列车和隧道设施的严重损坏，降低隧道的使用率，甚至危及结构的安全和稳定。隧道发生火灾时，如果温度低于 40 ℃，属于“低温作用”，结构的整体承载能力不会受到显著的影响；若温度超过 60 ℃，结构的失效概率将逐渐增大，即结构的承载能力将加速损失；当温度超过 120 ℃后，其结构将基本失效，严重时，将发生现场坍塌。

**3. 环境污染**

城市轨道交通火灾事故现场产生的有毒物质，除危及人们的生命外，车辆、零部件的聚合材料燃烧后还会污染大气、地下水和土壤，严重破坏火灾附近的生态环境；

**4. 社会影响**

由于城市轨道交通火灾事故造成的巨大伤亡，特别是近年来国外恐怖分子以城市轨道交通作为破坏对象，进行纵火、爆炸等袭击，就会引发公众的恐惧，对国民形成极大的心理打击，产生强烈的社会影响，严重危及人民安全和社会稳定。

### 17.5.4　城市轨道交通防火的一般要求

所谓防火的“一般要求”，主要是针对轨道交通职工，是对城市轨道交通单位所有职工做好防火工作提出的最基本要求。

“做好防火，人人有责”，“人人防火，处处安全”。要做好城市轨道交通单位的防火工作必须依靠广大职工群众。同其他工作一样，防火工作中，人是决定的因素。只有把广大职工群众做好防火工作的积极性充分调动起来，各项防火安全措施才能真正落到实处。因此，各单位必须重视在职工群众中加强安全防火的宣传教育，贯彻以下几项职工防火的一般要求：

**1. 树立和提高消防意识**

消防意识是指人们通过消防安全教育、消防安全环境体验以及个人的消防安全体验等，在头脑中形成的一种自觉的、习惯的预防火灾的观念。一旦遇到异常或紧急情况，就能很自然地、迅速地做出反应，并采取正确的行动。讲通俗一点，就是在头脑中要有安全防火的思想。这种思想，包括对火灾发生的原因、危害和平时的预防措施，以及发生火灾时的应急方法等综合认识。有了这种认识，就会对潜伏在自己周围的火灾隐患保持高度警惕，时时处处注意防火，即使在发生事故时，也能保持清醒的头脑，临危不乱。

**2. 对火灾危险（隐患）应有清晰的了解**

所谓火灾危险，包括发生火灾的危险性（即发生火灾的可能性）和发生火灾的危害性（即可能造成的后果）两个方面。

火灾危险是潜在的。任何单位，凡是有人群活动、使用电源、火源的地方，就客观存在着火灾危险。各单位、各部门和岗位，不是有没有火灾危险的问题，而是认识本单位、本部门、本岗位存在火灾危险的程度不同罢了。城市轨道交通从业人员必须根据本单位、本部门和岗位的实际情况，对火灾隐患进行排摸、分析。只有清楚地了解火灾隐患的部位、原因，才能对症下药、采取有针对性的防范措施。如果不研究、不分析，更不知道应该采取怎样的防范措施，那就等于坐在火山口上。一旦爆发，再去研究、认识，那就为时已晚。几乎每次火灾都有这样的遗憾和教训。火灾隐患是根据多方面的情况综合判定的。因此，了解和掌握火灾危险，必须从以下几个方面去考虑：

(1)建筑物的布局、结构、耐火性能、防火分隔；

(2)对周围环境的影响；

(3)各类设备运行中的火灾隐患及其防护措施；

(4)热源、电源和其他火源的情况；

(5)设备和系统因操作失误可能发生的火灾隐患；

(6)消防器材和设施是否齐全、有效。

**3. 学习、遵守消防法规、规程和规章制度**

通过学习《中华人民共和国消防法》等消防法规，了解保护国家、城市轨道交通财产和人民生命财产安全是每个人应尽的责任；并了解“预防为主，防消结合”的消防工作方针和各项防火、灭火措施。

此外，还要学习《中华人民共和国刑法》和《中华人民共和国治安管理法》等有关适用消防的条款，了解在什么情况下造成火灾，应追究刑事责任，在什么情况下，应受到治安管理处罚等。从而加强法制观念，自觉遵守消防法规，做好消防工作。

城市轨道交通单位的操作规程和各项防火安全规章制度，是维护正常工作和生活秩序的保证。正所谓“没有规矩，不成方圆”。任何单位的操作规程和防火安全规章制度，是长期实践经验教训的总结，许多是用鲜血和生命的代价换来的。并且是科学的。谁不相信这一点，漠视这些规程和规章制度，必然会受到违背规律而受到的惩罚。

**4. 学习掌握消防安全知识**

学习和掌握相关的设备、材料产品和岗位操作的防火安全知识，尤其对具有较大火灾、爆炸危险的产品燃烧特性和某些危险性操作的安全注意事项的了解，同预防火灾的发生有直接关系。

通过学习，可以掌握一些基本的灭火知识。例如，万一发生火灾时，应怎样进行扑救、怎样打火警电话、怎样从火场逃生等等。这些最基本的灭火常识，是人生安全须知的重要内容，对每个职工来说，都具有重要意义，特别是遇到突发火警时，就定能化险为夷，安全脱险。

对于负有消防安全责任的单位，除了要组织学习消防法规、规程之外，还应请消防专业单位来进行培训和指导消防装备的使用，定期组织消防演练。切实使本单位职工掌握消防的基本知识和技能。决不能出现一旦发生火警，本单位职工惊慌失措而无所事事，甚至连灭火器都不会用的状态。

### 17.5.5 消防设施的检查

**1. 火灾自动报警系统的检查**

(1)烟感应报警器的工作运行是否良好；

(2)检查控制器的备电是否切换良好；

(3)检查车站的火警探头布置是否有人为损坏、遮盖、阻挡或分隔，影响探头有效控制面积；

(4)检查控制器是否有人为关闭。

**2. 室内消火栓系统的检查**

(1)消火栓管道内是否有水；

(2)消火栓保养是否良好；

(3)箱内水带、水枪、圈管是否齐全；

(4)泵房间的水泵是否两路供电，是否正常；

(5)压力表是否完好；

(6)消防水泵是否完好，有无漏水。

**3. 自动喷水灭火系统的检查**

(1)各车站是否将有效的灭火射程面积是否被破坏；

(2)喷头的红色标志点是否完好。

**4. 气体自动灭火系统的检查**

(1)瓶库内的储气瓶压力是否正常，有无明显的压力下降；

(2)设备房门口的控制键盘是否被更改，手动开关是否处于关闭状态。

**5. 防排烟系统的检查**

(1)检查风机的工作状态是否良好,风量是否符合标准;

(2)检查风管的防火阀门的工作是否良好,开闭是否灵活、密合。

**6. 应急照明和疏散指示系统的检查**

(1)标志是否因设备而阻挡;

(2)标志的布置是否合理;

(3)事故不间断电源是否完好。

## 17.5.6 火灾事件的处置

**1. 常见火灾的处置**

火灾发生时,一定要沉着、冷静,切莫惊慌失措。这样才能采取王确的应急措施,有效地扑灭初起火情,最大限度地减少损失和伤亡。

(1)正确报警

发现火警要及时报警,切勿拖延。必须记住:“报警早,损失少”。不能对火灾存有侥幸心理,更不能为了掩盖责任而拖延报警。

除了用119火警电话报警,通知公安消防队伍前来扑救外,还可以采取多种方法如向失火地点周围的乘客、车站工作人员、义务消防队员报警,召集他们前来参加扑救。在报警的同时,向车站内候车的乘客、工作人员发出警报,做好疏散准备并抓紧组织疏散。

(2)迅速灭火

火灾发生后,除立即报警外,应因地制宜采取多种方法进行扑救。

① 切断电源。发生火灾后,火势将威胁到电气线路、电器设备的安全,在准备用水灭火时,应先切断电源,然后再灭火。

② 移走可燃物。快速将燃烧部位附近的可燃物品移往安全地带,阻止火势蔓延;

③ 加强冷却。用水或灭火器灭火;

④ 窒息灭火。利用毯子、棉被、麻袋等浸湿后覆盖到火焰上或用沙土覆盖燃烧物;

**2. 列车火灾的处置**

(1)列车运行中发生火灾,火势较小

司机应迅速将列车开到下一站,同时通知车站工作人员取出消防器材,在相应位置等待协助灭火。当乘客发现列车某处着火时,应及时按动列车紧急报警按钮,同时取出车厢座位下的列车备用灭火器进行灭火。

(2)如发生重大火灾,列车无法正常运行

司机应立即切断外部高压电源，启动列车应急电源。同时，司机应使用列车无线向控制中心报告灾情。得到控制中心的指令后，司机承担事故前期处理责任，仔细阅读列车隧道疏散预案。

司机将根据列车所在区间的位置、火势、烟气扩散方向，选择疏散方向并迅速打开列车疏散门，广播通知乘客进行疏散。乘客听到列车广播后，应立即往疏散方向靠拢，通过疏散门进入隧道，下车步行前往车站。

车站的站务人员接到疏散命令后，将迅速打开屏蔽门，放置下站台楼梯，执行隧道疏散预案。车站引导人员携带防护用品，前往区间引导乘客。

控制中心收到火灾信息后，应及时通知并协同轨道交通公安分局、市公安、消防、医护人员首先赶赴现场参加救援。同时执行列车火灾隧道疏散预案。控制中心还应开启通风系统紧急模式，将风向人流疏散的反方向吹送，将可能出现的浓烟吹到远离乘客逃生方向一端，并通过通风井排出。

**3. 火灾事故的安全疏散**

(1)列车在区间隧道发生火灾

列车在区间隧道内发生火灾的处理程序见图 17.1：

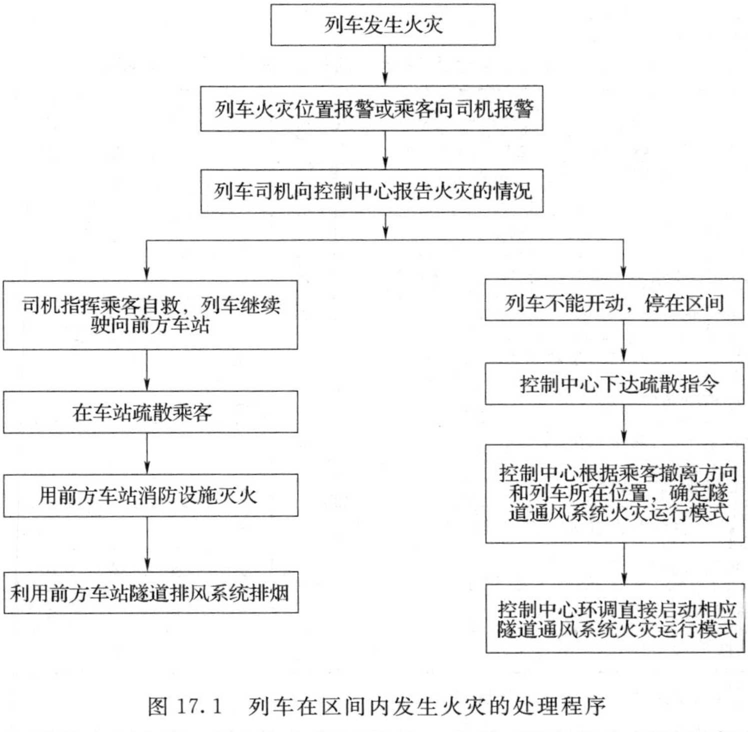


图 17.1　列车在区间内发生火灾的处理程序

列车在隧道内运行的时间是十分短暂的。此外，列车的全部材料都是阻燃的。

隧道内的设备、电缆、管道以及其他材料也是不能燃烧的。列车的前、后端各有一个紧急疏散门。因此,列车运行过程中如在区间隧道内发生火灾,应尽量驶入前方车站,利用前方车站来疏散乘客;如果列车不能驶入前方车站,停在区间隧道内,必须紧急疏散乘客。车头着火时,乘客从车尾下车后,步行至后方车站;车尾着火时,乘客从车头下车,步行至前方车站;列车中部着火,乘客从列车两端下车,步行到前、后方车站。此时,隧道通风系统应迅速启动,排除烟气,并向乘客输送新鲜空气,形成一定的迎面风速,引导乘客安全撤离。同时,事故区间立即停止运行,相邻隧道也应立即停止正常运行,进入抢险救援程序。

(2)列车在车站发生火灾

列车在车站内发生火灾,可以利用车站楼梯、出入口迅速疏散乘客。其安全疏散的具体程序基本同下述"车站内发生火灾的安全疏散"。

(3)车站内发生火灾的安全疏散

车站内发生火灾,可分为站台火灾和站厅火灾两种。无论是站台火灾还是站厅火灾,都应立即采取紧急措施,第一时间安全疏散乘客,同时停止车站空调系统,并将车站通风空调系统转入火灾工况模式。以下分别是站台火灾紧急疏散程序和站厅火灾紧急疏散程序。

**表 17.1 站台、站厅火灾紧急疏散程序及工作人员职责**

| 工作程序及职责 | 值班站长 | 行车服务员 | 客运服务员 | 站台服务员 | 站厅服务员 | 售票员 | 其他人员 |
|---|---|---|---|---|---|---|---|
| 1. 发现火灾,向值班站长报告,主动灭火 | | ▲ | ▲ | ▲ | | | ▲ |
| 2. 报告控制中心,要求停止本站列车服务,请求支援 | ▲ | | | | | | |
| 3. 宣布执行火灾紧急疏散计划 | ▲ | | | | | | |
| 4. 指示环控操作人员,执行火灾排烟模式 | | ▲ | | | | | |
| 5. 关闭广告灯箱电源 | | ▲ | ▲ | | | | |
| 6. 担任事故处理主任,指挥疏散和灭火 | ▲ | | | | | | |
| 7. 向控制中心报告火灾情况 | | ▲ | | | | | |
| 8. 关停电动扶梯,将闸机设置为自由释放状态 | | ▲ | | | | | |
| 9. 指引乘客疏散出站 | | ▲ | ▲ | ▲ | ▲ | | ▲ |
| 10. 拦截乘客进站 | | | | | ▲ | ▲ | |
| 11. 引导消防队员到现场救火 | ▲ | | | ▲ | | | |

备注:所有工作人员在完成疏散工作后,参加灭火。

除了上述各项措施和职责外,还应采取以下技术手段和管理措施:

① 列车在行驶过程中发生火灾，应尽可能驶向前方车站，利用车站站台疏散乘客，利用车站隧道防排烟系统排除烟气；如果列车停在区间，隧道通风系统应根据多数车可疏散的相反方向送风，送风强度和时间应根据实际情况严格掌握；

② 当同一区间的其中一条隧道发生火灾，另一条隧道也应立即停止正常行车；

③ 防排烟系统的火灾运行模式应经过多次实地实验，确定最佳组合；

④ 定期进行火灾安全疏散程序的模拟演练，不断检查各部门及各工种互相配合协调以及快速反应能力，提高安全疏散能力和综合救援能力。

## 思　考　题

1. 什么是轨道交通安全？它包含哪些内容？

2. 轨道交通事故是如何分类的，分别是如何界定的？

3. 轨道交通运营事故是如何处理的，处理的基本程序是什么？

4. 轨道交通公共场所的安全有什么特点？怎样做好这个区域的安全保障工作？

5. 轨道交通运营系统可能发生哪些安全隐患？如何预防？

6. 列车在隧道中因故障停车后，应如何进行安全处置？

7. 列车在运行中发生火灾，驾驶员应采取怎样确保安全的紧急措施？

8. 作为乘客，当车站发生毒气袭击事件时，该如何应对？

9. 轨道交通突发事件的应急预案应该由谁来制订？如何保证应急预案得到正确执行？

10. 轨道交通预防恐怖袭击有哪些措施？

# 第 18 章　城市轨道交通系统经济分析

## 18.1　城市轨道交通系统成本分析

城市轨道交通系统成本是指运输企业为了提供某种运输劳务所消耗的所有成本总额。它包括前期初始成本、运营成本以及资金费用(贷款利息)。初始成本是指在轨道交通运营前期以货币形式的投入。运营成本是指为了完成旅客运输所消耗的以货币形式表现的人力、物力和财力资源。

### 18.1.1　初始成本(initial cost)

从硬件和软件两个方面来看,初始成本包括建设投资费用,线路运营前期准备费用等。

**1. 建设投资费用**

城市轨道交通系统是一项高投入的交通运输基础设施,轨道交通系统建设投资费用到底是多少?表 18.1 列出部分国家或地区新建轨道交通项目的总费用,其费用包括基础设施、机电设备及融资成本。

**表 18.1　世界部分城市轨道交通项目总成本**

| 轨道交通项目 | 时间 | 系统类型 | 成本单位($/km) | 里程 | 注释 |
|---|---|---|---|---|---|
| Australia — Brisbane Airport Link | 1998 | Airport Line | $16.2 million | 8.5 kms | Surface |
| Norway — Oslo/Gardemoen | 1998 | Express Airport Line | $11.3 million | 66 kms | 21 % tunnel |
| West Rail — Hong Kong | 1999 | Heavy Metro | $220 million | 30.5 kms | 38% tunnel |
| Singapore North East Line | 1998 | Heavy Metro | $150 million | 20 kms | 100% tunnel |
| Meteor, Paris | 1998 | Metro | $130 million | 8.5 kms | 100% tunnel |
| Hamburg — Wurzburg | 1999 | High Speed Passenger | $47.5 million | | Mostly surface |
| BART SFO Extension | 1999 | Heavy Metro | $112 million | 14 kms | 70 % tunnel |
| Shanghai China | 1999 | Heavy Metro | $91 million | 16.5 kms | 100% tunnel |
| Kaoshiung, Taiwan | 1999 | Heavy Metro | $140 million | 43 kms | 85% tunnel |
| Bangkok, Thailand | 1999 | Metro | $139 million | 20 kms | 100% tunnel |
| Cali, Colombia | 2000 | Light Rail | $31.3 million | 18.8 kms | |

注:数据来源 www. Wikipedia. org

对轨道交通系统建设投资费用分解，其主要项目有：

(1)征地及拆迁费用。

(2)土木工程建设费用：包括隧道、高架桥梁、路基、轨道、车站、车辆段建设费用。对于 100%地下线路来讲，该项目费用占项目总成本的 50%以上。表 18.2 列出部分城市轨道项目基础建设费用。

**表 18.2　世界部分城市轨道交通项目基础设施建设成本**

| 轨道交通项目 | 时间 | 成本中包含的设施 | 成本 per km.(US$) | 里程 (kms.) |
|---|---|---|---|---|
| CTRL, UK | 2000 | O/H Electrification and Track | $ 2.6 million | 74 |
| CTRL, UK (part) | 1999 | Civil Infrastructure (excl. track) | $ 6.8 million | 20 |
| CTRL, UK | 2000 | Signalling and communications | $ 1.2 million | 74 |

注：数据来源 www. Wikipedia. org

另外，使用线型电机系统(也称为小型地铁)可以降低 30%的前期建设费用，我国广州城市轨道交通 3、4 号线已经采用该技术降低前期投资成本。

(3)车辆购置费。表 18.3 显示上海轨道交通 3 号线每节车辆 130 万美元，6 节编组的一列车将近 800 万美元。

**表 18.3　车辆购置成本**

| 轨道交通项目 | 购置日期 | 线路种类 | 每列的花费(US$) | 购置数量 | 生产商 |
|---|---|---|---|---|---|
| Warsaw, Poland | 1998 | Metro cars | $ 1.4 million | 108 | Alstom Metropolis |
| Shanghai, China | 1998 | Metro cars | $ 1.4 million | 144 | Alstom Metropolis |
| Hong Kong KCRC | 1999 | EMU | $ 1.6 million | 250 | Itochu/Kinki/Kawasaki |
| Valenciennes, France | 1999 | LRV | $ 1.8 million | 17 | Alstom |
| Hong Kong KCRC | 1997 | Electric Loco | $ 4.7 million | 2 | Adtranz |
| New York, NY, USA | 1998 | Heavy Metro | $ 1.9 million | 100 | Kawasaki |
| Kyushu, Japan | 2000 | Suburban EMU | $ 1.3 million | 12 | |
| Norway | 2000 | Inter City | $ 3.4 million | 24 | Adtranz |
| Shanghai, China | 1999 | Heavy Metro | $ 1.3 million | 168 | Alstom Metropolis trains. |

注：数据来源 www. Wikipedia. org

(4)机电设备购置费，包括环控及通风设备(BAS)，防灾报警设备(FAS)，屏蔽门设备(PSDs)等。

(5)通信信号设备购置费。信号控制技术决定轨道交通运营效率，上海城市轨道交通 8 号线采用 CBTC，实现行车间隔 90 s 安全运行。

(6)追加建设投资费用等。在客流增长,运输能力不足的情况下,采取改造某些设备来提高运输能力,往往需要投入大数额的资金,形成初始建设投资基础上的追加投资。追加建设投资费用的主要组成项目有车辆、信号设备和站场设备等。上海轨道交通一号线为增加运能改目前 6 辆编组为 8 辆编组,此追加建设投资费包括 1 号线漕宝路到莘庄之间的车站改造,车辆购置费等。

**2. 线路运营前期准备费用**

为保证列车安全运营,轨道交通运营企业进行大量前期准备工作,其部分产生的费用,称为运营前期准备成本。比如,前期员工的培训费用、赴先期建成××市轨道交通运营线的城市考察、调研费用等。

### 18.1.2 运营成本(operation cost)

运营成本是轨道交通企业在日常运营过程中的所有费用支出。运营成本从保证运营的角度可分为两个部分:基本运营支出和设备大修费用。

**1. 基本运营支出**

城市轨道交通运营基本费用(不含财务费用及初始成本折旧)包含人工费、电费、日常维修费、其他直接费用(客运保险费、事故赔偿费、磁卡摊销费、清洁费)及运营间接费(办公用品等),其中电费与人工费所占比例较大。例如:上海地铁运营有限公司一分公司人工费用及福利占总运营成本的 35%以上。上海轨道交通运营电价为 0.5 元/度,电费约占运营成本 30%。因此,轨道交通企业都在走节能战略。广州市轨道交通 2 号线通过使用屏蔽门,和 1 号线相比将空调运营能耗降低了 20%,每天可以节约 6 万度电。

从基本运营成本与运量的关系分析,运营成本有以下两部分组成:

(1)固定成本

固定成本是运营成本中短期内不随运量变化而相对固定的费用支出,包括固定设施维修费、管理费等,单位固定成本随着运量的增加而下降。

(2)变动成本

变动成本是运营成本中直接随运量变化而变动的费用支出。主要包括列车牵引电费、按列车千米发放的工资附加费等。

**2. 设备大修费用**

在交通运输部门,大修是为了保持固定资产在寿命期能够有效的运转和使用的作业,大修费用的主要组成项目有车辆、线路、车站和牵引供电设备等。上海轨道交通 1 号线 2002 年的车辆进入大修期,费用为 1 200 万元/列,日常维护为每年 650 元/辆。

# 18.2 城市轨道交通系统收益分析

## 18.2.1 城市轨道交通系统收益构成

近几年来，我国北京、上海等特大城市都在以超常规速度建设城市轨道交通。继北京、上海、香港、台北、广州、深圳之后，武汉、长春、大连、重庆、南京等也相继成为我国拥有运营城市轨道交通的城市。

建设项目的效益按照不同的方式分成不同的类型，从项目本身的角度来看，可以分为直接经济效益和间接效益。直接效益是指项目的投入使用能够对行业产生的直接经济效益，间接效益则是指由于项目的实施对其他行业间接产生的效益。从项目法人的角度来看，可以分为内部效益和外部效益。内部效益是指项目法人通过收费等方式而获取的财务效益。而外部效益反映的是被他人无偿或者无意识地获得的效益。一般来说，项目法人无法通过直接收费的方式来将外部效益转化为项目的财务效益。

城市轨道交通项目的效益也可以按照上述方式来划分。其中，间接收益是改善了城市的交通状况，而间接效益则为轨道交通系统良好的社会效益。内部效益包括运输收入和非车费业务的收入（包括列车、车站的广告收入，车站内的商业收入和其他与项目建成后有关的主营业以外的收入等），一般指运营企业的财务收益，容易量化；外部效益则包括居民出行时间的节约、沿线房地产的升值、政府税收的增加等，外部效益常常也是城市轨道交通项目的间接收益。

城市轨道交通运营系统收益包括直接收益和间接收益。直接收益指轨道交通运输企业的运输收入和其他经营收入。间接收益指轨道交通系统良好的社会效益。

**1. 轨道交通企业的直接收益**

(1)运输收入

运输收入即票务收入，轨道交通系统向乘客提供运输服务所得到的货币收入。决定运输收入的主要因素是客运量和票价，即：

$$R_t = \sum p_i f_i \qquad \text{式(18.1)}$$

式中 $R_t$——乘客运输收入；

$p_i$——购买各种票价的乘客数；

$f_i$——按乘车距离确定的各种票价。

运输收入是城市轨道交通运营企业的最主要的收入来源。由于城市轨道交通运营费相对较高，而且城市轨道交通等公共运输设施票价也不亦设置过高，运营成本一般都高于运输收入。香港地区人口密度高，其观塘区都达到为50 910人/km²，城市轨道交通的客流密度达2.86万人/(km·日)，2006年上半年香港地铁运输收入(除了机场快线)高达31.3亿港元，同比上升4%，占上半年总收入的68.5%，随着西港岛线的修建，香港地铁客运量还将上升。

**表18.4 香港地铁行车线收入**

| 线路 | 香港地铁线路 | | 香港机场快线 | |
|---|---|---|---|---|
| 时间 | 2005上半年 | 2006上半年 | 2005上半年 | 2006上半年 |
| 客流量(百万人) | 414 | 418 | 4.1 | 4.5 |
| 平均票价(港元) | 6.6 | 6.8 | 66.9 | 64.8 |
| 运输收入(亿港元) | 27.2 | 28.4 | 2.7 | 2.9 |

资料来源：香港地铁2006年中期业绩报告。

注：该地铁行车线不包括机场快线。

由于城市轨道交通运营费用相对较高，而且城市轨道交通等公共运输设施，票价也不亦设置过高，运营成本一般都高于运输收入。欧美国家的城市轨道交通系统客流密度比较低，票价带有极大的福利性，运营主要靠政府补助金来支付运营所需要资金的不足。巴黎城市轨道交通车票收入仅占36%，其非车费业务收入占11%，政府补贴达到53%。

(2)非车费业务收入

地铁公司非车费各项业务收入包括广告收入、车站商务、电讯、顾问服务等。以下分析地铁公司非车费业务。

① 广告收益：轨道交通车站广告覆盖广泛(广告受众多样，车站客流量大)、灵活多样(包括车体广告、站台立柱广告、墙贴广告等)、形式新颖(墙面广告，电视广告)，受到客户的认可。2005年香港地铁总收入152亿港元，其中站内广告等经营收入占20%左右。2006年上半年香港地铁公司广告收入约占非车费业务收入的36%。

② 商贸收益：除了房地产，商铺收入也是相当重要的经营收入来源。广州地铁运营3年多，地铁带来的商机被越来越多的人认识到。据了解，地铁1号线1999年开通时商铺出租率仅有52%(2000年才达到100%)，而地铁2号线首段在去年底开通之前，所有商铺均已满租，其商铺租价普遍高于1号线。目前成功进驻广州城市轨道交通2号线的连锁店大致有5大类：便利店、书报刊连锁企业、冲印连锁、洗衣店、银行。

③ 其他收益：其他收益包括城市轨道交通运营公司的通信收益及免费地铁报收益等。城市轨道交通是大都市的主要交通工具，在乘坐的时候很适合读报纸，如

能免费取阅，乘客几乎没有理由不看，城市轨道交通向来都是报业发行的主要市场。1995 年在瑞典诞生了第一份地铁免费报纸《METRO》，该报纸当今在 15 个国家发行，其发行量达到 300 万。在上海轨道交通运营企业同报业媒体联合发行免费城市轨道交通《时代报》。该报纸是我国第一份具有刊号的免费报纸，解放日报作为地铁授权的免费媒体，在未来 7 年里不再有免费媒体进入上海城市轨道交通。

**2. 城市轨道交通系统的间接收益**

城市轨道交通系统间接收益指轨道交通的社会效益。轨道交通系统的建设需要大量资金投入，运营成本较高，从企业财务分析来看，大多数城市需要政府补贴才能弥补运营的亏损。但轨道交通系统的社会效益非常显著，这就是世界各国都选择轨道交通系统的原因。

城市轨道交通的兴建改变了城市面貌，带动了沿线经济发展，从而产生巨大的社会效益。社会效益可以从以下几个方面来看：

(1)缓解交通拥挤

大容量的轨道交通在很大程度上可以缓解城市的交通压力，改善城市日益严重的交通堵塞，而且由于改善了地面交通秩序，也相应地减少了地面交通事故的发生率，促进社会安定稳定，有利于经济发展。

(2)节约土地使用

城市土地是一种具有多用途的稀缺资源，一旦为交通运输所占用，就意味着城市经济将放弃其他用途。轨道交通运能大，乘客人均占用土地最少，并且可以促进城市交通立体化。选择城市轨道交通作为城市交通的骨干，在节约土地使用和提高土地使用价值上，可以给社会带来客观的经济效益。

(3)减轻环境污染

轨道交通的运营减少了汽车尾气的排放，改善了城市环境质量。以天津市地铁 1 号线为例，其建成后，初期可分流转入地铁的客流量为每天 58 万人次，据测算可替代相当于 453 辆地面公交车辆的运行，而地铁是电力牵引，不产生类似公交车辆排放的有害尾气 $CO$、$HC$、$NO_2$ 等。

(4)降低能源消耗

城市轨道交通以电力作牵引，其最大优点是污染少，而且能耗比较少，轨道交通人工能耗为道路交通的 15%到 40%，是一种绿色的交通工具。有着广泛的社会经济效益和良好的生态环境影响。

(5)促进城市合理布局

逐步调整城市布局及降低城市中心区的人口密度，是城市实现可持续发展所采取的重要措施之一。城市轨道交通对城市中心区人口的疏散和卫星城镇的建设发展起到积极的作用。

(6)节约乘客出行时间,缓解乘车疲劳

城市轨道交通节约了乘客时间,产生了极大的社会效益。由于轨道交通比公共汽车运营速度快,从而节约了乘客乘车的大量时间,又由于轨道交通缓解了地面交通,地面交通的车速也可相应提高,这样又节省了公共汽车乘客的乘车时间。此项价值会随着商品经济和市场经济的发展和不断完善逐渐被人们所认识。

城市轨道交通可减少乘客乘车的疲劳,从而可提高劳动生产率。城市轨道交通可减少交通事故,从而减少了经济损失,增加了城市的社会效益。

## 18.2.2 票价理论

在城市轨道交通系统的收益组合中,最受关注的就是票务收入。本节将简要介绍几种典型的票价制式,并对票价制定问题进行分析。

**1. 票价制式**

票价是交通运输企业提供的产品(运输人千米)的销售价格,票价制式就是指票价的不同组合形式,简称票制。

城市轨道交通系统的票制主要分为以下四种:

(1)单一票制

单一票制是指不论乘行距离远近均为同一的票价。如北京地铁从 1969 年运营三十多年以来一直采用单一票制。

(2)计程票制

计程票制是按乘行里程计算票价的方法。我国现运营的城市轨道交通系统大部分实行分段计程票价,并体现了“递远递减”的原则。

**表 18.5 上海与东京轨道交通的票价对比**

<table>
<tr><th>城 市</th><th colspan="6">票 价 制 设 置</th></tr>
<tr><td rowspan="2">上海</td><td>里程</td><td colspan="2">1～6 km</td><td colspan="2">6～16 km</td><td>16 km 以远每 10 km</td></tr>
<tr><td>票价(¥)</td><td colspan="2">3 元</td><td colspan="2">4 元</td><td>增加 1 元</td></tr>
<tr><td rowspan="2">东京<br>(Eidan)</td><td>里程</td><td>1～6 km</td><td>7～11 km</td><td>12～19 km</td><td>20～27 km</td><td>28～40 km</td></tr>
<tr><td>票价(日元)160</td><td>190</td><td>230</td><td>270</td><td></td><td></td></tr>
</table>

(3)分段计费票制

把全线分为若干个区段,按在区段内乘车和跨区段乘车发售不同的票价车票。为了尽可能合理负担,对两个区段的相邻站间乘车通常可按在区段内乘车购票。

(4)区域计费票制

把地铁网分为若干个区域,按在区域内乘车和跨区域乘车发售不同的票价车票,分区制主要用于欧洲国家。

①“同心圆”计费方式

在核心市区可以采用“同心圆”方式，目前巴黎地铁（8 个计费区）和伦敦地铁（6 个计费区）都采用这一方式。见图所示：白色为一区，绿色为二区，明黄色为三区，橘色为四区，紫罗兰色为五区，粉色为六区，其中第一区：每张大人 1.5 镑；小孩 0.6 镑。其他区（Zone 2，3，4，5 or 6）：每张大人 0.9 镑；小孩 0.4 镑。该划分方式比较符合“放射形”出行结构的需要，其特点是核心市区的吸引量较大。

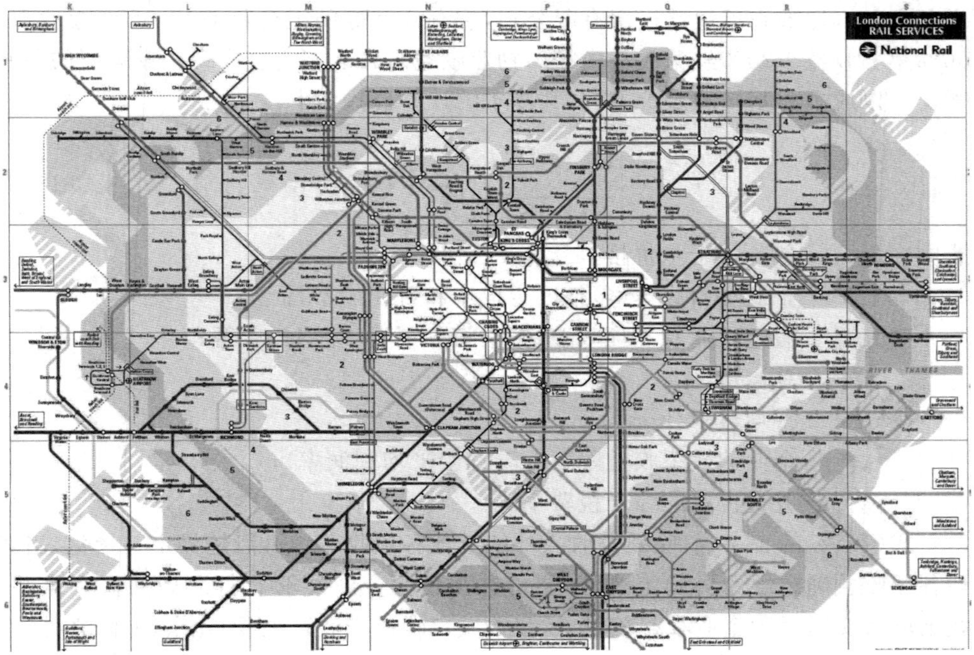


图 18.1　伦敦的票价区

② “同心圆＋分区”计费方式

在核心市区以外采用“同心圆”＋“分区”的划分方式，斯图加特市交通票价结构的计费区划分采用了这一方式。“同心圆”的划分符合“放射形”出行结构的需要，而在各同心圆内部划分了更细的“分区”，从而有效地确保运营收入。斯图加特共包含 7 个“同心圆”计费区，各“同心圆”又被分为多个“分区”。

**2. 定价**

城市轨道交通系统向社会大众所提供的服务是一种准公共产品。其定价不能完全套用普通消费品的定价方法；也不完全等同于电力、电信等垄断产品的情况，后者的定价基于更高的期望利润。城市轨道交通系统的服务定价通常有两大类考虑：基于成本的定价模式和基于社会综合效益的定价模式。

(1)以成本为基础的定价模式

大多数以盈利为目标的企业都采用此种定价方法，它的核心是票价必须以成本为基础，在此基础上再加上合理利润。尽管城市轨道交通系统具有一定的公益性质，但是，当轨道交通运营企业将主要的外部效益内部化之后（如政府给予一定的政策，使得轨道交通运营企业可以享受包括基建利润、沿线房地产增值收益等外部效益），加上足够的客流量，那么，轨道交通运营企业就可以视为一个自负盈亏的市场企业。比如香港地铁运营有限公司，它有着良好的组合收益（2005 年总收益：60%票务收益＋20%经营收益＋20%物业收益），并能够完全实现企业运营的盈亏平衡。以成本为基础的定价方法，其基本的计算公式如下：

$$I_{运} = \left( \frac{C_{运} - \sum_{i=1}^{n-1} R_i}{Q \cdot S_{均}} \right) \cdot (1 + i_{赢} + i_{税}) \qquad 式(18.2)$$

式中 $I_{运}$——单位人千米价格；

$C_{运}$——企业经营成本（包括固定成本和可变成本）；

$R_i$——假定企业有 $n$ 项收益，其中第 $n$ 项 $R_n$ 为票务收益；

$Q$——总运量，人；

$S_{均}$——平均运距，km；

$i_{赢}$——企业的期望收益率，（$i_{赢} \geq$社会平均利润率）；

$i_{税}$——应交税费的综合税费率。

式(18.2)的含义为，除票务收入外的其他各项收益均可清楚界定并量化，当其他各项收益确定之后再确定票价，票价必须使得企业能够获得期望的盈利水平。我国城市交通运营企业收益较单一，多数城市轨道交通系统（除北京、上海之外）运量较低，虽然成本是制定价格主要因素，但依据庞大的固定成本和运营成本来制定票价将远远超过乘客的实际承受能力。因此，轨道交通定价需要从社会的综合效率出发，考虑多方利益。

(2)基于社会综合效益的定价模式

在我国，城市轨道交通系统的服务价格在很大程度上是受控于政府，政府对价格调控的出发点并不局限于特定群体或企业的利益，而是立足于整个社会，追求全社会范围内最优的资源配置、最高的经济效率、公平的社会分配和良好的社会福利。当政府作为城市轨道交通系统的服务价格的制定者或者最终审核者的时候，就需要综合考虑影响票价的各主要因素：

① 轨道交通运营企业各项收益的总和能否抵平运营成本。对于我国的轨道交通运营企业来说，通常关注其收入能否与运营成本持平，如果存在缺口，则显然将由当地政府财政来补贴。

② 乘客的承受能力。票价制定应充分考虑城市居民的经济承受能力。以重庆轻轨的定价为例，2003年重庆市城市居民人均可支配收入为8 094元，通过对居民消费结构的统计分析，按交通费用占居民收入平均比例为15%计算，居民全年人均交通费用为1 214元，则平均日交通费支出仅为3.33元，该数据可以作为估算轻轨票价的参考值。

③ 财政的承受能力。从全球范围来看，绝大多数轨道交通运营企业需要政府的运营补贴，同时，票价制定也要考虑到政府财政有足够的财政能力。

④ 交通行业的综合比价，同其他公共交通工具的价格竞争问题。城市轨道交通的票价与其他公共交通的票价应有合理的比例，轨道交通具有方便、快捷、舒适、环保等显著的优势，合理的竞争性定价（通常高于地面公交方式）既能够吸引客流，也能够最大程度的创造经济效益和社会效益。

目前国内已运营的轨道交通系统都普遍采用考虑社会综合效益的方法，站在全社会的高度，重点考虑轨道交通运营的社会效益，政府通过财政补贴职能配置一定的社会资源投向公共交通行业，政府兼顾各方利益通过财政补贴来调控票价，使得市民能够承受，使得企业能生存。

我国城市轨道交通系统票价的制定和票价调整通常遵循以下程序：

(1)由城市轨道交通运营商根据需要制定票价机制和票价水平，并向市政府价格主管部门提交定价书面申请报告。

(2)根据相关法律法规，价格主管部门对申请报告进行初步审查、核实，并对合乎听证条件的组织进行票价听证。

(3)市政府进行定价决策时要充分考虑听证结果，协调申请单位根据需要调整价格，必要时可以重新组织听证。

(4)价格主管部门公布地铁票价，并对票价执行情况进行监测和跟踪调查。

上述票价制定程序也存在值得商榷之处。第一，轨道交通运营企业新线票价制定方案，可能过多的从企业效益考虑，票价制定偏高。新线票价制定应该把着眼点放在沿线居民的承受能力和其他公共交通的比价上。建议可以由政府有关部门指定第三方企业制定票价方案。第二，运营线路票价调整程序过多，时间过长。政府应该在一定的范围内，给与轨道交通运营企业以灵活的运价调整权。

### 18.2.3　国内外城市轨道交通系统经营效益分析

根据资料统计，世界范围内的城市轨道交通运营企业，仅有香港地铁公司和东京TRTA公司是盈利的。能够盈利的轨道交通运营企业具备其自身特征，如：人口密度极其稠密（香港15万人/$km^2$），政府将轨道交通系统创造的主要外部效益内部化等。

轨道交通运营是一个难题。北京市政府每年用于地铁的补贴达数亿元。广州地铁总公司运营补贴要 3 240 多万元。

由此可见，我国在对城市轨道交通系统新线建设的批准时，充分考虑系统初期投资的同时也要考虑运营费用的补贴对城市财政的压力。

**1. 国外城市轨道交通系统经营状况**

除了施工的巨额投资外，为了保证轨道交通运行的高密度、乘客的高安全的要求，轨道交通需要装有先进的信号控制设备和车辆设施，车站的通风、环控等设施也有较高的要求，故一条轨道交通线路的总投资非常大。地铁的票价一般不能补偿总成本。表 18.6 列出几个城市地铁的运营情况。

**表 18.6　部分城市地铁经济的统计**

| 城市 | 线路长度（km） | 运营列车数量（列） | 5 km 票价（$） | 每千米总成本（$） |
|---|---|---|---|---|
| 柏林 | 100.8 | 172 | 0.78 | 0.228 |
| 芝加哥 | 395.8 | 300 | 0.90 | 0.221 |
| 香港 | 26.1 | 92 | 0.06 | 0.049 |
| 伦敦 | 247 | 449 | 0.51 | 0.259 |
| 纽约 | 370 | 564 | 0.90 | 0.480 |
| 圣保罗 | 25 | 52 | 0.07 | 0.081 |
| 大阪 | 90.9 | 115 | 0.72 | 0.182 |
| 旧金山 | 113.6 | 43 | 0.60 | 0.341 |

资料来源：世界银行关于经营者的调查报告。

从表 18.6 可见，各个城市轨道交通的票价均明显低于其总成本，地铁的建设和运营都必须有政府全方位的支持。

巴黎地铁日载客量达 450 万，是巴黎市民的主要交通工具。巴黎地铁投资的主要来源是政府直接投入和市政府当局设立的特别交通税（始于 1970 年）。项目建成后，由大区公交公司统一经营。由于巴黎市地铁票价定位较低，票价收入无法与经营费用对冲，需要财政补贴。政府负责建设投资及债务偿还，公交公司经营，地铁定价以吸引客流为主。

东京地铁日运量 700 万人次，占公交出行量 70%。日本轨道交通建设资金主要有政府补助、地方补贴、受益者负担、发行债卷、贷款等，城市轨道交通的经营权由资产所有者认定，票价标准执行地区统一定价标准，客运量大，凭借票务收入实现财务平衡(不含贷款本息偿还)，但它还不能够实现地铁的滚动发展。

纽约地铁从 1990 来开始由于经济下滑和票价上涨，导致客运量下降。在 1997 年以后推出一系列的票价降价和多种票卡措施。1997 年 7 月推出了在地铁与公交之间的 2 h 之内的免费换乘。政策推出之后，客流上升 5%左右。此后，纽约地铁又推出了购买 15 $ 以上的充值票，可获赠 10%的优惠政策、7 日和 30 日无限乘次卡政策等。多种票务政策对于客流量影响见图 18.2

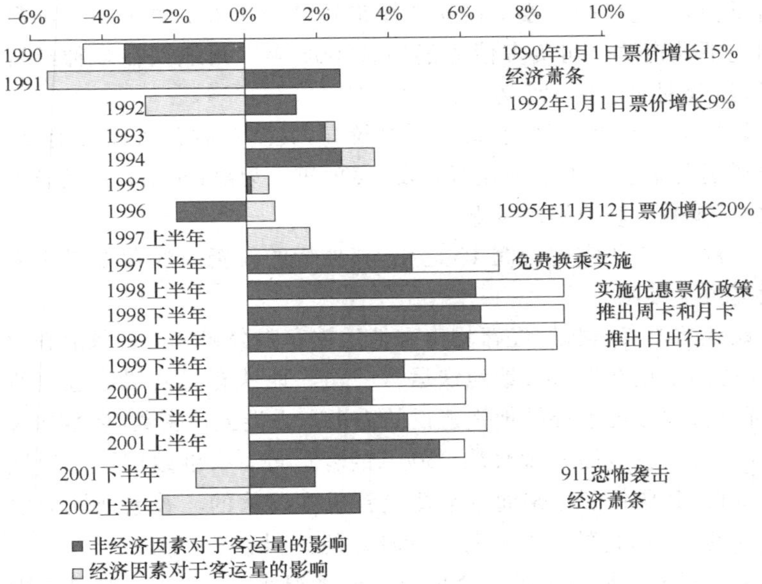


图 18.2　1990～2002 年纽约地铁客流

**2. 国内城市轨道交通系统经营状况**

北京、上海、广州是我国最早建设城市轨道交通的城市，其投资、建设、运营都有自身特点。北京作为建设、运营最早的城市轨道交通城市，其投资、经营模式中有着很强的计划经济特征。北京地铁 1、2 号线基建投资由国家承担，运营公司不必负担基建成本。但北京轨道交通由于经营理念落后，各项经营开发不利，形成了较大亏损。2001 年票款收入约 5.56 亿元，但运营成本高达 8.7 亿元，使得财务状况不能平衡，需要政府补贴运营亏损。北京轨道交通也在探索多种运营方式，其中北京轨道交通 4 号线同港铁合作跨出投资、运营单一模式。

上海作为中国经济的龙头，在轨道交通的建设经营中，一直强调资金的高效率和经营的市场化。上海在充分考察国外轨道交通投资经营的基础上，在 1999 年实现了建设、运营、投资和管理四分开。上海市政府每年注入上海申通集团有限公司（城市轨道交通投资公司）20亿外，仅履行轨道交通宏观监管的责任。其轨道交通项目的投资、建设和经营完全采用市场化运作，申通筹集项目资金，在项目建成后，通过资本运作偿还贷款。上海市对于轨道交通运营采取运营初期两年补贴，第三年实现运营平衡，第四开始上缴利润的目标（运营公司不负担隧道折旧及财务）。经过一年多的实践，上海地铁运营有限公司提前完成目标，2001年底不但平衡了运营费用，还上交1 000多万元利润。

广州城市轨道交通在投资及经营上借鉴了香港模式。广州市城市轨道交通投资由政府承担，为此广州市委下设立了城市轨道交通筹资办公室。项目建设及运营由广州地下铁道总公司负责债务偿还。2002年广州地铁在多种经营上取得较好的效果，经营利润达到227万元。

上海轨道交通日客流量大，票价相对较高，其票务收益可以抵消经营成本；广州轨道交通运营企业注重多种经营开发，实现扭亏为赢；北京轨道运营企业需要增加各种收益，来减少政府财政补贴。

香港地铁2001年实现利润40亿元，其独特的投资及经营方式都为国内轨道交通建设提供了参照。

香港地铁的投资、建设、经营均由香港地铁有限公司承担。政府在审批地铁规划时，将周边的土地开发权交给地铁运营公司。地铁有限公司通过地产交易筹到的资金，可以很大程度上补贴地铁建设的需求。香港人口密集，多数居民出行选择地铁，82 km的运营线路实现日均250万的客运量。香港政府赋予地铁公司票价制定的自主权，其票价制定是通过平衡经营成本反算的。香港地铁的票务收入占公司总收入的60%，地铁公司一直保持较好的盈利水平。

从我国已建成的城市轨道交通项目经营情况来看，项目一般要经历一段培养期，其经营效果才能显现出来。随着轨道交通网络的逐步形成和票价的合理定位，北京、上海、广州等发达地区的轨道交通项目将有可能实现整体财务平衡。

但我国其他在建轨道交通项目，其运营初期需要地方财政给与补贴，项目建设负债的偿还也落在政府的肩上，加大了政府的财政压力。世界银行的报告也认为，发展中国家地铁的建设费用太高，结果挤掉了许多其他项目的投资。大部分系统都是赤字运行，给当地的财政预算带来严重问题。因此研究城市轨道交通系统建设决策的相关因素十分重要。

# 18.3　我国城市轨道交通系统建设决策考量因素分析

## 18.3.1　纯公共产品、准公共产品、非公共产品的定位问题

轨道交通是城市公共交通的重要组成部分，它所提供的产品（客运服务）可以通过设置收费口排除不付费的消费者，而在一定运能以内多一个消费者对供给者带来的边际生产成本和边际拥挤成本可以忽略，显然，是一种准公共产品。

城市轨道交通系统的运营具有极强的正外部性，体现了收益外部化的特点。例如轨道交通系统能缓解地面交通压力、减少污染、改善整个城市的投资环境、促进城市发展，进而使全体市民间接受益及轨道交通能带动沿线房地产升值，增加沿线商业、娱乐、广告等各类商家企业营业额等。城市轨道交通系统的正外部性的存在使得轨道交通项目的社会效益远大于其项目的财务效益，在票价收入无法弥补建设和运营成本的情况下，研究使其他的外部效益内部化可以减少财政负担的问题。

逐步建立轨道交通利益还原机制。我国现在碰到的问题是政府出资修建及补贴运营亏损，轨道交通系统成为政府财政的极大负担，而其所带来的外部效益，如房地产的升值带来的效益并没有被政府所获得。轨道交通的开发对土地级差效应影响较大，为沿线房地产带来较大的增值收益，如何建立机制把房地产收益转换用于轨道交通系统进一步发展，值得探讨。比如，随着轨道交通建设线路向郊区延伸，政府有必要提前开展土地储备工作，利用土地级差获取增值收益。或者通过适当增收房产交易费用等途径，获取房地产增值收益。以及适时开征轨道交通专项税费，调整部分已收费项目的用途，建立政府的轨道交通建设专项基金，以利于轨道交通系统的良性发展。

政府的转移支付是实现轨道交通项目外部效益内部化的重要手段，其方式过于单一。香港地下铁道运营模式值得借鉴。

## 18.3.2　城市轨道交通系统建设对拉动地方经济增长的问题

轨道交通成为各地政府投资的热点。根据中国国际工程咨询公司统计，截止 2003 年上半年，在建项目已批准立项和地方准备申请立项的还有 37 项，线路规模 820 km，投资规模约 2 600 亿元。新申请立项准备建设的城市还有 8 个。地方政府热衷于建设轨道交通的原因有：

轨道交通系统建设与地方经济之间的关系。对于交通建设与经济发展关系的

研究，有西方学者 200 多年前对于交通建设与 GDP 等宏观经济指标进行了交通建设与土地增值的定量研究。关于交通建设与经济发展关系，西方学者对问题的结论仍然处于一种争论的阶段，并无统一的定论。也就是说，对于公共投资投入基础设施(特别是交通设施)是否会带来经济增长，在国家、区域或是城市乃至社区的不同层面，对该问题还尚未达成一致。换而言之，如果当初西方的政治家和决策者们还只是单纯地把交通投资作为拉动某一城市和区域经济发展的有力工具的话，现在，他们已经赋予交通投资以更多的使命。交通投资被期待着不但能够促进国家、区域各类有形经济产业的稳定发展，而且能够在提高无形的交通服务品质、保证公民机动性和环境质量等方面，扮演重要角色。

轨道交通的建设对于地方经济的影响并不完全是正推动力。举一个例子，同处于某一区域的几个城市，均采取加大交通投资以带动当地经济发展的策略，但是却很有可能得到截然不同的效果。其中某一城市 A 可能在实施该战略后，很快得到外来投资投入本地的交通基础设施建设和发展，进而因交通条件的改善(也许还有其他影响因素一直在起作用)而吸引了更多的资金和劳动力的集聚，带动了本地经济的发展。

而另外一个城市 B，虽然有同样的发展策略和对外来交通建设投资者的诸多优惠政策，可能未吸引到足够的外来资金投入本地交通基础设施。

结论是交通投资不一定能带来经济发展，而是在某些条件满足的前提下，交通投资才能刺激和促进某地的经济发展。

### 18.3.3 投资导致的财政负担及运营亏损问题

更要深思熟虑是轨道交通系统初始投资巨大与土地、资金等稀缺资源的分配，每千米上亿的投资对于地方财政压力较大。前期建设通过贷款还可以勉强经营，后期的还款及运营的亏损更是对政府财政巨大的考验。当然，轨道交通产品的生命周期远长于一般产品，轨道交通运营的时间越长，客流量越大，越体现了收益长期化的特点。

因此，政府在进行大量的交通投资以前，应该仔细考察是否存在比轨道交通投资更为有效的发展经济策略(即政府对交通投资所带来的预期收益，应该大于因为投资交通所失去的一系列机会成本)。要努力把握当前真正对本地经济发展最有影响的因素，而不是不加区别地将有限的资金投向次要的影响因素，重视交通(作为公共投资的一部分)投资区域的选择、交通投资和其他类型投资的分配等问题。应该指出打着“要想富，先修路”的旗号，或从要领导政绩，把几个重大交通基础设施作为城市现代化重要标志为出发点的交通投资，是不可取的。

### 18.3.4　以城市轨道交通系统建设引导城市规划

城市轨道交通对城市格局具有引导作用，轨道交通引导城市结构发展的原理就是通过大幅度提高交通供给，引导周边土地高强度利用，其主要思想是利用轨道交通引导城市轴向发展，即沿轨道交通线路进行高强度的土地开发，建设新的居住区和商业区。国外一些开发引导经验值得我国借鉴。

20 世纪 90 年代，汉城为了抑制城区人口过度集中，缓解住宅紧张局面，决定在城区周围进行了大规模的卫星城建设，由于在开发这些城市的时候，土地利用上片面强调住宅的供给，忽视与产业土地利用之间的协调，因此新建城市缺乏自立性，变成职能单调的"卧城"，并且"卧城"的大部分人口到汉城去上班，反而加大了市区的交通量和拥挤程度。

香港的经验值得借鉴。加强土地利用规划，开发高密度的住宅居住区，香港一直都很强调区域规划控制，在地铁走廊已被纳入总体规划的情况下，大量住宅楼宇开发和商业区的建设都已充分考虑到地铁可达性的影响，同时完善的公共交通设施以及良好的住宅区建设吸引了大量香港家庭在此购置物业。半数以上的香港居民通过地铁上下班，这就为地铁的运营带来了稳定的收益。地铁融资与房地产开发相结合，香港地铁公司通过与地产商合作开发，物业建造费用和风险主要由开发商承担，地铁公司享有五成的利润。同时策略性地保留部分已落成之物业作租赁用途，以提供稳定的租金收入。1999 年地铁公司的物业租务及管理收入为 75.52 亿元。所获得的利润，全部用于地铁建设，成为香港轨道交通业发展重要资金来源之一。

## 思　考　题

1. 简述城市轨道交通系统运营成本的构成。
2. 制定票价时，要注意哪些因素？
3. 分析单一票制与计程票制的特点？
4. 城市轨道交通定价方法有哪几种？各有什么特点？
5. 简述纽约地铁的票价政策。
6. 从国外城市轨道交通系统建设与运营经济状况中你得到哪些启示？

# 第6篇　环　保

## 第19章　城市轨道交通振动与噪声

近年来,我国城市轨道交通建设发展迅速,不仅有效地改善了城市的交通环境,而且极大的促进了城市建设和经济的发展;但不可否认轨道交通的发展也给城市的发展带来了很多负面的影响,诸如噪声、振动、电磁辐射污染和对城市景观以及日照等方面影响,其中以振动和噪声尤其不容忽视(见图19.1)。

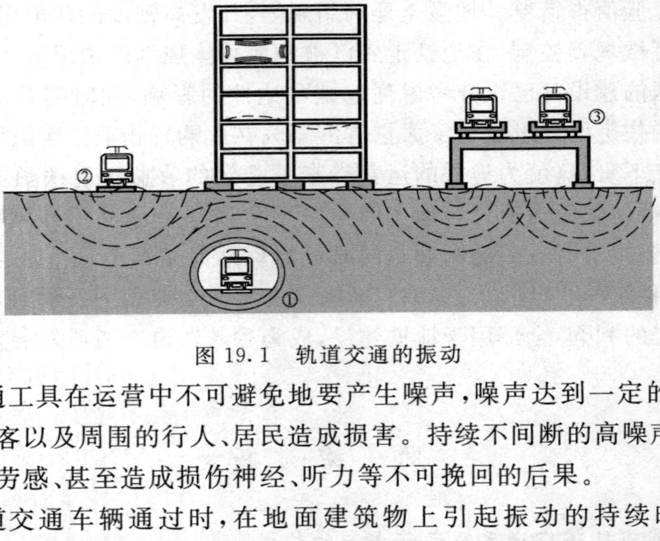

图19.1　轨道交通的振动

各种交通工具在运营中不可避免地要产生噪声,噪声达到一定的强度将会对操作人员、乘客以及周围的行人、居民造成损害。持续不间断的高噪声会给人体带来压力感、疲劳感、甚至造成损伤神经、听力等不可挽回的后果。

一列轨道交通车辆通过时,在地面建筑物上引起振动的持续时间,大约为10 s。在一条线路上,高峰时两个方向1 h内可以通过30对列车,或更多一些。振动作用和持续时间,可以达到轨道交通总工作时间的15%～20%。因此,轨道交通运行中对城市产生的振动和噪声污染不能忽视。目前,国内尚未有地铁与轻轨交通振动与噪声标准,只能参考国家环保局制定的城市区域标准:“对交通干线道路两侧昼间为75 dB,夜间为72 dB”。

我国对于减振降噪技术的研究起步较晚,随着我国第一条城市高架轨道交通线——上海市轨道交通3号线的通车运营以及地铁3号线北延伸段、地铁1号线北延伸段的开通,沿线部分地段的振动和噪声问题引起了社会的广泛关注(见图19.2)。

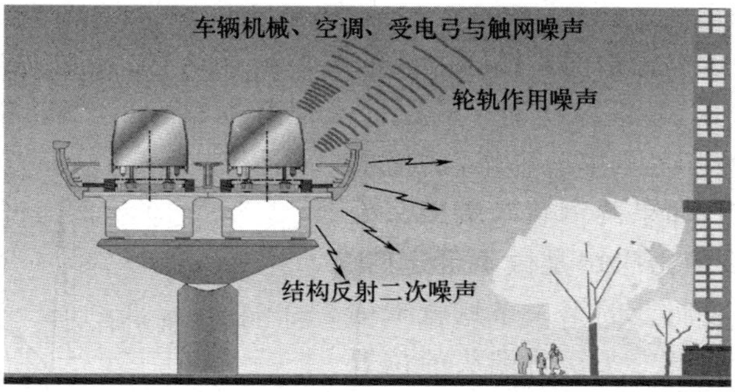


图 19.2　高架线路的噪声传播

噪声可通过声源(即噪声的发源地,可能是机械的、化学的、电化的,以及生物的等等)、途径(即噪声是如何进行传送的)以及接受点(怕听见噪声的人所处的位置)这 3 个方面进行分类和研究。

车内的噪声由乘坐和驾驶该车的司机所承受,车站内的噪声由在车站内候车人及车站工作人员所承受,而路边噪声则影响着邻近线路附近区域居住或工作的人们。

各种类型的噪声可能来自一个或几个噪声源。这些噪声源沿着各种各样的途径进行传播和扩散。了解声源、途径和接受点就可以有针对性地寻求降低、衰减噪声的措施和途径,对现存的噪声进行防护,最大限度地降低对人体造成的损伤。

## 19.1　城市轨道交通振动与噪声源分析

### 19.1.1　轮轨噪声

钢轨与车轮之间相互作用而产生的声响。钢轮在钢轨面上滚动,如果一切都是理想化的就不会产生振动,但轨道的不平顺、车轮踏面的伤损就引起车辆和轨道的振动并向外辐射声波。

轮轨噪声有 3 种主要类型:摩擦噪声、撞击噪声和轰鸣噪声。

每一种均由相应的机械结构所产生。

**1. 摩擦噪声(或尖啸声)**

一般转向架式车辆,轮对车轴平行地配置在转向架的构架中,当车辆运行在小半径曲线线路时,车轮沿曲线钢轨并非纯滚动运行,要产生局部的横向滑动,即所谓"卡滞一滑动效应",引发车轮和轨道的振动响应,形成高频的尖啸声。影响这种摩擦噪声因素主要有曲线半径、转向架轴距、车轮振动阻尼特性,以及轮轨接触面的粘着系数和所采用的材料等。

**2. 撞击噪声**

撞击噪声是由车轮踏面或钢轨表面的不平顺所产生。这种不平顺包括钢轨接头的缝隙(图 19.3),轨面擦伤和车轮踏面局部磨损、扁疤。钢轨接头的台阶和折角使车辆行驶时发出“卡塔—卡塔”的撞击声,研究结果表明,如果两钢轨末端接头处于同等高度,那么撞击噪声是微不足道的。如果车辆正在行驶所处的第一条钢轨末端比前面与其相接的第二条钢轨端头的位置高,即所谓处于下台阶情况,噪声就随着车速的加快而增长至某一定值,车速再增长它基本保持恒定值。当第一条钢轨末端比第二条钢轨连接端头所处的位置低时,即所谓升高台阶处,那么噪声随着车速的提高而不断增长。这样升高台阶就成为一个严重的噪声源。由车轮踏面扁疤所引起的噪声与钢轨接头下台阶处的情况相似,车速超过了某一定值噪声级就不再增长了。目前已采用无缝线路,撞击噪声大大减少,但是由于钢轨高温焊接处材质发生变化,长久使用后容易产生马鞍型磨耗也会成为噪声源。另外,全线钢轨由于有道岔存在和其他技术原因,不可能统统焊接起来,这种噪声源还是不可避免。

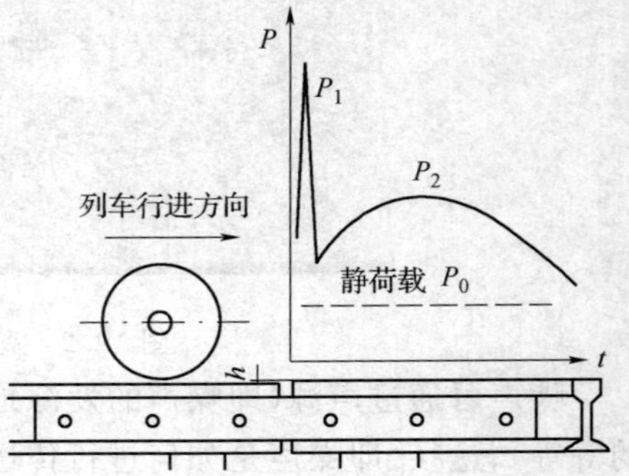


图 19.3 钢轨接头不平顺示意图

**3. 轰鸣噪声(或滚动噪声)**

轰鸣噪声是由于车轮踏面和钢轨接触表面局部小面积粗糙所造成。研究结果表明,轮轨接触区域越大,所产生的轰鸣噪声就越少,当轰鸣噪声达到顶点频率时钢轨将成为主要噪声源。减小轮轨接触面的粗糙度是降低轰鸣噪声行之有效的途径。

## 19.1.2 牵引动力系统噪声

牵引系统设备运转所产生的噪声,包括牵引电机及其冷却风扇、齿轮箱以及空气压缩机的噪声,它是城市轨道交通主要的噪声源。牵引系统的噪声,特别是电机冷却风扇的噪声,随列车运行速度的提高而增长,其量级往往要大于轮轨噪声。

近来,对混凝土高架铁路的研究表明,混凝土高架铁路上的牵引动力系统噪声级比地面道床轨道上的噪声级高 5 dB(A)。这主要是因为高架铁路上轨道下面缺少吸音材料,如道砟、土路基等。

在车体向下延伸部分装设车裙,可起到阻挡牵引系统噪声向外辐射的作用。车裙在与车下吸声装置相结合后能使混凝土高架铁路上的牵引系统噪声降低 5 dB(A)。使用车裙和车下吸声装置可使对声屏障的需要减少到一半,故在经济上是有效益的。

### 19.1.3　车辆非动力噪声

车辆非动力噪声主要指制动系统中在实施制动时闸瓦与制动盘之间摩擦振动，它激发制动闸片、闸瓦托架以及制动盘等产生自激振动形成噪声。

车辆的非动力噪声还有制动系统中悬挂连接和支座中所使用的许多销套，由于销套与销轴之间的间隙在运行中相互撞击而产生噪声。此外还有车辆的辅助系统（空调装置、空压机等）所辐射的噪声。

### 19.1.4　高架轨道噪声

由高架结构的振动而辐射的振动与噪声。当列车行驶在高架结构上时，轮轨相互作用所产生的振动通过轨道传递给支承结构，将激发高架结构结构梁、柱的振动而辐射噪声，特别带有“空腔”的结构如箱形梁起到乐器“共鸣箱”的作用，二次辐射的噪声不可忽视。支承结构将噪声向周边地区进行传播，它比之列车行驶于一般的路堤道床时所产生的噪声级要高得多，一般要高 20 dB(A)。（见图 19.2）。

针对高架轨道交通线路进行现场测量发现，高频状态下，钢轨为主要噪声源，而中频的主要声源是箱型梁。所以为大幅度地降低噪声级，就必须同时降低钢轨和结构梁的噪声。

### 19.1.5　地下铁道的地面承载噪声

地下铁道轮轨间相互作用而产生的振动被传递给隧道结构，继而传向周围土体，再向邻近的建筑物传播，从而导致建筑物地下及墙壁的振动和噪声向建筑物内房间的二次辐射，这是一种低频声响，就如同外界振动使房间中的窗户所发出的“喀喀”声响（见图 19.1）。

地面承载噪声和振动是一个相当严重的干扰源，也是公众向交通部门抱怨的一个主要对象。有效地预测和抑制地面承载噪声和振动，对缓和这类社会问题具有现实意义。

此外还有空气动力噪声。随着列车速度的提高，列车车头以及在列车上各个突出和凹陷的部分，车顶的受电弓等，在空气中高速移动时，周围空气在非恒定的气流中发生变化，从而产生空气动力噪声。风洞试验表明，物体产生的空气动力噪声与空气的流速呈 6 次方关系增加。通过对车头形状的流线型处理，对于突出于车体的某些设备或装置的结构进行改进或将其移到可用隔音罩予以屏蔽的车体下部，均可抑制非恒定涡流的发生，降低空气动力噪声，从而减少噪声对沿线的影响。

# 19.2 轨道交通噪声特征分析

## 19.2.1 线路环境噪声的组成及列车辐射噪声的特征

轨道交通沿线的环境噪声主要由以下两部分组成：

**1. 列车辐射的稳态噪声**

包括列车运行时轮轨相互作用产生的轮轨噪声、车辆动力装置和辅助系统辐射的噪声以及高速运行时的空气动力噪声等。

**2. 与行车有关的间歇噪声**

包括通过曲线、道岔、制动、鸣笛、交会和调车连挂所引起的噪声。

## 19.2.2 曲线运行轮轨摩擦噪声的形成原因及影响因素

“卡滞—滑动效应”是由于轮轨材料碳素钢珠光体的粘着作用，在数值上受气候的影响很大，干燥的气候噪声强度十分可观，而在潮湿有雾气的条件下可能完全消失。这种尖啸声的噪声源是车轮轮辋的轴向弯曲振动，其固有振动的频率范围为 500 ～1 500 Hz。

“卡滞—滑动效应”也可能由车轮的纵向滑动分量产生，与其对应的为轮对的扭转振动，属于低频范畴，其声音几乎觉察不出来。

地铁和轻轨在选线时受到原有设施或建筑物的限制，最小曲线半径往往比较小，而转向架轴距由于结构和设备安装的要求也不可能进一步减缩，为了抑制曲线运行的噪声有必要采取附加的措施。巴黎地铁中在轮轨摩擦噪声特别大的区段，有在轮轨滚动面上浇水的做法。

**表 19.1 曲线运行无噪声条件下转向架轮对轴距与曲线半径近似配置尺寸关系**

| 转向架轮对轴距 la(m) | 2.2 | 2.2 | 1.8 | 1.6 |
|---|---|---|---|---|
| 无噪声运行的最小曲线半径 R(m) | 250 | 230 | 200 | 180 |

## 19.2.3 地下线路和高架线路的振动、噪声特征

**1. 地下铁道的振动、噪声特征**

地铁振动与噪声的受体是地铁工作人员、乘客及地铁沿线的居民。影响范围包括列车车厢、驾驶室、车站站台、集散厅、工作值班室及地铁沿线地面建筑物内。实测表明，影响地铁振动与噪声污染强弱的主要因素是：车辆类型、列车长度、列车速度、车站结构、地质状况、支撑轨道的结构形式及轨道扣件的种类、地铁沿线居民距离隧道的远近等。

地铁站内的噪声特征不同于露天环境，声波在地下空间传播时，由于界面的反射及不同程度的空气吸收，造成声能在空间发生变化，而产生一系列不同于露天传播情况的声学特征。

站内对声音的影响是：

(1)引起一系列的反射声；

(2)与露天不同的音质；

(3)声能密度的增加；

(4)声音在空间分布发生变化。

地铁车站站台和站厅属大型站厅，各个方向的尺度都比声波波长大几倍、几十倍甚至几百倍。在这个范围内，极易激发大量的谐振波，其相位各有不同，形成地铁车站环境的特有噪声特征(混响声大)。据测试，由于室内反射声的作用，可使声音比室外提高十几个 dB。

实测与主观感觉表明：地下铁道振动与噪声对于地下空间环境的影响重点是噪声问题，对于地铁沿线地面环境的影响重点是振动问题。

**2. 高架线路的振动、噪声特征**

高架轨道交通系统噪声主要由轮轨噪声和高架结构噪声组成，其特征包括：

(1)声源位置。线路高架后，轨道交通噪声的声源位置也相应升高，高架轨道交通线路的噪声辐射面要比地面轨道交通线路的噪声辐射面大得多。

(2)高架结构噪声。高架结构噪声是由轮轨相互作用而产生的结构二次噪声辐射所引起，其大小与结构类型、表面积、道床结构、轨道类型及隔振措施有关。

(3)高架结构对轮轨噪声的屏障作用。高架结构对桥面以下结构区域，阻挡了轮轨噪声的传播，起到了声衰减作用。

(4)建筑物的声反射。高架轨道交通系统多在主要街道上沿街走向，如已通车的上海轨道交通 3 号线基本上在中山环路内穿行，高架两侧的建筑有很多中、高层建筑，列车运行噪声除地面反射外还受到建筑物的反射，形成了较强的混响声场。

(5)临街建筑物对高架轨道交通系统噪声产生声屏障作用。

上海和北京地铁都对地铁通过区域周围的振动和噪声作过多次测试，测试结果对照现行环保标准，对于一般埋深(10 m 左右)的地下线，其中心线处地表振动超标 5～10 dB 左右，超过 30 m 后混凝土基础的地铁建筑物影响大大降低。对高架线路，其峰值噪声桥面以上部分大于桥面以下，一般超标在 10～15 dB 左右，建筑物距线路中心的距离不同，噪声值也有所衰减，距离线路中心 30 m 处，可衰减 5 dB 左右。箱梁下的噪声高达 80 dB 以上，说明钢轨扣件和轨下基础减振效果差，轮轨动力作用直接传递到梁体，引起较大的二次噪声。

## 19.3 城市轨道交通噪声的评价与标准

工业发达国家以及一些国际性大都市都制定了用于本国或本市的轨道交通噪声测量及评价标准。目前我国还没有一套标准的城市轨道交通噪声的评价方法和指标，只能借鉴其他国家的标准，以及国际铁路标准化组织（ISO）的“声学—轨道车辆内部噪声测量”（ISO 3381—1976（E）），我国标准“铁路机车车辆内部噪声测量”（GB/T 3449—94）、“铁路机车司机室噪声允许值”（GB/T 3450—94）等。

我国国家标准《城市区域环境振动标准》（GB 10070—88）、《城市区域环境噪声标准》（GB 3096—93）和《城市区域环境噪声适用区域划分技术范围》（GB/T 15190—94）中，对于特殊住宅区，其室内振动标准值为 68 dB(A)，噪声标准值为昼间 50 dB(A)和夜间 40 dB(A)；对于普通的居民区和文教区，室内振动标准值为昼间 70 dB(A)和夜间 67 dB(A)，噪声标准值为昼间 55 dB(A)和夜间 45 dB(A)。

为达到噪声评价目标，按照城市轨道交通系统特性可细分为几种类型，例如车站型、车辆型、道床型以及公共场所型等，选择代表着系统特点的典型噪声测量点，可由该测量点测得的噪声级对整个系统的噪声情况进行推断和归纳。

### 19.3.1 评价方法

噪声对人的危害和影响包括许多方面，与噪声源的特性（如噪声强度、频率和时间特性等）、人耳的听觉特性和人对噪声的主观心理反映有关。多年来各国学者对噪声的危害和影响程度进行了大量的研究，提出各种指标和评价方法，期待得出与主观响应相对应的评价量和计算方法以及应该控制的数值和范围。在这方面大致可概括为：与人耳听觉特征有关的评价量；与心理情绪有关的评价量；与人们的健康有关的标准（工厂噪声）；与室内人们活动有关的评价量等等。这些不同的评价量各自适用于不同的环境、时间、噪声源特性和评价对象。

由于环境噪声的复杂性，迄今所提出的评价量达数十种之多，现仅选择几种已被公认的评价量供参考：

**1. A 计权声级**

为使声音的客观量度与人耳听觉的主观感受近似取得一致，在测量声音的仪器上装设频率的计权网络，即滤波器。一般这种计权网络有 A、B、C 三挡（分别相当于人耳对低、中、高声级的响应），分别记为 dB(A)、dB(B)、dB(C)，最常用的为 A 计权声级。用 A 计权网络测得的声级与由宽频率范围噪声引起的烦恼和对听力危害程度的相关性较好。

**2. 等效连续声级**

用声音能量按时间平均的方法来评价噪声对人的影响，即等能量声级，它是用一个在相同时间内声能与之相等的连续稳定的 A 声级来表示该时段内不稳定噪声的声级，它能反映在声级不稳定场合人们实际所接受的噪声能量的大小。

**3. 响度级**

这是描述人耳对不同频率(纯音)和强度的声音的一种主观评价量，用一组等响度曲线对不同的声音作出主观上的比较。它是以 1 000 Hz 纯音为基准，对听觉正常的人进行大量比较试听的方法来定出声音的响度级的，单位是方(phon)。

**4. 语言干扰级**

语言干扰级是作为一种对清晰指数的简易转换，最初主要用于飞机客舱噪声的评价，现已推广用于其他许多场合。现用的更佳语言干扰级(PSIL)是取 500、1 000 和 2 000 Hz 等 3 个倍频带声压级的算术平均值。PSIL 讲话声音的大小、对话彼此间的距离、背景噪声级 3 者之间的关系见表 19.2。

**表 19.2　PSIL 讲话声音的大小、对话彼此间的距离、背景噪声级**

| 讲话者与听者间的距离(m) | PSIL(dB) | | | |
|---|---|---|---|---|
| | 声音正常 | 声音提高 | 声音很响 | 非常响 |
| 0.15 | 74 | 80 | 86 | 92 |
| 0.30 | 68 | 74 | 80 | 86 |
| 0.60 | 62 | 68 | 74 | 80 |
| 1.20 | 56 | 62 | 68 | 74 |
| 1.80 | 52 | 58 | 64 | 70 |

除了以上简述的 4 种噪声评价方法之外，较有名的还有感觉噪声级、更佳噪声标准(PNC)曲线、噪声污染级、昼夜等效声级、噪声冲击指数、噪声掩蔽等等。

## 19.3.2　评价标准与指标

城市轨道交通噪声级的强度直接与系统的特性相关联。轨道设置的位置，即设于地下、地面或高架等，都是影响噪声级的决定因素。地下铁道一般比地面轨道产生更大的车内噪声级；高架铁路轨道产生的路边噪声级比地面轨道的噪声级要高。与高噪声级相关的其他条件还包括列车的运行速度，采用无缝长钢轨或一般有缝钢轨，车轮踏面上的擦伤，钢轨表面局部粗糙状况以及线路小半径曲线等。

运载设备的使用时间长短是噪声级的另一个决定因素。使用年久的车辆车内噪声级一般较高，新设计车辆及车站由于采用许多声学上处理，车内和站内噪声级都会有明显降低。路边噪声级在新旧系统中发生的变化和差异并不象其他的噪声那么大,而更多地受到列车运行速度和轮轨状况的影响。

"美国公共交通协会"所制定的噪声级指标是以确保私人谈话能以正常声音进行而设计制定的。在背景噪声级为 78 dB(A)时,人们在 0.35 m 的距离处可以用正常的声音进行谈话,但当背景噪声级达 83 dB(A)时,为使对方能听见自己的声音,必须要提高噪音。

按该指标规定,根据城市轨道交通类型的不同,可接受的最大车内噪声应在 70~80 dB(A),站内噪声 75 dB(A)~85 dB(A)。对于地铁来说,噪声级的上限可设得高些,因为将它的噪声级降到与地面铁路相同的程度是极困难的,在经济上也是极昂贵的。路边噪声级的上限随路边地区建筑物和地面类型的不同而有所差异,其上限值在居民区为 70 dB(A),在工业区为 85 dB(A)的范围内变化(距线路中心线 15 m 处)。有资料报导美国城市轨道交通很多没有达到"协会"所规定的指标要求。

我国"地下铁道车辆通用技术条件"(GB/T 7928—87)规定:司机室内的噪声不超过 80 dB(A),客室内的噪声以不超过 83 dB(A)为限。另外,根据我国"铁路机车司机室噪声允许值"(GB/T 3450—94)规定,铁路新造、大修后内燃、电力机车司机室内部稳态噪声应在 78~80 dB(A),添加间歇噪声后的等效声级应不超过 85 dB(A)。

## 19.4 从轨道结构角度出发缓解城市轨道交通振动与噪声的措施

通常在降振减噪的研究中把钢轨、轨枕、道床、基础简化成参与振动的、具有一定质量的部件,它们之间用弹簧、阻尼器联系起来组成一个振动体系——轨道结构振动体系。在钢轨上施加一个激振力,振动体系内的各个部件就会产生振动。有限元和各种计算方法的应用可以把弹性振动体系向非弹性体系过度,计算机的发展可以完成复杂的动力计算,从而得出理论上的解决方案。然后进行实验室实物试验、现场测试用来验证、完善采取的技术措施。

一般地做法有以下两个方面:

1. 改变轨下、枕下及道床下弹性特性(刚度、阻尼),并寻求最佳刚度匹配。
2. 改变参与振动各部件的质量。

### 19.4.1 有砟轨道

轨道结构按其轨下基础型式的不同可分为两大类:有砟轨道与无砟轨道结构。有砟轨道具有造价相对低、施工速度快、维修方便、弹性好可以吸收部分噪声,对减振降噪有利等优点，目前一些工业先进的国家仍然采用。如原联邦德国汉堡 37 km高架线路、法国巴黎的地铁原有线路都采用轨枕碎石道床；1985 年建成通车的菲律宾马尼拉轻轨铁路，全长 14.5 km 高架线路，采用双块式预应力混凝土枕，潘得罗尔扣件，硬质碎石道床。

道砟道床也有不可避免的一些缺陷：碎石道床由松散的碎石组成，在车辆荷载连续作用下，道砟的磨损、坍塌、局部陷入路基等等病害都会引起轨道的残余变形，产生轨道不平顺。而道砟的变形是引起轨道不平顺的主要因素，整治道床占养护维修工作量的 80%以上。

轨道交通线路运营时间通常在 18 h，行车间隔时分不超过 4 min 的线路占 90%以上，在其运营时间内进行养护维修几乎已不可能，夜间的养护维修作业在安全、质量和设备要求上提出更为苛刻的要求；此外，城市轨道交通在城区内以隧道和高架形式穿越的情况居多，养护维修作业在空间上受到极大限制。

无砟轨道相比于有砟轨道，具有稳定性、平顺性、刚度均匀性好，维修工作量少、简洁易清洗等显著优点，逐渐被世界上许多国家所认识，并在过去的几十年里，对无砟轨道结构开展了长期、系统的研究工作，一些国家如日本、德国，已把它作为高速铁路和城市轨道交通的主要轨道结构型式加以发展和应用。

## 19.4.2　国内外轨道结构减振降噪措施

目前国内高架线路的轨道结构的减振降噪措施主要集中于扣件和轨下基础两方面，对钢轨等其他措施也有一定研究，分述如下。

**1. 降噪钢轨**

当车辆轮对滚过钢轨面时，由于钢轨轨腰厚度较薄，产生激振向空气幅射产生噪声。为了减小钢轨轨腰振动引起的噪声，在钢轨轨腰粘贴减振橡胶，见图 19.4 所示。一般是在钢轨腹部粘上高阻尼橡胶后再粘上一钢板，以增加参与振动质量，起到衰减作用。这一装置的关键之一是橡胶与钢轨、橡胶与铁板之间要有较好的粘结性，如果粘结界面脱开，则减振效果大大下降。

图 19.4　降噪型钢轨

荷兰在开发研究板式轨道时，研制了轨头形状与 UIC54 相似的 SA42 型矮轨，并将钢轨用 Edilon Corkelast 材料埋起来。由于这种钢轨矮胖(图 19.5)，提高了轨道结构的减振降噪效果。据资料表明，这种轨道结构降噪效果为 5 dB(A)。

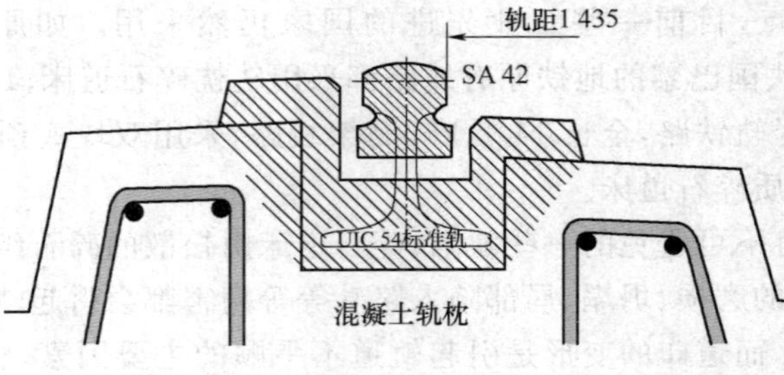


图 19.5　ERC 型轨道采用的降噪型钢轨

**2. 减振扣件**

(1)SD 弹性垫板

SD 复合型轨下垫板由高弹性橡胶与蝶形弹簧及绝缘磨耗板三位一体复合而成,见图 19.6,具有高弹性、高强度和适当阻尼,不但能承受较大的轮轨冲击力,而且能在提高线路弹性的同时又不致于使钢轨的动位移增加太多。通过现场试铺试验表明:在钢轨接头处,轨下第一根混凝土枕的平均冲击加速度幅值 TB 型垫板是 SD 型垫板的 4 倍;在 0～403.75 Hz 范围内的平均功率水平,TB 型垫板是 SD 型垫板的 142.56 倍。

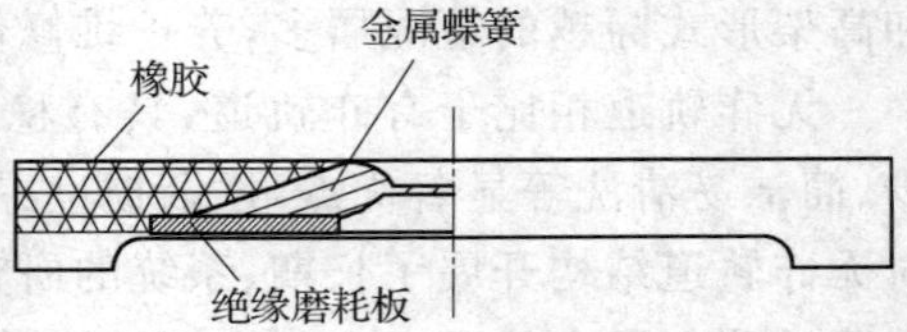


图 19.6　SD 复合型轨下垫板

由于它所用橡胶材料在耐压缩疲劳、耐热与耐寒性等方面都有较显著的改进,因而该垫板具有较好的阻尼特性,并大大提高了减振性能。

(2)Getzner 弹性垫板

奥地利的 Getzner 公司从事轨道减振部件如道砟垫、浮置板橡胶垫及扣件弹性垫层的设计与制造。其扣件弹性垫层包括轨下垫层(Rail pads)及铁垫板下垫层(Baseplate pads)(见图 19.7)。

不同的线路其设计刚度也不同,通常用于高速或重载线路的垫层刚度大于城市轨道交通相应扣件的刚度。用于轨道交通的垫层刚度,铁垫板下可低至 4 kN/mm,最大 12 kN/mm,在道岔区为 30 kN/mm,动刚度与静刚度之比为1.1～3.5。getzner 公司的扣件弹性垫层在欧洲特别是德国和奥地利有相当数量的使用,目前在国内尚无应用实例。

(3)高弹性扣件

高弹性扣件是扣件节点垂向静刚度比普通扣件低,弹性好。这种扣件使钢轨在荷载作用下产生较大的剪切变形或挠度,从而降低轨道的力学阻抗,减少轮轨激发的振动。目前国内有代表性的此类扣件两种:

① 轨道减振器扣件

轨道减振器扣件图 19.8，俗称科隆蛋扣件，该扣件的承轨板与底座之间用减振橡胶硫化粘贴在一起，利用橡胶圈的剪切变形，获得较低竖向刚度。其垂向静刚度为 11～13 kN/mm，减振效果较一般弹性扣件高 5 dB 左右。

图 19.7 getzner 公司减振垫

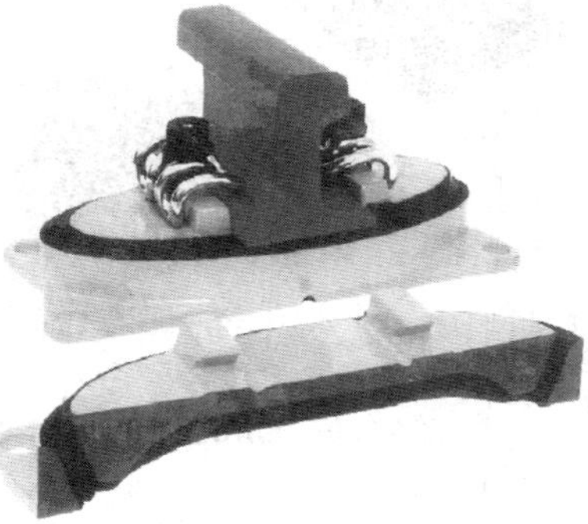

图 19.8 轨道减振器扣件

② Lord 扣件

Lord 扣件由两块上下粘贴在一起的铁垫板及弹条扣压件组成，见图 19.9。该种类型扣件用弹性材料将顶板（用以固定钢轨）和底版（用以联结基础）粘接起来，由相当厚的弹性材料提供弹性。美国 Lord 公司是此类扣件的著名厂家，它所生产的粘合垫板式扣件分低中刚度两类，低刚度扣件的垂向刚度为 10～16 kN/mm，而中刚度的垂向刚度为 17～52 kN/mm 不等。低刚度粘合垫板式扣件的减振效果与科隆蛋式扣件相当。

③ Vanguard 扣件

Vanguard 扣件，见图 19.10，是英国 Pandrol 公司 2001 年的开发最新产品。最早是为了控制伦敦地铁所产生的振动而研制的。限于既有隧道的高度，改造时不允许采用尺寸较高的轨道结构，因此设计了这种高度较低，近似于长方形的铁垫板，垫板两端设一对类似"挡肩"的结构，顶住轨颚下部并紧贴在轨腰两侧，挡肩与钢轨之间采用弹性阻尼材料缓冲。这种结构能提供很大的垂向位移，横向则因挡肩的限制，轨头横向位移却很小。通过现场测试，垂向动态位移在 3 mm左右，而横向位移仅 0.4 mm。振动测试表明：在 2 500 Hz 以下，轨道结构插入损失平均在 18 dB(A)左右。此外，在高架桥上安装此扣件与一般弹性扣件相比，测得桥的垂向及横向振动速度级分别减小了 6 dB(A)和 13 dB(A)。桥下噪声降低了近 10 dB(A)，距离轨道 25 m 处的噪声降低了 3 dB(A)，减振降噪效果很好。

图 19.9 Lord 扣件

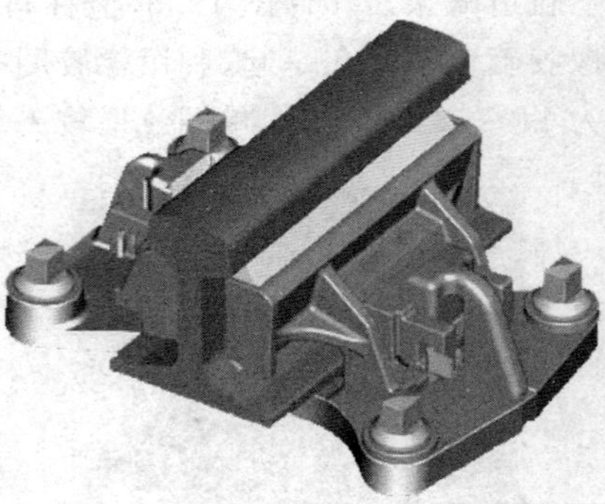

图 19.10 Vanguard 扣件

Vanguard 扣件最早应用于英国伦敦地铁，广州市轨道交通 4 号线引进该类型扣件并已投入运行。广州地铁对使用 Vanguard 扣件的轨道结构进行测试，测试结果为钢轨垂向平均变形量为 3.91 mm，横向变形量为 0.22 mm。钢轨垂向振动加速度级增加 8.7 dB(A)，横向增加 2.2 dB(A)；道床垂向振动加速度插入损失为 15.5 dB(A)。

**3. 减振型轨下基础**

(1)弹性轨枕

① 弹性短轨枕

弹性支承块式轨道结构属低振动型轨下基础。这种轨下基础是在支承块式承轨台的基础上对支承块包裹一层橡胶靴套以及在支承块下增设一块橡胶垫板，从而与轨下橡胶垫板构成双层弹性体系，最大程度上模拟了传统碎石道床弹性点支承的结构和受荷响应特性。橡胶套靴的橡胶较硬，轨道的竖向弹性主要由套靴内的橡胶垫提供。套靴内支承块下的橡胶垫较软，并且橡胶垫两面开槽，以提供变形空间，提高轨道结构弹性。支承块外的橡胶靴套提供了轨道的小量纵、横向弹性变形，使这种无砟轨道在承载、动力传递和振动能量吸收诸方面更接近坚实均匀基础上的碎石道床，弥补了无砟轨道弹性不足的缺陷，最大限度地满足环保对轨道结构低振动、低噪声的要求。弹性支承块轨道结构施工图见图 19.11 所示。

英国和法国之间的英吉利海峡隧道内铺设了这种轨道结构，称为 LVT(Low Vibration Track)。我国安康线秦岭隧道内也使用了这种轨道结构，其目的是为了使得无砟轨道结构的弹性与有砟轨道相接近，同时降低线路的维修养护工作量。目前该线路已运行 6～7 年，情况良好。

图 19.11　弹性支承块结构施工安装图

弹性支承块轨道结构的发展已有 40 年历史。早在 1972 年，北京地铁东十四条站就铺设了这种轨道，现场测试较一般整体道床振动加速度降低 30%；经过 30 年运营，技术状态良好。通过室内试验和现场铺设，积累了大量的经验，也制定了一整套技术标准和准则，包括支承块施工技术条件、橡胶靴套制造技术要求、施工技术准则、施工质量评定标准，因此技术上是比较成熟的。

② 弹性长轨枕

弹性长轨枕轨道结构所采用的轨枕与一般的混凝土轨枕相同，其减振原理与弹性支承块相似，通过在轨枕端部、枕端两侧和枕下三个方向设置弹性垫层，构成减振箱，见图 19.12 所示。该结构在日本称为 D 型弹性直结轨道，大量应用于其高速铁路和地铁系统，使用历史已有 20 多年。除具备弹性支承块相似的特点外，其突出优点是：可以不破坏周边混凝土，方便地进行轨枕下胶垫的更换及高低调整，特别是当隧道沉降量大于扣件调高能力时，只需在轨枕下加设垫层即可。

图 19.12　弹性长枕无砟轨道结构

弹性长轨枕质量较弹性短枕（支承块）大，因此其减振效果比弹性支承块好，同时可结合轨排施工法施工。由于采用的弹性材料及道床体积较弹性支承块轨道结构较小，因此其造价稍低于弹性支承块轨道结构。

(2)梯形轨枕

弹性支撑的梯形轨枕轨道是种新型的低噪声、低振动的轨道系统,由梯形轨枕、弹性支墩、混凝土底座构成。梯形轨枕由预应力混凝土纵梁和钢管连接件构成,形状似梯子,见图 19.13。这种轨道结构在高架线路使用广泛。

图 19.13 梯形轨枕

**4. 弹性浮置板轨道**

根据振动理论可知,当一个振动体在一个外部激振动力的作用下产生振动,振动体振动的振动频率与振动体质量的开方成反比,与振动体的刚度开方成正比。振动加速度的大小与振动体振动频率的平方成正比,所以也就与质量成反比,与刚度成正比。浮置板就是利用这一原理,增大振动体的振动质量和增加振动体的弹性,利用其振动惯性力吸收冲击荷载,从而起到隔振作用,这一方法与房屋中隔绝机座振动噪声的浮置板原理相同。这种隔振系统在共振频率下的放大倍数很低,减振降噪效果非常显著。

最早采用浮置板式轨道结构的是联邦德国。德国对环境标准的要求非常严格,随着地铁的开通,噪声和振动也不可避免地产生了。针对此情形,德国先开发了有道砟的浮置板轨道结构,在多特蒙德(Dortmund)的一座轻轨铁路隧道内铺设了试验段。此后,在科隆地铁和波恩至穆尔海姆轻轨铁路及杜塞尔多夫的轻轨铁路上铺设了无砟浮置板式轨道。由于其良好的减振降噪性能,这种结构在华盛顿、亚特兰大、多伦多、布鲁塞尔均有铺设。

我国第一次采用浮置板式轨道结构的城市轨道交通线路是广州地铁 1 号线;城铁西直门、上海地铁 4 号线等也铺设了这种轨道结构;香港西铁采用了浮置板加轨道减振器的结构,取得了较好的效果。

(1)浮置板轨道结构的特点

浮置板隔振轨道结构又称质量弹簧系统,其基本原理是在轨道上部建筑与基础间插入一固有振动频率远低于激振频率的线性谐振器,即将道床板置于橡胶弹簧上,通过质量—弹簧系统的惯性运动,把列车运营产生的振动进行较大衰减后，再传递给隧道主体结构，以达到减振的目的，联邦德国有关部门测试，有道砟下垫层和浮置板式的轨道结构阻尼效应可达 30 dB(A)，且在垂直荷载 20%～100%变化范围内其隔振的效果几乎保持不变。轨道绝缘性能较强。由于轨道结构四周基本上由绝缘的橡胶支座与混凝土底座隔离，可有效防止轨道迷流的发生。

由于浮置板是采用了有意增大轨下参振质量和有效阻尼的方法来控制噪声和振动，故一般而言，浮置板体积较大，需大型机械施工。维修时，若需更换支座，在隧道内将造成不便。由于采用橡胶或弹簧支座，故造价较高，故一般浮置板轨道结构用于有特殊减振降噪要求的 0 类地区，如医院、文教类区域等。

浮置板式轨道结构包括两种基本类型：连续现浇浮置板；轨枕板式预制浮置板。橡胶弹簧浮置板的基本形式见图 19.14 所示；钢弹簧浮置板的基本形式见图 19.15 所示。

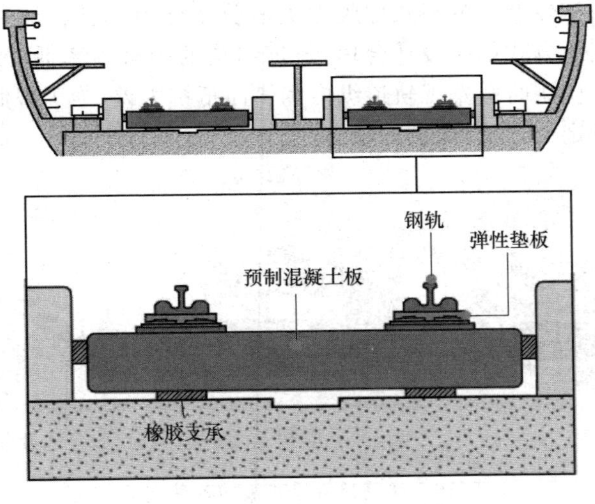


图 19.14　橡胶弹簧浮置板轨道

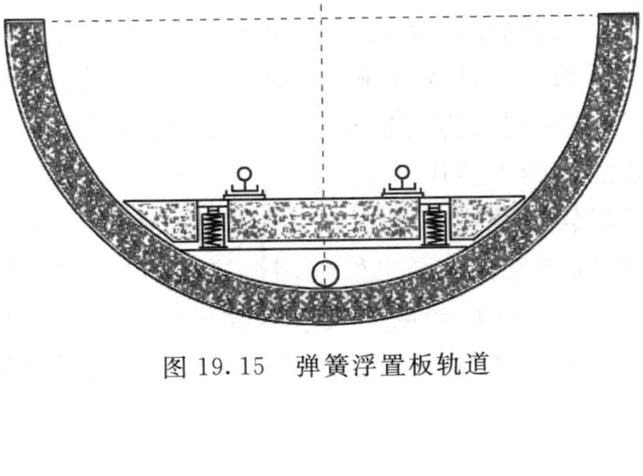

图 19.15　弹簧浮置板轨道

(2) 橡胶浮置板

橡胶支座浮置板结构一般由钢筋混凝土浮置板、橡胶支座、混凝土底座和配套扣件组成，最早应用于德国科隆地铁。具体做法是将浮置板置于可调高的橡胶支座上，两侧用弹性材料固定，形成质量—弹簧隔振系统，而钢轨则用扣件直接固定在钢筋混凝土浮置板上。这种结构橡胶容易老化，初期减振效果可达 10～15 dB(A)，后期的减振效果不理想，且在不中断运营的条件下更换橡胶支座，目前尚无合适的方法。我国广州地铁 1 号线试铺了这种结构，其造价约800 万～850 万元/km。

板下橡胶支座分整体支承、条形支承和分布点支承三种，见图 19.16 所示。整体支承在瑞士、法国、西班牙、意大利、德国、法国等国地铁中采用，其优点是构造简单、施工速度快、支承面积大、道床受力均匀、成本较低，缺点是维修不方便。浮置板的条形橡胶连续支承主要在德国地铁中应用，其优点是较整体支承节省材料，轨道结构的固有频率较低。分布式橡胶点支承曾在德国、美国、加拿大、新加坡地铁中采用。这种支承方式如果设计合理，轨道结构的固有频率低，减振效果好，维修方便。但在国外应用时曾发现轨道纵向和横向抵抗力差，为了限制变形，采取凹槽对橡胶垫板进行定位，以提高板的稳定性。

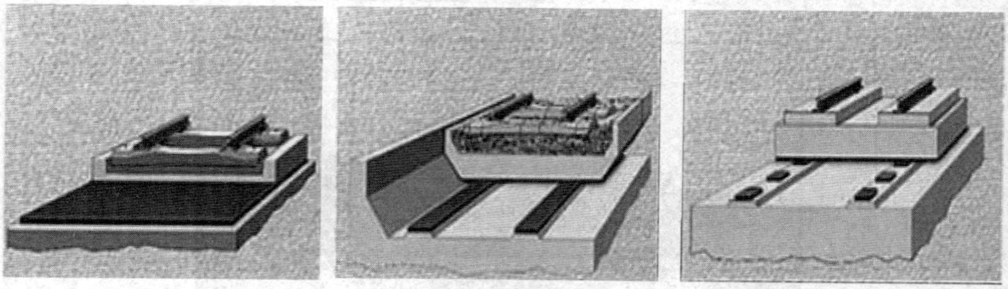

整体支承　　条形支承　　分布点支承

图 19.16　橡胶弹簧浮置板的各种支承方式

在华盛顿、亚特兰大、多伦多地铁浮置板系统的实测隔振效果表明，浮置板系统在设计固有频率以上的隔振效果是明显的，其中亚特兰大地铁在 16 Hz 以上的减振效果最好，这是因为其设计固有频率最低，减振效果明显。

此类浮置板轨道结构的工程造价估计为每千米单线 600 万～800 万元，不包括扣件、钢轨及钢轨焊接铺设费用。

(3)钢弹簧浮置板轨道结构

弹簧浮置板与橡胶浮置板不同之处是用金属弹簧取代橡胶支座，同时在弹簧支座的基础上增加了阻尼材料，使振动衰减速度更快。浮置板与隧道基底间只需极小的空隙(约 40 mm)，轨道结构高度不额外加大。通过对弹簧表面特殊处理及弹簧强度储备，弹簧的使用寿命可以很长，不存在像橡胶那样的老化问题。

螺旋弹簧的浮置板轨道，见图 19.17 所示。采用螺旋弹簧支承的浮置板道床固有频率很低，只有 4～8 Hz，比橡胶垫浮置板轨道的效果好。虽然螺旋弹簧几乎没有阻尼作用，但由于浮置板较重(每延 m5 t 以上)，列车通过时引起浮置板的振动加速度较小，因此，浮置板支承阻尼作用对路基的影响较小。

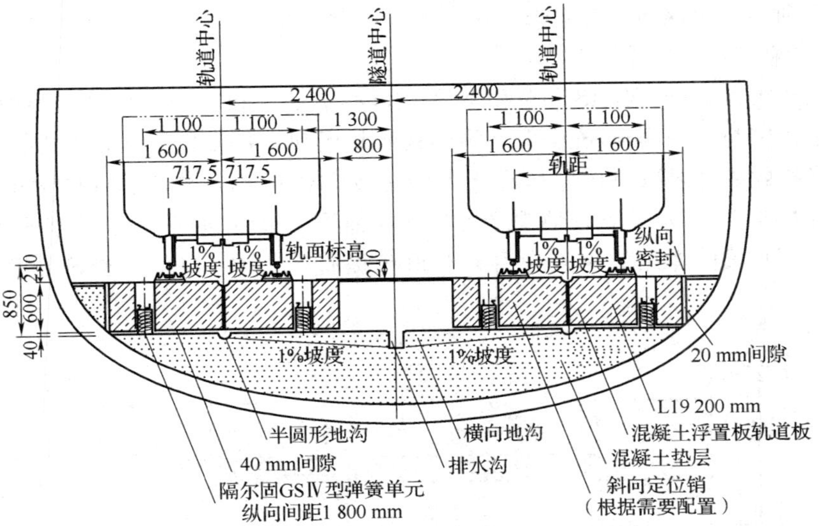


图 19.17 螺旋弹簧浮置板轨道结构

(4)浮置板有砟轨道结构

德国在研制低振动轨道结构时，也开发研制了浮置板有砟轨道结构，见图 19.18 所示。浮置板有砟轨道是当前减振性能最好的轨道结构，采用了道砟，所以具有一定的降噪效果，由于采用了浮置板型的道砟槽，所以具有较好的吸振性能。此类轨道结构仍需 30 cm 厚的道砟，所以相对来说，轨道结构的质量相应较大、相应的造价也较高。

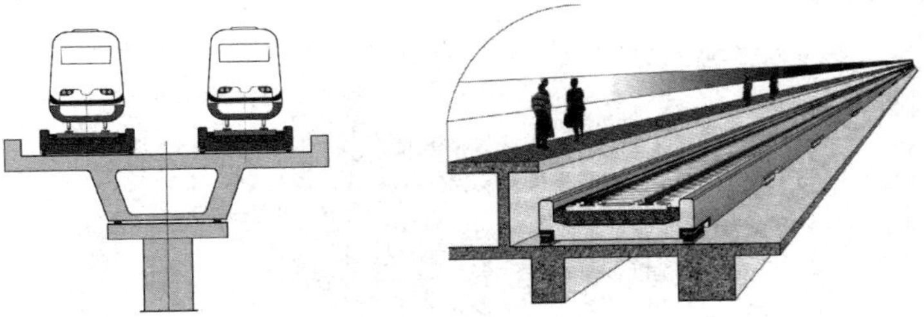

图 19.18 浮置板有砟轨道结构

浮置板轨道结构作为减振降噪轨道结构在国外已有近四十年的历史，在设计、施工、养护和维修等方面已积累了丰富的经验，这种轨道结构的减振降噪效果十分明显。我国引进后总体减振降噪效果明显，但是在使用过程中也出现了一些问题，高频、中频的振动噪声无疑可以隔离，但低频还是可以传递；由于隔振，车辆振动、噪声明显增加；由于弹簧的作用板竖向位移较大，如果底板施工有问题，弹簧的外圈筒会和底板内钢筋接触引起大迷流造成严重后果。

(5)隔离板式道床

隔离板式道床又称 IST 技术，通过在混凝土道床和基础间加设一层弹性橡胶垫层使道床与基础隔离，充分利用弹性橡胶垫层和高弹性扣件的双重减振特性，其减振降噪效果主要取决于整体道床下的橡胶大垫板和高弹性扣件刚度的合理组合，见图 19.19 所示。香港地铁将军奥支线铺设了该种道床，测试分析表明，隔离板式道床的减振降噪效果较普通整体道床提高了 70%，但工程造价几乎增加了 2 倍。

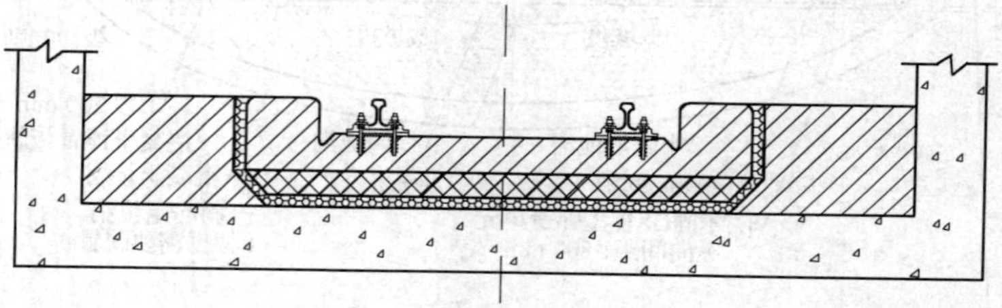

图 19.19 隔离板式道床

(6)预制短浮制板轨道

浮制板轨道现今已作为整治地铁运营产生振动、噪声的 手段，但是其高昂的费用、施工工艺繁琐给它的推广带来问题，特别是养护维修和更换弹性部件非常困难。国内外关于浮制板的研究一直在进行。同济大学等研究单位经过努力提出了自己的专利产品(图 19.20)，如果在现场实际使用中能达到预期效果，则无疑给减振降噪提供了利器。

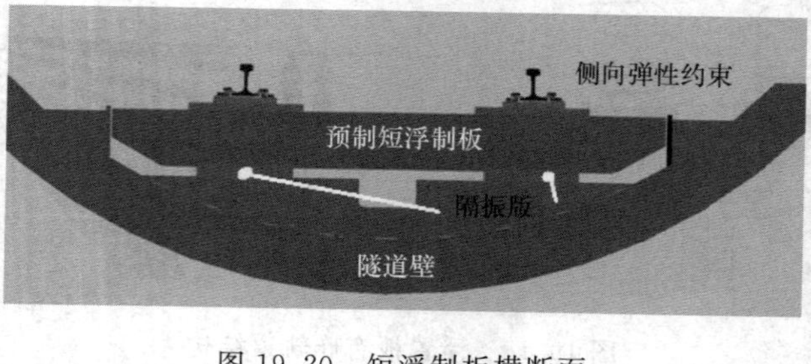


图 19.20 短浮制板横断面

其具体构想是以预制代替现浇，为了解决浮制板体积大、质量重的问题，将长度尺寸减小，在纵向板连接上做到可靠、便捷、耐久；以并联小弹簧隔振板替代大弹簧（或橡胶圆柱）；在预制浮制板中央预留更换孔（比隔振板尺寸略大）；在板四周预设顶升螺栓。由于隔振板厚度比大弹簧薄得多，如果需要更换隔振板，只要拧紧四颗顶升螺栓，就可很方便地更换失效隔振板。

5. 其他措施

(1)道砟垫

为减少振动和噪声，1975 开始德国就开始在干线铁路上应用道砟垫，道砟垫所采用的主要材料为板状垫层的泡沫微孔聚氨酯中空状的合成/天然橡胶。道砟垫厚度一般为 25 mm，由 2～3 层构成，表层为高弹性、高拉伸强度的弹性材料构成，密度在 500～800 kg/m$^3$ 之间，下部减振层由 1～2 层的泡沫聚氨酯材料组成。对于轻轨线路，静刚度一般小于 10 kN/mm，地铁线路一般在 10～20 kN/mm。资料表明减振效果在 8～9 dB(A)。

道砟垫的使用除了在高架有砟轨道上使用外，也常在隧道内整体道床下采用。

(2)Edlin 埋入式轨道

Edilon 结构最早源于荷兰，为埋置式全支承无扣件系统（图 19.21）。这种轨道结构以纵向连续支承取代传统的分散点支承，降低了轨底支承系统的应力水平。在钢轨周围灌注了一种称为 Edilon Corkelast 的弹性材料，取得较好的隔声和隔振效果。从 1976 年开始，荷兰铺设了埋置式轨道结构（ERS，Embedded Rail Structure）。这种类型的轨道结构使用 20 年来，养护维修工作量相当少。目前，荷兰的鹿特丹地面有轨交通、西班牙马德里、巴塞罗那地铁隧道内都有铺设。这种轨道结构由于无扣件，因此总体造价较为经济。

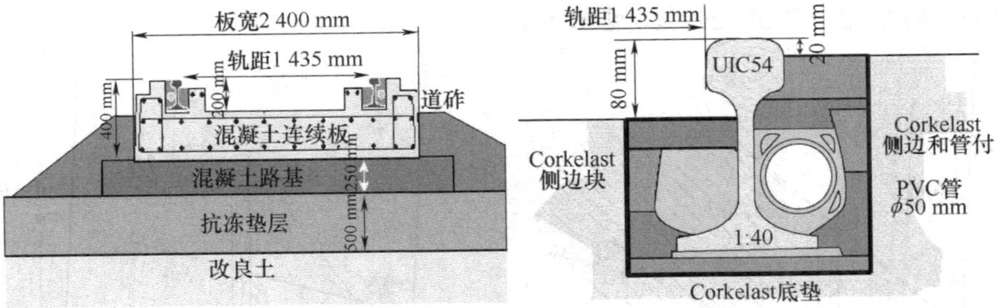


图 19.21 Edlin 埋入式轨道结构

通过德国 1996 年在卡尔斯鲁厄所作的对比试验表明：这种轨道结构与普通有砟轨道相比，尽管在 500 Hz 左右，噪声较后者高约 5 dB(A)，但在 1 000 Hz 以上，所产生的噪声低于后者，特别是人耳较敏感的 2 000～6 000 Hz，降噪效果为3～10 dB(A)。

(3)无砟轨道道床铺设吸音材料

对于整体道床轨道结构，在轨道上铺设吸音材料的效果较好。有砟轨道结构的噪声比无砟轨道结构的噪声要高 4～5 dB(A)。但吸音材料铺设在轨道上容易积累脏污物。铺设吸音材料有 3 种：铺设密度为 14.6 kg/m$^3$ 的玻璃纤维板；喷射吸音混凝土；铺设一薄层道砟。

## 19.5 列车辐射噪声与声屏障

当城市高架轨道交通线无法远离噪声敏感目标，特别是一些成片的居民住宅区或学校、医院等建筑时，在轨道交通线边侧设置具有一定高度的声屏障，是对敏感目标的有效保护措施。国外从 20 世纪 60 年代开始研究声屏障，并将其作为控制交通噪声污染的主要手段。国际噪声控制协会于 internosie94 会议上成立了工作组，该工作组从 1995～1997 年期间，对声屏障的有效性开展了深入的调查研究后认为，声屏障是一种控制交通噪声的有效措施；声屏障的降噪效果用声屏障的插入损失来描述，其插入损失普遍在 5～12 dB(A)之间。我国从 70 年代开始，对声屏障理论进行系统研究，并在声屏障的开发应用方面积累了一定的经验。

### 19.5.1 声屏障的降噪机理

当噪声遇到声屏障后会产生反射，只有部分声能越过声屏障顶端绕射到它的背后，在其背面形成声级较低的声影区，见图 19.22。

在声影区内噪声强度不但较之屏障正面的声亮区有明显的削弱，而且较之屏障未设置前该区中内各受声点所受噪声污染的程度也有所降低。当声波遇到声屏障时，它将沿着三条路径传播，见图 19.23。

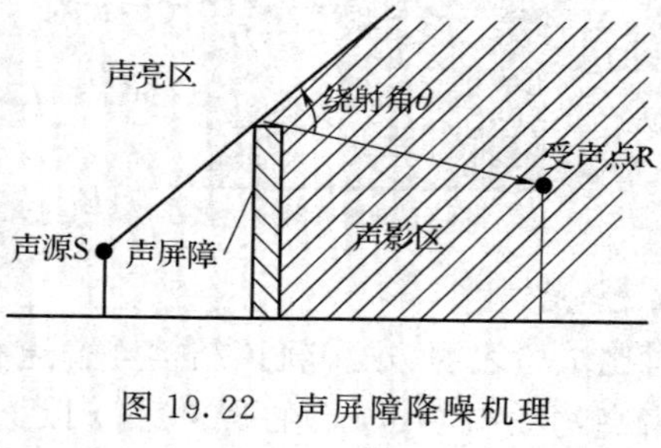


图 19.22 声屏障降噪机理

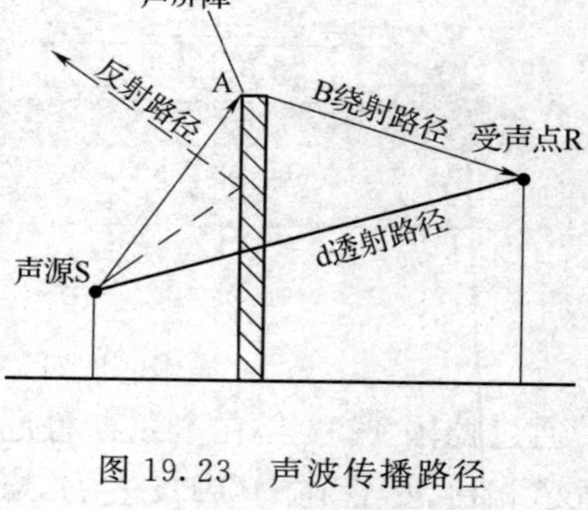


图 19.23 声波传播路径

一部分噪声越过声屏障顶端绕射到受声点；一部分穿透声屏障到达受声点；一

部分则在声屏障壁面上产生反射。声屏障的隔声降噪作用(即插入损失)主要取决于声源发出的声波沿这三条路径传播时的声能分配。通过声屏障顶端绕射到受声点的噪声强度与直接到达受声点的噪声强度相比则大大减弱。

### 19.5.2　声屏障的形式选择

声屏障按外形可分为直立型(包括二股线路中间的双向吸声屏障),半封闭型和全封闭型(见图19.24～图19.26),设计可根据环境要求和现场实施条件,本着有效经济的原则合理选用。

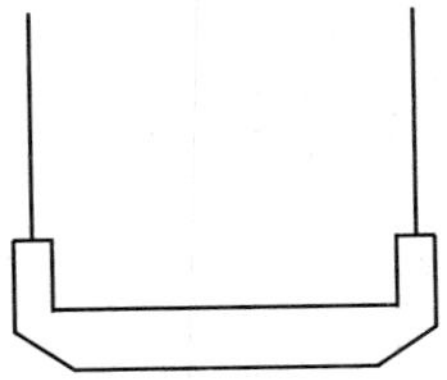

图19.24　直立式声屏

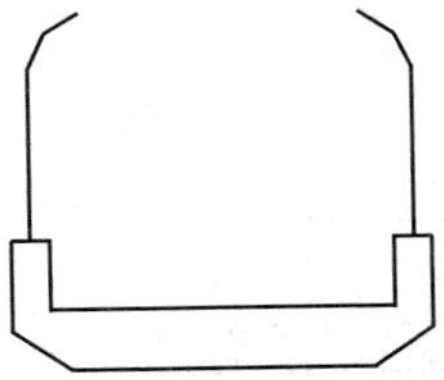

图19.25　半封闭声屏

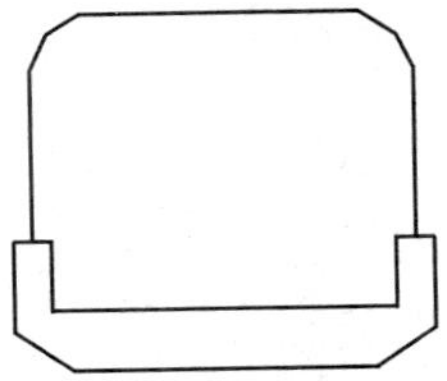

图19.26　全封闭声屏

直立型声屏障适用于临近线路的噪声敏感建筑为多层建筑,建筑物距线路中心距离在30～40 m,其有效高度应不低于轨面以上2.5 m。以上海已建某线为例,有效高度为4.0 m的吸声隔声混合型声屏障对距线路中心35 m处的多层建筑的降噪效果可达4～7 dB(A)。

半封闭型和全封闭型声屏障具有较大的降噪声效果,尤其适用于线路二侧高层建筑密集的路段。其设置总高度7.0 m,但因其造价为直立型声屏障的2～3倍且景观处理比较困难,尤其是全封闭型声屏障还必须处理好高架桥消防设施的设置和消防排烟、列车运行时活塞风影响等问题故目前使用较少。经对某市半封闭型吸声隔声混合型声屏障降噪效果实测证明,半封闭型声屏障对距线路中心30 m处的多层建筑的降噪效果可达12 dB以上(A)。

### 19.5.3　声屏障的实际降噪效果

国内外环境保护及声学界专家一致认为声屏障是防治交通噪声尤其是高架道路和高架轨道交通噪声的有效措施,但是对声屏障的实际降噪效果始终无一确切说法。这是因为声屏障的降噪效果不仅与声屏障的结构形式、选用材料的品质、安装质量及设置高度有关,而且与声屏障的设置位置、范围、使用环境和测点位置有关。在诸多影响因素中只要其中某一因素发生较大变化,就有可能较大程度地影响声屏障的实际降噪效果。例如在高架轨道交通线路两侧设置完全相同的声屏障,如在同一断面,线路两侧各取一个相对位置完全一致的测点 A 和测点 B(见图 19.27)。由于测点 A 与测点 B 所处环境不同(即线路两侧声屏障使用环境不同),测点 A 临近建筑物,受建筑物墙面的反射声影响,在测点 A 测试的声级就比在测点 B 测试的声级要高 2 dB(A)。因此,对某一声屏障的降噪效果只能大致确定一个范围或对某一特定条件下的声屏障的降噪效果作一相应结论。根据对轨道交通 5 号线安装的高于轨面 4.0 m 的直立式吸声型声屏障的测试结果表明:在距离高架桥外侧 31 m,在同一断面不同高度测点测试,该声屏障降噪效果在 5.4～11.5 dB(A),监测数据见表 19.3。

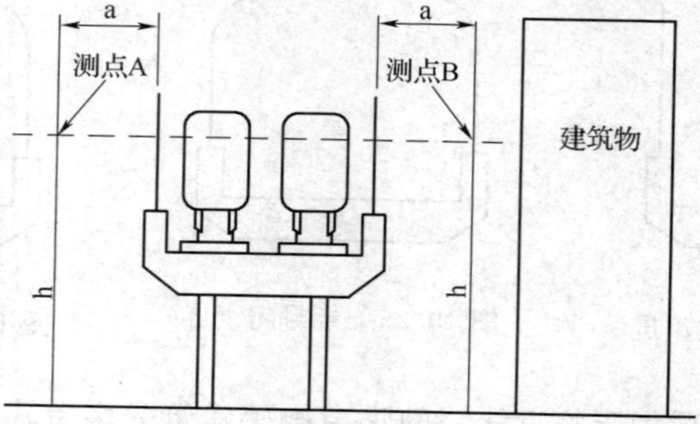


图 19.27　测点位置示意图

**表 19.3　声屏障降噪效果监测值**

| | 有声屏障 | | | 无声屏障 | | |
|---|---|---|---|---|---|---|
| 测点距地面高度/m | 21.1 | 13.1 | 9.3 | 21.7 | 16.8 | 15.4 |
| 近侧线路行驶时声级/dB | 72.4 | 76.8 | 74.3 | 79.9 | 81.2 | 80.5 |
| 声屏障插入损失/dB | 7.5 | 5.7 | 6.4 | 0 | 0 | 0 |
| 远侧线路行驶时声级/dB | 71.8 | 76.7 | 74.9 | 83.3 | 82.1 | 82.9 |
| 声屏障插入损失/dB | 11.5 | 5.4 | 8.0 | 0 | 0 | 0 |

高架轨道交通列车运行噪声的治理是一个极其复杂的技术问题。在线路两侧设置声屏障包括设置半封闭或全封闭型声屏障以及在二股线路中间设置双向吸声型声屏障,对轨面以上的噪声确能取得较大的降噪效果。但对高架桥结构、轨道结构振动引起的辐射噪声却无阻挡作用,特别是直立型声屏障的降噪范围及降噪效果毕竟有限。因此对高架轨道交通列车运行噪声的防治还必须从规划控制、桥梁以及轨道结构的减振、敏感建筑物的功能置换或拆迁等多方面同时采取综合治理措施,才能取得理想效果。

# 19.6　从车辆结构角度降低轮轨噪声的措施

## 19.6.1　在车轮上装设谐振消声器

车辆在高速运行时，车轮在钢轨上高速滚动，由于轮轨表面粗糙度以及轮轨的缺陷，造成对车轮的激扰，从而产生滚动噪声。另外，当车辆通过小半径曲线时，由于车轮支承点相对于轨面产生横向滑动，导致车轮的轮辋、辐板产生轴向弯曲振动，发出尖啸声。

如果我们在轮辋或辐板上装设一种具有减振阻尼特性的扇形盘式板或环形板，即所谓谐振消声器，使之与车轮的主频率相一致。当车轮受到激扰，发生振动而辐射噪声时，扇形板或环形板发生共振，板上的阻尼材料将振动的能量转换为热能，达到衰减车轮辐射噪声。

国外研制的车轮谐振消声器主要有两种结构型式，即扇形盘式消声器和环形叠板式消声器，在德国 ICE 高速列车上装设这种消声器已经取得明显的消声效果。

**1. 扇形盘式消声器**

在车轮的内侧轮辋上装有 6 块扇形板，组成盘形，盖住整个车轮内侧辐板（见图 19.29）。扇形盘式消声器的基体金属的自振频率要与车轮的谐振频率相一致，其上涂有一层阻尼材料。试验表明，在不同的运行速度下，其消声效果为：160 km/h为 7dB(A)～9dB(A)；200 km/h 为 6dB(A)～8dB(A)；250 km/h 为 4dB(A)～5dB(A)。

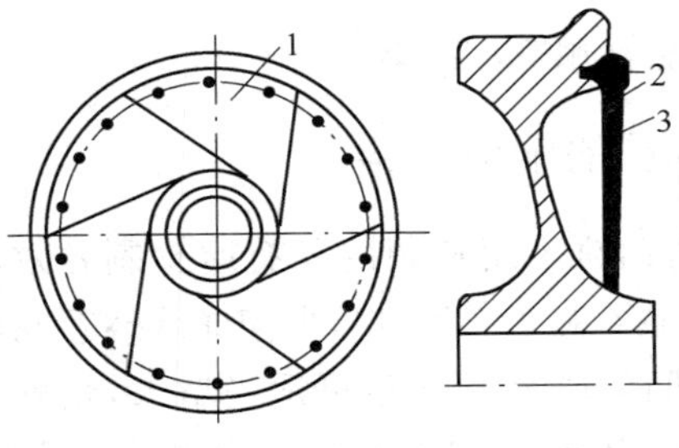


图 19.28　扇形盘式消音器车轮示意图

图注：1—消音器　2—基体　3—阻尼材料

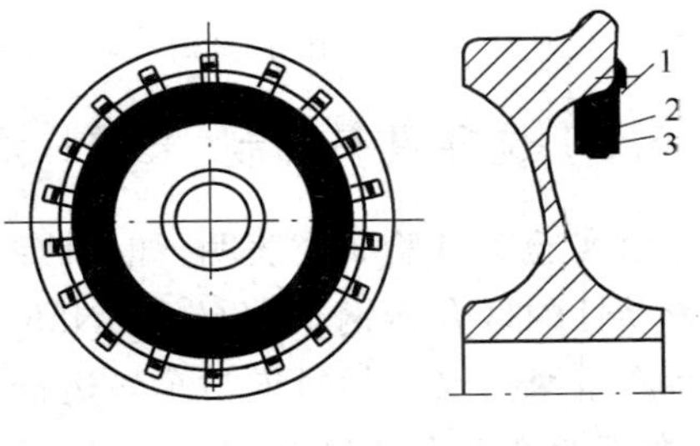


图 19.29　环形叠板式消音器

图注：1—安装座　2—消音器基体　3—阻尼材料

**2. 环形叠板式消声器**

它由多层环形阻尼板叠合组成一个小于轮辋的圆环，安装在靠近辐板的轮辋上或辐板上（图 19.30）。根据衰减车轮振动型式不同采用不同的安装方式，有安装于轮辋的径向谐振消声器，安装于辐板的径向和轴向组合的谐振消声器，以及安装于轮辋的径向和轴向组合的谐振消声器等多种结构方案。

滚动噪声主要是轮辋的径向振动所引起的轰鸣声，过小半径曲线时轮轨间横向滑动要引起轮辋和辐板的轴向振动，从而发出尖啸声。采用径向和轴向组合的谐振消声器将能同时衰减这两种噪声。

## 19.6.2　橡胶弹性车轮

在车轮的轮辋与辐板之间加设橡胶件，使二者之间金属脱离直接接触，利用橡胶元件把轮辋和辐板的振动转化为热能，吸收和衰减一部分噪声。其结构型式有压缩型、剪切型和压剪型等。经测试，弹性车轮对于水平和垂直激扰的消声效果见图 19.30 所示，相比于全钢整体车轮，可降低噪声达 10dB(A)～20dB(A)，图中还列出了两种消声轮的对应值。

| 类别 | | 消音车轮 | | 弹性车轮 | | | 整体车轮 |
|---|---|---|---|---|---|---|---|
| 名称 | | 橡胶环状形 | 整环形 | 剪断形 | 压缩性 | 压缩剪切形 | |
| 构造 | | | | | | | |
| 打击者 | 水平 | dB(A) 105 | 111 | 107 | 99 | 106 | 119 |
| | 垂直 | 94 | 101 | 95 | 92 | 99 | 111 |

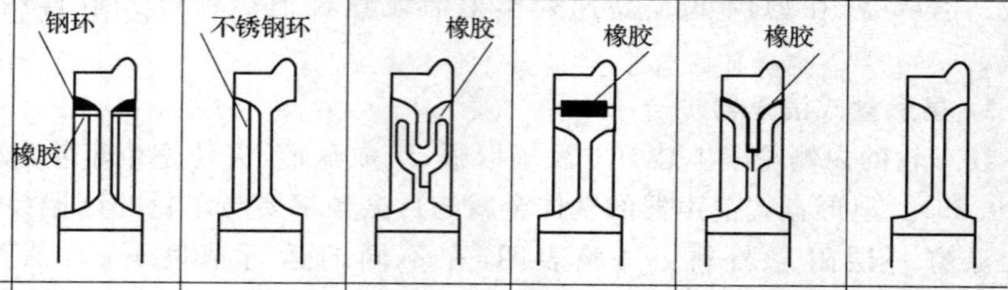


图 19.30　消音轮和弹性车轮的消声效果比较

## 19.6.3　选择具有抑制“卡滞—滑动效应”的钢轨材料

由实验室试验研究表明，如果曲线区段的钢轨采用特制的具有摩擦剩磁效应和滑动性的低合金钢 15NiCuMoNb5，50CrMoV4 和 14NiCr14，可使曲线运行轮轨之间产生摩擦噪声的轨道与车轮运行方向之间的临界倾斜角可适当增大，也就是说，在不改变转向架结构前提下，通过更改钢轨用钢，可降低车辆过曲线时的噪声，增大轨道与车轮运行方向之间的临界倾斜角，使得转向架过曲线时不产生噪声的最小曲线半径减小。图 19.31 为实验测定的不同钢种的轮辋、钢轨在各种偏角下所测定的噪声值，可以看出，在同一倾角下上述三种低合金钢其噪声值明显低于一般碳素钢。

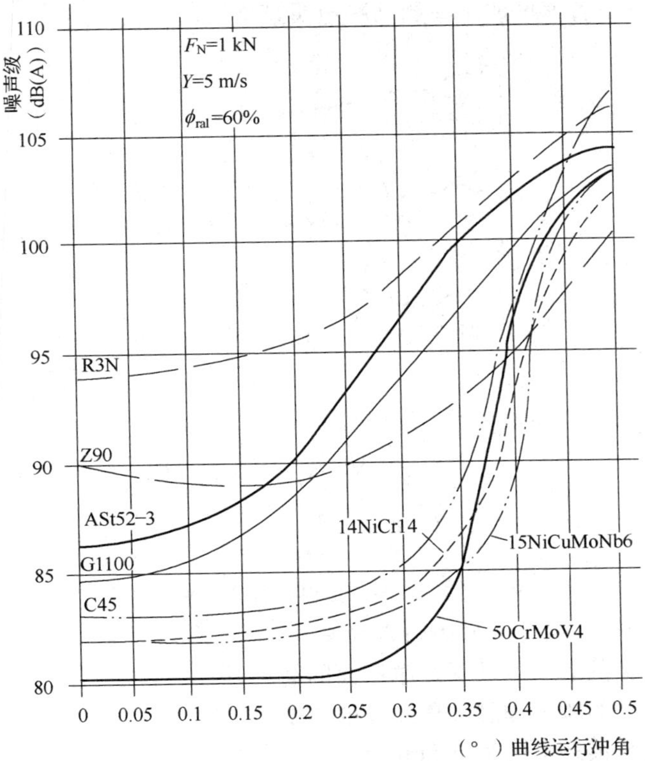


图 19.31 不同钢种轮辋、钢轨曲线运行冲角与噪声关系

## 19.6.4 影响轮轨噪声的其他因素

车轮和钢轨的机械摩擦要引起滚动噪声，其频谱具有宽带的特征，没有明显的突峰。轮轨表面的粗糙度或不平顺，要造成轮轨振动并产生滚动噪声。因此，磨削车轮踏面和钢轨轨面，提高其光洁度，是降低滚动噪声行之有效的措施。

## 19.6.5 制动噪声的形成与防治

闸瓦制动会使车轮踏面周期性地变得粗糙，甚至出现局部熔结，使踏面出现所谓波浪形磨耗，由此加剧了轮轨噪声。采用盘形制动代替闸瓦制动，改善了踏面状态，消除了波浪形磨耗，可降低轮轨噪声达 8 dB(A)。在盘形制动上采用合成闸瓦（粉末冶金烧结闸瓦），其所产生的制动噪声将比装用铸铁闸瓦低。

在实施制动时，制动闸瓦与制动盘之间由于存在“卡滞—滑动效应”激发制动闸瓦、闸瓦托架和制动盘等产生自激振动，从而形成噪声。其噪声波频谱特性如

图 19.32所示。随着速度的下降制动噪声明显增大。

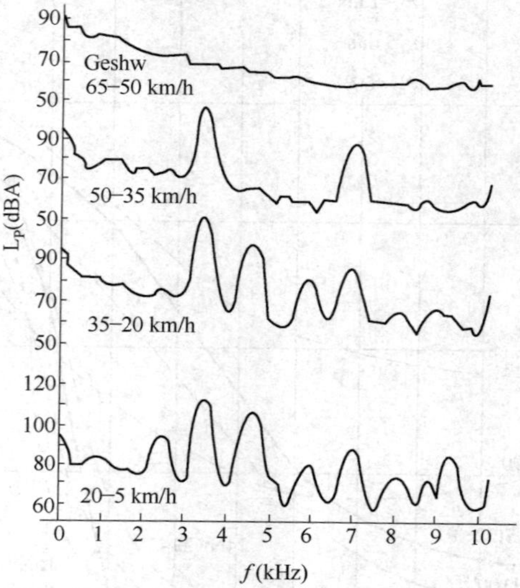


图 19.32　在制动过程中的噪声波频谱

制动系统产生共振与下列诸因素有关：

(1)制动闸瓦的品质以及闸瓦摩擦面的结构。

(2)制动拉杆的刚度和悬挂连接杆的斜度。

(3)制动盘摩擦环圈的强度和制动盘凸缘的厚度。

为了减少制动噪声可在制动组件上添加减振装置，例如在闸瓦托架装设阻尼装置。另外在闸瓦和托架的连接上采用预张紧装置。采用这些措施后制动噪声有可能降低 20 dB。

## 19.6.6　转向架结构元件的声辐射和辅助隔音措施

在城市轨道车辆的动力转向架和非动力转向架中，在声辐射和传递特性方面，都有一共同的结构特征，不论是车体、转向架构架或摇枕，大多为空腹的承载结构，彼此之间均采用橡胶连接元件或空气弹簧悬挂。这种结构能够起着将各个声源相互隔离和衰减噪声的效果，声波的辐射仅归诸于少数几个直接激发噪声的构件，即轮对驱动装置、盘形制动和车轮等。抑制和衰减这些构件噪声的措施上面已经讲述，如在制动系统的组件上添加减振装置，采用弹性车轮等。

另外，还要注意到车体和转向架连接的球形心盘和磁轨制动所产生的次级噪声(颤动的敲击声)，应采取措施予以降低或避免。

在转向架两侧面设置隔音罩和在线路两侧设隔音墙，对于滚动和制动噪声以及次级噪声的降低与衰减均有明显的效果，可降低 1 dB～4 dB。然而采用这一类声防护方法不仅投资费用高且对车辆的维修造成妨碍和困难,仅仅在万不得已时才予以用。

## 19.7 自导向径向转向架

为了较为圆满地解决轨道交通车辆通过曲线轨道产生的振动、噪声,采用径向转向架是一个比较彻底的方案措施。

在一般转向架设计中,为提高转向架横向运动稳定性,保证转向架在高速运行时蛇行运动的稳定性,要求转向架的轮对与轮对间、轮对与构架间有足够的定位刚度及较小的车轮踏面斜度。这种刚性转向架在通过曲线时,由于两轮对在构架中保持平行配置,从而造成转向架的前位轮对的大冲角,轮对在通过曲线时除纯滚动的前进速度外,还产生横向的滑动速度,轮轨的接触面上要提供足够大的横向力,即所谓蠕滑力,使转向架产生瞬时的回转。当蠕滑力不足时,势必使轮缘贴靠钢轨,产生轮缘力,加剧曲线钢轨磨耗、轮缘垂直磨耗和噪声,造成轨距挤宽等。

为了提高转向架通过曲线的能力,又要求轮对与构架的定位尽量柔软,车轮的踏面有较大的斜率,以使转向架过曲线时其轮对能处于(或接近)纯滚动的径向位置,从而可最大限度地降低过曲线时钢轨和轮缘的磨耗以及噪声。解决转向架横向运动稳定性和曲线通过能力这一对矛盾的最有效措施就是采用径向转向架(Radial Truck)。

径向转向架能保证具有足够的直线运动稳定性的同时减少过曲线时的轮对冲角,使轮对的轴线尽量指向曲线的半径方向,减少轮缘和钢轨的磨耗以及侧向力,降低动力消耗和过曲线时轮轨的摩擦噪声,特别适宜于小半径曲线上车辆运行的要求,具有较大的技术经济意义。径向转向架可分为自导向转向架(self-steering truck)和迫导向转向架(forced steering truck)。

自导向径向转向架是依靠轮轨间的蠕滑力进行导向的,它利用进入曲线时轮对间产生的蠕滑力,通过转向架自身导向机构的作用,使轮对"自动"进入曲线的径向位置。

对于运行速度较低,横向运动稳定性要求不高的情况,最简单的自导向转向架方案为采用一系柔性悬挂,降低轮对横移及摇头刚度,由于轮对车轮踏面锥度的存在,在过曲线时轮对就能自动趋于径向位置(图 19.33)。

自导向转向架区别于常规转向架2个根本特点为:

(1)两轮对间可以直接传递作用力,使轮对蛇行与车体转向架蛇行解耦,有利于车体的横向稳定性,临界速度可因此提高10%~30%。

(2)可以任意加大轮对间的相对剪切刚度而不影响曲线通过性能,这可以降低冲角,减轻轮缘磨耗。

最先取得成功并已得到普遍应用的轮对自导向转向架是南非铁路的对角斜撑转向架,发明者是南非铁路工程师(Herbert Scheffel,所以也称 Scheffel 转向架,图 19.34)。

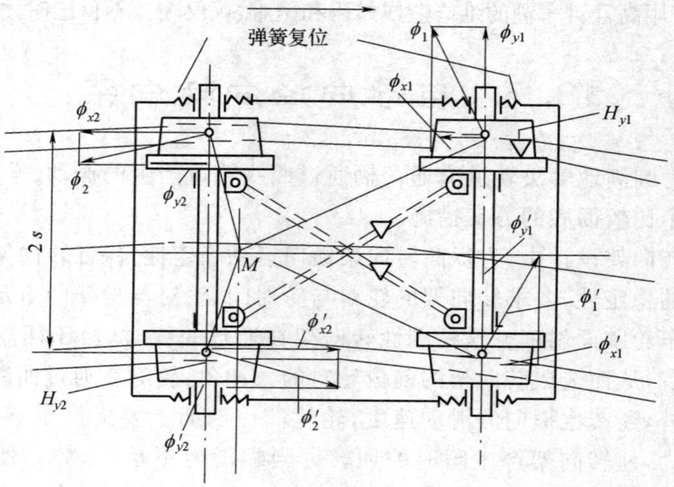


图 19.33　对角斜撑自导向转向架作用原理

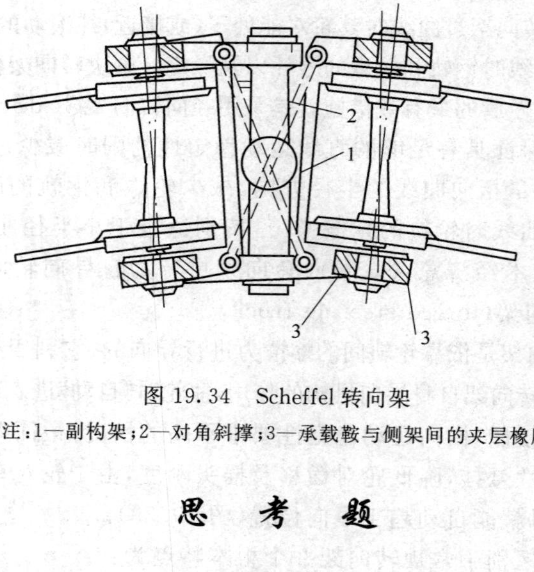


图 19.34　Scheffel 转向架

图注：1—副构架；2—对角斜撑；3—承载鞍与侧架间的夹层橡胶垫

## 思　考　题

1. 噪声和振动的研究可以从哪几方面入手？
2. 轨道交通的噪声和振动源有哪些？
3. 从轨道结构入手，有哪些减振防噪措施？
4. 从车辆角度，可以采用哪些减振防噪手段？
5. 从隔振、隔音的方法入手有哪些措施可以采取？
6. 什么是径向转向架？

# 参　考　文　献


[1]　孙章,何宗华,徐金祥编著．城市轨道交通概论[M]．北京:中国铁道出版社,2000 年 8 月第 1 版．

[2]　郝瀛编著．中国铁路建设概论[M]．北京:中国铁道出版社，1998 年 12 月第 1 版．

[3]　靳文翰,郭圣铭,孙道天主编．世界历史词典[M]．上海:上海辞书出版社,1985 年 12 月第 1 版．

[4]　George W. Hilton. The Cable Car in America[M]. 1982 ISBN 1-8310-7145-1.

[5]　Dr. Hans-Werner Schlerife. Metros Der Welt[M]. Leiter Trans press, 1992 ISBN 3-344-70715-9.

[6]　雷晓燕,圣小珍编著．铁路交通噪声与振动[M]．北京:科学出版社，2004 年 6 月第 1 版．

[7]　应怀樵主编．现代振动与噪声技术[M]．北京：航空工业出版社，2005 年第一版．

[8]　张振淼主编．城市轨道交通车辆[M]．北京:中国铁道出版社，1998 年 9 月第 1 版．[1]

[9]　施仲衡,张弥,王新杰等．地下铁道设计与施工[M]．西安:陕西科学技术出版社，1997.

[10]　于景臣,张冰,夏芳．城市轨道交通工程施工[M]．北京:中国铁道出版社，2009.

[11]　战启芳,杨石柱．地铁车站施工[M]．北京:人民交通出版社，2011.

[12]　杨其新,王明年．地下工程施工与管理[M]．成都:西南交通大学出版社，2005.

[13]　地铁设计规范（GB 50157-2003).

[14]　邱薇华,谭晓春,谭复兴等编著．城市轨道交通设备[M]．北京：中国铁道出版社，2012.

[15]　Rob, J. & Geoff, W. Safety reviews and their timing[J]. Journal of loss prevention in the process industries, 1994, 7(1) : 11～12.

[16]　钟茂华,魏玉东和范维澄等．事故致因理论综述[J]．火灾科学,1999,8(3):36～42.

[17]　覃容,彭冬芝．事故致因理论探讨[J]．华北科技学院学报,2005,2(3):1～10.

[18]　Kang, W. L. , Frank , A. &James, J. A Literature Survey of the Human Reliability Component in a Man-Machine System[J]. IEEE Transactions On Reliability, 1988, 37(1): 24～34.

[19]　国际劳工局．职业卫生与安全百科全书[M]．北京:中国劳动社会保障出版社,2000.

[20]　中国石油化工总公司．石油化工安全技术[M]．北京:石油工业出版社,1988.

[21]　Rubinstein, E. Special issue: Three mile island and the future of nuclear power[J]. IEEE Spectrum,1979,16(11):30～111.

[22]　宋大成主编．工伤事故和职业病调查·统计·分析与对策[M]．北京:中国林业出版社,1989.

[23]　(日)井上威恭．最新安全科学[M]．南京:江苏科学技术出版社,1983.

[24]　安全科学技术百科全书编委会．安全科学技术百科全书[M]．北京:中国劳动社会保障出版社,2003.

[25]　刘相臣等编著．化工装备事故分析与预防[M]．北京:化学工业出版社．2003.

[26] 宋有成,宋有国,冯渤 城市轨道交通公共安全知识[M]. 上海:上海科学技术出版社. 2005.
[27] 张振淼主编. 城市轨道交通车辆[M]. 北京:中国铁道出版社,1998.
[28] 中国北方机车车辆工业集团公司科学技术协会,长春客车厂老年科技工作者协会编. 城轨车辆技术与应用[M]. 北京:中国铁道出版社,2005.
[29] 曾青中,韩增盛主编. 城市轨道交通车辆[M]. 成都:西南交通大学出版社,2006.
[30] 杨志强主编. 城市轨道交通车辆总体[M]. 北京:中国铁道出版社,2007.
[31] 亚牛,廉洁编著. 漫画车辆[M]. 北京:中国铁道出版社:2009.
[32] 黄俊. 电力电子技术[M]. 北京:机械工业出版社,2004.
[33] 徐国卿. 城市轨道车辆电力传动[M]. 上海:科技出版社,2003.
[34] 王书林,王茜. 电力牵引控制系统[M]. 北京:中国电力出版社,2005.
[35] 徐安. 轨道交通电力牵引[M]. 北京:中国铁道出版社,2000.
[36] 连级三. 电传动机车概论[M]. 成都:西南交通大学出版社,2001.
[37] GB 50381-2010,城市轨道交通自动售检票系统工程质量验收规范[S].
[38] 赵时旻. 轨道交通自动售检票系统[M]. 上海:同济大学出版社, 2007.
[39] 毛保华. 城市轨道交通系统运营管理. 第一版. 北京:人民交通出版社,2006.
[40] 严作人,张戎. 运输经济学. 第一版. 北京:人民交通出版社,2005.
[41] 荣朝和. 西方运输经济学[M]. 北京:经济科学出版社,2002.
[42] 管楚度. 新视域运输经济学[M]. 北京:人民交通出版社,2001.
[43] 肯尼思·巴顿,冯宗宪译. 运输经济学(第二版)[M]. 上海:商务印书馆,2001.
[44] PatrickS McCarthy. Transportation Economics-Theory and Practics: A Case Study Approach. Blackwell Publishers,2001.
[45] 黎江,范巍,杨承东. 城市轨道计费及票价方式的探讨[J]. 都市快轨交通,2005,18(3)12~15.
[46] 赵良杰,陈义华,车天义. 重庆轻轨票价方案研究[J]. 铁道运输与经济,2005(11):40~42.
[47] 荀吉占,吴迪. 对城市轨道初期票价的再研究[J]. 都市快轨交通,2006,19(2).
[48] 徐萌. 上海、广州、南京、深圳地铁财务状况简介—走访浅谈[J]. 地铁与经济,2005(4).
[49] 周立新. 轨道交通余能利用的分时段票价制探讨[J]. 城市轨道交通研究,2004.7(4).
[50] www. Wikipedia. org.
[51] 香港地铁公司 2005 年报告. http://www. mtr. com. hk.
[52] Mark. Smith Fare and fare regulation on britain's railway. Janpan Railway &Transport Review. 2004(3).
[53] 于松伟,杨兴山,韩连祥,张巍编著. 城市轨道交通供电系统设计原理及应用[M]. 西南交通大学出版社,2008.
[54] 杨卫海. 城市轨道交通系统架空接触网电分段的设置[J]. 电气化铁道,2004(2):32~36.
[55] 赵海军. 刚柔过渡方式的研究[J]. 电气化铁道,2008(1):25~27.